절대지식
일본고전

■ 일러두기
• 이 책의 표기법은 외래어 표기법에 준했습니다.
• 책과 잡지는 『 』로, 작품은 「 」로 표기했습니다.
• 작가 이름이나 작품명에 표기된 한자는 한국식 한자를 사용했습니다.
• 작품 제목의 경우 우리말로 풀이가 가능한 것은 우리말로 표기하였으나
  그렇지 않은 경우 한자 독음을 그대로 표기하거나 일본어 발음을 그대로 표기하였습니다.
• 산, 호수, 섬, 지역, 사찰 등의 지명은 한국어 발음과 원어 발음을 혼용하였습니다.

절대지식

일본고전

마쓰무라 아키라 외 지음 · 윤철규 옮김

일본의 뿌리를 더듬으며
현대 일본의 흐름을 읽는다

우리는 일본에 대해 무엇을, 얼마나 알고 있을까? 우리나라와 일본이 오랜 세월에 걸쳐 중국으로부터 문화를 받아들인 같은 한자문화권이기 때문에 서로 문화가 비슷하고, 또 많이 알고 있다고 생각하려는 분위기가 있는 것도 사실이다. 그러나 일본에 대한 우리의 지식은 그저 언어, 인종, 지리적 위치 등이 엇비슷하기 때문에 많이 아는 것 같은 착시 현상에 지나지 않는다.

『절대지식 일본고전』을 읽으면서 지리적으로 이웃한 두 나라가 너무 다르다는 사실을 새삼 깨닫게 되었다. 아니, 서로가 애써 무시해 왔다는 표현이 맞겠다. 이 책에 실린 일본의 고전 중에 우리나라에 소개된 책이 손가락으로 꼽을 정도라는 게 믿기지가 않았다. 나무의 뿌리를 모르고 어떻게 가지와 잎의 성질을 헤아릴 수 있겠는가?

우리는 12세기 중반 가까이 가서야 우리나라 고대사를 기록한 『삼국사기三國史記』를 편찬할 수 있었다. 그러나 일본의 경우에는 늦어도 8세기 중엽 이미 그들의 시가집 『만요슈万葉集』를 펴낼 정도로 문화 수준이 만만치가 않았다.

물론 『삼국사기』 이전에 우리의 역사서나 시가집이 없었던 것은 아니다. 우리 민족의 웅장한 기상과 문화를 표현한 고구려 벽화는 세계적인 자랑거리이다. 고구려 벽화의 화풍은 일본의 고분 속 벽화로까지 그대로 이어졌다. 4세기경 이미 백제에는 고흥高興이 저술한 『서기書記』가 있었고, 백제의 왕인王仁이 논어와 천자문을 일본에 전해 주었다. 신라의 향가집 『삼대목三代目』이 전해지지 않았지만, 그 안에 수록됐던 25수의 향가는 『삼국유사三國遺事』와 『균여전均如傳』에 실려 당시의 다양하고 높은 정신세계를 엿볼 수 있게 한다. 그러나 선조들이 남긴 훌륭한 고전들이 제대로 전해지지 않아 아쉬움을 금할 길이 없다.

『절대지식 일본고전』이 우리에게 시사하는 바는 적지 않다. 일본의 뛰어난 기록문화를 눈으로 확인할 수 있을 뿐 아니라, 그들의 다양하고 높은 정신 세계는 부러움을 느끼게 할 정도이다. 이 책에 실린 풍부한 고전들이 오늘의 일본을 만든 자양분이 되고, 또 넓고 깊은 뿌리를 이루고 있는 것이다.

각계의 내로라하는 전문가들이 일본의 고전을 해설하고 요약한 이 책은 우선 다루고 있는 내용이 방대하다. 역사, 유학, 국학, 불전佛典과 경전을 비롯해 일기와 설화 문학, 그리고 와카和歌와 같은 운문집까지 빠짐없이 다루고 있다. 정말 일본 문화와 정신의 모든 것을 망라하고 있다고 해도 과언이 아니다.

이 책의 장점을 꼽으라면 일본의 고전과 명저의 핵심 내용을 다루면서 책의 시대 배경과 의의를 상세하게 해설하고 있다는 점이다. 마치 일본 고전을 다루는 사전 같은 책이다. 일본의 뿌리를 더듬으며 현대 일본의 흐름을 이해하는 데 더없이 유익한 책이다. 게다가 우리나라에 소개된 일본 고전의 빈약한 사정을 감안하면 일본을 아는 데 이보다 더한 책이 없다고 하지 않을 수 없다.

우리는 일본과의 불행했던 과거 때문에 일본에 대한 학문적인 관심, 특히 일본의 전통적인 고전에 대한 연구를 소홀히 해 왔다. 일본의 식민지 통치라는 경험 때문에 생겨난, 일본적인 것에 대한 혐오감 탓이리라. 게다가 일본의 문화란 기껏해야 중국이나 우리로부터 건너간 것이고, 근대 이후에는 서구에서 받아들인 것, 말하자면 모방 문화에 지나지 않는다고 폄훼하고 싶은 생각이 마음속에 똬리를 틀고 있기 때문인지도 모른다.

그러나 여기에 대한 반론이 싹튼 지 오래다. 일본은 어떻게 해서 8세기경부터 자신의 문자를 가지게 되었으며, 또 일상생활에서 자유롭게 사용하면서 자신들의 문화를 활짝 꽃피웠을까? 11세기 무렵, 무라사키 시키부紫式部라는 여류 작가가 쓴 『겐지 모노가타리源氏物語』는 세계에서 가장 오래되고 가장 훌륭한 장편소설로 평가받고 있다. 『겐지 모노가타리』는 200자 원고지 5천 장이 넘는 장편소설로, 그 시대 귀족들의 삶과 고뇌, 그리고 그들의 권력과 사랑 등의 인생 드라마를 섬세하게 묘사할 뿐 아니라, 세상살이의 덧없음을 깨닫고 피안과 정토를 갈망하는 당시 사람들의 불교적 종교관을 잘 보여 주고 있다. 『만요슈』에서 볼 수 있는 일본의 시가는 세계에서 가장 짧은 시의 형태인 와카와 하이쿠를 통해 자연과 삶에 대한 인간의 경외를 담고 있다.

이제 우리는 전쟁과 정복의 역사를 벗어나 동아시아 공동체를 지향해야 한다. 그것은 경제적인 교류만을 의미하는 것이 아니라 서로의 문화에 대한 올바른 이해로부터 출발해야 한다. 한일 양국이 동반자의 관계로 미래를 열어 가기 위해서도 문화적인 교류가 우선해야 함은 물론이다. 두 나라의 특수하고도 보편적인 문화의 뿌리를 이루고 있는 것으로는 당연히 고전을 꼽아야 한다. 그리고 각국의 역사와 문화의 원형이라 할 고전에 대한 연구와 이해를 통해 문화적인 소통의 기회와 공간을 확대해나가는 것이 바람직하다.

『절대지식 일본고전』을 통해 일본의 역사와 문화의 원형을 더듬어 본다는 것은 의미 있는 일이다. 일본의 고전 읽기를 통해 우리의 무지와 편견을 벗겨 내자.

전 한림대학교 일본학연구소 이사장

지명관

| 지도로 보는 일본 역사 |

구·현 지명 대조 지도

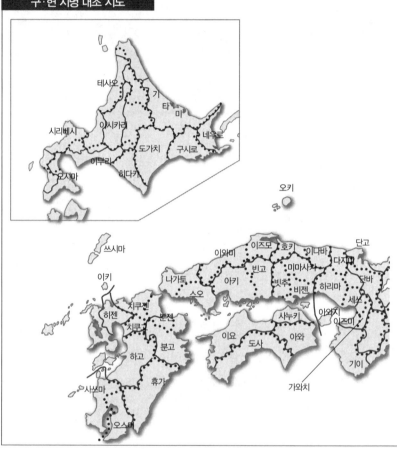

지방	도호쿠東北 지방							간토關東			
국명	무쓰 陸奧	리쿠추 陸中	리쿠젠 陸前	이와키 磐城	이와시로 岩代	우고 羽後	우젠 羽前	아와 安房	가즈사 上總	시모우사 下總	히타치 常陸
현명	(아키타) 秋田	아오모리 青森	이와테 岩手	미야기 宮城	후쿠시마 福島	니가타 新潟	아키타 秋田	야마가타 山形	치바 千葉		이바라기 茨城

지방									긴키近畿						
국명	가이 甲斐	에치고 越後	사도 佐渡	엣추 越中	노토 能登	가가 加賀	에치젠 越前	와카사 若狹	오우미 近江	야마시로 山城	단바 丹波	단고 丹後	다지마 但馬	하리마 播磨	셋쓰 攝津
현명	야마나시 山梨	니가타 新潟		도야마 富山	이사카와 石川		(기후) 岐阜	후쿠이 福井	사가 滋賀	교토 京都			효고 兵庫		

지방	주고쿠中國 지방											
국명	빈고 備後	아키 安藝	스오 周防	나가토 長門	이와미 石見	이즈모 出雲	오키 隱岐	호키 伯耆	이나바 因幡	지쿠젠 筑前	지쿠고 筑後	분젠 豊前
현명	히로시마 廣島		야마구치 山口		시마네 島根			돗토리 鳥取		후쿠오카 福岡		

▲ 645년, 나카노 오에 황자(덴치 천황)와 후지와라노 가마타리가 가장 큰 세력을 지녔던 소가 씨를 타도하고 천황을 중심으로 한 새로운 정치 개혁인 '다이카 개신'을 일으켰다. 646년 다이카 개신의 구체적인 내용을 공포했는데 그중 하나가 공지공민제公地公民制였다. 이때 정비된 지방의 구획은 1871년 번을 폐지하고 현縣을 두는 '폐번치현' 제도가 실행될 때까지 지속되었다.

（지도 내 지명）
무쓰 / 리쿠추 / 우고 / 리쿠추 / 우젠 / 리쿠젠 / 사도 / 에치고 / 노토 / 이와시로 / 이와키 / 야마시로 / 가가 / 엣추 / 히다 / 시나노 / 고즈케 / 시모스케 / 히타치 / 에치젠 / 미노 / 가이 / 무사시 / 시모사 / 오와리 / 오와리 / 미카와 / 스루가 / 사가미 / 가즈사 / 오우미 / 여가 / 이세 / 도오도오미 / 이즈 / 이와 / 야마토 / 시마

•••••• 현재 현 경계선
——— 옛 지방 경계선

오키나와 제도

지방								주부中部 지방			
시모쓰케 下野	고즈케 上野	무사시 武藏		사가미 相模	이즈 伊豆	스루가 駿河	도오도오미 遠江	미카와 三河	오와리 尾張	미노 美濃	히다 飛驒	시나노 信濃
도치기 栃木	군마 群馬	사이타마 埼玉	도쿄 東京	가나가와 神奈川	시즈오카 静岡			아이치 愛知		기후 岐阜	나가노 長野

지방							시코쿠四國 지방					
이즈미 和泉	가와치 河内	야마토 大和	기이 紀伊	이세 伊勢	이가 伊賀	시마 志摩	아와지 淡路	아와 河波	도사 土佐	이요 伊予	사누키 信濃	비젠 備前	미마사카 美作	빗추 備中
오사카 大阪	나라 奈良	와카야마 和歌山	미에 三重	(효고) 兵庫	도쿠시마 德島	고치 高知	에히메 愛媛	가가와 香川	오카야마 岡山

규슈九州 지방							
분고 豊後	휴가 日向	오스미 大隅	사쓰마 薩摩	히고 肥後	히젠 肥前	이키 壱岐	쓰시마 對馬
오이타 大分	미야기 宮崎	가고시마 鹿兒島		구마모토 熊本	사가 佐賀	나가사키 長崎	

※국명은 646년부터 1871년까지 사용되었던 행정구획 명이다. 현명은 1871년에 폐번치현 제도로 새로이 제정된 행정구획 명이다.

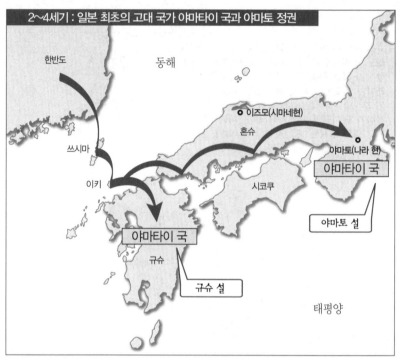

2～4세기 : 일본 최초의 고대 국가 야마타이 국과 야마토 정권

한반도 / 동해 / 이즈모(시마네현) / 혼슈 / 쓰시마 / 야마토(나라 현) / 야마타이 국 / 이키 / 시코쿠 / 야마토 설 / 야마타이 국 / 규슈 / 규슈 설 / 태평양

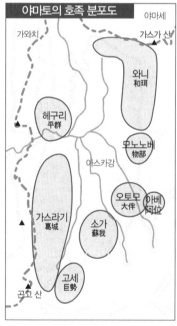

야마토의 호족 분포도

야마세 / 가와치 / 가스가 산 / 와니 和珥 / 헤구리 平群 / 모노노베 物部 / 아스카강 / 오토모 大伴 / 아베 阿位 / 가스라기 葛城 / 소가 蘇我 / 고세 巨勢 / 곤고 산

▲ 고대 일본은 통일된 국가 없이 100여 개의 작은 나라들로 나뉘어 있었는데 180～190년 무렵이 되어 여왕 히미코卑彌呼를 중심으로 30여 개의 작은 나라들이 연합하여 야마타이 국邪馬台國을 성립했다. 그 소재지에 대해서는, 일본 최초의 통일정권인 야마토大和 정권이 세워진 야마토(지금의 나라奈良 현)라는 설과 규슈 지방이라는 2가지 설이 있다. 야마타이 국 성립 후 3세기 후반에 성립된 야마토 정권은 맹주였던 오기미大王와 각 지역의 호족들이 중심이 되어 세운 연합정권이었다. 정확한 성립 과정은 야마타이 국의 위치가 어디냐에 따라 달라진다.

◀ 호족은 일정 지역을 터전으로 삼아 큰 경제력과 세력으로 그 지역을 지배한 일족이다. 야마토를 중심으로 분포했으며 소가 씨와 모노노베 씨가 대표적이다. 이들은 조정을 움직이는 세력으로 성장했다.

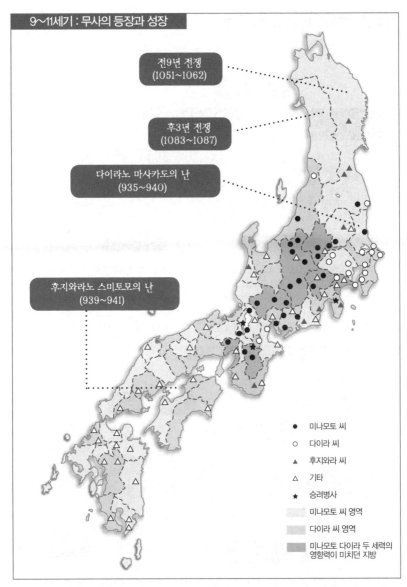

9~11세기 : 무사의 등장과 성장

전9년 전쟁
(1051~1062)

후3년 전쟁
(1083~1087)

다이라노 마사카도의 난
(935~940)

후지와라노 스미토모의 난
(939~941)

● 미나모토 씨
○ 다이라 씨
▲ 후지와라 씨
△ 기타
★ 승려병사
미나모토 씨 영역
다이라 씨 영역
미나모토 다이라 두 세력의
영향력이 미치던 지방

▲ 9세기 말부터 10세기 초에 걸쳐 지방관과 장원 영주의 대립, 지방 정치의 움직임 등으로
사회가 점점 혼란스러워지자 각지에서 무장하는 지방 호족과 영주 등이 등장했다. 그들은 지
방으로 유배된 황족이나 중·하류 귀족을 우두머리로 세운 무사단을 형성했고 크게 2파로 나
뉘었다. 간무 천황 측에서 형성된 간무헤이시桓武平氏 곧 다이라平 씨와, 세이와淸和 천황 측에
서 형성된 세이와겐지淸和源氏 곧 미나모토源 씨였다. 10~11세기 무렵에는 지방의 호족들이
잇따라 반란을 일으키자 미나모토 씨는 동쪽으로, 다이라 씨는 서쪽으로 반란을 잠재우며 점
차 세력을 확대해 나갔다.

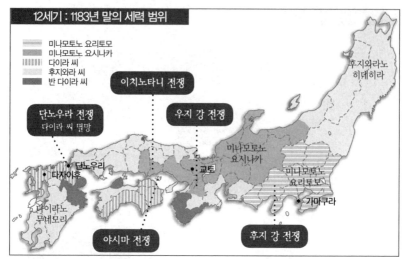

12세기 : 1183년 말의 세력 범위

- 미나모토노 요리토모
- 미나모토노 요시나카
- 다이라 씨
- 후지와라 씨
- 반 다이라 씨

이치노타니 전쟁

단노우라 전쟁
다이라 씨 멸망

우지 강 전쟁

후지와라노
히데히라

미나모토노
요시나카

단노우라
다자이후

교토

미나모토노
요리토모

가마쿠라

다이라노
무네모리

야시마 전쟁

후지 강 전쟁

▲ 1180년, 미나모토노 요리마사는 다이라 씨를 추격하라는 모치히토以는 왕의 명에 따라 거병하였으나 우지 강 전쟁에서 패하였다. 그 뒤를 이어 미나모토노 요리토모와 미나모토노 요시나카가 이즈와 시나노에서 잇따라 거병하여 반(反) 다이라 기운이 고조되었다. 요시나카는 호쿠리쿠北陸 지방을 평정하고 교토로 입성, 다이라 씨를 격퇴했다. 마침내 1185년 3월, 단노우라 전쟁에서 다이라 씨의 패배로 끝이 났다. 그리고 가마쿠라 막부가 막을 열었다.

14세기 : 남북조 대립과 무로마치 막부

- 북조
- 남조 } 1340년 무렵의 세력
- 아시카가의 진행 방향
- 기타바타케의 진행 방향

로쿠하라 공격

다다라 해변 전쟁

기타바타케
지카후사

가네요시 친왕

아시카가 다카우지

미나토 강 전쟁

다케노시타 전쟁

▲ 고다이고 천황은 1333년 아시카가 다카우지, 닛타 요시사다의 협력을 얻어 가마쿠라 막부를 타도하고, 1334년부터 천황을 중심으로 한 정치 체제인 '겐무의 신정新政'을 시작했다. 무사의 도움으로 막부를 타도했으나 조정 중심의 정책을 실시하자 무사들의 불만이 폭발, 1335년에 아시카가 다카우지를 중심으로 한 무사들이 거병했다. 이에 고다이고 천황은 1336년에 조정을 지금의 나라 현인 요시노로 옮겼다(남조). 한편 아시카가 다카우지는 교토에 고묘光明 천황을 옹립하고(북조), 1338년에는 정이대장군이 되어 무로마치 막부를 열었다. 남북조의 대립은 1392년까지 약 60년 동안 이어졌으며 그 사이 각지의 무사들은 장원을 빼앗으며 영주로 성장했다.

15~16세기: 전국 시대의 주요 다이묘

- 류조지 다카노부
- 모리 모토나리
- 아사쿠라 요시시게
- 아사이 히사마사
- 우에스기 겐신
- 다테 하루무네
- 다케다 신겐
- 우에스기 노리마사
- 오토모 요시시케
- 초소가베 모토치카
- 오다 노부나가
- 도쿠가와 이에야스
- 호조 우지야스
- 시마즈 다카히사

▲ 오닌의 난 이후 무로마치 막부가 멸망하기까지 약 100년은 실력으로 장원을 손에 넣고, 토착 무사들과 농민들 그리고 영토 전체를 지배한 '전국戰國 다이묘'들이 영토 확장의 야욕을 불태운 '전국 시대'였다. 전국 다이묘들은 대부분이 슈고 다이묘의 부하들로, 우에스기上杉 · 아사이淺井 · 오다織田 · 모리毛利처럼 자신의 주군을 무찌르고 그 자리에 올랐다. 그들은 자신의 영토를 통치하기 위해 그 영토에서만 통하는 '분국법分國法'을 제정해 마치 독립된 국가처럼 다스렸다.

16세기 : 노부나가·히데요시의 천하 통일

- 1560년 오케하자마 전쟁 후
- 1675년 나가시노 전쟁 후
- 1581년 무렵
- 1582년 다케다 씨 멸망 후

- 마에다 도시이에
- 우에스기 가게가쓰
- 모리 모토하루
- 아케치 미쓰히데
- 시바타 가쓰이에
- 우키타 히데이에
- 도요토미 히데요시
- 엔랴쿠 사
- 기후
- 교토
- 아즈치
- 도쿠가와 이에야스
- 호조 우지마사
- 조소가베 모토치카
- 도쿠가와 이에야스

오케하자마 전쟁

▲ 오와리尾張 국의 다이묘였던 오다 노부나가는 기후岐阜 지역을 거점으로 세력을 펼쳐 나갔다. 1560년에는 오케하자마桶狹間의 전쟁에서 이마카와 씨를 정벌하고, 1570년에는 아네 강 전쟁에서 아사이 · 아사쿠라 연합군을 무찔렀다. 1571년에는 히에이 산 엔랴쿠 사를 통째로 불태우고, 1575년에는 나가시노長篠 전쟁에서 도쿠가와 군과 연합군을 형성하여 다케다 가쓰요리 군에 크게 승리했다. 그 후로도 승승장구하다 1582년에 쓰러졌다. 그 뒤를 이은 것이 도요토미 히데요시이다. 히데요시는 시코쿠, 규슈, 오다와라, 오호 지역을 평정하고 전국 통일을 이루어 냈다.

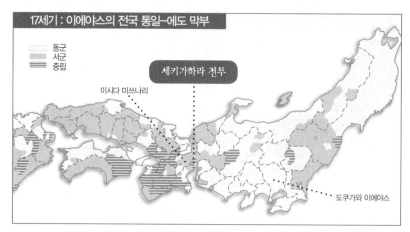

17세기 : 이에야스의 전국 통일-에도 막부

동군
서군
중립

세키가하라 전투

이시다 미쓰나리

도쿠가와 이에야스

▲ 1598년에 도요토미 히데요시가 사망하자 그 세력은 점차 약해졌다. 한편, 관동 지역을 다스리던 도쿠가와 이에야스는 조선에 출병하지 않고 세력 증강에 힘을 기울였고 그 결과 도요토미 씨와 손을 잡은 이시다 미쓰나리石田三成를 비롯한 서군西軍 세력들과 도쿠가와 측 다이묘인 동군東軍 세력 사이에 전쟁이 일어났다. 이것이 '세키가하라關ヶ原 전투'이다. 이 전투에서 승리한 이에야스는 전국을 지배하는 실권자가 되었다. 그는 에도에 성을 세우고 그곳을 거점으로 1603년에 에도 막부를 열었다.

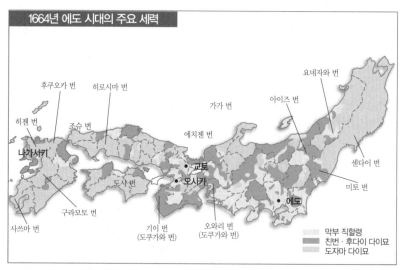

1664년 에도 시대의 주요 세력

후쿠오카 번
히로시마 번
가가 번
요네자와 번
아이즈 번
히젠 번
조슈 번
에치젠 번
나가사키
센다이 번
교토
오사카
도사번
미토 번
구라모토 번
사쓰마 번
기이 번
(도쿠가와 번)
오와리 번
(도쿠가와 번)
에도

막부 직할령
친번 · 후다이 다이묘
도자마 다이묘

▲ 세키가하라의 전투에서 승리한 도쿠가와 이에야스는 서군 측에 가담했던 다이묘의 영지를 몰수해 동군 다이묘들에게 포상으로 나누어 주었다. 그리고 도요토미의 측근이었던 다이묘들에게 여러 가지 이유를 붙여 영지를 몰수하고 먼 지방으로 보냈다. 이들을 도자마外樣 다이묘라고 한다. 그리고 에도와 가까운 영지는 도쿠가와 집안과 가까이 지내는 번(친번 다이묘)과 후다이譜代 다이묘들에게 나누어 주었다. 이것이 에도 막부의 다이묘 통치 시스템이다. 이 시스템은 260년 동안 유지되었으나 여기에 불만을 품은 번들이 훗날 막부를 타도하고 메이지 유신을 일으킨 원동력이 되었다.

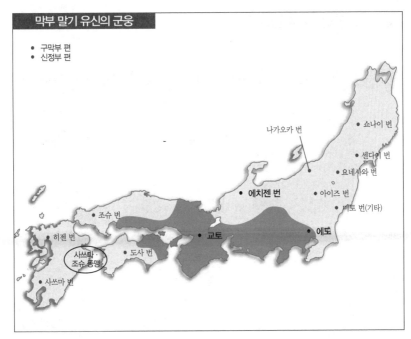

막부 말기 유신의 군웅

- 구막부 편
- 신정부 편

나가오카 번
쇼나이 번
센다이 번
요네사와 번
에치젠 번
아이즈 번
미토 번(기타)
조슈 번
에도
히젠 번
교토
사쓰마·조슈 동맹
도사 번
사쓰마 번

▲ 1867년, 265년 동안 이어졌던 에도 막부는 종언을 고하고 근대국가로서의 길을 걷기 시작했다. 이 격동의 막부 말기를 이끌고, 막부를 쓰러뜨린 원동력이 된 것은 사쓰마薩摩 번과 조슈長州 번을 중심으로 한 서남웅번西南雄藩(서남쪽 지방의 큰 번)이다. 특히 도사土佐 번의 사카모토 료마를 비롯한 하급 무사 출신의 젊은이들이었다. 서양 문명을 접하고 해외로 눈을 돌린 그들은, 막부를 타도하고 메이지 유신을 이끌었다.

- **쇼나이 번** : 에도의 치안을 담당하여 반막부파 탄압, 사쓰마 번 저택을 불태워 전쟁의 빌미 제공.

- **센다이 번** : 신정부군이 내린 아이즈 번 적토령에 처벌의 경감을 탄원했으나 거부되자 다른 번들과 동맹을 맺어 '열번동맹列藩同盟' 결성.

- **아이즈 번** : 번주 마쓰다이라 가타모리가 교토의 치안 담당관이었던 이유로 도바·후시미의 전투에서 옛 막부 군의 중심 세력으로 두각을 드러냄. 그 결과 1순위로 조정의 적이 됨.

- **나가오카 번** : 가로 가와이 쓰구노스케河井繼之助가 열번동맹에 가담. 최신 서양식 무기로 신정부군에 완강하게 저항.

- **미토 번** : 번 내의 정치 개혁을 추진하고, 존왕양이론 주창.

- **에치젠 번** : 번주 마쓰다이라가 막부정치에 참가하여 공무합체 추진.

- **도사 번** : 번주 야마우치 요도를 중심으로 번의 정치 개혁에 성공.

- **조슈 번** : 존왕양이운동의 중책을 맡았으나 조슈 정벌을 거쳐 개국·막부 타도로 번의 노선을 변경, 사쓰마 번과 손잡고 막부 타도에 성공.

- **히젠 번** : 서양 기술을 도입하여 군대의 근대화를 달성함. 보신전쟁 때 신정부군의 승리에 공헌.

- **사쓰마 번** : 처음에는 공무합체를 추진했으나, 무력에 의한 막부 타도로 전환. 조슈 번과 손잡고 막부를 쓰러뜨림. 신정부를 중심으로 파벌을 형성하여 권세를 휘두름.

| 일본 고전과 역사 연표 |

시대	연대	일본고전작품·문화사	연대	일본 정치·사회사	연대	한국사
					3	고구려 졸본에서 국내성으로 천도
			57	왜倭나라 나고쿠奴國 왕이 후한의 광무제에게 금인장을 받음	42	수로왕, 금관가야 세움
					191	고구려, 을파소를 국상에 임명
					199	가야, 수로왕 사망
					209	고구려, 환도성으로 도읍을 옮김
			239	여왕 히미코 위나라에 사자를 파견	242	고구려, 요동 정벌
야마토大和					307	신라, 국호를 신라로 사용하기 시작
					315	고구려, 현도성 점령
			350	야마토大和 조정 전국 통일	375	백제 왕인이 일본에『논어』와『천자문』전함
					391	고구려, 광개토왕 즉위
			404	대방군에 침입하여 고구려에 패함	413	고구려, 장수왕 즉위
			440	한자 사용	503	신라, 국호를 신라로 정하고 왕이란 존호 사용
			538	백제로부터 불교를 전래 받음		
					536	신라 연호(건원) 제정
			553	백제에서 역박사曆博士·오경박사·의학박사가 옴		
아스카飛鳥	604	쇼토쿠 태자『헌법17조』	593	쇼토쿠 태자가 섭정을 하고, 불교문화를 받아들임		
			607	쇼토쿠 태자, 견수사 파견		
			610	고구려의 승려 담징曇徵이 일본에 종이·묵·수채법을 전하고, 호류 사 금당벽화를 그림	611	고구려 을지문덕 수의 군대 섬멸(살수대첩)
					613	수의 양제 재침공
			630	처음으로 당나라에 사신을 파견	641	백제 의자왕 즉위
					644	김유신 백제 7성 점령
하쿠오白鳳			645	다이카 개신. 쇼토쿠 태자가 편집한 국사가 소실됨	660	신라·백제 황산벌 전투. 백제 멸망
					668	고구려 멸망
			672	임신의 난	676	신라의 삼국통일 완성
			681	덴무 천황, 국사 편찬 시작	698	대조영 발해 건국
			701	대보율령大寶律令 제정	702	신라, 성덕왕 즉위

시대	연대	일본고전작품·문화사	연대	일본 정치·사회사	연대	한국사
나라 奈良	712	『고사기』	710	나라 헤이조 궁에 천도, 나라 시대가 열림		
			713	각 지방에 『풍토기』 찬진을 명함		
	720	『일본서기』	735	당나라에서 바둑이 전래됨		
			752	도다이 사 대불 개안공양을 함		
	733	『이즈모 풍토기』			751	신라 김대성, 불국사와 석굴암 창건
	751	『회풍조』				
	770	『만요슈』	770	가장 오래된 인쇄물인 백만탑 다라니경 인쇄	760	월명 『도솔가』, 『제망매가』와 충담 『찬기파랑가』
	772	후지와라노 하마나리 『가경표식』			788	독서삼품과 설치
헤이안 平安	797	후지와라 쓰구타다 등 『속일본기』, 구카이 『삼교지귀』	794	교토 헤이안쿄로 천도		
			804	사이초(천태종 개조)와 구카이 (진언종의 개조), 당나라로 건너감		
	807	인베 히로나리 『고어습유』				
	814	『능운집』	822	천태종, 나라 불교에서 독립		
	818	후지와라노 후유쓰구 『문화수려집』	828	현재 전하는 가타카나가 사용된 문서 있음		
	823	게이카이 『일본영이기』	867	현재 전하는 히라가나가 사용된 문서 있음	874	최치원 당에서 과거급제
					879	최치원 『토황소격문』
	827	요시미네노 야스요 등 『경국집』			892	견훤, 완산주에서 반란
	840	후지와라 오쓰구 등 『일본후기』				
	847	『다케토리 모노가타리』 『이세 모노가타리』				
	893	『신찬 만요슈』 상권 완성	894	견당사 폐지, 문화 국풍화 진행		
	901	『일본삼대실록』		히라가나 글자체 정리	900	궁예, 후고구려를 세움
	927	『엔기시키』	901		918	왕건, 고려왕으로 즉위
	930	기노쓰라 유키 『신찬와카집』		다이라노 마사카도平將門의 난		
	935	기노쓰라 유키 『도사 일기』	935	일어남(~940) 가타카나 글자체 정리	935	신라 경순왕, 고려에 항복고
	940	『쇼몬기』	938		936	려, 후백제 멸망시키고 후삼국 통일
	951	후지와라노 고레마사 등 『후찬와카집』				
	956	『야마토 모노가타리』				
	974	후지와라노 미치쓰나의 어머니 『가게로 일기』				

시대	연대	일본고전작품·문화사	연대	일본 정치·사회사	연대	한국사
헤이안平安	980	『헤이추 모노가타리』				
	982	단바 야스요리 『의심방』				
	984	미나모토노 다메노리				
		『삼보에고토바』				
	985	겐신 『왕생요집』				
		『우쓰보 모노가타리』				
	988	『오치쿠보 모노가타리』				
	1000	세이쇼나곤 『마쿠라노소시』	1000	무라사키 시키부, 이치조 천황		
	1001	『습유 와카집』		의 중궁 쇼시의 궁녀로 입궁		
	1008	이즈미 시키부 『이즈미 시키부				
		일기』				
	1010	무라카미 시키부 『겐지 모노가	1019	만주의 여진족, 북규슈를 습격	1019	강감찬, 귀주대첩으로 거
		타리』, 『무라사키 시키부』				란을 격멸
	1027	『에이가 모노가타리』				
	1030	후지와라노 아키히라	1020	후지와라노 미치나가,		
		『본조문수』		호세이 사를 건립		
	1054	『하마마쓰 주나곤 모노가타리』				
			1051	전9년 전쟁		
	1059	스가와라 다카스에의 딸 『사라				
		시나 일기』				
		『사고로모 모노가타리』				
	1070	『쓰쓰미 주나곤 모노가타리』				
	1086	후지와라노 미치토시				
		『후습유 와카집』	1083	후3년 전쟁		
	1108	『강담초』	1086	시라카와 상황 원정을 시작	1087	『초조대장경』 조판 완성
	1110	『오카가미』				
	1120	이 무렵 『곤자쿠 모노가타리				
		집』 완성				
	1134	『우치기키집』	1126	후지와라노 기요히라 추손中尊	1126	이자겸의 난
	1150	『도리카에바야 모노가타리』		사에 금색당을 완성	1135	묘청, 서경에서 반란
	1169	『양진비초』			1145	김부식 『삼국사기』 편찬
	1178	『이마카가미』	1156	호겐의 난, 무사들이 중앙 정치	1170	정중부 등 무신정권 수립
	1180	사이교 『산가집』		무대로 진출		
			1180	미나모토 씨가 군사를 일으켜		
				겐페이의 싸움 발발,		
				도다이 사, 고후쿠 사 소실		
가마쿠라	1188	후지와라노 도시나리	1185	다이라 씨 멸망, 미나미토 가		
		『센자이와카집』		문, 가마쿠라에 막부를 세우고		
				무가정권 시작		
			1190	도다이 사 재건		

시대	연대	일본고전작품·문화사	연대	일본 정치·사회사	연대	한국사
가마쿠라鎌倉			1191	승려 에이사이, 임제종을 전함		
	1199	『미즈카가미』, 겐손 『위기식』	1192	미나모토노 요리토모 정이대장군에 오름	1197	최충헌, 신종 추대
	1201	후지와라노 도시나리 『고래풍체초』	1205	호조 요시토키北條義時의 집권으로 본격적인 집권 정치 시대 돌입		
	1212	가모노 조메이 『무명초』, 『방장기』				
	1215	『우지슈이 모노가타리』				
	1216	후지와라노 데이카 『신고금와카집』			1215	각훈 『해동고승전』 완성
	1217	가쿠겐 『가쿠겐초』 나카야마 유키나가 『헤이케 모노가타리』	1219	미나모토노 사네토모 암살. 이로써 미나모토 가문 멸망		
	1219	후지와라노 사다이에 『매월초』				
	1220	지엔 『우관초』, 『호겐 모노가타리』, 『헤이지 모노가타리』	1221	조큐의 난		
	1223	『겐레이몬인 우쿄노다이부집』 『고세이바이 시키모쿠』	1227	승려 도겐이 조동선曹洞禪을 전함		
	1232		1232	조에이 시키모쿠貞永式目 제정, 무가제도 시작	1234	최윤의 『고금상정예문』 세계 최초의 금속활자
		『오쿠라 백인일수』				
	1235	『도칸 기행』				
	1242	『겐페이 성쇠기』				
	1250	『십훈초』, 벤노 나이시			1241	이규보 『동국이상국집』
	1252	『벤노나이시 일기』 다치바나노 나리스에				
	1254	『고금저문집』 『고케노고로모』				
	1255	『후요와카집』				
	1271	『이와시미즈 모노가타리』 아부쓰니 『이자요이 일기』			1260	이인로 『파한집』 간행
	1280		1274	원나라, 규슈에 침입. 분에이文永의 역	1274	원과 함께 일본 원정
			1281	원나라의 제2차 침입 격퇴 고안弘安의 역		
	1283	무주 『사석집』				
	1306	고후카사쿠인노니조 『도와즈가타리』 이때부터 1324년 사이에 집필				
	1322	고칸시렌 『원형석서』				
	1331	겐코 『도연초』	1324	쇼추正中의 변		
			1331	겐코元弘의 난		

시대	연대	일본고전작품·문화사	연대	일본 정치·사회사	연대	한국사
남북조南北朝	1339	기타바타케 지카후사 『신황정통기』	1333	가마쿠라 막부 멸망		
			1334	고다이고 천황, 겐무의 중흥		
	1370	돈아 『정와초』	1335	아시카가 다카우지가 고묘 천황을 세워 그 이듬해부터 남북조 대립	1350	『서강별곡』, 『청산별곡』
					1363	문익점, 원에서 목화씨 유입
	1371	고지마 법사 『태평기』				
	1374	『마스카가미』			1388	이성계 위화도 회군
	1387	니조 요시모토 『근래풍체초』				
					1392	태조 이성계 조선 건국
무로마치室町	1403	제아미 모토키요 『화전서』	1392	남북조 통일	1394	정도전 『조선경국전』
			1397	아시카가 요시미쓰 금각사 건립		
	1412	『소가모노가타리』 『기케이기』	1401	명나라와 무역을 개시	1443	훈민정음 창제
			1467	오진의 난	1470	『경국대전』 완성
			1501	일련·정토 양종이 대립		
	1518	『한음집』, 『오토기조시』	1536	덴분호케의 난		
			1543	포르투갈 선박 다네가 섬에 표착, 철포와 화약을 전함	1560	정철 『성산별곡』 지음
			1549	예수회 선교사 사비에르, 가고시마에서 천주교 전파		
아즈치모모야마安土桃山					1579	이이 『소학집주』 완성
	1574	미나세 도산 『계적집』	1573	오다 노부나가, 무로마치 막부를 멸함		
			1582	혼노本能 사의 난, 오다 노부나가 자해		
			1588	도요토미 히데요시 천주교 금지령을 내림	1592	임진왜란 발발
	1593	『이소호 모노가타리』	1592	도요토미 히데요시 조선에 침입, 임진왜란	1598	이순신 전사, 정유재란
				조선에서 활자 인쇄술 전래 받음		
에도江戶	1600	『신초키』	1600	세키가하라의 전쟁 발발 도쿠가와 이에야스, 천하 제패	1610	허준 『동의보감』 완성
			1615	오사카 여름의 진 발발 도요토미 가문 멸망		
	1617	스즈키 쇼산 『맹안장』			1626	전국 호패법 실시
	1621	『고요군감』	1635	외국 선박의 입항을 나가사키로 제한	1627	후금 침략(정묘호란)
	1623	안라쿠안 사쿠덴 『성수소』			1630	이이 『격몽요결』 반찬
			1636	시마바라의 난	1634	상평통보 처음 사용
	1624	오쿠보 다다타카 『미카와 모노가타리』	1639	포르투갈 선박의 내항 금지, 쇄국의 완성	1636	병자호란 발발

시대	연대	일본고전작품 · 문화사	연대	일본 정치 · 사회사	연대	한국사
에도	1640	나카에 도주 「오키나 문답」				
	1643	하야시 라잔 「삼덕초」, 미야모토 무사시 「오륜서」	1657	에도 성에 큰 화재 발생	1651	윤선도 「어부사시사」
	1658	아사이 료이 「도카이도 명소기」, 구마자와 반잔 「대학 혹문」			1669	전국 호구조사 가구 134만 2074호 인구 516만 4524명
	1661	「다이코기」				
	1665	야마가 소코 「성교요록」				
	1666	아사이 료이 「오토기보코」				
	1670	하야시 라잔 등 「본조통감」	1680	도쿠가와 쓰나요시, 제5대 쇼군이 됨		
	1672	구마자와 반잔 「집의화서」				
	1682	이하라 사이카쿠 「호색일대남」				
	1683	이토 진사이 「어맹자의」				
	1685	이하라 사이카쿠 「사이카쿠 쇼코쿠바나시」, 「본조20불효」				
	1686	이하라 사이카쿠 「호색일대녀」 이하라 사이카쿠	1688	청나라 선박의 나가사키 입항 수를 70척으로 제한	1689	김만중 「구운몽」, 「사씨남정기」 지음
	1688	「일본영대장」, 「무가 의리 모노가타리」				
			1694	음란물 출판을 금함		
	1692	아사이 료이 「이누하리코」				
	1694	이하라 사이카쿠 「사이카쿠 오키미야게」, 마쓰오 바쇼 「오쿠노호소미치」				
	1699	지카마쓰 몬자에몬 「게이세이호토케노하라」 초연	1702	아코 낭인의 복수극 일어남	1710	전라도 농민 봉기
	1700	도다 모스이 「나시모토집」	1711	조선사절 접대 간소화 법제정		
	1709	구마자와 반잔 「집의외서」				
	1711	지카마쓰 몬자에몬 「메이도노히캬쿠」 초연				
	1712	이코 진사이 「논어고의」 아라이 하쿠세키 「독사여론」				
	1713	가이바라 에키켄 「양생훈」				
	1715	지카마쓰 몬자에몬 「국성야합전」 초연 아라이 하쿠세키 「서양기문」				
	1716	아라이 하쿠세키 「오리타쿠시바노기」 집필 시작	1716	도쿠가와 요시무네, 제8대 쇼군이 됨		

시대	연대	일본고전작품·문화사	연대	일본 정치·사회사	연대	한국사
에도	1717	오규 소라이 『변도』	1720	종교 외의 서양 서적 구입 허용		
	1721	지카마쓰 몬자에몬 『온나고로시 아부라노지고쿠』	1722	새로운 토지 개발을 장려, 출판령 제정		
			1724	검약령 발포		
	1739	이시다 바이간 『도비문답』	1733	쌀값 폭등으로 에도에서 폭동이 일어남		
	1747	다케다 이즈모 『요시쓰네 센본자쿠라』				
	1748	다케다 이즈모 『가나데혼 주신구라』	1754	의학자 야마와키 도요가 처음으로 시체를 해부		
	1765	가모노 마부치 『국의고』				
	1768	우에다 아키나리 『우게쓰 모노가타리』			1773	인평대군 『연행록』 간행
	1771	모노오리 노리나가 『나오비노미타마』	1771	스기타 겐파쿠 『해체신서』 번역		
	1775	고이카와 하루마치 『긴킨 선생 영화몽』	1772	에도에 대화재 일어남		
			1778	러시아 선박 홋카이도에 와서 통상을 요구		
	1783	지카마쓰 한지 『이가고에도추스고로쿠』 초연	1782	텐메이天明의 대기근(~1787)		
	1788	나카이 치쿠잔 『초모위언』			1794	정조, 화성 축성 시작
	1791	하야시 시헤이 『해국병담』 전 권 출판	1790	주자학 외의 이학을 금함		
	1798	혼다 도시아키 『서역 모노가타리』, 모토오리 노리나가 『우이야마부미』	1792	러시아 사절 홋카이도에 내항하여 통상을 요구		
					1801	신유박해(기독교 탄압)
					1803	김만중 『구운몽』 간행
	1802	마쓰다이라 사다노부 『가게쓰소시』	1800	이노 다다타카, 홋카이도를 측량		
	1809	시키테이 산바 『우키요부로』	1808	마미야 린조, 사할린을 탐험하고 타타르 해협 발견		
	1810	『고토지리집』	1810	외국 선박 경계령		
	1813	가이호 세이료 『계고담』	1816	영국 선박 오키나와에 와서 교역을 청함		
	1815	스기타 겐파쿠 『난학사시』				
	1817	사이토 유키오 『에도 명소도회』	1817	영국 상선 우라가에 입항		
	1820	오오타 긴조 『구경담』, 야마가타 반토 『우메노시로』				
	1823	사토 노부히로 『혼동비책』, 시키테이 산바 『우키요도코』				

시대	연대	일본고전작품·문화사	연대	일본 정치·사회사	연대	한국사
에도	1824	류테이리조 등 『아케가라스노 치노마사유메』				
	1825	쓰루야 난보쿠 『도카이도요쓰야 괴담』 초연	1825	외국 선박 격퇴령 내림		
		아이자와 야스 『신론』				
	1826	라이 산요 『일본외사』				
	1832	란이 산요 『통의』				
	1833	오시오 헤이하치로 『센신도 차기』	1833	오사카에서 오시오 헤이하치로의 난 일어남		
	1835	시바타 규오 『규오도화』				
	1838	와타나베 가잔 『신기론』, 다카노 초에이 『유메 모노가타리』	1838	덴보 개혁 시작		
	1842	교쿠테이 바킨 『난소사토미 팔견전』, 스즈키 보쿠시 『북월설보』				
	1845	라이 산요 『일본정기』	1853	미국의 페리 제독 우라가에 내항하여 개국을 요청		
	1851	사토 잇사이 『언지사록』	1854	미국과 화친조약 체결하고 개국, 이후 8월에는 영국과, 12월에는 러시아와 화친조약 체결		
		사쿠마 쇼잔 『성건록』				
	1855	이토 진사이 『어맹자의』				
		히로세 단소 『우언』			1861	김정호 대동여지도 간행
			1858	네덜란드, 러시아, 영국, 프랑스와 수호통상조약 체결		
	1864	요코이 쇼난 『쇼잔대화』	1860	사쿠라다 문 사건		
	1865	요코이 쇼난 『쇼잔한화』		가쓰 가이슈, 태평양 횡단에 성공		
			1867	쇼군 도쿠가와 요시노부, 대정봉환. 에도 막부 멸망		
					1873	원군 실각, 명성황후 민씨 세도정치
메이지明治			1889	헌법 공포		
	1897	가쓰 가이슈 『히카와 청화』			1884	김옥균의 갑신정변
					1894	갑오동학농민운동, 청일전쟁 일본 승리
			1890	제국회의 개회		
			1894	청일전쟁 시작	1897	국호를 대한제국으로 정함
					1905	을사조약 체결(외교권 박탈)
	1906	도쿠가와 미쓰쿠니 『대일본사』			1910	한일합병조약 승인

천황 계보도

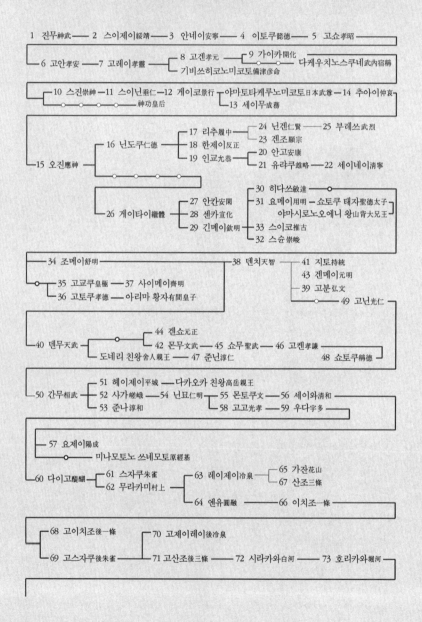

1 진무神武 —— 2 스이제이綏靖 —— 3 안네이安寧 —— 4 이토쿠懿德 —— 5 고쇼孝昭 ——

—— 6 고안孝安 —— 7 고레이孝靈 —— 8 고겐孝元 ┌ 9 가이카開化 —— 다케우치노스쿠네武內宿禰
기비쓰히코노미코토備津彥命

—— 10 스진崇神 — 11 스이닌垂仁 — 12 게이코景行 ┬ 야마토타케루노미코토日本武尊 — 14 추아이仲哀 ┐
神功皇后   13 세이무成務

—— 15 오진應神 ┬ 16 닌도쿠仁德 ┬ 17 리추履中 ┬ 24 닌겐仁賢 — 25 부레쓰武烈
                                          23 겐조顯宗
                              18 한제이反正
                              19 인교允恭 ┬ 20 안고安康
                                          21 유랴쿠雄略 — 22 세이네이淸寧

            26 게이타이繼體 ┬ 27 안칸安閑
                           28 센카宣化
                           29 긴메이欽明 ┬ 30 히다쓰敏達 ——
                                         31 요메이用明 — 쇼토쿠 태자聖德太子
                                                        야마시로노오에니 왕山背大兄王
                                         33 스이코推古
                                         32 스슌崇峻

—— 34 조메이舒明 ┬ ──────────── 38 덴치天智 ┬ 41 지토持統
              35 고교쿠皇極 — 37 사이메이齊明   43 겐메이元明
              36 고토쿠孝德 — 아리마 황자有間皇子   39 고분弘文
                                                49 고닌光仁

—— 40 덴무天武 ┬ 44 겐쇼元正
             42 몬무文武 — 45 쇼무聖武 — 46 고켄孝謙 ┐
             도네리 친왕舍人親王 — 47 준닌淳仁   48 쇼토쿠稱德

—— 50 간무桓武 ┬ 51 헤이제이平城 — 다카오카 친왕高岳親王
             52 사가嵯峨 — 54 닌묘仁明 ┬ 55 몬토쿠文 — 56 세이와淸和
             53 준나淳和   58 고고光孝 — 59 우다宇多

—— 57 요제이陽成
   미나모토노 쓰네모토源經基

—— 60 다이고醍醐 ┬ 61 스자쿠朱雀 ┬ 63 레이제이冷泉 ┬ 65 가잔花山
              62 무라카미村上   64 엔유圓融 — 66 이치조一條   67 산조三條

—— 68 고이치조後一條 ┬ 70 고제이레이後冷泉
   69 고스자쿠後朱雀 — 71 고산조後三條 — 72 시라카와白河 — 73 호리카와堀河

74 도바鳥羽 ── 75 스도쿠崇德
　　　　　　 77 고시라카와後白河 ── 78 니조二條 ── 79 로쿠조六條
　　　　　　 76 고노에近衛 ── 모치히토 왕以仁王
　　　　　　　　　　　　　　　 80 다카쿠라高倉

81 안토쿠安德
86 고호리카와後堀河 ── 87 시조四條
82 고토바後鳥羽 ── 83 쓰치미카도土御門 ── 88 고사가後嵯峨
　　　　　　　　　　 84 준토쿠順德 ── 85 추쿄仲恭

무네타카 친왕宗尊親王
89 고후카구사後深草 ── 92 후시미伏見 ── 93 고후시미後伏見 ── 고곤光嚴
　　　　　　　　　　　　　　　　　　 95 하나조노花園 ── 고묘光明
90 가메야마龜山 ── 91 고우다後宇多 ── 94 고니조後二條
　　　　　　　　　　　　　　　　　　 96 고다이고後醍醐

97 고무라카미後村上 ── 98 초케이長慶
　　　　　　　　　　　 99 고가메야마後龜山

스코崇光 ── 102 고하나조노後花園 ── 103 고쓰치미카도後土御門
고고곤後光嚴 ── 고엔유後圓融 ── 100 고코마쓰後小松 ── 101 쇼코稱光

104 고가시와바라後柏原 ── 105 고나라後奈良 ── 106 오오기마치正親町 ── 사네히토 친왕誠仁親王

107 고요제이後陽成 ── 108 고미즈노오後水尾 ── 109 메이쇼明正
　　　　　　　　　　　　　　　　　　　　 110 고코묘後光明
　　　　　　　　　　　　　　　　　　　　 111 고사이後西
　　　　　　　　　　　　　　　　　　　　 112 레이젠靈元

113 히가시야마東山 ── 119 고카쿠光格
　　　　　　　　　　 114 나카미카도中御門 ── 115 사쿠라마치櫻町

120 닌코仁孝 ── 121 고메이孝明 ── 122 메이지明治 ── 123 다이쇼大正
117 고사쿠라마치後櫻町
116 모모조노桃園 ── 118 고모모조노後桃園
124 쇼와昭和 ── 125 헤이세이平成

1장 · 역사

2장 · 사상

3장 · 종교

4장 · 모노가타리

7장 · 시가 문학

8장 · 극문학

9장·근세소설

1장

역사

역사는 승자의 것이다

천황 권력의 상징

민족이나 국가의 역사에 관한 이야기가 이른바 '옛날이야기'에서 시작해 문자 기록으로 발전한 과정은 동서양 모두 유사하다. 일본의 가장 오래된 역사서인 『고사기古事記』와 『일본서기日本書紀』도 이 같은 사실을 여실히 보여 준다. 다만 이 역사서의 편찬 동기가 자연 발생적인 것이 아니라 어떤 명백한 의도를 지니고 있다는 점이 다르다.

그보다 앞서 쇼토쿠聖德 태자 때 제정된 『헌법17조』에는 "칙명을 받들어 반드시 삼가라. 군주는 하늘로 삼으며 신하는 땅으로 삼는다"라는 이른바 천황을 중심으로 한 국가 체제와, 칙명을 받들어 반드시 삼간다(승조필근承詔必謹)라는 군신 관계의 확립이 정치의 근본 이념으로 선언되어 있다.

645년에 일어난 다이카大化 개신●은 이와 같은 이념을 한꺼번에 실현하기 위한 정치 개혁이었다. 그 결과 종래의 씨족 연합정권 체제가 붕괴하고 천황을 중심으로 한 중앙집권 국가가 탄생했다. 천황이 절대적인 권위를 가진 통치자로 군림하게 된 것이다. 국가에 있어 천황에 대한 그 같은 의미 규정은 이후 일본사의 흐름을 죄우하는 결정적인 것이 되었다.

이렇듯 역사서의 편찬은 국가 체제의 확립과 그 궤를 함께한다. 또 그

동기는 자국 역사에 대한 반성에서 시작되며, 대외적으로는 외국에 과시할 만한 역사서의 필요성을 통감하고, 국내적으로는 새로운 국가의 중심이 된 천황과 천황제를 정당화해 그에 대한 권위를 부여하기 위한 것이었다. 특히 『일본서기』는 일본 최고의 관찬^{官撰} 정사^{正史}로서 '일본기^{日本紀}'라고 부르기도 한다. 제목에 '일본'이라는 국호를 사용한 것은 중국의 『사기^{史記}』와 『한서^{漢書}』를 모방한 것인 동시에, 이러한 사서의 존재를 해외에 과시하기 위한 의도였음이 분명하다. 두 사서 전체에 일관된 사상은 천황의 절대성과 왕실의 존엄성을 선명히 부각하는 이른바 역사 이념이다.

『일본서기』를 시작으로 『속일본기^{續日本紀}』와 『일본후기^{日本後紀}』, 『속일본후기^{續日本後紀}』, 『분토쿠^{文德} 천황실록』, 『일본삼대실록^{日本三代實錄}』 등 여섯 종류의 관찬 정사(육국사^{六國史})가 나라^{奈良} 시대(710~784)부터 헤이안^{平安} 시대 초기에 걸쳐 편찬되었다. 이 관찬 정사의 내용은 모두 천황의 동정^{動靜}을 중심으로 다루었고 한문 편년체로 통일되어 있으며, 거기에는 역사서 편찬의 이념이 그대로 이어지고 있다. 더욱이 국가가 편찬한 정사는 아니지만 에도^{江戶} 시대●(1600~1867)에 미토번^{水戶藩}에서 편찬한 『대일본사^{大日本史}』와 그 속편이라고 할 수 있는 이다 다다히코^{飯田忠彦}의 『대일본야사^{大日本野史}』 등의 역사서 역시 같은 이념을 계승함으로써 메이지 유신^{明治維新}● 이후에 형성된 황국사관^{皇國史觀}●에 커다란 영향을 끼쳤다.

901년에 추진된 『일본삼대실록』의 편찬 작업을 마지막으로 일본의 정사는 맥이 끊긴다. 당시는 후지와라^{藤原} 가문●의 전성시대로 천황은 더 이상 정치적 실권이 없는 유명무실한 존재가 된 때였다. 그 후 메이지 유신에 이르기까지 천황이 정치의 실권을 장악한 적이 없다는 사실과 정사가 편찬되지 않은 점은 서로 무관하지 않을 것이다. 그러한 점에서 단

대사斷代史라는 형태로 앞선 왕조의 사적을 계속 기술해 이십오사二十五史를 남긴 중국과는 사정이 전혀 다르다.

이긴 자의 기록

정사가 편찬되지 않았다고 해서 역사서가 아예 없었던 것은 아니다. 예컨대 가마쿠라鎌倉 막부의 공식 기록인 편년체로 집필된 『아즈마교吾妻鏡』와, 쇼군將軍● 아시카가 요시미쓰足利義滿, 요시모치義持, 요시카즈義量의 3대에 걸친 이른바 무로마치室町 막부의 일기인 『가에이 삼대기花營三代記』, 도쿠가와 이에야스德川家康부터 제10대 도쿠가와 이에하루德川家治에 이르는 역대 쇼군의 사적을 상세히 서술한 『도쿠가와 실기德川實記』 등은 그러한 틈새를 메워 주는 역사서이다.

또한 간파쿠關白●였던 후지와라노 미치나가藤原道長 일족의 부귀영화를 기록한 『에이가 모노가타리榮花物語』와 4편의 가가미서鏡書(역사서)인 『오카가미大鏡』, 『이마카가미今鏡』, 『미즈카가미水鏡』, 『마스카가미增鏡』도 대표적인 역사서이다.

이 역사서들의 특징은 그 당시 권력자의 영향 아래에서 집필된 동시대의 기록이라는 점이다. 일본은 정권이 교체되었을 때 앞선 정권의 사적을 기록으로 남긴 예가 없다. 오히려 정권의 정당성을 주장하기 위해 앞선 정권의 역사적 사실을 왜곡하고, 심할 경우에는 기록을 말살하는 일을 자행했다. 일본의 속담대로 '이기면 관군'●, 곧 도리에 맞든 안 맞든 이기면 그것이 정의라는 사상이다.

군기 모노가타리의 등장

시대를 기록한 서적이면서도 역사서와는 접근 방식이 다른 것으로 군기 모노가타리軍記物語('모노가타리'는 '이야기'라는 뜻)가 있다. 군기 모노가타리를 문학 작품으로 볼 것인가 아니면 역사서로 읽을 것인가에 대해서는 의견이 분분하다. 어쨌든 그 대부분이 당시의 '현대사'로서의 역할을 했고, 폭넓은 범위에 영향력을 미쳤다는 점에 주목하지 않을 수 없다.

군기 모노가타리의 효시라고 할 수 있는『쇼몬기將門記』는 전쟁에 패한 다이라노 쇼몬平將門의 목이 수도에 도착하고 나서 4개월 뒤에 집필된 것으로, 당대사의 현장을 여실히 보여 준다. 그리고『무쓰와기陸奥話記』와 『호겐 모노가타리保元物語』,『헤이지 모노가타리平治物語』,『겐페이 성쇠기源平盛衰記』를 거쳐『헤이케 모노가타리平家物語』라는 최고의 걸작이 출현했다. 이는 전국을 떠돌아다니며 비파 곡조에 맞춰 전쟁 이야기를 하는 맹인 비파 법사의 걸쭉한 입담을 통해 일본 전역에 전파되었다.

이 같은 흐름은『조큐기承久記』,『태평기太平紀』,『오닌기應仁記』에서『신초기信長記』,『고요군감甲陽軍艦』,『다이코기太閤記』 등으로 이어지며 일일이 손꼽을 수 없을 정도로 많아진다. 군기 모노가타리는 그러한 과정을 통해 사람들의 입에 오르내리며 민중의 역사서 역할을 해 온 것이다.

역사서의 흐름

역사를 돌이켜 살펴본다는 의미는 고증도 그렇지만 옛것을 물어 새로운 것을 안다는 이른바 온고지신溫故知新의 뜻도 함께 품고 있다. 과거를 앎으로써 그것을 거울삼아 현재를 비추어 보고 아울러 미래에 나아갈 길을 정하고자 하는 데 있다. 따라서 사회의 격동기나 전환기에는 으레 역사에 대한 회귀 현상이 일어나며, 또 그 속에서 시대 특유의 사론史論과 사관史觀이 피력되는 것이다. 가마쿠라 시대 말기, 불교에서 말하는 말법末法의 세상이라고 여겨졌던 시대를 맞아 승려 지엔慈円(1155~1225)이 일본 최초의 사론서인『우관초愚管抄』를 저술해 일본사의 흐름을 불교적 세계관으로 해석하며 그 앞날을 예측했다. 또 남북조 전란(1336~1392)의 와중에는 천황의 계보를 더듬어 올라가 신국론神國論에 기초한 국가 체제와 정도론政道論을 전개한 기타바타케 지카후사北畠親房(1293~1354)의 『신황정통기神皇正統記』가 탄생했다.

에도 시대에는 아라이 하쿠세키新井白石(1657~1725)가『독사여론讀史餘論』을 썼다. 아라이는 이 책에서 후지와라 일족의 셋칸攝關(섭정攝政과 간파쿠를 줄여 부른 말) 정치에서부터 오다 노부나가織田信長, 도요토미 히데요시豊臣秀吉의 정권에 이르는 역사를 분석했고, 그 속에서 무사 정권의 필연성과 도쿠가와德川 정권의 정통성을 주장했다. 한편, 라이 산요賴山陽(1780~1832)는『일본외사日本外史』를 저술해 겐페이源平 일족(미나모토源 씨와 다이라平 씨를 줄여 이르는 표현)에서 도쿠가와 집안에 이르는 무가의 흥망을 되짚어 보는 한편, 대의명분론을 전개함으로써『일본정기日本政記』와 함께 훗날 유신 지사志士들에게 큰 영향을 끼쳤다. 이처럼 다양한 입장에서 여러 가지 사론과 사관이 전개되었다.

시론의 경합 시대

시대의 전환기에 등장하는 역사 관련 서적 중에는 역사와 사관의 범주를 넘어서 시론時論과 계몽서로 불리는 것들이 있다. 특히 막번 체제幕藩體制와 쇄국 정책으로 문화적, 사회적으로 정체되어 있었던 에도 시대 후기는 외국 선박이 일본에 머무는 등의 외직 자극을 받고 다양한 시론이 일제히 등장하는 백화요란百花燎亂의 양상을 보였다. 그러한 시론을 뒷받침하는 교양의 기반은 역사와 종교 사상, 난학蘭學 등 매우 다양했다. 당시의 시론時論은 두 가지였다. 하나는 시류에 편승해 여론을 이끌려 했고, 또 하나는 시류를 거슬러 미래를 예견하고 세상에 경고를 보냈다.

그렇게 볼 때 아라이 하쿠세키의 『서양기문西洋紀聞』과 오규 소라이荻生徂徠의 『정담政談』, 혼다 도시아키本多利明의 『서역 모노가타리西域物語』와 『경세비책經世秘策』, 사토 신엔佐藤信淵의 『혼동비책混同秘策』, 히로세 단소廣瀬淡窓의 『우언迂言』 등은 전자에 속하는 것으로 경청할 내용이 많지만, 현대인의 관심을 끄는 것은 시류에 대항해 세상에 경종을 울리며 과감하고 적극적으로 대처한 후자일 것이다.

해외 사정에 주목하면서 『해국병담海國兵談』을 저술해 일찍부터 이른바 해양 방위론인 해방론海防論을 주장한 하야시 시헤이林子平는 막부의 신경을 거슬렀다. 와타나베 가잔渡邊崋山의 『신기론愼機論』과 다카노 나가에이高野長英의 『유메 모노가타리夢物語』는 막부의 쇄국 정책을 비판했고 두 사람 모두 반사蠻社의 옥사 사건●에 연루되었다. 또한 막부 말기에는 『유자신론柳子新論』을 쓴 야마가타 다이지山縣大弐를 필두로 근황토막勤皇討幕, 곧 천황을 모시고 막부를 타도하자는 여론이 많았다. 그러나 실제로는 후지타 도코藤田東湖의 『회천시사回天詩史』와 사쿠마 쇼잔佐久間象山의 『성건록省諐錄』으로 대표되는 것처럼, 목숨을 걸고 굴하지 않는 결의로 세상에 경고하고 나라를 걱정하며 울분을 토로한 내용이 많았다. 그 같은 대목이야말로 이러한 시론이 지닌 매력이라 할 수 있다.

다이카大化 개신 : 645년 여름, 나카노오에 황자中大兄皇子(덴지天智 천황)를 중심으로 나카토미 가마타리中臣鎌足(후지와라藤原 가마타리) 등 혁신적인 조정 호족이 소가 씨 가문에 대항해 일으킨 쿠데타 직후에 실시된 정치 개혁이다. 중국 당나라 제도를 본떠 처음으로 연호를 사용하고, 토지와 사람에 대한 개인의 소유권을 폐지해 공공에 귀속시켰으며, 천황 관할하에 새로운 행정·군사 조직들을 실시하고 조세 제도를 새롭게 만드는 등 고대 동아시아적 중앙 집권 국가 성립의 출발점을 마련했다.

에도 시대 : 1600년에 일어난 세키가하라關ヶ原의 전투에서 승리한 도쿠가와 이에야스德川家康가 1603년에 에도(지금의 도쿄)에서 막부를 열었을 때부터 1867년 도쿠가와 요시노부德川慶喜로 막부가 막을 내리기까지 약 260년 동안 지속된 도쿠가와 가문의 통치기.

메이지 유신明治維新 : 에도 막부를 붕괴시키고 천황을 중심으로 한 친정부를 성립해 근대 국가로 나아간 일본의 정치적·사회적 변혁.

황국사관皇國史觀 : 일본의 역사를 천황 중심의 국가주의적 관점에서 보고, '만세일계의 천황이 일본을 지배하는 것'이 정당하며, 천황에 대한 충의를 가장 중요한 가치로 여기는 역사관.

후지와라藤原 가문 : 고대 일본의 귀족 가문으로, 왕실과의 통혼과 뛰어난 정치적 수완으로 9~12세기 일본 왕실을 지배했다.

쇼군將軍 : 일본에서 무가 정권 막부의 실권자를 지칭하는 칭호이다. 고대에 에조蝦夷(현재의 홋카이도) 토착민이었던 아이누족을 정벌하기 위해 임시로 편성된 토벌군 총대장을 의미하는 '정이대장군征夷大將軍'을 줄인 말에서 유래한다.

간파쿠關白 : 헤이안 시대에 생긴 직책으로, 성인이 된 천황의 최고 보좌관 또는 섭정을 의미한다. 표면상으로는 천황을 대행해 정무를 수행했으나 종종 정권의 실세를 잡기 위한 수단으로 이용되었다. 이 직책은 관례적으로 후지와라 가문 사람들이 맡아 왔으며, 후지와라 가문 출신이 아닌 간파쿠는 도요토미 히데요시豊臣秀吉와 그의 양자 히데쓰구秀次뿐이다.

이기면 관군 : '이기면 관군, 지면 역적勝てば官軍負ければ賊軍'이라는 속담으로, 싸움이란 도리에 안 맞아도 이기면 정의이고, 제아무리 올바르고 이치에 맞는 사람도 지면 그저 부정한 쪽으로 치부된다는 뜻.

막번 체제幕藩體制 : 소자농으로 구성된 마을을 최고 영주가 된 막부와 막부로부터 영지를 위임받아 군역에 종사한 다이묘大名가 지배하고, 소작농으로부터 조세(주로 쌀)를 징수한 봉건사회 체제.

반사蠻社의 옥사 사건 : 막부 말기인 1839년, 에도 막부가 난학과 서양 문물을 연구하던 모임인 쇼시카이尙齒會를 중심으로 난학자들을 탄압한 사건. '반사'란 쇼시카이를 두고 '난학을 연구하는 야만野蠻스러운 결사結社'라고 조롱한 데서 나온 말이다.

고사기
(古事記)

나라 시대 초기에 칙명에 따라 오노 야스마로가 편찬했다. 신화 전설을 중심으로 일본의 건국사를 정리한 가장 오래된 역사서로, 상·중·하의 3권이다. 상권에는 신대神代의 이야기인 신화를, 중권에는 진무神武 천황에서 오진應神 천황까지 15대에 이르는 역사를, 하권에는 진토쿠仁德 천황부터 스이코推古 천황에 이르는 18대의 역사를 아울러 총 33대에 이르는 역사가 수록되어 있다.

INTRO

오노 야스마로는 서문에서 『고사기』가 겐메이元明 천황 때인 와도和銅 5년(712) 정월에 완성되었다고 밝혔다. 덴무天武 천황은 생전에 여러 씨족에 전해 오는 「제기帝紀」와 「본사本辭」의 사실이 서로 다른 것을 보고, 후세에 올바른 내용을 전하고자 당시 도네리舍人(천황이나 왕족을 가까이서 모시던 직위)였던 히에다노 아레稗田阿禮에게 명을 내려 「제기」와 「본사」를 암송해 익히도록 했다. 그 후 얼마 동안 『고사기』 찬록撰錄 사업은 진행되지 않은 채 멈춰 있다가 3대가 지난 겐메이 천황 때가 되어서야 덴무 천황의 유지를 받든 오노 야스마로가 히에다노 아레가 암송한 것을 찬록하게 함으로써 완성되었다.

「제기」는 천황의 계보를 다룬 자료이며, 「본사」는 황실과 씨족에 얽힌 전설과 이야기 자료이다. 현존하는 『고사기』를 보면, 제2대 스이제이綏靖 천황에서 제9대 가이카開化 천황에 이르는 부분과 제24대 닌켄仁賢 천황 이하의 부분은 「제기」적 기사밖에 없다. 이 부분의 「본사」는 전해지지 않았던 것 같다.

원문은 야스마로가 서문에서 밝힌 바와 같이 한자의 음훈을 차용한 일본식 한문체로 쓰였고, 고유명사와 가요 그리고 특수한 고어 등은 가능한 한 신중하게 선택해 한 글자에 하나의 음이 해당하도록 한자음을 빌린 음가나音假名로 기록되어 있다.

신대神代 이후의 국가의 역사를 기록했으나 『일본서기』에 비하면, 예를 들어 별전別傳이 함께 기록되거나 실제 연월일이 기록되어 있지 않은 점 그리고 전체의 3분의 1이 신대 이야기인 신화에 해당한다는 점 등을 미루어 볼 때 역사서로서의 객관성이 부족하며, 문학적으로 윤색된 것도 많다. 그러나 야마토타케루노미코토倭建命의 동방 정벌 이야기나 기나시노카루木梨輕 태자의 비련의 이야기 등은 내용이 뛰어나다. 신화와 전설의 대체적인 줄거리는 『일본서기』와 다르지 않다. 그러나 『일본서기』가 전제주의적 고대 국가의 완성으로 국가의 정점에 위치하게 된 천황을 뒷받침하는 새로운 천황관의 시각으로 집필되어 있는 데 반해, 『고사기』는 이전의 왕권 소유자로서의 천황의 모습을 생동감 있게 그려내 씨족 전승이라는 원래의 소박한 모습을 있는 그대로 보여준다. 바로 그런 점이 『고사기』의 문학성이라고 할 수 있다.

『고사기』에는 신화와 전설에 관련된 100수 이상의 가요가 수록되어 있으며, 가요의 구절 수 및 한 구절 속에 담긴 음의 수와 형태 등이 매우 다양하다. 『만요슈萬葉集』 이전의 시가의 형태를 살펴볼 수 있는 더없이 귀중한 자료임은 물론 와카和歌 문학의 발생사를 고찰하는 데도 소중한 자료가 되고 있다. 노래 가운데에는 모노가타리를 위해 새로 만들어진 노래와 기존의 의례용 노래 등을 모노가타리에 맞추어 끼워넣은 것들이 있다.

신들의 탄생

하늘과 땅이 처음 나누어진 이후 다카마가하라高天原에는 계속해서 신들이 나타났는데, 가장 마지막에 나타난 것이 이자나기伊邪那岐와 이자나미伊邪那美라는 두 남녀 신이었다. 남매였던 이자나기와 이자나미는 아메노누天の沼라는 신성한 창으로 바닷속의 부드러운 땅을 긁어 휘젓고, 창 끝에서 떨어진 소금이 쌓여 만들어진 오노고로能碁呂 섬에 내려와 결혼을 했다. 두 신은 아메노미天の御라고 불리는 하늘로 이어지는 기둥을 세웠다. 그러고 나서 남자 신이 "내 몸에는 만들고 남은 부분이 있소. 그것을 그대 몸의 부족한 부분에 끼워 넣어 나라를 만듭시다" 하고 여신을 유혹해 하늘로 닿는 기둥 주변을 왼쪽, 오른쪽으로 서로 돌면서 "참으로 좋은 남자여", "참으로 좋은 여자여"라는 말을 주고받으며 화합했다.

그 결과 히루코水蛭子가 태어났으나 건강하지 않아 물에 띄워 보내 버렸다. 두 신은 여신이 먼저 말을 해서 부정을 탄 것이라며 하늘로 이어지는 기둥 주변을 다시 돌며 이번에는 남자 신이 먼저 말을 걸었다. 두 신은 마침내 성공해 계속해서 낳은 섬들과 신들을 낳았다. 마지막으로 불의 신을 낳았는데, 그 때문에 여신은 불타 죽었다.

남자 신 이자나기는 요미노쿠니黃泉國(황천)로 여신을 찾아갔으나 몸이

썩어 구더기가 들끓고 있는 모습을 보고 놀라 급히 달아났다. 이자나기는 요미노쿠니에서 마주한 죽음의 불길한 기운을 씻어 내기 위해 히무카^{日向}에 있는 다치바나노오도^{橘の小門}의 아와키하라^{阿波岐原}로 갔다. 그곳에서 왼쪽 눈을 씻자 아마테라스오미카미^{天照大御神}(『일본서기』에는 天照大神라고 표기되어 있다)가 태어났고, 오른쪽 눈을 씻자 쓰쿠요미노미코토^{月讀命}가, 코를 씻자 스사노오노미코토^{須佐之男命}가 태어났다. 이자나기 신은 이들 3명의 신에게 명령해 각각 신들이 사는 다카마가하라와 밤의 세계인 요루노오스쿠니^{夜食國} 그리고 바다인 우나바라^{海原}를 나누어 다스리게 했다.

이즈모국의 선조 스사노오

그런데 스사노오노미코토가 이 명령에 따르지 않고 죽은 어머니 이자나미가 살고 있는 나라로 가고 싶다고 울부짖자 이에 화가 난 이자나기는 그를 추방해 버렸다. 스사노오노미코토는 누나인 아마테라스오미카미에게 사정을 호소하기 위해 다카마가하라에 갔으나, 아마테라스오미카미는 동생이 자신의 영역을 빼앗으러 온 것으로 오해해 무장을 하고 아마노야스노가와^{天の安河}에서 그를 맞이하고는 대결했다.

두 신은 그곳에서 점을 쳤다. 아마테라스는 스사노오의 검을 입에 넣고, 스사노오는 아마테라스의 곱은옥(曲玉)을 입에 물고는 힘껏 깨문 다음 멀리 뿜어냈다. 그러자 스사노오의 입김에서는 남자 신이 태어났고, 아마테라스의 입김에서는 여자 신이 태어났다. 스사노오의 검이 변해 여신이 되었으므로 스사노오가 나쁜 마음을 먹고 있지 않았다는 것이 판명되었다.

그러나 스사노오는 자신의 승리에 우쭐대며 난폭하게 굴었다. 그의 태도에 화가 난 아마테라스는 이와야도^{岩屋戸}에 몸을 감추었다. 그러자 신들의 나라 다카마가하라라는 새까만 어둠으로 변했다. 이 문제로 천지 사방의 많은 신들이 상의하고 있는데, 아메노우즈메노미코토^{天宇受賣命}가 이와야도 앞에 내려와 가슴을 드러내고 치마끈을 내려 음부를 내보이며 요란하게 춤을 추었다. 신들은 그것을 보고 모두 웃음을 터트렸다. 그 소리에 아마테라스가 무슨 일인가 하고 바위 문을 여니 다카마가하라가 다시 밝아졌다. 신들은 스사노오에게 여러 가지 제재를 가하고 그를 추방했다.

정처 없이 방랑을 하게 된 스사노오는 이즈모국^{出雲國}의 히노가와^{肥河}라는 강의 상류로 내려왔다. 스사노오는 그곳에서 머리와 꼬리가 8개로 나뉜 큰 뱀 야마타노오로치^{八股大蛇}의 희생물이 될 처지에 놓인 구시나다히메^{櫛名田比賣}('히메^{比賣}'는 여성을 나타내는 말이다)와 그 노부모를 만났다. 스사노오는 노부모에게 술을 담그라고 했다. 그리고 큰 뱀에게 술을 먹여 잠들게 한 다음 목을 베어 무사히 퇴치했다. 이때 큰 뱀의 꼬리에서 발견된 구사나기^{草那芸} 검은 훗날 황실의 3가지 보배 중 하나가 되었다.

스사노오는 구시나다히메를 아내로 삼고 스가^{須賀} 지방으로 가서 궁전을 지었다. 이때 구름이 많이 끼자 스사노오는 이렇게 노래했다.

여덟 점의 구름이 이네, 이즈모의 여덟 겹 담
아내를 둘러싸고 여덟 겹 담을 만드네.
그 여덟 겹 담에 피어오른 여덟 점 구름이라
아내가 사는 집을 둘러싼 담
바로 여덟 점 구름이네.

토끼를 구하고 아내와 나라를 얻은 오쿠니누시

스사노오의 6대째 손자인 오쿠니누시大國主는 아주 자애로운 신이었다. 어느 날 이나바稻羽 땅의 여자 야카미히메八上比賣의 미모가 출중하다는 이야기를 들은 오쿠니누시의 80명의 형제들은 그녀에게 청혼을 하러 다 같이 달려갔는데, 오쿠니누시에게는 짐을 지고 뒤따라오게 했다.

80명의 신들은 게타노사키氣多前라는 곳에서 껍질이 벗겨진 흰 토끼를 만났다. 흰 토끼는 오키隱岐 섬에서 바다를 건너올 때 악어들을 속여 악어들의 등을 밟고 건너다가 껍질이 벗겨진 것이었다. 80명의 신들은 잔인하게도 흰 토끼에게 바다의 소금물로 목욕을 하고 바람을 쐬면 나을 것이라고 가르쳐 주었다. 신들이 일러 준 대로 한 토끼는 너무나 고통스러워했다. 그때 마침 형제들의 맨 뒤를 쫓아가며 마지막으로 토끼 옆을 지나던 오쿠니누시가 토끼에게 깨끗하고 맑은 물에 몸을 담그고 부들꽃을 감아 두라고 자상하게 가르쳐 주었다. 흰 토끼가 그 말대로 했더니 상처가 아물었다.

상처가 나은 흰 토끼는 보답으로 오쿠니누시에게 아내를 얻을 수 있는 방법을 일러 주었고, 결국 야카미히메는 오쿠니누시의 아내가 되었다. 질투심에 사로잡힌 80명의 신들은 오쿠니누시를 더욱 박해했다. 오쿠니누시는 스사노오가 살고 있는 네노카타스根堅州로 몸을 피했으나 그곳에서도 스사노오에게 갖가지 시련을 당했다. 그러나 스사노오의 딸인 스세리히메須勢理比賣의 도움으로 고난을 극복하고 그녀를 아내로 얻어 고향으로 돌아갔다. 그러고는 80명의 형들을 제압하고 하늘 세계인 다카마가하라와 지하 세계인 요미노쿠니 사이에 자리한 지상 세계인 아시하라노나카쓰국蘆原中國의 지배자가 되었다.

한편 다카마가하라에서는, 아시하라노나카쓰국은 자신의 자손이 다스려야 할 땅이라고 생각한 아마테라스오미카미가 아메노호히노미코토天菩比命와 아메와카히코天若日子 등을 그 땅에 보내 평정하려 했으나 별 효과를 얻지 못했다. 그런데 마지막으로 보낸 다케미카즈치建御雷의 신들이 마침내 오쿠니누시의 아들들을 물리치는 바람에 오쿠니누시는 어쩔 수 없이 나라를 내놓았다. 이렇게 지상 세계는 다시 평정되었고, 아마테라스오미카미의 자손인 니니기노미코토邇邇藝命가 그 땅의 지배자가 되어 히무카 지방의 다카치호高千穂 봉우리에 강림했다.

태양신의 자손 진무 천황의 탄생

니니기노미코토의 아들 호오리노미코토火遠理命는 형 호데리노미코토火照命의 낚싯바늘을 빌려 낚시를 하러 갔다가 그 바늘을 바다에 빠뜨려 버렸다. 호오리노미코토가 아무리 용서를 빌어도 형은 용서하지 않았다. 이에 호오리노미코토는 소금의 신 시오쓰치鹽土의 도움을 얻어 바다의 신 와타쓰미海神의 궁전으로 내려가 마침내 도미의 목에 걸려 있던 낚싯바늘을 찾았다. 그리고 바다 신의 딸 도요타마히메豊玉毘賣와 결혼해 돌아왔다. 호오리노미코토는 아내가 건네준 시오미쓰鹽盈 구슬과 시오히루鹽乾 구슬●을 이용해 형을 벌하고 복종시켰다. 그러던 어느 날 호오리노미코토는 아이를 낳기 위해 바닷가로 간 아내의 뒤를 따라가 그 모습을 훔쳐보았다. 그것은 아내와의 약속을 어긴 행동이었다. 이를 안 호오리노미코토의 아내는 그길로 바다로 돌아가 버렸다.

그녀가 낳은 아들 아마쓰히코히코나기사다케우가야후키아에즈노미코토天津日高日子波限建鵜葺草葺不合命의 아들이 바로 나중에 진무 천황이 된 가무야마토이와레비코노미코토神倭伊波禮毘古命이다. (상권)

동방 정벌에 나선 진무 천황

가무야마토이와레비코노미코토는 먼 세토 내해瀬戸內海를 건너 가와치河内에 상륙해 야마토大和로 진격했다. 그러나 호족의 우두머리 도미비코登美毘古에게 저지당하고 형 이쓰세노미코토五瀬命가 부상으로 숨을 거두자 결국 후퇴하고 말았다. 그러고는 두 번째 시도를 했는데 이번에는 기이紀伊 지방의 물길을 따라 구마노熊野 지역으로 상륙해 야타가라스八咫烏라는 까마귀의 길 안내를 받으며 요시노吉野 지방으로 들어갔다. 그곳에서 우다宇陀를 다스리고 있던 에우카시兄宇迦斯, 오토우카시弟宇迦斯와 그 밖의 만족을 물리치고 마침내 숙적인 도미비코를 제압해 야마토 지방을 평정한 뒤 가시하라橿原의 궁전에서 즉위했다.

비운의 황자 야마토타케루노미코토

제12대 게이코景行 천황에게는 야마토타케루노미코토倭建命라는 황자가 있었다. 이 황자는 성질이 난폭해 아무도 함부로 손을 댈 수 없었다. 천황조차 그 황자가 두려워 구마소熊曾를 정복하라는 명분으로 원정을 보내 버렸다. 황자는 여장을 하고 연회를 벌이고 있던 구마소타케루熊曾建에게 교묘히 접근해 그를 살해했다. 그리고 돌아오는 길에 지략을 발휘해 이즈모타케루出雲建까지 죽이고 당당한 모습으로 귀국했다.

그런데 게이코 천황은 원정에서 돌아와 피로를 채 풀지도 못한 아들에게 이번에는 동쪽 지방에서 난폭을 일삼는 신들을 평정하고 오라고 명령했다. 황자도 이번 명령에는 한숨을 짓지 않을 수 없었다.

동쪽 지방의 신들을 평정하는 일은 매우 힘겨운 여정이었다. 사가미相摸 지방에서는 구니노미야쓰코國造라는 자에게 속아 사방에서 불길이 몰려오는 벌판 한복판에 놓이게 되었다. 마침 출정 도중에 들른 이세伊勢의 오카미^{大神} 궁에 소속된 신관 오바야마토히메^{姨倭比賣}로부터 선물로 받은 구사나기^{草那藝}라는 검과 부싯돌로 풀을 베어 눕히고 벌판에 맞불을 놓아 가까스로 목숨을 건졌다. 우라가^{浦賀}의 물길을 건널 때는 바다 신의 노여움을 사서 바다가 거칠어지는 바람에 자신이 가장 사랑하는 왕비 오토타치바나히메^{弟橘比賣}를 제물로 바쳐 겨우 바다를 건널 수 있었다.

고난에 가득 찬 정벌을 마치고 고향으로 돌아오는 길에 이부키^{伊吹} 산의 신마저 평정하려 했으나 상대방을 쉽게 보고 잠시 방심한 탓에 그의 요기에 휘말리고 말았다. 마침내 야마토타케루노미코토는 스즈시카^{鈴鹿} 산기슭에 있는 노보^{能煩} 들판에서 최후를 맞이했다. 그는 야마토로 돌아가지 못한 채 고향을 그리며 이렇게 노래했다.

야마토는 근사한 나라
담장처럼 겹겹이 이어진 푸른 산 속에 있네
아름다운 야마토.

그러고는 고향 야마토에서 그의 아내와 아들들이 달려오기 직전에 흰 새가 되어 서쪽 하늘 끝으로 날아갔다고 한다.

성군 닌토쿠 천황

제14대 주아이^{仲哀} 천황의 아내 진코^{神功} 황후와 아들 일행은 야마토에서 반란을 일으킨 가고사카 왕^{香坂王}과 오시쿠마 왕^{忍熊王}의 군대를 평정했다. 황후의 아들은 훗날 새위에 올라 오진^{應神} 천황이 되었다.

오진 천황은 어느 날 아들 오야마모리노미코토^{大山守命}와 오사사기노미코토^{大雀命} 두 황자에게 "나이 많은 아들과 나이 어린 아들 중 어느 쪽이 더 귀여울까?" 하고 물었다. 오사사기노미코토는 "나이 많은 아들은 다 컸지만 어린 아들은 아직 그렇지 않으니 마음을 뗄 수 없어 귀여운 것입니다"라고 대답했다. 천황은 좋은 대답이라며 오야마모리노미코토에게는 산과 바다의 부락과 그 백성을 통치하게 했고, 오사사기노미코토에게는 천하의 정무를 돌보게 했다. 그리고 남은 아들 우지노와키이라쓰코宇遲能和紀郎子에게는 왕위를 이으라는 명을 내렸다.

이에 반발한 오야마모리노미코토는 아우인 우지노와키이라쓰코를 죽이고 왕위를 빼앗으려 했는데, 그러한 움직임을 미리 알아차린 오사사기노미코토가 우지노와키이라쓰코를 도와 형의 반역을 평정했다. 그 보답으로 우지노와키이라쓰코는 오사사기노미코토에게 왕위를 물려주려 했지만 그는 거절했다. 둘이 서로 양보하다 와키이라쓰코가 먼저 죽음으로써 자연스럽게 오사사기노미코토가 즉위하게 되었는데, 그가 바로 닌토쿠仁德 천황이다. (중권)

닌토쿠 천황은 성군이었다. 하루는 높은 산에 올라가 사방을 살펴보다가 내려다보이는 도성 가운데에서 연기가 피오르지 않는 것을 보고 양식이 없어 밥을 짓지 못하는 백성들의 가난을 생각해 3년 동안 세금과 노역을 면제하고 자신의 궁전이 황폐해져도 그대로 두었다. 그 뒤에 다시 산에 올라가니 사방에서 연기가 피어올라 천황이 매우 기뻐했다고 한다.

그런데 이러한 성군에게 이시노히메노미코토石之日賣命라는 매우 질투심 많은 황후가 있었다. 한번은 기비吉備 지방에 구로히메黑日賣라는 미모가 뛰어난 여인이 있다는 소문을 들은 천황이 그녀를 후궁으로 맞으려 했는데, 구로히메는 황후의 질투심이 무서웠던 나머지 고향으로 달아나 버렸다. 마침내 천왕은 황후가 궁전을 비운 틈을 타 야타노와키이라쓰메八田若郎女라는 여인을 후궁으로 맞이했다. 그러자 황후는 궁으로 돌아오지 않았다. 두 번 세 번 불러들였지만 황후는 이 청을 거절하고 고향인 야마토의 가스라키葛城로 돌아가 버렸다. 또 그 후 이복 누이인 메토리 왕女鳥王을 후궁으로 맞으려고 이복 동생인 하야부사와케 왕速總別王을 중매인으로 보냈으나 그녀 역시 황후를 겁내 천황의 명을 어기고 하야부사와케 왕의 아내가 되어 버렸다. 사랑에 빠진 두 사람은 달아났지만 결국 함께 죽고 말았다.

그 밖의 천황들

제21대 유랴쿠雄略 천황은 감정이 매우 풍부하고 성미가 격한 인물로 많은 연애 이야기를 남겼다. 어느 날 미와 강가에서 히케타베노 아카이코引田部赤猪子라는 아름다운 처녀를 본 유랴쿠 천황은 "나중에 아내로 맞이할 테니 결혼하지 말고 기다리거라"라는 말을 해 놓고 그대로 잊어 버렸다. 아카이코는 늙을 때까지 천황을 기다렸으나 아무런 연락도 없었다. 그래서 그동안 기다리고 있었다는 사실을 알리려고 천황을 찾아갔으나 늙어 버린 그녀의 모습에 놀란 천황은 많은 재물을 하사했지만 그녀를 아내로 맞이하지는 않고 그대로 돌려보냈다.

어느 날은 하쓰세長谷 지방의 느티나무 아래에서 주연을 벌이다가 궁녀가 바치는 술잔에 느티나무 잎이 떠 있는 것을 보고 화를 벌컥 내며 차고 있던 칼을 뽑아 그녀를 베려 했다. 그녀는 죽기 전에 잠시 시간을 달라고 청하고는 느티나무 잎의 상서로움을 빗내 천황을 칭송히는 노래를 지어 바쳤다. 천황은 그것을 듣고 마음이 누그러져 그녀를 용서했다.

제22대 세이네이淸寧 천황이 붕어한 뒤, 천황 자리를 계승할 사람이 끊겼다. 하리마播磨 지방의 행정 책임자인 야마노베노오다테山部小楯는 유랴쿠 천황에게 살해된 천황의 종형제인 이치노베노오시하市邊忍齒 왕의 두 아들을 찾아내어 황위를 잇게 했다. 먼저 즉위한 동생은 겐소顯宗 천황, 이어서 형은 닌켄 천황이 되었다.

닌켄 천황 이후 스이코推古 천황까지는 계보만 전하며 구체적인 이야기가 없다.

풍토기
(風土記)

나라奈良 시대(710~794)에 관명에 의해 각 지방 관청이 쓰고 편집한 지역별 지지地誌이다. 현재 완전한 형태로 전하는 것은 『이즈모국出雲國 풍토기』뿐이다. 히타치常陸·하리마播磨·히젠肥前·분고豊後 등 네 지역의 풍토기는 일부가 누락되어 있으며, 그 밖에 후세의 문헌 등에 인용되면서 일부 내용이 전해진 것들이 상당수 남아 있다. 원래는 지지로 꾸며졌으나 수많은 신화와 전설도 담고 있다.

INTRO

나라 시대 초기 겐메이 천황 때인 와도和銅 6년(713)에 중앙에서 각 지방의 행정 관청에 명하여 각 지역에 걸맞은 좋은 이름을 짓고, 군郡 내 특산물의 품목과 경작지의 비옥한 정도, 산과 들의 이름에 관한 유래, 옛 노인들이 전하는 전설 등을 기록해 보고하도록 했다. 이는 『고사기』가 성립된 이듬해이자 『일본서기』가 완성되기 7년 전의 일로, 국사 편찬과 짝이 될 지방지 편찬을 기획한 것이었다. 그 후 몇 년 뒤에 각 지방은 관명에 따라 지지를 정리해 중앙에 보고했는데, 그것이 바로 『풍토기』이다.

『이즈모국 풍토기』는 책의 말미에 적혀 있는 내용에 따르면, 덴표天平 5년(733) 2월에 완성되었다. 지방 행정관이자 오우意宇 군의 대영주였던 이즈모노오미히로시마出雲臣의 관할 아래 있던 아이카秋鹿 군 사람 미야케노오미마타타리神宅臣全太理가 편술했다. 현존하는 유일한 완전본으로 문장과 구성이 모두 잘 정리되고 통일되어 있다. 설화는 단편적이며 지명 기원 설화의 형식을 띠고 있다.

『히타치국 풍토기』는 설화를 중심으로 담고 있으며 한문 서적을 자유자재로 구사해 서술한 순 한문체로 되어 있다. 그중에는 매끈한 사륙병려체 부분도 보인다. 시라카베白壁와 가와치河內 두 군의 일부가 누락되었고, 그 밖의 군에서도 조금씩 생략된 부분이 있다. 성립 시기와 편찬자는 알려져 있지 않지만 요로養老(717~724) 연간에 히타치의 행정 책임자로 재임했던 후지와라노 우마카이藤原宇슴 그리고 그 밑에 있던 만요萬葉 시인 다카하시 무시마로大橋蟲麿가 편찬에 관여한 것으로 여겨진다. 『하리마국 풍토기』는 첫머리 부분과 아카시明石 군, 이고赤穂 군에 관한 내용이 부분적으로 빠져 있다. 와도(708~715) 말년에서 레이키靈龜(715~717) 사이에 성립된 것으로 보이지만 편찬자는 알려져 있지 않다. 설화로서는 가코賀古 군과 이나미印南 군 편에 나오는 게이코景行 천황의 구애를 거부한 이나미 군의 와키이라쓰메別孃 설화 등 천황과의 관계를 보여 주는 내용이 주목할 만하다.

『분고국 풍토기』와 『히젠국 풍토기』는 각 부분의 기사가 불완전한 것으로 보아 옮겨 쓰는 과정에서 생략되었을 것으로 짐작된다. 남겨진 문서에 따르면 규슈 여러 지방의 풍토기는 동일한 편찬 방침에 따라 정리되었고, 내용과 문장은 『일본서기』와 매우 흡사하다. 규슈의 주요 행정 관청이었던 대재부大宰府의 명에 따라 덴표(729~749) 무렵에 단기간에 걸쳐 편찬된 것으로 여겨진다.

이 다섯 풍토기 가운데 헤이안平安 시대 이후의 다른 문헌, 예를 들어 센카쿠仙覺의 『만요슈주석』이나 우라베 가와카타卜部兼方의 『석일본기釋日本記』(모두 가마쿠라鎌倉 시대 후기에 성립되었다) 등에 인용된 문서가 상당수 전해지고 있다. 또한 단고 지방에 전하는 히지 산 전설이나 우라시마浦島 전설 등은 후세 설화와의 관련성으로 주목받고 있다.

이즈모국의 탄생

야쓰카미즈오미쓰노노미코토八束水臣津野命는 "이즈모국은 처음에 작게 만들었다. 여기에 더 이어 붙여 크게 만들자"고 했다. 마침 신라의 곶에 남는 땅이 있어 어린 여자아이의 가슴처럼 폭이 넓은 가래를 큰 물고기의 아가미에 내리꽂듯 신라의 튀어나온 땅에 내리꽂아 잘라 낸 다음, 세 가닥으로 꼰 그물을 걸고 "구니코 구니코國來國來('구니'는 나라를, '코'는 온다는 뜻으로 '나라여 오라'는 의미)"라고 하면서 잘린 땅을 끌어당겨 이어 붙였다. 이것이 고즈去豆의 오리타에折絶(지금의 시마네島根 현 오즈小津 해변 부근. 이후 등장하는 모든 지역은 현재의 시마네 현이다)와 기즈키杵築의 미사키御埼(시마네 현 다이샤마치大社町 부근)이다. 그물을 걸었던 말뚝은 사히메佐比賣 산(시마네 현 산벤三瓶 산)이고 그물은 소노薗의 나가하미長濱이다.

다음은 기타도北門의 사키佐伎 지방(시마네 현 다이샤마치 부근)에 남는 땅이 있어 이 넓은 가래를 큰 물고기의 아가미에 내리꽂듯 꽂고, 세 가닥으로 꼰 그물로 "구니코 구니코"라고 외치며 끌어당겨 이어 붙였다. 이것은 다구多久의 오리타에折絶(시마네 현 야쓰카 군 부근)와 사다狹田 지방(시마네 현 가시마 마을 부근)이 되었다. 또 이와 마찬가지로 기타도의 누나미農波(시마네 현 야쓰카 군 부근)에서 끌어당겨 이어 붙인 것이 다시 미宇波의 오리타에折絶와 구라미闇見이다.

그래도 고시高志의 쓰쓰노미사키都都三埼(노토 반도 일부)에 남는 땅이 있어 폭이 넓은 가래를 큰 물고기의 아가미에 내리꽂듯이 그 땅에 꽂고는 세 가닥으로 꼰 그물을 걸어 "구니코 구니코"라고 외치며 끌어당겨 이어붙인 것이 미호노사키三穂埼(시마네 반도 동쪽 끝에 있는 지조미사키)이며, 그 그물이 요미夜見 섬, 그물을 지탱했던 말뚝이 호키伯耆 지방의 히노카미다케火神岳 봉우리(시마네 현 다이센大山)이다.

(『이즈모국 풍토기』 오우 군 편)

이마로의 복수

야스키노사토安來鄉의 북쪽 바다에는 히메사키昆賣埼라는 곳이 있다. 덴무 천황 2년(673) 7월 13일에 가타리노오미이마로語臣猪麻呂의 딸이 이곳을 거닐다가 때마침 마주한 흉포한 상어에게 잡아먹혀 돌아오지 않았다. 아버지인 이마로는 죽은 딸의 무덤을 바닷가에 만들고 밤낮으로 서럽게 울며 무덤을 떠나지 않았다. 그리고 며칠 후, 상어를 죽도록 증오했던 이마로는 화살촉과 작살 끝을 뾰족하게 갈아 적당한 장소에 몸을 굽히고 이렇게 기도했다.

"하늘과 땅의 여러 신들이시여, 이 땅에 진좌해 계시는 수많은 신사의 신들이시여, 그리고 바다의 신들이시여, 부디 이 이마로의 복수를 도와주소서."

그러자 얼마 지나지 않아 수많은 흉포한 상어들이 한 마리의 상어를 둘러싸고 마치 끌고 오는 것처럼 이마로가 있는 곳으로 다가와 그를 빙

둘러싸더니 더 이상 앞으로 나아가지도 않고 가만히 있었다. 이마로는 작살을 들고 한가운데 있는 상어를 찔렀다. 그제야 그 상어를 둘러싸고 있던 다른 상어들이 포위망을 풀고 흩어졌다. 이마로가 상어의 배를 가르자 그 속에서 딸의 한쪽 정강이가 나오는 것이 아닌가. 이마로는 그 상어를 토막 내 꼬챙이에 꿰어다가 길가에 세워 놓았다. 이마로는 야스키노사토 사람인 가타리노 오미아타우語臣與의 아버지이다.

(『이즈모국 풍토기』 오우 군 편)

신을 무찌르고 손에 넣은 땅

그 지역 사정을 잘 아는 노인이 말하길, 게이타이繼體 천황(재위 507~531) 때 야하즈노우지 마타지箭括氏麻多智라는 사람이 있었는데, 그는 군청이 있는 서쪽 계곡의 갈대밭을 개간해 밭을 만들었다고 한다. 그때 뱀의 신 야토夜刀가 무리를 이끌고 다가와 그를 양옆에서 방해해 밭을 만들 수 없었다.

몹시 화가 난 마타지는 갑옷과 창으로 무장하고 야토 무리를 산으로 몰아붙이며 모두 때려죽였다. 산기슭에 다다르자 그곳에 경계 표식을 세우고 야토 신들을 향해 말했다. "여기서부터 위는 신의 땅이고, 그 아래는 사람이 밭을 일구는 땅으로 하자. 앞으로 나는 제주祭主가 되어 그대들에게 제사를 지낼 것이니 해를 끼치지 마시오." 그러고는 신사를 짓고 제사를 지냈다고 한다. 그런 다음 다시 10개 마을 정도를 개간했다. 그 후 마타지의 자손은 대대로 제사를 지냈으며, 그 풍속은 지금도 이어지고 있다.

그 후 고토쿠孝德 천황(596~654) 때에 이르러 미부노무라지마로壬生連麿가 이 계곡을 차지하고 연못에 둑을 쌓았다. 이때 야토의 신들이 나타나 모두 연못가의 나무 위로 올라가 떠나지 않았다. 그러자 마로는 큰 소리로 "이 연못을 손질하는 것은 이 땅의 백성들을 살리기 위한 목적 때문이다. 천황의 방침을 따르지 않는 건 도대체 어느 신이냐?" 하고 꾸짖었다. 그리고 제방을 쌓는 사람들에게 "눈에 띄는 짐승은 물고기든 곤충이든 가리지 말고 거침없이 모두 죽여라"라고 명령했다. 그 말을 마치자마자 이상한 모습의 뱀들이 모두 도망가 자취를 감추었다. 지금 그 연못은 시이이椎井 연못이라고 불리는데, 연못의 이름은 주위에 모밀잣밤나무가 있고 샘물이 흐르고 있는 데에서 연유되었다. 가시마香島 지방 쪽으로 역마가 다니는 길에 있다.

（『히타치국 풍토기』 나메카타行方 군 편）

소나무가 된 남녀

먼 옛날 우나이노마쓰하라童子女松原라는 소나무가 많은 곳에 나이 어린 남녀가 있었다. 남자의 이름은 나카노사무타노이라쓰코那賀寒田郎子이고, 여자는 우나카미노아제노오토메海上安是孃子였다. 둘은 용모가 매우 뛰어났고 서로 좋아하는 사이였다.

이 부락에는 봄과 가을의 일정한 날에 정해진 장소에서 남녀가 잔치를 벌이고 노래와 춤을 추는 관습인 우타가키歌垣가 전해 오고 있었다. 어느 해 그날, 두 사람은 우연히 만나 노래를 주고받았다. 남들이 볼 것을 꺼린 두 사람은 우타가키가 펼쳐지고 있는 그곳을 피해 소나무 아래 몸을 숨긴 채 가슴에 묻어 둔 이야기를 나누었다. 이야기에 빠져 날이 밝는 것도 몰랐던 두 사람은 남의 눈에 띄자 이를 부끄럽게 여겨 소나무가 되었다. 남자인 이라쓰코는 나미마쓰奈美松라는 소나무가 되었고, 여자인 오토메는 고쓰마쓰古津松라는 소나무가 되었다. 이 소나무의 이름은 그때부터 지금에 이르고 있다.

(『히타치국 풍토기』 가시마 군 편)

하니오카 언덕의 유래

옛날에 오나무치노미코토^{大汝命}와 스쿠나히코네노미코토^{小比古尼命}가 "진흙 짐을 짊어지고 가는 것과 똥을 누지 않고 참고 가는 것 중 어느 쪽이 더 멀리까지 가는가"를 놓고 말다툼을 했다. 결국 오나무치노미코토는 "나는 똥을 누지 않고 가겠네"라고 했고, 스쿠나히코네노미코토는 "나는 진흙 짐을 지고 가겠네"라고 하며 각자 출발했다.

며칠이 지난 뒤 마침내 오나무치노미코토는 "더 이상 참을 수 없다"며 그 자리에 주저앉아 똥을 누었다. 그러자 스쿠나히코네노미코토도 웃으면서 "실은 나도 너무 무거워 더 이상 못 참겠다고 할 참이었네"라고 말하며 지고 있던 진흙을 언덕 위에 쏟아 버렸다. 그 언덕을 하니오카^{埴岡}라고 부른다.

(『하리마국 풍토기』)

히레후리 봉우리의 사연

히레후리^{褶振} 봉우리는 센카^{宣化} 천황 시절, 미마나^{壬那}에 파견된 오토모노 사데히코^{大伴狭手彦}가 배를 타고 떠날 때 아내인 오토히히메코^{弟日姫子}가 이 봉우리에 올라가 옷소매(히레^褶)를 흔들었다('후루振る'는 '흔들다'라는 말) 하여 붙여진 이름이다.

사데히코와 헤어진 닷새 뒤부터 매일 밤 히메코의 방을 찾아오는 남자가 있었다. 사데히코와 모습이 너무 닮아 이를 이상하게 여긴 히메코는 그 남자의 옷에 삼베실을 묶어 두었다가 그 실을 따라갔다. 그러자 히레후리 봉우리 기슭에 있는 연못에 이르렀다. 그곳에는 뱀이 자고 있었는데 이윽고 깨어나 사람의 모습으로 변하더니 "시노하라篠原 마을의 오토히히메코여, 하룻밤을 나와 함께 자면 돌려보내 주겠다"고 했다.

히메코의 시녀들이 집으로 달려가 부모에게 그 사실을 알리자 부모는 많은 사람들을 데리고 히메코를 찾으러 갔다. 그러나 두 사람의 모습은 보이지 않았고 연못 바닥에서 시체 한 구를 찾았을 뿐이다. 사람들은 그것을 히메코의 시신이라고 여기고 봉우리 남쪽에 무덤을 만들어 장사를 지냈다. 그 무덤은 지금도 남아 있다.

(『히젠국 풍토기』 마쓰우라 군 편)

암사슴의 꿈풀이

오토모雄伴 군에 이메노夢野라는 들판이 있다. 옛날에 이 들판(옛 이름은 도가노刀我野)에는 수사슴 한 마리가 살고 있었다. 그 짝이 되는 암사슴도 같은 들판에 살고 있었는데, 첩이 되는 암사슴이 아와지淡路의 노지마野嶋 섬에 살고 있어 수사슴은 가끔씩 그곳으로 갔다.

어느 날 수사슴이 정실인 암사슴이 있는 곳에서 잠을 자는데 등 위로 눈이 내리고 억새가 자라는 꿈을 꾸었다. 다음 날 암사슴에게 그 꿈이 무슨 조짐인지 꿈풀이를 하게 하자, 남편이 첩에게 드나드는 것을 미워하고 있던 암사슴은 거짓말로 "억새가 당신의 등에 자란 것은 화살을 맞는다는 뜻이고, 눈은 당신의 살이 소금에 절여져 요리된다는 불길한 조짐입니다. 만일 아와지 섬으로 건너가려 한다면 필시 바다 위에서 쏘는 뱃사람의 화살에 맞아 죽을 것이니 조심하세요" 하고 경고했다.

그러나 수사슴은 첩을 잊지 못해 결국 아와지로 건너가려 했고, 해몽대로 화살에 맞아 죽었다. 그래서 이 들판을 '이메노夢野'(꿈의 들판)라고 부르게 되었고, 이 고장 사람들의 속담에 "도가노 들판에 서 있는 암사슴은 정말 꿈도 잘 맞히네"라는 말이 생겼다.

(『셋쓰국攝津國 풍토기』)

하늘로 가지 못한 선녀

단고丹後 지방의 단바丹波 군에 있는 히지比治 산 꼭대기에는 마나이眞名井라는 샘이 있다. 먼 옛날 이곳에 8명의 선녀가 하늘에서 내려와 목욕을 했다. 그곳에 살고 있던 늙은 부부 와나사오키나和奈佐老夫와 와나사오미나和奈佐老婦는 그 광경을 보고 한 선녀의 옷을 몰래 감추었다. 옷을 찾지 못한 선녀는 하늘로 돌아가지 못하고 노부부의 말을 따라 그들의 딸이 되었다.

선녀가 빚은 술은 한 잔만 마시면 어떠한 병이라도 나았기 때문에 술이 많이 팔려 나갔고, 노부부는 큰 재물을 모으게 되었다. 부자가 된 노부부는 오만해져 "애야, 너는 우리 딸이 아니다. 임시로 여기에 머물게 했던 것뿐이다. 그만 가 보거라"라고 선녀에게 말했다. 선녀는 슬피 한탄하면서 집을 나갔지만 오랫동안 인간 세상에서 살았기 때문에 하늘로 돌아갈 수도 없었다. 정처 없이 떠돌다 한 마을로 온 선녀가 "노부부를 생각하면 내 마음은 거친 바다 물결 같아진다"라고 하여 그 마을 이름이 아라시오荒鹽(거친 소금, 곧 거친 바다라는 뜻)가 되었다. 또 그 선녀가 나키기哭木(우는 나무) 마을의 느티나무 아래서 울자 그 마을은 나키기 마을이 되었고, 선녀가 나구奈具 마을에 와서야 비로소 "내 마음이 평온해졌다(곧 평온하다는 뜻)" 하여 이 역시 마을 이름이 되었다.

(『단고국 풍토기』)

일본서기
(日本書紀)

나라 시대 초기에 도네리 친왕과 그 밖의 여러 사람들에 의해 편찬된 일본에서 가장 오래된 정사로, 한문 편년체로 쓰였다. 육국사六國史(나라 시대부터 헤이안 시대 전기에 걸쳐 천황의 명을 받아 조정에서 편찬한 국사 6부의 총칭)의 제1부에 해당한다. 전 30권이다. 『일본기』라고도 한다. 제목에 일본이라는 국호를 내세운 것은 『고사기』와 달리 외국에도 이 책의 존재를 과시하려 한 의도로 여겨진다.

INTRO

현재 전하는 사본은 가로 27cm의 두루마리 본이다. 한 권이 약 5m에서 10m 전후의 길이로 전체를 합치면 200m가 넘는다.

『속일본기』에 따르면, 『일본서기』가 성립된 것은 겐쇼元正 천황 때인 720년 5월이지만 편찬 사업이 시작된 것은 덴무 천황 때로 거슬러 올라간다. 처음에는 『고사기』의 편찬과 어떤 관련성을 가지고 기획되었으나 개별적으로 완성된 것으로 보인다.

편찬에는 도네리 친왕(덴무 천황의 세 번째 황자)을 중심으로 기노 기요히토紀清人와 미야케노 후지마로三宅藤麻呂 등 많은 사람들이 관여했다.

전 30권 중 제1권과 제2권은 신대神代를 다루고 있으며, 이하 28권은 진무神武 천황에서 지토持統 천황까지 40대에 걸친 역사를 다루었다. 신화 부분이 적고 역사 부분이 상대적으로 많으며, 신화와 전설은 대부분 『고사기』의 내용과 같다. 『고사기』와 다른 내용은 대체로 왕실 권력의 존엄성을 강조하기 위한 것들이었다. 이는 씨족제 사회의 왕권보다는 율령제 사회의 왕권의 모습을 그려 내고자 한 것이며, 그 바탕에는 새로운 천황관이 자리하고 있었으리라 추정된다.

서술 방식은 연월일을 쓰고, 대륙과 한반도의 사서를 인용해 기록했다. 또한 몇 종류의 별전別傳을 병기하는 등 역사서로서의 객관성을 중시한 배려가 눈에 띈다. 순 한문체 편년식이라는 서술 방법을 채택하고 있지만, 가요를 수록한 대목에서는 한문 한 자에 하나의 음을 대응시키는 '음기나音假名'를 사용했다. 새로 유입된 중국 북방이 한자음을 사용하고 있는 점이 『고사기』나 『만요슈』와 다른 점이다.

『일본서기』는 이후에 편찬된 『속일본기』, 『일본후기』, 『속일본후기』, 『분토쿠文德 천황 실록』 그리고 『삼대三代 실록』 등 5가지 사서와 함께 한문체 정사 육서를 이루는데, 이를 모두 합해

'육국사'라고 한다. 이 사서들은 모두 고대사 연구의 중요한 자료가 될 뿐만 아니라 신화와 전설, 가요 등 문학적 의미도 매우 크다. 또한 후세의 모노가타리, 군기軍記 등에 미친 형태적 영향도 간과할 수 없다.

고교쿠 천황기(제24권)

고교쿠皇極 천황 3년(644) 6월, 신의 뜻을 알아듣는 능력을 지닌 여러 명의 신관 가무나키巫覡들이 모여 소가노 에미시蘇我蝦夷 대신이 히로세廣瀬 강의 다리를 건너려 할 때 무언가 알 수 없는 이상한 신의 말을 읊었다. 무슨 내용인지는 알 수 없었으나 노인들은 "세상이 바뀔 조짐이다"라고 했다. 마침 세상사를 풍자한 '와자우타謠歌'라는 노래가 백성들 사이에서 불리기 시작했다.

그해 겨울 11월, 소가노 에미시와 그의 아들 이루카入鹿는 아마가시노 오카甘檮岡에 저택을 나란히 지은 뒤 각각 '우에노미카도上宮門', '하자마노미카도谷宮門'('미카도'란 문을 높여 부르는 말로, 주로 황궁의 문을 가리킨다)라 부르고, 자식들은 '왕자王子'라고 불렀다. 그리고 저택 주변은 경계를 엄중히 했다. 다른 대신들에게도 우네비畝傍 산의 동쪽에 집을 지어 주고 출입할 때에는 항상 50명의 병사로 호위하게 했다.

고교쿠 천황 4년 6월 8일, 나카노오에中大兄 황자(덴치天智 천황)는 소가노구라노야마다노마로蘇我倉山田麻呂(소가 씨의 방계傍系로 나카노오에에게 중용되었다)에게 이루카를 비밀리에 살해할 계획을 털어놓고, 삼한三韓(한반도의 마한·진한·변한)에서 사절이 와 공물을 바치는 날에 천황에게 바치는 표를 낭송하는 역할을 맡겼다. 구라노야마다노마로는 이 명령을 받아들였다.

같은 달 12일, 천황이 대극전大極殿에 들었다. 나카토미노 가마코中臣鎌子

는 궁정에서 가무를 담당하는 배우에게, 이루카가 입궐할 때 교묘한 말로 속여 허리에 찬 검을 풀어 놓게 하라고 했다. 이윽고 행사가 열리고 구라노야마다노마로가 표문을 읽었다. 나카노오에 황자는 궁성의 12대 문을 닫으라는 명령을 내리고 자신도 창을 잡고 대극전 한쪽에 숨어 있었다. 가마코 역시 활과 화살을 들고 그 뒤를 따랐다. 황자는 사에키 고마로佐伯子麻呂와 가쓰라키노와카이누카이노아미타葛城稚犬養網田에게 검을 주면서 "단칼에 베라"하고 명령했다. 명령을 받은 고마로와 가쓰라키노와카이누카이노아미타는 밥을 물에 말아 먹었는데 너무 겁이 난 나머지 토해버리고 말았다. 옆에서 가마코가 그들을 격려했다.

표문은 거의 다 읽어 가는데 사에키 고마로 일행이 오지 않자 구라노야마다노마로는 식은땀이 나고 목소리가 덜덜 떨리기 시작했다. 이루카가 "왜 떨고 있는가?"라고 묻자 구라노야마다노마로는 "천황을 바로 옆에서 모시게 되어 저도 모르게 땀이 납니다"라고 대답했다.

일이 이렇게 되자 나카노오에는 고마로에게 고함을 치고는 자신이 앞장서서 대극전 안으로 달려 들어가 이루카에게 일격을 가했다. 넘어진 이루카가 일어나려고 하자 고마로가 그의 한쪽 발을 칼로 베었다. 이루카는 몸을 굴려 천황의 어좌 쪽으로 다가가 "나는 잘못을 한 적이 없습니다. 부디 이 자리에서 심판을 내려 주십시오"라고 말했다.

이에 놀란 천황은 나카노오에에게 "무슨 영문인지 모르겠다. 대체 무슨 일인가?" 하고 물었다. 나카노오에는 땅에 엎드려 "이루카는 천황 가문을 멸살해 천황의 왕위를 빼앗고자 합니다. 어째서 대대로 천손이 이어 온 왕위를 천손이 아닌 이루카 따위에게 넘겨줄 수 있겠습니까?" 하고 말했다. 이 말을 들은 천황은 그 자리에서 일어나 바로 내전으로 들어가버렸다. 사에키 고마로와 가쓰라키노와카이누카이노아미타 두 사람은 그 자리에서 이루카를 살해했다.

나카노오에는 바로 호코 사法興寺로 자리를 옮겨 전투를 준비했다. 황자와 여러 황족 그리고 신하들이 모두 그의 뒤를 따랐다. 아야노아타이漢直는 일족을 한데 모아 놓고 나카노오에와의 싸움을 결의했다. 그러나 다카무쿠노 구니오시高向國押는 아야노아타이에게 "아마도 우리는 이루카와의 관계 때문에 죽게 될 것이고, 소가노 에미시 대신도 틀림없이 죽게 될 것이다. 그렇다면 우리는 누구를 위해 싸우며 또 그 죄를 몽땅 뒤집어써야 하는가?"라는 말을 남기고 무기를 버리고 달아났다.

같은 달 13일, 소가노 에미시는 살해되기에 앞서 천황기天皇記와 국기國記, 보물 등을 불태워 버렸다. 요네노 후비토에사카船史惠尺는 불길 속에서 겨우 국기를 건져 내 나카노오에에게 바쳤다. 이날 소가노 에미시와 이루카 부자에 대한 장례가 허락되었다.

이러한 일이 있자 사람들은 와자우타가 이 모든 것을 암시했다고 수군거렸다.

사이메이 천황기(제26권)

사이메이齊明 천황 4년(658) 10월 15일에 천황이 기노유紀溫湯로 떠났다. 11월 3일, 천황의 부재 중에 궁전을 지키게 된 소가노 아카에蘇我赤兄는 아리마有間 황자(천황의 조카로 고토쿠孝德 천황의 아들. 나카노오에 황자의 전횡에 울분을 품고 있었다)에게 이렇게 말했다.

"지금 천황의 정치는 세 가지 점이 잘못되었다. 첫째는 큰 창고를 지어 백성들의 재물을 쥐어짜 내고 있는 것이요, 둘째는 긴 수로를 만들어 식량과 세금을 낭비하는 것이며, 셋째는 배로 돌을 실어 날라 언덕을 만든 것이다. 세 가지 잘못이란 바로 이것이다."

황자는 아카에의 생각이 자신의 생각과 같은 것을 알고 매우 기뻐하며 "비로소 내가 군사를 일으킬 때가 왔다"하고 말했다.

같은 달 5일, 황자는 아카에의 집에 있는 높은 정자 위에 올라가 계획을 꾸몄다. 그런데 하필이면 이때 황자의 측근 중 한 사람이 아무런 이유 없이 다리가 부러졌다. 두 사람은 이를 불길한 조짐으로 여기고 서로 서약만 한 채 군사를 일으키는 계획을 중지했다. 황자는 집으로 돌아가 그대로 잠들었다. 그날 밤, 아카에는 모노노베노 에노이노시비物部朴井連鮪에게 명해 아리마 황자의 집을 포위하고, 기노유에 있는 천황에게 사람을 보내 반역에 대한 내용을 자세히 보고했다.

같은 달 9일, 아카에는 아리마 황자와 모리노키미 오이시守君大石, 사카이베노 구스리坂合部藥, 시오노야 고노시로鹽屋鯯魚 등 4명을 체포해 기노유로 보냈다. 도네리舎人(천황이나 왕족 주변에서 일상적인 일을 받드는 직책) 니이타베노 고메마로新田部米麻呂는 황자를 걱정하며 그 뒤를 따랐다. 기노유에 도착한 황자에게 황태자인 나카노오에가 "무엇 때문에 반역을 꾀했는가?"라고 심문하자, 아리마 황자는 "하늘과 아카에만이 알 것이다. 나는 전혀 모른다"고 대답했다.

같은 달 10일, 나카노오에 황태자는 다지히노 오자와노쿠니소丹比小澤國襲를 시켜 귀경하는 아리마 황자의 뒤를 밟았다. 황자를 따라잡은 그는 후지시로藤白 고개에 이르러 황자의 목을 졸라 죽였다. 같은 날, 시오노야 고노시로와 니이타베노 고메마로 역시 후지시로 고개에서 참수당했다. 고노시로는 죽기 전에 "바라건대 목숨만 살려 주시오. 이 오른손으로 나라의 보물을 만들 수 있게 해 주시오"라는 말을 남겼다. 모리노키미 오이시는 가미스케노上毛野로 유배되었고, 사카이베노 구스리는 오와리尾張(지금의 아이치愛知 현 서부)로 유배되었다.

덴무 천황기(제28권)

즉위한 지 4년째(671) 되는 겨울인 10월 17일, 덴치^{天智} 천황의 병세가 더욱 악화되자 황태자인 오시아마^{大海人}(천황의 동생으로 후에 덴무^{天武} 천황이 됨)를 불러오게 했다. 그 심부름을 맡은 소가노 야스마로^{蘇我安麻呂}는 원래 황태자와 친했으므로 "부디 말씀에 주의하라"라고 황태자에게 미리 충고했다. 황태자는 천황이 어떤 음모를 꾸미고 있음을 눈치채고 신중하게 처신했다.

천황은 칙명을 내려 황태자에게 천하의 정치를 물려주겠다고 했으나 황태자는 이를 고사하며 "불행히도 저는 몸이 병약합니다. 저 같은 몸으로 어찌 나라를 올바로 유지할 수 있겠습니까? 천하의 일은 모두 황후에게 맡기시는 것이 좋을 듯합니다. 그리고 오토모 황자(덴치 천황의 아들)를 황태자로 책봉하십시오. 저는 오늘이라도 당장 출가해 천황을 위해 기도드리겠습니다"라고 했다. 천황은 이 말을 듣고 출가를 허락했다. 오시아마 황태자는 가지고 있던 무기를 모두 조정에 반납하고 그날로 출가했다. 그리고 이틀 뒤인 19일에 요시노^{吉野}로 내려갔는데, 사람들은 이를 두고 "호랑이에게 날개를 달아 준 격이다"라고 했다.

다음 날 20일에 요시노에 도착한 오시아마가 함께 따라온 가신 등을 불러 모아 이렇게 말했다. "나는 불문에 들어가 수양을 쌓을 것이다. 나를 따라 수양을 쌓고자 하는 자는 남아도 좋다. 그러나 이름을 떨치고자 하는 자는 돌아가 조정을 받들라." 그러나 돌아가겠다는 자가 하나도 없었다. 오시아마가 다시 가신들을 불러 놓고 똑같은 말을 하자 가신들 중 반은 남고 반은 떠나갔다.

12월에 덴치 천황이 죽었다. 이듬해 임신년(672, 덴무 천황 원년) 정월이 되자, 덴무 천황(오시아마)의 귀에 조정이 비밀리에 병사들을 모으고, 오미近江에서 야마토大和에 이르는 길목 요소요소에 감시꾼들을 배치하고 있다는 정보가 속속 들어왔다. 천황은 자신에게 반역의 뜻이 없음에도 조정이 자신을 공격하려 하자 이를 탄식하고는 마침내 동쪽으로 신하를 보내 병사들을 불러 모으게 했고, 자신도 요시노를 떠나 동쪽으로 출발했다. 도중에 오미에서 앞을 다투어 달려온 그의 두 아들 다카이치高市 황자와 오즈大津 황자가 합세했다. 조정은 이러한 요시노 쪽의 움직임에 동요했고, 오토모 황자는 신하들과 상의해 기비吉備 지방과 쓰쿠시筑紫의 대재부에 응원을 청했으나 뜻을 이루지 못했다.

오토모大伴 집안의 마구타馬來田와 후케이吹負 형제는 천하의 움직임이 자기 집안에 불리하게 돌아가자 병을 핑계로 야마토의 집으로 돌아가 버렸다. 그 길에 마구타는 왕위가 반드시 오시아마에게 돌아갈 것으로 보고 그가 있는 곳으로 달려갔다. 동생인 후케이는 천황을 위한 공을 세우기 위해 일족과 용감한 병사 십여 명을 데리고 야마토에 남았다.

임신년(672) 6월 27일, 덴무 천황의 명으로 후와不破 요새(오미와 미노 지방의 국경으로 동쪽의 중요한 요충 가운데 하나)를 지키고 있던 다카이치 황자는 구와나桑名(지금의 미에三重 현 북동쪽에 있는 시)에 있던 덴무 천황을 모셔 왔다. 천황은 자신을 맞이하러 온 황자에게 "오미 쪽은 지금 좌대신, 우대신은 물론 지략이 출중한 군신들이 한데 모여 전략을 짜고 있다. 하나 지금 내게는 함께 지략을 짤 사람이 없으며, 있는 사람이라곤 온통 젊은이들뿐이다. 어찌하면 좋은가?" 하고 물었다.

이에 황자는 소매를 걷어붙이고 검을 뽑아 들며 "오미의 군신들이 수가 아무리 많다 한들 감히 어떻게 천황을 거역하겠습니까? 비록 지금은 천황을 보좌하는 자가 없다 하나 저 다카이치는 신들의 가호 아래 천황의 명을 받들어 여러 장수들을 이끌고 적을 섬멸하겠습니다. 적들이 어찌 감히 저희를 막아 내겠습니까?"라고 대답했다.

천황은 그 말을 칭송하고는 황자의 손을 잡고 등을 두드려 주며 "자만하지 말거라" 하고 말했다. 그러고는 모든 군사 지휘권을 황자에게 넘겼다. 황자는 와자미和蹔 지역으로 돌아가고, 천황은 노카미野上 부근에 행궁을 설치해 머물렀다.

한편 이날, 야마토의 오모토 후케이는 비밀리에 아스카明日香 궁의 수비 책임자 중 한 사람과 짜고 직접 다카이치 황자로 가장했다. 그러고는 황자가 후와에서 병사들을 이끌고 온 것처럼 혼란을 일으켜 아스카 궁을 공략한 뒤 나라乃樂(현재의 나라 시 부근)로 향했다.

7월 2일, 천황은 기노 아헤마로紀阿閇麻呂에게 대군을 주어 이세伊勢에서 야마토로 진격하게 했고, 무라쿠니노 오요리村國男依에게도 군사를 내주어 후와에서 오미로 진격하게 했다. 오미 쪽에서는 야마베山部 왕에게 수만의 병사를 주어 후와를 습격하게 했으나 병사들 사이에 내분이 일어 천황 쪽에 투항하는 자가 속출하는 바람에 뜻을 이루지 못했다.

7일, 천황의 오요리 등은 오키나가息長 지방의 요코가와横河에서 전투를 벌여 승리했다. 같은 날, 야마토를 향해 진격하던 아헤마로의 군대는 후케이가 나라 산 전투에서 패한 것을 알고 오키소메노 우사기置始菟에게 1,000여 기의 병사를 주어 급히 야마토로 진격시켰다.

7월 13일, 야스安 강에서 큰 승리를 거둔 오요리의 군대는 17일이 되어서야 마침내 세타瀬田에 이르렀다. 앞을 살펴보니 다리 서쪽으로 대군을 이끌고 있는 오토모 황자의 모습이 보였다. 깃발이 들판을 뒤덮고, 먼지가 하늘 끝까지 피어오르고 있었다. 징과 북소리가 사방에서 저 멀리 울려 퍼지는 가운데 화살을 비 오듯이 쏘아 댔다. 지손智尊이라는 장군은 정예 병사를 이끌고 선두에 서서 다리 한가운데를 끊고는 나무판 한 장만 남겨 놓았다. 그러고는 나무판을 밟고 강을 건너려는 자가 있으면 판을 잡아당겨 다리 아래로 떨어뜨렸다.

오요리 군에는 오키다노 와카미大分稚臣라는 용맹한 병사가 있었다. 그는 창을 버리고 겹겹이 갑옷을 껴입는 뒤 칼을 뽑아 들고 화살이 비 오듯 쏟아지는 다리를 건너 일거에 적진 깊숙이 들어갔다. 이를 본 오미 병사들은 대오를 무너뜨리면서 뒤로 도망치기 시작했다. 장군 지손은 달아나는 병사들의 목을 베며 저지하려 했으나 진영을 다시 갖출 수 없었고, 그 자신도 다리 부근에서 칼에 맞아 죽었다. 오토모 황자는 겨우 목숨만 건져 달아났다.

오요리는 다리를 건너 아와쓰노오카粟津岡에 진을 쳤다. 이날 하타노 야쿠니羽田矢國는 비와琵琶 호수 서쪽에 있는 미오三尾 성을 북쪽에서 공격해 함락시켰다. 23일에는 오요리 군이 오미 쪽 장수들을 사로잡았다. 오토모 황자는 궁지에 몰린 나머지 야마자키山前로 달아나 결국 스스로 목숨을 끊었다.

오토모노 후케이는 다시 나라를 향해 진군하던 도중 히에다稗田에 들렀다가 그날 오미 군이 가와치河內 쪽에서 습격해 온다는 정보를 입수하고는 그길로 군대를 셋으로 나누어 가와치와 이어지는 세 곳의 길목으로 보내 지키게 했다. 사카모토노 다카라坂本財의 군대는 다카야스 성에 오미 군대가 집결해 있음을 알고 그곳을 공격해 빼앗았다. 그러나 날로 불어나는 오미 군의 수에 못 이겨 마침내 퇴각하지 않을 수 없었다.

이날 오미 군에게 패해 달아나던 후게이는 스미자카墨坂에 이르러서야 겨우 오키소메노 우사기置始菟가 이끄는 원군을 만날 수 있었다. 거기에서 군대를 돌려 가나즈나노이金綱井에 주둔하면서 흩어진 병사들을 다시 모았다. 오미 군이 서쪽 방향에서 진격해 올 것을 안 후케이는 병사들을 이끌고 달려가 크게 물리쳤다. 여기에 동쪽에서 도착한 원군에 힘입어 기세를 불린 후케이의 군대는 오미 군과 대등하게 싸울 수 있게 되었고, 마침내 오미 군은 후퇴하지 않을 수 없었다.

후케이가 가나즈나노이에 처음 진을 쳤을 때의 일이다. 야마토국 다케치군高市郡의 장관인 다케치노 고메高市許梅라는 자가 갑자기 신이 들려 아무 말도 못 하게 되었다가 3일 뒤에는 신의 말을 했다. "나는 다케치 신사神社의 고토시로누시事代主 신이다", "미사身狭 신사의 이쿠미타마生靈 신이다", "진무 천황릉에 말과 병기를 바쳐라", "나는 천황의 앞뒤를 지키며 후와로 돌려보내겠다. 지금도 그의 군대 속에 있다", "서쪽에서 적군이 쳐들어온다" 등의 말을 했다.

신이 들려 한 이 말들은 적중했다. 후케이의 군대는 서쪽에서 쳐들어오는 적의 습격을 사전에 안 것이다. 싸움이 끝난 뒤 천황은 이들의 신탁을 고맙게 여기고 정성을 다해 제사를 지냈다.

7월 22일, 후케이의 군대는 야마토를 완전히 제압하고 난바難波로 쳐들어가 싸웠다. 장군들은 더욱더 진격해 오미까지 쳐들어가 좌대신과 우대신 등의 신하들을 사로잡았다. 그리고 오토모 황자의 목을 베어 후와로 가져가 진영 앞에 바쳤다.

8월 25일, 천황은 오미 쪽 사람들을 처벌하고 27일에는 천황 군대의 유공자들에게 상을 내렸다.

9월 12일, 천황은 야마토로 개선했고, 15일에는 오카모토岡本 궁에 들어갔다. 그리고 그 남쪽에 새로 궁전을 지어 옮겨 갔는데 아스카키요미하라飛鳥淨御原 궁이 그것이다.

헌법17조
(憲法十七條)

일본에서 가장 오래된 헌법(604년 제정)으로 쇼토쿠 태자가 편찬했다고 전한다. 이상 사회의 구현을 위해 국민 위에 서는 국가 관료의 정치 도덕을 나타낸 것으로, 현대의 법률과는 성격이 다르다. 그러나 일본에서 가장 오래된 성문법成文法이고, 천황가를 중심으로 중앙집권 체제를 확립하려 한 의도가 담겨 있다는 점에서 역사적 의미가 매우 크다.

INTRO

쇼토쿠 태자는 요메이用明 천황의 둘째 아들로 스이코 천황(554~628) 때 섭정攝政을 했다. 대륙의 문화를 고루 받아들여 선정을 베푸는 데 노력했으나 스이코 29년(621)에 49세의 나이로 숨을 거두었다.

『헌법17조』의 개요는 관리의 도덕적 반성과 자각을 촉구한 것이다. 이는 당시의 관리들에게 책임 있는 직무에 대한 자각이 부족했기 때문이라고 생각된다. 그 배경에는 당시 씨족제 사회의 여러 호족들 간에 일어난 파벌 항쟁, 특히 소가노 우마코蘇我馬子의 전횡이 극심해지는 등의 정치적 정세가 반영된 것이 분명하다. 따라서 『헌법17조』를 제정한 의미는 천황가를 중심으로 한 국가 질서의 확립에 있었다고 파악할 수 있다. 이는 『헌법』을 기초하기 한 해 전인 12월에 12관위의 관리 계급이 제정되고, 그 이듬해인 스이코 12년 정월에 모든 신하에게 각각의 관위가 부여된 사실과도 부합된다.

사상적 배경은 유교와 불교 그리고 법가 등이며, 이는 조문 속의 표현을 통해서도 알 수 있다. 조문 속의 사상은 표면적으로는 유교가 주를 이루지만, 그 핵심에는 불교적 이상을 추구하며 그것을 정신적 기반으로 삼고 있음이 엿보인다. '범부凡夫'의 일반적인 마음가짐, 곧 번뇌를 거론해 그 구체적인 모습으로 노여움과 아첨, 질투, 원망 등에 주목한 점도 빼놓을 수 없다.

이상 사회 구현을 위한 헌법

『일본서기』의 스이코 천황 12년 여름 4월의 조항이 전하는 『헌법17조』는 내용이 여러 분야에 걸쳐 있어 언뜻 산만한 인상을 주기도 하지만 그럼에도 불구하고 저자의 높은 이상이 담겨 있음을 알 수 있다. 즉, 상하가 서로 화목한 이상 사회의 구현이라는 기치를 내걸고, 17조 전체를 통해 그와 같은 화목을 어떻게 실현할 것인가를 설명하고자 한 것이라고 해도 과언이 아니다. 원래 이는 국민 전체에게 그 내용을 알리고자 한 것이 아니라 국민의 위에 서 있는 국가 관료들을 대상으로 그들이 갖추어야 할 마음가짐과 정치적 자세를 제시한 것이다. 그러므로 관료들의 복무 규정의 성격이 강하다. 이는 어디까지나 『헌법17조』의 제정이 이상 사회를 실현하기 위한 가장 손쉬운 방법이라고 여겼기 때문이다.

사실 『헌법17조』는 전체 874자로, 수필 한 편의 분량인 약 1,500자에도 못 미친다.

내용을 살펴보면 이상적인 사회의 모습을 분명히 밝히고 있는 부분은 제1조이다. "화和를 귀하게 여기고 거스르지 않음을 종宗으로 삼으라"라고 가르친 부분이 그 성격을 단적으로 보여 준다. 화합의 사회야말로 이상으로 삼았던 사회의 모습이었음을 알 수 있다. 그리고 그러한 이상의 실현을 위해서는 우선 관료들의 사사로운 편협한 마음을 버리는 자세가 필요하다고 지적한다. 나아가 한쪽으로 치우친 사사로운 마음을 어떻게 하면 없앨 수 있는가를 제2조에서 가르친다. 곧, "깊이 삼보三寶를 공경하라"라는 가르침이다.

'삼보'는 말할 것도 없이 불교에서 가르치는 귀의歸依 신앙의 대상으로 부처와 부처의 가르침 그리고 그 가르침을 받들고 수행하는 교단을 의미한다. 이 삼보를 받드는 일이 어떻게 이상 사회 실현을 위한 탁월한 방법이 되는가? 삼보란 생명을 지닌 모든 것이 마지막으로 의지하는 곳이며, 어느 나라에서나 존중받는 궁극적인 진실이므로, 이를 제쳐 놓고 달리 사람들의 삐뚤어진 마음을 바로잡을 방법이 없기 때문이다. 여기에는 이상적인 사회의 실현은 불교의 이념과 그 실천을 통해서만 가능하다고 생각하는 저자의 굳은 신념이 잘 드러나 있다.

이러한 제2조의 내용에 이어 제3조와 제4조에서는 현실적인 국가 체제의 원칙, 곧 국가 질서의 기본 원칙과 정치 원칙을 밝히고 있다.

우선 제3조는 "조칙을 삼가 받들 때에는 반드시 조심스러워야 한다. 군주는 곧 하늘이며 신하는 땅이다. 하늘은 뒤덮고 땅은 받든다. 사계절이 운행되어 바야흐로 기가 통한다. 땅이 하늘을 뒤덮으려 하면 파멸에 이를 뿐이다. 그러므로 군주가 명을 내리면 신하는 이를 받들어야 한다. 위에서 행하면 아래는 그를 따른다. 따라서 조칙을 받들 때는 반드시 삼가야 한다"라고 되어 있다. 국가 원수로서의 천황과 그 신하의 관계를 하늘과 땅의 관계에 비유해 분명히 밝힌 것이다. 곧, 하늘은 모든 것을 뒤덮고 땅은 모든 것을 떠받치는 것인데, 만일 그것이 파괴될 경우에는 질서가 파괴된다. 때문에 "조칙을 받들 때에는 반드시 삼가라(승조필근承詔 必謹)"라는 상하 관계의 원칙을 수립했다. 그에 이어 그 같은 조칙을 정치에서 실현하려면 직접 백성을 다스리는 관료들의 자세가 중요한 의미를 지닌다. 그래서 제4조에서는 "예를 근본으로 삼으라"라는 정치의 기본 원리를 분명히 밝히고 있다. 천황의 인자함은 관료들의 예의에 기초한 정치적 자세를 통해 국민의 신뢰와 복종을 얻고, 나아가 국민들 사이에도 예의가 행해짐으로써 국가는 저절로 다스려진다는 원리이다.

이상이 『헌법17조』의 가장 근본적이고 기본적인 부분이다. 이하는 관료들이 정치를 하면서 지녀야 할 마음가짐을 설명했는데 내용이 여러 분야에 걸쳐 있어 앞의 4개 조항처럼 정연하게 정리되어 있지는 않다. 예를 들어 제7조는 현명하고 똑똑한 사람을 관료로 삼아야 국가가 평안해지므로 현명하고 똑똑한 사람을 구해 주어진 임무에 전념하게 해야 그 직무가 원활하게 돌아간다고 했다. 그러나 제14조에서는 어질고 성스러운 사람을 기대한다. 관료의 자리에 있는 사람은 다른 사람의 재능과 지혜 등을 질투하고 시기해서는 안 된다며 어질고 성스러운 사람에 대한 큰 기대를 나타내고 있는데, 앞의 내용과 일치하지 않는다.

제13조에서는 직무를 잘 준수하는 것에 대해 설명하면서 다른 직무에 대해서도 잘 대비해 두어야 한다며 세심한 부분까지 배려하고 있다. 반면 질투를 훈계하고 있는 것과 관련해 제15조는 한을 품는 것에 대해, 제10조는 화내는 것, 제6조는 남을 헐뜯는 것에 대해 설명하고 있어 다소 산만하다. 한을 품는 것은 공적인 관계로, 남을 헐뜯는 것은 상하 관계로, 그리고 화를 내는 것은 전반적인 관계로 다루고 있어 정도의 차이만 있을 뿐 비슷한 내용이 여러 조문으로 흩어져 있는 까닭에 주장의 초점이 흐려져 있다.

전반적으로 치밀하게 정리되었다고 보기는 어렵지만, 제5조는 소송에 공정을 기해야 한다고, 제11조는 상벌을 적정하게 내려야 한다고 했다. 제16조는 농민에게 부역을 시킬 경우에는 때를 가려 겨울철 한가할 때 시키라는 내용 등을 담고 있다.

또 제8조에서는 바쁜 정무 처리에 대한 마음가짐을 제시하는 등 관료들에 대한 배려가 느껴진다. 관료의 근무 자세를 밝히고 있는 이러한 조문의 배경에는 어떻게 하면 국민에게 올바른 정치를 베풀 수 있는가를 고민한 흔적이 엿보인다. 이는 제9조 "믿음이 곧 의로움의 근본이다"라는 대목에서 단적으로 드러나며 믿음을 중시하고 있음을 알 수 있다.

에이가 모노가타리
(榮花物語)

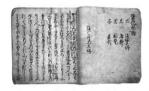

헤이안 시대 말기에 쓰인 최초의 '이야기식 역사서'로, 작자 미상이며 전 40권이다. '요쓰기世繼', '요쓰기 모노가타리'로 불리기도 한다. 정편 30권과 속편 10권으로 나누어져 있다. 제목 그대로 후지와라노 미치나가가 누린 '에이가', 곧 영화에 대한 이야기이다.

INTRO

정편 전반부는 귀족들의 권력 투쟁에 관한 이야기이고, 후반부는 최후의 승리를 거둔 후지와라노 미치나가藤原道長의 이야기가 중심을 이룬다. 속편은 미치나가가 죽은 뒤, 궁중의 귀족 생활을 서술한 것이다. 정편과 속편은 저자는 물론 성립 연대가 다른 것으로 추측된다.

정편(제1∼30권)의 저자로는 일찍이 아카조메에몬赤染衛門(오에노 마사히라大江匡의 아내)이 유력하게 거론되어 왔다. 그에 대한 반론도 있지만 내용이 불충분하고 달리 다른 저자를 상정하는 것도 쉽지 않은 상태이다. 한편 속편은 10권 모두 동일한 저자가 같은 시기에 집필한 것이라고는 볼 수 없다. 엄밀하게 말하면 모든 것이 불분명하다. 집필 연도는 미치나가 사후(1027) 얼마 지나지 않은 시기로 추측된다.

속편은 37권 이전의 7첩과 38권 이후의 3첩으로 나누어진다. 앞 편의 저자로는 중궁 쇼시彰子를 모셨던 이데와노벤出羽辨이 거론되나 확실하지는 않다. 다만 자료 제공 등 여러 가지 측면에서 작품 형성에 깊이 관여한 것만큼은 분명하다. 속편 전체가 완성된 시기는 40권의 마지막 기사, 곧 간지寬治 6년(1092)에서 그리 멀지 않은 헤이안 시대 말기나 인세이기院政期● 초기로 추측된다.

『에이가 모노가타리』는 『오카가미大鏡』와 『마스카가미增鏡』 등과 함께 '역사 모노가타리'로 불리는데, 그 최초의 시도가 바로 『에이가 모노가타리』이다.

역사 서술 방법을 모방하면서도 역사 서술에 묻혀 있는 진실을 말하는 『겐지 모노가타리』의 영향을 받아, 사실을 서술하는 역사와 허구를 내용으로 하는 이야기가 『에이가 모노가타리』 속에 매우 정교한 형태로 뒤얽혀 있다. 그것은 역사를 이야기식으로 보고자 한 정신의 소산이었다. 또한 이 책은 훗날 역사에 대해 비평적 입장을 취한 『오카가미』를 탄생시켰다.

정편(제1∼30권)

이 책은 "이 세상은 내 세상이리. 보름달이 이지러지지 않는다고 생각할 수 있다면"이라고 노래한 간파쿠^{関白} 후지와라노 미치나가가 누린 영화를 중심으로 한 이야기식 역사서이다.

제59대 우다^{宇多} 천황에서 시작해 고이치조^{後一條} 천황에 이르는 1028년 2월까지 약 140년간의 기사를 수록하고 있다. 형식상으로는 '육국사' 가운데 가장 나중에 집필된 『삼대실록』을 계승하고 있으나 편년체로 기술된 것은 제62대 무라카미^{村上} 천황 때인 덴랴쿠^{天曆}(947∼957) 시대부터이다.

각 천황의 즉위 전후의 사정과 황후와 비, 황자와 황녀에 대해 서술하고 외척인 대신들이 가진 권세의 추이를 중심으로 공식적인 여러 행사와 개인적인 많은 일화들을 수록했다. 정편의 주인공이라고 할 수 있는 후지와라노 미치나가가 등장하는 제3권 「여러 가지 경사」부터 그의 만년과 죽음을 그린 제30권 「학의 숲」까지가 미치나가가 누린 영화를 다룬 '미치나가 이야기'이다.

제3권은 미치나가의 결혼을 다루고 있는데, 주조^{中將}(근위부 차관)에 임명된 적도 없는 미치나가를 여기서는 마치 동화 속 주인공처럼 '삼위^{三位}의 주조'라 부르고 있다. 삼위의 주조는 쓰치미카도^{土御門}(일본의 명문 귀족)에 속하는 미나모토 집안의 좌대신인 미나모토노 마사노부^{源雅信}의 딸 린시^{倫子}에게 청혼을 하나, 마사노부(우다 천황의 손자이자 아쓰미^{敦實} 친왕의 아들)는 "아아 혼란스럽구나, 전혀 뜻밖이로다. 누가 지금 이렇게 애송이인 자네를 받아들이겠는가"라며 허락하지 않았다. 그러나 마사노부의 아내 보쿠시^{穆子}는 "그분은 보통 사람이 아니에요. 그냥 제게 맡겨주세요"라며 딸의 혼인을 서둘렀다고 한다. 앞으로 누릴 미치나가의 영화를 꿰뚫어 본 보쿠시의 현명함이 잘 드러나 있으며, 동시에 예언 또는 신탁으로 보이는 복선이 깔려 있는 전형적인 이야기 방식이기도 하다.

제5권 「물가의 이별」은 미치나가와는 대조적으로 비운의 주인공인 고레치카伊周(미치나가의 형 후지와라노 미치타카源道隆의 아들)를 그리고 있다. 다메미쓰爲光의 딸들을 둘러싸고 오해를 한 고레치카는 동생인 다카이에隆家와 함께 하나야마인花山院에게 활을 쏨으로써 규슈九州에 설치되어 있는 다자이후의 다자이노곤노소쓰大宰權帥(중앙 고관의 좌천을 목적으로 둔 관직)에 임명되어 쓰쿠시筑紫로 좌천된다. 헤이안 시대의 경찰대에 해당하는 게비이시檢非違使들 앞에서 마차를 내린 고레치카의 모습에 관해서는 다음과 같이 묘사하고 있다.

"나이는 스물둘, 스물셋 정도로 정결하고 용모도 희고 맑아, 아마 히카루 겐지光源氏●가 저렇게 생겼었겠지라고 생각했다."

제6권 「빛나는 후지쓰보藤壺」에는 미치나가의 장녀 쇼시彰子가 궁전에 입궐하는 모습이 그려져 있고, 제7권 「도리베 들판」에는 고레치카의 여동생 황후 데이시定子의 장례식 모습이 묘사되어 있다. 미치나가 집안의 융성과 나카노 간파쿠 집안의 몰락이 분명한 대조를 보인다.

제8권 「하쓰하나初花」(처음 피는 꽃)는 중궁中宮이 된 쇼시가 황자(아쓰히라敦成 친왕, 훗날의 고이치조後一條 천황)를 출산하는 내용을 『무라사키 시키부紫式部 일기』에 근거해 기술하고, 미치나가의 군건해진 영화를 기록해, 산조三條 천황의 중궁 겐시妍子가 황녀 데이시 내친왕禎子內親王(훗날 고스자쿠後朱雀 천황의 황후가 되었으며 고산조後三條 천황을 낳았다)을 출산한 내용을 다룬 제11권 「쓰보미하나」(꽃봉오리)와 조응한다.

이 같은 과정을 통해 미치나가의 권세는 비할 데 없이 굳건하게 확립되었다. 이후 제15권 「의심」, 제17권 「음악」, 제18권 「다마노우테나玉臺」(아름다운 건물), 제22권 「새의 춤」 등 '호조 사法成寺 그룹'으로 묶여 불리는 이 특이한 이야기들은 미치나가의 신앙 생활과 내세의 영화를 그리고 있다.

지안治安 2년(1022) 7월 14일, 고이치조 천황이 궁정 밖으로 외출했을 때 호조 사 금당에서 펼쳐진 법회 장면을 다음과 같이 묘사했다.

경장經藏과 종루鐘樓 그리고 남쪽 회랑回廊 등에 아침 햇살이 눈부시게 비친다. 천황께서 너무나 멋진 경치를 한눈에 보시기 위해 용두익수龍頭首(귀족의 놀잇배이다. 두 척이 한 쌍으로, 한 척의 뱃머리에는 용의 머리를, 또 한 척의 뱃머리에는 익조의 머리를 조각했다)를 내시었다.

한가로이 원내의 모습을 보고 계신데, 정원의 모래는 수정처럼 반짝이고, 맑고 투명한 연못의 수면 위로 색색의 연꽃이 나란히 피어 있다. (…) 바람이 나무를 쓰다듬으면 연못의 물결이 금옥처럼 빛나며 물가를 씻어낸다. 칠보 다리는 금옥으로 빛나는 연못에 가로놓여 있다. 보석으로 치장된 배는 나무 그늘에서 노닐며 공작과 앵무새가 연못으로 날아든다. (제7권)

말하자면 현실 속에 나타난 극락정토의 모습이다.

제25권 「미네노쓰키峰月」(산봉우리의 달)는 미치나가의 다섯째 딸인 간시寬子의 죽음을, 제26권 「초왕楚王의 꿈」은 넷째 딸 기시嬉子(동궁비東宮妃)의 죽음을, 제29권 「다마노가자리玉飾(옥장식)」는 둘째 딸 겐시姸子의 죽음을 서술해 점차 적막해지는 미치나가의 주변을 그리고 있다.

제30권 「학의 숲」은 석가모니의 입멸入滅에 비견되는 미치나가의 죽음을 서술하고 "그에 대한 여러 가지 일들을 보고 들은 사람들이 적었을 것이다"라고 기술했다.

속편(제31~40권)

미치나가가 죽은 뒤 고이치조 천황의 후반부터 제73대 호리카와堀河 천황까지 6대에 걸친 약 60년의 기사가 수록되었다.

제31권 「궁전의 꽃구경」 첫머리는 『겐지 모노가타리』의 속편인 「우지 주조宇治十帖」를 본떠 미치나가의 아들 간파쿠 요리미치頼通를 주인공으로 한 이야기를 기획했으나, 각각의 인물들이 지나치게 평범해 궁정의 귀족 생활에 대한 일반적인 기록에 그치고 말았다.

축하연과 시가 모임 등 인세이기의 우아함과 많은 노래들을 수록해 묘사하고 있을 뿐 정치적인 내용은 다루지 않았으며, 문예 작품이라기보다 문예사 자료로서의 가치만 지니고 있다.

NOTES

인세이기院政期 : '원정院政'이란 재위하는 천황의 직계 존속인 상황이 천황 대신 직접 정무를 다스렸던 정치 형태를 말한다. 인세이기는 시라가와白河·도바鳥羽 인세이기인 1086년부터 1185년까지 약 100년에 이르는 기간이다. 이 기간은 중고 시대에서 중세 시대로, 또 귀족이 지배하던 사회에서 무사 중심 사회로의 전환기였다.

히카루 겐지光源氏 : 무라사키 시키부가 지은 이야기 『겐지 모노가타리源氏物語』의 주인공으로, 어릴 적부터 수려한 외모와 뛰어난 재능으로 여러 여성을 편력한 플레이보이로 설정되어 있다.

오카가미
(大鏡)

『이마카가미今鏡』·『미즈카가미水鏡』·『마스카가미增鏡』와 함께 '4대 가가미'로 불리는 작자 미상의 역사서로, 헤이안 시대 후기부터 가마쿠라鎌倉 시대와 남북조 시대에 걸친 역사 이야기를 문답 형식으로 기술했다. 『오카가미』는 후지와라 가문의 전성기를, 『이마카가미』는 귀족들의 호화로운 행사를, 『미즈카가미』는 진무 천황에서 제54대 닌묘仁明 천황에 이르는 역사를, 『마스카가미』는 가마쿠라 시대의 퇴락한 궁정 생활을 주로 묘사했다.

INTRO

오카가미 ‖ 작자가 미나모토노 도시카타源俊賢의 손자이며 다카쿠니隆國의 아들인 미나모토노 도시아키源俊明라는 설과 모로후사師房의 아들인 미나모토노 아키후사源顯房라는 설, 그의 손자인 미야비사다雅定라는 설 등 추측이 난무하나, 후지와라 집안은 물론 미나모토 집안과 밀접한 관계에 있던 귀족 남성의 저술로 추정된다.

이야기 속의 현재는 만주万壽 2년(1025)으로 설정되어 있으나, 이 책이 집필된 것은 그보다 약 반세기에서 1세기 이후인 11세기 말 인세이기 시대의 작품(200자 원고지 약 640매 분량)이다.

내용은 두 노인과 한 젊은 사무라이가 좌담과 문답을 나누는 것으로 시작된다. 이러한 형식은 불전이나 구카이空海(774~835, 일본 진언종眞言宗의 조사)의 저서 『삼교지귀三敎指歸』 등에서 처음 선보이기 시작해 『겐지 모노가타리』의 「하하키기帚木」 권에 나오는 비 오는 밤의 인물평과 『오카가미』 등을 거쳐 훗날의 역사 이야기(욘카가미四鏡) 형식이 되었다. 설화집 『보물집寶物集』과 무로마치室町 시대(1336~1573)의 이야기인 『삼인법사三人法師』도 그 영향을 받았다. 평론적인 경향을 보이는 작품에 즐겨 사용되는 방법이다.

후지와라노 미치나가가 누린 영화를 중심으로 후지와라 집안의 역사와 그 필연성을 비평적으로 파악하는 데 중점을 두었으며, 인세이기에 들어 부흥하기 시작한 미나모토 집안과의 관계에 대한 언급도 빼놓지 않았다.

『겐지 모노가타리』를 모방한 『에이가 모노가타리』에 묘사되어 있는 역사에 『사기史記』와 설화의 방법을 덧붙여 새로운 조명을 시도한 작품이다.

이마카가미 ‖ 지은이는 분명하지 않지만 후지와라노 다메쓰네藤原爲經라는 설이 유력하다. 가노嘉應 2년(1170) 무렵의 작품으로, 지쇼治承 2년(1178) 전후에 쓰였을 것으로 추정된다. 가마쿠라 막부가 성립되기 전후인 인세이기의 화려함을 그린 작품이다.

특징은 호겐保元, 헤이지平治의 난에 대해서는 언급하지 않고 궁정의 풍류 행사와 와카를 중심으로 한 학문과 예능에 대한 기사를 많이 다루었다는 점이다. 『긴요와카집金葉和歌集』을 비난하고 『겐지 모노가타리』를 높이 칭찬한 대목에서 저자의 태도가 잘 드러난다.

미즈카가미 ‖ 이 책의 저자는 알려져 있지 않으나 나카무라 다다오야中村忠親(내대신, 1195년 65세로 사망)라는 설이 전한다. 완성된 시기는 12세기 말이며, 다카쿠라高倉 천황과 고토바後鳥羽 천황 무렵으로 추정된다(가마쿠라 시대 후기에 증보된 것으로 여겨지는 이본異本도 있다).

기사의 대부분은 『부상략기扶桑略記』●를 토대로 한문을 일본어로 고치고 감상과 비평을 조금 가했을 뿐이다. 그러나 불교에 관련된 기사가 중심을 이루었다는 점과 행사의 기원에 주력했다는 점 등이 주목된다.

마스카가미 ‖ 저자는 알려져 있지 않으나 니조 요시모토二條良基●라는 설이 전한다. 원형에 가까운 17권 본이 완성된 것은 남북조 시대인 오안應安 7년(1374) 무렵으로 추정되며, 증보·개정된 19권 본은 그보다 50년 뒤에 출간된 것으로 추정된다.

『마스카가미』는 『에이가 모노가타리』와 마찬가지로 『겐지 모노가타리』에서 많은 영향을 받았고, 『이마카가미』처럼 궁정의 풍류 행사를 중심으로 기술한 작품이다.

이상의 4가지 사서를 총칭해 '4대 가가미四鏡'라고 하며, 『이마카가미』를 제외하고 '3대 가가미三鏡'라고 하는 경우도 있다. 『에이가 모노가타리』와 함께 역사 이야기 장르에 속한다.

그 밖에 후지와라노 다카노부藤原隆信가 다카쿠라 천황과 고토바 천황에 대한 이야기를 다룬 『이야요사키彌世繼』가 있었다고 하는데, 오래전에 흩어져 지금은 남아 있지 않다. 근세에 들어 아라키다 레이조荒木田麗女가 다카쿠라 천황부터 안토쿠 천황까지를 다룬 『달의 행방月行方』를 지어 누락된 부분을 보완했다. 그 후에는 『이케노소쿠즈池藻屑』를 지어 『마스카가미』 이후 시대를 다루었다.

오카가미

교도京都 운림원雲林院의 법화경法華經 상설법회인 보리강菩提講에 참석했다가 눈에 띄게 늙은 두 노인이 옛일을 회상하며 나누는 이야기를 듣게 되었다. 한 사람은 오야케노 요쓰기大宅世繼라는 190세(책에 따라서는 150세로 되어 있다)의 노인이었고, 다른 한 사람은 나쓰야마 시게키夏山繁樹라는 180세(다른 책에는 140세로 되어 있다)의 노인이었다. 여기에 시게키 노인의 늙은 아내와 설법이 시작되기 전에 지루함을 달래기 위해 동석한 말단 관직의 무사 한 사람이 더해져 함께 후지와라노 미치나가가 누린 영화와 그 유래를 아주 먼 옛날까지 거슬러 올라가 이야기하기 시작했다. 만주 2년(1025) 5월 무렵의 일이었다.

이하는 후지와라노 미치나가의 딸 중궁 겐시姸子와 관계가 있는 듯한 여성 한 사람이 '들어서 남긴 이야기'라는 형식으로 쓰였다.

가죠嘉祥 3년(850)에 즉위한 제55대 몬토쿠文德 천황부터 68대 고이치조後一條 천황에 이르기까지 176년에 걸친 14대 황실의 계보(천황본기天皇本紀)와 그와 관련된 몇 가지 일화를 이야기한다. 이어서 대신들에 관한 간략한 이야기를 언급한 다음 좌대신 후유쓰구冬嗣(분도쿠 천황의 외할아버지)에서 태정대신太政大臣인 미치나가에 이르는 대신들 20명의 이야기가 대신열전大臣列傳으로 이어지는데, 이 역시 그 계보에 대한 설명(부모와 자식 등의 관계)에 이어 그들과 관련된 여러 일화를 중심으로 전개된다.

대신열전은 미치나가가 영화를 누리게 된 역사적인 필연성을 설명하기 위한 것이기 때문에 대신이나 셋칸攝關의 계보를 중심으로 후지와라 집안의 주류인 후지와라노 후사사키藤原房前에서 시작된 홋케北家의 역사가 소개된다. 이는 모로스케師輔와 가네이에兼家, 미치나가로 이어지는 후지와라 일족의 역사이다.

그러므로 예를 들어 좌대신 미나모토노 도오루源融는 모토쓰네 전기基經傳記에서, 우대신 스가와라노 미치자네菅原道眞가 다자이후大宰府로 좌천된 비극은 도키히라時平 전기에서 각각 생생하고 자세하게 서술되었다.

대신열전의 마지막 부분에 실려 있는 미치나가 전기는 미치나가가 누린 온갖 영화와 그 같은 영화를 누리게 된 이유들을 언급한 다음, 가마타리鎌足에서 시작된 후지와라 집안의 역사를 총괄적으로 다시 다룬 「후지와라 씨 모노가타리藤氏物語」와 본기와 열전에서는 누락된 와카和歌 설화를 중심으로 한 일화들이 다수 소개되어 있는 「옛날이야기」로 이어진다. 그 일화 중 하나를 소개하면 다음과 같다.

미치나가와 고레치카의 활쏘기 시합

고레치카伊周가 히가시산조東三條에 있는 자신의 저택 남쪽 정원으로 사람들을 불러 모아 활쏘기를 했는데 여기에 미치나가도 참석했다. 고레치카의 아버지이자 미치나가의 형이며 섭정과 간파쿠를 지냈던 미치타카道隆는 들뜬 마음에 미치나가에게 먼저 활을 쏘게 했다. 고레치카가 맞힌 화살의 수는 미치나가보다 2개가 적었다. 미치타카는 물론 주위의 사람들도 "두 번 더 해 보시오"라고 권했다.

미치나가는 내심 불쾌했지만 "정 그렇다면" 하고 이에 응했다. 그러고는 활에 화살을 잰 뒤 "미치나가 집안에서 장차 천황과 황후가 나온다면 이 화살은 표적을 맞히리라" 하고 당겨 쏘았더니 화살이 정말로 과녁에 적중했다. 이어서 고레치카가 쏘았는데, 겁을 먹어 손이 떨려서 그랬는지 표적 근처는커녕 전혀 엉뚱한 곳으로 날아가 버렸다.

이를 본 미치타카의 안색이 파랗게 변했다. 다시금 미치나가가 "내가 섭정과 간파쿠가 된다면 이 화살이 표적을 맞히리라" 하며 쏘았는데, 처음과 마찬가지로 표적을 맞혔을 뿐만 아니라 넌젓번과 같은 장소에 박혔다. 기분이 크게 상한 미치타카는 떨떠름한 표정으로 "그만하면 되었느니라. 쏘지 말거라" 하며 고레치카를 제지해 그것으로 시합은 끝났다.

(미치나가 전)

이어서 옛이야기와 함께 절과 신사의 인연담, 문예담 등이 계속 이어
지나, 이날 예정된 법회의 강사 스님이 오는 바람에 네 사람의 이야기는
여기서 끝난다.

이마카가미

- **이야기꾼**　『오카가미』의 이야기꾼인 오야케노 요쓰기의 손녀로, '아
　야메'라는 이름을 지닌 노파. 무라사키 시키부와 세이 쇼나곤淸少納言
　을 모신 적이 있다.
- **듣고 옮긴 사람**　야마토 지방의 하쓰세 사泊瀨寺를 참배한 데 이어 그
　지역의 여러 절들을 순례하고 있는 여성.
- **장소**　야마토 지방의 가스가노春日野 근처.
- **시기**　가오嘉應 2년(1170) 3월.

형식과 내용 모두 『오카가미』를 계승했다. 다만 권 명과 편 명이 붙어
있으며, 기전체 형식이 더욱 강조된 점이 특징이다.

- **제1~3권(스베라기 상·중·하)**　서문에 이어 제68대 고이치조後一條 천
　황부터 제80대 다카쿠라高倉 천황까지 13대에 이르는 천황 본기.
- **제4~6권(후지나미藤波 상·중·하)**　후지와라노 미치나가 이후 요리미
　치賴通·노리미치敎通·모로자네師實·모로미치師通·다다자네忠實·다다미
　치忠通·요리무네賴宗·긴자네公實 등과 그들의 후예를 다룬 후지와라 집
　안의 대신 열전.
- **제7권(무라카미村上의 미나모토源 가문)**　미나모토노 도시후사源俊房와

미나모토노 아키후사源顯房, 이들의 후예 등을 다룬 미나모토 집안 열전.

- **제8권(자손들)** 황자와 황녀들. 미나모토노 모토히라源基平와 그 후예 인 미나모토노 아리히토 그리고 그 밖의 미나모토 가문의 인물 열 전.

- **제9권(옛이야기)** 이치조一條 천황 이전으로 거슬러 올라간 시와 학문에 관한 일화.

- **제10권(듣고 쓴 이야기)** 「시키시마敷島에 대해 들은 이야기」(와카 설화)와 「나라奈良 시대」(『만요슈』에 대해), 「지어낸 이야기의 행방」(겐지 모노가타리기론)으로 구성되어 있다.

미즈카가미

- **이야기꾼** 34~35세의 수행자. 이야기의 내용은 수행자가 가쓰라기葛城의 산속에서 오랜 옛날인 신대 때부터 살아오면서 이 세상에서 일어난 일들을 전부 보고 들었다는 신비한 신선을 만나 그에게서 전해 들은 이야기이다.

- **듣고 옮긴 사람** 야마토 지방의 류가이 사龍蓋寺를 참배하고 하쓰세 사에서 하룻밤을 묵게 된 73세의 늙은 비구니.

- **장소** 하쓰세 사.

- **시기** 어느 해 2월.

분보쿠 천황에 대한 기사로 시작되는 『오가가미』에서 빠져 있는 부분을 보충하기 위해 그 전 시대를 다루고 있다. 초대 천황인 진무 천황의 즉위에서 시작해 제55대 닌묘仁明 천황 때인 가쇼嘉祥 3년(분토쿠 천황 즉위)까지를 다룬 천황 본기이다. 본기만 있고 열전은 없지만, 세상에서 일어난 주요 사건을 회고하고 그에 대한 짧은 평을 덧붙였다.

마스카가미

- **이야기꾼** 100세가 훨씬 넘었으나 80세 정도로만 보이는 늙은 비구니.
- **듣고 옮긴 사람** 세료 사淸凉寺에 참배하러 온 여성.
- **장소** 사가嵯峨 지방에 있는 세료 사(석가당釋迦堂).
- **시기** 어느 해 2월 15일(석가세존● 입멸일).

『오카가미』와 같은 좌담 형식은 첫머리와 서론 부분뿐이다. 따라서 문답체의 묘미를 그다지 느낄 수 없다.

- **제1첩(오도로노시타棘下)** 지쇼治承 4년(1180) 제82대 고토바 천황의 탄생과 쓰치미카토土御門 천황 그리고 준토쿠順德 천황의 즉위.
- **제2첩(니이지마모리新島守)** 무사의 기원과 역사. 조큐承久의 난.● 주쿄仲恭 천황의 양위.
- **제3첩(후지고로모藤衣)** 고호리카와後堀河 천황과 시조四條 천황의 즉위.
- **제4첩(미카미야마三神山)** 시조 천황의 성인식과 붕어, 고사가後嵯峨 천황의 즉위.
- **제5첩(우치노노유키內野雪)** 고후카쿠사後深草 천황의 즉위.
- **제6첩(오리이루쿠모下居雲)** 고후카쿠사 천황의 양위.
- **제7첩(기타노노유키北野雪)·제8첩(아스카가와飛鳥川)** 제90대 가메야마龜山 천황의 즉위로부터 양위의 의사를 밝히기까지.

- 제9첩(구사마쿠라草枕)·제10첩(오이노나미老波)　고우다後宇多 천황의 즉위에서 양위까지.

- 제11첩(사시구시挿櫛)　후시미伏見 천황과 고후시미後伏見 천황, 고이조後二條 천황의 즉위.

- 제12첩(우라치도리浦千鳥)　하나조노花園 천황의 즉위.

- 제13첩(아키노야마秋山)　이하 제96대 고다이고後醍 천황이 기사의 중심이 된다.

- 제14첩(하루노와카레春別)　쇼추正中의 변●.

- 제15첩(무라시구레叢時雨)　겐코元弘의 난●과 고곤光嚴 천황의 즉위.

- 제16첩(구메노사라야마久米皿山)　고다이고 선제先帝와 오키隱岐 여행.

- 제17첩(쓰키쿠사노하나月草花)　겐코 3년(1333) 오키에서 환행. 나와 나가토시名和長年와 아시카가 다카우지足利尊氏, 닛타 요시사다新田義貞 등의 행동.

이상 15대 150년에 걸친 황실의 기사를 중심으로 다양한 사건을 거론했으며, 때로는 후궁 야사라고 할 만한 연애담도 다루고 있다.

부상략기扶桑略記 : 헤이안 시대의 사선私選 역사서로, 종합적인 일본 불교 문화사이다. 이른바 『육국사』 다이제스트 판으로서 후세 사람들에게 소중히 여겨졌다.

니조 요시모토二條良基 : 1320~1388. 남북조 시대의 귀족이자 가인으로 렌가連歌를 완성한 인물이다.

석가세존釋迦世尊 : '석가모니'를 높여 이르는 말.

조큐承久**의 난** : 1221년에 고토바 천황이 가마쿠라 막부를 타도하기 위해 병력을 일으켰다가 패배한 병란이다. 이 난으로 귀족 세력은 쇠퇴하고 무가 세력이 힘을 얻게 되었다.

쇼추正中**의 변** : 가마쿠라 시대 후기인 1324년에 고다이고 천황에 의해 가마쿠라 막부를 타도하기 위한 계획이 추진되었으나 거사를 치르기 전에 발각되어 주모자 등이 처형된 사건.

겐코元弘**의 난** : 1331년에 고다이고 천황을 중심으로 한 세력들이 가마쿠라 막부를 타도하기 위해 전개한 운동이다. 1333년에 가마쿠라 막부가 멸망할 때까지 곳곳에서 일어난 전란을 포함한다. '겐코의 변'이라고도 한다.

헤이케 모노가타리
(平家物語)

가마쿠라 시대의 군기 문학 가운데 최고 걸작으로 꼽힌다. 연구에 따르면 원본의 저자는 하급 귀족이었던 나카야마 유키나가라는 설이 가장 유력하다. 유키나가는 간파쿠였던 구조 가네자와九條兼實의 집사로 일했고, 한시에 조예가 깊었던 시인으로도 알려져 있다. 그러나 궁중에서 열린 시회에서 긴장한 나머지 큰 실수를 했고, 이를 부끄럽게 여겨 출가했다고 한다.

INTRO

"기원정사祇園精舍의 종소리는 제행무상諸行無常의 이치를 일깨워 주고, 사라쌍수沙羅雙樹●의 꽃 빛깔은 권세가 있는 자도 반드시 쇠퇴하게 된다는 도리를 나타내고 있다. 교만한 자는 오래가지 못하며 그저 봄밤의 꿈과 같고, 제아무리 용맹한 자도 끝내는 멸망하니 그저 바람 앞의 티끌과도 같다." 내용은 물론 사상적으로도 『헤이케 모노가타리』 전체의 서곡에 해당하는 머리말 부분은 이렇게 시작된다.

『헤이케 모노가타리』는 이야기에 비파 곡조를 붙여 읊었던 평곡平曲이다. 중세 예능의 대표격인 맹인 승려들이 일본 전국을 떠돌며 비파 연주를 통해 전파했는데, 이 같은 과정을 거치며 많은 유파가 생겨났고, 그에 따라 이본異本과 전래본의 종류가 매우 많은 것이 특징이다. 화려한 한자 어구와 고사성어가 많이 담긴 유려한 문장을 보면 고전에 조예가 깊었던 귀족 계층의 지식인이 정리한 것임을 짐작할 수 있다.

유키나가가 지은 『헤이케 모노가타리』는 전 6권으로, 마지막은 단노우라壇の浦에서 헤이케가 멸망한 일과 포로들의 이야기로 끝을 맺고 있다. 그래서 에피소드도 매우 적었다고 한다. 그것이 비파 법사의 이야기를 통해 부풀려지면서 약 30년 뒤인 13세기 중엽에는 12권으로 늘어났고, 50년 뒤에는 천재적인 가쿠이치 겐교覺一檢校가 등장해 겐레이몬인建禮門院(다카쿠라高倉 천황의 황후)의 출가 이후를 다룬 「간초灌頂 권」을 추가하며 완성했다.

일본인은 고대에서 중세를 거쳐 당시까지 한 번도 경험하지 못했던 역사적인 대사건과 무사들의 전투를 처음으로 경험했다. 어마어마한 역사의 전환기 앞에서 고대 이래 번영을 계속해 온 궁정 귀족들은 어찌할 바를 모르고 자신들의 몰락을 지켜볼 수밖에 없었다.

그러나 한편으로 그런 과정을 겪으며 성자필쇠盛者必衰라는 인간 운명의 변천을 객관적으로 바라볼 수 있는 시각을 갖게 된 것이다. 더욱이 그것은 당시 사람들의 마음을 지배하고 있던 불교 사상을 통해 더욱 짙게 윤색되었다.

『헤이케 모노가타리』의 저자는 새로운 계급으로 등장한 무사 계급이 그들의 역사를 만들어 가는 활기찬 모습도 빼놓지 않았다. 눈먼 승려가 비파 가락에 맞추어 읊는 이야기는 문장의 아름다움을 한층 돋보이게 했으며, 이에 매료된 중세 민중들은 역사 속 등장인물들의 애절한 운명에 눈물을 흘렸다. 그러한 감동이 전승되어 『헤이케 모노가타리』는 오늘날까지도 일본의 국민 문학으로 널리 애독되고 있다.

헤이케 몰락의 조짐들

"교만한 헤이케平家(다이라 씨 일족)는 오래가지 못한다"라는 속담까지 낳게 한 다이라노 기요모리平淸盛(1118~1181)는 간무桓武 천황의 다섯 번째 황자로, 정일품 시키부式部 경(정사위正四位의 관직)인 가쓰라바라葛原 친왕의 자손이다. 아울러 한때 간토關東 지방●의 패권을 쥐었으며, 다이라노 마사카도平將門의 숙적인 사다모리貞盛의 직계에 해당한다. 조부인 마사모리正盛 대까지는 지방의 수령受領(지방관)에 불과해 당상에 오르는 것조차 허락되지 않았다.

히젠備前의 가미守(지방장관)였던 아버지 다다모리忠盛는 재주가 뛰어났으며, 그의 아들 기요모리는 호겐의 난●과 헤이지의 난● 때 호기를 잡아 아키가미安藝守와 하리마가미播磨守가 되어 서쪽 지방에서 세력을 키우는 데 성공했다. 일족인 도키노부時信의 딸 시게코滋子가 고시라카와後白河 천황의 총애를 받아 겐순몬인建春門院이 된 것도 기요모리의 출세에 큰 도움이 되었다.

그는 "나는 태정대신까지 오르고 내 자손들의 지위는 용이 구름 위에 오르는 것보다 빠르다"라고 할 정도의 영화를 누렸다. 그의 딸 중 하나는 시게코가 낳은 다카쿠라 천황의 황비가 되어 훗날 안토쿠 천황을 낳아 겐레이몬인이라 불렸다.

기요모리는 52세에 출가해 다이조 뉴도太政入道라는 법명을 얻고 신하로서 최고의 위치에 오르고도 세상의 비난을 꺼리지 않고 사람들의 조소에도 아랑곳하지 않으며 이상한 일들만 벌였다.

빨간 옷을 입은 까까머리 동자들을 교토 시내에 보내 정탐을 시켰는가 하면, 기요모리가 총애했던 두 기녀, 시라뵤시白拍子● 기오技王와 부쓰고젠佛御前이 사가노嵯峨野의 여승이 되어 사람들의 동정을 사게 했다. 또한 기요모리의 손자인 신삼위주조新三位中將 스케모리資盛(훗날 겐레이몬인 우경대부의 애인이 된다)는 당시의 간파쿠인 후지와라노 모토후사와 길가에서 언쟁을 벌이는 무례한 일을 범하기도 했다. "우리 일문이 아닌 자는 사람이라고 해도 사람이 아니다"라고 호언하면서 로쿠바라六波羅(당시 기요모리의 저택이 있던 곳) 님이라는 비웃음 섞인 유행어까지 낳았다. 세상의 인심은 점차 헤이케 가문에서 멀어지고 있었다.

히가시야마東山 시시가타니鹿が谷의 승려인 도시히로俊寬의 산장에는 고시라카와 천황의 측근 대신들과 승려들이 모여 헤이케를 타도할 계획을 꾸몄다. 고시라카와 천황이 몸소 하룻밤 이곳을 다녀갈 정도였다. 이 계획은 같은 편이었던 다다 유키쓰나多田行綱의 배신으로 발각되었고, 일당은 모두 로쿠바라에 있는 기요모리의 저택으로 붙잡혀 갔다. 이들 중 한 사람인 신다이나곤新大納言 나리오야成親는 히젠肥前과 빗추備中 지방의 경계에 있는 기비吉備 지방 나카야마中山의 별소로 유배되어 살해당했다.

아내가 헤이케와 인척 관계였던 이유로 목숨만은 건진 그의 아들 쇼쇼少將(좌우근위부 차관) 나리쓰네成經와 헤이호간平判官(겐비이시檢非違使, 곧 교토의 치안 유지와 민정을 관리했던 직책) 야스요리康賴 그리고 도시히로는 인적이 없는 남해의 오니카이가鬼界 섬에 유배되었다. 구마노熊野 신앙●의 영험 덕분인지 나리쓰네와 야스요리는 겐레이몬인의 황자가 탄생할 때 베풀어진 대사면 때 풀려났다. 그러나 회합 장소의 제공자였던 도시히로는 특히 기요모리의 미움을 사서 사면의 소식을 전하러 온 배를 뒤쫓았으나 그냥 섬에 남겨졌다. 그는 종자였던 아리오^{有王}가 멀리 교토에서 섬으로 와 주기를 기다리다 굶어 죽었다.

헤이케 가문의 기둥이었던 시게모리는 42세의 나이로 아버지보다 먼저 세상을 떠났다. 믿고 있던 큰아들 시게모리의 죽음으로 분별심을 잃은 기요모리는 옆에서 말리는 사람도 없자 평소 마음에 들지 않았던 간파쿠 이하 43명의 대신을 멀리 유배 보내거나 관직에서 내몰았다. 그리고 고시라카와 천황을 도바^{鳥羽} 궁에 유폐하고, 딸 겐레이몬인이 낳은 아들을 3세의 어린 나이임에도 불구하고 재위에 올려 염원하던 외척의 지위를 손에 넣었다.

'무사'의 등장

다카쿠라노미야^{高倉宮} 궁에 기거하는 고시라카와 천황의 둘째 아들 모치히토^{以仁} 왕은 수도에 살고 있는 미나모토노 요리마사와 힘을 합쳐, 여러 지방에 있는 미나모토 일족에게 헤이케를 타도하라는 지령을 내렸다. 이때 구마노의 지방관인 단조^{湛増}가 이를 알아차리고 상부에 보고하는 바람에 계획하던 일이 탄로 났다. 미이^{三井} 절에 모여 있던 다카쿠라노미야의 군대는 나라^{奈良}의 고후쿠 사^{興福寺}로 피하려고 했으나 때마침 불어난 우지^{宇治} 강을 사이에 두고 헤이케 군과 대치하게 되었다.

다카쿠라노미야 쪽에 있던 미이 절의 승려 죠묘 메이슈^{淨妙明秀}는 헤이케 군의 공세를 막기 위해 판자를 걷어 낸 다리의 난간 위를 마치 대로를 활보하듯 가볍게 건너갔다. 한편 공격하는 헤이케 군에서는 아시카가 다다쓰나^{足利忠網}라는 17세의 나이 어린 장수가 강을 건너는 군사들을 향해 "약한 말은 아래쪽에 두고 튼튼한 말을 위쪽에 배치하라. 자기 말의 발이 닿을 정도면 고삐를 끌고 걸으라. 말을 헤엄치게 해서 건너게 하라"라며 적절한 지시를 내려 300여 기의 말을 한 마리도 실족시키지 않고 건너편으로 건너게 했다. 이는 전장의 시대를 살아가는 중세의 새로운 인간인 무사가 역사의 전면에 등장한 순간이었다.

다카쿠라노미야는 요리마사와 함께 살해되었으나, 그가 뿌린 헤이케 타도의 씨앗은 여러 지방에 흩어져 있던 미나모토 일족의 노력으로 꽃을 피우게 되었다. 이러한 정세에 쫓기듯 지쇼治承 4년(1180) 6월, 다이라노 기요모리는 황급히 서쪽 지방의 본거지인 후쿠하라福原로 천도를 단행했다. 400년 넘게 살아온 수도 교토를 뒤로하고 떠나게 된 사람들은 모든 게 꿈이기를 바랐다.

음력 8월 10일, 가을이 한창 깊어질 무렵에 옛 수도를 방문한 유명한 시인, 도쿠다이 사德大寺의 사다이쇼 미노사다左大將實定는 "옛 도읍을 보니 키 작은 갈대만이 황량하구나. 구석구석 비치는 달빛에 가을바람만이 내 몸을 스치네" 하고 노래를 부르며 옷소매에 눈물을 적셨다.

이 무렵, 헤이지의 난에 패한 이래 이즈伊豆에 유배되어 있던 미나모토 집안의 적자 미나모토노 요리토모源賴朝는 다카오高尾에 있는 고승 몬가쿠文覺의 안내로 헤이케를 타도하라는 고시라카와 천황의 명을 받아 이시바시石橋 산에서 군대를 일으켰다. 처음에는 헤이케에게 패했으나 곧 세력을 불려 헤이케의 군사와 후지富士 강에서 대치하게 되었다.

헤이케의 대장군인 고마쓰 곤노스케쇼쇼小松權亮少將 고레모리惟盛는 다이라노 시게모리의 큰아들로 당시 23세였다. 늠름하고 눈부시게 뛰어난 그의 용모를 보고 사람들은 히카루 겐지光源氏가 다시 태어난 것 같다고 말했다.

부장군이며 사쓰마薩摩의 가미守인 다이라노 다다노리平忠度 또한 뛰어난 와카 시인이었다. 그러나 오랫동안 평화롭고 태평한 생활에 젖어 있던 헤이케의 장수와 군사들은, 이즈와 쓰루가駿河 사람들이 전쟁을 두려워해 배를 타고 달아나거나 산속으로 숨어드는 모습과 바다와 강에 진을 치고 있는 미나모토 군 진영의 불빛을 보고 "산에도 들에도 바다에도 강에도 모두 무사들뿐이니, 어찌 될꼬?" 하고 당황했다. 그러다가 "그날 밤 한밤중에 후지의 늪에 지천으로 있던 새들이 한꺼번에 날갯짓하며 날아오르는 소리"를 듣고는 미나모토의 대군이 습격해 오는 것으로 잘못 알고 손에 든 무기조차 드는 둥 마는 둥 서로 앞을 다투어 달아났다. 그야말로 싸워 보지도 못하고 허물어진 것이다.

미나모토 일족에게 궐기할 계기를 만든 다카쿠라노미야의 모반 계획에 협조한 나라 지방의 고후쿠 사에 대한 다이라노 기요모리의 원한은 매우 깊었다. 한편 도노주조頭中將 시게히로重衡가 이끄는 한 나라 공략군은 고후쿠 사뿐만 아니라 도다이 사東大寺에도 불을 질러 덴표天平 시대 이후 가장 컸던 16장 크기의 금동대불을 소실시켰다. 그 광경은 "머리는 땅에 떨어졌고, 몸체가 녹아내린 구리 물이 산더미 같았다"라는 묘사처럼 처참했다.

그 후 이치노다니一谷 싸움에 패해 미나모토 군에 사로잡힌 시게히로는 멀리 가마쿠라까지 끌려갔으나 미나모토노 요리토모의 사면으로 풀려났다. 그러나 원한에 가득 찬 나라의 민중들은 그를 다시 붙잡아 목을 쳐 죽였다.

헤이케의 무장 기요모리의 죽음

사람들의 원성과 싸움에 패한 피해까지 겹치자 천하의 다이라노 기요모리도 하는 수 없이 다시 교토로 되돌아갈 수밖에 없었다. 그러나 기소 요시나카木曾義仲를 비롯한 각 지방의 미나모토 씨 일족이 봉기했다는 보고는 계속 들어왔고, 그 와중에 헤이케가 믿고 있던 겐레이몬인의 남편 다카쿠라 상황이 심로 끝에 숨지고 말았다. 이어서 기요모리마저 원인 불명의 열병에 걸렸다. 히에이比叡 산의 찬물로 채운 욕조에 몸을 담그면 그 물이 금세 끓는 물처럼 뜨거워질 정도로 중태였다. 기요모리의 아내 는 기요모리가 아픈 것은 나라의 대불을 불태워 버렸기 때문이라는 꿈을 꾸었다.

다이라노 기요모리는 "단 하나 마음에 걸리는 일이 있으니 미나모토 노 요리토모의 목을 베지 못하고 가는 일이다. 참으로 한스럽도다. 내가 어찌 되든 불사 공양 따위는 하지 마라. 서둘러 추격군을 보내 요리토모 의 목을 베어 내 무덤 앞에 걸어 놓는 것이야말로 이승에서 하는 저승에 대한 효도가 될 것이다"라는 비통한 말을 남기고 숨을 거두었다.

헤이케 일족은 기요모리의 장례를 치를 겨를도 없이 동으로 서로 병 사를 나누어 보내야만 했다. 이미 기소 요시나카의 5만여 군대가 히에이 산서쪽 기슭까지 다가와 있었다.

시시각각으로 다가오는 적의 공세에 헤이케 일족은 사방으로 보냈던 군대를 다시 수도로 불러들였고, 안토쿠 천황과 겐레이몬인을 모시고 서 쪽으로 수도를 빠져나가기로 결정했다. 고시라카와 천황은 그 일행과 떠 나는 것이 싫어 몸을 감추었다. 아름다운 아내와의 이별을 슬퍼하는 고 레모리, 노래 책을 스승 후지와라노 도시나리藤原俊成에게 맡긴 사쓰마薩摩 지방의 가미守 다다노리, 맡아 보관하고 있던 유명한 비파를 일부러 원주 민에게 가져다주러 간 황후 구노스케쓰네마사宮亮經正 등과 저택에 불을 지르고 수도를 등진 채 떠나는 헤이케 일족의 애화를 세세히 기록했다.

제행무상의 이치

헤이케를 대신해 수도에 들어온 기소 요시나카는 기소 산에서 자란 무뢰한으로 귀족들의 조소의 대상이었다. 서민들조차 그러한 사무라이들의 난폭함을 혐오했다. 노회한 고시라카와 천황은 그러한 요시나카에게 싫은 기색을 보이며 미나모토노 요리토모와 그의 동생들인 노리요리範賴와 요시쓰네義經로 하여금 이들을 토벌하도록 사주했다. 양쪽의 군대는 우지와 세타勢多에서 전투를 벌였고, 그 결과 요시나카가 패해 비와琵琶 호수의 우치데打出 해변으로 퇴각했다. 그 후 북쪽 지방으로 올라가 재기를 노렸지만 미나모토노 요시쓰네源義經 군에 쫓기다 도모에 고젠巴御前●과 그녀의 오빠 이마이 카네히라今井兼平의 용감한 싸움도 헛되이 아와즈粟津의 소나무 숲에서 최후를 맞이했다.

미나모토 씨의 내분에 편승해 일단 후쿠하라까지 후퇴해 성채를 쌓고 휴식을 취하고 있던 헤이케 군을 향해 노리요리와 미나모토노 요시쓰네의 군대가 총공격을 개시했다. 이치노다니의 진영 뒤쪽에 위치한 히요도리에鵯越는 "사슴이나 겨우 통과할 수 있을 뿐 말은 도저히 지나갈 수 없다"라고 할 정도로 험난한 곳이었으나 그곳을 통과한 요시쓰네의 기습에 깜짝 놀란 헤이케 군대는 산산이 흩어져 패하고 말았다. 이 싸움에서 헤이케 군은 미소년 다이라노 아쓰모리平敦盛를 비롯해 다다노리忠度, 모로모리師盛, 미치모리通盛, 쓰네마사經正 등을 잃었고, 시게히로는 사로잡혔다. 이 무렵 수도에서는 헤이케가 가지고 있는 왕위 계승의 증거물인 3가지 신기神器와 시게히로를 교환하자는 제의를 해왔다. 비록 전투에서는 졌지만 왕위의 상징인 3가지 신기와 교환하자는 제의는 도저히 응할 수 없는 것이었다.

궁궐 내에서 가장 아름다운 여인으로 불렸던 미치모리의 아내는 많은 고생을 하며 헤이케 군을 뒤따라왔으나 결국 그녀 역시 남편의 뒤를 따라 야시마屋島의 바다에 몸을 던져 죽었다.

마음이 여리고 약한 고레모리는 장군의 아내를 비롯한 젊은 여인네들이 죽어 가는 것을 차마 견디지 못해 그곳을 떠났으나 돌아갈 곳이 없었다. 일찍이 겐레이몬인을 모시던 요코부네橫笛라는 여인과의 이루지 못한 사랑으로 지금은 고야高野의 승려로 수행에 정진 중인 타키구치瀧口를 찾아갔으나 결국 나치那智 앞바다에 뛰어들어 스스로 목숨을 끊었다.

한편 수도에서는 다카쿠라인의 넷째 황자 고토바 천황이 3가지 신기 없이 즉위했다. 요시쓰네와 가지와라 가게토키梶原景時의 거꾸로 가는 배에서의 문답, 나스노 요이치那須與一가 적의 부채를 쏘아 맞힌 이야기, 요시쓰네가 전쟁 중에 바다에 떨어뜨린 활을 주운 이야기 등 많은 일화를 낳으면서 결국은 야시마에서 패하고 만다. 마침내는 일족의 운명을 건 단노우라壇の浦 전쟁●(겐페이源平 전쟁)에 임한다.

겐랴쿠元曆 2년(1185) 3월 24일, 묘시卯時 와 부젠豊前 지방의 다노우라田の浦·모지노세키門司の關 와 나가도長門 지방의 단노우라, 아카마가세키赤間が關 에서 일제히 전쟁이 시작되었다. 비록 오랜 도읍 생활이 몸에 익어 있던 헤이케 일족이었지만 무사는 무사였다. 신주나곤 도모모리新中納言知盛가 "중국이든 인도든 그리고 우리 일본이든 제아무리 무적의 용장이라도 운명이 다하면 힘이 미치지 못하는 법. 그러나 이름을 부끄럽지 않게 하라. 동국東國의 무사로서 나약함을 보이지 마라. 언젠가는 죽는 목숨. 군사들이여, 싸우자"라는 말로 격려하자, 헤이케의 무사들이 과감하게 달려 나가 싸웠다. 그러나 미나모토의 군내는 작은 배를 헤이게 군의 큰 배에 갖다 대고 기어올라 헤이케 군의 최후를 옥죄었다.

기요모리의 아내 니이노아마二位尼는 이제 8세가 된 가엾은 안토쿠 천황을 끌어안고 "이곳은 좁쌀같이 작은 변방으로 더없이 근심스러운 곳이옵니다. 저 파도 속이야말로 극락정토의 나라이지요" 하고 어린 그를 달래 바닷속으로 뛰어들었다. 그 뒤를 따라 겐레이몬인이 바다에 뛰어들었지만 미나모토의 무사들이 긴 갈퀴로 그녀의 머리를 걸어 끌어냈다. 헤이케 일문의 적자들은 서로서로 손을 잡고 너나없이 바다로 뛰어들었는데, 총대장인 마사모리宗盛 부자는 붙잡히고 말았다. 그중에서도 노토能登 지방의 가미守인 노리쓰네教経의 활약상은 눈부셨다. 같은 편인 도모모리조차 "그렇게 싸우면 죄가 깊어질 것이다"라고 했을 정도였다. 이에 노리쓰네는 "그렇게 볼만한 것이라면 실컷 보아라"라고 대꾸하며 장렬히 일족의 최후를 장식했다.

미나모토노 요리토모의 노여움을 사게 된 요시쓰네는 개선장군에서 하루아침에 쫓기는 몸이 되었다. 시간의 추이가 그토록 빠른 것인가. 싸움에 패한 헤이케에게는 모든 것이 과거의 일이 되어 버렸다. 마사모리와 시게히로가 참수되는 등 슬픈 일이 이어지는 가운데 특히 정신이 나간 듯한 겐레이몬인의 모습은 보는 이의 마음을 애처롭게 했다. 그는 히가시 산의 산기슭에 자리한 요시다吉田라는 시골로 들어가 출가하기 위해 머리를 깎았지만 수계를 내려 줄 승려를 고용할 돈조차 없어 마지못해 죽은 자식과 선왕의 유품을 울면서 꺼내 놓았다.

"주위 사람들이 모두 바다에 빠져 죽어 이제 선왕과 니이노아마의 모습만 마음에 담아 허무한 이 세상을 잊고 살려 하지만 어찌 잊을 수 있겠는가. 이슬과 같은 목숨, 무엇을 위해 이토록 오래 살며 이 험한 꼴을 당하는고. 눈물만 흐를 뿐이다."

요시다는 도읍과 가까워 날마다 더욱 슬픈 이야기들만 들려왔고, 이를 괴로워한 겐레이몬인은 고하라小原 산의 잣코인寂光院으로 몸을 감추었다. 매일 죽은 사람들의 영혼을 위해 기도하며 지내는 겐레이몬인을 찾아온 고시라카와 천황에게 그녀는 살아서 경험한 고통스러운 지옥의 육도六道 이야기를 구구절절이 풀어냈다. 그러고는 겐큐建久 2년(1191) 2월, 허망한 세월 속에 숨을 거두었다.

NOTES

사라쌍수沙羅雙樹 : 석가모니가 열반에 든 곳의 사방에 두 그루씩 심어져 있었던 사라수를 가리킨다. 석가가 열반에 들자 동서와 남북에 한 쌍씩 서 있던 나무가 한 그루로 합해진 뒤 나무 빛깔이 하얗게 변해 말라 죽었다고 한다.

간토關東 지방 : 도쿄와 6개의 현을 포함한 지역이다. 6개의 현은 가나가와神奈川·사이타마埼玉·군마群馬·이바라기茨城·치바千葉 현이다.

호겐保元의 난 : 헤이안 시대인 1156년에 스도쿠 상황과 고시라카와 천황이 대립하다가 천황 세력이 상황 세력을 기습한 사건이다.

헤이지平治의 난 : 헤이안 시대인 1159년에 일어난 내란이다. 후지와라노 미치노리藤原道憲와 후지와라노 노부요리藤原信 그리고 미나모토노 요시토모와 다이라노 기요모리가 각각 세력 다툼이 커져 결국 노부요리와 요시토모가 공모를 하고, 미치노리와 기요모리가 협조해 벌인 정벌이다. 그 결과 헤이케가 미나모토를 제압했다.

시라뵤시白拍子 : 헤이안 시대~가마쿠라 시대 때 남장을 하고 가무를 했던 유녀.

구마노熊野 신앙 : 구마노(오카야마 현 남동부에서 미에 현 남부에 이르는 산간 지역)를 중심으로 발전한 신앙으로, '구마노 삼산'(구마노혼구熊野本宮·구마노하야다미熊野速玉·구마노나치熊野那智)이 중심을 이룬다. 이 지역은 먼 옛날부터 영험해 수행의 땅으로 여겨져 왔다. 중세의 헤이안 시대에 들어 교토의 왕족과 귀족들이 자주 참배 여행을 하면서 무사와 서민 등 신분에 상관없이 많은 사람들이 몰려들었다. 일본 전역에 약 3,000개의 신사가 있다.

도모에 고젠巴御前 : 1157~1247년으로 추정됨. 헤이안 시대 말기에 무장으로 활약했던 여성으로, 미나모토노 요시나카源義仲의 애첩이었다고 한다.

단노우라壇の浦 전쟁 : 겐페이源平 전쟁이라고도 한다. 헤이안 시대 후기인 1185년 4월에 나가토국 아카마자키 단노우라(현재 야마구치山口 현)에서 미나모토 일족과 헤이케 일족이 벌인 최후의 결전이다. 이 전쟁으로 헤이케 일족이 멸망하고, 안토쿠 천황은 익사했다.

우관초
(愚管抄)

승려 지엔이 지은 것으로, 세계사의 몰락 과정 속에서 일본사의 의미와 앞날을 고찰한 사론서이다. 『신황정통기神皇正統記』, 『독사여론讀史余論』과 함께 일본의 3대 사론서로 일컬어진다. 전 7권 가운데 제1, 2권은 중국 연대기와 천황 연대기, 제3~6권은 고대 이후의 정치와 사회의 변화를 구체적으로 평하고 있다. 제7권은 지엔의 역사관의 근거가 되는 역사 이론과 도리론道理論을 논하고 있다.

INTRO

지엔의 정치사론은 다음과 같은 5가지 사상사적 소산으로 구성되어 있다. 먼저 무사 가문과 셋칸攝關 집안의 협력 체제를 시대에 상응하는 정치 형태로 보는 사상인 '시세 상응時処相應의 논리'에 따른 무가의 출현에 의한 '시대의 말세 의식'과 후지와라 가문에서 유래된 '셋칸 가문 의식'의 결합을 손꼽을 수 있다. 그리고 이와 같은 의식을 형이상학적으로 뒷받침하고 있는 것이 '불교적 종말론 사상'과 셋칸 가문 의식의 사상적 배경인 '조신명조祖神冥助 사상'의 '시세 상응의 논리'에 따른 결합이다. 이는 부처가 중생을 구하기 위해 신의 모습으로 나타난다는 이른바 수적垂迹 신앙으로, 조상신의 형상으로 나타난 부처가 깊은 자비를 베풀어 일본의 몰락 단계에 상응하는 새로운 도리를 만든다는 것이다.

지엔은 일찍이 세계사의 몰락 과정 속에서 일본사의 의미와 그 과정을 고찰하며, 당시를 셋칸 쇼군 제도가 필연적으로 출연할 수밖에 없는 말세로 보았다. 한편 고토바 천황과 그의 측근들이 셋칸 정치를 배척하는 정책을 취하고 무가 토벌 계획을 세우는 것은 역사적 필연성을 거역하는 것이라고 강하게 비난했다.

지엔이 이 글을 저술하고 2년 뒤에 조큐承久의 난이 일어났지만 죽을 때까지 자신의 생각이 옳다고 확신하며 결코 그 뜻을 바꾸려 하지 않았고, 흔들림 없이 『우관초』의 천황연대기를 덧붙여 썼다.

전 7권 가운데 제1권과 제2권은 천황 연대기를, 제3~6권은 호겐保元의 난 이후를 중점으로 진무 천황 이래의 일본 정치사를 서술하고 있다. 별책에 해당하는 제7권은 앞으로의 일본 정치와 당면한 정책들을 총괄적으로 논하고 있다. 다음은 그 내용을 소개한 것이다.

진무 천황~이치조 천황

우선 진무 천황에서 세이무成務 천황에 이르는 13대는 한 사람의 국왕이 다른 누구의 보좌도 받지 않고 훌륭히 선정을 베푼 '왕위의 정법' 시대였다.

오진應神 천황 이후는 '신대神代의 분위기'가 사라지면서 불법이 도래하는 시대로, 리추履中 천황에서 센카宣化 천황까지 12대가 이에 해당한다. 긴메이欽明 천황 시대에 불법이 전래되었고, 스이코推古 천황 때에는 쇼토쿠 태자가 섭정을 했다. 국왕이 혼자의 힘으로 천하를 다스리는 것이 한층 어려워져 불법이 국가를 지켜 주고 신하가 왕을 돕는 시대로 접어든 것이다. 이어서 덴치天智 천황 시대에는 후지와라 가마타리藤原鎌足가 보필했다. 아마테라스오미카미天照大神가 후지와라 일족의 조상신인 아메노코야네노미코토天兒屋根命에게 "신하 집안이 나타나 세상을 다스려야 할 시대가 될 때까지 궁내에 함께 대기하며 나라를 지켜야 한다"라는 서약을 하도록 했는데, 이로써 이제 신하가 천황을 보필해야 할 시대가 왔으므로 태자에 이어 가마타리가 탄생한 것이다.

주아이仲哀 천황에서 고닌光仁 천황에 이르는 36대는 '여러 가지 격식'이 삿추어신 시기이나. 산무桓武 천황 이후는 가마타리의 자손이 신하로서 천황을 받들었으며, 천황의 어머니는 모두 가마타리의 자손인 대신 집안의 딸이었다. 또한 불법 쪽에서는 덴교傳敎(사이초最澄) 대사와 홍법弘法(구카이空海) 대사가 나왔다. 그리고 세상의 법과 불법으로 나라가 올바르고 강건하게 다스려졌다.

이치조一條 천황 이후에는 후지와라 일족이 국정을 맡아 후지와라노 가네이에藤原兼家에서 요리미치賴通에 이르기까지 섭정·간파쿠 집안이 번영하면서 평화로운 시기가 이어졌다. 특히 정도의 이치를 잘 판단했던 미치나가道長의 집정기에는 기량을 갖춘 인재들이 많이 배출되어 경사스러운 일들이 많았다. (제3권)

무사의 세상은 신의 뜻

'세상이 말세가 되어 가는 큰 변화'는 고산조後三條 천황 시대에 개시한 원정院政 정치(원청院廳으로 물러난 전임 천황이 실권을 쥐고 정무를 보던 정치)를 일컫는다. 고산조 천황이 퇴위하고 곧 죽자 시라카와인白河院이 그 뒤를 이었다. 그 후 도바인鳥羽院이 원정 정치를 한 뒤부터 일본에는 모반이 일어나 무사의 세상이 되었다.

호겐의 난은 전임 천황과 전임 간파쿠가 모두 자신의 자식 중 맏아들을 미워하고 차남을 편애해 일어난 일이었다. 헤이지平治의 난은 당시 섭정이었던 신제이信西(후지와라노 미치노리藤原通憲의 별칭)가 사물의 이치를 가벼이 여기는 잘못을 범해 일어났다. 마침내 헤이케平家(다이라平 씨 일족)가 정권을 잡았으나, 이어서 미나모토 일족이 일어나 헤이케를 멸망시켰다. 이때 안토쿠安德 천황과 함께 3가지 신기神器는 단노우라의 바닷속으로 사라졌다. 이후 신성한 옥새는 바다 위로 떠올랐으나 신성한 검은 결국 발견되지 않았다. 이는 무사 출신의 대장군이 세상을 손에 넣었으니 제아무리 국왕이라 해도 무사의 심기를 거스르고는 살아남을 수 없는 세상이 되었음을 다이진구大神宮와 하치만八幡 보살이 인정함으로써 보검

이 무익해졌기 때문이다. (제4~5권)

　호겐의 난이 지나간 뒤 구조 가네자네^{九條兼實}가 훌륭한 섭정이자 간파쿠로 구조 가문에서 최고의 자리에 오르게 되었다. 고금을 통틀어 가장 뛰어난 기량의 쇼군은 미나모토노 요리토모였다. 요리토모는 가마쿠라에서 교토로 올라와 가네자네와 정치를 상의했다. 고시라카와 천황이 죽은 뒤 드물게도 고토바 천황의 친정親政(천황이 직접 정치를 다스리는 제도) 시대가 되었을 때에도 두 사람은 서로 상의하며 국정을 이끌어 갔다. 또한 가네자네는 고후쿠 사^{興福寺}를 재건했고, 요리토모는 도다이 사^{東大寺}를 부흥시켰다. 그러나 천황 측근들의 책략으로 원정 정치를 반대했던 가네자네가 실각하고 곧이어 고토바 천황이 원정 정치를 시작했다. 믿고 있던 요리토모 역시 죽었다. 이 같은 상황에서 다행히 후지와라노 요시쓰네가 섭정이 되었으나 호겐의 난을 일으킨 지소쿠인^{知足院}(후지와라노 다다자네^{藤原忠實})의 악령에 씌어 급사했다.

　간토 지방에서는 쇼군 미나모토노 요리이에^{源賴家}에 이어 사네토모^{實朝}가 살해되면서 미나모토 집안의 대가 끊겼다. 그리고 일반 무사에 불과했던 호조^{北條} 일족이 지배권을 손에 넣었다. 이러한 일들은 사람의 힘으로 가능한 일이 아니다. 이것은 바로 무사의 세상이 되어야 한다는 천황가의 조상신(아마테라스오미카미와 하치만진^{八幡神})이 정한 도리가 이루어진 것이었다.

　왕과 신하 그리고 무사로 이어지는 일본의 변화는 이로써 명백해졌다. 이러한 사실을 그때그때의 도리와 함께 잘 생각해 어떠한 잘못이 세상을 쇠락하게 만드는가를 깨달아 부디 삼가며 세상을 다스리고, 아울러 정사^{正邪}의 이치와 선악의 도리를 잘 가려 말세의 도리에 맞도록 해야 한다. 또한 신불이 만물을 살리는 도구가 되어 천황 100대 중 아직 16대가 남아 있는 동안 불법과 왕법을 충실히 지켜 내는 것이 신불의 마음임을 깨닫기를 바라며 그 요점을 정리해 여기에 적은 것이다.

그리고 이후의 양상(고토바 천황의 원정 정치가 시작된 이후 조큐^{承久} 원년인 1219년에 이르는 20년간의 정치와 사람들의 인심)을 보면 실로 걱정하지 않을 수 없다. 장차 어찌 될 것인가는 내가 예언한다고 되는 일이 아니다. (제6권)

바른 길을 향한 4가지 이치

제7권에서는 '대대로 변화하는 세상의 이치'에 대해 쓴 제3~6권을 총괄해 그 요점을 전제로 세상의 이치가 변하는 과정을 자세히 설명했다.

"지금 하치만 대보살이 좌대신의 아들(요리쓰네)을 무사 출신의 대장군이 되게 했다. (…) 그렇다면 섭정·간파쿠의 집안과 무사 집안을 하나로 만들어 문무를 겸비하도록 하여 세상을 지키고 군왕을 보필하게 하라. 이에 옛일을 생각하고 지금을 되돌아보아 올바른 뜻을 다하도록 하며 사악함을 버리고 바른 길로 인도하도록 마음을 다스려야 할 것이다."

이를 위해서는 첫째, 원령에는 세상을 그르치고 사람을 멸망케 하는 이치가 있음을 알고 신불에 기도를 올려라. 둘째, 궁정에서는 측근들을 멀리하고 관리할 사람을 신중히 선택하라. 셋째, 조정은 무사에게 조세를 거두지 않을 것이므로 두 살 난 동궁^{東宮}(주쿄^{仲恭} 천황)과 쇼군(미나모토노 요리쓰네)이 성인이 되어 섭정과 간파쿠가 될 때까지는 자중할 것을 전하라. 넷째, 신사와 사찰에는 장원을 주어 사악한 악마를 신과 부처의 힘으로 억누르게 하고, 반역의 마음을 품는 무리에게는 악한 마음이 일어나기 전에 그 마음이 없어지도록 기도하게 하라. 그렇게 하면 세상은 평안해질 것이다.

이렇게 적어 나가다가 끝에는 당시의 문란했던 관직 세계를 숙정하는 정책을 대담하게 진언했다.

신황정통기
(神皇正統記)

천황이 통치하는 신국神國의 역사와 남조南朝의 정통성을 주장한 역사
서로, 전 3권으로 구성되어 있다.

남북조南北朝 시대●에 아시카가足利 일족을 토벌하는 와중에 히타치常陸
지방의 오다小田 성에서 군왕학의 학습에 필요한 자료로 집필했다. 천황
의 계보를 정리해 서술한 것으로, 고무라카미後村上 천황의 즉위 때 제왕
학의 책으로 헌상했다.

INTRO

기타바타케 지카후사(1293~1354)는 무라카미 천황의 먼 혈통이자 미나모토 일족으로 '일본
과 중국의 학술'에 정통한 집안 출신이었다. 아시카가 집안을 토벌하던 중 히타치 지방에서
고다이고 천황의 죽음을 접하고 집필하기 시작했다.

천황의 계보에 관한 책이 많은 가운데 이 책을 새로 저술하게 된 동기는 다음과 같다. "신대
부터 이어져 내려온 정통을 알리기 위함이다. 천지가 시작된 이래 오직 일본에서만 아마테라
스오미카미의 후예가 왕위를 계승해 오늘에 이르렀다. 왕위는 때로 직계에서 방계로 계승되
기도 했으나 다시 본류로 돌아와 면면히 이어져 왔다. 이것이야말로 아마테라스오미카미의
뜻이자 올바른 이치인 하늘의 뜻이다. 따라서 이 책의 이름을 '신황정통기'라고 한다." (서문)

이 책은 단순한 왕통의 기록이 아니라 천황이 통치하는 나라, 그것이 다른 나라와 구별되는
국가라는 점을 사실에 기초해 서술한 국가론이자 국체론을 드러낸 역사서이다. 게다가 아마
테라스오미카미의 뜻이 전개되는 다양한 양상을 통해 일본사를 해명하고 있다는 점에서 신
도神道 철학서로 간주되기도 한다. 『대일본사』, 『독사여론』, 『일본외사』 등 훗날의 역사서에 많
은 영향을 미쳤다.

상·중·하로 구성된 3권 가운데 상권은 신의 나라에서 제29대 센카宣
化 천황까지이고, 중권은 제30대 긴메이欽明 천황에서 제73대 호리카와堀河
천황까지이며, 하권은 제74대 도바鳥羽 천황에서 제96대 고무라카미後村上

천황까지를 기술하고 있다.

신의 나라

대일본은 신의 나라이다. 천황의 조상인 구니노토코다치노미코토國常
立尊●가 일본의 터를 열었고, 태양신 아마테라스오미카미의 직계 자손이
천황으로 군림하고 있고, 그 왕위가 면면히 이어지는 나라가 전 세계에
서 일본뿐이므로 신국이라고 한다.

국호는 도요아시하라미즈호노구니豊葦原瑞穂國, 오야시마大八州, 야마토耶麻
止, 오야마토大日本, 오야마토大倭 등으로 불린다. 일본과 천축天竺(인도), 진
단震旦(중국)의 천지개벽에 대한 전승은 서로 다르다. 세 나라의 차이를
살펴보면, 저들의 나라는 약육강식의 나라로서 천한 노비조차도 국왕이
될 수 있는 어지러운 나라이다. 그러나 일본은 신대 때부터 정리正理(올바
른 이치)에 의해 왕의 혈통이 하나로 계승되어 온 나라이다. 이 책은 그
정리에 대해 서술한 것이다.

국가의 시작에 대해

천지의 맨 처음 상태를 기氣라 한다. 기는 구니노토코다치노미코토로
화했다. 이는 다시 이자나기노미코토伊諾奘尊와 이자나미노미코토伊奘冉尊로
화했다. 이 두 신은 구니노토코다치노미코토의 명을 받들어 도요아시하
라미즈호노국을 다스리게 되는데, 우선 오노코로 섬에 내려와 아마테라
스오미카미와 쓰키요미노미코토月讀尊, 스사노오노미코토素戔嗚尊를 비롯한
여러 신을 낳있다.

제1대 지신地神 천황(지상에서 일상생활을 영위할 수 있도록 돕는 신)
인 아마테라스오미카미와 제2대 아메노오시호미미노미코토天忍穂耳尊는

하늘 위에 있었고, 제3대부터 제5대까지는 휴가국^{日向國}에 있었다. 제3대 니니기노미코토^{瓊瓊杵尊}가 하늘에서 내려왔을 때, 아마테라스오미카미는 야타^{八咫} 거울(정직)과 야사카니^{八坂瓊} 구슬(자비), 아메노무라쿠모노^{天叢雲} 검(지혜)이라는 3가지 신기를 하사했다. 이 3가지 신기는 거룩한 신의 뜻이자 천황이 나라를 통치할 때 갖추어야 할 마음가짐을 상징한다.

일본에서는 군주는 물론 신하도 모두 신의 자손이며, 신하는 군주를 받드는 것이 올바른 이치이다. 유교와 불교의 가르침도 그 이치를 따라 거룩한 신의 뜻을 받들어 일본에 전래된 뒤 일본의 길(신도)을 포교하는 데 협조했다.

세간에서는 천황이 100대에 이르면 끊긴다는 백왕설^{百王說}이 유포되고 있는데, '백'이란 십의 열 배라는 의미가 아니라 백성, 백관 등의 말에 쓰이는 것처럼 무한한 수를 나타낸다. 아마테라스오미카미가 니니기노미코토가 땅으로 내려갈 때 일본은 하늘과 땅이 함께 무궁히 번영할 것이라고 말한 사실에 비추어 보면 천황의 영구성은 의심할 여지가 없다.

진무 천황에서 제96대 천황까지

인간 천황 제1대는 가무야마토이와레히코노스메라미코토^{神日本磐余彦天皇}, 곧 진무 천황이다. 휴가^{日向}에서 나와 야마토^{大和}의 가시와라^{橿原}로 옮긴 뒤 신유년^{辛酉年}에 즉위했다.

제7대 고레이^{孝靈} 천황   중국 진시황의 명을 받은 서복^{徐福}이 불로장생의 약을 찾아 일본을 찾아왔다. 일본은 중국의 성인 삼황오제^{三皇五帝}(삼황─복희^{伏羲}·신농^{神農}·헌원^{軒轅}, 오제─소호^{少昊}·전욱^{顓頊}·고신^{高辛}·도당^{陶唐}·유우^{有虞})의 서적을 요구했다.

제10대 스진崇神 천황　이제까지 왕궁에서 받들어 모셔 왔던 아마테라스오미카미의 상징인 거울과 보검을 이때부터 야마토국의 가사누이노무라笠縫른로 옮겨 황녀인 도요스키이리豊鍬入 공주로 하여금 받들어 제사 지내도록 하고, 쇼군을 여러 지방에 파견해 천하를 다스렸다.

제11대 스이닌垂仁 천황　황녀인 야마토大和 공주가 도요스키이리 공주를 대신해 거울과 보검을 받들어 모시기 좋은 지방을 찾아 여러 곳을 편력한 끝에 이세伊勢 지방에 위치한 와타라이 군度會郡 이스즈五十鈴 강의 상류에 봉헌했다.

제16대 오진應神 천황　다른 나라의 책(『진서晋書』9권, 『동이전東夷傳』등)에 일본이 중국 오나라 태백太伯의 자손이라고 한 내용은 잘못된 기록이다. 오나라가 일본보다 늦게 건국되었으므로 오나라의 자손일 수가 없다. 오진 천황은 긴메이欽明 천황 시대에 하치만 신八幡神(천황의 조상신)이 되어 히고肥後 지방에 나타났다.

제25대 부레쓰武烈 천황　악행을 많이 저질러 혈통이 끊겼다.

제26대 게이타이繼體 천황　현명한 군주였기 때문에 방계에서 즉위했다. 이것이 아마테라스오미카미의 뜻인가. 이 천황은 왕실을 중흥시킨 조종祖宗으로 받들 만하다.

제30대 긴메이 천황　즉위 13년에 백제에서 불법이 전래되었다. 석가 입멸로부터 1016년 후의 일이다.

제34대 스이코推古 천황　황태자인 쇼토쿠 태자가 집정했다. 『헌법제17조』를 정하고, 불교를 널리 포교했다.

제35대 고쿄쿠皇極 천황　소가蘇我 일족이 오랫동안 권세를 누렸으나 악덕을 쌓아 결국 멸망했다.

제37대 사이메이齊明 천황　고쿄쿠 천황이 중조重祚(한번 재위를 물러난 천자가 다시 즉위하는 것)했다. 중국에도 중조 제도가 있지만 일본과 다르다. 중국은 중조를 1대로 보지만 일본에서는 2대로 계산한다.

제45대 쇼무聖武 천황　도다이 사東大寺와 고쿠분 사國分寺, 고쿠분니 사國分尼寺 등의 절을 창건하고 국가와 국민을 위해 불교를 융성시켰다. 재위를 양도한 후 출가했다.

제49대 고닌光仁 천황　덴무天武 천황(제40대)의 형으로, 다이카大化의 개신을 결행하고 율령을 제정한 덴치天智 천황의 손자이다. 덴무 천황 이래로 방계 자손에게 계승되었던 왕위가 마침내 "정통으로 돌아갔다"라고 해야 할 것이다.

제52대 사가嵯峨 천황　당시 당나라에서는 전란이 일어나 경전이 불타 버렸다. 이에 오나라 월왕은 일본에 천태종 교전을 요구했고, 의적義寂 대사가 이를 부흥시켰다.

제57대 요제이陽成 천황　성격이 포악해 남을 다스릴 만한 군주의 그릇이 못 되었다. 이에 섭정인 후지와라노 모토쓰네藤原基經가 천하를 위해 천황을 폐위했으니 경사스러운 일이라 해야 할 것이다. 모토쓰네는 사심 없이 좋은 일을 많이 하여 그 자손이 대신과 대장 등 높은 지위에 올랐다.

제82대 고토바 천황　안토쿠安德(제81대) 천황이 서해에 몸을 던졌을 때, 옥새와 보검도 함께 물속으로 가라앉았다. 새로운 천황이 즉위하는데 신기를 받지 못한 것은 이례적인 일이었다. 그러나 이세와 아쓰타 신들의 가호로 즉위하였으니 그의 자격은 정당하다. 3가지 신기는 일본의 상징이자 나라에 행운을 가져다주는 근원이다.

제96대 고다이고 천황　정치에는 정직과 자비, 결단(신기의 정신)으로 임하고 사심을 버려 신상필벌했다. 역사를 되돌아 보면 도리에 어긋난 부정한 일이 일어난다 해도 '어지러운 세상도 바른 세상으로 돌아간다는 고금의 이치'가 있음은 분명하다.

재주와 덕망이 있으면 집안을 가리지 않고 등용할 수 있다. 그러나 단한 번 세운 무공으로 고관의 지위가 주어지는 것은 혼란을 가져오는 원인이 된다.

상은 군주가 행하는 것이며, 신하는 충절을 다하는 것만이 본분이다. 공적도 덕망도 없는 도적 같은 아시카가足利 일족은 4년이나 천황에게 근심을 끼쳤다. 새로운 고무라카미後村上 천황이야말로 정통 왕위 계승자이므로 시운을 얻어 난이 평정되고 태평한 세상이 되었다.

NOTES

남북조南北朝 **시대** : 1336년에 무로마치 막부의 초대 정이대장군인 아시카가 다카우지足利尊氏가 고메이光明 천황을 천조하고, 고다이고 천황이 요시노로 틀어가면서 조정이 분열된 후, 1392년에 두 조정이 합해졌을 때까지 57년간의 시기.

구니노토코다치노미코토國常立尊 : 『일본서기』 모두에 천지개벽과 함께 최초로 등장한 신이다. 구니노소코다치노미코토國底立尊라고도 한다.

태평기
(太平記)

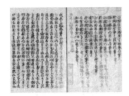

약 50년에 걸친 남북조 시대의 흥망성쇠를 그린 군기 모노가 타리로, 에도 시대에 널리 읽혔다. 고다이고 천황의 호조 다 카토키北條高時 토벌 계획에서부터 겐무建武 시대(1334~1336) 의 중흥, 아시카가 다카우지足利尊氏의 천하 장악과 죽음 그리 고 3대 쇼군 아시카가 요시미스足利義滿의 즉위에 이르는 동란 의 시대를 웅장한 한문 혼용체로 서술했다.

INTRO

전란의 세상을 기술하면서 '태평기'라는 제목을 붙인 것은 교토 부근이 평화로워졌을 때 과 거의 전란을 회상하면서 기록했기 때문이라는 설과 천하태평을 바라는 뜻을 담아 지은 이 름이라는 설, 그리고 전란이라는 용어가 당시에는 사용할 수 없었던 기피어였기 때문이라는 설 등이 있다.

『도인킨사다히쓰기기洞院公定日次記』의 오안應安 7년(1374) 5월 3일 조목을 보면 "지난 28~29 일에 전해 듣기를, 고지마 법사 엔자쿠圓寂라는 이가 있는데 근래의 천하 세태를 바탕으로 『태평기』를 지은 작자라고 한다. 비천한 출신이기는 하지만 뛰어난 자라는 소문이 들리며, 망령된 생각이 없는 이라고도 한다"고 기록되어 있기 때문에 일반적으로 고지마 법사가 『태 평기』의 저자로 알려져 있다. 그러나 그에 대한 경력은 불분명하다.

또한 원래의 『태평기』에서 현존하는 40권 체제의 『태평기』에 이르기까지는 독자적인 완성 과정이 있었으리라 추정된다. 따라서 고지마 법사가 원본 『태평기』의 저자인지, 아니면 현존 하는 『태평기』가 완성되기까지 거듭된 수정과 증보의 과정에서 거쳐 간 많은 집필자 중 한 명이었는지에 대해 정확히 밝혀진 것은 없다. 현재 읽히고 있는 판본은 저자를 여러 명으로 보는 것이 일반적이다.

『태평기』는 아름다움과 웅장함이 조화를 이룬 일한 혼합문의 극치를 보여 준다. 무로마치室 町 시대(1336~1573)에 비파 곡조에 맞추어 이야기를 들려주는 눈먼 승려들에 의해 민중들 에게 널리 침투되었고, 에도 시대에 『태평기』 읽기(태평기 강독)가 널리 확산되면서 국민 문 학의 지위를 획득했다. 이 책은 막부 말기에 일어난 근왕勤王 사상●의 형성에도 많은 영향을 미쳤다. 이는 『태평기』가 개인이나 주관보다는 집단 또는 보편을 중시하는 남성적이며 의지 적인 윤리관에 바탕을 둔 작품임을 말해 준다.

『태평기』는 고다이고 천황이 즉위한 분포文保 2년(1318) 2월부터 고코 곤後光嚴 천황이 즉위한 조지貞治 6년(1367) 12월 쇼군 아시카가 요시아키라足利義詮가 병으로 죽고 나이 어린 쇼군 요시미쓰義滿가 그 뒤를 잇기까지 약 50년에 걸친 동란의 시대를 서술한 이야기이다. 그 내용은 3부로 구분된다.

제1부(제1~12권)

제1~4권　가마쿠라鎌倉 막부의 집권자인 호조 다카토키는 권세를 제멋대로 휘둘러 민심을 잃었다. 이에 왕정 복고의 이상을 품은 고다이고 천황이 만민의 평안을 위해 호조 씨 토벌 계획을 세웠으나 불발로 그치고 말았다. 그 결과 도키 요리사다土岐賴貞와 다지미 구니나가多治見國長 등의 무장들은 할복자살을 하고, 조정의 신하인 히노 스케토모日野資朝와 후지와라 도시모토藤原俊基는 붙잡혀 살해되었다.

천황 자신도 먼 지방으로 유배될 것이라는 풍문이 돌자 천황은 교토의 가사기笠置로 몸을 피했다. 그러나 가사기 성은 로쿠하라六波羅●에서 보낸 대군에 의해 함락되고 만다. 이때 구스노키 마사시게楠木正成가 지략을 발휘해 선전했으나 결국 고다이고 천황은 붙잡히는 몸이 되어 오키隱岐섬으로 유배되었다. 섬으로 가는 도중에 무사 고지마 다카노리兒島高德가 천황의 구출을 시도했지만 실패로 끝났다.

제5~8권　호조 다카토키는 아침저녁으로 덴가쿠田樂(일본의 전통 가무극) 공연을 즐기며 투견에 열중하고 있있다. 고다이고 천황의 큰아들 모리나가護良 친왕은 동지들과 함께 구마노熊野로 향했다. 한편 덴노 사天王寺 주변에서는 구스노키 마사시게의 신출귀몰한 활약이 계속되고 있었다. 하리마^{播磨}에서는 아카마쓰 엔신^{赤松圓心}이 모리나가 친왕의 명을 받아 군사를 일으켰다. 그러나 마사시게의 아카사카^{赤坂} 성이 간토의 대군에게 포위된 가운데 수공을 받아 함락되었고, 요시노^{吉野} 성마저도 함락되자 모리나가 친왕은 고야^{高野} 산으로 피신했다. 아카사카 성에서 지하야^{千劍破} 성으로 군사를 옮긴 마사시게는 기발한 계책으로 로쿠하라의 대군을 혼란에 빠뜨렸다.

이 무렵 오키 섬에서 탈출한 고다이고 천황은 호키^{伯耆} 지방으로 몰래 숨어들었고, 나와 나가토시^{名和長年}는 그러한 천황을 지키기 위해 센조^{船上} 산에 진을 쳤다. 아카마쓰 군과 로쿠하라 군의 격전이 계속되면서 전화는 수도에까지 미쳤다.

제9~12권 호조 다카토키의 요청에 따라 서쪽으로 올라온 아시카가 다카우지^{足利尊氏}는 귀족 세력으로 마음이 기울어 오히려 로쿠하라를 공략했다. 한편 다카토키가 보낸 사자를 베어 버리고 거병한 닛타 요시사다^{新田義貞}는 대군을 이끌고 가마쿠라의 군대와 대전을 벌이던 중 용왕신에게 빌어 썰물을 이용해 가마쿠라를 공격해 들어갔다. 그 결과 9대에 걸쳐 영화를 누린 호조 일족은 멸망했고, 고다이고 천황은 수도로 귀환해 왕정복고라는 대업을 이루었다. 그러나 다카우지와의 불화로 정이대장군^{征夷大將軍}●이라는 칙명을 얻은 모리나가 친왕은 가마쿠라에 유폐되었다.

제2부(제13~21권)

제13~14권 호조 다카토키의 아들 도키유키^{時行}가 군사를 일으켜 가마쿠라를 향해 진격해 오자 아시카가 다카우지의 동생으로 당시 가마쿠라를 다스리고 있던 아시카가 다다요시足利直義는 모리나가 친왕을 살해하고 가마쿠라를 포기했다.

교토에서 대군을 이끌고 간토로 내려간 다카우지는 도키유키의 군대를 물리치고 위세를 떨치며 닛타 요시사다의 영지마저 탈취했다. 이에 대응한 요시사다 역시 다카우지 일족의 장원을 몰수해 서로 원수가 되었다. 다카우지를 토벌하라는 칙명을 받은 요시사다는 연전연승하며 하코네箱根까지 진격했으나 다케노시타竹下에서 크게 패하고 수도로 철군했다. 그 뒤를 쫓아 다카우지 군대가 수도로 들어오자 천황은 히가시자카모토東坂本로 피신했다.

제15~17권　오슈奧州 지방의 군대를 이끄는 기타바타케 아키이에北畠顯家와 요시사다의 군대가 합류하자 다카우지는 일단 규슈九州로 달아났다. 그리고 규슈에서 재차 세력을 규합해 수도 교토로 진격할 기회를 엿보고 있었다. 다카우지의 움직임을 진작에 눈치챈 닛타 요시사다와 구스노키 마사시게는 그를 막기 위해 효고兵庫로 향했다. 이때 마사시게는 아들 마사쓰라正行를 사쿠라이櫻井에서 가와치河內로 돌려보냈다.

격전 끝에 구스노키 마사시게와 그의 동생 마사스에正季는 전사했고, 교토로 돌아와 있던 천황은 다시 히에이比叡 산으로 몸을 피했다. 히에이 산 산기슭과 교토에서 격전이 되풀이되는 가운데 나와 나가토시도 전사했다. 다카우지는 천황을 하나야마인花山院에 유폐했다. 한편 요시사다는 동궁인 쓰네요시恒良 친왕을 받들고 북쪽 지방에 위치한 가네자키金崎 성으로 불러났다.

제18~21권　하나야마인 궁을 몰래 탈출한 천황은 요시노로 달아났다. 가네자키 성이 함락되면서 붙잡힌 쓰네요시 친왕은 다카우지에게 독살되고, 기타바타케 아키이에 역시 용감히 싸운 보람도 없이 오사카 아베노安倍野에서 전사했다. 닛타 요시사다는 자결했다. 이렇게 여러 장수들이 잇달아 전사하고 남조南朝의 세력이 위축되는 상황 속에서 고다이고 천황이 죽고 고무라카미 천황이 즉위했다.

제3부(제22~40권)

제22~24권 남조의 세력 만회를 위해 요시노에서 이요伊豫로 간 와키야 요시스케脇屋義助가 병사했다. 이요 지방에서는 구스노키 마사시게의 망령이 나타나는 등 여러 가지 이변이 일어났다. 이에 무소夢窓 국사가 아시카가 다다요시에게 죽은 고다이고 천황의 명복을 기리는 절을 세울 것을 권해 덴류 사天龍寺를 창건했다.

제25~29권 구스노키 마사유키는 아버지의 유지를 받들어 아시카가 군대를 격파하기도 했으나 종국에는 아시카가의 고노 모로나오高師直 군과 격전을 치르다가 동생 마사토키正時와 함께 자결했다.

고노 모로나오는 남조의 요시노 궁을 불태우는 등 폭거를 거듭하면서 대군을 이끌고 다카우지의 거처까지 포위하는 만행을 저질렀다. 다다요시는 자신의 손으로 모로나오를 처단하고자 했으나 다카우지의 아들 요시아키라가 정무를 장악하게 됨으로써 하는 수 없이 삭발을 하고 은둔 생활에 들어갔다. 훗날 정적이었던 남조에 귀순한 다타요시는 마침내 다카우지·모로나오의 군대와 대결해 그들을 쳐부수고 모로나오와 모로야스師泰 형제를 죽였다.

제30~32권 　일단 화해한 다카우지와 다다요시 형제는 다시 대립했고, 공방 끝에 패한 다다요시는 가마쿠라에서 급사했다. 닛타 요시사다의 아들 요시오키義興와 요시무네義宗가 동쪽 지방에서 거병했으나 결국은 패주하고 말았다. 아시카가 요시아키라는 남북 두 조정의 화해를 주선했으나 그 시도는 실패로 돌아갔고, 되풀이되는 양쪽 군대의 격렬한 공방전으로 교토는 더욱 황폐해졌다.

제33~37권 　여러 해에 걸친 전란으로 귀족들의 생활은 더욱 곤궁해졌는데, 그와는 반대로 무사 집안은 무척 사치스러워졌다. 다카우지는 종양으로 죽고, 닛타 요시오키는 동쪽 지방에서 재기를 노렸으나 기습을 당해 결국 자결하고 말았다.

　아시카가 요시아키라가 정이대장군이 되자 남조 세력과 아시카가 세력의 공방이 다시 되풀이되었다. 아시카가 군의 내부에서는 하다케야마 구니키요畠山國淸와 닛키 요시나가仁木義長의 반목이 한층 심해졌다. 구니키요에 의해 이세 지방으로 물러났던 요시나가는 남조에 투항했다. 그리고 모반의 의심을 받던 호소카와 기요우지細川淸氏도 남조에 복속했다. 하다케야마 구니키요는 간토 지방에서 아시카가 요시아키라에게 반기를 들었다. 호소카와 기요우지의 공격을 받은 요시아키라는 오미近江까지 도망갔고, 남조 세력이 교토를 차지했다. 그러나 그것도 잠시, 전세는 다시 예전 상황으로 되돌아갔다.

제38~40권 　남소 쪽의 무장 기구이케 다케미쓰菊池武光는 힌때 규슈 일대에서 큰 세력을 자랑했다. 하타케야마 구니키요는 아시카가 모토우지足利基氏의 군대에 쫓기다 죽었다. 시코쿠四國 지방으로 건너간 호소카와 기요우지도 호소카와 요리유키細川賴之와의 전투에서 전사했고, 닛키 요시나가는 요시아키라에게 목숨을 살려 달라고 빌어 북조 쪽으로 다시 돌아올 수 있었다.

북조의 고겐光嚴 법왕이 야마토 지방으로 와서 남조의 고무라카미後村上 천황과 환담했다. 쇼군 아시카가 요시아키라가 병으로 죽자 그의 어린 아들 요시미쓰義滿를 보좌하기 위해 호소카와 요리유키가 집사직을 맡았다. 이렇게 해서 나라가 저절로 다스려진다는 '중하무위中夏無爲의 시대'를 맞이하게 되었다.

다음은 『태평기』 가운데 사람들에게 회자되는 장면을 원문에서 인용한 것이다.

구스노키 마사시게 효고로 내려가다

마사시게는 아들에게 "더 이상 이의를 달 필요가 없다"고 말하고 기병 500여 기를 거느리고 5월 16일 수도를 떠나 효고兵庫로 내려갔다. 마사시게는 이것이 마지막 전투가 될 것이라고 생각했기 때문에 당시 11세였던 아들 마사쓰라正行를 사쿠라이 역참에서 가와치로 돌려보내며 훈계했다.

"사자는 새끼를 낳아 3일이 지나면 수천 길 높이의 절벽으로 데려가 새끼를 아래로 떠민다. 그 새끼에게 사자의 기질이 있다면 아무것도 알려 주지 않아도 제힘으로 기어올라 살아남는다고 한다. 하물며 너는 벌써 열 살이 아니냐. 한 마디라도 귀담아들어 내 뜻을 거스르지 말거라.

이번 싸움은 천하의 운명이 걸린 일이니 이생에서 네 얼굴을 보는 것도 지금이 마지막이 될 것 같다. 내가 죽었다는 말을 듣거든 아시카가 다카우지의 세상이 되었다고 생각하거라. 이렇게까지 말하는 것은 일신의 목숨을 구하기 위해 수년에 걸친 충렬을 잃고 아시카가에게 항복하는 자가 없게 하기 위함이다. 일족의 젊은이가 한 사람이라도 살아남는다면 곤고金剛 산의 기슭으로 들어가거라. 적의 내습에 대비해 화살촉에 목숨을 건 양유기養由基(춘추 시대의 초나라에서 활동했던 활의 명수)와 의로운 기신紀信(한나라 유방의 충신)의 충성심을 배우도록 하라. 이것이 네가 해야 할 가장 큰 효행이다. 알겠느냐?"

말을 마친 마사시게는 아들과 눈물을 흘리며 동, 서로 각기 헤어졌다.

(제16권 중에서)

마사시게 형제가 전투에서 죽다

구스노키 마사시게는 동생 마사스에에게 이렇게 말했다.

"적에 의해 앞뒤가 차단되고 아군인 닛타 군과의 거리도 멀어져 버렸다. 지금은 숨을 곳도 없다. 일이 벌어지면 적의 선두를 단번에 흩어 놓고 뒤에서 추격해 오는 적과 싸울 것이다."

마사스에가 "알겠습니다"라고 답하자마자 두 형제는 700여 기의 군사들을 앞뒤로 거느리고 대군 속으로 달려 들어갔다. 기쿠스이菊水(구스노키 가문의 문양으로, 국화꽃이 흐르는 물에 떠 있는 모양이다) 문양의 깃발을 보고 적장이라고 생각한 아시카가 다다요시 군이 그들을 둘러싸고 모여들었다. 마사시게와 마사스에 군은 동에서 서로 헤치고 나아가며 북에서 남으로 밀고 내려갔다. 호적수가 보이면 말을 나란히 맞붙여 적의 목을 베고, 그러지 못할 때에는 큰 칼을 휘둘러 흩뜨려 버렸다. 마사스에와 마사시게는 7번은 함께 싸웠고 7번은 따로 싸웠다. 그 마음은 오로지 직장 다다요시의 목을 벨 생각뿐이었다.

마침내 다다요시가 이끌던 50여 기의 군사는 구스노키가 이끄는 700여 기의 군사에 쫓기어 스마須磨의 우에노上野 쪽으로 달아났다. (…) 구스노키 군에게 쫓기는 다다요시를 본 다카우지가 "원군을 보내 다다요시를 구하라"라고 하자, 기라吉良와 이시도石堂, 고高, 우에스기上杉 등의 군사 6,000여 기가 미나토 강의 동쪽으로 달려가 추격을 막고 둘러쌌다. 마사시게와 마사스에 역시 말머리를 돌려 이 세력에 가담해 말을 내달려 목을 베고 맞붙어 적을 죽였다. 3시간여 동안 26번이나 싸움을 벌인 결과 그 세력이 점차 줄어들어 마지막에는 기병 73기만 남았다.

이 같은 수로도 적을 물리치고 빠져나올 수는 있었으나 교토를 떠날 때부터 이 전쟁이 이생에서의 마지막이 되리라 각오하고 있던 구스노키는 한 발도 뒤로 물러나지 않고 싸웠다. 그러나 결국 싸움의 승패가 다다요시에게 기울자 구스노키는 미나토 강의 북쪽에 있는 한 마을의 어느 집으로 달려 들어갔다. 그리고 할복자살을 하려고 갑옷을 벗었더니 이미 베인 상처가 11곳이나 되었다. 72명의 부하 모두 각자 서너 군데씩 상처를 입지 않은 자들이 없었다. 구스노키 일족 13명과 가신 60여 명은 너른 마루에 두 줄로 나란히 앉아 10번 정도 염불을 외우고는 일제히 할복했다.

(제16권 중에서)

해국병담
(海國兵談)

에도 시대 중기에 해외 정세를 걱정하며 해양 방비를 강력히 주장한 경세서警世書이다.

전 16권으로, 제1권 「수전水戰」으로 시작해 제2권 「육전陸戰」, 제3권 「군법 및 건물見物」, 제4권 「군략」, 제5권 「야군夜軍」 등 구체적인 전략과 전술의 전개로 구성되어 있다. 후반부는 사무라이 사회의 양태를 논했다.

INTRO

이 책은 하야시 시헤이(1738~1793)가 만년에 쓴 책이다. 하야시 시헤이는 원래 막부 신하였던 오카무라 겐고베요시미치岡村源五兵衛良通의 차남으로 태어났으나 아버지가 죄를 지어 사무라이 자격을 박탈당하자 숙부인 하야시 주고林從吾의 손에서 자랐다. 나중에 형 가젠嘉膳이 센다이 번仙藩에서 150석의 녹봉을 받고 초빙되자 시헤이는 형을 따라 호레키寶曆 7년(1757)에 센다이로 갔다. 시헤이는 평생 녹봉을 받는 관직에 오르지 못한 불우한 처지였다.

그렇지만 시헤이는 거리낄 것이 없는 자신의 처지를 활용해 때때로 센다이 이외의 지역을 왕래하고 나가사키에서 유학도 했다. 또 모리시마 나카요시森島中良와 같은 난학蘭學(네덜란드 학문)자들과도 친하게 사귀며 국제적인 식견을 길렀다.

덴메이天明 5년(1785) 48세의 나이에 조선과 류큐琉球(오키나와), 에조蝦夷(홋카이도)에 대해 기술한 『삼국통람도설三國通覽圖說』을 완성했다. 그리고 그 뒤를 이어 『해국병담』의 집필에 착수해 다음 해인 1787년, 50세 때 제1권을 출간했으나 자금난에 부딪혀 54세가 된 1791년에야 전권이 출간되었다. 하지만 그해 12월, 시헤이는 막부의 최고 행정 책임자인 마쓰다이라 사다노부松平定信의 명으로 에도로 소환되었다. 간세이 2년(1790)에 공포된 '출판물 단속령'에 저촉된다는 것이 이유였으며, 주요 죄목은 가까운 장래에 외적의 위협이 있을 것이라고 예측한 점이 수상하다는 것이었다. 외적의 위협을 주장하는 일은 막부 관리에게는 망상에 불과한 것이었다. 따라서 그 같은 망상을 기초로 막부의 국방을 비판한 것으로 판단된 『해국병담』은 절판되었고 판목도 몰수당했다. 그러나 사본은 비밀리에 읽혔고, 가에이 시대에서 안세이 시대에 걸쳐 복간되었다.

사방이 바다로 둘러싸인 나라

『해국병담』에는 유명한 구절이 있다.

"곰곰이 생각해 보면 에도의 니혼바시日本橋에서 당나라나 네덜란드까지는 경계가 없는 수로이다."

니혼바시는 에도의 중심지이다. 그곳이 바다를 통해 곧장 세계로 이어져 있다는 것을 지적한 말이다. 에도 시대 중엽에 해당하는 당시로서는 눈이 번쩍 뜨일 만큼 새로운 의미를 지닌 지적이었다.

'해국海國'이라는 말도 마찬가지이다. 지금이야 일본이 바다로 둘러싸인 해양 국가라는 것이 굳이 말하지 않아도 모두가 아는 상식이지만 당시에는 매우 신선하면서도 위험하기까지 한 사상이었다.

왜냐하면 에도 시대의 막번幕藩 체제가 바다 저편의 외국 사정을 전혀 염두에 두고 있지 않았기 때문이다. 1639년에 정식으로 쇄국 정책을 취한 이래로 그러한 사고방식은 결정적인 것이 되었다. 막부는 오로지 일본 국내의 통치 체제만을 강화했다. 만약 규모가 큰 번藩(지방 영주)에서 도쿠가와 가문에 대한 반역이 일어났을 때 그것을 어떻게 방비할 것인가에 대한 대안으로 지방 영주의 배치가 고려된 것이 고작이었다. 또한 참근교대參勤交代(지방 영주가 일정 기간 막부와 지방을 오가며 근무하는 제도) 제도 역시 지방 영주의 경제력을 약화시키기 위한 것이었다. 당시 막부가 주의를 기울이고 있던 것은 오로지 일본 국내에서 일어나는 여러 번들의 동향이었을 뿐, 바다 저편의 사정에는 관심조차 없었다.

하야시 시헤이는 이처럼 일본의 좁은 시야를 트이게 하기 위해『해국병담』을 지은 것이다. 이 책에서 하야시 시헤이가 가장 강조한 것은 국방이었다.

"해국이란 무엇을 이르는 말인가? 요컨대 이어진 이웃 나라가 없고 사방이 모두 바다로 둘러싸인 나라를 말하는 것이다. 그러므로 해국에는 해국에 걸맞는 국방 대비책이 있어야 한다. 중국의 역사서와 일본에서 예로부터 전해 내려온 여러 주장과는 큰 차이가 있다."

최초로 해양 자주 국방론을 주장하다

시헤이는 일본이 온통 바다로 둘러싸인 해양 국가이므로 자주 국방이 필요하다고 주장했다. 때문에 『해국병담』은 중국에서 전래된 군사 서적이나 전통적인 병학과는 전혀 다른 입장에서 쓰인 것임을 머리말에서 밝히고 있는 것이다. 이어서 그는 일본은 외적, 곧 외국에서 공격해 오는 적을 방어할 방법을 강구해야 한다며 아래와 같이 강조했다.

"우선 해국은 외적이 쳐들어오기 쉬우면서도 동시에 쳐들어오기 어렵다. 군함을 타고 순풍을 만나게 되면 일본까지 200~300리 떨어진 먼 곳에서도 하루, 이틀이면 쉽게 쳐들어올 수 있기 때문에 그에 대한 대비를 해 두어야 한다. 반면 사방이 모두 험난한 큰 바다이기 때문에 함부로 쳐들어오지 못하기도 하지만 그것만을 믿고 방비를 게을리해서는 안 된다. 이러한 점들을 잘 생각해 보면 일본의 국방이 당면한 급선무는 외적을 막아 내는 기술을 터득하는 것임을 알 수 있다."

이 책의 근본적인 목적은 이와 같은 외적을 어떻게 막아 낼 것인가 하는 국방론을 세상에 널리 소개하는 데 있었다. 이러한 사상이 봉건 시대에는 두 가지 점에서 위험하게 받아들여졌다.

우선 하나는 앞에서 밝힌 것처럼 도쿠가와 막번 체제가 애초부터 외국의 위협을 계산에 넣지 않은 정치 체제라는 점이다. 막번 체제는 외국의 침략을 상정할 경우, 애초부터 성립할 수 없는 정치 제도였다. 이는 1853년에 페리 제독이 이끈 함대, 이른바 구로부네黑船●로 개국을 강요 당한 사실을 통해서도 증명되었다. 그러나 이 책이 집필된 1777년에는 러시아가 내려와 지시마千島 섬과 에조를 위협하고는 있었지만 아직 외부의 침략이 그다지 절실한 문제는 아니었다. 그 같은 시기에 하야시 시헤이가 외국의 위험을 강조한 것은 지배자를 모욕하는 일로 비칠 수 있었다.

두 번째는 하야시 시헤이가 외적의 위협을 막아 내기 위해 구체적으로 제안한 내용이 막부를 자극했다는 점이다. 시헤이는 국방론을 통해 새로운 병학兵學을 논하며 다음과 같이 명쾌하게 단언했다.

"해국의 국방은 해변에 있다. 해변의 병법은 수전水戰이고, 그 수전의 요점은 대포이다. 이는 해국의 가장 자연스러운 국방 과제이다."

아울러 그는 "외적을 막아 내는 전술은 수전에 있으며, 수전의 요점은 대포에 있다. 이 두 가지를 잘 갖추는 일이 일본 국방의 올바른 방향이며, 중국 및 몽골과 같은 대륙 국가의 군사 정책과 달라야 하는 이유이다. 이를 잘 깨달은 뒤에 육지전에 임해야 할 것이다"라고 하며 종래의 육지전 중심의 전통적인 병술을 강하게 비판했다.

그러나 무엇보다도『해국병담』이 '일본의 명저'가 된 이유는 이 책에 일관되게 흐르는 사상적 선구성에 있다. 해방론海防論은 막부 말기에 이르러서는 많은 논의를 불러일으켰으나, 하야시 시헤이가 이 책을 쓸 무렵에는 불과 몇 명 안 되는 난학자 사이에만 거론되었던 지식이었다. 그것을 하야시 시헤이가 급소를 찌르듯이 세상에 드러낸 것이다.

『해국병담』은 예견적 성격이 짙은 책이다. 하야시 시헤이가 이 책 때문에 처벌을 받은 간세이寬政 4년(1792)에 러시아 사절인 라크스만이 홋카이도의 네무로根室를 방문했다. 이후 외적의 침공은 서서히 긴박감을 더

했고 마침내 도쿠가와 막부의 숨통을 끊기에 이르렀다.

이러한 예견적 성격뿐만 아니라 해양 방어론으로 수전의 필요성을 강조하며 군함 건조와 대포 생산을 서두르라고 주장한 점 역시 주목해야 할 대목이다. 막부 말기에 이르러 서양의 군사 기술을 받아들이게 되었을 때 사쿠마 쇼잔佐久間象山 등이 해군의 필요성을 강조하고 가쓰 가이슈勝海舟가 일본 최초로 해군을 양성한 것을 생각하면 그 선견지명이 얼마나 뛰어났는지 높이 평가하지 않을 수 없다.

NOTES

구로부네黑船 : 무로마치 말기에서 에도 말기에 일본에 내항한 구미 여러 나라의 함선을 이르는 말로, 선체가 검은색으로 칠해져 있어서 '검은 배'라는 의미로 이렇게 불렸다. 쇄국 정책을 시행하고 있던 도쿠가와 막부 시절의 일본에 미국의 페리 제독이 검은 함선을 끌고 와 개항을 요구한 일로 서양 제국의 침탈을 상징하는 뜻도 있다.

서역 모노가타리
(西域物語)

에도 말기의 학자 혼다 도시아키가 일본의 부국책을 구체적으로 기술한 계몽서이다. 이 책은 첫째로 염초焰硝와 화약을 채집해 국토를 개발하고, 둘째로 여러 광산에서 금과 은을 채굴하며, 셋째로 선박을 건조해 국내외 교통과 무역을 진흥시킬 것을 주장했다. 아울러 속령의 섬들(구체적으로 홋카이도와 사할린)에 대한 개발과 방어를 논했다.

INTRO

혼다 도시아키(1743~1820)는 단순히 요즘 말하는 경제 전문가가 아닌 경세제민經世濟民●의 학자이다. 통칭 사부로우에몬三郞右衛門이라 불렸으며, 기타이北夷 또는 로돈사이魯鈍齋라는 호를 사용했다. 18세 때 에도로 나와 산술·천문·항해술 등을 배웠고, 그 후 여러 곳을 유람하며 지리·산물 등을 조사하고 에조蝦夷(홋카이도)로 건너가 견문을 넓히는 등 생애의 대부분을 떠돌이 사무라이로 지냈다. 이 밖에 『교역론』, 『경세비책經世秘策』, 『경세비책 후편』, 『경제총론』 등의 저서가 있다.

도쿠가와 막부의 시정을 비판했다는 점에서 반체제파로 여겨져 왔는데, 그의 반체제론은 일본의 자립과 번영을 기원하는 순수한 마음에서 나온 것이다. 그가 오랜 세월에 걸쳐 일본 문화 속에 자리 잡은 중국 문화의 탈피를 선언하고 가나 문자의 사용을 주장한 점은 진보주의로 보이지만, 한편으로는 공리공론을 일삼는 자라는 약점으로 비치기도 한다. 그렇지만 위도緯度를 거론하면서 영국과 비교하고 일본의 장래 발전을 예측한 대목에서는 그의 혜안이 엿보인다.

서역과의 교류가 나라를 부유하게 한다

이 책의 개요는 다음과 같다.

일본은 국가가 성립된 이래로 중국 문화만 배운 탓에 대부분의 사람들이 중국 외의 나라는 오랑캐로 보고 네덜란드 사람들을 짐승처럼 여긴다. 이것은 큰 잘못이다.

서역에서는 도리와 법칙을 추구하는 궁리학窮理學이 일어나고, 천문·지리·항해술이 발달한 결과, 지구는 둥글고 지구 상에는 많은 나라가 있다는 사실이 알려져 있다. 1543년에 포르투갈 선박이 다네가種子 섬(규슈 가고시마 현에 위치한 섬)에 표류한 이래, 영국 등 10여 개국의 선박이 내항했으나 그리스도교의 포교 금지 이후 네덜란드 선박에만 내항이 인정되었다. 이들은 유럽의 국가들이며 대개의 나라가 매우 풍요롭고, 가옥은 돌로 지어졌다. 또 식민지를 가지고 있었으며, 지식인도 많았다.

세계의 문명은 이집트에서 일어났다. 일본과 중국에 나라가 세워지기 이전에 이집트의 이웃 나라에는 알렉산드로스 대왕(기원전 356)이 나타나 각지에 포교하고 인간의 도리를 가르쳤다(도시아키는 알렉산드로스 대왕과 예수를 혼동하고 있다).

겐나元和 원년(1615)의 언무偃武● 이후 200년 가까이 천하태평의 평화를 누린 일본도 현 시점에서 천문·지리·항해의 기술을 넓혀 각국과 교역하고, 유무를 가리지 않고 모두 왕래하면 나라가 부강해지고 국민이 윤택해져 자연히 나라가 잘 다스려질 것이다. 위정자는 서둘러 이러한 일들을 해야 하는데, 쇄국 이후에는 네덜란드 선박만이 왕래하고 있다. 가끔 다른 나라 배가 연료용 나무와 식수를 구하기 위해 기항이라도 할라치면 갑옷을 차려입는 등 한바탕 큰 소동이 벌어진다. 그러나 앞서 치국에 관해 말한 내용을 실행한다면 이는 기우로 그칠 것이다. 지금의 상황이 슬프고도 근심스러울 뿐이다.

국사의 비용을 모두 세금으로 충당하려 하면 무리가 생긴다. 구민에게 생활의 여유가 없으면 산업 역시 번영하지 않으며, 더 나아가 먹지 못해 굶어 죽는 사태에 이르면 인구가 줄기 때문에 미개간지나 황폐한 밭

이 늘어난다. 이에 대한 대책으로 서역에서 실행하고 있는 '치도제일治道第
一의 국무'인 항해·운송·교역을 서둘러야 한다.

서역의 각 나라는 서로 땅이 붙어 있거나 근접해 있기 때문에 정치
상의 실정을 비판하는 백성의 소리는 이내 다른 나라에도 전해져 침략
의 빌미를 제공하므로 정치가는 이에 큰 주의를 기울이고 있다고 한다.
(상권)

영국을 벤치마킹하라

네덜란드의 상인과 함께 온 독일의 의사이자 박물학자인 엥겔베르트
쳄퍼Engelbert Kaempfer(1651~1716)는 『쳄퍼의 에도 참부 기행』을 지어 일본
의 문화와 국정을 소개했다.

서역의 언어는 25자라는 적은 수의 글자를 조합해 만들어진다. 일본
도 가나로 글을 쓴다면 수만 자에 이르는 한자를 기억해야 하는 노력을
덜 수 있어 국가에도 이익이 될 것이다. 서역에는 모든 일에 대한 설명과
그림이 들어 있는 책자(백과사전)가 있다. 그 같은 책이 부디 일본에서도
간행되길 바란다.

간에이寬永 18년(1641)부터 나가사키長崎의 데지마出島 섬●에서 막부의 행
정 관청이 개입한 가운데 네덜란드와의 교역이 시작되었다. 단속이 실시
되지 않았으면 일본의 금·은·동은 거의 전부 서역으로 유출되고 말았
을 것이다. 규제가 있음에도 불구하고 연간 240만 근이 유출되고 있다.
불법 유출까지 가산하면 막대한 양이 되며, 아라이 하쿠세키新井白石● 역
시 이를 매우 걱정했다. 금·은의 유출로 국내에서 유통되는 화폐 가치가
하락하면 우선 사무라이가 곤궁해지고, 그 주름살은 백성들에게 전가
된다.

백성은 무거운 세금을 견디지 못하고 경작지를 놀리거나 아예 떠나 버리므로 쌀 생산량이 줄어들어 국가의 재정이 피폐해진다. 대책은 인구의 증가와 개척에 있다. 그러나 그보다 더욱 중요한 것은 교역의 실시와 위정자의 마음가짐이다.

홋카이도의 마쓰마에松前는 추운 지역으로 사람이 살기에 적합하지 않고 곡식도 여물지 않는 곳으로 잘못 알고 있는 사람도 있다. 베이징北京과 위도가 동일(하코다테函館 주변은 북위 41도 5분, 베이징은 40도)하므로 백곡과 온갖 과일의 생산이 가능하다. 개척을 하면 내지와 동일한 양의 수확이 예상되고, 방치해 두면 중국이 침략해 점령할 것이다.

일본이 발전을 꾀하려 한다면 수도를 캄차카(러시아 동쪽 끝의 반도에 위치함)로 옮기고 서사할린 섬에 요새를 구축해 연해주 및 만주와 교역하면 좋을 것이다. 일본을 둘러싼 바다에는 섬이 많다. 정치를 잘하면 일본은 서역의 영국과 어깨를 나란히 하는 세계의 대부호국, 대강국의 하나가 될 것이다. 일본과 같이 섬나라인 영국에는 44개국의 식민지가 있다. (중권)

국민 모두가 삶을 영위할 수 있는 직업을 가질 수 있게 노력하는 것이 '정무의 가장 중요한 일'이다. 여기에는 교시教示(넓은 의미의 교육)와 제도의 완비라는 조건이 따른다. 그 방향이 국정에 제도로서 분명하게 확립되어 있다면 국민들은 진심으로 복종한다.

인간 생활의 기본은 부부에 있다. '나라의 근본은 곧 부부'인 것이다. 부부가 있으면 자식이 태어난다. 부모가 자식을 양육하는 일이야말로 '나라의 근본'이 서게 하는 일이다. 부모와 자식의 생활이 정체되지 않도록 노력하는 것이 선정이며 '만민의 부모인 위정자의 길'인 것이다.

남자 15세, 여자 16세에 결혼해 첫아이를 낳고 한 해 걸러 아이를 낳으면 33년 뒤에 이 가족은 17명의 아들과 딸을 거느린 19명의 가족이 된다. 그러나 실상은 집안을 이을 장남을 비롯해 어른이 된 자녀들이 각각 분가해 어린아이를 낳게 되므로 이 가족은 40명에 가까운 대가족이 된다. 이만큼 인구가 늘어나면 민둥산과 광야를 개척해 생산을 늘려도 도저히 수요에 미치지 못한다(여기에서 항해·운송·교역의 중요함을 주장한다).

　　'참깨와 백성은 짜면 짤수록 나온다'라는 불손한 말을 한 간오 하루히데神尾春央(1716~1751, 제8대 쇼군인 도쿠가와 요시무네德川吉宗 시대에 금전 출납을 담당했던 관리인 간조부교勘定奉行)의 방침대로 한다면 결국 나라는 망할 것이다.

　　서역의 개국 이래 600년의 역사를 음미해 보면, 향후 일본의 발전에 모범이 될 것이다. 일본은 왕통 일계 위에 다른 나라의 침략이 없었다. 그렇다고 혁명 국가인 중국만을 귀감으로 삼는 것은 지나치게 경솔한 생각이다.

　　마지막으로 결론을 말하겠다. 우선 캄차카는 원래 일본의 영토이므로 이 땅을 러시아에서 되찾아 옛 일본국이라 부르고, 군현 제도를 수립해 인재를 등용하며 네덜란드로부터 개척 방법을 배운다면 그들과 우리는 같은 위도이기 때문에 일본은 곧 크고 좋은 나라가 될 것이다. (하권)

경세제민經世濟民 : 중국의 고전에 등장한 용어로 '세상을 경영해 백성을 구제한다'라는 뜻이다. 이 말을 줄여 '경제經濟'라고 하며, 영어 'economy'의 번역어로 사용되고 있으나 본래는 정치·통치·행정 전반을 지칭하는 넓은 의미를 가진 용어이다.

겐나元和 **원년의 언무**偃武 : 1615년에 오사카 여름의 싸움에서 도쿠가와 이에야스가 도요토미 히데요시를 이겨, 오닌의 난 이래 약 150년 동안 단속적으로 계속된 큰 규모의 군사 충돌이 종료했음을 뜻하는 말.

데지마出島 **섬** : 1634년 포르투갈 상인의 거주지 용도로 약 4,000평의 해안가를 부채꼴 모양으로 매립한 땅. 포르투갈 선박의 내항 금지 후 네덜란드인의 거주를 위해 제공했다.

아라이 하쿠세키新井白石 : 1657~1725. 일본의 정치가이자 학자로, 18세기 초 도쿠가와 막부 쇼군들의 조언자였다.

일본외사
(日本外史)

에도 시대 후기부터 메이지 유신 때까지 가장 널리 영향력을 발휘했던 역사서이다. 무장 미나모토源와 다이라平의 두 가문이 실권을 장악한 시기부터 시작해 호조北條·구스노키楠木·닛타新田·아시카가足利·고호조後北條·다케다武田·우에스기上杉·모리毛利·오다織田·도요토미豊臣·도쿠가와에 이르는 각 장군의 가문에 관한 이야기를 기술했다.

INTRO

라이 산요(1780~1832)는 지금의 히로시마廣島 일대인 아키安藝에서 태어났다. 아버지 라이 스이水賴春水는 아키 지방의 게슈藝州 번에 몸담고 있던 엄격한 주자학자였다. 라이 산요는 천성적으로 병약했지만 도회지에서 공부하고픈 강한 의지로 18세 때 에도 유학을 결행했다. 가족과 스승, 친구들의 반대를 무릅쓰고 번을 나와 마침내 교토에서 학자로서 일가를 이루었다. 그 과정에서 정신적으로 불안정한 모습을 보여 이런저런 지적을 받기도 했지만 만년에는 매우 안정된 가운데 명성을 쌓았고, 각 지방을 유람하며 많은 시문을 남기기도 했다.

그가 장년기에 집필한 역사서인 『일본외사』는 번의 명령으로 히로시마에 칩거하던 시절에 집필을 시작한 것이다. 각 장군의 가문을 서술하고, 각각의 앞뒤에 서론과 찬을 더해 이들을 논평했다. 『일본정기日本政記』는 그 자신이 만년에 가장 공을 들여 저술한 것으로 신무 천황 이후의 일을 기록한 통사通史이다. 라이 산요는 이 책을 집필하다가 53세에 병사했다. 이 밖에 『통의通議』, 『신책新策』 등의 저서가 있고, 시집으로는 『산요시초山陽詩鈔』 8권과 『산요유고山陽遺稿』 7권 그리고 『일본악부日本樂府』 1권이 있다.

　이 책이 집필된 시대는 한문이 널리 보급되어 한문에 담긴 서술의 간명함과 분명함이 매우 선호되던 때였다. 또한 이후에 일어날 메이지 유신을 전후한 시대에는 과거의 사실에서 미래에 대한 교훈을 얻고자 하는 기운이 매우 강했다. 따라서 이 책에 일관되어 있는 사관인 대의명분론은 당시의 시대정신을 대표하는 것이었다.

전 22권에 이르는 이 저술 전체를 요약하는 것은 도저히 불가능하므로 이 책의 첫 부분에 나오는 유명한 대목 두 부분만 소개한다.

1권 다이라 가문 서론

라이 산요가 말했다.

나는 구지舊志(『신황정통기』를 가리킨다)를 읽으면서 도바鳥羽 천황이 때때로 칙서를 내려 여러 지방의 무사가 겐페이源平(미나모토 가문과 다이라 가문) 두 가문에 속하려 한 시도를 금지한 것을 보고, 정치의 대권이 무사 집안으로 옮겨 간 것은 아마 이 시기였을 것이라고 생각했다. 이어서 미요시 기요유키三善清行(847~918, 헤이안 시대 전기의 관료이자 학자)의 의견서에 궁중 호위무사들의 방자함이 기술되어 있는 대목에서 조정의 법도가 땅에 떨어진 지 이미 오래되었고, 무엇보다 도바 천황 때부터의 일이 아니었음을 알게 되었다.

생각하건대, 일본의 조정이 나라를 세우기 시작한 때의 정치 체제는 간단했다. 문과 무의 길은 하나였으며, 어느 지방이든 그 지방의 백성이 모두 병사였고, 국왕이 원수이며 대신들은 부장이었다. 특히 장수將帥라는 직책을 따로 두지 않았다. 따라서 세상에서 말하는 무문武門이나 무사 따위는 있을 수 없었다.

때문에 천하가 태평할 경우에는 그만이었으나 변고가 생기면 천자는 스스로 군을 이끌고 나서는 수고를 해야만 했고, 그렇게 하지 못할 경우에는 황자나 황후가 그를 대신했다. 병마의 대권을 신하에게 위임하는 일은 없었다. 곧 대권은 위에서 국내를 제압했고, 숭세에 이르러 낭나라의 세도를 모빙해 관리를 문관과 무관으로 나누고 거기에 특별히 장수를 두었다.

그러고는 중세의 군사 제도에 대한 개략을 언급하고 다음과 같이 말했다.

이것은 윗세대의 뜻에는 못 미친다 해도 재앙과 변란에 미리 방비하는 방법으로서는 매우 적절하다고 할 수 있다. 때문에 유사시에는 한 자 길이의 발병부(징병의 조서)만 내려보내면 수십만의 병마를 일제히 일으킬 수 있고, 평상시에는 해산해 일반 백성의 신분에 귀속된다. 그리고 그 장수가 되는 자는 문관에서 나와 군진에 임하고, 임무가 끝나면 되돌아와 무장을 풀고 원래의 의관을 갖추었다. 이처럼 세상에서 말하는 무문과 무사는 아직 존재하지 않았던 것이다.

마지막은 다음과 같이 끝맺고 있다.

나 자신이 외사外史를 지어 첫 부분에 겐페이 두 가문을 서술한 것은 조정이 스스로 나라의 대권을 놓쳐 버린 일을 통탄한 것이다. 그러나 국가 정세의 추이는 사람의 힘으로 붙잡을 수 있는 종류의 일이 아니다. 그래서 지금 세상의 추이를 소재로 정치의 득실을 나타내고자 하는 것이다. 후세의 우국지사들은 이 대목을 특히 유의해야 할 것이다.

5권 구스노키 가문

엔겐延元 원년 1336년 여름, 고다이고 천황은 구스노키 마사시게楠木正成에게 명해 당시 효고兵庫 지역으로 내려가 서쪽에서 진격해 오는 아시카가 다카우지足利尊氏와 나오요시直義 형제를 막고 있던 닛타 요시사다新田義貞●를 돕게 했다. 마사시게는 한 가지 계책을 주상했으나 받아들여지지 않았다. 5월 16일, 동생인 마사스에正季와 아들 마사쓰라正行를 거느리고 궁궐을 물러나 서쪽으로 행군해 사쿠라이 역참에 이르렀다. 마사쓰라는 당시 11 세였다. 마사시게는 아들 마사쓰라를 고향인 가와치로 돌려보내며 다음 과 같은 말을 남겼다.

　　너는 어리기는 해도 이미 10세가 넘었다. 그러므로 내 말을 잘 새겨들을 수 있으리라 믿는다.

　　이번 싸움은 천하의 안위를 결정하는 큰 전투이므로 생각하건대 나는 다시 너를 볼 수 없을 것 같다. 너는 내가 전사했다는 소식을 접하면 천하가 아시카 가 가문의 손에 들어간 것으로 알아라. 혹시라도 어리석은 생각에 이익을 쫓아 대의를 저버림으로써 나의 충성을 헛되게 하지 마라. 만일 우리 일족 가운데 한 사람이라도 살아남는 자가 있다면 그를 이끌고 곤고金剛 산의 옛 거처로 가 그곳을 잘 지키고, 몸으로 나라에 순국하며 의롭게 죽는 일 이외에는 생각하지 말거라. 네가 나에게 보답하는 길은 그뿐이다.

그리고 일찍이 천황에게서 하사받은 보검을 주며 결별했다. 마사쓰라 는 아버지를 따라 함께 죽기를 청했으나 마사시게는 그를 꾸짖으며 떠나 보냈다. 마사쓰라는 눈물을 훔치며 떠났다.

미나토湊 강에서의 결전의 날, 마사시게 형제가 말을 돌려 다카우지의 군대 속으로 돌격해 혈전을 벌이길 십륙 합. 그때마다 뒤따르던 아군의 기마병은 모두 죽고 남은 건 73기에 불과했다. 이때는 아직 포위망을 뚫 고 퇴각할 수 있었다. 그러나 마사시게의 마음은 이미 살아남기를 바라 지 않았다. 말을 미나토 강 북쪽에 있는 민가로 몰고 들어가 말에서 내 려 갑옷을 풀었다. 몸에는 창에 찔린 상처가 이미 11곳이나 되었다.

마사시게가 마사스에 쪽으로 얼굴을 돌려 "죽은 뒤에 무엇이 하고 싶은가?"라고 묻자, 마사스에는 "바라건대 일곱 번 다시 태어나 나라의 적을 무찌르고 싶습니다"라고 했다. 이에 마시시게는 전혀 거침없는 표정으로 "내 생각과 똑같구나"라고 말했고, 두 사람은 서로를 찔러 죽음을 맞이했다. 이때 마시시게는 43세였다.

다카노 초에이·와타나베 가잔(高野長英·渡邊華山)

유메 모노가타리·
신기론
(夢物語·愼機論)

다카노 초에이의 『유메 모노가타리』와 와타나베 가잔의 『신기론』은 모두 당시 막부가 행하던 쇄국 정책을 비판한 저서로 모리슨 호 사건을 전후해 저술되었다. 이 책으로 '막부 정치를 비판하고 세상을 현혹한 죄'에 부쳐진 두 사람은 '반사蠻社의 옥사● 사건에 연루되어 각기 다른 시기에 스스로 목숨을 끊었다.

INTRO

와타나베 가잔이 쓴 『신기론』(5,000여 자, 원문은 한문)과 다카노 초에이가 쓴 5,700여 자 정도의 『유메 모노가타리』는 모두 쇄국 정책을 비판한 책으로 유명하다. 이 두 권의 책이 집필된 1838년은 아편전쟁(1840~1842)이 일어나기 3년 전이다.

당시 기세 좋게 성장 가도를 달리고 있던 영국의 산업 자본은 19세기 초 인도에 진출했고, 이어서 1834년에는 영국 동인도회사가 소유하고 있던 중국 무역에 관한 독점권을 폐지했다. 더욱이 영국의 아시아 진출은 중국 대륙에만 그친 것이 아니었다. 청나라에 주재하던 영국 관리들은 본국 정부의 지령에 따라 중국 시장의 확대는 물론 일본을 포함한 인근 여러 나라에 대한 시장 개척을 꾀했다.

『신기론』과 『유메 모노가타리』는 이처럼 위기에 처한 국제 관계를 배경으로 집필된 것이다. 이 두 권의 책이 막부의 신경을 거스르는 바람에 와타나베 가잔과 다카노 초에이는 투옥되기에 이른다(반사의 옥사 사건). 가잔은 미카와三河 지방의 다하라田原에 유폐되어 1841년에 스스로 목숨을 끊었다. 다카노 초에이는 옥중에서 일어난 화재를 틈타 탈옥하고, 사와 사에 키澤三伯로 이름을 바꾸어 에도에서 숨어 지냈으나 1850년 결국 관헌에게 들켜 자살했다.

쇄국 정책을 경고하다

1837년 중국 마카오에 있던 미국 상사 지배인 찰스 킹은 일본과의 통상을 계획하고 마카오 주재 영국 관헌이 보호 중이던 일본인 표류자 7명을 자기 회사의 배인 모리슨 호에 태워 일본에 돌려보낼 것을 제안했다. 마카오의 영국 관헌은 당시 영국 정부의 훈령에 따라 새로운 시장을 개척하고자 했으므로 일본 무역에 대한 영국의 권리를 확보하기 위해 자신들의 관리 1명을 그 배에 동승시키는 조건으로 킹의 제안을 수락했다. 이렇게 하여 모리슨 호는 이른바 영·미 합작으로 일본에 파견되었다.

모리슨 호는 이해 7월 4일에 마카오를 출항해 7월 29일 밤 목적지인 에도江戸 만에 도착했다. 당시는 외국 선박에 대한 퇴치령이 발령되었던 시기였다. 때문에 그다음 날 이러한 보고를 접한 그 지역의 행정 담당자였던 우라가浦賀는 부하들을 총동원해 모리슨 호에 포격을 가했다. 모리슨 호는 하는 수 없이 마카오로 돌아가야 했다.

그러나 다음 해인 1838년 6월, 나가사키에 입항한 네덜란드 선박이 모리슨 호가 에도에 오게 된 경위 등을 담은 비밀 문서를 막부에 제출했다. 막부는 그 기밀 문서를 여러 관료들에게 보여 주고 의견을 구한 뒤 그 해 12월에 네덜란드 선박에 부탁해 일본인 표류자들을 귀국시켜 달라는 내용을 통고했다.

그런데 이보다 앞선 1838년 10월, 기슈紀州 번의 엔도 쇼스케遠藤勝助가 주재하는 쇼시카이尚歯會●의 회합 자리에서 효조쇼評定所(최고 재판소)의 한 하급 관리가 모리슨 호의 내항에 관한 기밀 문서와 모리슨 호가 다시 내항할 경우에 대비한 퇴치령을 주장한 효조쇼의 답신안을 몰래 가지고 와 모두에게 내보였다. 쇼시카이는 당시 새로운 지식의 교환을 목적으로 만들어진 지식인 회합 가운데 하나로, 와타나베 가잔과 다카노 초에이도 이 모임의 핵심 멤버였다.

가잔은 다하라田原 번의 고급 관료인 가로家老로서 번의 해안 방비도 겸하여 맡고 있었다. 그러한 연유로 다카노 초에이와 고제키 산에이小關三英(1787~1839) 등의 난학자들을 초대해 해외 사정을 연구하게 하여 당시 '난학의 대지주'라는 평판을 얻고 있었다. 한편 다카노 초에이는 필리프 프란츠 폰 지볼트Philipp Franz von Siebold(1796~1866, 독일의 의학자이자 박물학자)에게 지도를 받은 제자로서, 의학을 본업으로 하며 일본 최초의 생리학 저술서인 『의원추요醫原樞要』를 저술하는 등 의학 연구에 힘을 기울이는 한편, 해외 사정에도 정통했다. 그들은 이미 영국 세력이 극동 지방에까지 미치고 있음을 알고 있었기 때문에 이 정보에 매우 놀랐다. 그래서 그들은 효조쇼의 답신안을 막부의 방침으로 오해하고, 가잔은『신기론』을, 다카노 초에이는『유메 모노가타리』를 저술해 퇴치령의 위험성을 경고하며 여론을 환기시키려 했던 것이다.

『유메 모노가타리』-온건적 충언

초에이는『유메 모노가타리』에서 영국의 실력에 대해 구체적인 자료를 들어 설명하며 영국의 세력이 일본 근해의 섬들에까지 미치고 있다는 사실을 분명히 지적했다. 그리고 영국의 대외 무역에 관해 언급하며 영국이 일본을 연료 보급 기지로 삼고 싶어 한다고 추측하고 모리슨 호의 내항에 관한 필연성을 지적했다. 실로 과학자다운 이론 전개가 아닐 수 없다.

그런데 만일 모리슨 호가 소문과 같이 실제로 일본인 표류자들의 송환을 목적으로 인도적인 명목 아래 내항할 경우, 퇴치령으로 그들을 물리치면 영국은 일본을 "자기 나라 백성들을 가엽게 여기지 않는 불인ㅈ

한 나라"로 여길 것이다. 그러면 일본은 의로운 나라라는 이름을 잃게 되고, 그로 인해 어떠한 재해가 일어날지 모른다. 이상이 초에이가 퇴치령을 반대한 논지였다.

이를 통해 알 수 있는 것처럼 그는 정치상의 문제를 도덕상의 문제로 바꾸어 '인'과 '불인', '의'와 '불의'라는 관점에서 퇴치령의 옳고 그름을 판단하는 기준으로 삼았다. 따라서 그의 경우는 퇴치령의 대전제가 되는 쇄국 정책에 대해 문제될 여지가 없었다. 결론적으로 모리슨 호의 내항을 인정하고 표류자들을 받아들여 교역을 거부하지 않는다면 도의적인 비난을 피하고 모든 것이 잘 해결될 것이라는 매우 안이한 주장을 편 것이다.

『신기론』-울분으로 비판한 쇄국 정책

그러나 와타나베 가잔은 조금 다르다. 그는 『신기론』에서 퇴치령이 아니라 그 전제가 되는 쇄국 정책 자체가 정치적인 입장에서 문제라고 지적했다. 가잔의 생각은 영국이 일본에 야심을 품게 된 것은 바로 중국과의 무역을 위한 기지로 일본을 이용하기 위해서라는 것이다. 따라서 영국은 인도주의 정신에 어긋난다는 이유로 쇄국 정책을 일본 침략의 구실로 삼을 우려가 있다고 했다. 그리고 현재의 국제 정세 속에서는 과거 국방의 유리한 조건으로 여겨졌던 섬나라라는 지리적 환경이 조선술과 항해술의 발달로 오히려 불리한 조건이 되었다고 지적했다.

쇄국 정책에 대한 부정이나 위정자에 대한 비판은 『유메 모노가타리』에서는 찾아볼 수 없는 대목이다. 『유메 모노가타리』가 처음부터 위정자의 계몽을 목적으로 쓴 것이라면 『신기론』은 쇄국의 부당함에 대한 울분을 참지 못한 가잔이 붓을 든 저서이다. 가잔 역시 자신이 다룬 내용이 지나치게 과격하다는 것을 잘 알았고, 한편으로 집필을 그만둘 생각을 한 적도 있었다.

NOTES

반사의 옥사蠻社の獄 : 막부 말기인 1839년에 에도 막부가 난학이나 서양 문물을 연구하던 모임인 쇼시카이를 중심으로 난학자들을 탄압한 사건. '반사'란 쇼시카이를 두고 '난학을 연구하는 야만野蠻스러운 결사結社'라고 조롱한 데서 나온 말이다.
쇼시카이尚齒會 : 에도 시대 후기에 난학과 유학 등 다양한 분야의 학자와 기술자, 관료 등이 모여 발족한 모임. 주재자는 유학자 엔도 쇼스케遠藤勝助.

140 절대지식 일본고전

성건록
(省諐錄)

막부 시대 말기의 병법학자 사쿠마 쇼잔(1811~1864)이 옥중에서 저술한 순 한문체 수필이다.

제자 요시다 쇼인吉田松陰(1830~1859, 막부 시대 말기의 지사)의 밀항 사건에 연루되어 옥에 갇혔을 때 쓴 일종의 '반성록'이다. 그렇지만 그 일을 부끄러워하는 내용보다는 전편에 걸쳐 경세우국警世憂國의 열정을 토로한 내용이 더 많다.

INTRO

사쿠마 쇼잔의 이름은 게이啓이며, 일명 다이세大星라고 불렸다. 자는 시메이子明이고, 통칭은 게이노스케啓之助이다. 나중에는 슈리修理라고 했으며, 쇼잔 또는 소로滄浪라는 호로 일컬어지기도 했다. 그는 신슈信州 마쓰시로松城 지방의 번에 속하는 무사였다. 제목에 사용된 '건' 자는 '건愆'의 옛 글자로 '과실'이라는 뜻이다. 1854년 쇼잔이 44세 때 제자인 요시다 쇼인의 밀항 사건에 연루되어 옥에 들어가 옥중에서 느낀 바를 석방된 뒤 고향에 돌아와 회상하면서 집필한 것이 이 한문체 수필 어록이다.

원문은 본편의 5·7조 이외에 잡문·와카和歌 등이 상하 2편으로 나뉘어 있다. 본편의 논論은 학문과 수양, 병학, 수학, 해양 방위, 시사 등 다방면에 걸친 주체를 다루고 있다. 특히 국방 문제를 다룬 해양 방위와 시사의 내용에서는 국방 정책의 졸렬함과 인재 부족을 강하게 지적했다. 막부 시대 후반의 근왕가勤王家● 선각자였던 사쿠마 쇼잔은 1864년 7월 11일 양이파攘夷派● 자객의 칼에 맞아 교토 산조三條 기야초木屋町에서 숨을 거두었다. 그의 해양 방어책과 총포에 의한 서양식 군비론 등은 훗날 군함 사령관이 된 가쓰 가이슈勝海舟가 계승했다.

본문은 장문과 단문이 혼합된 5·7조 한문체로 쓰였다. 전반부는 막부 시대 말기의 소란스러운 세상을 바라보며 선각자로서의 우려와 걱정 그리고 고민 등을 토로한 내용이 주를 이루고, 후반부는 국방, 특히 해양 방비에 대한 내용이 많다. 쇼잔의 본래 의도가 후반부에 있으므로 그 내용의 일부를 다음에 소개한다.

구태의연한 손자병법을 버려라

상증술詳証術(기하학)은 모든 학문의 기본이다. 서양에서는 이 기술을 병법 분야에도 적용해 크게 발전시켰으며, 그 결과 오늘날 먼 과거와는 전혀 다른 모습이 되었다. 『논어』에서 말하는 것처럼 일상적이고 손쉬운 것부터 배워 차츰 심원한 학문까지 통달한다는 이른바 하학상달下學上達을 이룬 것이다.

(…) 그런데 중국과 일본에서는 여전히 『손자병법』에만 치우쳐 모든 사람들이 이를 암송하고 강의하고 있는 상황이다. 그 병법은 구태의연한 것으로, 도저히 서양의 병법과는 비교가 되지 않는다. 그것은 실제적인 것을 익히는 하학의 공이 쌓이지 않았기 때문이다. 그러므로 진정으로 국방을 잘 정비해 대비하고자 한다면 우선 이 학과를 진흥시켜야만 한다.

서양의 언어를 배워라

이속夷俗(외국인)을 제어하기 위해서는 이정夷情(서양의 사정)을 잘 알아야 하며, 그러려면 먼저 이어夷語(외국어)에 능통해야 한다. 외국어에 능통하다는 것은 단순히 그들을 알기 위한 실마리가 될 뿐만 아니라 장차 그들을 통제하기 위해서도 필요한 급선무이다.

최근 여러 나라가 이런저런 구실을 빙자해 사가미相模와 아호安房 부근에 정박하는 일이 잦다. 내가 조심스레 우려하는 점은 그 진의를 분명히 알기 어렵다는 것이나. 그러한 이유로 『황국동문감皇國同文鑑』 몇 권을 편집해 유럽 여러 나라의 말을 이해하고자 한다. 네덜란드는 오랫동안 우리와 무역을 해 왔기 때문에 많은 일본 사람들이 그 나라 책을 읽을 수 있으므로 우선 네덜란드 편을 간행하려는 것이다.

얼마 전 막부에서는 그러한 책을 간행하려면 반드시 관부의 검열을 받아야 한다는 명령을 내렸다. 그래서 1849년 겨울, 에도에 와서 원고를 제출하고 검열을 기다렸으나 해를 넘겨도 끝내 허가가 나지 않았다. 그때 에도에 머물면서 처음으로 청나라의 위원魏源이 지은 『해국도지海國圖志』를 읽었다. 그 책에서 그 역시 국내에 학교를 세워 서양의 서적과 역사서를 번역해 적의 정세를 잘 파악하는 것으로 그들을 통제하는 데 기여하고자 했던 생각을 엿볼 수 있었다. 이는 내 의견과 꼭 일치하는 것이다. 다만 그 나라에서 오늘날 그의 의견을 채택하고 있는지는 알 수 없다.

해양 방위의 핵심은 대포이다

해안 방위의 요점은 대포와 함선에 있지만, 그중에서도 특히 대포가 중요하다. 위원의 『해국도지』에는 총포설이 수록되어 있는데, 그 내용이 대부분 조잡하고 근거도 확실치 않아 거의 아이들 장난감 수준을 벗어나지 못한다.

무슨 일이든 자신이 직접 해 보지 않으면 누구도 그 요령을 깨칠 수 없다. 위원과 같이 재주와 지식이 뛰어난 사람도 그것을 깨닫지 못하고 있는 것이다. 본인이 포술학에 대한 지식이 없으니 그 같은 잘못을 범하게 되는 것이고, 결과적으로 후학을 그르치게 되는 것이다. 위원을 위해서도 나는 이 점을 몹시 안타깝게 여긴다.

해양 방어론

에도 앞바다 해안에 반드시 포대砲台가 필요하다는 점은 나 역시 예전부터 주장해 온 것이다. 원래 해안 방어에는 포대가 유리하다. 그러나 지형적 결함이 있는 곳에는 별도의 포함을 배치해 임기응변의 대책을 세워 두어야 한다. 군사적으로 요긴한 곳을 잘 살펴 해구海口의 중심부 또는 해안을 따라 한두 군데만 설치해 두어도 충분하다. 여기저기에 많이 둘 필요가 없다는 것은 네덜란드나 영국의 사례를 참고해 살펴보는 것이 좋을 것이다.

지금 쌓여 있는 포대는 빈틈없이 서로 이어져 있는데, 이것은 육군이 보루를 쌓아 외적을 격퇴하는 방법일 뿐, 해안에 거점을 두고 양구洋寇(서양의 외적)에 대처하는 방법은 아니다.

생각건대 육지에서의 전투는 공격 속에 방어가 있고 방어 속에 공격이 있을 때 비로소 방어에 만전을 기할 수 있다. 그리고 보루를 나와 적진을 공격할 때 그 방어와 공격은 모두 보루 속에 있는 사람에 의한 것이다. 그런 까닭에 사람의 수가 많으면 당연히 보루의 수도 늘려야 한다. 보루의 수가 많아도 서로 방해되는 일은 없다.

그러나 바다에서의 싸움은 다르다. 포대를 맡은 병사는 포함을 움직일 수 없고, 포함을 맡은 병사는 포대에 있을 수가 없다. 때문에 포대가 많다고 좋은 것은 아니다. 그러나 포함은 아무리 많아도 좋다. 포대 수가 많으면 병사가 분산되지 않을 수 없으며, 병사가 분산되면 더 많은 수의 병사가 필요해진다. 그럼에도 왼쪽의 병사가 오른쪽의 병사를 도울 수 없고, 오른쪽의 병사 역시 왼쪽의 병사를 도울 수 없다. 게다가 적함이 한가운데를 공격해 온다면, 좌우의 포대는 서로 방해가 되어 포를 사용할 수 없다. 어떻게 하면 포대의 이점을 살릴 수 있을까? 더욱이 포대가 많으면 포함이 부족해 먼저 나아가 적을 쳐부술 수도 없다. 만일 적의 함대가 사가미와 아호 사이에 줄지어 서 일본의 해상 수송을 끊는 술책을 쓴다면 그때는 내항에 100개의 포대가 있다 해도 쓸 수 없으므로 결국 싸움에 지고 만다.

이에 반해 만일 포함을 많이 갖추고 시간을 두어 훈련을 쌓는다면 어디서 전투가 벌어지든 장소에 구애받지 않고 대응할 수 있으니 외적에게 겁을 주어 제압하고 그 숨통을 끊을 수 있을 것이다. 그런데 어째서 아직도 그 고생을 해 가며 바닷가에 그 많은 포대를 쌓는 것일까? 나라에는 할 일도 많은데 거기에 쏟아붓는 경비 또한 막대하니 참으로 안타까운 일이 아닐 수 없다.

어느 현의 현령을 지내고 있는 모씨는 어려서부터 재간은 있었으나 본디 소양이 없었다. 서양의 육전 포대 그림을 보고도 이해하지 못하면서 오로지 견강부회하며 해안 방비책만을 고집하고 있다. 그 내용을 살펴보면 자신의 방책을 깊이 연구하지도 않고 그저 얄팍한 지식에 근거해 무조건 상책이라 고집하는 것이다. 나는 그 잘못됨을 깊이 깨닫고 자주 그 일을 궁내청의 가와미치川路 대신에게 상신上申했다. 궁내청 대신도 내 말이 옳다는 것을 알고 차츰 신뢰했으나 끝내 해안 방비책을 시정하지는 못했다. 이 역시 개탄스러운 일이다.

부록 – 병요兵要

중국의 병법에 관한 서적으로 『손자孫子』만 한 것이 없지만 사실무근인 내용이 절반 이상을 차지하고 있어 그 책의 내용대로 병법을 익혀서는 전쟁에 대처할 수 없다. 그 이유는 무엇일까?

『손자』의 「형편刑篇」에 "싸움을 잘하는 자는 우선 불패의 태세를 갖추고 적을 이길 조건이 갖추어질 때를 기다린다"라고 했다. 그렇다면 불패의 태세는 어떻게 갖추는가? 또 "방어를 잘하는 자는 땅속에 몸을 감추고, 공격을 잘하는 자는 하늘 위에서 움직인다"(땅속에 숨은 듯이 몸을 감추고 하늘 위를 나는 것처럼 경쾌하게 움직인다는 의미)고 했는데, 과연 어떻게 땅속에 숨고 하늘 위를 움직일 수 있는가? "싸움을 잘하는 자는 우선 불패의 땅에 서서 적이 패하는 것을 놓치지 않는다"고 했는데, 어떻게 하면 불패의 땅에 몸을 둘 수 있는가?

위와 같은 일들이 실제로 어떻게 가능한지 나는 이제껏 본 적이 없다. 그럼에도 세상은 이 글에 현혹되어 그것이 실제로 가능한지의 여부도 따져 보지 않고 모두 하나같이 뛰어난 병법이라고 칭송하면서 아무런 의심도 하지 않는다. 나로서는 이 점이 참으로 이상하다.

중국의 전국시대에 활약한 조趙나라의 무장 조괄趙括은 명장이었던 아버지 조사趙奢가 쓴 병서를 어려서부터 많이 읽고 병법을 자유자재로 논해 천하에 대적할 사람이 없다고 했으나 결국은 패해 조나라의 대군을 잃었다. 거기에는 이유가 있다. 『한서漢書』「예문지藝文志」를 보면 오나라에 『손자』의 그림 9권이 있었다고 하는데 지금은 소실되었으니 실로 아쉬운 일이 아닐 수 없다. 그러나 병법의 성격은 변하는 것으로, 이치를 분명히 하여 사물을 살피고 때에 따라 공격해야 하는 것이다. 흡사 천도에 의해 책력이 바뀌는 것과 같다. 만일 책력을 고쳐서 올바르게 하지 않는다면 그 책력은 사용할 수 없다. 마찬가지로 병법 역시 올바르게 고치지 않으면 그 쓰임을 다할 수 없게 된다.

유럽의 여러 나라에서는 화포火砲를 발명해 많은 병력을 대신했고, 정벌과 병합에 힘쓰면서 군사 제도도 크게 개혁했다. 만일 『손자』의 그림 9권이 지금까지 전해졌다 해도 그저 옛 법이 그러했다는 것에 불과할 뿐, 어찌 요즘 세상에 도움이 될 수 있겠는가? 요즘 세상에 도움이 될 병법으로는 서양의 병법이 제일이다. 서양의 병법은 5과목으로 나누어져 있는데, 하나는 장수의 지략, 둘째는 진법, 셋째는 병기학, 넷째는 국방, 다섯째는 군용이다. 장수의 지략이란 대체로 『손자』, 『병법』, 『사마법』에서 말하는 내용과 별반 다르지 않다. 진법이란 보병·기병·포병의 구별과 함께 그것을 합쳐 하나로 사용하는 것으로 거기에 전술이 있다. 병기학은 조종 훈련이 그 주이며 각종 화기의 사용과 각각의 득실 등을 자세히 살펴 대비를 갖추는 것이다. 국방이란 성과 보루를 쌓거나 해자를 파서 나라의 백성을 보호하는 기술이다. 마지막으로 군용이란 식량과 포탄, 갑옷, 무기 등의 종류를 말한다.

병법은 실전에 필요한 것으로, 이에 따르는 조종과 훈련이 반드시 필요하다. 용감한 자가 혼자 앞서지 않고, 겁 많은 자가 혼자 물러나는 일이 없도록 하는 것은 조종 훈련 없이는 불가능하기 때문이다. 그 형태가 불어나는 물을 흩뿌리는 것과 같고, 그 기세가 둥근 돌이 굴러가듯하기 위해서는 조종 훈련이 필수이다. 그 진영의 머리를 쏘면 꼬리가 대응해 쏘고, 그 꼬리를 쏘면 머리가 대응해 쏘며, 한가운데를 쏘면 머리와 꼬리가 함께 대응해 쏠 수 있도록 하기 위해서는(상산^{常山}의 뱀에 비유, 『손자』 「구지편^{九地篇}」) 조종 훈련을 해야 한다.

따라서 잘 통제된 병사들과 재능 없는 장수는 패하지 않으나, 통제되지 않은 병사들과 재능 있는 장수는 승리를 얻지 못한다. 뛰어난 장수는 조종 훈련에 온 정성을 기울인다. 생각해 보면 조종 훈련에 전심전력하지 않고서 쉽사리 병법을 논하고 싸움을 승리로 이끈 예는 일찍이 없었다.

NOTES

근왕가勤王家 : 에도 말기에 조정을 위해 도쿠가와 막부를 타도하려 한 일파.
양이파攘夷派 : 막부 말기에 대두한 사상으로, 외국을 배격하고 쇄국을 주장한 의론. 유교의 중화 사상에서 유래했다. 존왕론과 합류해 '존왕양이론'으로서 영향력을 행사했다.

쇼잔 대화·쇼잔 한화
(沼山對話·沼山閑話)

막부 시대 말기와 유신기의 사상가인 요코이 쇼난이 만년에 그리스도교적 철학관을 담아 저술한 책으로, 전 2권이다.
모두 대화체로 되어 있으며, 유교를 통해 형성된 요코이 쇼난의 국가론, 곧 국방과 무사 그리고 서민 경제의 문제점 등에 대한 저자의 주장이 분명하게 드러나 있다.

INTRO

『쇼잔 대화』(1864)는 당시 구마모토熊本 번의 학교인 지슈칸時習館의 기숙생이자 훗날 메이지 유신 헌법과 교육 칙어를 기초한 이노우에 고와시井上毅(1809~1869, 당시 22세)가 요코이 쇼난(1809~1869, 당시 56세)과 나눈 대화를 기록한 것이다. 한편『쇼잔 한화』(1865)는 쇼난의 친구이자 그를 형처럼 따랐던 모토다 나가자네元田永孚(1818~1891, 메이지 유신에 참가한 구마모토 번 출신의 유학자로 당시 48세)와 나눈 대화를 기록한 것이다. 모토다 나가자네는 이후 메이지 천황의 시강이 되어 교육 칙어의 반포를 담당했던 인물이다.

당시 요코이 쇼난은 구마모토에서 조금 떨어진 쇼잔쓰沼山津 마을에 머물고 있었다. 한때는 정사총재政事總裁 마쓰다이라 가쿠松平春嶽의 참모관으로 전국 합동 공무합체公武合體의 구상 아래 개국을 맞이한 일본의 사상적 지도자 역할을 했다. 그러한 위치에서 물러난 쇼난은 실의의 나날을 보내면서도 일본과 인류의 장래에 대한 모색은 물론 자신이 신봉하는 유교의 앞날에 대해서도 깊은 성찰을 게을리하지 않았다. 그러한 쇼난을 방문해 성숙기에 접어든 그의 사상을 이끌어 낸 사람이 이노우에 고와시와 모토다 나가자네였다.

이노우에 고와시는 쇼난이 주장하는 사해동포설四海同胞說에 공감한 것은 아니었다. 고와시는 보기 드문 수재로 날카로운 논객이었다. 그가 던지는 날카로운 질문에 대응하듯 쇼난 역시 '생각(思)'을 중심으로 한 자신의 학문관을 피력했다. 그리고 그리스도교와 서양 문명에 대한 공감과 비판을 말하고서 '교역융통交易融通'을 정치의 기본으로 삼는 입장에서 개국론을 언급했다.

그러나 무엇보다 중요한 점은 그의 할거주의●에 대한 비판에 있다. 할거주의는 개인이나 지역 등 도처에 보이지만 그 어디보다 견고하게 존재하는 곳은 국가였다. 우리는 그것을 미화시켜 신성한 도리라고 말하며 침략을 정당화하는 위험성을 품고 있다. 쇼난은 그러한 천죠 사상에 입각해 국가 에고이즘을 근본적으로 비판했다. 막부 시대 말기의 일본에서 국가 에고이즘이 발휘될 현실적 가능성은 아직 보이지 않았지만, 쇼난은 일본의 행보를 꿰뚫어보고 그와 같이 비판한 것이다.

쇼난은 모토다 나가자네와의 대화에서 자신이 주장하는 경세론의 바탕을 이루고 있는 유교 사상을 소개했다. 그것은 한마디로 '천 사상'이다. '천인상관天人相關'은 유교의 근본적인 사상이지만 그는 송학宋學●에서처럼 성性·명命·도리(道)라는 관점에서 형이상학적이고 사변적으로만 문제를 파악하고 있지는 않았다. 오히려 현실 상황 속에서 하늘과 인간의 합일을 생각하며 천리의 운용(천공天工)을 넓게 펼치는 것이 바로 유교의 과제라고 생각했다. 아울러 그는 천을 천제天帝로 인격화했다. 그의 제자들 가운데 실학자가 많이 배출되고 그의 손제자들 사이에서 그리스도교에 입교한 자들이 많이 나온 것은 그의 하늘(天)에 대한 사고가 그들에게 지대한 영향을 미쳤기 때문이라고 할 수 있다.

쇼난은 1868년 1월 5일 암살당했다. 자객들의 암살 이유는 그를 '오랑캐에 부화뇌동해 천주교를 국내에 만연한 매국 간흉'으로 여겼기 때문이다.

『쇼잔 대화』

대개 인간의 마음에 갖추어져 있는 지각 작용은 무한한 것이며, 그 지각 작용을 넓게 펼치면 세상의 어느 것 하나도 자신의 마음속에 포함되지 않은 것이 없다. 여기서 그러한 마음의 지각 작용은 생각(思)을 의미한다. 그 내용을 살펴 이해하게 되면 세상 만물의 이치가 모두 자신의 것이 된다. 따라서 학문의 중심에 생각 '사思' 자가 있는 것이다. 생각한다는 이 기능은 '격물格物', 곧 세상의 이치를 깊이 살펴보고 구하는 것이다.

고대의 학문은 '생각하는 것'을 그 내용으로 삼았다. 자신의 몸을 닦는 일에서부터 천하를 경영하는 일까지 모든 것이 생각에서 비롯된다. 흔히 배움을 학문으로 생각하기 쉬우나 생각하는 것이야말로 학문의 중심이며, 책은 다만 참고할 만한 사전 정도로 여기면 된다.

생각하는 것의 의미가 위와 같으므로 우리는 우주에 있는 모든 것이 우리 자신의 몸속에 있다는 마음으로 웅대한 크기의 학문을 해야만 한다. 그렇다면 이 우주에 있는 사물 가운데 하나인 그리스도교를 어떻게 이해할 것인가?

그리스도교는 불교보다 심원하다. 중국에 온 어느 선교사는 마음·눈·귀·코·입을 오관五官으로 간주하는 중국의 사고방식을 비판했다. 마음은 몸 전체의 주인이므로 다른 네 가지 기관과 나란히 놓을 수 없다는 것이다. 그러한 정밀한 분석은 불교에서는 찾아보기 어렵다. 또한 인간 사회의 윤리를 저버리는 불교와 달리 그리스도교는 윤리를 중시한다는 점에서도 뛰어나다.

그러나 그리스도교 역시 어리석은 존재를 교화하기 위한 가르침이며, 서양의 지식인이라고 해서 반드시 이를 신봉하는 것은 아니다. 그들은 최근에 또 다른 궁극적 이치에 기초해 민중들의 생활을 향상시키고자 경륜궁리학經綸窮理學을 발명해 그것을 그리스도교의 가르침에 덧붙였다. 서양 학문에서 주목해야 할 대목은 바로 이 경륜궁리학이다. 그런데 이 경륜학의 근본은 굳이 서양에서 찾지 않아도 이미 우리 성인들이 다 가르쳐 왔던 것들이다. 기실 『서경書經』의 이전二典·삼모三謨에 사고의 기본적 바탕이 다 들어 있는 것이다. 곧, '교역융통'이 민중의 생활을 풍요롭게 하는 정치의 기본이며, 일본이 가난해진 것은 국내는 물론 외국에 대해서도 쇄국 상태였기 때문이다.

근대 서양의 경륜經綸은 뛰어난 점이 많지만 이해관계의 관점에서 나온 것이기 때문에 상황에 얼마나 적합한가라는 점만을 고려할 뿐 하늘을 마음으로 삼아 공평한 도리에 입각한 것은 아니다. 진실로 공평한 마음으로 하늘의 이치를 따라 그들의 할거주의를 벗어난 이는 워싱턴뿐이리라.

그러나 이러한 할거주의를 벗어난다는 것은 쉬운 일이 아니며, 일본의 개국론자들 역시 이를 벗어나지 못하고 있다. 예를 들어 그들은 나라의 근본을 바르고 크게 하여 신성한 도리를 우주 속에 넓히고, 또 부강한 나라가 되어 세계 속을 마음대로 활보하고자 한다고 말한다. 하지만 '도'란 하늘과 땅, 자연의 이치, 곧 우리들 마음속에 있는 '인仁'일 뿐이므로 국가라는 존재를 신성한 도리로 미화하는 것은 잘못이다. 또한 활보한다는 사고방식 자체도 모든 사람들을 위한 하늘의 이치가 아니다. '사해형제四海兄弟'라는 주장에 기초해 만국 일체라는 생각 아래 서로 교역하는 것이 진정한 개국이다.

『쇼잔 한화』

유교의 근본적인 사고는 하늘과 사람이 서로 하나라는 것이다. 이러한 사고를 철학적으로 체계화한 것이 송학이다. 그렇지만 그들이 주장하는 천인합일天人合一의 이치는 오로지 성性·명命·도리와 같은 사변적이고 형이상학적인 측면에만 한정되어 있어 하늘과 사람이 현실 상황 속에서 구체적으로 어떻게 하나가 되는가라는 문제에 대한 사유는 부족하다. 그들은 하늘(天)을 말하지만 이치상으로만 인식하거나 마음속의 문제로만 여길 뿐 요·순 3대 때의 그것과는 다르다. 요임금 시대에는 하늘을 주재하는 천제가 있어서 하늘에 경외심을 표할 때면 마치 신이 눈앞에 나타나 직접 명령을 내리는 것처럼 자연스럽게 경외하는 마음으로 받들었으며, 송나라 유학에서 말하는 것처럼 단지 그 같은 마음을 지니는 것만으로 그치는 것이 아니었다.

그러므로 사물을 대할 때에도 직접 천제의 명을 받들어 하늘의 조화를 넓히고자 하는 마음가짐으로 대했다. 따라서 같은 격물이라고 해도 사물에 존재하는 이치를 아는 것에 그치는 송학의 이치와 달리, 3대의 격물은 산천초목과 일체의 것들이 일상의 삶에 쓰일 수 있도록 함으로

써 국가를 다스리고 백성의 생활을 풍요롭게 하는 것을 목표로 삼았다. 송학은 이치에 대한 사변적인 논의만 활발할 뿐, 현실에서 하늘과 사람이 어떻게 구체적으로 하나가 되는가에 관한 근본적인 문제에 대해서는 전혀 설명하지 못하고 있다.

학문이 새로운 시대의 요구에 부응하는 것은 매우 중요하지만 서양의 학문처럼 사업을 위한 학문에 그쳐서는 안 된다. 현시대에는 세상의 형세에 의존하지 않고, 성공하든 성공하지 못하든 간에 정도를 바르게 세우는 일이 중요하다. 도리가 바르게 서 있다면 자손들은 반드시 그것을 올바르게 행할 것이다.

NOTES

할거주의割據主意 : 섹셔널리즘Sectionalism. 조직 간이나 조직 내에서 한 부문이나 파벌 등의 입장을 고집하면서 배타적인 자세를 취하는 경향.

송학宋學 : 송명이학宋明理學이라고도 하는데, 청나라 때의 유학자들이 '송학'이라 불러 그렇게 일컬어지게 되었다. 8세기 중반에 한유韓愈와 유종원柳宗元 등이 주창한 사상으로, 그 전까지 주류를 이루던 경전 해석 중심의 유학을 비판하고, 인간의 도덕성과 하늘과 사람을 아우르는 이理에 대한 추구야말로 참된 학문이라고 주장했다. 이는 고문부흥운동으로 발전했고, 문장은 화려한 수사 기법을 추구하는 것이 아니라 도道를 표현하는 도구라고 했다.

히카와 청화
(氷川淸話)

막부 시대 말기의 개화파 정치가 가쓰 가이슈의 수필집으로, '뛰어난 사람은 널리 내다본다'라는 내용을 담고 있다. 도쿠가와 막부의 붕괴기에 탁월한 정치 수완을 발휘한 가쓰 가이슈가 메이지 유신을 전후한 정치 야화와 체험담, 메이지 시대의 정치와 세상사 그리고 청일전쟁 이후의 아시아 정세 등에 대해 자신의 정치관을 주축으로 이야기하듯 알기 쉽게 정리한 책이다.

INTRO

가쓰 가이슈(1823~1899)는 막부 말기의 정치가이자 메이지 정부의 고급 관리였으며, 해안 방어 체제의 발전에 공헌한 근대 해군의 창시자이다.

에도 시대 말기에 하급 무사 집안에서 태어났다. 검술을 익혔고, 난학자 나가이 세이가이永井靑崖의 문하생으로 들어가 난학蘭學을 공부했다. 그 시절에 만난 사상가 사쿠마 쇼잔의 권유로 병학과 화포술을 배우고, 1850년에는 이 두 가지를 가르치는 사설 학원을 세웠다.

1860년에는 '미일수호통상조약'(1858년 체결)의 비준서를 교환하기 위해 미국으로 가는 사절단을 태운 배의 선장이 되어 일본인 최초로 태평양을 횡단하는 데 성공했다. 1868년 신정부파(천황파)와 도쿠가와 막부가 무력으로 대치하자 가쓰 가이슈는 막부 대표로 신정부파인 사이고 다카모리西鄕隆盛와 협상해 신정부파가 무력 충돌 없이 에도에 입성하는 데 큰 공을 세웠다. 메이지 유신 이후에는 병부성兵部省 대신을 거쳐 원로원 의관, 추밀원 고문관 등을 역임했고, 막부 체제 붕괴에 따른 혼란을 최대한 막기 위해 30년 동안 노력을 기울였다.

『해군역사』와 『육군역사』, 『개국기원開國起源』 등 옛 막부 시대에 관한 역사서를 저술하며 만년을 보낸 가이슈 주변에는 그의 말을 듣고자 하는 수많은 언론인들이 모여들었고, 『국민신문』과 『도쿄아사히 신문』, 『도쿄마이니치 신문』, 『여학잡지女學雜誌』 등 당시의 대표적인 언론 매체들은 그가 들려주는 이야기를 경쟁하듯 실었다.

그 가운데 『여학잡지』에 실린 글은 1900년에 이와모토 요시하루가 '가이슈海舟 여파'라는 제목로 상장했고, 훗날 요시하루는 이 책을 토대로 『가이슈 좌담』을 펴냈다. 이 내용은 그 뒤 다시 재편집되어 '가이슈 어록'이라는 제목으로 『가쓰 가이슈 전집』에 수록되었다. 또한 요시모토 죠吉本襄는 신문과 잡지에 게재된 가이슈의 담화를 편집해 1898년에 출판했는데, 이것이 바로 『히카와 청화』이다. 『히카와 청화』는 그 뒤 가이슈 전집에 '청담淸譚과 일화'라는 제목으로 수록되었다. 그 밖에는 앞서 소개된 여러 책들을 토대로 가쓰베 미타케勝部眞長가 편집한 『히카와 청화』가 있다.

『히카와 청화』는 가이슈의 이야기를 받아 적은 기록이기 때문에 역사적 사실과는 다른 잘 못된 내용도 그대로 수록되어 있다. 때문에 이 책으로 역사적 사실의 정확성을 따지려 해서 는 안 된다. 이 책의 올바른 독서법은 가이슈의 정신적 자세와 사상적 시각을 파악하며 읽는 데 있다. 그렇게 하면 가이슈 수필의 독창적인 발상과 어투 속에 가득 찬 정교한 비유와 해 학 그리고 역설을 발견할 수 있을 것이다.

위대한 인물은 시야가 넓어야 한다

위대한 인물이란 그리 자주 나타나는 것이 아니다. 통례로 100년에 한 사람 정도 나오니까 지금 뛰어난 사람이 나타났다면 그다음은 200년이나 300년 뒤 에나 나타날 것이다. 그런 인물은 자서전의 힘이나 다른 어떤 힘을 빌려서 나타 나는 것이 아니다. 200~300년 지나면 대개 그 정도의 위대한 인물이 다시 나 오게 되는 것이다. 그가 자신의 앞뒤 일을 살피다 보면 300년 전에도 자신과 같 은 생각을 가졌던 사람이 있었음을 자연스럽게 알게 될 것이다.

통칭 린타로麟太郎로 불렸던 가쓰 가이슈의 이름은 요시쿠니義邦(훗날 야스호安芳로 개명했음)이고, 가이슈는 그의 호이다. 가이슈는 "내가 가 이슈라는 호를 사용하게 된 것은 사쿠마 쇼잔이 쓴 '가이슈 서옥海舟書屋' 이라는 현판이 마음에 와 닿았기 때문이다"라고 말한 바 있다.

가이슈는 1823년 1월 31일 가쓰 쇼키치勝小吉와 노부信 부부의 장남으로 에도 가메자와초亀澤町에서 태어났다. 아버지는 대대로 도쿠가와 집안을 섬겨온 막부의 신하였는데 연간 20석 정도 받는 하급 관리였다. 따라서 가이슈는 가난 속에서 어린 시절을 보낸 셈이다. 청년기에는 검술과 난 학을 익혔다. 그 뒤 오쿠보 다다히로大久保忠寛(1817~1888, 막부 시대 말과 유신기의 정치가)를 사귀게 되면서 막부 관리로 정식 등용되었다. 1860년에는 미일수호통상조약의 비준을 위해 미국으로 파견한 사절단의 수행선을 지휘해 일본인 최초로 태평양을 횡단하는 데 성공하기도 했다. 당시 가이슈의 나이는 38세였다.

1862년 8월, 가이슈는 함선에 관한 행정 일체를 관할하는 직책인 군함부교軍艦奉行가 되어 정국의 표면에 등장하기 시작했다. 이후 막부 내부에서 일어난 공무합체운동公武合體運動●을 이끌며 고베 군함훈련소의 창설과 경영에 힘쓰는 한편, 시코쿠四國 연합 함대의 시모노세키下關 포격 중지 교섭과 제2차 조슈長州 정벌 전쟁을 중재하고 메이지 원년인 1868년 도쿠가와 가문의 대표로서 조정 측 군 대표자인 사이고 다카모리와의 교섭으로 에도 성을 무혈로 개방하는 등 정치적 사건의 전면에서 활약했다.

가이슈의 정치적 행동과 정치 사상에서 볼 수 있는 특이한 점은 막부의 신하이면서도 막부를 뛰어넘는 시각으로 막부의 이익에 앞서 '일본'의 이익을 추구하고자 했다는 점이다. 그러한 시각의 소유자였기 때문에 가이슈는 앞서 언급했듯 정치 무대의 전면에서 활동할 수 있었고, 동시에 사카모토 료마坂本龍馬나 사이고 다카모리 등 반막부파 지사들과도 교류할 수 있었다. 덧붙여 가이슈는 기능주의 정치관을 가지고 있었기 때문에 정치의 옳고 그름을 선악이라는 도덕적 기준이 아니라 효과라는 측면에서 판단했으며, 명분보다는 실리를 중시했다. 이 같은 생각은 그가 주창한 아시카가 요시미치론足利義滿論에도 여실히 드러난다.

아시카가 요시미치가 명나라 황제로부터 일본의 국왕으로 봉해진 것에 대해 역사가들은 갖가지 말로 공격하고 있다. 나는 요시미치를 변호할 생각은 조금도 없지만 그가 허명에 불과한 책봉을 받은 것은 그것을 통해 실질적인 이득을 얻고자 함에 있었다는 사실을 잊어서는 안 될 것이다. 요시미치가 명나라에 머리를 숙임으로써 번번이 영락전永樂錢 하사를 청하는 것을 보면 그 역시 만만찮은 인물이었음을 알 수 있다.

그리고 그러한 정치관은 "자기 자신에게만 집착하는 고정된 생각을 품고 천하를 다스리려 함은 결코 왕자王者의 길이 아니다"라든가, "나는 전부터 주의라든가 도리(道) 등을 고집하면서 꼭 이게 아니면 안 된다고 단정하는 것을 좋아하지 않았다" 등의 말에도 일관되어 있다.

또한 "세상 사람들은 걸핏하면 유덕의 향기를 천년 뒤에도 남기겠다느니, 소행의 악취를 만세토록 흐르게 하겠다느니 하면서 그것을 출처진퇴出處進退의 기준으로 삼고 있는데, 그런 옹졸한 생각으로 무엇을 이룰 수 있겠는가. (…) 후세의 역사가들은 잘 알지도 못하면서 미쳤다느니, 역적이라느니 할 테지만 그런 견해는 알 바 아니다"라는 말도 거침없이 했다. 가이슈는 그러한 오명이나 폄훼에 초월한 태도를 지녔던 것이다.

가이슈의 생애에서 가장 큰 사업이었던 에도 성의 반환에 대한 회고담은 가이슈의 심정을 가장 솔직히 나타낸 저술이며, 아울러 그의 정치적 태도가 가장 잘 드러나 있기도 하다.

> 호조 요시토키北條義時(1163~1224)는 나라를 위해 불충하다는 말조차 거리낌 없이 받아들였다. 나라를 위해 자신의 한 몸을 희생하며 온 힘을 다한 것이다. 그와 같은 고민은 경솔한 소인배는 결코 이해할 수 없는 일이다.
>
> 라이 산요의 무리는 식견이 좁았다. 나 역시 막부가 와해될 때에는 요시토키에게 억지 웃음을 보이지 않을 수 없을 정도로 가슴을 조인 적이 한두 번이 아니었다.

메이지 유신 이후 가이슈는 해군 다이후大輔(차관에 해당하는 직책)와 해군경 참의원 등을 역임했고, 1888년에 추밀원樞密院이 구성되자 추밀 고문관에 임명되었다. 그는 죽을 때까지 그 자리를 맡았는데, 국가의 중추부에서 멀리 떨어진 자리에 머물기 위해서였다.

더욱이 가이슈는 260년 동안 영화를 자랑했던 에도 막부가 한순간에 무너진 메이지 유신이라는 '격변기'를 체험했다. 그러한 가이슈의 입장과 체험은 앞서 살펴본 가이슈의 발상과 맞물려 시대와 상황 그리고 '명분'을 뛰어넘는 시각을 형성했다. 이 책은 바로 그러한 시각에서 시대와 상황 그리고 명분에 얽매인 정신을 비판한 것이다.

가이슈는 자신의 그 같은 정신적 태도를 '여유'라고 표현했다. 그리고 그 '여유'는 막부 신하라는 곤란한 입장임에도 불구하고 막부 시대 말과 유신기라는 혼란스러운 격동기를 살아남은 가이슈였기에 가질 수 있었던 것이다.

NOTES

공무합체운동公武合體運動 : 에도 시대 후기에 정국을 안정시키고자 조정(구게公家)의 전통적인 권위와 막부(무가武家)가 합체해 막부 권력의 재구축을 꾀한 정책이다. 거대 번의 참가를 도모하고 존왕양이운동을 억제하여 막부 체제의 재편과 강화를 시도했다.

대일본사
(大日本史)

에도 시대 전기의 학자이자 미토水戶 번의 영주인 도쿠가와 미쓰쿠니 (1628~1701)가 편저한 『남조南朝 정통론』에 기초를 둔 역사서이다. 1657 년부터 1906년까지 약 250년이라는 오랜 세월에 걸쳐 완성되었으며, 본 문 397권에 목록 5권을 합쳐 모두 402권으로 이루어진 방대한 저서이 다. 또한 본기本紀·열전列傳·지志·표表 등 네 부분으로 구성된 일본 최초 의 기전체 역사서이기도 하다.

INTRO

『대일본사』 편찬 사업은 도쿠가와 미쓰쿠니가 미토 번 제2대 번주가 되기 4년 전인 1657년 에 에도의 고마이리駒込에 있던 미토 번의 저택 중 하나인 나카야시키中屋敷(현재의 도쿄 대 학 농학부 부근)에 사서 편찬국(사국史局)을 설치한 때부터 시작해 메이지 39년(1906)에 완성 하기까지 약 250년이라는 긴 세월이 걸렸다.

사국은 그 후 미토 번의 본가가 있던 고이시카와小石川(현재 고라쿠엔後樂園 야구장이 있는 부 근 일대)로 옮겨져 쇼코칸彰考館이라고 불리게 되었다. 미쓰쿠니가 은퇴하고 미토 번 내 후토 타太田의 세이잔 장西山莊에 칩거하게 된 뒤로 사국은 미토 성안과 에도 두 군데로 나뉘어 각 각 스이칸水館, 고칸江館으로 불렸다. 미쓰쿠니가 죽은 뒤 『대일본사』 편찬 작업은 미토와 에 도의 쇼코칸에 근무하던 총재 이하 관원들에 의해 진행되었다. 그러나 미토 번의 제9대 번 주인 도쿠가와 나리아키齊昭의 시대가 되자 쇼코칸이 작업의 중심이 되었고, 관원의 학자들 역시 대부분이 미토 번 출신자들로 메워졌다.

메이지 유신 이후에 실시된 폐번치현廢藩置縣(지방의 번을 폐지하고 현을 두는 행정 체제의 개편)으로 쇼코칸은 메이지 5년부터 11년까지(1872~1878) 폐쇄되었다. 그러나 옛 미토 번 출 신 사학자 구리타 히로시栗田寬의 혼신의 노력으로 1879년부터 미토의 도쿠가와 가문에 의해 편찬 작업은 재개되었고 표와 지에 대한 교정 출판이 시작되었다. 그 결과 1906년에 본문 397권과 목록 5권을 합쳐 모두 합계 402권이나 되는 대규모 사서가 마침내 완성되었고, 목 판 인쇄 작업도 계속 이어졌다.

본기와 열전은 제9대 번주인 나리아키 시대에 이르러서야 교정 작업이 진척을 보여 1852년 목판 인쇄가 이루어졌고, 그 일부는 각각 조정과 막부에 헌상되었다.

'대일본사'라는 제목은 편찬 사업을 시작한 미쓰쿠니가 생전에 정한 것이 아니다. 당시에는 단순히 '기전紀傳'으로 불렸으며, 그 밖에 '본조사기本朝史記', '왜사', '국사', '사편' 등으로 불리기도 했다. '본조사기'라는 책 이름은 젊은 시절부터 중국의 역사서 『사기』에 심취했던 미쓰쿠니가 그 체제를 따라 일본의 역사서를 편찬하려 했음을 나타내는 것이어서 흥미롭다.

'대일본사'라는 제목이 결정된 것은 미쓰쿠니가 죽은 뒤, 기전紀傳 원고가 탈고되기 전인 1715년 4월의 일로, 이때까지만 해도 미토 번의 쇼코칸에서는 '황조신사皇朝新史'라는 제목을 주장하는 사람들과 의견 대립이 있었다.

'미토 번의 만년사萬年史'라는 비아냥이 나올 정도로 『대일본사』 편찬 작업이 오래 걸린 데는 여러 이유가 있다. 우선 젊은 미쓰쿠니의 열정이 이루어낸 기전체로 집필한 일본 역사서라는 전례 없는 작업이었다는 점이다. 다음은 애초에 몇 년 안에 완성한다는 계획 없이 그저 상부의 지시에 따르는 작업 방식이었다는 점이다. 그뿐만 아니라 미쓰쿠니가 죽은 뒤 발생한 재정난과 재능 있는 역사학자의 부족으로 수십 년간 작업이 중단되었고, 막부 말기에는 미토 번의 당쟁이 격화됨에 따라 번 자체가 내란 상태에 빠져 지와 표의 편찬 작업이 전혀 진행되지 못하기도 했다.

『대일본사』 전권이 일반인들이 접하기 쉬운 형태로 출판된 것은 1929년 고단샤 출판사에서 펴낸 전 17권과 1941년에 건국기념사업회가 간행한 『역주 대일본사』 전 12권이 나온 뒤부터이다.

일본 최초의 기전체 역사서

미토 번의 제2대 영주인 도쿠가와 미쓰쿠니가 편찬한 『대일본사』는 에도 시대 초기에 막부의 명으로 하야시林 집안에서 편찬한 『본조통감本朝通鑑』과 나란히 근세에 이루어진 2대 역사 편찬 사업으로 손꼽힌다. 『본조통감』이 편년체로 서술된 역사서인 점에 비추어 『대일본사』는 기전체로 서술된 일본 최초의 역사서이다. 그만큼 내용의 구상과 집필에 많은 어려움이 있었다.

먼저 『대일본사』가 어떠한 방침 아래 서술되었는가를 알아보기 위해서는 그 서문을 살펴보는 것이 좋다. 아래의 문장은 서문의 한 구절이다.

역사는 일어난 일을 기록하는 것이다. 일에 따라 바르게 적으면 일의 권선징악이 절로 드러나고, 먼 옛날부터 지금에 이르는 풍속의 순요醇漓와 정권의 융성 및 쇠망을 마치 손바닥 들여다보듯 훤히 알 수 있다. 선을 법으로 삼아야 하며, 악은 삼가야 할 가르침으로 삼아야 한다. 그래서 난신적자亂臣賊子(나라를 어지럽게 하는 신하와 어버이를 해치는 자식)의 무리로 하여금 두려워하게 하고, 또 그로 인해 세상의 가르침을 돕고 올바른 도리를 유지하고자 한다.

위의 글에서 알 수 있듯이 『대일본사』는 사실의 기록을 가장 중시했다. 이를 위해 이 책의 편찬을 시작한 도쿠가와 미쓰쿠니는 많은 비용과 시간을 들여 가신들이기도 한 편찬자를 전국에 파견해 사료를 조사하고 수집하게 했다. 그러한 노력의 결과는 본문에 그 출전을 명기한, 이른바 일본 최초의 체계적인 역사서가 되었다는 점에서도 알 수 있다.

한편, 일어난 일을 명백히 밝히면 선은 번영하고 악은 절멸한다는 이치가 자연히 드러나므로 난신적자의 무리에게 두려움을 갖게 하고 또 반성케 하니 사서를 편찬하는 일은 세상을 바르게 만드는 일이며 세상의 질서를 유지하는 일이라고도 했다.

곧 『대일본사』는 윤리와 도덕을 직접적으로 주장하지는 않지만 과거에 일어난 역사적 사실을 바르게 적음으로써 미래에 교훈을 남기고자 한 것이다. 그러한 의도는 미쓰쿠니가 편찬 작업을 담당한 곳을 '옛일을 현창顯彰한다'는 의미에서 쇼코칸彰考館이라고 이름 지은 의도에서도 분명히 드러난다. '창고'는 중국의 고전에 나오는 말인 '창왕고래彰往考來', 다시 말해 과거를 분명히 밝혀 미래를 생각한다는 말에서 따온 것으로, 역사 편찬의 목적을 잘 드러낸 이름이다.

기존의 역사관을 뒤엎는 접근과 구성

미쓰쿠니의 이와 같은 취지가 『대일본사』에 어떻게 구체화되었는지를 살펴보려면 책의 구성을 알아야 한다.

이 책이 일본 최초의 기전체 사서라는 점은 앞서 밝혔다. 기전체란 본기·열전·지·표의 4가지 부문으로 구성되는 체재를 가리킨다. 그러나 이 책의 중심은 본기와 열전이다. 본기는 진무^{神武} 천황(재위 BC 660~BC 585)부터 시작해 100대째인 고코마쓰^{後小松} 천황(재위 1392~1412)에 이르는 천황의 세기^{世紀}에 관한 역사이다. 그 가운데 '3대 특필'이라고 불리는 대목이 있는데, 이 부분의 역사 서술에 『대일본사』의 특징이 집약되어 있다고 해도 과언이 아니다.

3대 특필이란, 첫째는 그때까지 여제로 여겨져 온 진구^{神功} 황후를 천황의 역사를 다룬 본기에 넣지 않고 열전 속의 후비전^{后妃傳}에 넣은 것이다. 두 번째는 제38대 덴치^{天智} 천황(626~672)의 황자인 오토모^{大友}(재위 672년 1월~672년 8월)가 덴치 천황의 동생인 덴무^{天武} 천황(재위 673~686)보다 앞서 즉위한 사실을 분명히 밝히며 제39대 오토모 천황(훗날 고분^{弘文} 천황으로 즉위)을 본기 속에 넣은 점이다. 그리고 세 번째는 남북조 시대의 정통을 남조라고 주장하면서 고다이고 천황 이래 4대에 걸쳐 요시노^{吉野}에 있었던 천황들을 본기에서 거론하고, 당시 교토에 있었던 북조의 천자는 북조 출신의 고코마쓰 천황을 다룬 기사의 첫머리에 천황이라 칭하지 않고 고겐인^{光嚴院}이라고 칭해 5대의 역사를 서술한 점이다.

『대일본사』를 편찬한 미쓰쿠니는 자신의 자서전이라고 할 수 있는 『바이리^{梅里} 선생 비문』에서 "왕가의 정통을 가리고 신하 된 자로서의 시시비비를 헤아려 한데 모아 일가의 책으로 꾸몄다"라고 밝혔는데, 여기서 왕가의 정통을 가렸다는 것은 특히 세 번째로 거론한 남조 정통론을 가리킨 것이다. 이를 통해 미쓰쿠니 자신도 3대 특필 가운데 남조 정통론을 가장 중요한 사항으로 여겼음을 알 수 있다.

당시는 북조가 정통이라는 생각이 일반적이었다. 그러한 시대에 남조 정통론을 주장한 것은 이 같은 통설에 대한 반박이자 세속에 대한 반역이라고 할 수 있는 새로운 역사 인식이었다. 그 결과 그때까지 역신으로 여겨져 온 구스노키 마사시게楠木正成는 충신이 되었다. 그리고 사서 편찬 담당자인 사사스케 사부로佐佐介三郎를 멀리 마사시게가 자결한 미나토湊강으로 보내 '오호 충신 구스노코의 묘(嗚呼楠子之墓)'라고 새긴 비를 세우게 한 것 역시 '사실'에 기초해 역사를 바로잡자는 미쓰쿠니의 발상이었다.

그러나 당시는 북조 출신 천황의 시대였으므로 미쓰쿠니의 새로운 견해는 쉽게 공인되지 않았다. 대체로 남조 정통론과 구스노키 마사시게 충신론은 막부 시대 말기에 접어들어서야 반反막부적 입장을 취한 개혁파와 존왕양이파尊王攘夷派의 활동가들 사이에서 지지를 얻는 정도였다.

미쓰쿠니의 견해가 일반화된 것은 메이지 유신 이후 1901년 국정 일본 역사 교과서가 '남북조' 장을 '요시노吉野 조정'이라고 고친 뒤의 일이다. 제2차 세계대전 이후에는 메이지 시대로 되돌아가 남북 양조를 나란히 놓는 사고방식이 팽배해졌다.

본기와 함께 『대일본사』의 중심을 이루는 열전에는 시대별로 후비后妃와 황자, 황녀, 제신諸臣, 쇼군, 쇼군 가족, 쇼군의 가신, 문학인, 가인, 효자, 의열, 열녀, 은자, 의술, 반신叛臣, 역신逆臣, 제번諸蕃(여러 외국 또는 고대 시대에 일본으로 건너온 사람들의 자손의 성씨)이라는 분류에 따라 각각의 전이 수록되어 있다.

이러한 분류 방법과 순서에도 이 책의 특징이 드러난다. 『대일본사』의 특징인 "신하 된 자로서의 시시비비를 헤아렸다"라는 대목은 바로 이 열전을 두고 한 말이다.

이에 따라 구스노키 일족과 닛타 요시사다新田義貞 등을 비롯해 남조를 위해 헌신한 인물들 그리고 조큐承久의 변變 때 활약한 충신과 와케노기요마로和氣淸麻呂 등은 「제신전」에 넣었고, 기요마로에 의해 흉악무도함이 드러난 승려 도경道鏡과 조정에 반기를 든 다이라노 마사카도平將門, 후지와라노 스미토모藤原純友 등 19명은 「반신전」에서 다루었다. 또 소가노 우마코蘇我馬子● 일족은 「역신전」에서 다룸으로써 그 의도를 분명히 밝혔다. 인신, 곧 신하 되는 자가 행한 행동의 시비를 정확히 평가해 그에 따라 각 전으로 분류한 것이다.

다음은 신하 가운데 가장 나쁜 것으로 치는 「역신전」 서론의 일부이다.

군주를 참살하고 군주를 배신하는 것은 모든 백성과 신하가 분개하는 바이므로 하늘과 땅에 그 몸을 가릴 곳이 없다. 한번 반역 죄인이 되면 사람들은 그를 죽여서 그 죄를 벌한다. (…) 다른 나라의 역사를 보면 신하가 군주를 시해하는 일이 끊이지 않았다. (…) 천조天朝(일본)는 대업이 크게 빛나고, 풍속風俗이 순박하고 우미하며, 2000년간 한 번도 큰 잘못이 없었다. 더욱이 반역을 한 자는 미와眉輪 왕과 소가노 우마코 두 사람뿐이었다.

성스러운 신의 자손과 태양이 조석으로 빛을 발하지 않음이 있으랴. 덧붙여 미와 왕은 「황자전」에 실었다. 일에 의거해 바르게 적으면 정실精實이 자연히 드러날 것이다.

이 글에서도 신하 된 자의 시시비비를 가리고 있음이 엿보인다.

『대일본사』는 일본 전국에서 사료를 수집해 사실의 정확성을 기하고 본문에 출전을 밝혔다는 점에서 근대 역사학의 선구라고 할 만한 실증적 방법을 택하고 있다. 그러나 한편에서는 애초부터 인물에 대한 판단을 선악의 틀 속에서 행함으로써 과학적인 방법과는 정반대인 명분주의에 따르고 있다는 모순도 안고 있다. 이는 봉건 시대의 역사학이 지닌 한계이기도 했다.

그러나 본기와 열전과는 달리 메이지 시대에 완성된 지志와 표表는 시대를 반영했기 때문인지 오늘날에도 참고할 내용이 많다. 지는 신기神祇 · 씨족 · 직관職官 · 국도國都 · 식화食貨 · 예악 · 병법 · 형법 · 음양 · 불사佛事 등 10가지로 이루어져 있다. 지란 이른바 문화와 종교사, 사회경제사, 제도사制渡史이다. 일례로 「식화지食貨志」의 서론을 살펴보자.

> 국가는 백성을 근본으로 하며, 정치는 백성을 양육하는 것이다. 그런 까닭에 식食으로써 백성의 삶을 두텁게 하며 재화로써 백성의 쓰임을 이롭게 한다. 그러한 연후에 바른 덕의 가르침을 베풀어 상생상양相生相養의 도를 알게 한다.
>
> (…) 엔키延喜 때부터 이미 토지 제도(전제田制)가 무너지면서 호족과 힘센 자들이 앞을 다투어 국토를 약탈하고, 권세 있는 자와 귀족이 결탁해 그들을 앞세워 장원을 만들었다. 그래서 마침내 천하에 다스려지지 않는 땅이 공전公田보다 많아졌으며, 호적이 없는 자들이 공민보다 많아졌다.
>
> (…) 겐무建武 때의 중흥은 그저 집과 흙을 뒤집어엎은 것에 불과하다. 곧, 편안함을 일삼아 그 계획이 시행하고자 한 바는 이루지 못하고 소란스럽기만 한 악습에서 벗어나지 못했다. (…) 그로써 이미 사람들의 마음을 다스릴 수 없게 되었고, 토지에 대한 권한 역시 그와 함께 사라져 이를 회복하고자 한 사업은 끝을 맺지 못했다.

「식화지」에는 호구戶口와 토지 제도, 부역, 봉록, 화폐, 도량권형度量權衡, 장원보명莊園保名 등과 같은 여러 항목을 수록하고 있다.

표는 각종 연표를 가리키는 것으로, 『대일본사』에는 신련이조표^{臣連二造}表, 공경표^{公卿表}, 국군사표^{國郡司表}, 장인검비견사표^{藏人檢非遣使表}, 장군요속표^{將軍僚屬表} 등 5가지 표가 있다. 이러한 내용 역시 남북이 하나로 다시 합쳐진 고코마쓰 천황 때까지만을 다루었다.

NOTES

소가노 우마코^{蘇我馬子} : 아스카 시대(6-8세기 초)의 호족. 비다^{敏達} 천황 이후 4대의 천황을 모셨으며 불교의 융성을 위해 진력을 다했다. 스슌^{崇峻} 천황을 암살했다.

2장

사상

국학은 황국의 학문이다

유학의 융성

오진應神 천황 때 일본에 『논어』가 전해지기 이전부터 중국 문화는 일본에 큰 영향을 미쳤다. 특히 에도 시대는 일본 역사 가운데 유학儒學이 가장 성행했던 시기였다. 유학은 공자를 연구하는 학문으로, 공자를 연구한 후세 학자들의 주장도 연구에 포함한다. 또한 유교儒教라는 말은 공자의 가르침 또는 공자의 사상이라는 의미로 사용된다.

에도 시대에 유학이 융성하게 된 원인은 다양하나 첫 번째로 꼽히는 것이 도쿠가와 막부의 문교 정책文教政策이다. 여기에 오랫동안 전란의 시대를 고통스럽게 살아온 사람들이 갖게 된 현실 존중의 풍조가 사물에 대한 현실적이고 합리적인 유교의 사고방식과 잘 맞아떨어졌다. 또한 유교의 경세제민經世濟民의 방책, 곧 정치 사상적 요소와 사회 질서를 세우기 위한 윤리관 등이 사무라이 계급이 필수적으로 갖춰야 했던 교양이자 도덕이었다는 점 등도 큰 원인이 되었다.

예부터 일본에서는 한나라와 당나라의 훈고학訓詁學(경전의 자구에 대한 치밀한 해석과 주석을 주로 하는 학문)을 중심으로 발전한 박사 집안의 학문이 전통적으로 권위를 누려 왔다. 그러나 에도 시대에 들어서면서 당시까지 고잔五山(무로마치 시대에 큰 영향력을 발휘했던 선종의 주요 사찰 다섯 곳)의 선림에서만 연구되어 온 주자학朱子學이 후지와라 세이카藤原惺窩(1561~1619)와 하야시 라잔林羅山(1583~1657) 등 뛰어난 학자들의 출현으로 에도 시대 유학의 주류가 되었다.

하야시 라잔은 청년 시대에 이미 도쿠가와 이에야스에게 학식을 인정받고, 이후 쇼군의 시강侍講으로 중용되었다. 이후 그의 자손이 막부가 설립한 최고의 공식 학문 기관인 대학의 책임자 다이가쿠노가미大學頭가 되었고, 이것이 대대로 세습되어 하야시 가문은 관학官學을 관장하는 집안이 되었다. 관학은 막부가 설립한 쇼헤이사카 학문소昌平坂學問所, 이른바 쇼헤이코昌平黌에서 이루어졌으며, 주로 막부 신하들의 자제를 대상으로 유학을 가르쳤다. 한편 각 번에서는 번교藩校(각 번에서 유학을 강의하는 학교)를 설치하고 학자들을 초빙해 번의 자제들을 교육했다. 민간에서도 실력 있는 학자가 사숙私塾을 열어 일반인을 대상으로 유학을 강의했으므로 유학은 에도 시대에 널리 퍼져 나갈 수 있었다.

사상의 태동기

에도 시대의 유학자는 어느 한 학파나 학설에 구애되지 않고 여러 학설을 절충하는 경향이 있었기 때문에 이들을 학파별로 정확히 분류하기는 어렵다. 그럼에도 주자학파의 저명한 학자들을 꼽자면 후지와라 세이카와 하야시 라잔, 주순수朱舜水(중국에서 귀화한 학자), 야마자키 안사이山崎闇齋, 기노시타 준안木下順庵, 아사미 게이사이淺見絅齋, 사토 나오카타佐藤直方, 아라이 하쿠세키新井白石, 무로 규소室鳩巢, 고토 시잔後藤芝山, 시바노 리쓰잔柴野栗山, 비토 지슈尾藤二洲, 고가 세이리古賀精里, 하야시 줏사이林述齋, 마쓰자키 고도松崎慊堂 등을 들 수 있다.

중국에서는 송나라 때는 주자학이 성행했으나 명나라에 들어서 양명학陽明學이 성행했다. 일본에서는 하야시 라잔과 같은 시대의 인물이었던 나카에 도주中江藤樹가 양명학을 신봉했다. 도주는 '치량지致良知'(인간의 마음속에 있는 선천적인 판단력이나 논리적인 감수성 등을 실현하는 일)를 자신의 학문의 목표로 삼고, 유교는 '태허太虛의 신도神道'로서 세상 어느 곳에서나 할 수 있는 학문이라고 주장했다. 또한 양명학파로 거론되는 구마자와 반잔熊澤蕃山은 경세제민의 입장에서 유교를 주장했다. 그러나 일본의 유교 현상에 대해서는 비판하며 장차 그리스도교에 제압될 것이라고 경고했다. 한편 『표주전습록標注傳習錄』을 지은 미와 싯사이三輪執齋, 수상록인 『센신도 차기洗心洞箚記』를 지은 오시오 추사이大鹽中齋, 수상록 『언지사록言志四錄』을 쓴 사토 잇사이佐藤一齋 등이 양명학자로 이름을 떨쳤다.

야마가 소코山鹿素行는 한나라·당나라·송나라·명나라의 유학을 거부하고 공자의 가르침을 직접 따라야 한다고 주장했으며, 비슷한 시기에 이토 진사이伊藤仁齋 역시 "중니仲尼(공자)는 나의 스승이다"라고 하며 공자에게 직접 배운다는 입장을 취했다. 중국 학자들의 주장에 입각해 공자를 이해하고자 한 종래의 태도를 버리고 일본인의 입장에서 공자를 직접 파악하고자 한 태도는 매우 일본적인 연구 방법이다. 이 같은 소코와 진사이의 학문적 태도를 고학파古學派라고 한다.

이들보다 조금 뒤에 세상에 나온 오규 소라이荻生徂徠는 주자학에서 출발해 고학으로 옮겨 갔으나 진사이의 학설을 반대하며 스스로 복고학復古學을 자칭했다. 소라이는 공자의 가르침은 선왕의 가르침이며 그것은 천하를 편안하게 하는 방책이라고 보고 그 뜻이 시서詩書(『시경』과 『서경』을 아울러 이르는 말)의 「예악禮樂」 편에 드러나 있다고 주장했다. 소라이의 문하에서 야마이 곤론山井崑崙과 다자이 다이大宰春台, 야마가타 슈난山縣周南, 핫토리 난카쿠服部南郭 등의 유명한 학자들이 배출되었다.

미토木戸 번의 번주는 대대로 문화 교육에 힘써 독자적인 학풍을 낳았는데, 이를 미토학이라고 불렀다. 미토학은 일본적 자각이 강한 유학이라고 할 수 있으며, 대표적인 학자로 후지타 유코쿠藤田幽谷와 그의 아들 후지타 도코藤田東湖, 아이자와 쇼시사이會澤正志齋 등을 들 수 있다.

학파로 분류하기는 어렵지만 독특한 업적을 남긴 학자도 적지 않은데, 가이바라 에키켄貝原盆軒과 미우라 바이엔三浦梅園, 요시다 쇼인吉田松陰 등이 그에 속한다. 또한 대부분의 유학자들은 한시문을 짓는 데 매우 익숙했으며, 그 가운데 핫토리 난카쿠와 에무라 홋카이江村北海, 라이 산요, 히로세 요쿠소廣瀬旭莊 등은 문학자로서도 눈부신 활약을 했다.

유학은 이처럼 융성했으나 에도 시대 중기 이후에는 평화롭고 안정된 신분제에 안주하며 일반적인 향학심마저 희미해져 유학자들의 사회적 지위도 더불어 낮아졌다.

황국 사관의 토대가 된 국학의 대두

막부 말기 무렵에는 양학洋學이 융성했다. 양학은 가장 먼저 의학 분야에 도입되었고, 병학·수학·천문학·지리학 등의 분야로 점차 넓어졌다. 사물에 대한 현실적이고 합리적인 유학의 사고방식과 양학이 반드시 모순되는 것은 아니었지만 서양에서 건너온 기계·기구의 정밀함은 유학자들을 놀라게 하기에 충분했고, 서양 의학을 비롯한 근대 과학은 그들을 혼란스럽게 하기도 했다.

게추契沖와 가다노 아즈마마로荷田春滿, 가모노 마부치賀茂眞淵, 모토오리 노리나가本居宣長, 히라타 아쓰타네平田篤胤 등이 확립한 국학國學은 본래 일본의 고전 연구를 목적으로 한 학문이었다. 하야시 라잔을 비롯해 일본 고전에 조예가 깊은 유학자들이 적지 않았고, 신도에 대해서도 신유일치神

儒一致를 주장한 하야시 라잔과 야마자키 안사이, 미와 싯사이 등은 신도 神道를 정식으로 연구하고 있었기 때문에 애초에 유학과 국학이 서로 대립될 만한 조건은 전혀 없었다. 그러나 국학이 황국의 학문이라는 자각을 갖게 되면서 판국이 달라졌다. 불교의 배척과 함께 중국적 사고방식을 지닌 유교 역시 배척하게 된 것이다. 게다가 당시 최고의 일본 고전 연구가였던 모토오리 노리나가가 야마자키 안사이가 주장한 스이카垂加 (안사이의 별호)의 신도마저 배척하고 나서자 유학자들은 불교 및 국학과 대립하기에 이르렀다.

그러나 양학에 대해서는 그다지 격렬한 태도를 보이지 않았다. 모토오리 노리나가는 수필집 『다마카쓰마玉勝間』에 "네덜란드인은 교역을 위해 먼 나라까지 왔기 때문에 시야가 대단히 넓다. 그러므로 네덜란드의 학문을 학습하는 것은 유학을 공부하는 것보다 낫다"고 기술하기도 했다. 모토오리 노리나가는 또 다른 저서 『나오비노미타마直毘靈』로 국학자와 유학자 사이에 도道에 대한 큰 논쟁을 불러일으켰고, 그 영향으로 여러 저술이 집필되기도 했다.

막부 말기 무렵에 국학은 일본 고전을 연구하는 영역을 넘어 국수주의 운동의 양상으로 변질됨으로써 왕정복고와 외래 사상의 배격을 주창하기에 이르렀다. 이러한 사상 운동이 메이지 유신을 일으키는 촉매제가 되었다.

삼덕초
(三德抄)

에도 시대 전기의 주자학자 하야시 라잔(1583~1657)이 일본의 가나로
쓴 유교 도덕 입문서이다.

지智·인仁·용勇의 삼덕은 남북조 시대 이래 무장들의 필수 덕목으로 여
겨져 왔다. 도쿠가와 막부의 관학인 쇼헤이코의 토대를 다진 하야시 라
잔은 삼덕에 형이상학적 근거를 부여해 태평 시대를 살아가는 봉건 무
사들을 도덕으로 고취시키고자 했다.

INTRO

하야시 라잔은 소년 시절에 교토의 선종 사찰인 겐닌 사建仁寺에 들어가 수학했으나 1600년
조정의 허락 없이 『논어집주論語集註』를 강의하는 바람에 박사 가문인 기요하라 히데카타淸原
秀賢에게 제소되었다. 그러나 쇼군 도쿠카와 이에야스는 이를 가벼이 여기고 문제시하지 않
았다. 그 후 유학자 후지와라 세이카의 추천으로 도쿠가와 가문에서 벼슬살이를 하고, 이에
야스와 히데타다, 이에미쓰, 이에쓰구家繼의 시강(동궁의 강의 담당관)이 되었다.

그는 인의仁義(인간과 사회를 회복하는 윤리)로서 새로운 근세 봉건사회의 질서 수립에 협력
함으로써 일본 주자학파의 개조가 되었고, 막부의 관학인 쇼헤이코의 기초를 쌓기도 했다.
주자학을 신봉했던 그는 당시의 쇼군과 다이묘, 무사들에게 주자학을 알기 쉽게 가르치기
위해 일본어 표기법인 가나로 책을 지었는데, 그 대표작이 『삼덕초』이다.

지·인·용의 삼덕은 남북조 시대 이래 특히 무장의 필수 덕목으로서 여겨져 왔다. 전국 시대
의 무장은 부동명왕不動明王(밀교의 오대명왕 중 하나)이나 애염명왕愛染明王(밀교에서 애욕 번
뇌를 깨우치는 명왕)처럼 안으로는 인忍(생각)을 품고 밖으로는 용勇(위세)을 드러냈다. 그리
고 지智로써 안을 다스리고 밖을 제어할 것을 추구했다. 그는 태평 시대가 도래하자 주자학
을 통해 위의 삼덕에 형이상학적 근거를 부여함으로써 새로운 봉건 무사들이 마음에 새겨
야 할 도덕적 가치로 끌어올리려 한 것이다.

『삼덕초』는 하야시 라잔이 가나로 쓴 책으로, 3가지 논고로 구성되어 있다. 「삼덕초」와 「이기변리氣辯」은 상권에, 「대학大學」은 하권에 수록되어 있다. 제목은 첫 번째 논고의 이름을 따서 '삼덕초'라 지었다.

「삼덕초」

라잔은 지·인·용의 3가지 덕에 대해 『중용中庸』의 문장을 인용해 설명했다. 마음에 의혹이 없는 것이 '지'이며, 마음을 잘 분별해 후회가 없는 것이 '인' 그리고 정직하고 강한 마음을 '용'이라 하고, 이 3가지를 성인의 삼덕이라고 설파했다. 그리고 공자가 『논어』에서 "지혜로운 자는 미혹되지 않으며, 인자한 자는 쓸데없이 걱정하지 않고, 용감한 자는 두려워하지 않는다"라고 한 문장을 들어 삼덕을 해설했다.

또한 "학문의 길은 우선 이치를 깊이 연구해 지혜가 이르는 것에서 시작한다. 이치에 맞으면 선이 되고, 이치에 어긋나면 악이 된다. (…) 오늘날에도 하나의 이치에 완전히 도달해 만 가지 이치에 통하게 해야 한다"라고 했으며, 더욱이 "지혜는 사물의 이치를 아는 것이다. 아름답고 근사한 것을 좋아하며 더럽고 법도에 어긋나는 것을 싫어하듯, 진실하다면 반드시 선을 좋아하며 행하고 악을 미워하고 싫어하는 것 또한 분명 진실의 지혜라고 할 것이다"라고 했다.

이어서 『중용』에서 "순임금은 참으로 지혜롭도다"라는 문장을 인용해 순임금이 위대한 지혜를 지닌 성인인 이유를 설명하고 "공자께서 말씀하시길, '안회顔回(공자의 제자)의 사람됨은 중용을 택한다'고 하셨다"라는 문장을 인용해 안회의 인도人道를 해설했다. 그리고 '자로子路(공자의 제자)가 강에 대해 물었다"라는 문장을 인용해 참된 강함의 의미를 말했다.

다음으로 『중용』에서 "천하의 통달한 도리는 다섯이며, 그를 행하는 까닭은 셋이다. 이른바 군신이며, 부자이며, 부부이며, 형제이며, 붕우의 사귐이다. 이 5가지는 천하의 도이며, 지·인·용의 3가지는 천하의 덕이다. 이를 행하는 까닭은 하나이다"라는 문장을 거론하고 군신·부자·부부·형제·붕우의 도리는 천지간에 영구 보편적인 도리임을 설명했다. 또한 "이 도리를 지·인·용의 삼덕으로 행하라"라고 하고, 곧 오륜의 도리를 잘 아는 것이 지, 마음에 그것을 갖추는 것이 인 그리고 잘 행하는 것이 용이며, 지·인·용을 거스르지 않는 것을 '성誠'이라고 했다. 그리고 이 성이야말로 나 자신의 일심一心이라고 주장하면서 지·인·용 하나하나를 보다 상세히 설명했다.

「이기변」

라잔은 먼저 『주역』에서 "일음일양一陰一陽, 이것을 도라고 한다. 이를 따르는 자는 선하고, 이를 이루는 자는 성性하다"라는 문장을 인용한 다음, 주자의 주장을 토대로 천지개벽 이전은 물론 이후에도 항상 존재하는 이치(理)를 '태극太極'이라 부른다는 설명으로 운을 뗐다. 그 내용을 살펴보자.

이 태극의 동動·정靜에 의해 음과 양이 생겨난다. 원래 하나의 기氣였던 음과 양은 나누어져서 오행(목·화·토·금·수)이 되고, 오행이 한데 모여 형체를 이룰 때 사람이 만들어진다. 사람의 형체를 이루어 활동하고 움직이는 것을 '기氣'라고 했다. 이러한 기 가운데 스스로 갖추고 있는 것이 '이理'로서, 이것이 태극이다. 이것을 '도道'라고 한다. 이 기와 이가 하나가 되어 형체의 주체가 되는 것을 '마음(心)'이라고 한다. 이 마음은 본래 태극의 '이'이므로 하늘과 마찬가지로 허공과 같은 무색, 무성無聲이며 그저 선할 뿐 악은 터럭만큼도 없다. 그러나 '기'에는 맑고 탁함과 선악이 있다. 기를 받아 형체를 이루니 형체에 대해 사사로움도 생기고 욕심도 생긴다. 형체는 기에서 나오므로 움직이고 활동한다. 기가 그렇게 하는 것이다. 기의 작용이 선하면 선으로 알고 행하고, 악하면 악으로 알고 행하지 않는 것이 바로 마음의 작용이다. 마음이 기를 제어하는 것이다. 이처럼 음양의 움직이고 멈춤에는 한 치의 틈이 없다. 이는 자연의 이치로서 '이를 계승하는 것이 선'이라고 했다. 그 이理가 사람의 형체에 갖추어져 마음에 머문 것을 천명의 '성性'이라고 한다. '성'은 도리의 다른 이름이며 선 그 자체이다. 그래서 '이를 이루는 것이 성이다'라고 하는 것이다.

이렇게 설명한 다음에 라잔은 사단四端과 칠정七情, 성性과 기氣, 천명·의리와 인성·심신, 정과 마음, 인심人心과 도심道心, 성誠과 기幾, 성性과 습習 등의 문제를 본문을 인용해 가며 알기 쉽게 해설했다. 그리고 마지막에 "태허太虛에서 하늘이 나왔고, 기화氣化에서 도가 나왔으며, 허와 기를 합해 성性이 되었다"(『정몽』)라는 해설로 「이기변」을 마쳤다.

「대학」

하권은 '대학'이라는 제목을 붙인 논고이다.

중국의 당나라 전성시대에 대학과 소학이라는 두 곳의 학문소가 있었다. 사림이 태어나 8세부터 15세까지는 소학에서 공부를 하며 자신이 머문 자리를 청소하는 법과 문답하는 법, 처신하는 태도, 읽기, 쓰기, 산술과 그 밖에 궁술과 승마술 그리고 예악을 적어 놓은 책 등을 공부했다.

이것이 소학의 법이다.

　그리고 15세가 되면 대학에 들어가 성현의 길을 배우게 된다. 소학과 대학의 학문소는 제왕이 있는 수도는 물론 전국 방방곡곡 어디든 그곳 실정에 맞게 세우고 스승을 모셔다 교육을 했다. 대학의 역할은 사물의 이치를 헤아려 살피고, 마음을 바르게 하며, 자신을 수련하고 또한 남을 가르쳐 다스리는 일이다. 군주에 의해 만들어진 제도와 시설인 탓에 올바른 교육으로 훌륭한 자들이 많이 배출되었다. 그리하여 사람들은 올바르게 선을 행하고 악한 일을 배척하며 사악하지 않았다. 그리고 군주에게는 충성을 다하고 부모에게는 효를 다했기 때문에 가정과 국가가 잘 다스려져 천하가 평화로웠던 것이다. 이러한 내용을 적은 책을 『대학』이라고 한다.

　라잔은 위와 같이 긴 전제를 단 다음 「대학」에서 "대학의 길은 명덕明德을 밝게 하고 백성들과 친함에 있으며 지극한 선을 달성하는 데 있다"라는 문장을 인용해 명덕明德(사람이 태어날 때부터 지니고 있던 이理를 밝히는 것), 친민親民(남에게 명덕을 가르쳐 깨치게 하는 것), 지지선止至善(조금의 악도 없는 이理)이라는 이른바 대학의 삼대 강령에 대하여 설명했다. 그리고 "마음속에 있는 오상五常(인仁·의義·예禮·지智·신信)과 칠정七情(희喜·노怒·애哀·구懼·애愛·오惡·욕慾)을 바르게 잘 다스리고, 보고 듣고 말하고 행동하는 부분까지 주의를 기울여 성현의 학문으로 하여금 나를 다스리게 하고 남에게도 선한 길을 인도하며 국가에게 도움이 되는 것이 대학의 길이다"라고 끝을 맺었다.

오키나 문답
(翁問答)

에도 시대 전기의 유학자 나카에 도주(1608~1648)의 대표적 저술로, 실학實學의 정수를 평이하게 해설한 책이다.

상·하 2권으로 구성된 이 책은 각 권의 내용이 하나의 주제로 통일되어 있지는 않다. 상권 전반부는 효에 대해, 상권 후반부는 문과 무에 대해 논하고 있다. 하권 전반부에서는 참된 학문을, 뒷부분에서는 유교와 불교를 논했다.

INTRO

나카에 도주는 에도 시대 초기인 1608년 오미近江 지방의 다카시마高嶋 군 오가와라小川 마을에서 태어났다. 9세 때부터 할아버지 밑에서 자랐고, 이요伊豫 지방 오슈大州에서 할아버지와 함께 그곳의 영주인 가토加藤 가문을 사관하며 젊은 시절을 보냈다. 그러나 조부모에 이어 고향에 있는 아버지마저 세상을 뜨자 27세 때 번을 떠나 귀향해 지극한 효성으로 어머니를 모셨다. 그리고 도주 서원을 열어 제자들을 가르치다 1648년 41세 때 '오미의 성인'으로 존경받으며 생을 마쳤다.

『오키나 문답』은 도주가 33~34세 때 지은 책으로, 덴군天君이라는 이름의 늙은 스승이 다이추體充라는 제자의 질문에 답하는 형식을 취한 데에서 유래했다. 덴군은 '마음', 다이추는 '몸 안에 기가 충만하다'는 의미이다.

『오키나 문답』은 그 말미의 개정편에 들어 있는 제자의 질문서(문인문서門人聞書)의 내용처럼 '효'라는 한 글자에 지나치게 집착했고 또 너무 성급하게 불교를 배격한 것으로 보이기도 한다.

그러나 이 책에는 학문적으로 자신의 길을 다양하게 모색하던 도주의 사상적 정수가 그대로 담겨 있다. 또 효에 대한 치열한 믿음과 열정 속에는 오늘날까지도 우리의 마음을 울리는 내용이 많다. 이 밖에도 『대학해大學解』, 『중용해中庸解』, 『논어해論語解』, 『가가미구사鏡草』 등의 저서가 있다.

효

나카에 도주는 효孝를 가장 중시했다. 그는 우리 몸 안에는 그 무엇과도 비할 데 없는 천하무쌍의 영험한 보물이 있으며, 그 영험한 보물은 단순히 자기 자신뿐 아니라 모든 존재에 통하는 것이니, 하늘에서는 천도天道, 땅에서는 지도地道 그리고 인간에게는 인도人道가 되는 것이라고 했다. 그리고 그 같은 보물에는 원래 이름을 붙일 수 없지만, 옛 성인이 중생에게 가르침을 드러내 보이기 위해 임시로 '효'라는 이름을 붙였다고 설명한다. 때로는『대학』의 말을 빌려 '명덕明德'이라고도 했고, 자기 신앙의 대상임을 드러내 대허신명大虛神明의 본체라고도 했다.

도주는 가족공동체에서 볼 수 있는 부모에 대한 자식의 효를 형이상학적 실체로 높이 받들어 모든 존재의 근본으로 삼고 자신의 종교적 신앙의 대상으로까지 삼았음이 분명하다. 그리고 우리가 그 본체를 깨닫고 체득하는 효의 덕은 사랑과 존경이라는 두 단어로 줄일 수 있다고 보았다. 사랑은 평소의 친근한 마음이고, 존경은 윗사람을 공경하고 아랫사람을 업신여기지 않는 의리이며, 이러한 사랑과 존경의 깨달음이 되는 효의 덕은 부자·군신·부부·장유·붕우의 오륜과 천자·제후·경대부卿大夫·선비·서민의 5가지 분류를 통해서도 나타난다고 했다.

오륜 가운데 특히 부모와 자식의 관계를 중요시했는데, 그중에서도 아이를 밴 뒤 행하는 태교에서부터 아이를 양육하는 과정에서 부모가 겪는 고생에 대한 은혜를 깨닫는 것이 중요하며, 이를 저버리는 것은 인욕이 구름에 가리어 명덕의 밝은 빛을 잃고 마음이 어둠 속을 헤매기 때문이라고 했다. 그리고 부모에 대한 자식의 효행과 자식에 대한 부모의 자애로운 정을 강조했다.

이어서 군신 관계에 대해서는, 군주는 인과 예로써 신하를 부리고, 대신에서 일반 선비에 이르기까지 지위와 분수에 맞게 존경의 정을 깊이 하며, 농공상農工商의 서민을 가엾게 여기고, 신하 자리에 있는 대신과 선비, 농공상의 서민들은 각각 군주에 대한 충성을 다해야 한다고 했다. 그리고 부부 관계에 대해서는 인간 세상을 지속시키는 시작에 해당하므로 남편은 화목한 뜻을 다하고, 부인은 올바르게 뒤따라 그 뜻을 다해야 한다고 했다. 남편은 밖을 다스리고 부인은 안을 다독거려 남녀 음양의 내외 차별을 바르게 함으로써 화목한 기운의 균형을 맞추는 것이니 부부의 길은 서로 다름을 근본으로 삼는다고 했다.

장유 관계에 대해서는 동생은 공경하고 순종함으로써 형을 받들고, 형은 우애의 정으로써 동생을 이끌어 가야 한다고 했다. 붕우의 관계는 마음으로 깊이 사귀는 심우心友와 얼굴만 알고 지내는 면우面友의 구별은 있지만, 각각 의리를 따르며 거짓 없이 사귀는 것이 중요하다고 했다.

문과 무

천지의 조화는 하나이지만 그 속에 음과 양의 구별이 있듯 인생의 깨달음은 오로지 덕뿐이나 그 속에 문文과 무武의 구별이 있다. 또한 음이 양의 근본이고 양이 음의 근본이듯 문은 무의 근본이며 무는 문의 근본이다. 문은 인仁의 다른 이름이며, 무는 의義의 다른 이름으로서 이는 서로 상호 보완적인 것이다.

또한 문무에 각각 덕과 예가 있으니 인仁은 문의 덕으로서 문예文藝의 근본이며 문학文學·예악禮樂·서수書數(책의 양)는 예藝로서 문덕文德의 지류로 여기고, 의는 무의 덕으로서 무예武藝의 근본이며 군법軍法·사어射御(활쏘기와 말타기)·병법은 예로서 무덕武德의 지류로 여긴다.

선비의 삼품三品 또한 명덕이 명확하니, 명리 사욕名利私慾에 휩쓸리지 않고 인의에 크게 힘쓰며 문무를 겸비한 자가 상품^{上品}이고, 밝은 덕이 충분히 드러나지는 않으나 재물이나 욕심에 대한 고민이 없고 공명과 절의를 몸에 갖추어 이를 지키려는 자가 중품^{中品}이며, 겉으로만 의리를 중시하고 마음속으로는 재물과 욕심, 출세만을 탐하는 자는 하품^{下品}이라고 했다.

이렇게 선비를 나누는 데도 3가지 기준이 있으니 첫째가 덕, 곧 문무를 함께 갖춘 명덕이고, 둘째가 재^才, 곧 국가의 모든 일을 직접 다루는 문예와 무예의 재능이며, 셋째가 공^功, 곧 국가 경영과 국난을 제거하는 등의 공훈이다. 그러니 이를 기준으로 각각의 상, 중, 하를 잘 헤아려 분수에 맞게 선비를 기용해야 함을 설명했다.

도주의 문무겸비론은 일찍이 사무라이이면서 유학에 정진했던 자신의 체험에 기초한 것이다. 또한 본래 전투 집단이었던 사무라이가 도쿠가와 막부의 성립으로 그 절반이 행정 집단의 관료가 된 당시의 추세에 맞추어 한 말이기도 하다. 문무론은 구마자와 반잔^{熊澤蕃山}(1619~1691, 에도 시대 전기의 유학자로 나카에 도주에게 양명학을 배웠다)에게 계승되었고, 야마가 소코^{山鹿素行}(1622~1685, 에도 시대 전기의 유학자이자 병법가)에게도 이 같은 경향을 엿볼 수 있다. 이는 훗날 미토학^{水戶學}(에도 시대 미토 번에서 발전한 학파로, 국학·사학·신도 등을 근간으로 내세워 국가 의식을 강조했다)의 문무불기론^{文武不岐論}으로 발전했다.

참된 학문

도주에게 학문의 본질이란 인간의 잘못을 깨끗이 씻어 내고 몸의 행동거지를 바르게 하는 것이었다. 곧 밝은 마음으로 바르게 행동하며 문무 양도를 함께 수양하고자 노력하는 것이 그가 생각하는 참된 학문이었다. 정진精進의 학문을 깊이 깨달으면 인의에 용감해질 수 있어 무에 방해가 되지 않는다.

한편 거짓된 학문은 박식하다는 명예를 중시하며 이름만 추구하려 하므로 사악한 길과 그릇된 경지에 빠지고 만다. 그 결과 무武에만 치우친다든가 학문은 필요 없다는 학문 불요론學問不要論을 낳는다. 명덕과 인의는 인간의 본심이며 생명의 근본이므로 이를 배우는 것이 바로 심학心學이라고 주장했다.

도주의 학문론은 젊은 시절 주자학의 주체적인 측면을 적극 수용해 육상산陸象山(1139~1192, 남송의 유학자), 왕양명王陽明(1472~1528, 명나라 중기의 유학자로 양명학의 창시자)의 심학에 접근한 데서 시작된다. 그는 23세 때에 주자의 『대학혹문大學或問』을 인용해, 간겐도暠玄同(1581~1628, 에도 초기의 유학자로 하야시 라잔과 동문)를 참된 유학자로 보는 하야시 사몬林左門(하야시 라잔의 큰아들 도시카쓰利勝)에게 반론하고, 간暠과 하야시 일파를 "박학다식만을 추구해 입과 귀로만 학문을 하니 성현의 참뜻을 깨닫지 못했다"라고 비판했었다.

『오키나 문답』에는 청년 시절보다 한층 성숙해진 도주의 사고가 담겨 있다. 『오키나 문답』의 학문론은 시골 마을에 고립되어 기거하고 있던 도주가 당시 정통파로 인정받고 있던 하야시 가문에 보낸 날카로운 반격이기도 했다.

유교와 불교

도주는 불교도들을 노장老莊이니 은둔지와 미친기지로 보고 미치광이라고 했다. 미치광이는 도가 광대하고 밝다는 것은 깨닫고 있으나 그 정교하고도 미묘한 중용은 깨닫지 못했으므로 그들이 체득한 마음의 수준이란 성인^{聖人}—아성대현^{亞聖大賢}(현인) —광자^{狂者}(미치광이) —견자^{狷者}(고집쟁이)의 순으로 볼 때 세 번째에 속한다는 것이다. 자세히 말하자면, 불자는 원기^{元氣}의 영험함만을 깨달았을 뿐 원신^{元神}의 영험함은 깨닫지 못했다는 것이다. 그리고 우리 유학이 원신원기=신리영기^{神理靈氣}의 불이^{不二}의 이^二와 불일^{不一}의 일^一을 명백히 밝히고 있는 점과 다르다고 했다. 그 증거로 불자들은 부모에게 절하지 않고, 형과 연장자를 존경하지 않으며, 삼강오상^{三綱五常}의 길은 세간의 허황일 뿐 보리^{菩提}의 길이 아니라고 평했다.

성교요록
(聖教要錄)

에도 시대 전기의 유학자 야마가 소코(1622~1685)가 막부의 어용학문御
用學問을 정면에서 비판한 책이다.

유학의 기본 자세를 28개 조목으로 간추리고 중국의 한漢·당唐·송宋·명
明의 학술이 가져온 폐해를 들었으며, 주공周公(주나라의 정치가)과 공자
까지 거슬러 올라가 고학古學의 정신을 되살려 일상에서 실천해 나가는
학문을 주장했다.

INTRO

300여 년 전인 1665년에 야마가 소코가 당시 사람들에게 한 가지 경고를 했는데, 그 내용
을 담은 것이 바로 이 책이다. 형태는 작고 보잘것없지만 저자는 목숨을 걸고 이 책을 썼다.
실제로 그는 이 책 때문에 막부의 처벌을 받아 반슈播州 지방의 아코赤穂 번에 유폐되었고,
만년이 다 되어서야 겨우 사면받았다.

소코는 젊은 시절에 모든 학문을 습득하겠다는 큰 뜻을 품었고, 실제로 그 목적을 거의 달
성했다. 그런 그가 마지막에 도달한 경지에서 내린 결론은, 공자의 가르침은 공자가 실제로
숨을 쉬고 살던 시대의 역사적·사상적 상황 아래에서 파악해야만 현재를 올바르게 살아가
는 지혜를 얻을 수 있다는 것이었다. 말하자면 한·당·송·명 시대의 중국 학자들의 해석에
얽매여 이치만을 따져서는 공자의 참뜻을 깨닫지 못하며 인생의 본질에 도달할 수 없음을
최초로 주장한 것이다.

소코는 1622년 에도 시대 초기에 태어났다. 도쿠가와 이에야스는 무력으로 천하를 제패하고
막부를 세웠으나 막부 체제를 오랫동안 유지하려면 무력에 의존하지 않는 문치 정책을 펴는
것이 중요하다고 생각했다. 그러한 방침에 따라 이에야스의 명으로 세습 문부대신이 된 것
이 하야시 라잔이다.

하야시 라잔은 매우 완고한 주자학자이자 소코의 스승이었다. 공자의 가르침은 원래 일상에
서의 실천에 비중을 둔 것이었으나 시대를 거치며 노장 사상과 불교의 영향을 받아 철학적
인 내용이 매우 깊어졌다. 그 노장 사산과 선학 사상이 결합된 형태의 유학이 송학宋學이며,
송학의 대표자가 주회암朱晦庵, 곧 주희朱熹(1130~1200, 송나라의 유학자)였기 때문에 그의
이름을 빌려 주자학이라고 했다. 주자학은 개인의 수양적 측면은 강했으나 사회에 대한 관
심은 소극적이고 보수적이며 온건한 학풍이었기 때문에 막부에는 더할 나위 없이 안성맞춤

인 어용학문이었던 것이다.

소코의 학문 영역은 매우 광범위하고 시야가 넓었다. 특히 유학과 국학을 모두 배우다 보니 자연히 르네상스적 복고 운동에 이르게 되었다. 그 계기는 고전을 읽을 때 이해가 안 되는 원인이 무엇인가를 생각하다가 한나라 때의 옛 주석(고주古注)과 송나라 때의 새 주석(신주新注)에 얽매였기 때문임을 깨닫고 주공과 공자 시대까지 거슬러 올라가 직접 성인의 정신을 이해해야겠다고 생각한 것이다. 충직한 제자들이 그의 강의 노트를 정리해 『야마가 어류山鹿語類』라는 대작을 만들었고, 소코 본인도 자신의 학풍을 '실학' 또는 '성학聖學'이라고 불렀지만, 막부가 공인한 하야시 집안의 학풍과 더욱 멀어지다가 끝내는 막부의 어용학문인 주자학을 비판하는 바람에 앞서 말한 바와 같은 처벌을 받게 되었다.

1663년에 시작된 『야마가 어류』의 축쇄판 편찬 작업은 2년 뒤인 1665년 가을, 소코의 나이 44세 때 상·중·하 3권으로 간행되었다. 제자들은 책을 편집하면서 '이 책은 한·당·송·명의 학문을 배척하고 있는데 숨겨야 하지 않을까?'라고 생각하며 겁을 먹었으나 소코는 "도는 천하의 도이다. 그것을 품속에 넣어 감출 수만은 없다. 천하에 충만하고 만세까지 행해질 수 있도록 해야 한다"라고 명쾌하게 단안을 내렸다고 한다. 이는 그의 기백과 뛰어난 식견이 잘 나타나 있는 대목이라 할 수 있다.

진리와 정의에 대한 주장은 어느 누구 앞에서도 굽힐 수 없다는 기백과 '성인의 가르침은 일상에 필요한 것일 뿐'이라며 실천에 도움이 되지 않는 학문을 일절 인정하지 않은 그의 실학주의는 매우 철저한 것이었다. 그의 주장은 5년 후배인 이토 진사이伊藤仁齋, 오규 소라이荻生徂徠 등에 의해 더욱 심화되고 계승되었다. 또한 아코 번에 유폐 중이었을 때에는 아코 번 사무라이들이 그의 사상에 감화를 받아 『주신구라忠信藏』로 유명한 아코의 의사義士를 낳기에 이르렀다. 막부 말기 근왕양이파의 사상가이자 교육자였던 요시다 쇼인吉田松陰도 소코의 영향 아래 있었다.

다음은 『성교요록』 가운데 주요 주장을 발췌한 내용이다.

「성인」

성인(인간으로서의 이상을 체현한 인물)은 아는 바가 지극히 올바르며 천지에 통하지 않는 게 없다. 그 행함은 독실하고 조리가 정연하다. 남을 대하는 태도는 조용하고 예의를 갖추었다. 그가 행하는 치국평천하治國平天下는 각각의 사물이 제 소임을 다하고 있다. 달리 성인의 형태를 말할 필요가 없으며, 성인의 길을 살필 필요가 없고, 성인이 실천하는 바를 알 필요가 없다. 단지 일상생활

속에 앎을 지극히 하면 예가 갖추어지고, 과불급의 차이가 없어 상고 시대에는 군장君長(위정자)이 모두 이를 가르쳤고 이로써 이끌었다. 후세에는 사정이 달라 따로 스승을 만들었다. 이미 말세의 정치가 되었다. 천하가 의지하는바, 곧 성인의 길은 지혜로운 자는 지나치며 어리석은 자는 미치지 못한다.

이 조항에서 소코는 사람들에게 천하의 근본 원리를 깨달을 것을 호소했다.

「성학」

성학聖學(주공과 공자의 가르침을 배워 인생의 본질을 깨닫는 것)은 무엇을 위함인가? 사람다운 길을 배우기 위함이다. 성교聖教(주공과 공자가 당시 사람들에게 보여 준 가르침)란 무엇인가? 사람다운 길을 가르치는 것이다. 학습하지 않는 사람은 길을 알지 못한다. 천부적으로 타고난 아름다운 자질과 기민한 지식도 그 도를 알지 못하면 오히려 폐가 된다. 배움은 그저 옛 가르침을 배워 그 지혜를 넓히고 그로써 일상에 사용하는 것이다. 지극한 지혜는 기질을 바꾸지 않는다.

이 조항에서 소코는 사람다운 길은 일상의 실천에 있는 것일 뿐, 높고 원대한 이념이 아니라고 주장했다.

「입교立教」

사람이 배우지 않으면 도를 알지 못한다. 도를 알지 못하면 그 폐해가 금수보다 더욱 심하다. 백성들은 이단에 빠지고 헛된 주장을 믿으며 귀신과 도깨비를 숭배하게 된다. 그리고 마침내는 백성을 해치고 부모를 해치는 자가 생기는

데, 이는 교화가 이루어지지 않았기 때문이다. 옛날에 왕이 되는 자는 나라를 세워 백성이 군주를 떠받들게 하기 위해 교학教學(교육과 학문)을 우선으로 삼았다.

소코는 교학의 근본은 인생의 본질을 배우는 것이라고 했다.

「독서」

책이란 고금의 사실과 공적을 담아 놓은 그릇과 같다. 독서는 여력을 가지고 해야 한다. 급히 해야 할 일을 앞에 두고도 책을 읽은 뒤에 처리하는 것은 행동에 필요한 가르침이 독서에 있기 때문이다. 배움이 일상과 일치하지 않는 것은 그저 책을 읽기만 할 뿐, 그 이치에 이르지 못했기 때문이다.

(…)

독서란 성인聖人의 책을 읽는 것이다. 성인의 가르침은 매우 평이하고 쉽다. 항상 그것을 읽고, 그 뜻을 음미하고, 그것을 가지고 놀고, 질문하고 나아가 그것을 실천함으로써 그것을 입증할 수 있게 된다. (…) 책을 읽는 방법 가운데 암송은 오로지 박식해지기 위한 것이므로 이는 소인의 학문이다. 또한 많은 일에 손만 대고 마는 것은 삼가야 한다. 세세하게 훈고를 음미하고 성인의 말씀을 근본으로 삼아 이해해야 할 것이다. 후세 유학자들의 식견은 취할 바가 없다.

이 조항에서 소코는 성인의 가르침을 인생의 본질로 받아들일 것을 주장했다.

「이理」

조리條理가 있는 것을 이라고 한다. 사물에는 반드시 조리가 있다. 조리가 형클어지면 앞뒤 본말이 어긋난다. 성性과 천天을 모두 이理라는 뜻으로 가르치고 있는데 이것은 큰 잘못이다. 무릇 하늘과 땅과 인간 사이에는 자연의 조리가 있다. 이것을 예라 한다.

이 조항에서 소코는 조리를 논리적으로 정리하고자 했으나 머릿속으로만 이해하고 말게 되므로 대자연의 이법理法대로 살라고 했다.

의식주와 같은 생활 조건에 규제받지 않고 본질만을 문제 삼은 소코의 사고방식은 위의 내용에서 보는 바와 같이 분명하다.

어맹자의
(語孟字義)

에도 시대 중기의 유학자 이토 진사이(1627~1705)가 고의학古義學●의 수립을 세상에 알린 명저이다. 상하 2권이다. 상권은 천도·천명·도·이·덕·인의예지·심·성性·사단지심四端之心·정情·재才·지志·의意·양지양능良智良能을 말하고, 하권은 충신·충서忠恕·성誠·경敬·화·직和直·학學·권權·성현·군자소인·왕패王覇·귀신·시·서·역·춘추·총론사경總論四經 등에 대한 자의字義, 곧 글의 뜻을 밝히고 있다.

INTRO

『어맹자의』는 겐로쿠元祿 시대(1688~1704)에 교토의 호리카와堀川에 사숙私塾을 열고 고의학을 제창한 이토 진사이의 주요 저서 중 하나이다. 57세 때인 1683년에 와카도시요리若年寄(막부에서 정무를 담당하던 직책) 이나바 마사야스를 위해 이 책을 지었다.

문화를 애호하는 교토 토박이 상인 집안에서 태어난 탓인지 진사이의 친척 중에는 부유한 조닌町人(도시에 사는 상인이나 직인 신분을 가진 사람)과 시골의 전문 문화인들이 많았다. 이러한 환경 덕에 성장한 뒤에는 궁정 귀족과 토착 자산가, 전문 문화인들로 이루어진 살롱에서 학문을 꽃피웠다.

앞에서 살펴본 것처럼 후세의 주석을 피하고 '생활을 각주로 삼는다'라는 진사이의 연구 방식은 무로마치 시대 이래 전국적인 유통망을 갖추고 물자 유통을 좌우했던 교토의 상인 문화가 마지막으로 화려하게 꽃피웠던 겐로쿠 시대 교토의 조닌 생활을 반영한 것이기도 하다. 진사이의 학문은 도쿠가와 막부 체제의 이데올로기인 주자학에서 정치성과 형이상학적 성질을 불식시키고 매우 현실적이고 개방적이며 아울러 사교적인 인간학을 형성한 것이었다.

그리고 진사이의 학문은 나와 로도那波魯堂(1727~1789, 에도 시대 중기의 유학자)의 지적처럼 겐로쿠 시대 중엽부터 호에이寶永(1704~1711) 시대를 거쳐 쇼토쿠正德(1711~1716) 말기까지 활발히 전개되었으나, 교호享保(1716~1736) 시대에 막부의 경제 정책으로 전국적인 유통 체제가 봉건 체제 내부로 흡수되자 새로운 시대의 요구에 부응하지 못하고 역사의 전면에서 퇴장했다.

진사이는 『어맹자의』 머리말에서 다음과 같이 밝혔다.

　내가 일찍이 학자에게 배우기를, 『논어』와 『맹자』를 숙독하고 곰곰이 생각해 성인의 생각과 뜻이 마음의 눈에 명료해지면 단지 공자와 맹자의 의미와 혈맥을 알게 될 뿐 아니라 글자의 뜻도 잘 깨치게 되어 큰 잘못에는 이르지 않게 된다고 했다.

　자의字義라고 하는 학문은 실로 작은 것이다. 그러나 한번 그 뜻을 잃으면 해가 적지 않다. 그러므로 하나하나의 말을 『논어』와 『맹자』의 근본에 입각해 그 뜻과 문맥에 잘 맞게 이해한 다음에야 실로 옳다고 할 수 있을 것이며, 망령된 뜻을 견강부회하거나 자신의 사견을 이것저것 섞어서는 안 될 것이다. (…) 따라서 『어맹자의』 1편을 저술해 이를 두 저술의 『고의古義』 뒤에 붙인다. 그 상세한 내용은 『고의』에 담겨 있다.

이를 통해 『어맹자의』의 내용과 집필 목적 그리고 그가 집필한 『논어』와 『맹자』의 주석서인 『논어고의』, 『맹자고의』와의 관계가 분명해졌다. 아래에 진사이학의 본령이라고 할 수 있는 몇 가지 자의를 소개하겠다.

천도

도道는 통행 왕래하는 길이다. 천도天道란 음과 양이 끊임없이 그 위를 왕래하는 길을 말한다. 주자가 태극(이理)을 우주의 근본 원리로 생각하고 그 동정動靜을 양과 음(이기二氣)으로 말한 것은 잘못이다. 공자와 맹자는 천지 사이에 기는 하나뿐이며, 그것이 음과 양이 되어 부단히 자라나거나 소멸하고, 그 안에서 서로 감응感應하는 작용에 의해 만물과 그 변화가 일어나게 되며, 이는 기 안에 있는 조리에 불과한 것이라고 생각했다.

천명

천명이란 주자가 말하는 것처럼 형이상학적인 하늘의 명령이 아니라 오로지 길흉화복과 생사존망에서 자연히 그렇게 되는 것으로서 사람의 힘으로는 어찌하기 힘든 것을 말한다.

도

음과 양이 서로 얽혀 있는 도를 천도라 하고, 강함과 유연함이 하나 된 도를 지도地道라고 하며, 인과 의가 서로 행해지는 도를 인도人道라고 한다. 주자가 인도를 천도에서 끌어낸 것은 잘못이다. 천도와 인도는 전혀 별개의 존재로 서로 관계가 없기 때문이다.

성인이 도라고 말씀하신 것은 모두 인도를 말한 것이며 천도는 그다지 언급하지 않으셔서 제자인 자공 역시 공자로부터 들은 바가 없다고 했다. 그리고 도는 귀천과 존비를 가리지 않고 모든 사람이 평소에 왕래하는 길로서 언제, 어디서든 자연히 군신·부자·부부·형제·붕우의 윤리가 있으며, 친親·의義·별別·서敍·신信의 도리가 있다.

이

이理와 도의 관계는 가까우며 도는 왕래의 측면에서, 이는 조리條理라는 측면에서 이름 붙인 것이다. 이는 의義와도 관계가 있는데, 이는 조리가 정연해 헝클어짐이 없는 것을 의미하고, 의는 일이 적절히 서로 잘 들어맞음을 의미한다.

덕

덕은 인의예지를 한데 부르는 총칭으로, 덕이라고 할 때에는 인의예지의 이가 갖추어져 있기는 하나 아직 그 작용이 드러나지 않았음을 말하고, 인의예지라고 말할 때에는 이가 각각의 사물에 드러나 눈에 보이는 것을 말한다.

도와 덕은 매우 가까운 관계이다. 실제로 행해지는 측면은 도라고 하며, 존재의 측면에서는 덕이라고 한다. 도는 사람을 인도하고, 덕은 사람을 성취시킨다. 불타오르는 것을 불길의 도로 생각하고, 음식물을 조리하는 것은 불길의 덕이라고 생각하면 도와 덕을 잘 구별할 수 있을 것이다.

인의예지

자애로운 덕이 저 멀리와 가까이 그리고 안팎에 두루 충실히 투철하게 미치고 끝없이 행해지는 것을 인仁이라고 한다. 당연히 해야 할 일은 다 하고 해서는 안 될 일은 하지 않는 것은 의義이며, 존비·상하를 분명히 구별해 분수를 넘지 않는 것이 예禮이고, 세상의 이치를 잘 파악해 의심하거나 망설이지 않는 것이 지智이다. 인의예지에는 모든 선善이 포함되어 있으므로 성인은 이 4가지 덕을 도덕의 근본이라고 했다.

사람은 이 4가지 덕의 단서를 몸에 지니고 있으므로 이를 확대하면 인의 덕을 성취하게 된다. 이는 작은 불씨도 커지면 넓은 들판을 다 태워버리는 불이 되는 것과 같은 이치이다. 따라서 인의예지는 주자가 말하는 것처럼 형이상학적인 천명, 곧 성性을 가리키는 이름이 아니다.

심心

사람이 생각하는 것을 말한다. 그러므로 성인은 덕을 귀중히 여기고 마음은 귀중히 여기지 않았다. 사람은 측은惻隱·수오羞惡·사양辭讓·시비是

韭의 마음을 나무에 뿌리가 있는 것처럼 나면서부터 갖추고 있다.

성

성^性이란 개개인이 가지고 태어나는 자연적인 성질이다. 단 감의 성은
달고, 떫은 감의 성은 떫은 것처럼 그 성질은 사람마다 각각 다르다.

사람의 성이 선하다는 것은 저마다 성질은 달라도 선한 것을 선하다
하고 악한 것을 악하다 하는 것이 고금의 어리석은 사람이나 어진 사람
이나 모두 같다는 의미이다. 물도 맑은 물이 있고 탁한 물이 있지만 높은
곳에서 낮은 곳으로 흐르는 것은 매한가지인 경우와 같다.

사단지심

단^端이란 사물 안에 있어야 할 것이 밖으로 삐져나온 단서 또는 실
마리를 말한다. 사람에게는 그것을 확충하면 인의예지의 덕으로 성
취하는 4단(측은·수오·사양·시비의 마음)이 있다.

이와 같이 진사이는 『논어』와 『맹자』에서 중요한 말을 골라내 인용하
고, 그 말에 대한 공자와 맹자의 생각을 설명했다.

진사이는 주자학이 사서로서 존중하던 『논어』, 『맹자』, 『대학』,
『중용』 가운데 어맹, 곧 『논어』와 『맹자』만이 성현의 진면목을 전하
는 책이라 믿고 이를 자세히 읽고 고찰함으로써 두 책에 일관된 '성
현의 도통^{道統}의 뜻(혈맥)'을 파악하려 했으며, '혈맥'을 근거로 성현의
글에 담긴 '의미'를 이해하려고 노력했다.

그리고 그러한 의미와 혈맥을 알기 위해 위의 두 책을 정독해 성인의
'참뜻과 말의 문맥'을 파악했다. 곧, 성인의 사고방식과 문장 작법을 자신

의 것으로 만듦으로써 공자와 맹자의 '의미와 혈맥'을 바르게 파악하고 글의 뜻인 '자의' 역시 잘 이해할 수 있다고 생각한 것이다.

고의학古義學 : 이토 진사이伊藤仁齋 등이 주창한 고학의 일파이다. 주자 등의 설을 배척하고, 논어와 맹자를 중심으로 한 성현들의 뜻을 학습하며 경서의 비판적 연구와 도덕의 실천을 중요시한 학문.

집의화서
(集義和書)

에도 시대 전기의 유학자 구마자와 반잔(1617~1691)이 지은 책으로, 학자가 평소 가져야 할 생각을 논한 실학집이다. 전 16권. 제1~5권까지는 서간집이며, 제6권은 철학적 주장을 담은 심법도해心法圖解, 제7권은 『주역』 강의에 해당하는 시물해始物解 그리고 제8~16권은 의리에 관해 논한 의론義論이다.

INTRO

이 책은 구마자와 반잔의 주요 저술로, 그 속편에 해당하는 『집의외서集義外書』와 짝을 이룬다. 반잔은 에도 시대 초기인 1619년에 교토에서 태어났다. 원래의 성은 노지리였으나 아버지가 외할아버지인 구마자와 모리히사熊澤守久의 양자가 되면서 성이 구마자와로 바뀌었다. 16세 때 오카야마 번의 번주 이케다 미쓰마사池田光政의 시동이 되었고, 20세 때 정식으로 번의 관료가 되었다. 그리고 23~24세 때 할머니의 고향인 오미의 가모蒲生 군 기리하라桐原 마을로 돌아가 나카에 도주의 가르침을 받았다.

27세 때 다시 미쓰마사를 받들었고, 32세 때 녹봉 3,000석의 반가시라藩頭(무사의 우두머리 격)로 발탁되어 이후 오카야마 번의 정치를 위해 공헌하다가 39세에 벼슬에서 물러나 와케和氣 군 반잔蕃山 마을로 은퇴했다. 43세 때 교토로 올라가 귀족들과 사귀다가 막부로부터 존왕주의자라는 혐의를 받았다. 49세 때 결국 요시노吉野 산에 들어가 이후 교토 야마시로山城의 가세鹿背 산으로 거처를 옮겼다. 51세가 되어서야 마쓰다이라 노부유키松平信之가 영주로 있는 아카시赤石 성의 마을에 정착했다.

『집의화서』 초판본이 간행된 것은 54세 때이고, 개정 증보한 제2판은 58세 무렵에 간행되었다. 『집의외서』도 이 무렵 탈고했다. 69세 때 제출한 「시무제20개조時務第二十箇條」가 막부의 신경을 거스르는 바람에 후루카와古川에 유배되어 금고형을 받고 1691년 74세로 숨을 거두었다.

『집의화서』를 간단하게 요약하면, 반잔 실학의 기초가 되는 사고방식을 명백하게 밝힌 책이라 할 수 있다. 막부의 불필요한 혐의를 피하기 위해 별도로 저술한 『집의외서』와 그의 경세론인 『대학혹문』을 함께 읽으면 반잔 사상의 전체적인 윤곽을 알 수 있다.

실천 수양의 책

'집의화서'라는 책 이름은 도의道義를 모으고 실천할 것을 주장하는 내용을 일본어로 쓴 글이라는 의미로, 서간·심법도해·시물해·의론으로 구성되어 있다.

전반부 제1~5권까지는 서간문으로 되어 있으나, 일반적인 서간집은 아니다. 독자에게 친근감을 주기 위해 왕복 서간이라는 형식을 취해 받은 편지에 문제를 제기하고 답서에 해답을 제시했다.

서간 부분의 내용은 나카에 도주를 따라 문무의 덕과 예, 학문과 정치, 이학理學과 심학心學, 치심治心의 문제, 군법 병서 등 실로 다양하기 그지없다. 1권, 2권이라는 순서를 따르지 않았으며, 그렇다고 각 권이 통일되어 있는 것도 아니다. 때로는 뱀 숭배 신앙과 기몬콘진鬼門金神(일본 전통 신앙의 하나로 귀신이 출입하는 귀문에 있다는 금신) 이야기도 튀어나오고, 개인의 신상 상담 같은 글도 있어 말 그대로 실천 수양의 책으로 마음 편히 읽을 수 있다.

그런 가운데 반잔이 무엇보다도 말하고자 했던 사군자士君子의 이상형을 자연스럽게 묘사해 다루기도 했다. 오카야마岡山 번의 정치에도 솜씨를 발휘했던 반잔은 자신의 경험을 되살려 앞으로는 사무라이도 송명의 유학서를 읽고 마음을 수양해 반은 전투 집단의 일원인 무사로서, 반은 행정 집단의 일원인 관료, 곧 선비로서 책임을 다해야 하며, 그러려면 어떻게 해야 하는지를 설명했다.

그는 이름을 날려 입신출세하기 위해 무슨 일이든 일어나길 바라는 자에게는, 자신의 출세를 위해 수많은 사람들을 고통스럽고 탄식하게 하는 일이므로 자신의 이름과 이익만을 추구해서는 안 된다고 훈계한다. 또 무기력하게 무사안일만을 바라는 자에게는, 무도나 무예로 자신의 이름이나 지키면서 그저 순탄하게만 살고자 하는 태도를 택해서는 안 된다고 경계한다. 그리고 평소에 무예를 익혀 용감하고, 인륜의 도를 행해 어질며, 도학을 깊이 체득해 지혜를 갖춘 사람을 문무의 2가지 도를 함께 지닌 선비라고 했다.

반잔은 "천하는 차례대로 갖는 것이니 방심하지 말라"라는 말을 하는 사무라이는 권력욕의 화신에 불과하다며 그를 진정한 사무라이로 여기지 않았다. 그런 반잔이 지인용智仁勇을 모두 갖춘 사무라이로 꼽은 사람은 구스노키 마사시게楠木正成와 미나모토노 요시쓰네源義經, 후지와라 벤케이藤原辨慶, 미나모토노 요리미쓰源賴光, 다이라노 시게모리平重盛, 하다케야마 시게타다畠山重忠 정도였다.

그리고 이들이 만일 성인의 학문에서 말하는 심학을 배웠다면 아마도 그 명성을 중국까지 떨쳤을 것이라고 했다. 반잔이 이상으로 여기던 사군자상의 모습이 엿보이는 대목이다.

또한 반잔은 문무에 각각 덕과 예가 갖추어진 것을 이상으로 여겼기 때문에 인정과 세태를 모르는 직업적인 유학자가 정치에 참여하는 것을 거부하고, 당시의 하야시 라잔과 야마자키 안사이山崎闇齋 등의 태도에 반대했다.

그가 이학이나 심학이라고 불린 학파의 수립을 좋아하지 않았던 것은 문무 양도를 갖춘 사군자의 학문 수행에 방해가 되었기 때문이다. 거기에는 하야시 라잔과 야마자키 안사이 같은 직업적인 유학자에게 일부러 모범을 보인 측면도 있다.

반잔에 따르면, 군자가 가져야 할 마음가짐은 공활空闊한 태허太虛처럼 욕심 없이 맑게 비어 있어야 하고, 해야 할 바는 빠짐없이 행해 그 마음이 맑은 달이 환히 비치는 듯하며, 항상 의에 따라 편히 지내야 한다고 했다. 반면 소인의 마음은 완고하고 허황되며 그릇된 의심으로 가득 차 있다고 했으며, 단지 순서에 따르기만을 좋아하고, 거스르기를 두려워하며, 사는 데 억척스럽고, 죽음을 두려워하며, 명리를 바라는 욕심만을 뒤따르고, 도리를 알지 못한 채 자신만을 위하고 남은 위할 줄 모른다고 했다. 어쨌든 반잔은 마음을 순수하게 가져 군자가 되기를 바랐으며, 그러한 토대 위에서 문무 양도에 정진하고 인정과 세태를 잘 이해하는 것을 목표로 삼았다고 여겨진다.

학자는 지금, 현재를 알아야

서간의 끝부분인 제4권에서 반잔은 안사이가 주장한 3년 상복에 대해 반박했고, 동성불혼의 법에 대해서도 그것은 중국의 오랜 옛날인 주나라 시대에 만들어진 법제로서 인정을 생각하지 않고 세태를 모르는 처사라며 일본의 상황에는 안 맞는다고 지적했다. 그는 "요즘 학자는 때를 알지 못하고 예의만을 따져서 인정과 세태를 옛날로 되돌리고 있다. 또한 도리가 은혜를 가져옴에도 불구하고 실정을 따르지 않고 말단만을 취해 마지막에는 본질과 말단을 모두 잃게 되니 가엾게도 후세 사람들에게 때를 알지 못했다고 비웃음을 사게 될 것이다"라고 말하며 자유사상가로서의 면모를 발휘했다.

마음을 다루는 법

제6권에서 다룬 심법도해는 반잔의 철학적 주장이기도 하다. 이 권에서 그는 마음의 문제를 이렇게 언급했다. 마음이 아직 발동하지 않고 무형무색, 무성무취, 정허무욕靜虛無欲, 숙연부동한 상태에서 비로소 감응이 일어난다고 보고 그와 같은 마음의 본체를 '중中'이라고 했다. 그리고 마음이 스스로 발동해 천하와 통하고, 동직무위動直無爲하여 보고 듣고 말하고 행하는 것 모두가 절도에 맞으며, 선한 마음의 작용을 '화和'라고 했다. 또 마음의 수양에서 가장 중요한 것은 중(이理와 체體)과 화(기氣와 용用)의 맞물림에 있으며, 조용하고 움직임이 없는 가운데 이가 막 활동하려 할 때, 곧 자신의 내부 의식만이 그것을 알아차리고 타인은 그것을 알지 못하는 때에 자신의 의식의 옳고 그름을 밝은 지혜에 견주어 마음의 움직임을 순수하게 해야 한다는 것이다. 이것이 반잔이 말하는 '신독愼獨'이다.

신독이 충분히 이루어지면 군자이고, 그와 달리 마음의 순수함이 가려져 있으면 소인이다. 이처럼 이理와 기의 공존을 간과하고 이만의 초월적 입장에 빠지는 것이 바로 견성오도見性悟道(본디부터 갖추어져 있는 자신의 천성을 발견하고, 실상의 이치를 깨닫는 것)의 폐해이다.

또한 이의 영험한 각성 없이 형形과 기의 욕심만으로 마음을 채우는 것은 자신만의 욕심이자 금수禽獸의 폐해이다. 마음이 움직이기 이전과 이후, 곧 미발未發과 이발已發의 분석과 이기理氣의 분석은 주자의 영향이며, 신독과 양지良知의 지혜는 주자와 왕양명을 합한 주자학과 양명학의 절충이라고 할 수 있다.

제7~16권

제7권의 시물해는 『주역』의 「계사전繫辭傳」 제2장을 풀이한 내용으로, 옛 성인이 얼마나 많은 문명의 이기를 만들어 냈는가에 대해 본문의 근거를 들어 가며 부연 설명을 했다. 여기서 반잔의 합리적인 문명기원론을 알 수 있다.

제8~16권은 의론으로, 의리에 대해 논했다. 중국 고전을 중심으로 송명의 여러 유학자 그리고 노장 사상과 불교에 대한 의견을 서술했다. 이기설의 전개와 양명학의 수용에 대해서도 전반보다 진전된 견해를 보인다. 이 부분에서는 은퇴 이후 거의 20년이라는 세월이 지났지만 권력자에 굴하지 않고 유유자적하며 자신의 길을 걸어간 반잔의 모습이 엿보인다.

변도
(辨道)

에도 시대의 고학파古學派에 속한 유학자 오규 소라이(1666~1728)가 지은 책으로, 국학國學의 부활을 주장했다. 제목 '변도'는 인간이 사회생활을 영위하는 데 필요한 근본 원리인 도를 규명한다는 의미이다. 전체 25조의 논술로 구성되어 있으며, 정치·사회·학문·교육 등에 관한 저자의 사상적 줄거리를 밝혔다. '극한적인 유학의 복고를 주장한 책'으로 불린다.

INTRO

『변도』는 1717년 오규 소라이가 52세 때 집필했고, 1740년에 간행되었다. 이 책의 내용에 대한 해설본에 해당하는 『변명辨名』과 함께 소라이의 숙성된 사상이 잘 드러난 저서이다. 간행 당시 찬반양론이 거세게 일어났을 정도로 화제를 모았고, 중국에도 전해졌다.

소라이는 이토 진사이가 주장하는 공자와 맹자보다 더 윗대, 곧 공자 이전에 정치와 교육이 처음으로 시작된 선왕의 시대까지 거슬러 올라갔다. 복고가 창조의 방법이었던 당시에 이러한 움직임은 모든 학문의 창조적 기풍을 선동하는 것이었다. 특히 고문사古文辭●와 함께 그 복고적 태도와 자연스러운 인정의 존중 등은 모토오리 노리나가本居宣長에게 큰 영향을 미쳤다. 고문사학은 중국의 청나라 때 성행한 고증학의 선구라는 의미도 내포되어 있다.

오규 소라이의 '선왕도설先王道說'은 경험적이고 구체적인 사실의 존중과 사회적 분업에 대한 주목 그리고 개인의 재능 중시 등과 같은 진보적 성격도 가지고 있다. 그러한 반면 정치를 학문보다 우월한 것으로 보고 교화의 입장에서 개인의 창조적 자유를 제한하고 있는 점 그리고 내용 자체가 지닌 모순, 특히 복고학에 발전적 사관이 결여되어 있다는 결정적 결점으로 소라이 이후 선왕도설을 발전시킨 사람은 나타나지 않았다.

선왕의 길

먼저 도 학설의 변천 과정을 논한 다음 자신의 입장을 분명히 밝혔다.

도는 가볍고 쉽게 말할 수 없는 거대한 것으로, 선왕先王(고대의 성군)의 길이다. 전국시대의 백가쟁명百家爭鳴에 이름이 올라 있던 자사子思(공자의 손자)와 맹자 등은 그 특징을 명백히 밝히고자 노력해 그들 자신이 생각한 중용·성誠·성性 등의 주장을 펼쳤는데, 그것이 오히려 도를 좁고 작은 것으로 만들어 버렸다. 언어와 풍속이 크게 변한 당나라 시대에는 한유가 등장했고, 송나라 때에 들어서는 정호程顥와 정이程頤, 주희朱熹 등이 등장했다. 이들은 모두 뛰어난 학자들이었으나 고대의 문장을 이해하지 못해 『육경』의 도리를 분명히 밝히지 못한 채 자사와 맹자의 학설을 안이하게 받아들임으로써 점점 더 추상적인 의리 논쟁으로만 치달은 것이다.

송나라 때의 정주학程朱學을 배척하고 고의학古義學을 제창한 뛰어난 학자 이토 진사이 역시 옛 도를 명백히 밝혀내지는 못한 채 또 다른 당파적 견해를 덧붙이는 데 지나지 않았다. 선왕의 도는 당파적인 '유학자들'의 설이 되어 분파를 거듭하면서 마침내 협소한 것이 되고 말았다. 나는 다행히 명나라 학자인 왕세정王世貞과 이반룡李攀龍의 저술을 읽고 '고문사古文辭(고대어)'를 이해하는 방법을 깨닫게 되었으므로 『육경』에 나오는 그 제도와 문물을 통해 옛 뜻과 나아가 도를 객관적이고 구체적으로 밝힐 수 있게 되었다.

다음은 그가 주장하는 선왕의 도의 본질과 개요 그리고 기능 등에 대한 설명이다.

선왕의 도란 천하를 평안하게 다스리는 것이다. 공자는 선왕의 도를 계승하고, 이상적인 왕국의 실현을 기대하며 그에 도움이 될 제자를 교육하는 데 힘썼으나 실현시키지는 못했다. 때문에 시·서·예악·춘추·역의 『육경』을 정리해 선왕의 도를 후세에 전했다. 그런데도 유학자들은 공자의 도는 선왕의 도와 다르다며 노자·장자의 설을 한데 뒤섞어, "누구라도 공자와 같은 성인이 될 수 있다. 또 그렇게 함으로써 천하는 자연히 잘 다스려진다"라고 주창했으므로 유학은 국가 교육에서 무용한 학문이 되었다.

원래 도란 종합적인 명칭으로 '예(제도와 질서)·악(음악)·형(재판)·정(정치)' 등 선왕이 수립한 모든 것의 총체적이고도 실제적인 법칙을 말한다. 한 개인의 식견에 의한 이理가 그것을 대신할 수는 없다. 오상五常과 중용中庸 같은 것도 도의 한 부분에 지나지 않는다. 선왕의 도란, 총명하고 지혜로운 선왕이 천명을 받들어 군왕이 되어 천하를 평안하게 다스리기 위해 만든 것으로 복희伏羲(중국 고대 전설 속의 제왕) 이래 역대 성왕이 온갖 마음과 지혜를 다해 완비해 놓은 것이다. 선왕만이 성인이자 예·악·형·정의 창시자이므로 후세 사람들은 그것을 따라 행해 천하를 평안하게 만드는 인자仁者일 뿐이다.

이어서 교육 문제를 언급했다.

공자의 가르침에서 가장 중요한 것은 인仁이다. 인이란 선왕의 도를 몸에 익혀 하늘을 공경하고, 천자·제후·선비·대부가 각자의 신분에 맞게 직책을 다하며, 서로 친애하고 돕고 배워 그 혜택을 널리 많은 사람들과 함께 나누고 공동생활을 하는 것이다.

선왕의 도는 다면적이지만 가장 중요한 것은 천하를 평화롭고 안정된 세상으로 되돌리는 것이다. 이러한 마음가짐으로 인을 이루려고 노력하면 각자의 성질에 따라 도의 한 부분을 닦을 수 있다.

인은 국가는 물론 한 개인에게도 선을 길러 주며 악을 자연히 소멸시킨다. 그런데 훗날의 유학자들은 "천리天理를 널리 펼치면 사람의 욕망을 그치게 한다"라는 살벌한 독단론을 세웠다. 이 역시 고대의 봉건제가 군현의 법치로 바뀌고 법치주의가 유학자들에게 깊이 스며들면서 자연 그대로의 인정을 잃어버린 탓이다.

기질은 바뀌지 않는다

다음은 주제를 조금 바꾸어 '유학자들'의 주요 학설에 대해 비판을 가한 내용이다.

인간의 본성에 대한 논의는 노자와 장자에서 시작된 것으로 학자의 근본 문제는 아니다. 사람의 기질도 바꿀 수 있다는 송나라 때 유학자들의 주장은 선왕과 공자의 도에는 없는 말이다. 기질은 바뀔 수 있는 것이 아니다. 송나라 때의 유학자는 불가능한 것을 사람들에게 강요하고 있다. 공자의 가르침은 사람이 지닌 각각의 재능을 살리려고 한 것이지만, 유학자들의 주장은 쓸데없이 번잡하고 논쟁을 위한 도구에 불과하다. 유학자들은 그런 자신의 주장을 사방에 펼치려고 하는데, 그것은 사람을 가르치는 자세가 아니다. 사람을 가르치는 길은 사람들에게 믿음을 주고 자연스럽게 인도하는 '군사君師의 길'이 되어야 한다.

마음을 중심으로 선악을 논하는 것은 도를 알지 못하는 독단론에 불과하다. '이理와 중용' 역시 선왕의 도를 깨치고 있다면 그렇지 않겠지만, 개인의 견해에 따른 것은 객관성이 없는 헛된 이론에 지나시 않는다.

다음은 다시 선왕의 도에 담긴 교육적 기능에 대한 논의이다.

선왕의 도는 예악에 의한 '도술'로서 자연스럽게 사람들을 선으로 인도하고 학자로 하여금 지와 덕을 성취하게 하는 구체적인 방안이기에 반드시 효과가 있다. 후세의 유학자가 이와 같은 실제적 방법인 '술術'을 싫어하는 것은 잘못이다.

선왕의 도는 하늘과 귀신에 대한 공경을 근본으로 삼고 있다. 이러한 공경의 태도가 없다면 유아독존적인 자기 주장에 그치고 만다. 성인이 구체적으로 말하고 있는데도 성인이 말하지 않은 '이理'를 주장하는 것은 불손한 일이다.

선왕의 주요한 4가지 방법인 '술'은 곧, 시·서·예·악이다. 각기 다른 가르침으로 선왕의 길이 다양함을 알 수 있다. 이것을 하나의 '이'라고 주장하는 것은 잘못이다. 공자의 '일관지도一貫之道'는 선왕의 도이며, 그중 가장 중요한 것이 인이다. 이를 하나의 '일리一理'나 '일심一心'으로 해석할 수는 없다.

마지막으로 그는 자신의 학문 방법인 '고문사'학의 필요성을 주장하며 이 책을 맺고 있다.

NOTES

고문사古文辭 : 명나라 중기에 이반룡과 왕세정 등이 일으킨 문학의 복고운동으로, 문장은 진나라와 한나라 또는 그 이전의 것을, 시는 성당盛唐(한시 문학에서 당나라를 4가지 시기로 나눈 것 가운데 두 번째 시기) 시기의 것을 모범으로 삼았다.

오리타쿠시바노키
(折たく柴の記)

에도 시대 중기의 사상가 아라이 하쿠세키(1657~1725)가 자신의 생애와 막부 정치론을 기술한 수상록이다. 상·중·하 3권으로 구성되어 있다. 상권은 자신과 가족에 대해, 중권과 하권은 쇼군 가문과 막부에 대한 내용을 기술했다. 특히 도쿠가와 이에노부德川家宣(제6대 쇼군, 1709~1712 재직)와 도쿠가와 이에쓰구德川家繼(제7대 쇼군, 1713~1716 재직) 시대에 대해 자세히 기술했다.

INTRO

'오리타쿠시바노키'라는 제목의 유래에 대해서는 알려진 바가 없다. 때문에 여러 가지 이설도 있으나 일반적으로는 『신고금와카집新古今和歌集』 8권의 애상가哀傷歌에 나오는 고토바後鳥羽 천황의 노래에서 유래한 것으로 여겨진다. 그 노래의 뜻은 "지금은 가고 없는 사람. 그를 생각하며 나무를 꺾고 불을 피우며 그 연기를 기쁘게 바라본다. 하지만 그럴수록 잊을 수 없는 사람을 향한 그리움만 한층 더해지네(연기가 죽은 사람을 화장할 때 나오는 연기와 비슷하기 때문이다)"이다.

따라서 이 책의 제목은 지금은 가고 없는 사람에 대한 추억을 담은 것으로 해석할 수 있다. 하쿠세키는 이 책의 서문에 집필 의도를 적어 놓았는데, 곧 쇼군 이에노부의 정치적 업적을 크게 드러내고 아울러 하쿠세키 자신을 포함한 선조의 사적을 자손들에게 알리기 위함이라고 했다. 또한 "외부 사람이 볼 만한 것이 아니다. 문장이 하찮은 것도 그렇고 적어 놓은 일도 골라서 적은 것이 아니라 잡다하다"라고 적고 있다.

따라서 이 책은 애초에 자손 이외의 남에게 보이지 않을 요량으로 쓰인 것이다. 1716년 10월 무렵 집필을 시작한 이 책은 탈고되기까지 상당한 시일이 걸렸다고 한다.

겨울에도 찬물을 뒤집어쓰고

나는 어린 시절에 『우에노 모노가타리上野物語』라는 소설을 읽었다. 우에노의 간에이 사寬永寺에는 벚꽃놀이를 오는 사람들이 아주 많았다는 요지의 내용이었다. 3세 때 봄이었을까, 고타쓰(네모난 상 안쪽에 화기를 설치하고, 이불을 씌운 일본식 난방 기구)에 발을 집어넣고 엎드려서 붓을 들고 종이에 이 소설을 베끼고 있는 것을 옆에서 보고 있던 어머니가 열 글자 중 한두 글자는 제대로 쓴 것을 보고 나의 아버지에게 종이를 보였다. 마침 와 있던 친구분이 그 말을 밖에 전했고, 내가 베낀 필사본이 큰 평판을 얻게 되었다. 내 나이 16~17세 무렵, 가즈사上總(지금의 지바千葉 현 중부 지방) 지방에 간 적이 있는데, 거기서 그때 베낀 종이를 볼 수 있었다.

또한 그 무렵 병풍에 내 이름을 쓴 적이 있는데, 제대로 틀을 갖춘 두 글자가 나중까지 남아 있었다. 하지만 그것도 불이 나서 타 버리는 바람에 그 무렵의 것 가운데 지금 내 수중에 남아 있는 것은 하나도 없다. 그 후에는 그냥 놀면서 붓으로 무엇인가를 쓰는 일이 많았는데, 그러다 보니 저절로 매일 글자를 암기하게 되었다. 글을 익히는 데 스승이라고 할 만한 사람은 없었고, 그저 아이들 교육용으로 만든 책자 따위를 읽으며 익혔을 뿐이다.

쓰치야土屋 어른의 부하 가운데 가가加賀(지금의 이시카와石川 현 남부 지방) 출신의 도미다富田라는 사람이 있었는데, 그는 태평기의 세상 이야기라는 것을 가지고 와서 강의했다. 나는 언제나 강의하는 곳에 가서 강의를 들었으며, 밤이 늦도록 그곳을 떠나지 않고 강의가 끝나면 그 의미를 묻고는 했다. 주위 사람들은 그 일에 감명을 받았다고 한다.

6세가 되던 때 여름 무렵, 학식과 교양을 갖춘 우에마쓰上松라고 하는 사람이 칠언 절구의 시 한 수를 가르쳐 주고 그 의미를 해석해서 말해 주기에 그것을 그 자리에서 금방 외워 읊었더니 3수를 더 가르쳐 주었다. 나는 그것을 사람들에게 강의하듯 해석해서 들려주었다. 그러자 그 사람이 "이 아이는 글재주가 있다. 어떻게 해서든 스승을 구해 공부를 시키는 것이 좋겠다"라고 말했다. 그러나 완고한 노인들은 "예부터 전해 오는 말이 있으니, 총명함과 끈기, 돈이라는 3가지 조건이 갖추어지지 않으면 학자가 되기 힘들다고 했다. 이 아이는 총명함은 타고났지만 아직 어려서 끈기라는 것은 알지 못한다. 또 집도 부유한 것 같아 보이지 않으니 돈도 문제이다"라고 했다.

내 아버지 역시 "어른께서 총애를 하시어 언제나 곁에 두려 하시고 놔주질 않으신다. 학문의 길을 가라고 스승을 붙여 주기도 힘들다. 그러나 어릴 때부터 글씨를 잘 쓴 것은 웃어른도 사람들에게 자랑하셨으니 적어도 글쓰기 공부만은 시키고 싶구나"라고 하고는 8세 때 가을, 쓰치야 어른이 가즈사 지방으로 가신 뒤에 글을 가르쳐 주었다. 그해 겨울 섣달 중순경에 어른이 돌아오셔서 원래 그대로 그 곁을 지키게 되었다.

이듬해 가을, 아버지는 어른께서 다시 가즈사 지방으로 돌아가신 뒤에 일과를 짜서 "해가 있을 때에는 행서와 초서 3,000자를 쓰고 밤에는 1,000자를 쓰라"고 했다. 겨울에는 해가 짧아 다 쓰기가 어려워 해가 질 무렵이 되면 서향의 대나무 툇마루 쪽으로 책상을 갖고 나가 겨우 마칠 수 있었던 적도 있다.

또 밤이 되어 글씨를 익히고 있을 때 졸음이 밀려와 참을 수 없을 때면 내 종복과 살짝 상의를 하여 대나무 툇마루에 물을 두 통 퍼 놓고 심하게 졸릴 때마다 옷을 벗고 물을 한 통씩 뒤집어썼다. 그리고 나서 다시 옷을 입고 글씨 공부를 하고 있으면 처음에는 차가워서 번쩍 뜨인 눈이 조금 지나 몸이 따뜻해지면서 다시 감기기 시작했다. 그러면 다시 물을 뒤집어썼다. 물을 2번 정도 뒤집어쓰면 대개 그날 할 숙제는 다 마칠 수 있었다. 9세 때 가을에서 겨울에 걸쳐 있었던 일이다.

이상은 『오리타구시바노기』의 한 구절이다. 이 부분은 하쿠세키가 3세부터 9세 때까지의 시절을 회상한 대목으로, 뛰어난 자질을 가지고 태어났으며 어려서부터 고생을 하면서도 열심히 공부했던 하쿠세키의 모습이 간결하고 정확한 표현으로 생생히 묘사되어 있다.

　이 책은 상·중·하 3권으로 이루어져 있다. 상권은 하쿠세키의 할아버지와 양친에 관한 내용(특히 아버지에 관해서 많은 기술을 남기고 있다)과 하쿠세키 자신의 이력, 고후^{甲府} 집안을 모시게 되기까지의 여러 일 등을 기록한 것이다. 중권과 하권에서는 자신에 관한 사항도 조금 기술하기는 하였으나, 대부분은 쇼군 가문과 막부에 관련된 사항을 기록하고 있다. 6대 쇼군인 도쿠가와 이에노부의 정치적 업적과 함께 그 연장선에서 7대 쇼군 도쿠가와 이에쓰구 시대의 막부 사항에 대해 기술했다. 여러 가지 건의서의 초안과 메모 등의 기록도 이용한 듯하다. 또한 하쿠세키는 일기(자필 이외에 대필 부분도 있다) 속에 붓으로 여러 가지 기호를 표시해 놓았는데, 이는 대부분 집필에 필요한 자료로 삼고자 했기 때문이었을 것으로 추측된다.

현어
(玄語)

자연 철학자 미우라 바이엔(1723~1789)이 집필한 것으로, 『췌어贅語』, 『감어敢語』와 함께 '바이엔 삼어梅園三語'로 꼽힌다.

이 책은 집필에서 탈고까지 23년이라는 세월이 걸렸다(31세 때인 1753년에 시작해 53세 때인 1775년에 완성). 그동안 23번이나 원고를 고쳤는데, 원고를 모두 버리고 처음부터 다시 쓴 것만도 2번에 이르는 등 일본의 저술 사상 유례를 찾아보기 힘든 대작이다.

INTRO

『현어』는 지금으로부터 200년 전에 분고豐後(지금의 오이타大分 현)의 학자 미우라 바이엔이 벼슬길에도 진출하지 않고 전 생애를 쏟아부어 완성한 10여만 자(원문은 한문)에 이르는 분량으로 완성한 자연 철학서(인간을 포함한다)이다. 이 책은 어릴 때부터 눈과 귀에 들어온 모든 사물에 의문을 품고 관찰과 사고를 게을리하지 않았던 바이엔이 29세 때 "천하에 그것이 있다"고 '발명'(발견의 의미)한 '조리條理'(원리라는 뜻에 가깝다)를 단서로 관찰(실측을 포함한다)과 사색과 서술을 거듭하면서 자연의 전체적인 구조를 체계적으로 파악하고자 한 것이다.

미우라 바이엔은 어릴 때부터 천지와 자연 현상에 흥미를 가졌으며, 29세 때 천지에 조리가 있음을 알고 31세 때인 1753년부터 『현어』의 첫 원고를 집필하기 시작했다. 그로부터 3년 뒤에는 『췌어』 초고를 작성했고, 7년 뒤에는 『감어』 초고에 착수했다.

바이엔은 30대 무렵부터 같은 번 출신의 천문학자 아사다 고류麻田剛立와 교류했으며, 56세 때에는 나가사키長崎를 2번이나 여행하면서 서양 사정에 대해 들은 이야기를 기록으로 남겼고, 시문에도 매우 능숙해 『시철詩轍』, 『바이엔 시집』 등을 남기기도 했다.

솔직히 『현어』는 무척 난해하다. 『현어』를 읽고 바이엔의 사상을 더듬어 보려면 웬만한 두뇌와 끈인한 인내심이 아니고서는 도저히 불가능하다. '조리條理'라는 운동과 관련된 이론을 이해한다는 것 자체가 쉽지 않을뿐더러 종횡으로 구사되어 있는 '조리의 언어' 자체를 오늘날의 개념

(용어)으로 번역하는 작업조차 곤란하기 때문이다.

그러나 『현어』가 오늘날의 독자들에게 보여 주는 얼굴은 난해함만이 아니다. 특히 바이엔 자신이 후세의 독자들에게 『현어』 독해법을 설명한 서장에서 언급한 '예지例旨' 사상은 오늘날 우리들의 가슴에도 와 닿는 보편성을 지니고 있다. 따라서 먼저 「예지」 부분에서 바이엔의 인식(연구) 방법을 살펴본 뒤, 본문의 '본종本宗'·'천책天册'·'지책地册'에서는 바이엔 철학의 기본 원리인 '조리'의 구조를 살펴보고, 이어지는 「소책小册」과 「천지天地」에서는 인간의 능동성을 각각 살펴봄으로써 『현어』의 기본 사상을 이해하고자 한다.

1. 「현어」의 인식론

규유窺窬와 반관反觀

바이엔은 자연을 관찰하고 그 구조를 해명하는 데에서 인식의 객체인 자연과 인식의 주체인 인간의 조건이 서로 다른 것은 인식의 유무에 있다고 보고 양자를 혼동하지 말라고 경고했다. 이를 혼동해 인간에게만 통용하는 애증욕악愛憎欲惡의 감정 이론과 지배와 피지배의 질서 원리를 이해하지 못하고 자연계에 대응해서 자연을 자의적으로 해석하는 태도를 '사람에게 미루어 보아 하늘을 살피는 일', 곧 '규유'라고 했다.

따라서 바이엔이 주장하고 실천하고자 한 것은 자연 인식 속에 인간의 자의적 요소를 일절 집어넣지 않고 자연을 있는 그대로 이해하는 태도이다. 이는 대상을 '원래로 되돌려 합일合一하는 곳'에서 관찰하는 인식 방법, 곧 '반관'이었다. 이 '반관'은 '원래로 되돌려 하나가 된다'라는 자연의 구조, 다시 말해 조리를 연역해 내는 방법이지만, 그 자신이 「소책」에서 거론한 다음의 예를 보면 훨씬 더 이해하기 쉬울 것이다.

밝음 속에서 생각을 어둠에 미치게 한다. 그 어둠을 통해 내가 있는 곳이 밝음을 더욱 잘 알 수 있다. 어둠 속에서 생각을 밝음에 미치게 한다. 그 밝음을 통해 내가 어둠 속에 있음을 더 잘 알 수 있다. 이를 반관이라고 한다.

밝음 속에서 그 정반대인 어둠에 대해 생각해 보라. 그 어둠을 의식함으로써 눈앞의 밝음을 더욱 잘 이해할 수 있다. 이러한 방법이 반관이다. 바이엔은 거울의 비유를 통해 반관의 구조를 더욱 분명하게 설명했다.

거울은 나 자신을 몸 밖에서 보여 준다. 몸 밖에 있는 자(거울 속의 모습=인용자)로써 반관하면 그것(거울 속의 모습)을 통해 자신을 알게 된다. 거울 앞에 서지 않으면 거울을 이용할 수 없다. 거울을 이용하지 않으면 자신을 알 수 없다.

내 몸을 거울에 비추어진 '몸 밖에 있는 자'를 통해서만 알 수 있다는 거울의 비유를 통해 반관의 구조를 일반화하면 이렇다. 사상事象 A를 반관한다는 것은 그것과 정반대 사상인 반 A를 포착해 그것(반 A)으로 사상 A를 관찰하는 것이라고 할 수 있다. 반관의 '반反'에는 정반대라는 의미와, 정반대의 것을 포함해 원래의 것으로 되돌아간다는 2가지 의미가 있다. 반대물(대립물)을 포함하면 포함할수록 원래의 것에 대한 인식이 깊어진다는 다이너미즘dynamism을 반관의 '반'이 내포하고 있는 것이다.

'반비反比' 관계와 '가假' 설

그렇지만 반대물의 파악은 다음과 같은 2가지 의미에서 쉽지 않다. 하나는 사람들이 실로 '반대'가 되는 관계를 파악하지 못하고 실제로는 다른 것을 그것이라고 잘못 받아들이고 있다는 점이다. 두 번째는 예를 들어 '반대'가 되는 구조를 정확히 파악해도 사상 A에 대한 사상 반 A를 처음부터 올바르게 파악할 수 있는 것만은 아니라는 점이다.

바이엔이 '반대'가 되는 관계로 본 것은 '여기에 있는 것은 저기에 없다'는 관계, 곧 어느 한 사상 A가 나타났다고 했을 때 반대되는 사상인 반 A는 숨겨진 채 배후에서 이를 지탱하고 있는 관계이다. 곧, '사라짐(沒)'과 '드러남(露)', '숨는 것(隱)'과 '보는 것(見)'의 관계이다. 또한 바이엔은 양자가 동시에 서로 대응하면서 동시에 나타나는 관계, 곧 '여기에 있는 것은 저기에 있다'는 관계를 나란히 있다는 의미에서 '比'라고 이름 짓고 이 둘을 구별했다. 구체적인 예를 들자면, '해(日)'와 '그림자(影)', '습기'과 '건조(燥)'는 '반'의 관계이며, '해'와 '달', '물'과 '불'은 '비'의 관계인 것이다. 후자는 병존 현상을 가리키지만, 전자의 '해'(태양, 빛의 발산 상태)와 '그림자'(어둠, 빛의 흡수 상태) 그리고 '습기'와 '건조'는 공존할 수 없다. 말하자면 서로 상대를 부정하는 관계인 것이다.

바이엔은 이와 같은 현상과 비현상 사이의 대응 관계를 '반', 현상 사이의 대응 관계를 '비'로 보고 이러한 복합적 시각으로 세계를 입체적이고 보다 구조적으로 파악했다. 그러나 이 둘 가운데 '반'을 보다 본질적인 관계라고 생각했다. 앞서 언급한 반관은 이와 같은 '반'이 되는 관계에 대한 인식으로까지는 도달하지 않은 것이다.

한편, 반 A는 처음부터 올바르게 파악하기 쉽지 않다는 사정과 그에 대한 자각으로 '가' 설의 활용을 거론했다. 바이엔은 자신의 둘도 없는 친구인 천문학자 아사다 고류에게 보낸 편지에서 이렇게 말했다.

그 조리를 묻는 방식, 여기에 한 흔적(A—인용자)을 얻었으나 아직 그에 짝이 되는 것(반 A)을 얻지 못했다. 그러므로 우선 한 가지 사물을 임시로 짝지어 준다. 임시로 빌린 것은 아직 그 참된 짝을 얻지 못하고 있다. 다시 하나의 사물을 빌린다. 이 역시 참된 짝을 얻지 못하면 다시 빌린다. 계속 빌리다가 합치되는 곳에 이르렀을 때 멈춘다.

『바이엔 전집』 하권 「바이엔 문집」에 수록

이 글에는 '반대'가 되는 관계를 추적하는 과학자적인 태도가 엿보인다.

2. 조리의 구조

바이엔도 종래의 '기氣' 철학자들과 마찬가지로 세계는 눈에 보이지는 않지만 분명히 존재하는 미세한 물질인 기로 이루어진 것이라고 생각했다. 이는 일원적인 기가 음과 양으로 나타나, 그 대립과 통일 운동으로 이 세계의 모든 현상과 사물이 존립한다는 사고방식이다. 그렇지만 바이엔의 독창적인 공헌은 음과 양의 관계 구조를 더 깊이 해명하고(윗글의 '반비' 관계 참조), 그러한 구조를 조리라 부르며, 여러 차원과 측면에서 조리가 다양한 모습을 취함으로써 이 세계가 성립된다는 것을 실제로 재구성해 보여 준 점에 있다.

바이엔은 자신이 해명한 음양의 개념이 기존의 것과는 다르다는 것을 제시하기 위해 '음양陰陽'에서 좌부변 'ß'을 떼어 '佘昜'이라는 글자로 나타냈다. 다음은 '조리'의 구조에 대한 내강의 줄거리이다.

일─과 이ニ, 찬립粲立과 혼성

바이엔은 맨 처음에 조리의 전체 과정을 나타내는 명제를 내걸었다.

혼성하면 '일─'이 없을 수 없다. 찬립하면 '이ニ'는 나타날 수 없다. '일'
이 있고, '이'는 숨는다. '이'가 나타나면 '일'은 옮겨 간다. 갈라져 나뉘어
서 '이'가 된다. 그리고 다시 합쳐져 짝이 되어 '일'로 복귀한다.

여기에는 세계를 구성하는 '일기─氣'와 그것이 나타난 상태인 '음양'의
운동 과정이 묘사되어 있다. 일기는 눈에는 보이지 않지만 존재하고 있
다(일유─有). 그러나 이 일기는 반드시 스스로를 짝으로 삼아 대립하는
움직임을 갖는 '음'과 '양'으로 열어 보인다(이개ニ開). 이때 일기는 음양 속
으로 스스로 옮겨 간다. 이렇게 음양이 성립하고 양자는 원기왕성하게
활발한 운동을 전개하는 것이다. 그리고 그 운동 속에서 양자는 서로를
구하고 합쳐 하나가 되며 일기로 복귀한다. 그리고 그 일기는 다시 스스
로를 열어 보이며 이가 된다고 한다.

이처럼 하나가 나뉘어서 둘이 되고(찬립), 둘이 합쳐져 하나로 복귀하
는(혼성) 일기의 자기 운동 과정을 바로 '조리'라는 이름을 붙여 파악한
것이다. 출발점이 되는 '일'은 원래 '일기'였으나 귀착점의 '일'은 성립되어
있는 이 세계 자체이다. 이러한 과정을 그리고, 그러한 세계를 분석적으
로 파악한 것이 조리의 세계이며, 그 분석의 수단이 '조리'인 것이다.

음양의 작용

'음'과 '양'은 일기가 자신을 나타냄으로써 성립하지만 이는 모두 일기
가 가진 '체體'(모습)이다. 다만, '음'이 '기'를 흡수해 그 체를 '실實'(눈에 보
이는 형태)로 만드는 데 반해, '양'은 '기'를 발산해 그 체를 '허虛'(눈에 보

이지 않는 형태)로 한다. 이렇게 '음'은 사물을 정립시키는 작용을 하고 '양'은 사물 속에서 '신기神機'라고 하는 '활동'의 원인이 된다. 원리적으로 모든 존재물은 이러한 '음양'의 작용으로 성립되는 것이다.

'천지'에서의 인간의 능동성

사람이 만드는 것은 '이理'가 앞서며 하늘의 조화는 '기氣'가 앞선다. 바이엔은 자연에 대한 인식에서 인간이라는 요소의 개입을 엄격하게 배제했으나, 다른 한편에서는 자연에 대한 인간의 능동성을 사유思惟와 기술이라는 2가지 측면에서 충분히 확인한 바 있다.

> 흔히 소리를 내어 모든 사물을 거론하며 그것을 인정하고, 흔히 팔다리를 움직여 만 가지 기교를 다해 그것을 영위하게 한다. 이미 글자를 만들고, 언어를 손가락 끝으로 기록하고 그림을 그려 사물을 눈앞에 보이도록 했다. 나는 하늘과 땅 가운데 있지만 내 안에도 또한 하늘과 땅이라는 천지가 있다.

인간의 능동성은 "사람이 만드는 것은 이가 앞서며, 하늘의 조화는 기가 앞선다"라는 명제에 집약되어 있다. 사람이 배와 수레를 만들었을 때, 우선 배와 수레의 이理(구조)를 머릿속에 그린 다음 그것에 비추어 실제 배와 수레를 만든다.

이에 반해 자연계의 생성(천조天造)은 자연 자체에 의식이 없으므로 의식하는 과정이 없다. 생성은 소재(기氣) 자체에서 비롯되는 것이다. 이 부분은 인간이 기술을 사용함에 있어 내상을 관념적으로 파악하는 인식 곧, 사유의 역할이 이론화되어 있다.

활活 사상

　인간은 인식과 기술의 힘을 빌려 '천지' 가운데 미미한 존재임에도 자신의 내부에 '천지'를 관념적으로 가지고 있다. 그러나 인식과 기술이 그러한 능력을 발휘하려면 주체인 인간이 활活, 곧 살아 있어야 한다.

　사물을 보기 위해서는 사물을 살려 놓지 않으면 실로 사물에 해가 된다. 책을 읽는 데 책을 살려 놓지 않으면 실로 책에 해가 된다. '이'를 주장하는 데 '이'를 살려 놓지 않으면 실로 '이'에 해가 된다. (…) 운용하려면 적어도 살아 있어야지, 그렇지 않다면 기능이 있다 한들 어디에 쓸 수 있겠는가.

　여기에서 우리는 바이엔의 생명력을 볼 수 있다. 바이엔이 사람들이 정말 체득하기 바랐던 것은 이러한 태도였다.

센신도 차기
(洗心洞箚記)

에도 시대 중기의 양명학자 오시오 헤이하치로가 한문으로 기록한 독서 감상록이다.

상권은 108개 조, 하권은 138개 조로 구성된 수상록이며, 1833년에 간행되었다. 저명한 학자들과 주고받은 편지글을 수록한 부록을 포함해 전 3권으로 구성되어 있으며, 1835년에 재간행되었다. 이 책이 간행되고 2년 뒤에 '오시오 헤이하치로의 난'이 일어났다.

INTRO

오시오 헤이하치로의 이름은 고소後素, 자는 시키子起이며, 헤이하치로는 통칭이다. 교양을 갖춘 지식인인 군자는 중용中庸(과부족이 없는 상태)을 따라야 한다는 의미에서 호를 주사이中齋라고 지었다. 1793년 1월 22일 오사카에서 태어나 1837년 3월 27일에 45세의 나이로 자살했다.

오시오 헤이하치로의 집안은 대대로 오사카의 히가시마치부교東町奉行(행정·사법 담당 관리)의 구미요리키組與力(부교 아래의 하급 실무 관리자)였다. 헤이하치로가 28세 되던 해에 히가시마치부교로 새로이 부임한 다카이 사네노리高井實德가 주사이를 중용했다. 다카이 사네노리는 주사이가 38세 때 사직했는데, 이때 주사이도 관직을 물러나 은거하면서 센신도洗心洞(주사이의 개인 서당)에서 유학을 가르쳤다.

주사이가 44세 되던 1836년에는 흉작과 경제 정책의 실패로 오사카 시내의 쌀값이 폭등하는 바람에 굶어 죽는 사람이 속출하는 사태가 벌어졌다. 이에 주사이는 오사카의 히가시마치부교인 아토베 요시스케跡部良弼에게 헌책하고 부유한 상인들을 설득해 빈민 구제를 위한 기부를 요청했으나 어느 누구도 귀 기울이지 않았다. 이듬해 1837년에는 상황이 한층 악화되었고, 결국 주사이는 2월 2일 자신의 장서를 모두 팔아서 마련한 약 1,000냥의 돈을 어려운 가정 약 1만 세대에 나누어 주었다. 그리고 2월 19일 새벽에 서민들을 괴롭히는 관리들과 오사카의 악덕 상인들을 토벌하기 위해 병사를 일으켰다. 그러나 고작 800명에 불과한 병력에다 주사이를 배신한 사람마저 있어 3일 밤낮으로 싸웠으나 패주하고 말았다. 3월 27일 아침, 주사이는 몸을 숨기고 있던 집이 포위되자 스스로 그 집에 불을 질러 자살했다. 이것이 '오시오 헤이하치로의 난'이다.

주사이의 거병 의의에 대한 연구는 아직 미비하다. 당시의 지배자 계층과 지식인 사이에서는 그의 거병에 관해 어리석은 행동이라고 비판하는 사람, 귀신에 홀린 것 아니냐고 놀라는 사람, 주사이와의 교류를 부정하는 사람 등 저마다 자신의 의견을 피력하며 부정적 시각으로 일관했다. 그러나 오사카의 일반 시민들은 전투로 인해 집과 가재도구가 전부 불타 버렸음에도 불구하고 "오시오 님이 힘을 써 주셔서 좋은 세상이 되었다"며 기뻐했다고 한다. 또한 미토 번의 유학자 후지타 도코藤田東湖(1806~1855, 막부 말기의 유학자)처럼 뜻있는 사람들은 주사이가 거병을 위해 쓴 격문(취의서趣意書)을 손수 베껴 간직했을 정도로 뒤에서 그의 행동에 공감했다.

주사이의 거병은 모리 오가이森鷗外(1862~1922, 소설가)의 소설 『오시오 헤이하치로』(1913)에 그 내용이 자세히 소개되어 있다. 또한 훗날 미시마 유키오三島由紀夫(1925~1970, 소설가이자 극작가)는 오시오 주사이에게 경도되어 「혁명 철학으로서의 양명학」(『행동학 입문』, 1970년 간행)이라는 평론에 주사이의 태허설太虛說을 자세히 소개했다. 하나 더 밝혀 둘 것은 주사이가 거병한 지 30년 후에 메이지 유신이 일어났다는 사실이다.

주사이는 일반인들에게는 반란의 주인공으로 유명하지만, 실은 한학자로서 높이 평가되어야 할 부분이 많다. 주사이의 저술이 대부분 뛰어난 한문 문장으로 서술되어 있기 때문이다. 대표적인 저서로 『고본대학괄목古本大學刮目』, 『증보효경휘주增補孝經彙註』 등이 있다. 양명학의 입장에서 논한 주장이나 박식한 방증 자료 등에 보이는 학문적 깊이에 놀라지 않을 수 없다.

양지에 이르는 길

'센신도洗心洞'는 오시오 헤이하치로의 서재 이름이자 서당 이름이며, '차기箚記'는 독후감 따위를 적은 감상록이라는 의미이다. 수상록이므로 각 조 사이에 연결되는 점이 없고, 내용도 다방면에 걸쳐 있다. 그러나 책 전반에 걸쳐 일관되게 흐르는 것은 '태허太虛', '치양지致良知', '기질氣質을 변화시킨다', '삶과 죽음을 하나로 한다', '허위를 벗어 버린다' 등 5개 항목을 통해 선인들의 가르침을 강조한 양명학에 기반을 둔 주사이의 학문적 열정이다. 다음은 그 대략적인 내용이다.

주사이는 독서를 논할 때 주자朱子(1130~1200, 남송의 유학자)가 한 "성인의 말씀을 읽고 마음으로 이해하지 못하고 몸에 익히지 못한다면 책방에 놓여 있는 책이나 마찬가지이다. 더욱이 읽는 것이 성인의 글이 아니라면 더 말할 필요도 없다"라는 말(하권 129조)과 육상산陸象山 (1139~1192, 남송의 유학자)의 "문장의 의미를 깊이 이해해야만 한다. 단지 문장의 의미 정도만 알면 된다는 말은 마치 어린아이의 공부와 같은 것이다"(하권 132조)라는 말을 인용했다. 주사이에게 독서는 '양지에 이르는 길(치양지致良知)'(하권 14조)이었다.

'양지良知'란 태허영명太虛靈明한 것이다(상권 34조). '태허'란 태극과 거의 같은 의미이지만, 우주 생성의 법칙 또는 우주 그 자체라고도 생각할 수 있다. '영명'이란 그 같은 태허가 두루 미치며 거리낌이 없는 융통무애融通無礙한 활동을 가리킨 것이다. '치양지'는 왕양명(1472~1528, 명나라의 유학자)이 제창한 수양론이지만, 마음이 태허에 합치된다는 것 역시 왕양명이 주장한 '천지 만물로서 하나가 된다'는 학문을 가리킨다.

학문이란 도를 배우는 것이다. 주사이는 "도가 되는 것은 태허뿐이다. 그러므로 배워서 태허로 돌아가게 되면 사람으로서 해야 할 일을 모두 마치는 것이다"(상권 15조)라고 했다. 또한 "생명이 있는 것에는 죽음이 있다. '인仁'은 태허의 '덕'이므로 영원불멸하다. 영원불멸한 것을 버리고 죽음이 있는 것에 집착하는 것은 미망이다. 그러므로 뜻있는 선비와 어진 사람들이 생명을 버리면서까지 인을 행하고자 하는 것이다"(상권 19조)라고 말하기도 했다. 주사이는 '덴보天保(1830~1844)의 의거義擧'라고 불리는 반란을 일으켜 행동으로써 자신이 앞서 했던 말을 그대로 실천해 보였다.

독서만이 학문은 아니다라는 주장은 원래 왕양명의 '지행합일설知行合一說'에 근거한 것이다. 지행합일이란 시식과 행동을 힙치시킨다는 뜻으로 왕양명은 "'지'는 '행'의 시작이며 '행'은 '지'의 완성이다. 성인이 학문을 하는 방법은 오로지 하나뿐이다. '지행'을 나누어 이룰 수는 없다"라고 기술했다. 그리고 '치양지'의 '양지'란 지혜가 있다는 것을 의미하며, '양지에 이른다'라는 의미는 행함이 있다는 것이다.

왕양명은 '양지'에 대해 다양한 방식으로 설명하고 있다. 그러나 이는 간단히 말하면 인간의 마음이 지닌 본질이 양지이고, 그 양지의 본질이 인(인간관계에서 사랑에 기초한 최고의 도덕. 주사이는 태허의 덕이라고 했다)이며, 양지는 지극히 선한 것이기도 하다는 말이다. 또한 양지는 도道이므로 성인과 현자의 마음은 물론 보통 사람의 마음에도 존재한다. 더욱이 양지는 천리(우주의 원리)라고도 하는데, 여기에서 '인격이 높은 사람은 천지 만물과 일체가 되는 사람'이라는 사고방식이 나왔다.

> 청나라 때의 학자는 거의 대부분이 양지를 존중하지 않았다. 당시의 정부 방침과 맞지 않았기 때문이다. 그렇다고 정부가 양지를 배척한 것도 아니다. 양지는 효제孝悌(부모와 연장자를 받드는 것으로 인의 기초이다)이므로 백성이 정말 효제의 마음을 다하고자 해도 자신과는 맞지 않는 일들이 계속해 일어나기 때문이다. (하권 76조)

양명학에 내재된 혁명 에너지

『대학大學』에 이런 글이 있다.

> 지식은 모든 것을 올바르게 인식한 후에야 모든 면에서 활동하게 된다. 지식이 모든 면에서 활동한 후에야 사물에 대한 생각이 성실해진다. 사물에 대한 사고가 성실해져야 마음이 올바르게 되고, 마음이 올바르게 된 다음에야 비로소 인격의 수양이 가능하다. 인격의 수양이 가능해야 가정이 원만해지고 가정이 원만해져야 국가 정치가 잘 돌아가고, 국가 정치가 잘 돌아가야 세계가 평

화로워진다. 그러므로 천자에서 일반 국민에 이르기까지 모두가 각자의 인격을 수양하는 일이 가장 중요하다.

중국에서는 '위정자란 이러한 명덕을 천하에 널리 밝히고자 하는 사람'이라고 생각했다. 만일 위정자에게 명덕이 없으면 그 지위에서 쫓겨날 가능성이 있다. 그것이 혁명이다.

주사이는 청나라 정부가 양지를 배척한 이유를, 백성이 양지를 갖추면 정부에 명덕이 없다는 사실을 간파하고 비판할 것을 경계했기 때문으로 보았다. 주사이는 특별히 의식하지는 않았지만 양지와 양명학 속에 혁명의 에너지가 감추어져 있음을 인식하고 있었던 듯하다.

주사이에게 세상의 학자들은 그리 믿을 만한 존재가 아니었다. 주사이는 그들을 이치만 따지고 활기가 없다(상권 24조)고 평했다. 그리고 "사람은 갓난아이의 마음을 잃지 않으면 양지를 얻고 순수하고 청명해진다"고 하고, 근래의 학자들은 갓난아이와 같은 순수한 마음을 잃어버렸기 때문에 양지로 나아갈 수 없다고 했다.

주사이는 다른 곳에서도 갓난아이의 마음을 거론했는데, 이는 『맹자』에 나오는 "대인大人은 그 갓난아이의 마음을 잃지 않은 사람이다"라는 대목에 근거한 것이다. 그러나 어쩌면 갓난아이의 마음을 강조한 것은 양명학의 좌파라고 불리는 명나라 이탁오李卓吾(1527~1602)의 '동심童心' 설에 영향을 받은 것일 수도 있다. 이탁오는 자연 속의 순수한 마음을 동심이라고 하고, 동심을 근거로 정치와 학문 속의 위선을 심하게 비난하고 공격했다. 그러나 결국 관료들이 바해를 받아 옥중에서 자살했다.

주사이는 자신의 학문을 '공맹학孔孟學'이라고 했으나 양명학적인 경향이 뚜렷하다. 하지만 주자학을 부정하지는 않았다. 양명학에서 말하는 양지에 대해서도 "정자程子(정명도程明道와 정이천程伊川 두 학자를 가리킨 다)와 주자가 일찍이 양지를 부정했을까?"(하권 6조)라고 말하며 "주자 의 글은 더 이상 읽을 필요가 없다. 왕양명 이전의 주자학파의 글을 읽 는 편이 더 낫다"(상권 66조)라고 적고 있다. 그러나 주자 이후 주자학파 학자들에 대해서는 "입으로는 주자학을 외치고 있으나 실제로는 문외한 에 불과하다"(하권 129조)라고 비판적인 눈으로 바라보았다.

과거 중화인민공화국에서 일어난 비림비공批林批孔 운동●은 일본에도 전해졌다. 1974년 5월 호『인민화보人民畫報』(베이징, 국제서점)의 비림비공 운동에 관한 기사에『장자』의「도척편盜篇」에 나오는 도척의 공자 비판이 소개되어 있다.

이 이야기는 9,000명의 부하를 거느린 도척이라는 도적 두목을 공자 가 만나러 갔을 때의 장면을 묘사한 것이다. 도척은 공자를 노나라의 위 선자라고 비난하고, 공자가 사람들에게 엉터리를 가르치며 일도 안 하면 서 자기 생각만 마음대로 주장해 천하의 군주들을 현혹하고 학자의 본 심을 잃게 했다고 비난했다. 또 제멋대로 효제의 길을 주장해 제후의 힘 을 빌려 좋은 자리에 나아가려고 획책하는 자라고 잘라 말하고는 공자 와 논전을 벌여 공자를 꼼짝 못하게 몰아붙였다는 내용이다.

그는 또 세상의 일반 사람들이란 무사와 같은 힘이나 학자와 같은 그 럴듯한 논리도 없이 그저 지금보다 조금 더 나은 명예나 행복을 추구하 면서 치욕과 재난을 피하고자 할 뿐(상권 242조)이며, 천지 우주의 이치 를 버리고 인욕에 머무는 것이 세상 일반 사람들의 인정(상권 162조)이 라고 했다.

이러한 현실 파악은 주사이가 흔히 보는 금욕주의적인 도학자가 아니 었음을 말해 준다. 이 역시 유교 도덕을 비난했던 이탁오의 영향이라고 할 수 있다. 『센신도 차기』 부록에는 라이 산요頼山陽(1780~1832, 에도 시대 후기의 유학자이자 한시인)의 시가 수록되어 있는데, 산요는 그 시에서 "그대를 이름하여 소양명小陽明이라 불러야겠소"라고 읊었다. 주사이에 대한 적절한 평이 아닐 수 없다.

비림비공批林批孔, 운동 : 문화대혁명 때 전개된 것으로, 비림정풍批林整風 운동과 비공批孔 투쟁을 결합한 말이다. 공자의 '극기복례克己復禮'는 노예 제도의 복귀이며, 정치가 린뱌오林彪의 '반혁명수정주의 노선' 또한 극기복례를 통해 '지주·자산계급의 전제專制'를 복귀시키려는 것이라고 공격했다. 이 운동의 목적은 당내의 반마오·장칭집단(反毛江靑集團)에 대한 사인방 등 문화대혁명파의 반격으로, 새로운 적대 세력을 제거하고 권력을 공고히 하려는 데 있었다.

언지사록
(言志四錄)

막부 말기의 대유학자 사토 잇사이(1772~1859)가 지은 것으로, 요시다 쇼인吉田松陰(1830~1859, 막부 말기의 지사)과 사이고 다카모리西鄕隆盛(1827~1877, 막부 말기와 유신 초기의 정치가) 등에게 많은 영향을 미친 수상록이다. 『언지록言志錄』, 『언지후록言志後錄』, 『언지만록言志晚錄』, 『언지질록言志耋錄』이라는 4가지 수상록을 합쳐 『언지사록』이라고 했다. 유교적 인생관의 궁극적 경지를 의미심장한 말로 정리한 책이다.

INTRO

사토 잇사이의 어릴 때 이름은 노부유키信行, 통칭은 이쿠조幾久藏였다. 나중에 개명해 단쁜이라고 했으며, 스테쿠라捨藏라고 불리기도 했다. 자는 다이도大道로 『서경書經』의 「대우모편大禹謨篇」에서 취한 것이다. 이이치사이惟一齋 또는 잇사이一齋라는 호를 사용했다. 이 밖에도 아이니치로愛日樓, 노고켄老吾軒 등의 호가 있다.

잇사이는 1772년 10월 20일 에도 하마초濱町에 있는 이와무라巖村 번의 에도 저택에서 태어났다. 아버지는 미노美濃(지금의 기후岐阜 현)의 이와무라 번의 가로家老(에도 시대 때 번의 중신으로서 집안일을 총괄하던 직책)였던 사토 노부요시佐藤信由이다. 1784년에 이와무라 번의 번주 마쓰다이라 노리모리松平乘薀의 셋째 아들 고衡가 17세로 성인식을 치르게 되었을 때 잇사이의 아버지 노부요시가 에보시오야烏帽子親(성인식에서 에보시라는 일본 전통 복장의 모자를 씌워 주는 역할)를 맡은 것이 인연이 되어 잇사이와 고는 이후 형제처럼 친하게 지냈다. 이를 계기로 잇사이는 번주의 긴지近侍(측근 신하)가 되었으나 얼마 안 가 면직되면서 학문에만 뜻을 두었다.

1792년에 오사카로 가 나카이 지쿠잔中井竹山(에도 시대 중기의 유학자)에게 가르침을 받았고, 이 무렵에 양명학을 접했다. 1793년 2월 에도로 돌아온 뒤로 하야시 간준林簡順(주자학자)의 문하에 들어갔으나, 그해 4월에 간준이 숨을 거두었다. 간준에게는 뒤를 이을 아들이 없어 막부의 명으로 이와무라 번의 번주 마쓰다이라 노리모리의 셋째 아들인 고가 하야시 집안의 제8대 다이가쿠노가미大學頭(막부의 최고 학문 기관인 쇼헤이코의 책임자)가 되었다.

문장가로서도 한학자로서도 이름을 떨쳤던 잇사이는 1841년 11월에 쇼헤이코의 주칸儒官(유학을 가르치는 관리)에 임명되었다. 당시 나이 이미 70세였다. 그 이후에도 저술과 교육에 힘을 기울였으나 1855년 여름 무렵 병에 걸려 9월 23일 밤에 쇼헤이코 관사에서 88세로 숨을 거두었다.

잇사이에게 가르침을 받은 사람들 가운데에는 와타나베 가잔과 사쿠마 쇼잔佐久間象山, 야마다 호코쿠山田方谷, 이케다 소안池田草庵, 요시무라 슈요吉村秋陽, 히가시 다쿠샤東澤瀉, 안사카 곤사이安積艮齋, 가와다 데키사이 등 유명한 인물들이 적지 않았다. 요시다 쇼인과 사이고 다카모리 등은 잇사이의 학문에 경도되었는데, 특히 사이고 다카모리는 잇사이의 『언지록』에서 발췌한 문구를 좌우명으로 삼았을 정도였다. (『수초언지록手抄言志錄』)

세상만사 모두 정해진 대로

『언지사록』은 『언지록』(1830년 간행)과 『언지후록』(1837년 탈고), 『언지만록』(1850년 간행), 『언지질록』(1854년 간행)이라는 한문으로 쓰인 4가지 수상록을 훗날 합쳐 부른 이름이다.

수상록이므로 사록 간에도 각 장 간에도 연관성은 없다. 『언지록』은 생사·우주·정치·효 등에 관한 수상을 246장으로 정리한 것으로 "과거의 잘못을 후회하는 자는 있지만 현재의 잘못을 고치려는 자는 드물다"라는 등의 유교적 사고를 바탕으로 한 교훈의 말이 많다. 『언지후록』은 학문과 인생, 인간 그리고 문학 등에 대해 머리에 떠도는 수상을 255장에 걸쳐 서술한 것으로 양명학적 견해도 조금 엿보인다. 『언지만록』은 학문·전술·정치·치세 등에 관한 수상을 292장에 나누어 적었고, 『언지질록』은 우주·생사·수양 등에 관한 수상을 340장에 걸쳐 정리했다. 또한 『언지록』은 52세, 『언지후록』은 66세, 『언지만록』은 78세, 『언지질록』은 80세 때 원고가 완성되었다. 사록은 잇사이의 인생 체험에서 우러난 의미 깊은 말들로 가득 차 있다.

잇사이는 『언지록』 첫머리에서 "무릇 천시간의 일은 고금·주야·일일 춘하추동 등 그 운행 순서가 애초부터 정해져 있다. 인간의 부귀와 빈천, 장수와 단명, 이해득실, 명예와 치욕, 이합과 집산 등도 그 운명이 정해져 있지 않은 것이 아니다. 다만 이를 앞서 알지 못할 뿐이다. 예를 들어 줄에 매달아 움직이는 인형은 각기 조작 방법이 다르지만, 그것을 구경하는 사람들은 그를 눈치채지 못하는 것과 같다. 세상 사람들은 이를 깨닫지 못하고 자신의 지혜와 힘만 믿어야 한다며 일생 동안 마음과 기력을 허비해 가며 여기저기 기웃거리다가 마침내는 바짝 말라비틀어져 죽는 것이다. 실로 미망이 아닐 수 없다"(언지록 1장)라고 숙명론적 인생관을 펼쳤다.

그리고 그러한 사고에서 연유해 "천도天道는 조금씩 운행하며 인사人事 역시 조금씩 변한다. 반드시 그렇게 될 정세를 그렇게 되지 않도록 멀리 물리칠 수는 없다. 또한 그것이 금방 이루어질 수 있도록 재촉할 수도 없는 것이다"(『언지록』 4장)라고 말했다.

막부 말기라는 격동기에 학자로서 88년의 생애를 살다 간 잇사이의 기본적 삶의 자세는 바로 여기에 있다고 할 수 있다.

참된 학문은 글자 밖에 있다

잇사이는 "학문을 이룬다. 고로 책을 읽는다"(『언지록』 13장)라고 하며 학문을 하기 위해 독서를 하는 것이지, 독서를 하는 것이 학문은 아니라고 했다. 또한 "밝은 창가에 깨끗한 책상을 놓고 향을 피워 책을 읽는 것에서 벗어나 산에 오르고 바다와 강을 건너 몇십 리, 몇백 리를 여행하면서 노숙해 보라"(『언지록』 58장)라고도 했다.

더욱이 "학문은 자득(스스로의 힘으로 이해하는 것)하는 것이 중요하다. 글자로 쓰인 책은 눈으로 읽기 때문에 문자의 제약을 받아 깊이 이해할 수 없는 것이다. 실로 문자가 없는 책을 마음으로 읽어야 한다. 그렇게 하면 깊이 자득할 수 있을 것이다"(『언지후록』 138장)라고도 했다. 이러한 말은 잇사이가 청년 시절부터 친숙하게 접해 온 양명학이라는 배경에서 나온 것이다.

인생은 한낱 여행

사람은 어떻게 살아야 하는가라는 문제(『언지록』 10장)는 잇사이가 평생토록 깊이 생각해 온 문제였다. 그는 인생에 대해 "사람이 세상을 살아가는 것은 여행을 하는 것과 같다. 험한 길이 있으면 평탄한 길도 있고 맑은 날이 있으면 비 오는 날도 있다. 어느 쪽이 되었든 이는 피할 수 없다. 장소와 시간에 따라 서두르기도 하고 여유를 부리기도 하면 된다. 지나치게 서둘러서 피해를 당하는 일도 있다. 또 꾸물거리다가 기일에 못 맞추는 일도 있다. 이는 여행의 방법이지만 그것은 곧 살아가는 방법이기도 하다"라고 말했다. 여기에서도 조금씩 앞으로 나아간다는 그의 점진적 사고방식이 엿보인다.

그리고 "생각대로 되는 경우란 계절의 봄과 같아 뜰에 나가 꽃을 보면 알 수 있다. 실의에 빠져 낙담하는 것은 겨울과 같아 집에 들어박혀 눈을 지켜보면 알 수 있다. 봄은 물론 즐겁지만, 겨울 역시 나쁘지만은 않다"(『언지후록』 86장)라고도 했다.

사람이 어떻게 살아야 하는가라는 문제에 대해서는 "봄바람처럼 사람을 대하고, 가을 서리처럼 냉정하게 스스로를 삼가야 한다"(『언지후록』 33장)라고 말하면서 "대부분의 노인들은 죽어서 부처가 되고 싶다고 소망하지만, 학자는 살아 있는 동안에 성인이 되길 바라야 한다"(『언지만록』 267장)라고 적고 있다. 또한 "진정한 용기는 겁먹음과 같고, 진정한 지혜는 어리석음과 같다. 진정한 재주는 둔한 것과 같고, 진정으로 오묘한 것은 졸렬한 것과 같다"(『언지질록』 239장)라고 했다.

조금 비아냥거리는 것처럼 들리는 말이지만 "더위나 추위 같은 날씨가 조금이라도 달력하고 다르면 사람들은 일기가 불순하다고 불평을 늘어놓으면서 자기의 말과 행동이 일치하지 않는 것에 대해서는 책망하지 않는다. 이는 참으로 생각이 부족한 것이 아닌가?"(『언지질록』 74장)라고도 말했다.

잇사이는 하루하루를 성실히 살아가며 조금씩 앞으로 나아가는 것이 스스로의 인생을 만들어 가는 것이라고 생각했다.

"어제를 보내고 오늘을 맞이하며 또 오늘을 보내고 내일을 맞이한다. 인생이 백 년이라 해도 이것의 반복에 지나지 않는다. 그러므로 하루를 신중하게 보내지 않을 수 없다"(『언지만록』 258장)라고 했다.

생과 사는 밤과 낮 같은 것

잇사이는 삶과 죽음에도 초연한 태도를 견지했다. "대개 활기 넘치는 사람은 죽음을 두려워한다. 활기가 남김없이 다 소진되면 이 생각(죽음을 두려워하는 생각) 역시 다할 것이다. 그런 까닭에 많이 늙은 사람이 죽는 것은 잠드는 것과 같다"(『언지질록』 336장)라고 했다.

더욱이 "불교에서는 생과 사를 대단한 것처럼 말하는데, 나는 그것을 이렇게 말하고 싶다. 밤과 낮도 하루의 생과 사이며 들이마시고 내쉬는 호흡 역시 한순간의 생과 사로서 모두가 당연한 일이다. 그러나 자기가 자기 자신인 이유는 생과 사의 밖에 있는 것이므로 스스로 잘 연구해 자득하지 않으면 안 된다"(『언지질록』 337장)라고 했다. 밤과 낮을 이해할 수 있으면 삶과 죽음도 이해할 수 있다고 말한 이는 왕양명王陽明●이었다.

『언지질록』의 마지막 장은 "자신의 신체는 부모가 완전한 모습을 갖추어서 낳아 준 것이다. 때문에 완전한 모습으로 이 신체를 돌려 드리지 않으면 안 된다. 임종 때에 다른 것을 생각해서는 안 된다. 오직 주군과 아버지로부터 받은 큰 은혜에 감사하며 눈을 감아야 한다. 이것이 전종全終 (인생을 완전히 끝맺는 방법)이다"(『언지질록』 340장)라는 말로 끝을 맺고 있다. 이는 『예기』 제의편에 따른 것으로, 이미 왕양명이 『예기』에 근거해 전종을 언급한 바 있다.

80세의 잇사이가 인생을 매듭짓는 일을 전종이라는 형태로 생각했다는 것은 위의 구절에서 잘 알 수 있다. 그러나 그는 스스로 알 수 없는 인생을 숙명으로 받아들이며 '점漸'(조금씩 나아가는 것)이라는 한 글자를 통해 인생을 달관하고 '전종'을 목표로 88세까지 살아갔던 것이다.

"산 또한 밤낮의 구별 없이 쉬지 않고 변하고 있다. 물의 흐름 역시 조용히 숨죽인 채 움직이지 않는다"(『언지후록』 124장)라는 말은 잇사이가 생각한 인생의 모습이었을 것이다. 여기서 우리는 잇사이의 투철한 관조적 인생관을 느낄 수 있다.

사람은 천지 만물과 하나이다

잇사이는 『언지질록』에서 감응感應에 대해서도 언급했다. "개미는 비가 올 것을 알고, 풀숲에 사는 곤충은 들판에 서리가 내릴 것을 안다. 인간의 마음에 감응이 있는 것은 또한 이와 같은 이유에서이다"(『언지질록』 116장)라고 했다. 개미의 마음이 비의 마음을 알고, 곤충의 마음이 서리의 마음을 아는 것이 감응인 것이다. 그리고 "감응의 신비한 힘은 인간 이외의 것에도 통한다. 그러니 인간들 사이에서 통하지 않을 리가 없다" (『언지질록』 122장)라고 했다.

메이지 유신은 잇사이가 죽은 뒤 9년 후에 일어났지만 잇사이는 이미 서서히 다가오는 서양 문명이라는 파도를 민감하게 받아들이고 있었다. 또한 주자학에서 말하는 사물의 이치에 대한 탐구 방법은 서양의 근대 과학 이론을 당해 내지 못할 것이라는 점도 알고 있었다.

왕양명은 "무릇 사람은 천지의 마음을 가지고 있고, 천지 만물은 원래 나와 하나이다"라고 했는데, 감응이 있어야만 비로소 천지 만물이 일체, 곧 하나가 될 수 있고, 그것이 '심즉리心卽理'이다. 잇사이가 "궁리는 자기 안에 있다"고 말한 것 역시 이와 같은 맥락이다.

NOTES

왕양명王陽明 : 1472~1528. 중국 명나라 때의 유학자이자 사상가. 그의 사상은 주자학과 정면으로 대립했다. 곧, 이치에 대한 깨달음은 학문의 연마만으로 되는 것이 아니라 정좌 등의 실천을 통해서만 도달할 수 있다고 하는 양명학을 창시했다.

국의고
(國意考)

국학자 가모노 마부치(1697~1769)의 대표작으로, 국학사는 물론 사상사 부문에서도 엄청난 논쟁을 불러일으킨 중요 문헌이다.

이 책에서 지은이가 분명히 밝히고자 한 '국의國意'란 불교와 유교가 전래되기 전에 이들의 영향을 전혀 받지 않은 순수 고유한 일본 고대의 도道이다. 지은이는 그 국의가 영원히 일본 전통문화의 밑바닥에 흐르고 있다고 주장했다.

INTRO

가모노 마부치가 이 책을 집필한 시기는 1765년으로, 그의 나이가 69세로 접어든 만년의 일이다. 그는 이 책을 그 전에 차례로 집필한 문의文意·가의歌意·서의書意·어의語意와 합쳐 '오의五意'로 만들 계획이었다. 이 책은 그의 '오의고五意考'('고考'는 훗날 붙여진 것이다) 연작 가운데 마지막 저서이며, 앞선 사의를 바탕으로 한 종합적인 결론을 담고 있다.

저자가 본론에서 직접적으로 다루고자 한 것은 유교 대 가도歌道의 문제이다. 그러나 종래의 신도와 고대사 등 일본의 고대가 불교적 의미와 중국적 의미를 통해 잘못 해석된 점을 바로잡기 위해서는 우선 고어古語를 분명히 밝혀야 하고, 고어를 분명히 밝히려면 고가古歌를 배우는 길이 우선되어야 한다고 생각했다. 가모노 마부치는 가도를 밝혀 고도古道로 나아갈 수 있다는 것을 보여 주기 위해 이 책을 쓴 것이다.

이 책을 집필한 또 하나의 직접적인 동기는 유교의 고문사학파古文辭學派(겐엔 학파, 오규 소라이 일파)에 속한 다자이 슌다이太宰春台(1680~1747, 에도 중기의 유학자)가 『변도서辨道書』에서 펼친 설에 격분해 그를 반박하기 위해서이다.

이 책이 세상에 나온 지 얼마 지나지 않아 오미노 고다이淡海野公台(겐엔 학파)의 『독가모노마부치 국의고讀賀茂眞淵國意考』가 간행되었다. 이어서 마부치 문하의 가이료海量 법사가 『답독국의고서荅讀國意考書』를 썼으며, 모토오리 노리나가本居宣長의 제자인 하시모토 이나비코橋本稻彦가 다시 『변독국의고辨讀國意考』를 저술했다. 이처럼 이 책은 발표 이후 약 100년에 걸쳐 국학사 5명과 유학자 2명으로 히여금 대논쟁을 펼치게 하는 원인을 제공했다. 국학 사상은 물론이고 일반 사상사에서도 매우 중요한 책이다.

이 책은 유학자의 입장에 선 '어떤 사람'의 물음에 저자가 '답변'하는
형식으로 서술되었다. 그렇다고 반드시 문답체로만 일관된 것은 아니다.
본문의 내용은 모두 5단으로 구성되어 있다.

제1단

중국과 일본의 정치를 비교하고 가도의 효용에 대해 논했다.

우선 중국의 치국에 관한 역사를 살펴보면서 요순 시대에서 하·은·
주 시대로 정권이 교체된 내용을 비판하고, 일본의 고대 사회는 평화로
워 아무 일도 일어나지 않았으며 황위가 순조롭게 계승되었고 그에 따
른 문제도 없었다는 것이다.

그러나 헤이안 시대 중반부터 중세에 걸쳐 세상이 조금 소란스러웠던
것은 중국의 '역세혁명易世革命'●, '사이중화四夷中華'●와 같은 유교 사상이 일
본에 들어오고 그 영향으로 정치가 어지러워졌기 때문이다.

한편 일본의 와카和歌와 가도는 나라를 다스리는 도리로 경세經世와 무
관해 보이지만 실제로는 사람의 마음을 부드럽게 하고 세상을 평온하게
하므로 정치의 근본이 되고 경제와 경국에 도움이 된다고 했다.

제2단

윤리와 도덕적 측면에서 일본과 중국을 거론한 비교론이다. 저자는
본문에서 "어떤 사람이 말하기를, 예전에 이 나라는 동족을 아내로 삼
아 금수처럼 지냈으나 중국의 도가 전해지면서 그러한 일에도 유의하게
되었고, 여러 유학자들의 영향으로 좋아졌다"라는 내용에 대해 중국은
이치와 규칙만 많고 실제로는 윤리도 도덕도 어지럽다고 했다. 반면 일
본은 그와 같이 사사로운 것을 규정하지 않고 있는 그대로의 자연에 맡

겨 두고 있으나 인륜의 도가 훌륭하게 행해지고 있다고 했다.

또한 여러 가지 자세한 규제를 만들고 이유를 달고 싶어 하는 것은 중국의 독특한 습관이지만, 실제로는 나라가 전혀 잘 다스려지지 않고 있으며, 인륜의 도 역시 어지럽다고 했다. 중국에는 스스로를 중화라고 칭하고 사방의 여러 나라를 야만스러운 나라로 규정지으면서 스스로만 잘났다고 여기는 사상이 있지만, 일본의 풍습은 예부터 겸손했기 때문에 그러한 규칙이나 말이 있다고 해서 일본과 중국의 실태가 그와 같아지리라고 생각하는 것은 잘못이라고 지적했다.

제3단

문자를 중심으로 한 일본과 중국의 문화론이다. 일본에는 고유한 문자가 없었고 한자를 들여오고 나서야 비로소 문자 문화가 발전했다는 유가의 주장에 대한 저자의 반론이다.

한자는 형상 문자이자 표의 문자이며, 문자 수가 너무 많아 복잡하고 외우기 힘들어 이용하기에 불편하다. 일본인은 이를 개량해 가나를 만들었으며, 이 일본 고유의 글자는 한자보다 문화적으로 더 수준이 높다. 예를 들어 한자는 3만 8,000자를 외워야 하지만, 일본의 가나는 50글자만으로 충분하다. 네덜란드와 같은 나라의 글자는 더 발달해서 25자만으로도 충분하다.

한자를 사용한다고 해서 중국 문화가 우수하다고 할 수는 없다. 오히려 일본인이 한자를 받아들여 그것을 한 글자, 한 음절로 사용하고 여러 가지로 고인하며 개량헤 가나 문자를 발명한 것은 표의 문자에서 표음 문자라는 더욱 발전된 문자를 발명한 것이므로 일본인의 우수성을 잘 드러낸 것이라 하겠다.

인의예지신 따위의 말이 있지만 그 실제가 이를 수반하지 않는 것이 중국의 문화이며 그 반대가 일본의 문화라고 설명하고 있다.

제4단

불교의 전래가 일본에 미친 악영향을 거론했다.

"부처의 길이라는 것이 전해진 이래 사람들을 그르치게 한 경우가 이루 셀 수 없이 많다. 진실한 불심은 땅에 있는 것이 아니다"라고 강하게 말하며 인과응보와 같은 불교 교리가 지닌 모순을 실례를 들어 주장했다. 그리고 중세 이후 불교가 일본에 널리 퍼졌지만 그것이 세상을 다스리는 정교政教의 대도大道가 되지는 않았다고 했다.

제5단

이 책의 결론으로 재차 가도歌道의 정치적·경세적 의미를 강조했다. 우선 『고금와카집古今和歌集』의 서문을 예로 들며 "하늘과 땅을 감동시키고, 귀신도 놀라서 뛰쳐나오게 하며, 남녀 사이를 부드럽게 하고, 용감한 무사의 마음도 위로해 주는 것"이 와카의 효용이라고 했다.

또 "보통 사람들의 마음은 사심이 있어 남과 다투고 이치를 따져 편을 가르지만, 이러한 시의 마음이 있을 때에는 이치 위에 온화함이 작용하는 까닭에 세상이 잘 다스려지고 사람들도 조용하다"라는 자신의 독자적인 가도론을 폈다. 결국 국민 한 사람, 한 사람이 온화한 마음을 품는 것이 나라를 다스리는 근본이 되며, 그러한 의미에서 노래야말로 치세의 근본이라는 것이다. 곧, 와카와 가도가 사람들의 마음과 경세에 미치는 영향과 의미가 매우 크다는 주장을 펼쳤다.

역세혁명易世革命 : 덕이 있으면 천명天命을 받아 나라를 다스리게 되지만, 덕을 잃으면 덕이 있는 다른 이에게 천명이 옮아가기 때문에 혁명이 일어난다는 뜻으로, '왕조가 바뀜'을 이르는 말이다.

사이숭화四夷崇華 : '사이四夷'란 지난날 중국에서 한민족漢民族 이외 주변 민족들을 사방의 오랑캐라는 뜻으로 낮추어 이른 말로, 동이東夷·서융西戎·남만南蠻·북적北狄을 말한다. 이렇듯 중국은 한민족을 중심으로 한 자신들의 나라가 계의 중앙에 위치한 가장 문명한 나라라고 생각했고, 이것을 '중화中華'라고 일컬었다.

나오비노미타마
(直毘靈)

근대 국학의 대성자인 모토오리 노리나가(1730~1801)가 집필한 고도론 古道論의 정수이다. '나오비直毘'란 제사를 지낸 뒤 치르는 음복 행사이다. 따라서 제목은 '제사 음복의 정령을 바탕으로 세상의 악을 바로잡는다'라는 뜻이다. 노리나가의 『고사기』 연구의 귀결이자 사상의 핵심을 이루는 이 책은 『고사기』 본문에 주석을 달아 부연 설명하는 형태로 노리나가의 황국도관皇國道觀을 간명하게 제시했다.

INTRO

『나오비노미타마』는 노리나가가 『고사기전古事記傳』의 집필을 시작한 지 8년째 되는 해인 1771년에 완성한 저술로, 이때 그의 나이 42세였다.

노리나가가 '학문의 근본은 도를 명백히 밝히는 것'임을 깨닫고 신도를 제창하게 된 것은 게추契中(1640~1701, 에도 전기의 국학자)와 가모노 마부치 등으로부터 이어받은 국학의 전통 외에도 당시 가장 앞선 학문이었던 한학자 이토 진사이와 오규 소라이의 복고학에서 영향을 받았기 때문이다.

그렇지만 노리나가는 한학은 국학과 대립하고, 한학의 자기중심적인 입장과 정교한 지식이 일본의 도 사상의 자연스러운 발전을 방해했다고 보았다. 곧, 일본의 이상과 악화된 현실이 대립했기 때문이라는 것이다. 그리고 마찬가지로 복고적인 경향이기는 하지만 중국 서적에 의존하지 않고 일본의 고전을 통해 이미 잘 알려져 있는 신대의 사실을 아무런 견해도 덧붙이지 않고 있는 그대로 받아들이는 것이 참된 진리이며, 더욱이 신에 대한 신앙을 뒷받침하는 것이라고 믿었다. 또한 그것을 신의 도로 여기며, 그것은 인정과 저절로 합치되는 것이므로 이를 통해서만 자연스럽고 자유로운 인간 세계가 열릴 수 있다고 했다. 이는 당시 매우 성행했던 중국 문화의 숭배 풍조를 불식하고 일본인들에게 일본의 근본적인 도를 자각시켜 한학에서 말하는 사서오경 대신 『고사기』, 『만요슈萬葉集』와 같은 일본 고전을 복권하는 것이었다. 이처럼 『나오비노미타마』는 국학의 근본을 다진 서적이다.

그러나 이 책은 당시 고양되고 있던 개인 의식을 천황 중심으로 매몰시켰고, 지나치게 주정主情적인 입장에 서서 정당한 이성을 평가하지 않았기 때문에 애초부터 편협한 국수주의로 흐를 가능성을 안고 있었다.

일본의 우수성

스메라오미쿠니皇大御國(일본)는 그 덕이 만국에 두루 미치는 아마테라스오미카미天照大神가 현출하신 나라이며, 그 오미카미가 3가지의 신기神器를 주시며 "황국皇國은 내 자손이 영원히 다스리는 나라가 될 것이다"라는 신칙을 내리시어 하늘과 땅의 구석구석까지 황손이 다스리게 될 것을 정하셨으니 신도 사람도 모두 황손을 받들게 되었다. 때때로 이에 거슬리는 자가 나타나기도 하지만, 신대의 옛일 그대로 신의 위엄이 널리 빛나 그를 멸망케 한다.

또한 천황은 천만대 끝까지 오미카미의 자손, 곧 태양의 아들이 계승하며, 자신의 일신은 돌보지 않고 천신의 마음을 따라 지금의 세상도 '신이 계시기에 평화로운 나라'로 다스리니 신하와 백성 모두가 조상의 일을 지키며 신대神代 그대로 받들고 있다. 그렇다면 황국에는 새삼 도라고 말할 것이 없으며 세워야 할 도 또한 없는 것이다.

도의 위선과 거짓

도리와 도덕 등 이러저러한 도는 다른 나라의 문제이다. 특히 중국은 나라의 일정한 주인(임금)이 없고 인심이 사나우며 풍속이 뒤죽박죽이어서 서로 다투고 싸우는 나라이다. 강력한 힘을 지닌 사람이 나라를 빼앗고 수성守成(선왕이나 부조가 이룬 업을 이어서 지키는 일)의 술책을 세워 한동안 나라를 다스리고 법을 유포하면 성인이라고 한다. 때문에 덕이 높은 자가 성인이라는 생각은 잘못이다. 성인이 만든 법은 곧 착취와 수성의 술책에 지나지 않는다.

성인을 지극히 착한 선인으로 여기고 도 또한 착하고 아름다운 것으로 생각하지만 사실은 자신과 다른 사람을 속이는 거짓에 불과하며, 후세 사람들도 겉으로만 존중할 뿐, 실제로는 아무도 이를 지키지 않는다. 그저 유학자들만이 세상을 비방하며 시끄럽게 떠든다. 따라서 일본의 유학자들이 경서의 지식만으로 중국을 정도正道의 나라라고 주장하는 것은 아주 잘못된 것이다.

인의충신仁義忠信이라는 번잡스러운 명목으로 분별도 없는 도리를 주장하니 사람들도 이에 따라 약아져 모든 사물에 세세하게 신경을 쓰고, 영리한 체만 하니 나라는 점점 더 다스리기 어려워지고 있다. 성인의 도는 오히려 나라를 혼란케 하는 원인인 것이다.

선과 악

중국에서 서적이 들어오고 중국의 풍습이 일본의 풍습과 뒤섞이는 시대가 되면서 일본의 고대 풍습은 신도神道라 불리게 되었다. 시대가 지날수록 중국의 풍습은 더욱 성행하고 정치도 중국식이 되었다. 그것은 백성의 마음까지 침투해 올바르고 깨끗한 마음을 꺾어 버리고 똑똑한 체하는 중국의 뜻에 물들어 평안했던 황국도 어지럽게 되었으니 중국처럼 가혹한 법 없이는 다스려지지 않게 되었다.

천지간의 모든 사물은 신의 뜻에 의한 것이므로, 그중에서 마가쓰비노카미禍津日の神(재해·흉사 등을 관장하는 일본 전통의 신)가 성을 내는 것도 어찌할 도리가 없는 일이다.

이처럼 사물에 선악과 행불행이 있고, 사람의 지혜로는 알 수 없는 신의 일을 살피지 못하는 것은 이국의 도가 말하는 주장에 현혹되어 있기 때문이다. 중국에서는 이를 천명이라고 하지만 천명이란 나라를 빼앗은 성인의 핑계에 불과하다.

천지에는 마음은 물론 이치도 없으며 성인을 내려보내는 일도 없다. 그리고 착한 사람만을 행복하게 해 주는 일도 없다. 악한 사람이 번성하는 것처럼 상식적인 이치에 반대되는 일을 벌이는 것도 신이다. 따라서 이를 천명의 이치로 받아들이는 것은 신화 시대의 올바른 전설이 없어서 생긴 어리석은 행동이다.

황국의 도는 신도

황국의 도는 자연의 도가 아니며 인위의 도 또한 아니다. 다카미무스비노카미高産靈神(『고사기』에 나오는 신으로 천지가 개벽했을 때 다카마노하라高天原에 나타났으며 천손 강림의 신칙을 내렸다)의 영靈을 이어받아 이자나기伊耶那伎와 이자나미伊耶那美라는 두 신이 시작하고 아마테라스오미카미가 전해 준 신의 도이다.

이는 『고사기』를 비롯한 모든 고전을 음미하면 쉽게 알 수 있는 일인데, 세상의 지식인들은 중국 서적에 미혹되어 불교의 뜻과 중국의 뜻에만 따르고 진실한 도를 이해하지 못하고 있다. 중국의 주장은 개인이 똑똑한 척하기 때문에 주제넘는 억측임에도 불구하고 그럴듯하게 들리며, 황국의 주장은 심오하고 현묘한 이치가 있음에도 사람의 지혜가 모자라 천하게 들리기 때문이다.

또한 근세에 이르러서는 중국풍을 따라 신도의 가르침을 주장하는 자도 나왔는데, 이는 천황의 통치에 관한 도를 아랫사람이 제멋대로 해석한 것이다.

인간의 본분

인간은 무스비노카미産靈神의 영에 의해 태어났으므로 각자 해야 할 바를 모두 알고 있다. 여기에는 어떠한 강제력도 필요 없다. 중국의 인의예지의 가르침과 천리인욕설天理人慾說, 동성불혼 제도 등은 진실한 도가 아니며 인정에도 어긋난다. 때문에 이를 기준으로 일본의 풍속을 얕보아서는 안 된다.

고대에는 맨 아래에 있는 백성들까지 천황의 마음을 자신의 마음으로 삼아 오로지 대명大命에 복종하고 그 자애로운 사랑 아래에서 부지런히 조상에게 제사를 지내고 각자의 분수에 맞는 일을 해 나가면서 평온하고 안락하게 생활했다.

신에게 제사를 지내는 것이 이치에 맞는지 안 맞는지는 논의의 대상이 아니다. 때에 맞추어 좋은 신에게 제사를 지내고 나쁜 신을 부드럽게 달래며 죄와 부정을 씻어 내 깨끗이 하는 것은 도리상 당연한 일이므로 오로지 열심히 하면 된다. 그러므로 지금이라도 그 가르침을 더욱 잘 받아들여야 할 것이다.

마지막은 다음과 같이 맺고 있다.

그래도 어떻게든 도를 구하고자 한다면 우선 중국 서적의 독이 스며든 마음을 깨끗이 씻어 내고 정결하기 그지없는 황국의 마음으로 일본의 고전을 배워야 한다. 그러면 새삼스레 배워야 할 도가 없다는 사실을 절로 알게 될 것이다. 이는 바꾸어 말하면 신도에 순응하는 것이다.

고도대의
(古道大意)

근세 말기의 국학자 히라타 아쓰타네(1776~1843)의 철학 체계 중 서설에 해당하며, 그의 사상이 발전해 나가는 과정에서 가장 주목할 만한 시점에 자리한 책이다. 전 2권.
이 책은 고도古道의 본래 의미를 간명하게 밝히고자 한 일종의 '신도 개론'으로 일본의 국가 체제와 국토, 국민성 등의 우월론이 내용의 대부분을 차지한다.

INTRO

『고도대의』(상·하 2권)는 히라타 아쓰타네가 1813년에 펼친 강연 기록을 1824년에 간행한 것이다. 아쓰타네는 이 강연을 하기 7년 전인 1806년에 명말 청초의 중국에서 천주교를 전파한 선교사 마테오 리치Matteo Ricci(1552~1610, 이탈리아의 선교사로 중국 이름은 이마두利瑪竇)의 『천주교실의天主敎實義』, 『기인십편畸人十篇』과 판토하Pantoja(1571~1618, 스페인의 선교사로 중국명은 방적아龐迪我)의 『칠극칠서七克七書』 등 한문으로 된 기독교 교의서를 정독하고 그 내용을 번역·번안해 『본교외편本敎外篇』을 지었다. 그는 이 책에 '본교자편책本敎自鞭策'(그가 주장한 본래의 가르침-고도의 가르침에 대한 격려)이라는 별칭을 붙여 "아직은 다른 의견을 받아들일 수 없다"라는 주석을 달아 몰래 소장하고 있었다.
창조신과 주재신의 가르침에 대해서는 이른바 '천(태극太極)에는 조물주적인 성질(기氣)과 주재자적인 성질(이理)이 있다'는 주자학의 주장을 일본 신도의 신개념에 적용한 바 있는 사상적인 전통을 계승한 것으로 여겨진다.
그러나 『고도대의』가 『본교외편』을 지은 후의 사상 활동 중 가장 먼저 집필된 저서 중 하나이며, 더욱이 앞서 언급한 서술 방법과 표현 방식을 보이고 있기 때문에, 비판하자면 그는 분명히 『고도대의』 속에 『본교외편』에서 충분히 파악한 기독교의 창조신과 주재신의 사상을 담았다고도 볼 수 있다.

상권—일본은 하늘과 땅의 중심

　오늘날 학문의 종류는 세상에 널리 알려져 있는 유학과 불교 그리고 서양의 학문 등 그 종류가 다양하다. 그러나 일본의 학문만큼 위대한 것은 없다. 유교와 불교를 비롯한 여러 학문이, 세상의 모든 물이 바다로 흘러들어 가듯 모두 일본의 학문에 섞여 있는 까닭이다. 그러나 이러한 혼잡을 잘 분별하지 않으면 '참된 도'는 드러나지 않는다. 외국의 학문이라도 그것을 일본인이 배우고, 그 좋은 점을 잘 분별해 나라의 필요에 부응하려 하므로 이를 '일본의 배움'이라고 말할 수 있다. 기실 외국의 학문은 그러한 태도로 배워야만 한다.

　한편, 일본의 학풍은 '고학^{古學}'이라고 하며, 그 배움의 길을 '고도'라고 한다. '고도학'은 유학과 불교가 전래되기 이전의 순수한 '옛 뜻'과 '옛말'을 가지고 태초부터 일어난 천지의 '옛일'을 솔직하게 생각하며 아울러 그 같은 사실이 보여 주는 '참된 도'를 분명히 밝히고자 하는 학문이다. 도쇼 다이진군^{東照大神君}(도쿠가와 이에야스)이 단초를 열어 준 이 학풍은 오로지 그 은혜와 덕을 통해 미토 미쓰쿠니^{水戸光國}와 게추^{契冲}를 비롯해 가다노 아즈마마로^{荷田春滿}(1669~1736, 에도 중기의 국학자)와 가모노 마부치, 모토오리 노리나가의 3대 학자를 거쳐 오늘날에 이르렀다.

　'참된 도'는 추상적인 이론보다는 구체적인 사실 위에 갖추어져 있다. 그처럼 '과거의 참된 도를 알 수 있게 해 주는 사실'이 기록된 책이 『고사기』이다. 『고사기』는 상대^{上代}의 의미와 사적 그리고 말로써 상대 시대의 진실을 보여 준다. 그에 비해 『일본서기』는 후세의 뜻으로 상대의 사적을 기술하고 또 중국의 언어로 황국의 뜻을 번역한 것이므로 잃어버린 '과거의 진실'이 많다. 그러나 신대의 전설에 대해서는 여러 이설을 한데 모았고 역사 이후의 사실을 상세히 기록했다는 점에서 『고사기』를 능가

한다.

일본은 신국神國이며, 우리는 신의 후예이다. 그러한 사실은 개벽 신화를 통해 잘 알 수 있다. 우선 대허공大虛空에 아메노미나카누시노카미天御中主神가 있고, 이어서 다카미무스비高皇産靈와 가미무스비神皇産靈의 두 신이 자리하고 있다. 이 두 신 덕에 대허공 속에서 하나의 사물이 태어나 갈대의 싹처럼 위로 불쑥 솟아올랐다. 맑고 깨끗하며 밝은 그것은 태양이 되었다. 이는 나중에 아마테라스오미카미가 지배했다.

이렇게 솟아오른 싹이 크고 넓어져 다카마가하라高天原(하늘)가 되었다. 크게 자라난 다카마가하라보다 더 높은 곳에서 아메노토코타치노가미天之常立神가 태어났다. 그런데 크게 자라나 하늘이 된 것의 뿌리 부분에 밑으로 뻗어 자란 것이 있었다. 거기에서 태어난 신이 구니노토코타치노카미國之常立神이다. 밑으로 뻗어 지라난 것은 나중에 잘려 나가 달이 되었다. 그리고 위도 아래도 아닌 원래 그곳에서 이자나기와 이자나미가 태어났다.

이들 가운데 가장 중요한 신은 미무스비노카미皇産靈神이다. 이 신은 갈대에서 싹이 자라듯 허공에서 한 가지 사물을 만들어 냈는데, 그것이 아마쓰히天日, 곧 하늘의 태양이었다. 미무스비노카미는 또한 여러 신들을 낳았으며, 만물을 창조하고 만물을 주재했다. 중국에서는 천제天帝라고 하고, 인도에서는 범천왕梵天王이라고 칭하며 서양에서는 조물주(God)라고 하는 창조신, 주재신 신앙이 바로 이것이다. 이들은 모두 미무스비노카미를 흉내 냈을 뿐이다. 그러므로 미무스비노카미야말로 모든 신의 근본이며, 신무神武 전황 이래 여덟 신 가운데 가장 존중 받는 신으로 받들어져 신관들이 제사를 지내는 것이다.

하권—야마토 고코로

상권에서 외국의 이야기를 많이 끌어들여 조물주나 주재신 신앙이 세계 공통이라고 설명한 것은 일본인에게도 조물주와 주재신의 실재를 믿도록 하기 위해서였다. 그리고 외국의 조물주나 주재신은 일본의 미무스비노카미를 흉내 낸 것이므로 일본이야말로 하늘과 땅의 중심(그 때문에 늦게 개화된 대기만성의 나라)이며, 일본의 천황이야말로 '사해 만국을 다스릴 수 있는 참된 천자'인 것이다.

더욱이 오쿠니누시노미코토大國主神는 천손 강림 이후 나라를 양도한 뒤 이즈모出雲로 물러나 '유사幽事'라고 하여 세상의 모든 일과 더불어 감추어져 당장은 눈에 보이지 않는 일까지도' 모두 주재하게 되었다. 이 신은 세상 사람들이 특히 잘 받들어 모셔야만 했다.

이어서 일본의 뛰어난 점을 서술하고자 한다. 일본인은 매우 능력이 뛰어나 외국에서 생산된 물건도 일본에 전해지면 그것을 한번 흘깃 보는 것만으로도 그 이상의 것을 만들어 낼 수 있다. 이것은 일본인이 상고 시대에는 모두 신이었으나 세대가 흐르고 시간이 지나면서 보통 사람이 되었기 때문이다. 따라서 이 시대의 범인의 마음으로 자신의 선조가 신이었던 시대의 신화를 의심하는 것은 어찌할 수 없는 일이기는 해도 분명 잘못된 것이다.

일본은 신국이며, 일본 국민은 신의 후예이다. 미무스비노카미의 직계로 만세일계萬世一系의 천황이 다스리는 세계에서 다시없이 고마운 나라가 일본이다. '지구' 위에서 내려다보면 이를 잘 알 수 있을 것이다.

"예를 들어 거친 바다에 둘러싸여 있으나 좋은 항구가 없는 것은 나라를 보호하기 위함이며, 풍토가 적당히 알맞고 비옥하며 기후가 온화하고 산물이 풍요롭고 맛있으며 섬들이 적당히 흩어져 있는 것은 산물을 다양하고 풍부하게 하여 자급할 수 있도록 하기 위함이며, 산지가 많아 경작에 힘이 드는 것은 일본인의 체력을 강건하게 하고 두뇌를 영민하게 하기 위함이다."

　인간은 미무스비노카미의 영을 받들어 태어났으므로 그 '참된 마음' 역시 바로 미무스비노카미에게서 부여받은 것이며, 이를 '성性'(기질)이라고 한다. 일본인의 기질은 '용감하고 고상하며, 나면서부터 야마토 고코로大和心'(일본인 고유의 정신)를 가지고 태어난 것이다. 그러므로 사악한 마음이 생겨나지 않도록 마음을 잘 수양해 이러한 기질, 곧 야마토 고코로를 잘 갈고닦는 것이 일본인의 '참된 도'이다.

난학사시
(蘭學事始)

스기타 겐파쿠(1733~1817)가 『해체신서解體新書』(독일의 인체 해부도)의 번역 회고담을 중심으로 쓴 초창기 난학의 기록이다.
상·하 2권. 각 권은 모두 작은 절로 나누어져 있고, 상권 21절과 하권 24절을 합해 45절로 구성되어 있다. 당시의 번역 작업의 어려움과 번역자의 정열이 생생하게 묘사되어 있다.

INTRO

이 책은 만년에 접어든 스기타 겐파쿠가 난학의 창시를 둘러싼 옛일을 기록한 것이다. 지금은 『난학사시』로 알려져 있으나, 이는 새로 지어진 이름이다. 『난학사시』라는 책 이름의 기원은 1869년 후쿠자와 유키치福澤諭吉●가 『화란사시和蘭事始』라는 책의 사본을 찾아낸 시기로 거슬러 올라간다. 후쿠자와 유키치는 그 책을 '난학사시'라는 제목으로 바꾸어 상·하 2권으로 간행했다. 메이지 시대 이전에는 사본으로만 전해졌는데, 당시의 책 이름은 '난동사시蘭東事始' 또는 '화란사시'였다. 이 가운데 『난동사시』는 스기타 겐파쿠의 초고를 토대로 오쓰키 겐타쿠大槻玄澤(1757~1827, 에도 말기의 의사로 겐파쿠와 료타쿠의 난학 제자)가 정리해서 펴낸 것이다. '난학이 동으로 오게 된 기원'에 대해 자세히 쓰고 있으므로 '난동사시'라는 이름을 붙였다고 한다.

이는 덴리대학 도서관에 소장되어 있는 사본 『난동사시』 권두에 있는 오쓰키 겐타쿠의 서문을 통해 알 수 있다.

『화란사시』라는 서명은 유래가 불분명하지만, 본문에 노로 겐조野呂元丈(1693~1761, 에도 중기의 의사)와 아오키 분조靑木文藏 두 사람이 연례 보고를 위해 에도 막부에 올라온 네덜란드 측 부속 통역자들에게서 네덜란드어를 배운 일을 기술하고 "이것이 에도에서 아란타阿蘭陀(네덜란드) 말을 배운 최초의 기원이다"라고 한 대목에서 유래한 것으로 추측된다.

최초의 인체 해부도 번역

1771년 3월 3일 밤, 마치부교^{町奉行}● 마가리부치^{曲淵}의 가신인 도쿠노 만베에^{得能萬兵衛}로부터 스기타 겐파쿠의 집으로 편지 한 통이 전달되었다. 다음 날 센주호네가하라^{千壬骨原}(에도 시대의 사형 집행장)에서 인체 해부를 할 것이니 원한다면 그곳으로 오라는 내용이었다. 겐파쿠는 이런 행운을 자기 혼자 독점할 수 없다고 생각해, 열성적인 동지였던 나카가와 준안^{中川淳庵}과 의사였던 마에노 료타쿠^{前野良澤} 등 여러 사람에게 알려 주었다. 다음 날 아침 일찍 서둘러 그곳에 가니 료타쿠는 벌써 와 있었고 다른 몇몇의 친구들도 이미 도착해 겐파쿠를 맞았다.

그때 료타쿠는 품에서 네덜란드의 책을 한 권 꺼내 펼쳐 보였다. 그것은 독일인 요한 쿨무스^{Johann Adam Kulmus}가 지은 『타펠 아나토미아^{Tafel Anatomia}』라는 인체 해부도로, 지난해 나가사키^{長崎}에서 사 가지고 온 것이라고 했다. 겐파쿠는 그 책을 보자마자 그것이 자신이 입수한 네덜란드 책과 동일하며 같은 판본임을 알아차렸다. 모두들 말 그대로 기적이라며 놀라 손뼉을 쳤다. 그리고 다 같이 해부가 진행되는 센주호네가하라로 가서 견학했다.

해부가 끝나자 뼈의 형태까지 확인하기 위해 형장에 아무렇게나 흩어져 있는 뼈를 한데 모아 살펴보니 옛 학설과는 매우 달랐다. 대부분이 네덜란드 책 속의 그림과 일치했다. 모두가 놀라지 않을 수 없었다. 료타쿠와 준안 그리고 겐파쿠 세 사람은 돌아오는 길에 많은 이야기를 주고받았다.

"정말 오늘 본 인체 해부는 놀라움을 금할 수 없군. 지금까지 이런 것들을 전혀 모르고 있었다니 참으로 부끄러울 뿐이네. 의술로 군주를 모시고 있는 자가 이제까지 인체의 실제 구조도 알지 못하면서 일을 해 왔다니 면목없는 일일세. 할 수만 있다면 오늘의 체험을 바탕으로 실제 몸을 잘 이해한 뒤에 의사 노릇을 해야겠다는 심정일세."

세 사람은 이런 이야기를 나누면서 다 같이 한숨을 내쉬었다. 그때 겐파쿠가 입을 열었다.

"그 『타펠 아나토미아』라는 책 한 권이라도 번역이 되면 몸의 구조를 잘 알 수 있고 치료를 하는 데도 큰 도움이 될 텐데. 될 수 있으면 통역의 힘을 빌리지 않고 읽어 보고 싶네."

이에 료타쿠가 한마디 거들었다.

"나도 전부터 서양 책을 읽어 보고 싶었네. 함께 읽어 보지 않겠는가?"

이를 듣고 겐파쿠는 "거참 좋은 말일세. 모두가 한번 힘을 모아 보세"라고 대답했다. 이에 료타쿠는 매우 기뻐하며 "그럼, 좋은 일은 빨리 하라고 했으니 당장 내일이라도 내 집에서 모이면 어떻겠는가? 무슨 좋은 궁리가 생길 것도 같은데"라며 굳게 약속을 하고 그날은 헤어졌다.

다음 날 료타쿠의 집에 모두 모여 전날의 일을 이야기하고, 우선 『타펠 아나토미아』를 어떻게 읽을 것인가에 대해 이야기를 나누었다. 그 결과 "신체의 내부 구조는 아무것도 모르겠네. 이 책의 첫 부분에 인체의 정면과 뒷면을 설명한 전신 그림이 있는데 이는 몸의 겉 부분이라 그 이름은 우리도 모두 알고 있네. 그러니 이 그림의 설명 부호를 대조하면서 생각해 나가는 것이 쉬울 것 같네. 우선 이 작업부터 시작하세" 하고 독해 방식을 결정했다. 이렇게 해서 만들어진 것이 『해체신서』의 「형체명목편形體名目篇」이다.

이렇게 정해진 날에 다 같이 모여 책을 읽어 나간 지 1년쯤 지나자 번역어도 점차 늘어 저절로 알게 되었고, 그 이후에는 글자가 듬성듬성한 부분은 하루에 10줄이나 그 이상도 큰 무리 없이 이해할 수 있게 되었다. 이렇게 4년 동안 초고를 11번이나 다시 쓴 끝에 마침내 『해체신서』 번역을 완성했다. 그것이 1774년 8월의 일이었다. 이로써 서양 학문이 에도에 본격적으로 도입되었고, 누구나 '난학'이라는 새로운 이름을 사용하게 되자 난학은 저절로 일본 전국에 통하는 명칭이 되어 갔다.

센주호네가하라에서 있었던 인체 해부를 실제 두 눈으로 보고 『타펠 아나토미아』를 번역하게 된 경위와 또 번역에 따른 고생담을 요약한 위의 대목은 『난학사시』의 압권이라고 할 수 있는 부분이다. 이 앞부분에는 서양인들의 출현과 네덜란드 의학의 전래, 네덜란드 어학의 성행, 겐파쿠 자신이 어학에 개안하게 된 경위와 『타펠 아나토미아』의 입수 과정 등을 적고 있다. 그리고 책의 후반부에서는 『해체신서』의 출판을 통해 난학의 도입과 전파가 점차 활발해졌다는 점을 밝히면서 붓을 내려놓았다.

NOTES

후쿠자와 유키치|福澤諭吉 : 1834~1901. 일본의 사상가이자 교육자이다. 1868년 메이지 유신 때 정부 요인이 아닌 민간인 가운데 가장 큰 영향력을 행사했다. 서유럽 사상의 도입에 앞장섰고, 평소에 스스로 거듭 표현한 대로 일본의 '힘과 독립'의 증진에 기여했다. 계몽을 위한 많은 저서를 남기기도 했다.
마치부교|町奉行 : 하타모토 중에서 선발한 직책으로, 에도·교토·오사카·나라·나가사키 등에 두고 행정과 사법, 경찰 등의 역할을 수행했다.

양생훈
(養生訓)

에도 전기의 주자학자 가이바라 에키켄(1630~1714)의 대표작으로, 심신의 양생에 대해 기술한 책이다.

내용은 의학과 불교의 가르침을 중심으로 음식·음주·음다飮茶·신색욕愼色欲·오관五官·이변二便·세욕洗浴·신병愼病·택의澤醫·용약用藥·양로養老·육아·침술·뜸 등 14개 항목을 당시 한발 앞선 시각에서 평이하게 설명했다.

INTRO

『양생훈』은 생활 및 건강과 관련된 내용에 조금 도학道學적인 말을 가미해 정신 수양과 자연요법에 의한 양생의 길을 제시한 책이다. 그 무렵이 실력을 갖추지 못한 의사들이 활개치던 시대였음을 감안한다면 이 책만큼 사실에 근거해 과학적인 사고방식으로 접근한 양생술도 드물다고 할 수 있다.

가이바라 에키켄은 1630년 1월 14일 후쿠오카福岡 성내에서 태어났다. 호는 손켄損軒이었으며(80세 가까이 되어 호를 에키켄으로 바꾸었다), 이름은 아쓰노부篤信, 자는 시세이子誠이다. 어려서부터 매우 총명했던 에키켄은 수학을 좋아했고, 독학으로 일본 문학에 관한 책을 많이 읽었다. 14세 때 형에게 한문을 배웠고, 19세 때부터는 후쿠오카 번의 고난도小納戸(식사·이발 등 번주의 일상생활을 담당하는 직책)가 되었다. 그러나 곧 아버지를 따라 에도로 나왔고, 이듬해에는 나가사키長崎로 갔다.

번으로 돌아간 뒤에는 번주의 노여움을 사고 관직에서 물러나 아나이 겐쇼六井元冲에게 의학을 배우며 그의 실증적 학풍을 배웠다. 28세 때 다시 후쿠오카 번에서 임관을 허락받고 교토로 가서 공부하라는 명을 받아 35세 때까지 교토에서 유학儒學을 공부하는 한편, 다방면의 학자들과 교류했다. 에키켄은 39세 때 유학자로서의 입지를 굳히고 번으로 돌아와 70세 때까지 유학(주자학)을 강의했다.

한편 그는 뛰어난 여행가이기도 했다. 자신의 조사에 근거한 여행기와 지지地誌, 풍토기를 많이 남겼다. 저서로는 『양생훈』 외에도 『야마토 본초大和本草』, 『채보菜譜』, 『본초강목화명목록本草綱目和名目錄』, 『가도훈家道訓』, 『화속동자훈和俗童子訓』, 『신사록愼思錄』, 『대의록大疑錄』 등이 있다. 에키켄은 1714년 84세의 나이로 병사했으며, 이 책은 죽기 한 해 전에 탈고한 것이다. 에키켄은 본초와 관련된 저서를 많이 남겼다. 때문에 일반인들에게는 의사보다는 본초학자로 널리 알려져 있다. 그러나 그의 이름을 훗날까지 전한 것은 『양생훈』이다. 그는 학문을 통해 세상에 도움이 되고자 하여 거의 모든 저술을 일반 사람들이 이해하기 쉬운 통속체 문장으로 적었다. 『양생훈』도 그중 하나이다.

최고의 양생법은 정신 수양

내용은 누구나 쉽게 이해할 수 있는 것이지만, 문제는 누가 실천할 수 있는가였다. 이 책의 「총론·상」에 실린 개략적인 내용은 다음과 같다.

건강과 장수는 누구나 몹시 바라는 것이다. 그러나 왜 건강해야 하고 장수하려고 하는지를 먼저 생각해 보아야만 한다. 자신의 몸과 생명이 천지, 부모 그리고 그 밖의 많은 사람들 덕에 존재한다는 데에 생각이 미치면 하늘과 땅 그리고 부모에게 효도를 다하고, 많은 사람들에게 축복을 받으며 함께 기뻐하고 싶다는 바람이 생긴다. 이것이 인생의 가장 큰 중대사이다.

이런 생각을 하게 되면 사람의 목숨과 신체는 다른 무엇과도 바꿀 수 없는 소중한 것임을 알게 된다. 그럼에도 불구하고 자기 몸을 잘 다스리는 길을 알지 못하고 스스로 몸을 망치는 것은 실로 어리석은 일이 아닐 수 없다. 몸을 망치는 근본적인 이유는 무엇일까? 그것은 '사욕'이다. 사욕의 두려움을 알고 평소에 근신하며 생활하면 오래도록 장수할 수 있으나, 이를 알지 못하면 비록 장수한다 해도 화禍가 많을 것이다. 또 명이 짧아 재물만 잔뜩 쌓아두고 죽는다면 "목숨이 있고 나서 물건이 있다"는 말만 듣게 될 것이다.

몸을 해치는 원인은 2가지인데 바로 '내욕內慾'과 '외사外邪'이다. 내욕을 버리고 외사를 방지하는 것이 양생법이다. 내욕이란 음식·수면·호색·요실饒舌의 욕심과 희喜·노怒·애愛·사思·비悲·공恐·경驚이라는 이른바 칠정七情의 욕심이다. 외사란 바람·추위·더위·습기 등과 같은 기후적 요인이다.

그리고 색욕과 식욕에 대한 욕심을 줄이고 마음을 항상 화평하고 즐겁게 유지하는 것이 양생의 요점이다. 병치레가 잦아도 욕심을 억제하면 장수하면서 훌륭한 업적을 남길 수 있다. 태어나면서부터 건강하더라도 욕심만 따른다면 일찍 죽게 된다. 이는 자살과 마찬가지이다. 그러므로 양생의 방법은 정신을 잘 다스리는 것이다.

이는 『양생훈』의 정수로서 인생의 참된 의미를 이해하고 그것을 위해 자신의 몸을 지키는 방법을 소개한 것이다. 이를 정신주의나 금욕주의라고 거부하는 사람도 있었으나, '몸과 마음이 하나인 인간', '환경과 인간은 일체이다'는 것이 분명하게 밝혀지면서 새로운 과학적 의학도 이 같은 사고방식을 따르지 않으면 안 되게 되었다. 오늘날 건강과 장수학에서도 장수에 가장 필요한 요소로 유전·영양·정신의 3가지 요소를 손꼽으며 특히 정신적인 요소의 중요성을 인정하고 있다.

이 「총론·상」이 '씨줄'이라면 '날줄'에 해당하는 것이 「총론·하」이다. 이 장에서는 구체적인 사례를 들어 양생법을 논하고 있다. 그리고 결론에서 4가지 기본 원칙(4항)과 4가지 적게 해야 할 일(4과四寡), 그리고 4가지 반드시 해야 할 일(4요四要) 등을 각각 소개하고 있다.

1. 내욕을 절제하고, 외사를 방지하며, 때때로 육체적으로 힘든 노동을 하고, 함부로 드러눕지 않는다. (4항)
2. 생각을 적게 하여 마음을 기르고, 욕심을 적게 가져 정기를 기르고, 음식을 적게 먹어 위를 보양하고, 말을 적게 해 기를 보강해야 한다. (4과)
3. 화내는 일을 삼가고, 깊은 생각을 적게 하며, 말을 줄이고, 언행을 삼가야 한다. (4요)

책 후기에는 에키켄 자신이 젊어서부터 옛사람의 양생서를 많이 읽고 '스스로 시험 해보아 효과가 있는 옛말'을 한데 모아서 '이생집요頤生輯要'(미간행)이라는 제목으로 제자들과 사람들에게 전하고자 했던 생각이 적혀 있다. 『양생훈』은 그 책을 요약한 것이다.

의학의 목적은 병을 치료하는 것뿐만 아니라 사전에 예방하는 것이다. 따라서 일반 대중을 위해 건강에 이르는 길을 설명하고 인간이 올바르게 살아가야 할 방식을 가르쳐 주고 있는 이 책은 실로 의술이 가야 할 길을 바르게 제시한 책이라 할 수 있다.

그런데 '에키켄의 『양생훈』'이라고 하면 대부분의 사람들이 '성교의 횟수를 적어 놓은 책'으로 알고 있다. 양생의 가르침이므로 성에 관한 내용도 빼놓을 수 없겠기에 『양생훈』 4권 「신색욕」이라는 글에서 성교를 다루었으나 그 내용은 전체의 50분의 1인 4쪽에 불과하다. 거기에는 "색욕을 제멋대로 처리하면 단명한다. 강장 보약을 사용하지 말라"라고 쓰여 있다. 또 교접의 횟수와 연령의 관계, 방중보익설房中補益說(방중술), 방사의 금기 등에 대해서는 『천금방千金方』에 나오는 글을 소개하고 그것을 자신의 체험에 비추어 보충했다. 횟수에 관해서는 "손사막孫思邈(581~682, 수나라 말기와 당나라 초기의 명의이자 신선가)이 『천금방』에서 말하기를, '20세는 4일에 한 번 사정하고, 30세는 8일에 한 번, 40세는 20일에 한 번, 50세는 한 달에 한 번, 60세는 정기를 막아 사정하지 않는다'라고 했으나 "지금 생각해 보면 『천금방』에서 말한 것은 보통 사람을 기준으로 한 것이다"라며 사람마다 다르다고 했다. 당시에는 터부시되었던 성에 대해 이토록 자세히 말할 수 있었다는 점도 주목하지 않을 수 없다. 이 책이 고전인 이유는 여기에 있다.

도비문답
(都鄙問答)

에도 시대 중기의 심학자心學者 이시다 바이간(1685~1744)의 대표작으로, 이시다 심학心學●의 진수가 담겨 있다.
1727년부터 1739년까지 10여 년에 걸쳐 강의한 내용을 정리하고 편집했다. 심학의 근본을 저잣거리에서 이야기를 들려주는 형식으로 알기 쉽게 제시했다. 전 4권이다.

INTRO

『도비문답』이 최초로 출판된 시기는 1739년으로, 이시다 바이간이 55세 되던 때의 일이다. 그가 강의를 시작한 지 10년이 되었을 때 그의 주장을 믿고 따르는 충직한 제자들의 간청에 따라 그가 자부하는 소신을 널리 세상에 알리고자 한 것이 이 책의 간행 동기이다. 훗날 일본 전국에 퍼진 그의 일파, 곧 이시다 심학자들 사이에서 이 책은 경전처럼 떠받들어졌다.

그가 살았던 교호享保(1716~1736)와 겐분元文(1736~1741) 시대는 물론 그보다 앞선 겐로쿠元禄(1688~1704) 시대가 되면서 조닌町人, 곧 상인 계급은 서서히 사회적 지위를 확립했고, 자신들의 부를 이용해 화려한 겐로쿠 문화를 탄생시켰다. 그러나 쇼군 도쿠가와 요시무네德川吉宗(제8대 쇼군, 재위 1716~1745)가 교호 개혁을 단행하면서 소박함과 검소함을 내세운 긴축 정책을 실시하자 조닌 계급은 반성의 시대라는 하나의 커다란 전환기를 맞이하게 되었다.

바이간은 교토의 상가에서 일을 배울 때의 경험을 통해 그 같은 시대적 요청을 깊이 체감했기 때문에 조닌의 사회적 의의를 강조하면서 이른바 본질적인 평등을 강하게 주장했다. 아울러 조닌 자신들도 스스로의 사명을 자각해 그 도덕성을 유지하고 고양시킬 것을 요구했다. 주자학의 성리설을 사고방식의 기본 틀로 삼으면서도 조닌인 자기 자신의 체험과 반성을 통해 불교와 신도에서 주장하는 내용도 경청해 "어느 하나에 물들지 않고 어느 하나도 버리지 않는다"라는 매우 자유롭고 관용적인 태도를 지니게 되었다. 그는 명의가 환자의 병세에 따라 자유롭게 약을 사용해 병을 고치는 것처럼 우리도 유儒·불佛·신神의 삼교를 적절히 이용해 마음을 닦는 도구로 삼아야 한다고 주장했다. 그의 심학은 데지마 도안手島墰庵 등의 제자들을 통해 일본 전국에 널리 소개되었고, 막부 말기에는 서민 생활에 큰 영향력을 발휘했다. 당시의 학문이 점차 체제 순응적으로 변질되었던 것에 비해 『도비문답』은 시대와 사회에 늘 비판적인 시각을 지니고 있었다는 점에서 특히 높이 평가되어야 할 것이다.

상인에게는 상인의 길이 있다

이시다 바이간은 원래 단바丹波 지방 가메오카龜岡의 빈촌 출신으로, 소년 시절부터 교토로 상경해 상가의 심부름꾼으로 일하는 한편 틈틈이 책을 읽었다. 중년 이후에는 인생에 회의를 느껴 유명한 학자들의 강의를 듣기 위해 여러 지방을 찾아다니며 경청하기도 했다. 그러나 어떤 스승을 사사하며 특정한 정규 학문을 연구한 적은 한 번도 없었다. 그러다가 우연히 오구리 료운小栗了雲을 만나 '성性'이란 '이理'와 마찬가지로 추호도 사사로움이 없다는 것을 깨달았다. 그리고 그와 같은 도리를 많은 사람들에게 알려 주어 사람들이 자신의 '성'을 그대로 따르면 편안하고 즐겁게 생활할 수 있다는 것을 설파하기 위해 마침내 하던 일을 그만두었다.

그러고는 자신의 셋집 앞에 '강의 수강 대환영, 강의료는 무료'라고 써 붙이고 훗날 이른바 심학이라고 불리게 되는 사상을 강의하기 시작했다. 이때가 1729년으로, 바이간이 45세 되던 때의 일이다. 그리고 얼마 지나지 않아 고향에서 어떤 사람이 그를 찾아왔다.

"고향에서는 자네가 경서經書 강의를 하게 되었다고 모두들 기뻐하고 있었는데, 어느 학자가 말하기를 자네의 학문은 이단이고 성인의 올바른 길이 아니며, 단지 '성性'을 안다, 마음을 안다 하면서 당연한 것을 가지고 사람들을 현혹하고 있을 뿐이라고 하더군. 만일 그렇다면 하늘에 큰 죄가 아닐 수 없네. 이대로 고향에 돌아가도 어떻게든 먹고살 수는 있으니 일찌감치 강의 따위는 걷어치우는 것이 좋지 않겠는가?"라고 했다.

이에 바이간은 "참된 학문이란 무슨 책을 읽고 무슨 글을 암기했다는 것이 아닙니다. 진정으로 자신의 '성'을 일고 그에 띠리 도를 챙하는 것이 참된 학문입니다. 도는 하나일 뿐, 사농공상이라고 해서 하등 다를 것이 없습니다. 나는 상인에게는 상인의 길이 있다는 것을 알리기 위해 강의의 장을 마련한 것입니다"라고 했다.

이 책에는 이러한 문답을 비롯해 효의 길과 무사의 길, 상인의 길, 의사의 길 등 16개 항목이 제자와 나눈 문답 형식으로 수록되어 있다. 그중 상인의 길에서 특히 주목을 끄는 대목이 있다. "상인은 이윤을 남기는 것이 당연하며, 그것은 무사가 군주에게서 받는 녹봉과 마찬가지이다. 그러므로 일 전이라도 함부로 가볍게 여겨서는 안 되며, 그것을 쌓아 부를 이루는 것이 상인의 길이다"라고 했다.

그는 그때까지 특히 무사에게 인정받지 못하며 천시되어 온 영리 행위와 상인의 길을 적극적으로 긍정하는 주장을 편 다음, 단 이득을 얻는 데에도 도가 있다며 정직을 신조로 삼아 악덕하게 이중의 이득을 얻고자 해서는 안 된다고도 했다.

검약은 안분지족이다

예로부터 "상인과 병풍은 똑바로 세워지지 않는다"라는 말이 있지만 이는 잘못 전해진 것으로, 원래의 의미는 사람이든 병풍이든 땅이 평평하지 않으면 똑바로 설 수 없다는 의미이다. 진정한 상인은 '남이 잘되고 나도 잘되는 길'을 생각해야만 하는 것이다.

그러려면 우선 평소의 검약이 중요하다. 검약과 인색은 다르다. 이는 재물을 적절히 사용하는 것이며, 자신의 욕심을 억누르고 나머지를 세상을 위해 그리고 사람들을 위해 사용하는 것이다. 곧 세상을 위해 3개 필요한 것을 2개로 줄이고자 하는 것이 바로 검약이다.

검약을 지키면 많은 재물은 모이지 않지만 저절로 풍요로워지고 또 세상에 해를 끼치지 않게 된다. 아울러 벌이가 적더라도 마음이 편안해, 곤궁한 사람과 어려운 일에 처한 사람이 있으면 힘을 빌려 주어 은혜를 베풀 수 있다. 이것이 검약의 덕이라고 말한다.

바이간이 말하는 검약은 재물에 국한된 것이 아니다. 그는 마음의 검약을 언급하며 항상 욕심을 부리지 않고(지족知足) 자신의 분수에 맞추어(안분安分) 어떤 일에서나 법도에 맞는 마음가짐을 갖는 것이라고 설명했다. 곧, 검약은 '안분지족'의 길이며, 궁극적으로 사람이 날 때부터 가지고 있던 정도로 되돌아가는 것이라고 말했다.

형태가 마음이다

『도비문권』 3권은 '성리문답性理問答의 단段'이라는 제목을 붙여 특히 원론적인 문제에 대한 문답을 전개했다.

그 가운데 "장구벌레는 물속에 있을 때는 사람을 물지 않지만 모기가 되면 그 즉시 사람을 문다. 개구리는 개구리 형상으로 태어나면 뱀을 두려워한다"는 말을 인용해 일반적으로 형태가 있는 것은 그 형태가 바로 마음이라고 했다. 그리고 인간의 형태를 하고 있는 사람은 모두 오륜의 도를 실천해야 한다고 말했다. 곧, 사물과 마음은 둘로 나누어지는 것이 아니며, 있는 그대로의 형태 속에 있어야 할 도(이理)가 간직되어 있다는 것이다. 이것이 바로 바이간의 심학에서 '응당 있어야 할 것'이라고 말하는 것으로, 바이간 심학의 핵심을 이루는 내용이다. 그러나 일반적으로 오늘날에는 그러한 원론적 문제보다는 그가 무사 중심 사회에서 조닌의 입장을 긍정하고 정직·검약·근면의 덕을 가르쳐 나도 잘되고 남도 잘되게 하는 길을 제시한 대목에 역사적 의의가 인정되고 있는 듯하다.

NOTES

심학心學 : 에도 시대 때 신도·유교·불교의 3가지 종교를 융합해 그 교지를 평이한 말과 통속적인 예로 설파한 일종의 서민 교육을 말한다.

규오도화
(鳩翁道話)

에도 시대 후기의 심학자 시바타 규오(1783~1839)가 도에 관해 남긴 말을 그의 아들 유오遊翁가 편집했다.
근세 300년 동안 사무라이 계급에 널리 소개되었던 유교적 도덕을 일반 서민과 농민, 상인 그리고 가정의 부녀자들에게까지 널리 소개하기 위한 목적에서 편찬되었다.

INTRO

시바타 규오는 교토 출신으로 상인 집안에서 태어났으나 무슨 이유 때문인지 가업을 물려받지 못하고 집을 나와 한때 군사 서적에 관한 강의 등을 업으로 삼아 지냈다. 심학자 삿타 도쿠켄薩埵德軒의 천거로 이시다 바이간을 알게 되어 이시다 심학에 입문했다. 그 후 수행을 거듭해 교육 기관인 메이린샤明倫舍의 강사가 되었고, 나중에 슈세이샤修正舍를 부흥시키고 그 사주舍主가 되었다.

특히 화술이 뛰어나 명성이 대단히 높았으며 그로 인해 여러 지방에 자주 초빙되었다. 중년 이후에는 실명해 불편한 몸이 되었으나 매년 방방곡곡을 돌아다니며 강연하느라 어느 한 곳에 오래 머물 틈이 없었다고 한다.

규오의 '도화道話', 곧 심학 훈계는 양자인 유오가 매번 강연 자리에 배종해 규오의 말을 그대로 받아 적어 이루어진 책이다. 그의 도화가 최초로 목판 인쇄된 시기는 1835년 3월이었다. 누구나 이해하기 쉽고 재미있게 읽을 수 있도록 일상적인 구어체로 쓰인 이 책은 간행되자마자 큰 인기를 끌어 이듬해 7월에는 속편이 간행되었고, 1838년에는 다시 후속편이 간행될 정도였다. 수많은 심학의 훈화 가운데 대표적인 명작이다.

백성들을 위한 성인의 가르침

옛날 교토에 이마오지 도산今路道三이라는 명의가 있었다. 어느 날 구라마구치鞍馬口에 살고 있는 사람이 곽란霍亂(급성 위장병)을 고치는 약을 만들어 팔면서 이마오지에게 간판을 부탁했다. 이마오지는 가나 문자를 섞어서 '하쿠란 약'(일본어로 곽란은 '가쿠란'이라고 읽는다)이라고 써 주었다.

그랬더니 간판을 청한 자가 심하게 화를 내면서 "선생님, 이것은 곽란약인데 왜 하쿠란이라고 쓰셨습니까?"라고 따지고 물었다. 그랬더니 이마오지는 웃으면서 "구라마구치에서는 교토 시내로 출입하는 문으로 왕래하는 사람이 산골의 나무꾼들뿐인데 가쿠란이라고 써 봐야 못 알아보네. 하쿠란이라고 써야 제대로 통할 걸세. 제아무리 진실이라고 해도 알아보지 못하면 아무 소용 없는 법일세. 비록 하쿠란이라고 써도 약에 효능만 있다면 그것으로 된 게 아닌가?"라고 했다.

도화에는 이처럼 재미있는 이야기가 많다.

제아무리 성인의 길이라고 한들 알아듣지 못하는 어려운 말은 여자나 어린아이들의 귀에 전혀 들어가지 않는다. 심학의 도화란 지식인을 위한 것이 아니다. 그저 매일매일 일에 쫓겨 여가 없이 살아가는 백성과 상인들에게 성인의 길을 알려 주고자 한 선사先師(이시다 바이간石田梅巖)의 뜻에 따라 되도록 알기 쉬운 말로 비유를 섞어 만담 같은 내용으로 꾸며 도리에 맞는 것이라면 불교든 신도든 가리지 않고 받아들여 말하는 것이다. 가벼운 말이라고 비웃지 말라. 이는 본의는 아니지만 일반 백성들이 이해하기 쉽게 하려고 그렇게 서술한 것이다.

이러한 전제를 내걸고 『맹자』와 『중용』 그리고 기타 경서의 한 구절을 표제로 삼아 그 의미를 알기 쉽고 이해하기 쉬우면서도 조금도 지루하지 않고 술술 읽을 수 있노록 설명한 심학 도화의 대표작이 바로 이 책이다. 그 가운데 가장 널리 알려져 있는 두세 가지 이야기를 소개하겠다.

교토 개구리와 오사카 개구리의 이야기

나니와難波(오사카의 옛 지명)를 구경할 생각으로 길을 나선 교토의 개구리와 교토를 구경하려고 길을 떠난 오사카 개구리가 덴노天王 산 근처의 길가에서 우연히 만났다. 먼길을 가지 않아도 우선 덴노 산의 꼭대기에 오르면 교토도 오사카도 한눈에 보인다고 해서 그 꼭대기에 올라 발뒤꿈치를 들고 멀리 내다보았다. 교토 개구리는 "명소를 보니 그다지 교토와 다르지 않군" 하고 말했다. 오사카 개구리도 "예부터 화려한 수도라고 이름만 높았지, 오사카와 다를 게 없군" 하고 말했다. 개구리는 등에 눈이 붙어 있으므로 두 개구리가 뒷다리로 서서 바라본 것은 각각 자기가 떠나온 고향이었던 것이다.

— 사람은 눈을 어디에 두느냐가 중요하다. 그것이 잘못되면 모든 판단을 그르치기 때문이다.

소라의 자랑

소라는 도미와 농어를 보고 "너희들은 그물과 낚싯줄에 걸리면 금세 어부에게 잡히지만 나는 껍데기 속에 들어가 뚜껑을 닫고 있으면 사람에게 붙잡히는 일이 별로 없지"라고 늘 자랑했다. 그러던 어느 날 아무래도 주위가 이상해 껍데기 밖으로 나와 보니 '이 소라는 16냥'이라는 가격표가 붙여진 채 생선 가게에 나란히 놓여 있는 것이 아닌가.

— 사람은 자신의 재산이나 지위 또는 지식이나 기량을 믿고서 그것만 있으면 문제 될 것이 없다고 거기에 매달리지만 그것은 결코 끝까지 의지할 만한 것이 못 된다는 비유이다.

꽃구경 철의 유료 변소

교토 아라시야마嵐山에 사는 한 서민이 유료 변소를 생각해 내어 많은 돈을 벌었다고 한다. 그 이야기를 들은 옆집 사람이 그 이듬해에 더욱 화려한 변소를 짓고 사용료로 배나 되는 돈을 받으려 했으나 기대에 어긋났다. 그러자 그는 이튿날 아침 일찍부터 상대방 변소에 틀어박혀 하루 종일 아무도 못 쓰게 하고는 꽃구경을 하러 온 손님들이 하는 수 없이 모두 자신의 변소를 사용하도록 했다.

— 돈을 벌기 위해서라면 남을 짓밟고 나쁜 짓을 해도 부끄러운 줄 모르는 사람의 거친 처사에 대한 비유이다.

항아리에서 손이 빠지지 않게 된 노인

술을 못 마시는 노인이 술자리에서 술 대신 나온 별사탕이 든 항아리 속에 손을 집어넣었다가 손이 빠지지 않아 큰 소동이 벌어졌다. 하는 수 없이 값비싼 중국제 항아리를 두들겨 부수고 보니 노인은 손에 한 움큼의 별사탕을 쥐고 있었다.

이 책에는 이처럼 가벼운 웃음을 자아내는 다양한 이야기가 들어 있지만 이는 단지 웃음을 주려고 쓴 것이 아니다. 스스로 자기 자신을 되돌아보며 반성하게 만드는 내용이 바로 도화이기 때문이다. 이 밖에도 놀기 좋아하는 아들이 부모의 애정과 참된 마음을 깨닫고 감동해 마음을 바로잡고 훌륭한 사람이 되어 은혜를 갚는다는 이야기, 품행이 나쁜 사람에게 시집을 가서 그런 남편을 잘 받들고 나이 든 시부모까지 잘 공양했다는 스오周防(지금의 야마구치山口 현 동쪽 지방) 지방의 어진 아내

등 당시 실제 있었던 일화가 실감 나는 이야기로 사람들에게 전해져 숙연한 감동을 불러일으켰던 것이다.

『규오도화』는 본편 외에 속편과 속속편이 있으며, 각 편은 3권으로, 또 각 권은 상·하 2편으로 나누어져 있어 모두 합치면 9편 18권이 된다. 각 책마다 그 첫머리는 예를 들어 "맹자께서 이르기를 '인仁은 사람의 마음이며, 의義는 사람이 가는 길이다. 그 길을 버리고 그 마음을 내쳐 구할 길을 알지 못한다면 가없은 일이다'라고 하셨다"와 같이 경서의 한 구절을 언급하고, 그 의미를 인이란 무리가 없는 것, 의란 무리를 하지 않는 것이라는 식으로 알기 쉽게 나누어 해설했다.

그런 다음 그것이 그저 글에만 나오는 말이 아니라 듣는 사람들과 밀접한 문제임을 다양한 실화담과 비유담을 통해 알려 주었다. 그리고 듣는 사람이 싫증 내지 않고 졸지 않도록 재담과 우스갯소리를 섞는 등 한 편의 구성에도 크게 고심한 흔적이 보인다.

3장

종교

불교
선불교
경전

일본 불교의 흐름

설법·강화·불전

불교에 관한 이야기가 설법이고, 설법을 좀더 알기 쉽게 강의하듯 풀어서 이야기한 것이 강화講話이며, 이것을 글로 적어 남긴 것이 바로 불전이다. 따라서 불전·강화·설법은 모두 동전의 앞뒷면처럼 표리일체를 이루는 것으로 각기 나누어 구분할 수 없다.

석가모니는 중인도에 있는 마가다국의 갠지스 강 지류인 나이란자나 강가에서 깨달음을 얻은 뒤, 같은 중인도의 말라국 쿠시나가르에서 열반에 들기까지 40여 년간 하루도 쉬지 않고 설법 여행을 계속했다. 불전의 대부분을 이루는 강화는 이 기간 동안 행해진 설법을 한데 모은 것으로, 이것이 문자화되어 오늘날 '경經'으로 전하고 있다.

석가모니가 교화 여행을 하는 동안 그를 스승으로 받들며 따르는 사람들이 많이 생겨났다. 직업과 처자를 버리고 부모를 떠나 석가모니와 행동을 함께한 열렬한 불교 신자들은 일정한 의식과 수행을 거쳐 남자는 비구, 여자는 비구니가 되었다. 비구나 비구니가 되기 전의 수행승을 각각 사미沙彌와 사미니沙彌尼라고 부른다. 한편, 직업과 가족을 지닌 채 세속에서 열심히 불교의 가르침을 따르고 불교적인 생활을 하는 사람을 남자는 우바새優婆塞, 여자는 우바이優婆夷라고 한다. 석가모니는 이처럼 다양한 형태의 불교 신앙을 허용했으며, 저마다 자신의 상황에 알맞은 불교적 생활 방법을 지도했다. 이것이 바로 계율이다.

앞서 설법을 한데 모은 것을 '경'이라고 했다면 이것은 '율律'이라고 한다. '경'과 '율'의 수가 점점 늘어나면서 그 참뜻을 올바로 이해하는 일도 더욱 어려워졌다. 때문에 많은 연구가 이루어졌고 그만큼 주석도 추가되었다. 이러한 연구와 주석을 '논論'이라고 한다. 경·율·논 모두 각각 방대한 수에 이르자 이것들을 각각의 범주로 정리해 후세에 전하려는 움직임이 일어났다. 그러한 카테고리는 고대 인도어로 '비타카Vittaka'라고 하는데, 이는 바구니라는 의미이다. 중국에서는 말의 의미를 고려해 '장藏'이라고 번역했고, 경·율·논의 3가지 '장'을 합해 '삼장三藏'이라고 불렀다. 일례로 중국의 장편소설 『서유기』로 유명한 현장玄奘(600~664)의 '삼장법사'라는 존칭은 '널리 삼장에 정통한 고승'이라는 의미이다.

'경·율·논' 삼장 가운데 경과 율의 이장二藏은 석가모니의 말씀이지만 논장論藏은 후세 사람이 단 주석이다. 이에 따라 경장經藏과 율장律藏을 하나로 보아 '불어佛語의 집성'(칸규르)이라고 하고, 논장을 '주석의 집성'(텐규르)이라고 하여 전체를 2장으로 분류한 것이 티베트 불교(라마교)의 구분법이다. 이것은 후기 인도 불교의 구분법을 계승한 것으로 추정된다.

석가모니가 생존 중에 행한 설법을 바탕으로 한 교설은 세월이 흐르면서 방대한 양이 되었다. 흔히 말하는 '팔만사천 법문'이라는 것은 그 방대함을 감각적으로 표현한 말이다. 실제 경전의 수는 세는 방식에 따라 다르기 때문에 반드시 일정한 것은 아니다.

1934년 일본에서 한역漢譯·한문으로 완성한 '삼장'의 집대성인 『다이쇼 신수대장경大正新修大藏經』은 85권으로, 그중 인도에서 성립된 것(앞부분 32권) 등이 대체로 3,000종, 1만 수천 권이다. 『다이쇼 신수대장경』은 석가모니 이후 인도의 오랜 역사 속에서 다양하게 발전한 불교의 흐름에 기초하면서도 나름대로 독자적인 발전과 형성 과정을 보이는 불전의 여러 경향을 잘 보여 준다. 일부를 소개해 그 특징을 살펴보면 다음과 같다.

아함부 阿含部

'아함阿含'이란, 고대 인도어 '아가마Agama'를 음역한 것으로, 아가마는 '도래到來' 또는 '귀래歸來'를 의미하며 '전승된 것', '성스러운 가르침' 등을 뜻하기도 한다. 수많은 경전 가운데 석가모니의 옛 설교에 가장 가까운 것이 포함되어 있다. 그중에는 많은 학자들이 '이것이야말로 석가모니가 직접 말씀하신 설교이다'라고 인정하고 높이 받드는 『법구경法句經』(담마파다)과 『경집經集』(수타니파타), 『대반열반경大般涅槃經』(마하파리닙바나 숫타, 석가모니의 일생과 그의 열반을 묘사한 내용) 등의 중요한 경전이 있다.

본연부 本緣部

전생의 인연에 대해 말한 경전으로, 석가모니가 전생에 행한 수많은 수행을 다양한 일화로 보여 준다.

석가모니의 위대한 일생은 도저히 이 세상에서의 수행만으로 생각하기에는 너무도 깊은 것이었기 때문에 전생, 거기서 더 거슬러 올라간 전생을 생각하게 된 것으로 여겨진다. 남방불교 신자들 사이에는 '자타카Jataka'(전생 이야기)라는 이름 아래 547개의 이야기가 전해지고 있다. 한역된 것에는 좀더 범위가 넓어져 석가모니가 현세에 있었을 때의 이야기를 담은 『불소행찬佛所行讚』과 『불본행집경佛本行集經』 등도 수록되어 있다. 남방의 '자타카'에 해당하는 여러 한역 경전 중에도 『현우경賢愚經』은 매우 중요한 경전으로, 아프가니스탄과 파키스탄의 불교 미술 — 그 대부분은 석가모니가 전생에서 다른 사람의 생명을 구하기 위해 자신의 생명을 버린 이른바 '사신공양捨身供養' 이야기를 소재로 삼고 있다 — 은 대부분 이 경전에 기초한 것이다.

반야부般若部

위의 두 카테고리가 원시불교의 작품이라면 반야부는 주로 대승불교의 작품이다. 반야란 고대 인도어에서 '진실의 지혜'를 의미하는 '반냐'를 음역한 말이다. 이 말은 석가모니가 빈번히 사용한 것이지만 그 의미가 더욱 중요해진 것은 대승불교가 전파된 이후부터이다. 어떤 의미에서는 대승불교 자체가 『반야경』에 의해 시작되었다고도 할 수 있다. '반야'는 '진실의 지혜'를 뜻하지만, 그것은 곧 '집착하지 않는 지혜'이자 아울러 '실천을 겸한 지혜'이며 깨끗한 마음 바로 그 자체를 말한다. 무수히 많은 『반야경』이 전해지나 가장 규모가 큰 『대반야경大般若經』(600권)과 가장 규모가 작은 『반야심경般若心經』(262자)이 특히 유명하다. 선종禪宗●에서 높이 받드는 『금강반야경金剛般若經』, 진언종眞言宗●에서 늘 사용하는 『반야리취경般若理趣經』 등 각각 특색이 있다.

법화부法華部·화엄부華嚴部

『반야경』에 나오는 '공空'이 보다 현실적으로 활용될 때, 법화경의 '방편方便' 사상(활용되며 직접 도움이 되는 가르침)이 되고 무한히 넓은 정신 세계를 추구하는 화엄경의 '법계法界' 사상이 된다. 이것은 모두 대승불교의 중심 사상으로 중국과 일본에서 행해지는 수많은 불교 유파의 중심 사상이 되었다. 천태종天台宗과 일련종日蓮宗, 화엄종華嚴宗은 모두 이 경전의 가르침을 따른다.

그 밖의 경전들

『보적경寶積部』은 그 이름 그대로 부처님의 가르침을 보물처럼 쌓아 올린 이른바 경전의 집대성을 뜻하며, 과거에는 '방등부方等部'라고 불렸다. 여기에는 49종, 120권의 경전이 들어 있으며, 수기성불授記成佛(부처에게 성불될 것을 약속받는 일)이 그 중심 과제이다. 정토교淨土敎● 경전인 『아미타경阿彌陀經』, 『무량수경無量壽經』 등에도 수록되어 있다. 일본과 중국의 정토교는 이것을 사상적 기반으로 삼아 시작된 것이다.

열반부涅槃部는 '대승열반경'이라고 불리는 것으로, 실유불성설悉有佛性說(누구나 부처가 될 수 있다는 주장)을 담고 있으며, 열반종의 근본이 되고 있다.

그 밖에 대집부大集部와 경집부經集部가 있는데 이는 위의 내용에 포함되지 않은 대승 경전을 가리킨다. 그리고 『대일경大日經』을 비롯한 진언종의 경전들을 밀교부密敎部라고 한다.

NOTES

선종禪宗 : 선불교의 일파이다. 내적 관찰과 자기 성찰에 의해 자기 심성의 본원을 참구參究함으로써 본래의 성품이 부처의 성품임을 깨달을 때 부처가 된다는 것이다. 불립문자不立文字·교외별전敎外別傳·직지인심直指人心·견성성불見性成佛을 주장했다.

진언종眞言宗 : 9세기 초에 홍법 대사 구카이空海가 일본에 전파한 불교의 밀교 종파 가운데 하나이다. 실존 인물인 석가모니를 초월한 존재인 우주의 부처 대일여래大日如来(비로자나불)를 참된 부처로 여긴다.

정토교淨土敎 : 현세에서 수행을 통해 자력으로 깨달음을 얻고자 하는 성도문聖道門과 달리, 아미타불의 종토에 왕생해야 불과를 얻을 수 있다고 하는 불교의 한 종파.

삼교지귀
(三教指歸)

구카이(774~835)가 불교의 진리와 밀교 지상론을 단계적 사상 비판이라는 방법론으로 설명한 이야기로, 전 3권이다.

구카이가 구도 생활을 하며 출가를 결심했을 때 유교의 충효 사상을 내세우며 반대하던 주위 사람들에게 자신의 참뜻을 전하기 위해 지은 책이다.

INTRO

『삼교지귀』는 구카이가 24세 되던 해의 12월에 지은 책으로 처녀작이다.

구카이는 774년 사누키讚岐 지방의 명문가 사에키佐伯 집안에서 태어났다. 15세 때 외숙부 아토노 오타리阿刀大足를 따라 교토로 올라와 18세에 대학의 명경과明經科에 입학했다. 그곳에서 우마자케노 기요나리味酒淨成에게 『모시毛詩』와 『좌전左傳』, 『상서尚書』 등을 배우고, 오카다岡田 박사에게 『좌씨춘추左氏春秋』 등을 배워 유교와 한시문에 정통하게 되었다. 그 후 한 승려와의 만남이 인연이 되어 불교에 입문하게 되었다. 이러한 사정이 『삼교지귀』 서문에 상세히 밝혀져 있다.

서문에 따르면 구카이는 그 승려에게서 『허공장보살구문지법경虛空藏菩薩求聞持法經』을 받아 그 속에 들어 있는 "만일 사람이 법에 귀의해 이 진언을 100만 번 외운다면 곧바로 모든 가르침의 뜻을 암기하는 것이 된다"라는 말을 믿고 이후 도사土佐의 무로도자키室戶崎, 아와阿波의 오다키大瀧 산악, 이시즈치石槌 산 등 산악 수행자들의 성지로 꼽히는 시코쿠四國 지방●의 산을 돌며 구도求道 생활을 했고, 그 후 출가를 결심했다. 그러나 주위 사람들은 출가란 유교에서 말하는 충효의 가르침에 반하는 것이라며 구카이의 뜻을 이해하지 못했고, 이에 그들에게 자신의 참뜻을 전하기 위해 집필한 것이 바로 이 『삼교지귀』였다. 여기서 구카이는 외조카를 불량한 생활을 하는 인물로 설정해 삼교(유교·도교·불교)의 참뜻을 밝혔다.

『삼교지귀』에 등장하는 인물은 거의가 구카이의 주변 사람들로, 가메이고지假名乞兒는 저자 자신이며, 기보龜毛 선생은 외숙부 아토노 오타리, 시쓰가蛭牙 공자는 저자의 조카 그리고 도카쿠兎角 공의 집은 사에키 집안이다. 그러나 교보虛亡 은사는 누구인지 알려져 있지 않다.

먼저 유교를 소개하고 이어서 그것을 도교의 입장에서 비판한 다음 다시 불교의 입장에서 도교를 비판함으로써 불교의 진리가 가장 뛰어난 것임을 희곡풍으로 묘사한 것이 이 책의 특징이다. 이처럼 몇 가지 사상을 단계적으로 구분하고, 가장 나쁜 상태에 있는 인간이 수행이라는 최고의 진리를 통해 눈을 뜨게 된다는 단계적 사상 비판은 훗날 구카이의 대표적인 저서 『비밀만다라 십주심론秘密蔓茶羅十住心論』(전 10권)의 방법론으로 발전했다. 그 책에서 구카이는 당시 사상의 모든 것을 망라한 다음 궁극적으로는 밀교가 최상이라고 설파했다. 『삼교지귀』는 말하자면 구카이의 사고 체계를 이루는 원형이다.

상권 — 불량 청년의 회개

이 책의 등장인물은 유교의 기보 선생과 그의 친구 도카쿠 공, 도카쿠 공의 외조카 시쓰가 공자, 도교의 교보 은사, 불교의 가메이고지 등 5명이다.

이야기는 훌륭한 유학자 기보 선생이 도카쿠 공의 집을 찾아가 도카쿠 공의 외조카이자 불량 청년인 시쓰가 공자의 훈도를 부탁받는 것에서부터 시작된다. 시쓰가 공자의 악행은 이렇다.

"승냥이의 마음처럼 사납고 거칠어 가르침이 소용없으며, 성격은 호랑이같이 포악무도해 예의가 통하지 않는다. 도박과 유희를 일삼으며 매 사냥과 개 사냥만 하고 있다. 유협심이 부족한 데다 사치스럽고 교만해 더 이상 볼 것도 없다. 불교의 인과응보는 물론이고 죄와 복의 업보도 받아들이지 않는다.

술은 취할 때까지 마시고, 음식은 배가 터지도록 먹으며, 색을 좋아하고 잠이 많다. 친척 중에 병에 걸린 자가 있어도 병문안을 할 생각이 없고, 모르는 사람을 만나도 공손히 사귈 뜻이 없다. 버릇없이 부모를 업신여기며, 나이 먹은 노인들을 거만하게 깔본다."

기보 선생은 이 젊은이에게 충과 효, 입신출세 등 유교 도덕의 가르침을 설명하고 마음을 고쳐먹으라고 권한다. 원래 기보 선생은 출중한 외모에 기억력과 이해력이 매우 뛰어나 그의 언변을 당해 낼 자가 없었으니 시쓰가 공자도 그의 말을 듣고는 자신의 행실을 진심으로 뉘우치며 생활 태도를 바꾸기로 맹세한다. 상권은 도카쿠 공이 시쓰가 공자의 변화에 매우 놀라면서도 기뻐하는 것으로 끝을 맺는다.

중권 ─ 도교의 가르침에 탐복하다

그 자리에 동석한 교보 은사가 말참견을 한다. 중권에서는 바로 그가 행하는 도교의 가르침이 설파된다.

어리석은 자를 가장해 자신의 지혜를 감추고, 쑥대밭처럼 헝클어진 머리에 신선을 본뜬 듯 보잘것없는 옷을 입은 채 책상다리를 하고 앉은 교보 은사는 기보 선생의 말이 자신의 가르침에 비해 한참 뒤떨어진다고 말한다. 머쓱해진 기보 선생은 도카쿠 공과 시쓰가 공자와 함께 은사에게 가르침을 청한다.

기보 은사는 유교에 따른 세상의 도덕을 인정하기는 하지만 그것을 초월하는 세계가 있음을 말하고, 장생구존長生久存과 승천할 수 있는 신술神術을 밝히며 그 같은 가르침을 담고 있는 도교의 우월성을 자랑한다. 그의 말을 듣고 크게 감동한 기보 선생과 젊은이는 앞으로 도교를 삶의 지침으로 삼고 따를 것을 결의한다. 여기서 중권이 끝나고 하권으로 넘어가 불교의 가르침이 소개된다.

하권 ─ 삼교의 가르침

하권에 등장하는 가메이고지는 가난한 집에서 태어나 성장한 후에는 세상을 뒤로하고 불교를 수행하는 승려가 되었다. 그는 체구가 몹시 작고 뼈와 가죽만 남아 있을 정도로 마른 데다 머리는 삭발을 하여 흡사 구리 잔 같았다. 얼굴 역시 보잘것없어 눈은 움푹 파였고, 코는 납작했으며, 언청이 입술 사이로는 뻐드렁니가 툭 튀어나왔다. 또 가지고 있는 것이라고는 더러운 바리때와 소의 꼴망태 같은 바리때 자루, 고리가 떨어져나간 석장과 염주뿐이었다. 걸치고 있는 옷도 마을의 거지조차 부끄러워 입지 않을 정도로 남루한 것이어서 어쩌다 마을에 내려가면 기왓장조각과 말똥 세례를 받기 일쑤였다. 그렇지만 상냥한 친구와 신심이 두터운 시주를 알고 지냈으며, 날마다 고된 수행을 거듭하면서 세속의 일은 일절 상관하지 않았다.

도카쿠 공이 가메이고지에게 "출가라는 것은 세상을 방황하며 거지나 게으름뱅이와 섞여 지내는 것으로 충효를 버리는 생활이므로 지금의 삶을 다시 생각하시오"라고 했다. 이에 가메이고지는 유교에서 정의하는 세속의 명리나 도교에서 말하는 신선의 탈속을 모두 부정한 뒤 삼세인과三世因果의 이치를 밝히며 중생에게 권하고 있는 실천 활동이야말로 충효라는 점을 설명했다. 이어서 「무상부無常賦」와 「수보사受報詞」를 노래하며 지옥의 업보를 말하자 기보 은사를 비롯해 그 자리에 있던 사람들이 모두 놀라고 두려워하며 마치 실신하거나 죽은 사람들처럼 아무 말도 하지 못했다.

잠시 후 그 자리에 있던 이들이 가메이고지 앞에 머리를 조아리고 불교의 가르침을 더욱 청하자 「생사해부生死海賦」, 「대보살과大菩薩果」를 통해 윤회와 보리菩提 등의 내용을 설명했다. 이어서 5계 10선五戒十善, 육도六度, 팔정도八正道, 칠각지七覺支, 사념처四念處, 사홍서원四弘誓願 등 불교의 기본 가르침을 설파했다. 이러한 가메이고지의 설명에 대해 사람들은 진심으로 기뻐하고 감복하면서 함께 불덕을 칭송하기에 이르렀고, 마침내 수행 생활을 할 것을 결의했다. 이들 본 가메이고지는 「십운시十韻詩」를 지어 삼교의 뜻을 설파하면서 이야기를 맺는다. 그 「십운시」의 내용은 다음과 같다.

삼교의 가르침은 모든 중생의 어둠을 깨치고 어리석음을 막는다.

사람마다 욕정이 다르듯 가장 뛰어난 의사는 약과 침을 달리 쓴다.

삼강오륜은 공자가 처음 말했고, 그것을 따르고 배워 벼슬길에 나간다.

세상 이치가 변하고 바뀐다는 것은 노자의 가르침으로, 이를 배우러 도관에 임한다.

그러나 불교의 가르침인 금선일승법金仙一乘法이 가장 깊고 그윽하다.

남과 나의 구제를 겸하고 있으니 어느 금수가 이를 잊을 수 있겠는가.

봄꽃은 가지 아래로 떨어지고, 가을 이슬은 나뭇잎에 내려앉는다.

흘러가는 물은 멈추지 않으며, 불어오는 바람은 여러 소리를 낸다.

육진六塵은 빠지기 쉬운 바다이며, 사덕四德은 그곳에서 나와 돌아가는 곳이다.

삼계의 인연을 모르고서 어찌 세속의 속박을 떠날 수 있겠는가.

NOTES

시코쿠四國 지방 : 과거에는 아와阿波·사누키讚岐·이요伊予·도사土佐 지역을 가리켰으나, 지금은 도쿠시마德島·가가와香川·에히메愛媛·고치高知의 4개 지역을 가리킨다.

변현밀이교론
(辨顯密二教論)

일본 최초의 비판 철학서나 비판 신학서를 꼽으라고 하면 홍법 대사 구카이의 『변현밀이교론』을 빼놓을 수 없다. 줄여서 '변론' 또는 '이교론'으로도 불리는 이 책에는 구카이의 저작을 한데 모은 『십권장十卷章』가운데 2권(상·하)이 포함되어 있다.

INTRO

홍법弘法 대사 구카이가 현교顯教(밀교 이외의 모든 불교)와 밀교密教를 비교한 책으로는 이 밖에도 『십주심론十住心論』이라는 책을 들 수 있다.

『십주심론』은 책 이름에서 알 수 있듯이 종교가 없는 낮은 단계에서 서서히 높은 경지에 이르는 과정을 10단계의 마음 상태(주심住心)로 나누어 설명한 책인데, 매우 총체적이고 분량이 방대하다. 그 방대한 내용에서 논하고 있는 모든 교판教判(교상판석教相判釋을 줄인 말로, 모든 불교 경전의 내용과 형식을 가르침의 특징과 우열에 따라 판정하는 것)을 간결하고도 명확하게 둘로 나누어 정리한 것이 이 『변현밀이교론』이다. 『십주심론』이 '세로로 걸쳐 있는 종적 교판'이라면 『변현밀이교론』은 '가로로 걸쳐 있는 횡적 교판'이라 할 수 있다.

다만 이 두 가지 교판서를 볼 때 주의해야 할 점이 있다. 그것은 현교와 밀교를 비교했다고 해서 밀교만이 최고이고 모든 현교는 가치가 없다는 태도는 결코 취하지 않았다는 점이다.

밀교는 물론 최고의 가르침이다. 그러나 다른 가르침을 믿는다 하더라도 일단 밀교의 존재를 알고 접근한다면 이전과는 전혀 다른 위치에 서게 된다. 이렇듯 밀교에는 가치의 전환을 가능케 하는 힘이 있다는 것이다.

일본 최초의 비판 신학서

이 책은 중국에서 대성한 새로운 불교(진언밀교眞言密教)를 그 밖의 일반적인 불교(현교)와 대비해 그 진실을 밝히고자 했다. 곧, 현교와 밀교의 역사적 대비가 아니라 내용과 사상 면의 대비를 시도한 것인데, 이 점이 바로 이 책을 일종의 비판 철학서이자 비판 신학서라고 말할 수 있게 하는 대목이다. 현교와 밀교의 두 가르침을 대비해 구별하고자 한다는 뜻에서 책의 제목을 '변현밀이교론'이라고 지었다. 그렇다면 현교와 밀교는 어떻게 다른가.

한마디로 말하면 현교는 공개성을 지닌 종교이고, 밀교는 공개성을 지니지 않은 종교라고 할 수 있다. 여기서 말하는 공개성이란 언어와 이론으로 그 모든 것을 드러낼 수 있다고 생각하는 입장이며, 비공개성이란 진실은 그러한 일상적인 방법으로는 드러나지 않는다고 하는 입장이다.

그러므로 일상적인 언어가 아닌 참된 언어(진언)는 이를 신봉하는 종파의 이름(진언종真言宗)이 될 정도로 중요한 위치를 차지한다. 일상적이지 않은 동작이나 일상적이지 않은 마음의 작용을 추구하는 것도 같은 맥락이다. 이를 합친 것이 '3가지 비밀스러운 작용', 곧 '신밀身密'·'구밀口密'·'의밀意密'의 삼밀이다.

『변현밀이교론』에 따르면 우리는 이러한 3가지 비밀스러운 작용에 의해 자신의 마음속에 내재하는 진실을 부처 속에서 발견하고, 그 부처를 통해 활동하게 되는 자신의 불가사의함을 깨닫게 되는 것이라고 한다. 이를 말로 설명하면 '비밀'이란 "중생과 부처가 둘이면서 둘이 아니다"(생불불이生佛不二)이다. 이처럼 자신과 우주 또는 유한과 무한의 동일성을 이루는 모든 것을 밀교에서는 '법신法身'(진실의 구현자)이라고 부르며 다른 말로는 '대일여래大日如來'(태양이 모든 것을 비추듯 모든 것을 두루 비추면서 무지와 무명을 제거하는 부처)라고 한다. 『변현밀이교론』에서 현교와 밀교를 변별하는 중요한 기준 가운데 하나가 여기에 있다. 법신을 논하고 있는가 아니면 그 법신이 역사적으로 나타난 증거인 석존을 논하는

데 그치고 있는가 하는 기준이다.

밀교는 말하자면 이 법신인 대일여래의 특별한 설법을 적은 책이자 가르침이다. 이처럼 종교의 대상의 차이(법신과 응신應身 또는 화신化身)와 종교적 수행관의 차이(삼업三業과 삼밀三密) 등을 통해 이 책은 현교와 밀교의 차이를 아주 명료하게 밝히고 있다.

왕생요집
(往生要集)

겐신(942~1017)의 대표작으로, 일본인의 마음속에 지옥과 극락의 이미지를 구체적으로 정착시킨 대표적인 수양론이다. 전 3권. 혼탁한 말세에 극락왕생을 하려면 염불을 외우는 것이 가장 중요하다고 설파하고 경론에서 중요한 부분은 발췌했다.

INTRO

겐신은 자신이 스스로 밝혔듯 천태종 히에이 산의 슈료곤인首楞嚴院에 살았던 학승이다. 9세 때 히에이 산으로 들어갔다고 하며, 그때부터 천태종 승려 료겐良源을 스승으로 삼아 주로 천태종 교학을 공부했다.

40세 무렵에 요코가와橫川 근처에 은거하며 "에이칸永觀 2년(984) 11월, 히에이 산 엔랴쿠 사延曆寺 슈료곤인에서 이 글을 쓰고 다음 해 4월에 탈고했다"(이 책의 말미에 적혀 있는 글)라고 밝힌 바와 같이 약 6개월이라는 짧은 기간 동안에 쓴 이 책은 훗날 일본 정토교뿐 아니라 일본 문화의 다방면에 걸쳐 영향력을 발휘했다. 예를 들어 『겐지 모노가타리』와 『에이가 모노가타리』 등의 모노가타리에서부터 희곡, 와카에 이르는 문학은 물론, 교토 오하라大原의 산젠인三千院 등의 건축과 불상, 내영도來迎圖, 지옥변상도地獄變相圖 등의 회화에도 영향을 주었다. 에도 시대에 들어서는 삽화가 들어간 『화문왕생요집和文往生要集』이 간행되어 널리 유포됨으로써 일본인의 마음속에 지옥과 육도에 대한 관념을 확고히 정착시켰다.

왕생을 위한 10가지 수행법

천태수방엄원사문원신찬天台首楞嚴院沙門源信撰

대저 왕생극락의 교행敎行은 탁세 말대에 요점으로 삼을 만하다. 도인과 속인, 귀한 사람과 천한 사람 등 수많은 유형에 해당하지 않을 사람은 없을 것이다.

현밀顯密의 가르침은 문장으로 드러나는 것이 아니다. 사물의 이치에 대한 업과 인과응보는 그 모습이 여러 형태로 나타난다. 영리하고 지혜롭고 정진을 많이 하는 사람은 어렵지 않겠지만 나처럼 완고하고 노회한 자는 어찌 이를 알겠는가? 그런 이유로 오로지 염불에만 전념하면서 경전의 필요한 글을 한데 모았다. 이를 펼쳐 보고 깊이 수행한다면 깨달음에 이르기 쉽고 실천하기도 쉬울 터이니 모든 수행의 길이 여기에 있다고 할 수 있다.

이를 3권으로 나누어 수록한 내용을 보면, 첫째가 염리예토厭離穢土이고, 둘째가 혼구정토欣求淨土, 셋째가 극락의 증거, 넷째가 정수염불正修念佛, 다섯째가 염불을 돕는 방법, 여섯째가 별시염불別時念佛, 일곱째가 염불의 이익, 여덟째가 염불의 증거, 아홉째가 왕생의 모든 업보, 열째가 문답의 대책이다. 이를 평소에 옆에 놓고 죽음에 대비하라. (원문은 한문이다)

위의 글은 책의 저자명에 이어 첫 권의 첫 문장에 실려 있는 내용이다. 여기에 이 책의 개요가 드러나 있다. 그가 의도한 바는 이렇다. 곧, 이 혼탁한 말세에는 극락에 왕생하기 위한 가르침과 수행이 가장 중요하다.

지혜가 뛰어나고 힘든 수행을 이겨 낼 수 있는 사람들은 현교나 밀교의 많은 수행을 이겨 낼 수 있겠지만 나같이 우둔한 자는 그러한 수행을 해낼 수 없다. 때문에 오로지 염불에만 의지해 경經과 논論에서 그 요점이 되는 문장만을 모았다는 것이다. 따라서 이 책의 내용은 극락정토에 왕생하려면 오로지 염불을 하라는 가르침을 설파한 것이며, 그를 위해 많은 경론에서 중요한 부분을 발췌해 편집했다(160편 이상의 문헌에서 추려 낸 550조 이상의 문상이 인용되어 있다). 그리고 이를 제1장부터 제10장까지 항목별로 소개했다. 각 장의 내용은 다음과 같다.

제1장 「염리예토」에서는 지옥과 아귀, 축생, 아수라, 인간, 천인天人의

육도六道를 설명했다. 이 가운데 특히 지옥에 관해서는 첫 번째 등활지옥等活地獄부터 여덟 번째 무간지옥無間地獄까지 단계별로 생생하게 묘사해 놓았다.

이 지옥의 중생들은 언제나 남을 해치려는 마음이 있어 가끔씩 서로 마주칠 때마다 쇠꼬챙이 같은 손톱으로 서로 할퀴고 잡아뜯어 살점과 피가 다 없어지고 뼈만 남을 때까지 서로 뒤엉켜 싸움을 한다. 그 옆에서는 지옥의 아귀가 쇠몽둥이를 들고 머리끝에서 발끝까지 가루가 되도록 두들겨팬다. 또 어떤 때는 마치 요리사가 생선과 고기를 바르듯이 잘 드는 칼로 몸을 조각조각 바른다. 그런데 한 번 서늘한 바람이 불면 다시 원래대로 살아나 다시금 그 고통을 받아야 한다. (등활지옥의 첫 부분)

제2장 「흔구정토」에서는 극락정토에 대해 "염불의 공덕을 쌓은 사람이 극락정토에서 임종하려 할 때는 큰 기쁨이 절로 용솟음친다. 왜냐하면 아미타여래阿彌陀如來가 많은 보살 및 비구들과 함께 밝은 빛을 발하며 눈앞에 나타나 손을 잡고 정토로 이끌어 주기 때문이다"라고 설파하며 성중래영聖衆來迎의 즐거움을 비롯한 10가지 즐거움을 구체적으로 거론했다. 이처럼 제1장과 제2장을 통해서는 이 세상의 고통에서 벗어나 극락정토에서의 환생을 추구해야 한다는 것을 설명했다.

제3장 「극락의 증거」에서는 시방十方의 정토와 미륵彌勒의 도솔정토가 있음에도 불구하고, 특히 아미타여래의 서방 극락정토를 추구하며 칭송하는 이유를 들고 있는 글들을 모아 그 증거를 보여 준다.

제4장 「정수염불」에서는 예배, 찬가, 작원作願, 관찰, 회향廻向 등 5가지 염문念門(특히 관찰이 중심이다)을 닦아야 한다는 것을 강조했다.

제5장 「염불을 돕는 방법」에서는 염불에 도움이 되는 방법으로 염불을 할 장소와 공양물, 도구, 수행 방법, 태만한 마음을 다스리는 법, 악을 억제하고 선을 행하는 방법, 죄를 참회하고 악마의 유혹을 물리치는 방법 등을 설명했다. 그리고 "대보리심大菩提心과 신身(행동)·구ロ(말)·의意(마음)의 3가지를 올바르게 행하고 아미타 부처의 구원을 굳게 믿으며 성심을 다해 염불하라"라고 설파했다.

제6장 「별시염불」에서는 평소에 특정한 날짜를 택해 행하는 염불과 임종을 맞이했을 때 해야 할 염불에 대해 설명했다. 전자는 특히 천태종에서 말하는 '상행삼매常行三昧'●의 색채가 강하게 드러나는 것으로, 훗날 정토교 염불과 차이를 보이는 점이다.

제7장 「염불의 이익」에서는 염불을 함으로써 죄를 멸하고 선을 쌓게 되며, 나아가 신불의 가호를 얻을 수 있을 뿐 아니라 있는 그대로의 몸으로 부처를 볼 수 있고, 내세에 많은 이익을 얻게 된다는 등의 내용을 설명하고 있다.

제8장 「염불의 증거」에서는 여러 가지 선업善業이 있음에도 불구하고 어째서 오직 염불만을 권하는가에 대하여 답하고 있다. 제9장에서는 「왕생의 모든 업보」를 설명하고, 제10장 「문답의 대책」에서는 그 밖의 여러 문제에 대해 답했다.

NOTES

상행삼매常行三昧 : 천태종에서 세운 4종 삼매의 하나로, 불립삼매佛立三昧라고도 한다. 선정 가운데서 시방(十方)에 계신 부처님이 수행자 앞에 나타나셨음을 뜻하는 말이다. 90일 동안 도량 안의 불상 주위를 오로지 돌기만 하면서 쉬지 않고 아미타불의 이름을 부르며 마음으로 아미타불을 생각하는 수행법이다.

가쿠젠초
(覺禪鈔)

가쿠젠(1143~?)이 30여 년에 걸쳐 저술한 작품으로, 진언종파는 물론 불교 미술과 밀교 미술 연구에 반드시 필요한 문헌이다.
책의 제목은 저자가 붙인 것이 아니라 후세 사람들이 저자의 이름인 곤타이보 가쿠젠金胎房覺禪에서 따다 붙인 것이다.

INTRO

가쿠젠은 처음에는 쇼신承信이라고 불렸다. 곤타이金胎는 자이며, 호는 소쇼호인小將法印이다. 사가嵯峨의 세료 사淸凉寺에 있을 무렵부터 사가노 아자리嵯峨野阿梨 또는 쇼나곤 아자리少納言阿梨라고도 했다. 교토 출신으로 어린 나이에 출가해 닌나 사仁和寺의 가쿠진覺尋, 게이진經尋을 사사했다. 닌나 사의 신조인眞乘院에서 밀관密灌(밀교의 관정灌頂 의식, 밀교의 법을 전하기 위해 머리에 물을 뿌리는 의식)을 받았다. 이처럼 가쿠젠은 주로 사가의 닌나 사에서 공부한 진언종의 학승이자 실천가였으며 결코 어느 일파에도 속하지 않은 채 폭넓은 지식을 구하며 학문에 정진했다. 고야 산에 살았던 적도 있었으나, 만년에는 간주 사의 조도인에 머물며 『가쿠젠초』의 대부분을 그곳에서 집필했다.

그러한 연유로 가쿠젠이 평생에 걸쳐 저술한『가쿠젠초』는 그가 살았던 곳의 이름을 따 '조도인쇼淨土院鈔'라고도 하고, 권수에서 유래해 '백권초百卷鈔'라고도 불린다. 그러나 백 권이라는 숫자는 대강을 말한 것으로, 사본의 종류에 따라 그 수가 일정하지 않다.

진언종 공양법

이 책은 저자인 가쿠젠이 40세 전후부터 조사와 연구, 필사, 해설을 시작해 1217년 그의 나이 75세가 될 무렵까지 적어도 30년에 걸쳐 완성한 진언종에 대한 저술이자 공양법이다. 이 책을 저술하기 위해 예로부터 전해 오는 장소와 옛 기록, 옛 그림 등을 직접 살펴보고 고증을 거쳐 올바르게 기록했을 것뿐만 아니라 실제로 각지의 사원에 안치된 불상을 찾아보고 그대로 그려 냈다. 나아가 각 사찰의 고승들을 직접 만나 이들의 부처에 대한 공양법을 물어보며, 그 기록을 적어 남길 정도로 수많은 노력을 거쳐 만든 책이다.

30여 년 동안 가쿠젠이 찾아다닌 사찰은 현재 알려져 있는 것만으로도 교토의 간논 사觀音寺와 히가시야마東山 초암, 기온祇園 신사, 고야高野 산의 오조인往生院, 사이메이인西明院, 시라카와보白河房, 가주 사勧修寺의 조도인淨土院 등에 이르며, 특히 65세 이후에는 조도인에 머물며 연구와 집필 작업을 했다.

그가 연구한 내용은 여러 부처와 보살의 존상尊像과 존법尊法(공양법), 그에 기인하는 경전(본경本經), 명호名號, 형상形像, 삼매야형三昧耶形(부처를 상징하는 형태), 종자種子(부처를 나타내는 문자), 인명印明(인은 부처가 나타내고 있는 손 모양, 명은 부처를 나타내는 주문), 공능功能, 수행법의 종류, 실례, 그 준비, 권수卷數, 도장道場의 장식, 표백문表白文(부처에게 바치는 글), 권청勸請(부처를 도장으로 불러내는 글 또는 그 방식), 발원發願, 도장관道場觀(도장 안에서 행해지는 관법), 자륜관字輪觀(월륜月輪 속에 그린 아자阿字를 대일여래大日如來로 보고 정신을 집중하는 것), 정념송正念誦, 산념송散念誦, 호마護摩(불 속에 제물을 던져 부처에게 공양하는 의식) 등 다방면에 걸쳐 있다.

밀교에서 부처를 나타내는 존용尊容은 그대로 부처를 받드는 수행자가 몸으로 드러내야 할 자세를 나타낸 것이므로 존상학은 곧 행법학行法學이다. 그 점에서 가쿠센의 이 책은 밀교 수행자들이 필수적으로 실천해야 할 요강을 담은 책이며, 아울러 다른 한편으로는 밀교 미술 연구가들의 빼놓을 수 없는 참고 도서가 되었다. 밀교의 실천(사상事相)과 교리(교상教

相), 형식과 내용, 표현과 사상은 원래 둘이면서도 둘이 아닌(이이불이=而 不二), 분리될 수 없는 것임에도 불구하고 실제 이 두 가지를 모두 체득해 완전한 하나로 파악하는 사람은 극히 드물다. 그 점에서 이 책은 매우 훌륭한 '밀교 개론서'라고 할 수 있다.

오랫동안 사본으로만 전해져 왔으나 현재는 『대일본불교전서大日本佛教全書』 에 7권으로 수록되어 있으며, 「제불부諸佛部」 11편, 「불정부佛頂部」 10편(이상 제1권), 「제경부諸經部」 16편(제2권), 「관음부觀音部」 14편, 「문수부文殊部」 1편 (이상 제3권), 「보살부菩薩部」 14편(제4권), 「명왕부明王部」 19편(제5권), 「천등 부天等部」 16편(제6권), 「잡부雜部」 15편(제7권)으로 이루어져 있다.

이 가운데 「제불부」에는 금강계金剛界와 태장계胎藏界의 대일여래에서 시 작해 법안法眼과 약사藥師, 칠불약사七佛藥師, 아미타, 석가, 광명진언光明眞言이 수록되어 있으며, 「불정부」에는 대불정大佛頂과 치성광熾盛光, 존승尊勝 다라 니, 제존諸尊 다라니, 공양 등의 내용이 들어 있다.

「제경부」는 경전 중심으로 정리된 공양법으로, 청우경請雨經·지풍우경止 風雨經·법화경法華經·인왕경仁王經·이취경理趣經 등 여러 공양법이 수록되어 있 다. 「관음부」·「문수부」·「보살부」·「명왕부」·「천등부」 등은 그 이름에서 알 수 있듯이 공양법과 유래 등을 수록하고 있다.

마지막의 잡부에는 조탑造塔, 수법修法, 어수법御修法(황실에 대한 수행 법)·사리법舍利法·후칠일법後七日法(칠일공양) 등 여러 중요한 존법을 수록 했다.

이 책은 매우 특수한 저술로서 난해한 용어로 풀이된 심오한 사상이 들어 있지만 실은 실천용 서적이다.

원형석서
(元亨釋書)

지은이는 승려 고칸시렌(1278~1346)이다. 스이코推古 천황(592~628) 시대 이래 700여 년간 등장했다가 사라진 400여 명의 고승들의 전기를 중심으로 한 일본 최초의 불교 통사이다. 전 30권. 이 책은 시라카와白川의 사이호쿠안濟北庵, 이세伊勢의 혼가쿠 사本覺寺와 도후쿠 사의 가이조인海藏院에 기거하면서 저술한 것으로, 1322년에 완성되었다.

INTRO

고칸시렌은 1278년 4월 교토에서 태어났다. 8세 때 호가쿠寶覺 선사 단젠湛然의 문하로 들어가 15세 때부터 난젠 사南禪寺의 기안規庵 국사를 모셨다. 16세 이후에는 가마쿠라의 겐초 사建長寺와 엔가쿠 사圓覺寺 그리고 교토의 도후쿠 사東福寺, 난젠 사, 겐닌 사建仁寺 등을 거치며 수행했다. 또한 닌나 사仁和寺와 다이고 사醍醐寺에서 밀교를 깊이 공부했으며, 스가와라 아리스케菅原在輔와 로쿠조 아리후사六條有房 등에게 유학을 배웠다. 이 무렵 "불과 스무 살의 나이로 삼장의 성스러운 경전과 제가의 어록 그리고 구류백가九流百家●의 서적과 본조의 신서 등 읽지 않은 것이 없었다"라는 평을 들었다. 이후 도후쿠 사의 15대 계통을 이었다.

'원형석서'라는 제목에서 원형은 당시의 연호를 취한 것이며, 석서는 '석가의 역사서'라는 의미이다. 1346년 69세의 나이로 가이조인에서 입적했다.

저자는 이 책의 저술 동기에 대하여 서설지에 다음과 같이 밝혔다.

"불법이 이 땅에 전해진 지 어언 700여 년에 고덕高德과 명현名賢이 적지 않았다. 그렇지만 일본의 풍속이 순수하고 질박해 재주가 많은 석학들이라고 해도 아직까지 이를 거론한 적이 없었다.

그동안 별전別傳과 소기小記는 많이 나오고 쓰였지만 통사는 저술되지 않았다. 이에 내가 분발해 선을 수행하면서 틈날 때마다 경사經史를 참고하고 국사에 관한 서적을 살펴보며 널리 여러 기록을 찾았다. 그렇게 날마다 조금씩 쌓고, 달마다 조금씩 묶어 온 지 이미 여러 해가 되었다. 멀리는 긴메이 천황에서 지금의 천황 대에 이르기까지 보완하면서 30권을 이루었다. 그저 한 사람의 말이기는 하지만 삼전의 글보다 못하지는 않을 것이다. 이를 이름하여 '원형석서'라고 했다. 예부터 전해 오는 것은 한쪽으로 치우치므로 지금 다시 역사를 기록한다."

당시까지 출간된 불교 역사서의 부족한 점을 보충해 통사를 쓰겠다는 심정을 밝힌 것이다.

또한 『해장화상기년록海藏和尙紀年錄』에 따르면, 고칸시렌이 일찍이 그 아래에서 수행한 적이 있는 일산일녕一山一寧(1247~1317, 중국에서 일본으로 건너온 선승)에게 일본의 고승에 관한 사적을 어찌하여 자세히 알지 못하느냐는 지적을 받고 부끄럽게 여겨 분발한 것이 이 책을 저술하게 된 동기라고 한다.

불교사로 본 일본 통사

저자는 이 책의 구성에 대해 "이 책은 전傳·찬贊·논論·표表·지志의 5부로 되어 있다. 전의 항목은 10개이며, 찬은 두 항목을 하나로 묶어 많은 것을 종합했다. 논 또한 통通과 별別로 나누었다. 통은 평가를 적은 것이고, 별은 의혹되는 점을 푼 것이다.

표는 하나이며, 지 항목은 10개이다. (…) 10개 항목의 전은 그 사람을 기술한 것이며, 10개 항목의 지는 그 일을 기술한 것이다. (…) 표는 가운데 있으며 전과 지를 통관하고 있다"라고 밝혔다. 찬과 논은 전에 부수하는 것이며 그 안에 포함되는 것이므로 전·표·지의 항목만을 소개하도록 한다.

전―① 전지傳智, ② 혜해慧解, ③ 정선淨禪, ④ 감진感進,

　　⑤ 인행忍行, ⑥ 명계明戒, ⑦ 단흥檀興, ⑧ 방응方應,

　　⑨ 역유力遊, ⑩ 원잡願雜

표―자치資治

지―① 학수學修, ② 도수度受, ③ 제종諸宗, ④ 회의會儀,

　　⑤ 봉직封職, ⑥ 사상寺像, ⑦ 음예音藝, ⑧ 습이拾異,

　　⑨ 출쟁黜爭, ⑩ 서설序說

이와 같은 전체의 구조는 『사기史記』를 본떴으며, 전의 10개 항목은 중국의 양粱나라·당唐나라·송宋나라의 3대 『고승전高僧傳』을 모범으로 삼은 것이라고 저자 스스로도 밝히고 있다. 그렇지만 이와 같은 자료들을 그대로 추종한 것이 아니라 보다 웅대한 구상 위에 재구성한 것이라고 강조했다. '전'은 앞에서 언급했듯 인물에 대한 기록으로, 416명의 고승과 불교 신자들의 생애를 10가지 형태로 분류해 서술했다. 이에 비해 '지'는 사실을 기록한 것으로, 여러 종파의 역사와 사원, 불상의 유래와 「전」에서 누락된 22명의 전기 등이 수록되어 있다. 마지막 부분인 '서설序說'은 이 책의 서론과 총론에 해당하는 내용으로, 저자의 말을 빌리자면 "시종일관 상세한 내용을 싣고자 했다"고 한다.

NOTES

구류백가九流百家 : 중국 춘추전국 시대의 여러 학자와 학파를 이르는 총칭으로, 전한 시대 초기에 사마담司馬談이 제자백가를 음양가陰陽家·유가儒家·묵가墨家·법가法家·명가名家·도가道家의 6가六家로 분류한 것을 반고班固가 『한서』「예문지」에서 6가에 종횡가縱橫家·잡가雜家·농가農家를 더해 구류九流로 분류하고 소설가를 포함해 10가十家라고 했다. 여기에 병가兵家를 더해 제자백가라고도 한다.

흥선호국론
(興禪護國論)

선종禪宗의 승려 에이사이(1141~1215)의 대표작이다. 그의 나이 58세이던 1198년에 구불교의 비난에 답해 일본에서 최초로 선종의 독립을 선언한 책이다. 전 3권. 이 책의 의미는 일본에서 최초로 선종의 독립을 선언했다는 데 있다.

INTRO

에이사이는 14세 때 출가해 히에이 산에서 수계授戒했다. 28세 때인 1168년에 중국 송나라로 건너가 6개월 동안 머물렀고, 47세 때 다시 건너가 5년간(1187~1191) 유학했다. 두 번째 갔을 때는 허암회창虛菴懷敵 선사를 따라 천동산에 들어가 황룡종黃龍宗● 제9대의 법맥을 이었다. 에이사이는 히에이 산에서 천태종의 밀교를 수행했지만 허암회창의 임제종 황룡파의 선을 전수받는 데 큰 지장은 없었다. 허암회창 선사로부터 에이사이에게 전해진 법맥은 제자 묘젠에게 전해졌고 다시 도겐에게 전승되었다.

귀국한 뒤 에이사이가 선승으로서 중앙에 이름이 알려진 것은 선의 계율을 어기지 않는 지율持律 생활을 통해서였다. 새로운 불교의 가르침이 일어나자 구불교 측에서 공격을 하기 시작했다. 에이사이의 선도 예외가 아니었다. 하코자키箱崎의 로벤良辨(일본 화엄종 2대조)이 에이사이의 선을 비난하자 그것을 계기로 조정에서도 선종의 중지를 논하게 되었다. 그러한 정황에 대한 해명으로 에이사이가 저술한 것이 이 책 『흥선호국론』이다.

『흥선호국론』이 간행된 시기는 에이사이가 이 책을 집필한 지 470년이 지난 1666년이었다. 그러나 이때 간행된 판본은 오자와 탈자가 많았고, 정본이라고 할 만한 판본은 1778년에 겐닌 사 도준東晙(1736~1801)의 편집으로 간행되었다.

『흥선호국론』을 집필하여 구불교의 비난에 답하며 선의 입장을 분명하게 밝힌 에이사이는 가마쿠라로 가서 미나모토노 요리토모源賴朝(1192~1199, 가마쿠라 막부 초대 쇼군)의 부인 마사코政子의 초청을 받아 주후쿠 사壽福寺를 창건했으며(1200), 미나모토노 요리이에源賴家(1182~1204, 가마쿠라 막부 제2대 쇼군)의 귀의를 받아 1202년에는 겐닌 사를 창건했다. 에이사이는 이 절을 천태종과 밀교, 선종을 아우르는 수행 도장으로 만들었다. 미나모토노 사네토모源實朝(1203~1219, 가마쿠라 막부의 3대 쇼군) 역시 에이사이를 통해 선종에 귀의했다. 에이사이는 그를 위해 『끽다양생기喫茶養生記』를 집필하여 차의 효능을 설명하기도 했다.

그 후 교토 귀족들의 요청으로 도다이 사의 권승정權僧正(승려의 최고직)이 되는 등 가마쿠라 신불교의 조사祖師들 가운데 가장 높은 지위까지 올라갔다.

『끽다양생기』는 차의 재배에서 마시는 방법에 이르기까지 상세한 내용을 적어 놓은 책으로, 에이사이가 좌선 수행을 위해 식생활을 엄격하게 절제했었음을 말해 준다. 에이사이는 1215년에 75세의 나이로 입적했다.

책의 구성

이 책은 10문門으로 구성되어 있다.

(1) 영법구주문令法久住門 : 불법을 영구히 안주하게 하는 문.

(2) 진호국가문鎭護國家門 : 내란이나 외적, 재난으로부터 국가를 지키는 문.

(3) 세인결의문世人決疑門 : 선종에 대한 세상 사람들의 의심을 없애는 문.

(4) 고덕성증문古德誠證門 : 중국과 일본의 옛 승려들이 선을 중시하고 실천한 사례를 증명하는 문.

(5) 종파혈맥문宗派血脈門 : 종파의 혈맥, 곧 인도와 중국에서 에이사이에 이르는 내용을 소개한 문.

(6) 전거증신문典據增信門 : 여러 경전을 통해 '선'에 대한 근거를 제시함으로써 믿음을 더욱 굳게 하는 문.

(7) 대강권참문大綱勸參門 : 선의 대요를 제시하며 학문에 힘쓸 것을 권하는 문.

(8) 건립지목문建立支目門 : 10개 조목의 규정과 16개 조항의 행사 규정을 통해 선문 생활을 나타낸 문.

(9) 대국설화문大國說話門 : 인도와 중국의 불교 중흥이 선을 위주로 한

것임을 '20여 종'의 사례를 통해 제시한 문.

(10) 회향발원문^{廻向發願門} : 모든 중생에게 회향해 중생의 구제를 발원하는 문.

전체는 각 항목마다 근거가 되는 서적을 인용했고, 반론에 대한 답변도 수록했다. 책의 서문에는 에이사이의 약력이 담겨 있고, 권말의 '미래기^{未來記}'에는 에이사이가 미래에 대하여 예언한 내용이 적혀 있다.

NOTES

황룡종^{黃龍宗} : 중국 불교의 한 종파이다. 선종에서 나뉜 오가칠종의 하나로, 송나라 때 황룡산에서 승려 혜남이 크게 일으켰다.

맹안장
(盲安杖)

선승 스즈키 쇼산(1579~1655)이 가타가나체片假名體로 10가지 덕목을 집필한 법어집이다.

『맹안장』 1권은 1619년 스즈키 쇼산이 41세 때 집필한 그의 처녀작이다. 집필 무렵에 그가 오사카 성을 지키는 사무라이였다는 점에서 매우 흥미를 끄는 책이기도 하다.

INTRO

스즈키 쇼산은 미카와三河(지금의 아이치愛知 현) 출신으로, 본명은 호세키穗積이다. 본관은 기슈紀州 지방의 구마노熊野로, 성을 스즈키로 바꾼 것은 미카와로 이주하고 난 뒤의 일이다. 쇼산은 속세에 있을 때는 '마사카즈'라고 불렸으나 출가한 뒤에는 같은 자를 '쇼산'이라고 읽고 그것을 법명으로 삼았다. 통칭은 구다유九太夫이며, 도쿠가와 이에야스를 받들어 무공을 떨친 것으로 유명했다.

세키가하라의 전투와 오사카 성의 전투에서 공을 세웠으나, 1620년 42세 때 출가해 여러 지방을 유랑하고 여러 선승 아래에서 참선을 한 다음 다이센 사大仙寺 8대 주지 구도국사愚堂國師의 뒤를 이었다. 그 후 미카와에 있는 세키헤이石平 산의 온신 사恩眞寺에 거처를 정했기 때문에 세키헤이 도인, 세키헤이 노인 등으로 불리기도 했다.

이 절은 속세의 동생인 스즈키 사부로구로鈴木三郎九郎가 세운 절이다. 그의 동생은 아마구사天草의 다이칸代官(막부 직할지 관리직)까지 올라간 고위급 사무라이였다. 사부로구로가 임지인 아마구사로 떠날 때 쇼산은 62세의 나이임에도 불구하고 그와 동행해 아마구사의 기독교 세력을 근절하는 데 힘을 기울였다. 『파절지단破切支丹』('절지단切支丹'이라고 쓰고 '그리스도'라고 읽는다)이라는 책을 쓴 것은 그 때문이며, 아마구사 지방에 당시 32개의 사찰을 세운 것도 이때의 일이다.

32개의 사찰 가운데 한 곳만 정토종 사원이고 나머지는 모두 조동종曹洞宗 사찰이었다. 정토종은 도쿠가와 집안이 신봉했던 종파였으며, 조동종은 자신이 받드는 종파였다. 그는 조동종을 받들기는 했지만 결코 그에 구애받지는 않았다. 그리고 그가 모신 스승들 가운데는 앞서 언급한 다이구大愚·구도 등을 비롯한 임제종 선사들이 많았으나 이들에게도 구애받지 않았다. 그가 고금의 고승들에게 비판적이었다는 사실은 이미 많은 학자들에게 여러 차례 지적되어 왔다. 중국의 신수神秀(606~706, 중국 선종의 6대조)를 가볍게 여기고, 임제臨濟

(?~867, 임제종의 개조)의 법어에 비평을 가하며, 『벽암록碧巖錄』을 저술한 원오圓悟 (1063~1135)까지도 깨달음이 부족하다고 비판했다. 더욱 놀라운 것은 자신이 속한 종단의 개창자 도겐마저도 심하게 비판하고 있다는 점이다. 이렇듯 쇼산은 그 당시부터 종파와 소속 조차 의문시될 정도로 무종파적이며 초종파적이었다. 그가 설파한 선을 불교 교단에서조차 기이하게 본 것은 이 때문이다. 이는 젊은 시절에 사무라이로 활약했던 그의 기질 탓이기도 했다. 세상 사람들이 그의 맹렬한 선 사상을 '인왕선仁王禪'이라고 부른 것도 이 때문이다.

사무라이였던 쇼산은 자신의 계통을 수립하려고 하지는 않았다. 이는 선에 있어 당연한 일 이었다. 그의 설법은 구체적이고 생활적인 내용으로 가득 차 있으면서도 매우 종교적이었다. 이 책은 에도 시대 내내 간행되었을 정도로 많이 읽혔고, 그의 저서 『두 명의 비구니』와 『인 과 모노가타리因果物語』 등은 훗날 소설본의 선구가 되기도 했다.

참된 마음의 눈은 어둠을 밝힌다

이 책을 저술하게 된 것은 그와 절친했던 유학자들이 "불교는 세상을 등지고 있다"라고 한 말에 반박하기 위해서라고 할 수 있으며, 제목의 유래에 대해서는 다음과 같이 서문에 밝히고 있다.

인연이 있는 마음의 눈은 어둠을 헤치는 데 도움이 되고 사람의 마음을 편안하게 이끌어 주므로 맹안장이라 이름했다.

이는 곧 세상의 진실에 대한 안목이 없는 사람들을 이끌어 주기 위한 글이라는 의미이다.

내용은 선을 수행하는 사람이 지켜야 할 10가지 덕목을 구체적으로 제시한 것이다.

(1) 생사를 알고 즐거워하라.
(2) 자신을 되돌아보고 자신을 알아라.
(3) 세상사를 다른 사람의 마음으로 보아라.

(4) 믿음을 가지고 충직한 사람을 격려하라.

(5) 분수를 잘 헤아려 그 성질을 알아라.

(6) 살고 있는 곳을 떠나면 덕이 있을 것이다.

(7) 자신을 잊고 자신을 지켜야 한다.

(8) 홀로 분연히 일어설 수 있어야 한다.

(9) 마음을 죽이고 마음을 키워라.

(10) 작은 이익을 버리고 큰 이익을 얻어라.

이 10가지 덕목은 쇼산의 실천철학의 기초로서 훗날『만민덕용^{萬民德用}』
에서 부심^{浮心}과 침심^{沈心} 등 각각 17종류의 덕목을 전개하는 데 밑바탕을
이루었다.

4장

모노가타리

궁정 귀족 여인들의 문학

소설 문학의 기원 '모노가타리'

모노가타리物語(일본어로 '이야기'라는 의미이다) 문학이란 일반적으로 헤이안平安 시대●(794~1185)에 탄생한 '쓰쿠리 모노가타리作リ物語'(지어낸 이야기)와 '우타 모노가타리歌物語'(와카 등의 노래를 중심으로 한 짧은 이야기) 그리고 이들 작품을 모방해 가마쿠라 시대(1185~1333)에 등장한 '기코 모노가타리擬古物語'를 가리킨다.

헤이안 시대의 귀족 사회를 배경으로 탄생하고 성장했으며, 특히 여성들에게 애독되면서 발전한 소설 문학은 『다케토리 모노가타리竹取物語』를 효시로 주로 헤이안 시대였던 10세기 초엽에 발생한 것으로 추측된다.

이는 소설 문학의 기원을 언급한 최초의 서적으로 일컬어지는 『겐지 모노가타리源氏物語』의 「에아와세繪合」 권에 '맨 처음 등장한 소설의 원조는 다케토리노오키나竹取の翁(대나무를 채취하는 노인)이다'라는 언급에 근거한다.

그렇다고 해서 『다케토리 모노가타리』 이전에 소설이라고 불릴 만한 것이 전혀 없었던 것은 아니다. 『신일본기新日本紀』 「고닌 사기弘仁私記」의 서문에 '소설'이라는 말이 등장했으며(세키네 마사나오關根正直, 『소설사고小說史稿』), 고닌弘仁 연간(810~823) 무렵에는 이미 소설이라는 말이 쓰이고 있었다. 더욱이 그보다 더 거슬러 올라가 엔레키延曆 16년(797)에 승려 구카이空海(774∼835)가 지은 『로코시이키雙醫指歸』의 맺음말에는 나라奈良 시대(710∼794) 말기에 히노오비토日雄人가 쓴 골계滑稽 소설이라고 할 수 있는 『수각기睡覺記』가 장문성張文成(660∼740, 당나라의 문인)의 염정艶情 소설 『유선굴遊仙窟』과 함께 유행했다는 기록이 있다(오카 가즈오岡一男, 『다케토리 이전의 소설』).

일문학자 이마이 겐에今井源衛●의 정리에 따르면 소설 문학의 발생은 첫째, 이전부터 존재하던 고대의 민간 전승, 둘째, 중국의 육조·수·당 시대의 한문 기전 소설의 영향, 셋째, 후지와라 섭관제藤原攝關制●로 이행함에 따라 남자 관료를 중심으로 발전했던 공적이며 형식적인 한자 문화가 상대적인 의미에서 쇠퇴하고 후궁 문화가 발전함에 따라 일반화된 사적이고 여성적이며 현실적인 의식, 넷째, 가나 문자의 발명과 유포 등 여러 가지 역사적 조건에 의한 것이라고 한다. 처음에는 예전부터 전해오는 전승의 형태를 띠었으나, 차츰 현실의 세태나 사상 그리고 감정을 지닌 인간의 있는 그대로의 모습을 일상적인 언어로 나타낼 수 있게 되면서 소설의 문학성은 한층 풍부해졌다.

오늘날 접할 수 있는 헤이안 시대 소설 문학의 정점은, 우타 모노가타리나 역사 모노가타리를 별도로 치면, 일본이 세계에 자랑할 만한 최고 걸작으로 세계에서 가장 오래되고 규모가 큰 장편 소설 『겐지 모노가타리』이다.

그보다 이전에 쓰인 작품으로는 『다케토리 모노가타리』, 『우쓰보 모노가타리宇津保物語』, 『오치쿠보 모노가타리落窪物語』를 꼽을 수 있으며, 이후의 작품으로는 『사고로모 모노가타리狹衣物語』, 『요와노네자메夜半の寢覺』, 『하마마쓰 주나곤 모노가타리濱松中納言物語』, 『쓰쓰미 주나곤 모노가타리堤中納言物語』 등이 있다.

이러한 모노가타리 작품들은 천 년 이상의 역사를 거쳐 전해지면서 많은 사람들을 즐겁게 하고 감동시킨 수작임이 증명되었지만, 『겐지 모노가타리』 원작이 집필될 무렵의 소설 문학은 어느 특정 작가의 작품이라고 해서 존중받는 사회적 위상을 갖추지 못했다.

아녀자들의 읽을거리

모모야마桃山 시대(16세기 후반, 도요토미 히데요시가 정권을 잡았던 20년간)에 다도가 단순한 취미 생활이나 유흥을 뛰어넘어 일종의 정치적 수단이었듯, 많은 칙찬집勅撰集이 편찬되고 우타아와세歌合(편을 갈라 와카和歌를 주고받는 궁중 귀족들의 여흥의 하나)가 활발히 개최되면서 찬란한 문화의 꽃을 피운 헤이안 시대에 와카와 한시는 절대적인 사회적 효용성을 가지고 있었다.

그에 비해 이 시대의 실록으로 대표되는 한문체 기記와 전傳 등과는 본질적으로 다른 소설 문학은 작가의 상상력이 줄거리를 짜내는 이른바 허구의 내용을 담고 있었기 때문에 사회적 효용성이라는 점에서는 비실용적이었으며, 그저 어린이나 부녀자들의 한가한 여가 시간을 위한 감상물에 불과했다. 그러한 사실은 『산보에고토바三寶繪詞』(984년 성립)에 실린 '소설이란 여인네의 마음을 쓴 것'이라는 구절을 보아도 알 수 있다. 당시에는 소설을 읽고 버리는 소모품 정도로 여겼던 것이다.

이 때문에 매우 많은 소설이 쏟아져 나왔다. 당시의 상황이 앞서 언급한 『산보에고토바』의 서문에 다음과 같이 기록되어 있다. "울창하게 우거진 숲 속의 수풀보나 너 많이 빈성했고 거친 바닷가의 흰 모래보다 많았다."

이 시대에 쓰여 널리 읽히고 사랑받은 소설 가운데 현재 내용은 전하지 않고 이름만 남은 작품은 『겐지 모노가타리』 이전의 작품이 30여 종, 이후의 작품이 60여 종을 헤아린다. 제목조차 전하지 않는 소설은 이보다 훨씬 더 많았을 것으로 추측된다.

모노가타리의 형태

초기의 소설은 상층 귀족의 자녀를 위해 유학자나 문인에게 주문해 쓰게 한 것이 많았던 것 같다. 또한 이를 즐기는 사람들은 눈으로 읽는 경우 외에도 소설의 원시적 형태인 낭독용으로 제작해 즐기는 경우도 많았고, 거기에 책자나 두루마리 형태로 된 그림을 별도로 만들기도 했다.

이와 같은 초기 형태의 '무카시 모노가타리^{昔物語}(옛날이야기)'는 크게 '우타 모노가타리'와 '쓰쿠리 모노가타리'의 2종류가 있다. 전자는 노래, 곧 시가 가사를 확대한 것으로 귀족들의 일상생활 속에서 와카를 둘러싼 우타 모노가타리를 중심축으로 하고, 거기에 좀더 구체적인 서술 형식을 덧붙여 구성한 것이다. 이는 모노가타리의 원시 형태인 소설, 곧 작은 이야기를 한데 모은 집합체라고 할 수 있다. 따라서 처음부터 소설용으로 만들어진 '쓰쿠리 모노가타리'에 비해 그다지 허구성을 찾아볼 수 없으며 실록의 성격이 강했다.

그 형태는 '우타 모노가타리'임에도 불구하고 설화적 내용이 농후한 『야마토 모노가타리^{大和物語}』와, 각 장과 각 단에서 "옛날 옛날에 한 남자가 있었다"로 시작해 이 '남자'가 노래를 부르게 된 경위를 이야기하고 남자의 일대기를 늘어놓았으나 사실은 그 일대기 자체가 허구인 『이세 모노가타리^{伊勢物語}』 등 다양하다. 이에 해당하는 작품은 한 남자(다이라노 사다후미^{平貞文})와 많은 여성들의 연애 이야기를 다룬 『헤이추 모노가타리^{平中物語}』이다. 전체의 구성은 사다후미 한 개인의 경험에 한정되어 있지만 사계절의 흐름에 따른 세련되고 뛰어난 장편 소설이다.

한편 '쓰쿠리 모노가타리'는 『다케토리 모노가타리』와 『우쓰호 모노가타리』, 『오치쿠보 모노가타리』, 『겐지 모노가타리』 등이 있다. 『다케토리 모노가타리』는 과거의 신화적이고 전설적인 설화 문학을 모태로 삼아 인물과 사건을 허구로 꾸미고 자신만의 독특한 예술적 공상 세계에 당시의 인간과 세태를 반영한 작품으로, 일본 문학사에서 획기적인 지위를 차지한다.

이 작품은 예전부터 전해져 온 여러 형태의 전승을 합성해 소설적으로 각색하고 구성한 대표적인 전기傳奇 모노가타리이다. 또 다른 작품으로는 '비장秘藏의 거문고를 전수받아 상서롭게 되고, 온 집안이 번영했다'라는 줄거리로 헤이안 시대의 현실 사회를 광범위하게 묘사한 일본 최초의 장편 소설 『우쓰호 모노가타리』를 꼽을 수 있다. 이 밖에도 방바닥이 푹 꺼진 방에서 살았다고 해서 '오치쿠보노 기미'라고 불린 의붓딸을 주인공으로 한 『오치쿠보 모노가타리』가 있는데, 이 이야기는 어디에나 흔히 있는 계모에게 학대받는 이야기가 아니라 남편의 도움으로 계모에게 복수하는 내용이다.

위의 내용에서 살펴본 '우타 모노가타리'와 '쓰쿠리 모노가타리'의 두 가지 경향이 합쳐져 만들어진 것이 소설 문학의 정점이라고 할 만한 『겐지 모노가타리』이다.

귀족 사회의 몰락과 함께 쇠퇴하다

헤이안 시내 후기가 되자, 섭정 정치가 급속히 쇠퇴하면서 귀족 사회가 붕괴하기 시작했다. 그러한 사회 분위기 속에 『요와노네자메』, 『사고로모 모노가타리』, 『하마마쓰 주나곤 모노가타리』, 『도리카에바야 모

노가타리とりかへばや物語』등의 장편 소설과 단편집 성격의『쓰쓰미 주나곤 모노가타리』등이 나왔는데, 이 작품들은 모두『겐지 모노가타리』에서 많은 영향을 받았다. 하지만 섬세한 심리 묘사 등 독자적인 시도 또한 게을리하지 않았다.

그러나 이야기의 작자인 궁중의 궁녀들이 당시의 새로운 현실을 정확하게 파악할 수 없었기 때문인지 내용이 전체적으로 점차 퇴폐적이고 말세적인 경향이 강해지면서 시대의 분위기를 반영하는 작품은 줄어들었다. 가장 말기의 작품으로는 후지와라노 데이키藤原定家의 작품으로 일컬어지는『마쓰우라노미야 모노가타리松浦宮物語』, 작자 미상인『아리아케노 와카레有明の別』,『아사카야노쓰유淺茅の露』등이 있다.

가마쿠라 시대에 쓰인 '의고擬古 모노가타리'는『후요와카집風葉和歌集』(당시의 소설 속에 나온 시를 모아 편집한 것) 등을 통해 추정하면 약 200편이 넘는다는 것을 알 수 있으나 현존하는 것은『고케노고로모昔の衣』,『와가미니타도루 히메기미我身にたどる姫君』등 10편 정도이다. 이 작품들은 대부분『겐지 모노가타리』나『사고로모 모노가타리』를 잘라 이은 것들로, 고전을 개작하거나 개략적인 내용만 담은 것에 지나지 않아 문학적 수준이 매우 낮다.

NOTES

헤이안平安 시대 : 간무 천황이 도읍을 나라에서 헤이안쿄로 옮긴 뒤 무사가 정치에 뛰어들고 헤이케가 멸망할 때까지를 말한다. 이 시기에 헤이안쿄가 정치와 문화의 중심을 이루었다. 중고中古 시대라고도 한다.
이마이 겐에今井源衛 : 1919~2004.『겐지 모노가타리』를 비롯한 헤이안 시대의 문학을 연구한 일문학자. 규슈대학 명예교수를 지냈다.
후지와라 섭관제藤原攝關制 : 헤이안 시대(794~1185)인 887년에 후지와라 모토쓰네가 임명되면서 탄생한 직책으로, 이후 도요토미가 2번에 걸쳐 이 직책에 임명된 경우를 제외하고는 1867년까지 관례적으로 후지와라 가문이 독점했던 제도이다. 표면상으로는 천황 대리였으나 실상은 정권의 실세였다.

다케토리 모노가타리
(竹取物語)

 헤이안 시대 전기에 집필된 일본에서 가장 오래된 소설로 작자 미상. 헤이안 시대 중기에는 '다케토리노오키나竹取の翁', '가구야 공주かぐや姫'라고 불렸으며, 중세와 근세에는 '다케토리노오키나노 모노가타리竹取の翁の物語', '다케토리오키나 모노가타리竹取翁物語' 등으로 불리기도 했다. '다케토리 모노가타리'로 불리기 시작한 것은 현대에 들어서이다. 성립 시기는 엔기延喜(901~922) 연간 이전과 이후의 2가지 설이 있다.

INTRO

『다케토리 모노가타리』에는 사람들의 입을 통해 전승되어 온 많은 이야기가 다양하게 얽혀 있다. 대나무 속에서 나온 3촌(약 10㎝) 크기의 여자아이 가구야 공주가 단시일 내에 아름다운 미녀로 성장하는 이야기는 신비한 탄생과 성장을 말해 주는 '화생化生 설화'이며, 대나무 속에서 황금이 나와 부자가 되는 것은 '치부장자致富長者 설화'이다. 또한 귀족들의 구애에 풀기 어려운 문제를 내는 대목은 '구애난제求愛難題 설화'이며, 천황의 구애와 편지글은 '상문相聞 설화'라고 할 수 있다. 또 가구야 공주가 원래는 달나라의 천녀로서 언젠가 달나라로 돌아간다는 이야기는 '귀종유리貴種流離 설화'이다. 가구야 공주가 승천하는 대목에서 등장하는 옷은 '우의羽衣 설화'이며, 후지 산과 거기서 피어오르는 연기는 '지명기원地名起源 설화'이다. 이처럼 『다케토리 모노가타리』는 예부터 전해지는 많은 설화가 다양하게 섞여 구성된 작품으로, 특히 '우의 설화'와 유사한 점이 많다.

'우의 설화'도 유형이 다양하여 3가지로 나뉜다. 『오미 풍토기近江風土記』에 보이는 이카伊香 지방의 오에おエ 전승처럼 선녀와 인간이 결혼하는 오미형近江型과, 『단고국 풍토기丹後國風土記』에 나오는 히지比治 지방의 마나이眞名辨 전승과 같이 선녀가 사람의 자식이 되어 부모에게 부를 가져다준다는 단고형丹後型이 있다. 또 요쿄쿠謠曲(가요극) 「하고로모羽衣」에 나오는 미호三保 솔밭 전승처럼 선녀가 결혼도 하지 않고 사람과 부모 자식 간의 관계도 맺지 않는 미호형三保型도 있다.

『다케토리 모노가타리』는 단고형에 가깝지만 단고형 실화에서는 볼 수 없는 화생 설화와 구혼난제 설화 그리고 천황과의 관련성 등이 포함되어 있어 이야기를 현실적으로 각색한 작품임을 알 수 있다.

이 작품에서 주목할 만한 점은 다케토리 노인의 캐릭터이다. 다케토리 노인은 황족도 귀족도 아니며 더욱이 세상 사람들이 부러워할 사회적 지위도 없다. 대나무를 베어다 팔아 생활하는 가난한 계층에 속하는 인물이다. "야산에 파묻혀 대나무를 베어 온갖 것을 만들었다고 한다"라는 구절에서 보듯 산에서 대나무로 물건을 만들어 파는 죽세공, 특히 키(箕. 『사림채엽초詞林采葉抄』에 나오는 다케토리 설화의 노인은 '키를 만드는 것을 업으로 삼았다作箕爲業'는 기록이 있다)를 만들어 마을마다 팔러 다니는 가난한 장인이다.

원래 '다케토리'는 마을과 마을 사이를 옮겨 다니며 장사를 하는 특수한 직업으로, 지방에 따라서는 '야마카山窩'(산속에 사는 미천한 사람)라고도 불린 천한 계층에 속하는 사람들이다. 그러나 서민 생활의 중심이 되는 곡물류를 까부르는 키(곡식의 영이 깃들어 있다고 믿었던 신성한 도구)라는, 이른바 고대 농업에서 빼놓을 수 없는 도구를 만든다는 점에서 곡령穀靈에게 제사를 지내고 풍요를 기원하는 신인神人으로 마을 사람들에게 존경을 받는 한편 두려움의 대상이기도 했던 자로 여겨진다. 하지만 그들의 생활은 분명 빈곤했을 것이다. 그러한 사람들의 꿈은 뜻하지 않은 행복 또는 복과 덕을 함께 가져오는 여성을 맞이해 키 만드는 부자 또는 대나무 베는 부자가 되는 것이었으리라. 『다케토리 모노가타리』의 등장에는 이처럼 슬픈 사회적 배경이 있었던 것은 아니었을까.

작자로는 미나모토노 시타고源順(911~983), 미나모토노 도오루源融(822~895), 승려 헨조遍昭(?~890) 등이 거론되며, 이 밖에도 덴무天武 천왕의 반대파였던 인베忌部 일족과 우루시베漆部 일족 등 여러 설이 있다. 그중에서도 헨조 설이 가장 유력하나 확실하지는 않다. 문체를 통해 살펴보면 불전과 중국 서적, 와카 등에 정통하고 더욱이 서민 생활에 대한 이해도 깊었던 지식인이었다는 사실을 알 수 있다. 원본은 엔기 연간(901~922) 이전에 집필되었으며, 현존본은 그 후에 가필된 것으로 보인다.

『다케토리 모노가타리』 이전의 설화는 평범한 사람(설화 전승자)의 환상과 감정을 상투적으로 전하고 인물이나 줄거리도 유형화되어 있어 현실을 살고 있는 인간의 내면 세계를 대변하는 기능은 없었다. 이 작품이 등장하면서 비로소 현실 속의 언어로 인간 내면의 심리와 사회의 실상을 묘사하는 새로운 모노가타리 문학이 탄생한 것이다.

『다케토리 모노가타리』는 현실성과 전기성傳奇性, 현실과 이상, 추함과 아름다움, 소멸되는 것과 영원한 것 등의 대비 요소가 정교하게 섞여 구성되었고, 이전부터 전해 오는 전승에 기초하면서도 이제까지 볼 수 없었던 새로운 이야기를 만들어 낸 '모노가타리의 원조'라는 의미를 지닌다.

가구야 공주의 탄생

"옛날 옛적에 대나무 베는 노인(다케토리노오키나)이 있었다. 그는 야산에 살면서 대나무를 베어 온갖 것을 만들었다. 이름은 사카키노 미야쓰코라고 했다."

이 이야기도 다른 설화와 마찬가지로 '옛날 옛적에'라는 말로 시작된다. 다음은 그 내용이다.

옛날 옛적에 야산에서 대나무를 베어 여러 가지 대나무 세공품을 만들며 생활하던 노인이 있었다.

어느 날 뿌리 근처에서 빛을 발하는 대나무를 발견하고 그 속을 들여다보니 10㎝ 정도 되는 귀여운 여자아이가 앉아 있는 것이 아닌가. 노인은 그 아이를 데려와 아내와 함께 자신들의 아이처럼 키웠다. 그러자 그때부터 노인은 황금이 가득 찬 대나무를 종종 찾아내게 되었고 얼마 지나지 않아 큰 부자가 되었다. 가구야 공주라는 이름을 갖게 된 아이는 3개월 만에 눈부시고 아름다운 여자로 성장했다.

5명의 청혼자

가구야 공주의 아름다움은 인근에 금방 소문이 났고, 그 이야기를 듣고 많은 남자들이 몰려들었다.

세상의 온갖 남자들이, 귀한 사람이니 천한 사람이니 가릴 것 없이 모두 어떻게 하면 가구야 공주와 결혼할 수 있을까, 만나 볼 수 있을까 하고 몰려왔다. 그 집의 담장 주위에는 집 안을 들여다보려는 사람들이 발 디딜 틈도 없을 정도로 모여들었다. 밤이 되어도 돌아가지 않고 어둠을 틈타 구멍을 내고 몰래 엿보는 사람조차 있었다.

그러나 그 누구도 가구야 공주의 마음을 차지하지 못해 결국은 단념하고 돌아갔다. 하지만 이시쓰쿠리 황자石作皇子와 구라모지 황자車持皇子, 우대신 아베노미무라지右大臣 阿倍御主人, 다이나곤 오토모노미유키大納言 大伴御行, 주나곤 이소노카미노마로中納言 石上麻呂 등 5명의 귀공자는 단념하지 않고 답장도 오지 않는 편지와 시를 계속해서 적어 보냈다. 눈이 날리고 얼음이 얼어붙는 11월과 12월의 엄동 추위는 물론, 오뉴월의 찌는 듯한 무더위와 천둥이 울리는 한여름에도 끊임없이 집 주위를 맴돌았다.

청혼자들에게 시험을 내다

다섯 사람의 열의에 감탄한 노인은 "내 나이 일흔이 얼마 남지 않아 이 세상을 하직할 날이 오늘이 될지 내일이 될지 모른다. 세상의 이치를 보면 남자는 여자를 만나려 하고 여자는 남자를 만나려 하는 법. 나는 앞으로 우리 집안이 많이 번창하기를 바라는데 네 마음은 어떠냐? 네 혼사를 보지 않고는 눈을 감을 수 없구나"라고 가구야 공주를 설득하며 다섯 사람 가운데 한 사람을 고르도록 권했다.

제아무리 가구야 공주라 해도 양부의 말을 거역할 수는 없었기에 그렇다면 자신이 바라는 물건을 가져오는 사람과 결혼하겠다고 약속했다.

노인에게 그 뜻을 전해 들은 다섯 사람은 모두 수긍했다. 가구야 공주는 5명의 귀공자들 가운데 먼저 이시쓰쿠리 황자에게는 천축에 있다는 부처님의 사리로 만든 바리때를 가져오라고 했고, 구라모치 황자에게는 동쪽 바다의 호라이蓬萊 산에 있는 옥이 열리는 나뭇가지를 꺾어 오라고 했다. 우대신 아베노미무라지에게는 중국에 있는 불쥐의 가죽으로 만든 옷을 그리고 다이나곤 오토모노미유키에게는 용의 목에 걸려 있는 오색 빛깔의 옥을, 마지막으로 주나곤 이소노카미노마로에게는 남해의 제비가 가지고 있는 것으로 사람이 몸에 지니면 순산한다고 하는 자주색 조개를 가져오라고 했다.

너무도 어려운 문제였기에 노인도 놀랐지만 그러한 문제를 받아 든 5명의 귀공자들이야 오죽했을까. 그들은 너무도 놀란 나머지 멍하니 입을 벌린 채 말없이 돌아가 버렸다.

그런데 가구야 공주의 모습을 보지 않고는 한시도 못 살 것 같던 이시쓰쿠리 황자는 타산적인 사람이어서 가구야 공주에게는 지금부터 천축에 간다고 전하고 아무것도 안 하고 그냥 3년을 보냈다. 그러고는 야마토 지방의 한 절에서 가지고 온 새카맣게 그을린 바리때를 편지와 함께 가구야 공주에게 보냈다.

진짜 부처님의 사리로 만든 바리때라면 찬란한 빛이 날 법도 한데 반딧불만큼도 빛이 나지 않는 것을 보고 가구야 공주는 답신의 노래를 지어 바리때와 함께 돌려보냈다. 그러자 이시쓰쿠리 황자는 그 바리때를 내버리고는 "바리때의 빛이 다해서 그렇다"라는 노래로 답을 보냈지만 가구야 공주는 질려서 더 이상 아무 말도 하지 않고 그를 상대하지 않았다. 이시쓰쿠리 황자는 하는 수 없이 고향으로 돌아갔다.

사람들은 바리때를 버리고도 포기하지 않고 찾아오는 그의 뻔뻔함을 일컬어 '부끄러움을 버렸다'(일본어에서 부끄러움은 '하지'라고 하며 바리때는 '하치'라고 한다. 이는 일종의 말놀이이다)라고 했다고 한다.

구라모치 황자는 계책이 뛰어난 사람으로, 조정에는 규슈의 온천으로 치료를 간다고 휴가를 얻고, 가구야 공주에게는 옥이 달린 나뭇가지를 가지러 간다고 했다. 가구야 공주의 전송을 받으며 길을 떠나는 척한 다음 다시 돌아와 나라에서 제일간다는 대장장이들을 불러 모아 몰래 미리 마련해 놓은 집에서 가구야 공주가 말한 그대로의 나뭇가지를 만들었다. 그러고는 오랜 여행 끝에 피로에 지친 모습으로 가장하고 구애의 편지와 함께 옥이 열린 나뭇가지를 가구야 공주에게 보냈다.

이를 진짜라고 믿고 감동한 노인은 가구야 공주에게 그와 결혼할 것을 권하며 결혼 준비를 시작했다.

가구야 공주는 정녕 그에게 시집을 가야 하는 것일까 하며 불안에 떨었다. 그가 가지를 손에 넣기까지 겪은 피 말리는 고생담에 한창 열을 올리고 있을 때 대장장이들이 몰려와 아직 못 받은 돈을 요구했다.

그는 혼이 빠져 아무 말도 못하고 달아났다가 가구야 공주에게 많은 사례금을 받고 돌아가는 대장장이들을 흠씬 두들겨 패서 앙갚음을 했다. 그러고는 "일생의 수치는 이에 그치지 않을 것이다. 그녀를 얻지 못했을 뿐만 아니라 천하의 세상 사람들을 똑바로 쳐다보지 못할 만큼의 부끄러운 일이다"라며 홀로 깊은 산속으로 들어가 버렸다. 모두가 그를 찾아 여러 곳을 다녔으나 결국 찾아내지 못했다.

이후 이 일을 '다마 사카루'(혼이 몸에서 빠져나가 멍해졌다는 뜻. 일본어로 '혼魂'과 '옥玉'은 '다마'라고 읽는 동음이의어이다. 여기서는 이 두 단어로 말장난을 했다)라고 부르기 시작했다.

달나라로 돌아가는 가구야 공주

이렇듯 두 사람의 사례와 같이 결국 5명 모두 가구야 공주가 낸 문제를 풀지 못했을 뿐만 아니라 결과적으로 그들 모두가 불행을 맛보아야 했다.

이 이야기를 전해 들은 천황은 가구야 공주의 용모를 한번 보고 싶어 칙사를 보냈지만 가구야 공주는 이를 거절했다. 그래서 노인에게 직접 가구야 공주를 입궐시키라는 명을 내렸지만 가구야 공주는 그것도 거절했다. 그러자 더더욱 관심이 쏠린 천황은 한 가지 계책을 마련했다. 천황은 사냥을 가는 길에 다케토리 노인의 집을 불시에 방문해 가구야 공주의 옷자락을 붙잡고 강제로 데리고 가려 한 것이었다. 그러자 갑자기 가구야 공주의 모습은 사라지고 그림자만 남았다. 이에 천황은 '역시 가구야 공주는 사람이 아니었던가' 하면서 그녀를 궁으로 데려가려 한 생각을 버렸다.

그로부터 3년쯤 지나 다시 봄이 시작될 무렵, 가구야 공주는 달을 쳐다보며 상념에 잠기었다. 그 모습을 보고 걱정이 된 노인이 가구야 공주에게 그 이유를 물었지만 그녀는 아무 말도 하지 않았다. 그러나 8월 보름●이 다가오면서부터는 남의 시선도 의식하지 않고 눈물을 흘리더니 마침내 가구야 공주는 입을 열었다.

사실 자신은 달나라에서 왔으며 다가오는 8월 보름날 밤에 달나라에서 자기를 맞이하러 오게 되었으니 이제 헤어져야 할 때가 왔다는 것이었다. 이 말을 들은 노인은 깜짝 놀랐다.

그래서 노인은 천황에게 호소해 가구야 공주의 승천을 막아 보려 했다. 그러나 천황의 명으로 파견된 2,000여 명의 근위병들은 정작 달나라의 천인天人들이 가구야 공주를 맞이하러 오자 팔다리를 덜덜 떨며 싸울 의욕을 잃고 말았다. 그저 하늘의 날개옷을 몸에 두르고 하늘을 나는 수레에 오르는 가구야 공주를 바라보고 있을 뿐이었다. 가구야 공주는 천인들이 가져온 불사의 영약을 편지와 함께 천황에게 바치고 싶다고 한 뒤 하늘로 올라갔다.

그 후 노인과 그 아내는 슬픔에 젖은 나머지 몸져눕고 말았다. 천황도 가구야 공주가 없는 이 세상에는 불사의 영약도 필요 없다며 약이 든 항아리와 이별의 편지를 병사들을 시켜 스루가駿河 지방의 하늘과 가장 가까운 산꼭대기에서 불태우게 했다.

그 이후부터 이 산은 후지富土●라는 이름으로 불리게 되었다고 한다.

8월 보름 : 음력 8월 15일은 중추의 명월이라고 하여, 예전부터 이날 밤에는 달 구경을 하는 연회가 베풀어졌다. 이런 풍습은 중국에서는 당나라 시대 때, 일본에서는 다이고 천황 때인 896년에 처음 시작되었다. 이날에는 시와 노래를 짓고 악기를 연주하며 즐겼다고 한다.

후지富士 : 많은 병사들을 이끌고 산에 올랐기 때문에 '병사'(士)가 '많다'(富)는 의미로 '후지'가 되었다는 설과, 이 산에서 불사不死의 영약을 불태웠기 때문에 불사의 산이 되었으며, 태울 때의 연기가 하늘 끝까지 끊임없이 피어서 '후지不盡'의 산이 되었다는 설이 있다.

이세 모노가타리
(伊勢物語)

헤이안 시대 전기에 집필된 일본 최초의 우타 모노가타리로, 작자 미상. '자이고 주조 일기在五中將日記', '자이고가 모노가타리在五が物語'라고도 불린다. 이는 가인 아리와라노 나리히라在原業平(825~880)가 그렇게 불린 데서 유래한 것으로 '아리와라노 나리히라 일기' 또는 '나리히라 이야기'라는 의미이다. 3,733명의 여자를 알았다는 호색한을 주인공으로 한 단편 노래 이야기집이다.

아리와라노 나리히라의 아버지는 헤이조平城 천황의 황자인 아호阿保 친왕이며, 어머니는 간무桓武 천황의 황녀인 이토伊都 내친왕이다. 그는 헤이안 시대 후기에 활약했던 가인으로 6가선六歌仙(헤이안 시대 초기에 활약했던 6명의 뛰어난 가인)과 36가선에 두루 선발된 사람이기도 하다.

『삼대실록三代實錄』에는 "나리히라는 용모가 매우 단아하고 아름다웠으나 방종해 어떤 일에도 구애받지 않았다. 재주와 학식은 조금 부족하나 와카를 잘 지었다"라고 기록되어 있다. 『고금와카집古今和歌集』에 따르면, 황비와 이세 사이구伊勢齋宮 등과 정을 나누었으며, 공무가 아닌데 동쪽 지방을 여행한 일과, 아내의 일족이지만 불우했던 고레타카惟喬 친왕(844~897, 분토쿠文德 천황의 첫째 황자)과 특히 친했다는 점 등이 기록되어 있다. 이는 『이세 모노가타리』의 내용과도 통하는 것이다. 미남이며 시적 재능이 뛰어났지만, 한시와 한문 교양을 기본으로 하는 당시의 관료 사회에서 재능을 발휘했다고는 보기 힘들다.

『이세 모노가타리』의 옛 주석서인 『와카지겐집和歌知顯集』에는 나리히라가 평생 동안 만난 여인이 3,733명이나 된다고 전한다. 헤이안 시대 초기에 유명했던 호색한으로는 나리히라와 다이라노 사다후미平定文(『헤이추 모노가타리平中物語』)가 있었다.

최초의 우타 모노가타리인 이 작품의 뒤를 이어 『야마토 모노가타리』, 『헤이추 모노가타리』 등이 집필되었고, 『우쓰보 모노가타리』, 『겐지 모노가타리』 등의 소설에 끼친 영향이 매우 크다. 또한 훗날의 렌가連歌·요쿄쿠謠曲·가나소시假名草子·조루리淨瑠璃·가부키歌舞伎 그리고 근대 소설에 이르기까지 쓰인 많은 작품이 『이세 모노가타리』에서 소재를 얻기도 했다.

남자의 첫사랑(제1단)

"옛날에 영지가 있는 한 남자가 갓 성인식을 올린 뒤 나라^{奈良}의 가스가^{春日} 마을로 매 사냥을 갔다. 그 마을에는 몹시 아름다운 자매가 살고 있었다"로 시작되는 어느 남자의 아름다운 첫사랑 이야기이다.

주인공은 우이코부리^{初冠}(옛날에 남자아이가 치렀던 성인식으로 12~16세의 정월에 치러야 했다. 머리를 짧게 깎고 일본식 상투를 묶고 관을 썼다)를 갓 마친 소년이다. 그는 매 사냥을 나갔다가 우연히 젊고 아름다운 자매의 모습을 엿보고 저도 모르게 마음을 빼앗겼다. 자신이 입고 있던 시노부즈리^{信夫摺}●로 된 사냥 옷의 소맷자락을 잘라 거기에 "가스가 들판의 옅은 자색으로 물드는 시노부('시노부'라는 일본어에는 '그리워하다'라는 뜻도 있다)를 그 누가 알아 줄까?"라는 노래 편지를 적어 보냈다.

그 내용은 곧, 당신을 그리는 내 마음은 내가 입고 있는 사냥 옷인 시노부즈리의 헝클어진 문양처럼 한없이 흔들리고 있다는 뜻이었다. 그러자 "무쓰^{陸奧}의 시노부즈리 문양이 누구 때문에 헝클어져 물들어 있든 저와는 상관이 없지요"라는 답가를 보내왔다.

곧, 시노부즈리의 헝클어진 문양처럼 마음이 흔들리고 있다 해도 그것은 누구 탓이 아니라 모두 당신 때문이라는 뜻이었다.

전하지 못한 연정(제4단)

여성을 향한 사모의 정이 면면히 서술되어 있다.

옛 수도의 동쪽 고조^{五條}에 황태후 님이 살고 있었고, 그곳의 서쪽 건물에 한 여자가 살고 있었다. 어떤 남자가 이 여자에게 빠져 그 집을 열심히 드나들었는데 어찌 된 일인지 그 여자가 갑자기 모습을 감추어 버렸다. 남자가 놀라서 찾아보니 여자가 있는 곳은 보통 사람이 함부로 드나들 수 없는 곳이었다. 하는 수 없이 남자는 괴롭고 서운한 마음으로 지내야 했다.

그렇게 1년이 지나 매화가 피는 계절이 되자, 지난해의 일이 너무나도 그리워진 남자는 서쪽 건물로 가서 서 있어 보기도 하고 앉아 있어 보기도 했으나 완전히 변해 버린 옛 모습에 괜스레 슬퍼져 창호도 바르지 않은 낡은 마룻바닥에 밤새도록 누워, 이런 노래나 부른다.

> 달도 없는 봄이여, 옛날의 봄이 아니건만
> 내 몸 하나 옛날 그대로이네
> (달도 봄도 모두 옛날 그대로이건만 사랑하는 사람만 이곳에 없네. 내 마음은 변함없이 예전 그대로 여기에 있노니.)

뒤늦은 깨달음(제23단)

여기에 나오는 「쓰쓰이즈쓰筒井筒」의 전반부 내용은 히구치 이치요一葉 (1872~1896, 여류 작가)의 걸작 「다케쿠라베」(키 재기)가 영향을 받았을 것으로 여겨지는 소년 소녀의 청순한 사랑 이야기이다. 후반부는 첫사랑이 열매를 맺어 결혼하게 된 두 사람의 후일담이다.

서로 사랑하여 맺어진 두 사람이지만 그 사랑은 오래가지 못하고 남자에게 새 여자가 생긴다. 아내가 새 여자에게 드나드는 남편을 기꺼이 보내 주자 되려 이를 의심한 남편은 외출하는 척하고 정원의 나무 그늘 속에 숨어 아내의 행동을 엿보았다. 아내는 몸가짐을 아름답게 하고 "바람이 불면 바다에 흰 파도 인다는 산을 그대는 한밤중에 혼자 넘어가나요"라고 노래를 부르며 오로지 집 떠난 남편의 안전만을 기원하고 있는 것이었다. 그 모습을 보고 감동한 남자는 그 후로 새 여자에게 가지 않았다.

모든 사람들의 사랑 이야기

그 밖에 제24단의 이야기는 이렇다. 3년씩이나 돌아오지 않는 남편을 마침내 단념하고 다른 남자와 결혼하게 된 첫날밤에 갑자기 남편이 돌아왔다. 사정을 알게 된 남편이 조용히 물러간 후 그 남편의 뒤를 쫓아 스스로 죽음을 택한 여인의 이야기이다. 제40단은 마음 약한 10대 청년이 자신의 시중을 드는 여인에게 보내는 진실한 사랑 이야기이다. 제50단은 바람둥이 남녀의 밀고 당기는 연애 이야기이며, 제63단은 이미 다 큰 자식이 셋이나 있는 늙은 여자가 펼치는 노년의 연애담이다. 제69단은 사이구齋宮(이세 신궁伊勢神宮에서 신녀로 봉사하는 미혼의 황녀)의 매우 분주한 연애 이야기이다.

『이세 모노가타리』는 황후나 사이구와 같이 신분이 고귀한 여성들의 연애에서 시골 처녀나 시종 등 신분이 낮은 사람들의 연애에 이르기까지 실로 다양한 연애 이야기를 담고 있다. 그렇다고 모든 이야기가 시종일관 연애만을 다루고 있는 것은 아니다. 아름다운 우정에 대한 이야기(제16단·제38단), 주종 간의 두터운 정(제82단·제83단·제85단) 그리고 여행의 풍정을 읊은 단과 모자간의 진정한 정을 서술한 단(제84단) 등 내용이 매우 다양하다. 『이세 모노가타리』에 실린 단편 이야기에 관철되어 있는 정신은 풍아風雅(세련미)의 정신이다. 이는 헤이안 귀족들, 특히 여성들에게 이야기의 주인공이 연애의 히어로로 전설화, 우상화되어 이상적인 남성상으로 애독되다가 후세에 전해진 것이다.

『이세 모노가타리』는 많은 이본이 전해지고 있으나, 그 가운데 스자쿠인 누리고메본朱雀院塗籠本 · 덴부쿠본天福本 계통이 원형이 되었다. 오늘날 전하는 내용은 이를 근본으로 삼고 있다. 덴부쿠본은 제125단(노래 209수)으로 구성되어 있고, 대부분의 장과 단은 '옛날에 한 남자가 있었다'로 시작해 세상과 이별을 고하는 나리히라의 노래로 끝을 맺는, 거의 한 남자의 생애를 말하는 배열이다.

그러나 209수 가운데『고금와카집』와『고금육첩古今六帖』등에서 나리히라의 노래로 확인되는 것은 35수에 불과하며, 증답가贈答歌를 더하더라도 45수밖에 되지 않는다. 또한 나리히라의 노래, 나리히라의 실전實傳에 기초했다고 여겨지는 장과 단에서도 허구적 내용이 엿보이는 것으로 미루어보아 나리히라의 일화에 그와 비슷한 성격을 지닌 가공의 인물에 관한 이야기를 덧붙인 것이라고 할 수 있다.

NOTES

시노부즈리信夫摺 : 옛날 무쓰陸奥 지방의 시노부信夫 군에서 산출되었던 넉줄고사리의 줄기와 잎에서 채취한 색소로, 꼬인 듯한 문양의 천을 물들인 옷.

우쓰보 모노가타리
(宇津保物語)

모노가타리의 역사에서 『다케토리 모노가타리』와 『겐지 모노가타리』의 중간에 위치하는 장편 소설로, 전 20권이다. 소설의 주제인 음악(거문고)의 전수와 학예學藝를 존중하는 이야기는 큰 삼나무 구멍(우쓰호) 속에 살고 있는 주인공 모자母子의 매력과 함께 공상적 성격이 풍부한 모노가타리를 이루고 있다. 지은이가 미나모토노 시타고源順●라는 설이 있으나 확실하지 않다.

INTRO

지은이에 대해서는 미나모토노 시타고라는 설과 『겐지 모노가타리』의 작가 무라사키 시키부紫式部의 아버지 후지와라노 다메토키藤原爲時라는 설이 있는데 모두 확실하지 않다. 확실한 것은 10세기 후반에 남성 지식인이 집필했다는 점뿐이다. 당시는 미나모토노 시타고와 미나모토노 다메노리源爲憲 등의 문인들이 권학회勸學會를 열어 서로 교류하며 문학 살롱을 형성했었으므로 그러한 문학적 배경 속에서 집필된 것으로 보인다.

작품 이름은 기요하라노 도시카게淸原俊蔭의 딸과 후지와라노 나카타다藤原仲忠가 커다란 삼나무 구멍(우쓰호)에 살았던 것에서 유래한다. 전반부는 각 권의 독립성이 두드러지며 권의 순서를 정하기가 힘들다. 많은 이야기들을 구애담과 연결해서 엮은 기법은 『다케토리 모노가타리』보다 더욱 복잡하다.

주요 등장인물 중 한 사람인 아테미야貴宮가 가구야 공주에 대응한다는 지적은 과거에도 있었지만 '인간으로 변한 존재'라는 초월성은 오히려 도시카게의 딸 쪽이 더 강하다. 가구야 공주를 도시카게의 딸과 아테미야라는 두 인물로 나누고, 중간에 펼쳐지는 구애담과 그것을 둘러싼 이야기의 줄기로서 거문고와 학문의 이야기를 대응시켜 볼 수 있다. 곧, 『우쓰보 모노가타리』는 『다케토리 모노가타리』의 구조와 매우 유사하며, 오히려 『다케토리 모노가타리』를 심하게 부풀려 확대한 것이라 할 수 있다. 기법상 분열적이라고 지적되고 있는 이유가 바로 여기에 있다.

『우쓰보 모노가타리』의 귀족 구혼담은 다채로운 남자들의 청춘 군상과 연중행사가 어우러진 일종의 축제 문학으로도 간주된다. 익살과 해학의 문학 정신은 여성적인 색채를 띤 『겐지 모노가타리』에 비해 매우 이질적이다. 전체적으로 표현의 기조를 이루는 것은 나열주의羅列主義적 리얼리즘이며, 그것을 물질 예찬의 과장으로 묘사하고 있다.

「구라아케藏開의 권」과 특히 「구니유즈리國讓의 권」을 중심으로 차기 황태자를 둘러싸고 전개된 정치적 경쟁의 묘사는 작품의 현실적 성격을 잘 드러낸 부분이라 하겠다. 여자들의 싸움을 사회 비판으로 간주하는 것은 지나치게 단순하지만 섭관정치(국모國母 정치)의 메커니즘을 탁월하게 파악한 점은 주목된다.

저자는 이 작품으로 현실 사회 속에서는 무력하기만 한 학문과 음악이 힘을 지닐 수 있다는 공상의 가능성을 탐구했다. 『겐지 모노가타리』는 대부분의 내용을 『우쓰보 모노가타리』에 의존하고 있으며, 변용과 다양화를 통해 독창적인 이야기로 재형성한 것이다. 『우쓰보 모노가타리』는 『겐지 모노가타리』와는 이질적이지만 그렇기 때문에 더욱더 『겐지 모노가타리』의 출현을 부추겼다고 볼 수 있다.

도시카게의 권

"옛날에 시키부쇼式部省●의 다이후사다이벤大輔左大辨인 기요하라노 오기미淸原大君가 있었다. 그는 왕녀의 몸에서 남자아이 하나를 얻었다."

기요하라노 도시카게淸原俊蔭는 한시문에 재주가 매우 뛰어나 16세 때 견당사遣唐使로 파견되었으나 배가 난파해 파사국波斯國(페르시아)에 표류하게 되었다. 거기서 아수라阿修羅를 만나 부처님에게 하사받은 절세의 보물인 거문고를 얻어 귀국했다. 그 후 아내를 맞이해 딸 하나를 낳았다.

아내와 사별한 도시카게는 딸에게 거문고를 전수했다. 그는 딸을 입궐시키라는 궁정의 청을 거절하고 자신도 벼슬에서 물러난 채 숨을 거두었다.

천애의 고아가 된 소녀는 때마침 매 사냥을 하러 온 소년(가네미야비兼雅)과 하룻밤 풋정을 맺었다. 그리고 날이 자서 태어난 이이가 이 이야기의 남자 주인공인 나카타다이다. 가난한 이들 모자는 산속 깊은 곳에 있는 나무 구멍 속에 들어가 살았고, 도시카게의 딸은 나카타다에게 아버지가 남긴 거문고를 전수했다. 마침내 나카타다와 도시카게의 딸은 가네미야비와 재회하고 수도로 올라와 귀족 사회에서 화려하게 활약한다.

이상이 「도시카게의 권」에서 시작되는 이야기의 간략한 줄거리이다. 이 이야기에는 '옛날'이라는 말로 시작되는 「후지와라노기미藤原君의 권」의 발단이 되는 또 하나의 권이 있다. 그것은 미나모토노 마사요리源正賴의 아홉 번째 딸 아테미야를 주인공으로 한 구혼 이야기로, 그 이야기 속에는 나카타다는 물론 그의 아버지 가네미야비도 등장한다.

아테미야의 결혼

구혼자들은 그 수가 많았을 뿐만 아니라 직업도 매우 다양했다. 미하루노 다카모토三春高基라는 매우 인색한 사람이 표변해 아테미야에게 미쳐 버리고, 간즈케미야上野宮는 처첩들을 모두 내쫓고 무뢰한들을 불러 모아 아테미야를 납치할 계획을 세우다가 오히려 속아 넘어가 비천한 하녀를 아내로 맞이하게 된다. 시게노 마스게滋野眞菅라는 노인과 함께 3명의 기인은 익살스러운 이야기를 펼치며 광태를 연출한다.

후키아게吹上라는 변경 지방에 간나비 다네마쓰神奈備種松라는 부자가 살고 있었는데, 그의 아들 스즈시는 황적에서 신적으로 내려간 황자의 사생아였다. 스즈시는 그 지방을 방문한 나카타다와 나카요리와 천황의 방문으로 모여든 수도의 귀족들과 어울리게 된다. 스즈시는 거문고의 명수이며 게다가 아버지의 재력도 넉넉해 나카타다의 라이벌이 되었다. 천황이 스즈시에게는 아테미야를 주고 나카타다에게는 온나이치노미야女一宮를 주겠다고 말했지만, 결국 아테미야는 동궁東宮(황태자)과 결혼한다. 구혼자들은 이를 듣고 크게 동요했다. 미나모토 재상(사네타다實忠)은 처자를 버리고 유랑하며 세상을 등졌고, 나카즈미仲澄는 실의 끝에 목숨을 끊었으며, 시게노 마스게는 미쳐 버린다. 그러한 가운데 마침내 아테미야의 배에서 첫 번째 황자가 탄생한다.

거문고의 영광

스모相撲(일본의 씨름)의 계절이 돌아온 초가을, 나카타다와 아테미야는 장난삼아 서로 선물을 주고받고 이어서 천황은 도시카게의 딸에게 나이시노카미尙侍● 직을 주었다. 나카타다는 도시카게의 딸이 아테미야 이상으로 아름다운 것을 보고 그녀가 하늘에서 내려온 천녀처럼 여겨졌다. 사실 그녀들은 인간으로 변한 천녀였다.

한편 미나모토노 마사요리는 아테미야의 구혼자들을 다른 딸들과 결혼시킨다. 스즈시는 열네 번째 딸인 사마코소미야와 결혼하고, 나카타다는 천황의 딸 온나이치노미야와 결혼한다. 온나이치노미야 역시 마사요리의 딸 지주덴仁壽殿이 낳은 딸이므로 마사요리는 딸들을 이용해 정치권력을 확고히 굳혔다.

한편, 교고쿠京極에 있던 도시카게의 옛집의 창고는 영을 수호하는 나카타다만이 열 수 있었다. 창고를 열자 많은 장서가 발견되었고, 이로써 도시카게 집안은 학문의 집안임이 재확인되었다. 이러한 사실은 나카타다와 온나이치노미야 사이에서 태어날 장녀 이누미야犬宮의 출산을 위해 중요한 것이었다. 책에 쓰인 대로 예법이 진행되었고, 나카타다는 다이쇼大將가 되어 천황에게 조상의 한문 시집을 강의했다.

호색한인 가네미야비가 이치조一條 집에 남겨진 처첩들을 돌보지 않자 이를 안 나카타다는 아버지를 설득했고 도시카게의 딸 또한 질투하지 않고 오히려 권하기도 하여 나카타다는 산조 집안도 돌보게 되었다. 가네미야비는 계속해서 황자를 낳는 아테미야를 "도대체 어떤 배를 가진 여자이기에 아이를 쑥쑥 잘도 낳는가?"라는 비열한 말로 매도하고, 자신의 딸을 궁중의 나시쓰보^{梨壺}●로 입궐시켜 마사요리 집안과 정치 권력을 놓고 투쟁을 벌인다.

임신으로 퇴궐당한 나시쓰보에 이어 아테미야 역시 궁에서 쫓겨난다. 가네미야비는 나시쓰보가 낳은 셋째 황자를 황태자로 만들려 했고 세상 사람들도 그렇게 알고 있었다. 그러나 넷째 황자를 낳아 발언권이 더욱 강해진 아테미야는 어떻게 해서든 반격을 가하려고 전력을 다해 움직였으니, 첫째 황자를 황태자로 세우지 않으면 절대로 궁에 돌아가지 않겠다고 한 것이다. 결국 아테미야의 고집은 성공을 거두어 아테미야는 황태자의 어머니 자격으로 다시 궁으로 들어간다.

이누미야가 7세가 된 것을 계기로 교고쿠에 저택이 새로 지어지고 도시카게의 딸이 그곳으로 옮겨 와 살게 된다. 도시카게의 딸은 손녀딸 이누미야와 함께 누각에 올라가 살면서 비전의 거문고를 전수한다. 그해 8월에서 이듬해 8월에 걸쳐 사계절이 한 번 돌고 그에 따른 절구^{絶句}와 축제, 칠석 등의 연중행사가 시간의 흐름을 말해 준다.

> 밤이 아직 깊지 않으니 7일의 달이 아직 들지 않았네
>
> 달빛은 밝게 빛나며 그 누각 위를 비추네
>
> 멀리서 신들이 웅성거리며 달을 둘러싸고 별들이 한데 모이네.
>
> 살랑이며 세상을 감싸는 바람에 담긴 향기.
>
> 살짝 잠이 들었던 사람들도 잠에서 깨어 무슨 일인가 하고
>
> 하늘을 바라보며 두리번거리네.

이렇게 칠월 칠석날 밤 거문고 소리로 길조를 말했다.

8월 15일, 사가인嵯峨院과 스자쿠인朱雀院의 두 상황上皇과 태후 등의 행차와 성대한 의식이 치러지는 가운데 이누미야의 거문고 전수가 완성된다.

보름달이 뜬 밤, 도시카게의 딸이 타는 거문고는 천녀들의 꽃밭과 같은 기적을 나타내고, 도시카게 일족에게 거문고의 영광이 내린다.

미나모토노 시타고源順 : 911~983. 헤이안 시대 중기의 학자이자 가인이다. 칙찬 와카집 선정 기관이었던 나시쓰보의 와카도코로梨壺の和歌所에 속한 5명의 구성원 중 한 명이었다.

시키부쇼式部省 : 율령제 때의 행정 부서로 8성 가운데 하나이다. 문관의 인사고과와 예식, 고급 관리의 양성 기관 등을 관장했다.

나이시노카미内侍 : 궁녀이다. 율령제 때의 직함 중 하나로, 여자들로만 구성되었으며 천황 곁에서 보좌하며 궁중 예식 등을 담당했다.

나시쓰보梨壺 : 헤이안교平安京, 곧 교토에 있는 궁궐의 7전 5사 중 하나로 후궁이다. 정원에 배나무가 심어져 있어 나시쓰보라고 부르게 되었다. '나시'는 배를 의미하는 일본어이다.

겐지 모노가타리
(源氏物語)

일본의 대표적인 문학 작품으로, 세계에서 가장 오래된 장편 소설이다. 지은이는 궁녀 무라사키 시키부. 전 54첩으로 구성된 대서사시로, 전반부는 당시의 이상적인 남성이었던 히카루 겐지光源氏를 중심으로 그를 둘러싼 많은 여성들과의 다양한 사랑과 영화에 이르는 내용이 그려져 있다. 우지주조宇治十帖라고 불리는 후반부는 겐지의 아들 가오루薫의 숙명적인 비극이 10첩에 걸쳐 묘사되어 있다.

INTRO

지은이 무라사키 시키부는 가인歌人이자 지방 관리였던 후지와라노 다메토키藤原爲時(헤이안 시대의 뛰어난 가인을 이르는 36가선 중 한 사람이었던 기네스케兼輔의 손자)의 딸이다. 본명은 알려져 있지 않으며, 생몰 연대도 미상이다. 그러나 대체로 970년에서 973년 사이에 태어나 1014년 무렵에 사망한 것으로 추정되고 있다.

996년 여름, 임지로 부임하는 아버지를 따라 에치젠越前(지금의 후쿠이福井 현) 지방으로 갔으며, 998년 또는 이듬해인 999년에 가마쿠라 시대 후기의 가인 후지와라노 다메스케藤原爲輔의 아들 노부타카宣孝와 결혼했다. 이때 그녀의 나이는 30 정도였으니 당시로는 결혼이 상당히 늦은 편이었고, 남편 노부타카의 나이는 이미 50 가까이 되었을 때이니 초혼이 아니었다.

두 사람 사이에 딸 하나가 태어났으나 노부타카는 1001년 4월에 숨을 거두었고 두 사람의 결혼 생활은 3년 정도에 불과했다. 『겐지 모노가타리』는 아마 그 후 무라사키가 독신 생활을 하면서 쓴 것으로 여겨진다.

1005년 무렵부터 중궁 쇼시彰子(후지와라노 미치나가藤原道長의 딸)의 궁녀가 되었다. 그리고 1010년 무렵에 『무라사키 시키부 일기紫式部日記』를 완성했다. 이때 『겐지 모노가타리』는 이미 완성되어 있었던 것으로 보인다. 또 만년에는 노래집 『무라사키 시키부집紫式部集』을 지었다.

학자이자 문인이었으며 아버지를 통해 당시까지도 남성의 전유물로 여겨졌던 한문시와 문장을 익혔고, 즈료受領(지방 장관)였던 아버지를 통해 중하급 귀족의 생활과 그들의 불안을 알게 되었다. 더욱이 남들 몰래 불교에도 마음을 기울였던 시키부는 실로 이야기 작가에게 필요한 넓은 시각과 식견을 지녔던 것이다.

『겐지 모노가타리』는 전 54권, 200자 원고지 5,200매(일본어는 띄어쓰기가 없으므로 그 이상으로 보아야 한다)로 이루어진 대규모 장편 소설이다. 이야기는 크게 히카루 겐지를 중심으로 한 정편(44편)과, 니오노미야와 히카루 겐지의 아들 가오루를 중심으로 한 속편(10권)으로 나뉜다. 현재는 정편을 다시 겐지의 화려했던 상승기와 몰락의 하강기로 나누어 전체를 3부로 보는 시각이 일반적이다. 이야기가 제1부에서 제2부 그리고 제3부로 전개됨에 따라 주제가 더욱 심화되는 등 그때까지 없었던 이야기 세계를 펼쳤다. 이야기의 구성에 따른 각 권의 이름은 다음과 같다.

제1부　기리쓰보桐壺·하하키기帚木·우쓰세미空蟬·유가오夕顏·와카무라사키若紫·스에쓰무하나
　　　　末摘花·모미지노가紅葉賀·하나노엔花宴·아오이葵·사카키賢木·하나치루사토花散里·스마須
　　　　磨·아카시明石·미오쓰쿠시澪標·요모기우蓬生·세키야關屋·에아와세繪合·마쓰카제松風·우
　　　　스구모薄雲·아사가오朝顏·오토메少女·다마카즈라玉·하쓰네初音·고초胡蝶·호타루螢·도코
　　　　나쓰常夏·가가리비篝火·노와키野分·미유키行幸·후지바카마藤袴·마키바시라眞木柱·우메가
　　　　에梅枝·후지노우라바藤裏葉　(이상 33권)
제2부　와카나若菜(상)·와카나若菜(하)·가시와기柏木·요코부에橫笛·스즈무시鈴蟲·유기리夕霧·
　　　　미노리御法·마보로시幻　(이상 8권)
제3부　니오우미야匂宮·고바이紅梅·다케가와竹河·하시히메橋姬·시이가모토椎本·아게마키總角·
　　　　사와라비早蕨·야도리기宿木·아즈마야東屋·우키부네浮舟·가게로蜻蛉·데나라이手習·유메
　　　　노우키하시夢浮橋　(이상 13권)

『겐지 모노가타리』는 궁중의 궁녀가 평소에 보고 들은 일들을 이야기하면 그것을 들은 여성이 내용을 기록하는 형식을 취하고 있다. 무라사키 시키부는 이러한 형식, 곧 이야기하는 사람과 쓰는 사람을 조작함으로써 번잡한 줄거리를 정리하고 이야기의 세계를 자유자재로 전개할 수 있는 방법을 스스로 고안해 낸 것이다.

또한 이야기의 시대를 거의 엔기延喜(901~923)와 덴랴쿠天曆(947~957), 곧 자신이 살았던 시대에서 1세기 또는 반세기 과거로 설정한 것은 그 당시 독자들이 잘 알고 있는 역사적 사실과 에피소드를 이야기 속에 집어넣어 사실성을 부여하려 한 의도적인 방법이었다.

『겐지 모노가타리』는 결국 무엇을 말하고자 한 것일까? 우선 히카루 겐지를 중심으로 생각하면 한 귀족의 이상적인 생애를 중축으로 그의 고민과 좌절을 그려 냄으로써 인생의 다양한 모습을 보여 주려 한 것이라고 할 수 있다. 또 겐지를 둘러싼 권력과 음모를 묘사함으로써 귀족 사회의 생태를 드러내고자 한 것이라고도 할 수 있다. 또한 겐지의 인생을 수놓은 많은 여성들을 중심으로 생각하면, 여성들의 다양한 삶을 묘사함으로써 여성의 불행, 삶에 대한 불안, 이른바 삶의 어두운 심연深淵 속으로 내려가 그에 개입하고자 한 것이라고도 할 수 있다.

귀증유리담貴種流離譚, 사랑과 고민, 영화와 죄, 왕권과 구제 등을 포함해 『겐지 모노가타리』에 담긴 이야기의 주제는 실로 다양하며 그 모든 것을 아우른 작품이라고 할 수 있다. 이야기 속에 이 세상의 현실에 대한 염리厭離의 마음과 피안彼岸, 정토淨土를 희구하는 염원이 감추어져 있는 것도 사실이다.

제1부 기리쓰보桐壺 — 후지노우라바藤裏葉

"어느 시대였는지 모르지만, 많은 뇨고女御(황후 다음가는 고위 궁녀)와 고이更衣(천황의 시중을 드는 궁녀) 가운데 대단치 않은 집안 출신이지만 눈에 띄게 아름다운 한 궁녀가 있었다."

집안도 신분도 그리 높지 않았던 한 고이가 천황에게 총애를 받으며 옥과 같이 아름다운 황자를 낳고는 주위 여자들의 질투 속에 죽고 만다. 아름다운 용모와 재능을 지니고 태어났지만 자신을 돌봐 줄 후견인이 없었던 황자는 아버지인 천황의 배려로 신하 자격으로 강등되어 사람들에게 '히카루 겐지'라고 불리게 되었다.

죽은 고이를 잊지 못하던 천황은 그녀와 느낌이 닮은 전대 천황의 황녀(후지쓰보藤壺)를 맞이하고, 겐지는 어머니와 많이 닮았다는 후지쓰보를 그리다 마침내 사랑의 대상으로 여기게 된다.

겐지는 성인식을 마치자마자 좌대신의 딸 아오이노우에葵の上와 결혼을 한다. 그리고 처남과 매부 사이가 된 도노주조頭中將와 함께 여자들에 대한 이야기를 나눈 것이 발단이 되어 중류 귀족 계급의 여성에게 관심을 갖고는 유부녀인 우쓰세미空蟬, 출신을 알 수 없는 여자 유가오夕顔 등과 관계를 맺는다. 그 후 유가오는 귀신에 씌어 급사하고 만다.

그러나 꿈을 꾸듯 관계를 맺게 된 후지쓰보를 잊을 수 없었던 겐지는 우연히 후지쓰보의 조카딸인 어린 소녀(무라사키노우에紫の上)를 보고 거의 납치하다시피 강제로 자신의 집으로 데리고 들어온다.

후지쓰보는 황자를 낳고 중궁中宮(황후)이 되지만 태어난 황자(레제이인冷泉院)는 사실 겐지와의 사이에서 태어난 아이였다. 황자를 향한 천황의 사랑이 깊은 것을 알고 겐지와 후지쓰보는 죄책감에 두려워하며 번뇌한다.

이 때문에 일부러 히타치노미야常陸宮의 딸 스에쓰무하나末摘花와 관계를 맺으나 그녀의 못생긴 용모에 실망하고, 희롱 삼아 늙은 여자 겐노나이시노스케源典侍를 건드리다가 도노주조에게 발각되는 등 겐지는 질풍노도의 청춘을 보낸다. 20세가 되던 해의 봄, 남쪽 전각에서 꽃구경 연회가 열린 밤에 우연히 만난 우대신의 딸 오보로즈쿠요朧月夜와 관계를 맺는다.

천황이 물러나고 고키덴노뇨고에게서 태어난 새로운 천황(스자쿠인朱雀院)이 즉위하자 우대신이 권력을 쥐는 정치의 계절을 맞이한다.

사이구齋宮(신사에 봉사하는 미혼의 황녀)가 부정을 씻는 의식을 하는 날, 겐지의 애인이 된 죽은 동궁의 미망인(로쿠조노 미야슨도코로六條御息所)은 역시 겐지의 수려한 모습을 보러 온 임신 중인 아오이노우에의 시종들에게 수치를 당하자 생령이 되어 아오이노우에를 괴롭힌다. 결국 아오이노우에는 유기리夕霧라는 남자아이를 낳고 죽는다. 사랑을 향한 강한 집념에 질리고 만 겐지는 무라사키노우에와 동침하며 새로운 사랑을 발견한다.

미야슨도코로 역시 남자들과의 사랑에 지쳐 사이구가 된 딸과 함께 이세伊勢 지방으로 내려간다. 그해 겨울, 아버지가 죽은 다음 해에 오보로즈쿠요는 나이시노카미尚侍가 되어 새로운 천황을 모시게 되고, 후지쓰보는 여전히 자신에게 마음을 두고 있는 겐지를 피해 출가해 버린다. 우대신 측의 권세에 눌려 좌대신이 사임하자 겐지도 승진이 어렵게 된다. 이듬해 여름, 나이시노카미와 밀회한 겐지는 우대신에게 발각되고 고키덴노뇨고는 여러 가지 음모를 꾸민다.

의지할 곳을 모두 잃은 겐지는 스스로 몰리니 스마須磨 해변가에서 유랑의 날들을 보낸다. 그러다가 아카시明石 지방에 살고 있는 몰락 귀족의 딸 아카시노기미明石君와 인연을 맺는다. 우대신이 죽은 뒤 고키덴노뇨고가 병상에 있자 스자쿠인朱雀院은 겐지에게 소환 명령을 내린다. 중앙으로 화려하게 복귀한 겐지는 곤다이나곤權大納言●에 임명되면서 불우했던 시절을 끝내고 화려한 영화의 길을 걷는다.

스자쿠인이 물러나고 성인이 된 동궁이 레제이冷泉 천황으로 즉위하면서 겐지는 내대신內大臣이 된다. 미야슨도코로는 사이구가 된 딸과 함께 귀경해 딸의 훗날을 겐지에게 부탁하고 숨을 거둔다. 겐지는 더욱 영화로운 지위를 확보하기 위해 후지쓰보와 도모해 사이구를 양녀로 삼고 레제이 천황을 모시게 한다. 그녀가 훗날 우메쓰보노뇨고梅壺の女御, 곧 아키코노무秋好む 중궁이 된다.

한편 여자아이를 낳은 아카시노기미는 일단 상경했지만, 자신의 처지를 알고 오이大堰의 산장에 몰래 숨어 산다. 그리고 겐지의 말에 따라 자신의 딸을 무라사키노우에에게 양녀로 보내는 데 동의한다.

후지쓰보와 태정대신(전 좌대신)이 잇달아 숨진 후 출생의 비밀을 알고 놀란 레제이 천황은 그 자리를 겐지에게 양위하려 하지만 겐지는 이를 고사하고 받아들이지 않는다. 태정대신이 된 겐지는 로쿠조인六條院의 저택에 자신과 관련된 많은 여성들을 불러 모아 호사로운 취미 생활을 보낸다.

겐지의 아들 유기리는 성인식을 마치고 대학의 기숙사에 들어가고, 어린 애인 구모이노카리雲井の雁와는 여자의 아버지 내대신(전 도노주조)의 정치적 입장 때문에 잠시 떨어져 있기로 한다.

그러던 중 죽은 유가오夕顔의 딸 다마카즈라玉鬘가 기구한 청춘의 날을 보낸 쓰쿠시筑紫의 땅에서 마침내 상경해 겐지의 도움으로 로쿠조인에 살게 된다. 양부가 된 겐지는 유가오에 대한 그리움으로 그녀에게 정을 많이 쏟고, 그녀의 미모에 반한 많은 구혼자들을 모아 다양한 풍류를 즐긴다.

세월이 흘러 겐지는 39세가 되었다. 다마카즈라는 친아버지 내대신과 재회해 풍류도 없고 완고하기만 한 히게쿠로 다이쇼^{髭黒大將}와 맺어지고, 유기리와 구모이가리의 변함없던 사랑도 마침내 이루어진다. 아카시노기미의 딸이 동궁을 모시는 아카시노뇨고^{明石女御}가 되고, 내대신은 태정대신으로 승진하며, 겐지는 준다조^{準太上} 천황의 관위에 올라 영화는 극에 달한다. 여기서 이야기는 일단 대단원의 막을 내린다.

제2부 와카나^{若菜}(상) — 마보로시^幻

겐지가 40세 되던 해의 봄, 병약했던 스자쿠인은 출가를 결심했으나 후견인이 없는 딸 온나산노미야^{女三宮}의 장래로 고민한다.

정월이 되자 겐지의 40세를 맞이하는 축하연●이 다방면에서 준비된다. 그렇게 2월이 되자 스자쿠인은 겐지에게 딸의 앞날을 부탁하며 마침내 출가하고, 온나산노미야는 로쿠조인으로 시집을 온다.

온나산노미야는 비록 나이는 어렸으나 신분이 높았기 때문에 죽은 아오이노우에의 뒤를 이어 겐지의 정실이 된다. 이에 무라사키노우에는 한발 물러나 질투의 마음을 억누르려 했지만 겐지에 대한 불신감만 더욱 쌓여 갈 뿐이다. 다음 해 아카시노뇨고가 황자(훗날 동궁이 된다)를 낳자 겐지의 영화는 더욱 견고해졌다. 그러나 화목함을 자랑하던 로쿠조인은 서서히 내부 붕괴의 조짐을 보인다. 온나산노미야를 겐지에게 빼앗긴 태정대신의 아들 가시와기^{柏木}는 로쿠조인에서 열린 게마리^{蹴鞠}(귀족의 공차기 놀이) 도중에 온나산노미야를 보고는 한층 더 정념을 불태운다.

세월이 흘러 레제이 천황이 양위하고 긴조^{今上} 천황의 치세가 되었고, 태정대신(가시와기의 부친)이 사임하고 히게쿠로 우대신이 간파쿠가 되었다. 가시와기는 온나산노미야의 이복 언니 오치바노미야^{落葉の宮}와 결혼

했으나 온나산노미야를 사모하는 마음은 식을 줄 몰랐다. 그러던 어느 날 무라사키노우에가 병으로 드러누워 겐지가 그녀의 간호에 정신이 없는 틈을 타 온나산노미야와 관계를 맺기에 이른다. 그 결과 온나산노미야는 가시와기의 아들을 갖게 되고, 이 사실을 안 겐지는 과거에 자신이 후지쓰보와 밀통한 것을 회상하며 그 죄의 업보에 몸서리친다.

온나산노미야는 남자아이(가오루 주조薰中將)를 낳고 출가한다. 가시와기는 겐지를 두려워하다가 병을 얻고, 죽기 전에 겐지의 아들 유기리에게 자신의 언니 오치바노미야를 부탁한다. 화려하기만 했던 로쿠조인도 차츰 적막에 감싸인다. 미망인이 된 오치바노미야를 조문하러 간 유기리는 자연스레 오치바노미야를 사모하게 되었고, 결국 강제로 결혼을 해 그녀를 자신의 집으로 데려갔다. 우직한 사람이 보여 준 사랑의 몸부림이었다.

겐지가 51세가 되던 봄, 다시 병이 든 무라사키노우에는 출가를 원했으나 겐지는 허락하지 않았다. 그녀는 법화경 1,000부를 공양해 내세의 공덕을 쌓던 중 8월에 숨을 거두었다. 홀로 남겨진 겐지는 가을이 되자 마음의 상심이 더욱 커져 출가를 서두른다. 히카루 겐지의 생애에 대한 이야기는 이렇게 끝을 맺는다. 권의 이름만 전해지며 본문의 내용이 없는 마지막 권 「구모가쿠레雲隱」에는 그의 죽음이 암시되어 있다.

제3부 니오우미야匂宮 — 유메노우키하시夢浮橋

겐지가 죽은 뒤의 후일담이 「니오우미야」, 「고바이紅梅」, 「다케카와竹河」의 3첩에 그려지고, 이어서 「하시히메橋姬」 이하로 마지막 10첩인 우지주조宇治十帖 이야기가 이어진다.

지금까지의 이야기가 궁중을 중심으로 한 수도에서 전개되었다면 여기서부터는 무대가 우지宇治 강 일대로 바뀐다. 우지에는 겐지의 이복동생 하치노미야八宮가 재가신자로서 불도에 정진하며 두 딸과 함께 살고 있었다. 자신의 출생에 관한 어두운 그림자를 막연히 느끼고 있던 가오루 주조薫中將는 궁중에서의 약속된 출세와 승진을 저버리고 마음을 불도에 기울이다가 하치노미야의 삶의 방식에 이끌려 우지를 찾아온다. 그리고 어느덧 하치노미야의 첫째 딸 오이기미大君를 사랑하게 된다.

하치노미야는 애초의 생각대로 앞일을 가오루에게 맡기고 산사로 들어가 죽어서 왕생한다.

부모를 일찍 여읜 오이기미는 이제 젊지 않은 자신의 모습을 돌아보고 동생 나카노미야中の宮가 가오루와 맺어지기를 바랐다. 그러나 이를 알게 된 가오루는 황자 아카시 중궁의 소생인 니오우미야를 우지로 불러들여 나카노미야를 소개하고 두 사람을 결혼시킨다.

낙담한 오이기미는 엎친 데 덮친 격으로 니오우미야와 우대신(유기리)의 딸 로쿠노기미六君의 혼담을 듣고서 남자에 대한 불신과 동생을 불행한 결혼에 내몬 죄책감에 결국 마음의 병을 얻고 그것이 육신의 병이 되어 가오루의 간병 속에 숨을 거둔다.

니오우미야가 나카노미야를 수도로 맞이했건만 가오루의 마음은 아버지와 언니의 연이은 죽음으로 행복해 보이지 않았던 나카노미야에게 뒤늦게 끌리기 시작한다. 가오루로 인해 마음이 흔들리게 된 나카노미야는 마침 그 무렵 히타치常陸에서 상경한 이복동생 우키부네浮舟를 가오루에게 소개한다. 가오루는 이미 마음에도 없던 신조今上 전황의 딸 온니노미야와 결혼한 상태였으나 오이기미를 꼭 닮은 우키부네를 보고는 심하게 마음이 흔들린다. 나카노미야에게 몸을 의지하고 있던 우키부네는 니오우미야의 눈에 띄어 산조三條로 거처를 옮겨 숨어 있었는데, 가오루가 와서 그녀를 우지로 데리고 간다. 한편 니오우미야도 단 한 번 본 우지의 우키부네를 잊지 못하고 찾아가 관계를 맺고 만다.

가오루의 성실함과 니오우미야의 정열 사이에서 어찌할 바를 모르게 된 우키부네는 고심 끝에 우지 강에 몸을 던질 결심을 하고 행방을 감춘다.

시신은 발견되지 않았으나 우키부네의 장례가 치러진 뒤 니오우미야는 거의 반미치광이가 되고, 이에 가오루는 양심의 가책을 받는다.

그러나 우키부네는 우지 강가에서 의식을 잃은 채 요코가와横川의 승도僧都에게 발견되었고 그의 도움으로 그의 어머니와 여동생과 함께 오노小野 산속에 들어가 살게 된다. 그곳에서 우키부네는 수도와 우지에서 있었던 남녀의 애증에 뒤얽힌 과거를 잊기 위해 오로지 부처만을 받들며 독경에 힘을 기울였다.

이러한 우키부네의 소식은 그녀가 원하지도 않았는데 승도를 통해 아카시 중궁에게 알려졌고, 아카시 중궁을 통해 가오루에게 전해진다. 모든 사정을 알게 된 가오루는 우키부네의 아버지가 다른 동생 고기미小君를 보내 편지를 전하지만 우키부네는 그를 만나려 하지 않는다.

이야기는 다음 전개에 대한 상상을 독자들에게 맡기고 여기서 끝을 맺는다.

NOTES

곤다이나곤權大納言 : 다이나곤은 태정관 직책 중 하나인데, 이 가운데 '곤다이나곤'은 정원 외로 임명된 다이나곤을 말한다.

40세를 맞이하는 축하연 : 헤이안 시대에는 40세부터 10년 단위로 장수 축하연을 여는 관습이 있었다. 이때 선물은 그 나이의 수에 맞춘 것으로 올렸는데, 일례로 40세 축하 선물로 경문 40권이라든가 백마 40필을 보냈다.

사고로모 모노가타리
(狹衣物語)

헤이안 시대 후기에 쓰인 이야기로, 지은이는 궁녀 로쿠조사이인 센지六條齋院宣旨(관직명)라는 설이 유력하다. 내용은 주인공 사고로모의 주조中將(근위부 차관) 시절 이래 11년에 걸친 반생을 묘사한 작품이다. 전반부는 사랑하는 사람에 대한 사모의 정이 중심을 이루고, 후반부는 절망으로 끝을 맺은 사랑에 대한 추억과 번민에 대한 묘사이다. 『겐지 모노가타리』를 잇는 걸작으로 후세에 많은 영향을 미쳤다.

INTRO

지은이로 가장 유력하게 거론되는 사람은 로쿠조사이인 센지이다. '센지'란 로쿠조 사이인(고스자쿠後朱雀 천황의 딸 바이시禖子 내친왕)을 모시는 궁녀의 호칭이다. 본명은 미상이며, 1092년에 죽었다는 사실만 전한다. 무사 미나모토노 요리쿠니源賴國의 딸 중 하나로 우지 다이나곤宇治大納言으로 유명한 미나모토노 다카구니源隆國의 처가 된 여인, 곧 재상의 유모를 지낸 어머니이다. 1055년 노래와 모노가타리를 애호했던 로쿠조사이인이 주최한 모노가타리 우타아와세物語歌合에서 신작 『다마소에서 놀다玉藻に遊ぶ』(현재는 전해지지 않는다)를 제출한 것이 바로 센지였다. 모노가타리 우타아와세는 로쿠조사이인을 주인공으로 한 『사고로모 모노가타리』의 성립 배경과 그 작품에 대해 많은 것을 말해 준다. 이 작품의 성립 연대는 정확히 알려져 있지 않지만 11세기 말, 곧 헤이안 시대 말기의 원정院政(상황이 그 거처인 인院에서 정치를 돌보던 제도) 시기 무렵의 작품으로 추측된다.

『사고로모 모노가타리』는 『겐지 모노가타리』의 영향 아래에서 그것을 의식하고 쓰인 작품이다. 주인공과 겐지노미야의 관계는 겐지와 후지쓰보의 이루어질 수 없는 사랑에 기초하고 있으며, 아스카이飛鳥井 공주는 유가오의 성격과 물에 빠져 죽으려 한 우키부네의 생애를 합친 것이다. 한편 잇핀노미야一品の宮는 아오이노우에 그리고 다자이 주조의 여동생은 무라사키노우에 등과 매우 닮았다. 한 마디로 이 작품은 아오이노우에와 무라사키노우에를 모델로 하여 『겐지 모노가타리』의 구상을 가져다 변주變奏를 즐긴 것이다. 그래도 이루어지지 않는 사랑, 허무한 사랑으로 주제를 좁혀 주인공의 우유부단한 심리를 깊이 다룬 점은 높이 평가할 만하다. 그러나 한편으론 『무묘조시無名草子』(가마쿠라 초기의 문예비평서, 저자는 후지와라노 도시나리藤原俊成의 딸)의 비판처럼 주인공이 제위에 오르고, 많은 신탁이 내려진 점 등 비현실적인 전기傳奇의 성격이 강한 점도 부정할 수 없다.

제1권 — 어긋난 사랑

소년의 봄은 아쉽게도 멈추게 할 수 없으니, 3월의 20일 정도도 되지 않는다.

이 시작 부분은 백거이白居易(772~846, 당나라의 시인)의 시구를 비튼 것이다.

뜰 앞에 핀 등나무 꽃과 황매화를 홀로 바라보고 있자니 지나가는 봄이 아쉬워 공연히 애절한 생각에 시동에게 등나무 꽃과 황매화 가지를 하나씩 꺾게 하여 겐지노미야源氏の宮를 찾아간다. 시에 그림을 그려 넣고 있던 겐지노미야가 힐끗 이쪽을 쳐다본다. 그녀의 단아한 얼굴과 아름다운 눈매에 가슴이 저미어 그저 쳐다보기만 할 뿐이다. 황매를 손에 든 그녀의 손을 잡아당기고 싶은 마음이 간절하나 두 사람은 어릴 때부터 한집안에서 태어나 부모는 물론 천황도 동궁도 모두 오누이로만 생각하고 있다. 털어놓을 수 없는 마음을 간직할수록 가슴은 더욱 산산이 부서진다.

첫 부분은 우선 아름다운 봄의 정경 속에 펼쳐진 여주인공 겐지노미야를 향한 주인공 사고로모 주조의 억누를 수 없는 사랑의 마음에 대한 묘사와 이야기의 불길한 전개를 암시하고 있다. 단편 모노가타리 기법을 사용한 참신한 부분이다.

이 무렵 호리카와堀川 대신이라고 불리는, 이치조인一條院과 긴조今上 천황(사가인嵯峨院)과 같은 황후의 배에서 태어난 황자가 있었다. 호리카와가 기거하는 니조二條에는 3명의 부인이 살고 있었는데, 한 사람은 태정대신의 딸 도인노우에洞院上이며, 다른 한 사람은 죽은 시키부교노미야式部卿宮의 딸 보몬노우에坊門上로 긴조 천황의 중궁이었다.

남은 한 사람이 주인공의 어머니 호리카와노우에堀川上이다. 호리카와노우에는 죽은 선제의 여동생으로, 일찍이 사이구齋宮로서 이세伊勢 신궁의 신관을 맡았던 적이 있다. 머지않아 여름. 사고로모를 사모하는 여인들은 많았지만 그는 이루어질 수 없는 겐지노미야에 대한 사랑만을 고집하다 세상의 허망함을 느끼고 불도에 정진했다.

5월 장마 무렵, 궁정에서 풍악을 울리는 화려한 연회가 열리고 사고로모는 자신의 특기인 피리를 불었다. 거기에 아메와카미코天稚御子가 하늘에서 내려와 사고로모에게 천상계로 가자고 청했다. 그러자 천황은 이를 말리면서 사고로모에게 온나니노미야女二宮를 아내로 주겠다고 약속했다. 온나니노미야와의 결혼이 내키지 않았던 사고로모는 참다못해 겐지노미야에게 자신의 마음을 털어놓았으나 겐지노미야는 놀라 겁을 내면서 오히려 사고로모를 피했다. 그 후 사고로모는 우연한 일로 목숨을 구하게 된 아스카이 공주에게 마음이 끌려 결국 두 사람은 맺어진다.

사고로모는 주나곤中納言으로 승진하고 아스카이 공주는 임신을 한다. 그 무렵 아스카이 공주의 유모는 전부터 공주를 원하던 미치나리道成에게 공주를 주려고 간계를 꾸몄다. 유모의 속임수에 속아 넘어간 공주는 미치나리와 함께 배를 타고 지쿠시築紫로 가는 도중 배에서 뛰어내려 물에 빠져 죽었다.

제2권 — 돌이킬 수 없는 인연

사고로모는 다이나곤大納言 겸 다이쇼大將로 승진했다. 사고로모는 여전히 온나니노미야와의 결혼을 받아들일 생각은 없었으나, 어느 날 밤 우연히 온나니노미야의 모습을 엿보고 그녀와 관계를 맺었다.

이를 정식으로 드러내지 못하고 끙끙거리고 있는 사이에 온나니노미야는 남자아이를 낳았다. 이 일을 외부에 알리지 않기 위해 일단 어머니인 황후가 자신이 낳은 아이로 얼버무렸지만 황후는 걱정을 너무 한 나머지 급사하고 온나니노미야는 출가해 사고로모를 멀리했다. 이듬해 천황이 양위를 하고 동궁(고이치조인後一條院)이 즉위했다. 겐지노미야가 후궁이 될 것이라는 소문이 돌았으나 가모賀茂 신사의 신탁에 의해 그녀는 신관이 된다. 그해 겨울, 고야高野 산의 고가와紛河 절을 참배한 사고로모는 수행자인 아스카이 공주의 오빠를 만나 공주가 무사하다는 것을 알게 된다.

제3권 ― 환멸스러운 세상

다음 날 아침 사고로모가 눈을 뜨자 아스카이 공주의 오빠는 이미 떠나가고 없어 더 이상 자세한 이야기는 듣지 못하였다. 하는 수 없이 수도로 돌아온 사고로모는 아스카이 공주가 도키와常盤의 비구니와 함께 있다는 것을 전해 듣고 도키와를 찾아가지만 공주는 이미 숨을 거둔 뒤였다. 그녀가 남긴 여자아이는 이치조인一條院의 황녀 잇핀노미야가 맡아서 키우고 있음을 알게 되었다. 자신의 딸이 보고 싶어 잇핀노미야가 있는 곳에 몰래 찾아간 사고로모는 잇핀노미야와 결혼하지 않을 수 없는 상황으로 몰린다. 이로 인해 사고로모가 출가하려는 의지는 더욱 굳어진다.

제4권 ― 인연의 덧없음

다음 해 사고로모는 겐지노미야와 몹시 닮은 재상 주조中將의 여동생(아리아케노기미在明の君)을 발견하자 자신의 집으로 데리고 왔다. 조금은

마음의 위로가 되었으나 겐지노미야를 향한 마음은 여전히 조금도 식지 않았음을 확인할 뿐이었다.

이듬해 여름, 수도에 큰 역병이 돌았다. 사가인의 황자로 성장한 사고로모와 온나니노미야 사이에서 태어난 어린 황자는 동궁이 되고, 아마테라스오미카미天照大神의 신탁으로 동궁의 친아버지인 사고로모가 제위에 오른다. 한편 신관이 된 겐지노미야와는 더욱 멀어져 만날 수조차 없게 된다. 사고로모에 대한 마음이 점점 식어 버린 잇핀노미야는 마침내 출가했으나 얼마 안 가 죽고, 온나니노미야도 사고로모를 계속 거부한다.

다음 해, 입궐하여 후지쓰보노뇨고藤壺の女御라고 불리게 된 아리아케노기미는 황자를 출산하고 중궁이 된다. 그 이듬해에는 도키와의 비구니가 숨을 거두고 아스카이 공주의 유품이 천황인 사고로모에게 전해진다. 사고로모는 옛일을 생각하며 눈물을 흘린다.

사가인을 병문안 온 천황의 생각에 잠긴 모습은 보는 이로 하여금 도대체 전생에 어떤 인연이 있었는지 궁금증을 야기할 정도였다.

NOTES

사고로모 모노가타리 : 이 제목은 주인공이 작품에서 읊은 와카의 한 대목인 "이것저것 여러 겹 겹쳐 입어 남들이 알아차리지 못하게 사랑을 나누는 한밤의 사고로모"에서 따다 지은 것이다. '사고로모狹衣'의 '사(狹)'는 접두어로 '작다'는 뜻이고, '고로모(衣)'는 '옷'이라는 뜻이다. 남몰래 가슴속으로 사모하고 있는 겐지노미야 이외의 여성은 아내로 삼지 않겠다는 마음을 표현한 노래이다.
쭈나곤中納言 : 태정관의 차관이다. 다이나곤보다 아래이며 쇼나곤小納言보다 위의 직급. 정부 기밀에 참여한다.
다이나곤大納言 : 조정의 최고 기관인 태정관太政官의 직책 중 하나로 좌대신·우대신·내대신에 이은 직급이다.

쓰쓰미 주나곤
모노가타리
(堤中納言物語)

 지금으로부터 800년 전에 집필된, 일본에서 가장 오래된 단편 소설집. 작자 미상. 헤이안 시대 후기에서 가마쿠라 시대에 걸쳐 집필되었다. 「벚꽃을 꺾는 쇼쇼小將」, 「이에 이어서」, 「벌레를 좋아하는 아가씨」, 「저마다의 사랑」, 「요모기蓬 언덕을 넘지 못하는 곤주나곤權中納言」, 「조개껍데기 맞추기」, 「뜻하지 않은 곳에 묵게 된 쇼쇼」, 「감색 옷을 입은 뇨고女御(고위 궁녀)」, 「먹칠」, 「쓸데없는 일」 등 10편으로 구성되어 있다.

INTRO

이 책에 수록된 지은이와 성립 연대가 서로 다른 10편의 이야기를 언제, 누가 계절순으로 배열했고(그렇게 배열되지 않은 것도 있다), 한 권의 책으로 정리해 '쓰쓰미 주나곤 모노가타리'(더 줄여 '주나곤 모노가타리'라고 한 이본도 있다)라는 제목을 붙였는가에 대해서는 추측만 있을 뿐 정설은 없다.

『쓰쓰미 주나곤 모노가타리』에 수록된 이야기 각각의 줄거리는 『겐지 모노가타리』에서 힌트를 얻은 것 같으나 문체는 『마쿠라노소시枕草子』에서 영향을 받은 듯 간결하고 인상적이다. 10편의 이야기는 귀족 계급을 통렬히 비판하고 시대의 퇴폐성을 날카롭게 비판적으로 지적했다.

『쓰쓰미 주나곤 모노가타리』의 가장 큰 문학적 의의는, 오늘날 전하는 헤이안 시대에서 가마쿠라 시대의 이야기들이 중편과 장편뿐인 가운데 단편 이야기만 모았다는 데 있다. 아울러 각 편에 보이는 다양한 소재와 구성 그리고 매우 인상적인 표현 등은 근대 단편 소설에 가까운 성격도 엿보인다.

벚꽃을 꺾는 쇼쇼

휘영청 밝은 봄날의 달빛에 이끌려 한밤중에 여인의 집을 나온 쇼쇼(장관將官의 최하위 계급)는 집으로 돌아가는 길에 달빛 속에서 벚꽃 향기가 풍기는 집 앞을 지나게 되었다. 그곳이 과거에 자신이 사귀었던 여인의 집이었음을 기억하고 그녀가 지금 무엇을 하고 있을까 하는 호기심에 지나가는 어린 하녀를 세워 물었다. 하녀는 "그분이 어디로 가셨는지는 모르겠습니다. 지금은 고겐 주나곤故源中納言의 따님의 집입니다"라고 말했다.

그때 쇼쇼는 우연히 집 안을 들여다보다 세상에 그렇게 아름다운 여인이 있었나 싶을 정도로 아름다운 한 아가씨의 모습을 보고 어떻게 해서든지 그녀를 자신의 여자로 만들기로 했다. 그러던 중 그 아가씨가 입궐(칙명을 받아 궁녀가 되는 것)하게 될 것이라는 소문을 듣고 그녀를 보쌈할 계획을 짰다.

쇼쇼의 아버지 집에서 일하는 남자가 두 사람의 전갈 역할을 했고, 드디어 "아가씨는 이미 잘 설득해 놓았으니 지금이야말로 좋은 기회입니다"라는 보고가 들어왔다. 마침내 쇼쇼는 어린 하녀의 안내를 받아 계획대로 아가씨의 침실에 몰래 숨어 들어갔다. 그리고 어둠 속에서 잠들어 있는 몸집 작은 여인을 들어 안고 수레에 태워 데려오는 데 성공했다.

그런데 집에 도착한 쇼쇼의 눈앞에 있는 건 그 젊고 아름다운 아가씨가 아니라 그녀의 할머니인 늙은 여승이었다. 늙은 여승은 아가씨의 유모로부터 쇼쇼의 계획을 전해 듣고 걱정이 되어 아가씨가 자는 방에 대신 들어가 자고 있었던 것이다. 나이가 늙고 머리까지 깎아서 추위를 많이 타는 바람에 이불을 얼굴까지 뒤집어쓰고 있었는데 그것을 쇼쇼가 아가씨로 착각했던 것이다. 늙은 여승은 쉰 목소리로 "아니, 도대체 자네는 누구인가?"라고 물었다. 그 후에 어떻게 되었는지 모르지만 실로 바보 같은 일이 아닐 수 없다.

벌레를 좋아하는 아가씨

나비를 몹시 좋아하는 아가씨의 옆집에 아제치 다이나곤安察使大納言의 딸이 살고 있었다. 아제치의 딸은 "사람들이 꽃이나 나비를 좋아하고 귀여워하는 것은 천박하고 이해할 수 없는 일이에요. 인간이란 성실한 마음으로 사물의 본질을 추구하고 연구하는 데 정취가 있고 멋이 있는 법이랍니다"라면서 여러 가지 징그러운 벌레들을 모았다.

특히 "털이 난 애벌레는 그다지 천박해 보이지 않고 무언가 깊이 생각하고 있는 것 같은 모습이어서 몹시 깊이가 있다"면서 그 귀여운 벌레들이 커 가는 모습을 지켜보려고 여러 상자에 넣어 키우고 있었다. 그뿐만 아니라 당시에는 여자들이 아름답게 꾸미기 위해 눈썹을 밀거나 앞니에 검은 칠을 했었는데, 그것도 귀찮고 더럽다고 하지 않았다.

부모는 남들 보기에도 좋지 않다고 걱정하며 주의도 주었으나 그녀가 이런저런 이유를 대면서 말을 듣지 않자 결국은 두 손 두 발 다 들고 말았다.

어느 날 그녀에 대한 소문을 들은 간다치메上達部(귀족을 달리 부른 명칭)의 아들이 그녀를 놀리려고 사랑의 시를 보냈으나 그녀는 그것을 대수롭지 않게 여길 뿐이었다. 그러자 더욱 흥미가 생긴 간다치메의 아들은 어떻게든 이 아가씨의 얼굴을 한번 보려고 집으로 찾아가 아이들과 놀고 있는 아가씨의 모습을 훔쳐보았다.

아가씨는 머리를 안 빗었는지 머리카락은 푸석푸석했지만 눈썹은 매우 검었고 입매도 매우 귀여우며 아름다웠다. 만일 이 아가씨가 세상 여인들과 마찬가지로 화장을 한다면 필시 매력적인 아름다운 여성이 될 거라고 안타까워하며 "당신의 눈썹은 털이 난 애벌레로 착각할 정도로 정말 숱이 많군요. 그처럼 숱이 많은, 곧 생각이 깊은 당신의 마음에 털 끝만큼도 미칠 만한 여성은 달리 없을 것이오"라는 노래를 남기고 웃으면서 집으로 돌아갔다. 그 후 어떻게 되었는지는 다음 권으로 이어진다.

(다음 권이 과연 존재하는지에 대해서는 유감스럽지만 오늘날까지도 밝혀지지 않았다.)

먹칠

게쿄[下京] 부근에 신분이 그다지 천하지 않은 남자가 가난하지만 아름다운 여인을 아내로 맞아 몇 년 동안 함께 살고 있었다. 그런데 그 남자는 친하게 지내는 사람의 집을 드나들다가 그 집 딸에게 연모의 감정을 품고 남의 눈을 피해 몰래 만나게 되었다. 딸의 아버지는 그 남자에게 몇 년 동안 함께 살고 있는 아내가 있다는 것을 알고 있었으나 이렇게 된 이상 어쩔 수 없다며 두 사람 사이를 인정해 주었다. 그래서 그 남자는 남의 눈을 꺼리지 않고 그 집을 드나들게 되었다.

이 사실을 안 남자의 아내는 부부 사이는 이미 끝났다고 생각하며, 상대편 여자가 언제까지나 이런 상태로 남자를 드나들게 하지는 않을 것이라고 짐작했다. 그래서 남자의 마음이 완전히 식기 전에 자기가 먼저 물러나기로 마음먹었다. 그러나 집을 나가면 몸을 의지할 데가 한 곳도 없었으니 슬픈 마음으로 그것을 걱정할 뿐이었다.

예상한 대로 남자는 새 여자의 부모로부터 "세상의 눈도 있고, 말로는 소중히 하겠다고 하지만 집에는 자네 부인이 턱 버티고 있으니 곤란하네. 정말로 애정이 있다면 딸을 자네 집으로 데리고 가게"라는 강압적인 말을 듣게 되었다. 궁지에 몰린 남자는 아내에게 다른 곳으로 가 달라고 청해 보기로 결심하고 집으로 돌아왔다.

오랜만에 본 아내는 품위가 있고 몸집도 작아 아름다웠으며 근래에 근심 걱정을 해서 그런지 얼굴이 조금은 수척해지고 침울한 분위기였다. 남자는 가슴이 아팠지만 하는 수 없이 용건을 꺼냈다. 아내는 남편의 그럴듯한 구실을 슬픔을 억누르고 들으면서 깨끗하게 물러날 것을 약속했다. 그러나 막상 남자가 나가자 슬픔이 복받쳐 올랐다. 그녀는 전부터 자신의 처지를 동정하던 하녀와 함께 목놓아 울면서 갈 곳을 생각한 끝에 옛날에 하녀로 부렸던 여자의 낡은 집으로 몸을 옮기기로 했다.

이사할 때는 남편이 보내 준 말을 사용했다. 남편 앞에서는 눈물을 보이지 않았고 이사 가는 곳도 말하지 않은 채 몇 년간 정들었던 집을 뒤로 하고 떠나갔다. 돌아올 말을 기다리고 있던 남자는 함께 따라갔던 동자로부터 아내가 슬픔에 젖어 있고, 그녀가 살 집이 너무도 황량하다는 말을 듣고서는 갑자기 밀려드는 아련함에 새삼 아내의 아름다움과 상냥한 마음씨를 떠올리고는 차마 그대로 있을 수 없어 다시 아내를 불러오기로 했다. 이로써 아내는 꿈만 같은 행복한 생활로 다시 돌아왔다.

한편 새로운 여자의 부모는 딸을 데리러 오기로 약속한 남자가 그 후로 한 번도 찾아오지 않는 것을 탄식하며 포기하고 있었다. 그러던 어느날, 대낮에 갑자기 그 남자가 찾아왔다. 생각지도 않은 시간에, 더구나 다시 올 것 같지 않았던 그가 찾아오자 당황한 새 여자는 "잠깐만 기다리세요"라는 말을 전하고 얼굴에 화장을 하기 시작했다. 그러나 너무 당황한 나머지 얼굴에 바르는 백분과 눈썹에 바르는 먹을 뒤바꿔 정신없이 바르며 한동안 보지 못했던 남자의 마음을 사로잡을 요량으로 한껏 단장을 했다.

막상 남자 앞에 나타난 그녀의 모습은 가관이었다. 눈썹에 바르는 먹을 얼굴 전체에 잔뜩 발라 새까매진 얼굴에 눈썹을 하얗게 칠한 눈을 반짝이면서 끔뻑였던 것이다. 참으로 기분 나쁜 얼굴에 남자는 실망하다 못해 겁까지 집어먹고 집으로 돌아갔다.

새 여자의 부모는 남자가 다시 찾아왔다는 소식에 좋아한 것도 잠시, 딸에게 왔다가 벌써 돌아갔다는 말을 듣고 "정말 냉담하군" 하고 그를 매정하게 생각했다. 그러나 딸의 얼굴을 쳐다보고는 너무도 추악한 모습에 그만 혼절하고 말았다. 여자는 부모가 놀라는 모습을 의아하게 생각하다 "그 얼굴이 그게 뭐냐?"라는 말에 비로소 자신의 얼굴을 거울에 비춰보고는 너무나 끔찍해 거울을 내동댕이치며 "어떻게 된 거지? 어떻게 된 거지" 하고 울음을 터뜨렸다.

이는 온 집안을 발칵 뒤집어 놓는 큰 소동으로 번졌다. 유모와 하녀가 "필시 저쪽 집의 본처가 어른께서 우리 아가씨를 싫어하도록 요상한 수를 썼기 때문에 오늘 어른께서 이 집에 오셨을 때…"라고 말하니 말이 끝나기가 무섭게 대뜸 온묘지陰陽師(주술사)를 불러들이는 등 난리 법석을 피웠다. 그런 소동의 와중에 딸의 얼굴은 눈물로 지워져 원래의 살결이 드러났고, 이에 유모가 얼굴을 종이로 닦아 내자 깨끗한 피부로 돌아왔다. 그녀가 "먹 하나 착각해서 바르는 바람에 끝내는 부부의 인연을 그르치게 되었구나"라고 탄식했지만 이미 지나간 일이었다. 원인은 알아냈지만 아무리 생각해도 우스운 일이 아닐 수 없다.

도와즈가타리
(とはずがたり)

가마쿠라 시대 후기에 쓰인 여류 일기 문학의 걸작으로, 지은이는 고후카쿠사後深草 천황의 후궁을 받들었던 궁녀이다. 자신의 삶을 되돌아보며 쓴 자전적 작품이다. 전 5권으로, 앞의 3권은 궁중살이 중에 체험한 애욕과 고민을 다루었고, 나머지 2권은 그러한 애욕과 고민에서 벗어나 자신을 극복하고 신앙심 깊은 여성이 되어 여러 지방을 편력한 기록이다.

INTRO

지은이의 아버지 미나모토노 마사타다源雅忠는 무라카미村上 지방의 후지와라 씨족으로, 그 선조는 중국과 일본의 문예에 재능을 보인 학자 도모히라具平 친왕이었다. 어머니는 후지와라노 다치타카藤原隆親의 딸로, 고후카쿠사 천황의 즉위 때부터 시중을 담당했던 다이나곤노스케大納言典侍였다. 부모가 궁중과 관계가 깊었던 연유로 니조는 4세 때부터 궁중에서 자랐다고 서술하고 있다.

『도와즈가타리』는 왕조 시대의 여성 일기가 대부분 그렇듯이 그때그때 메모해 둔 것을 토대로 니조가 만년에 정리해 기록한 것으로, 기억의 착각과 과거의 허구적 미화, 불리한 부분에 대한 암시적 표현 등이 담겨 있다.

『도와즈가타리』의 첫 내용은 1306년의 일로 당시 그녀의 나이는 50세였다. 이후 1324년까지 집필된 것으로 추정된다.

정치 권력이 무사 계급의 손으로 넘어간 가마쿠라 시대의 교토 궁정은 지나간 왕조 시대의 꿈을 덧없이 좇으며 인습과 누습陋習으로 얼룩진 세기말적 색채를 강하게 띠고 있었다.

천황과 상황이 후궁을 둘러싸고 벌이는 성적 난행은 이 책은 물론이고 『마스카가미增鏡』에도 자세히 묘사되어 있다. 고후카쿠사 천황의 변태적인 애정 행각에 마음의 고통을 받고 참된 사랑을 추구하며 고뇌하는 여주인공의 진지한 고백은 자기 확인을 위해 끝까지 자신을 파헤친 처절한 개인 소설이다.

사랑했던 여자의 딸을 측실로

고후카쿠사 천황은 14세 때 사이온지노고시西園寺公子(나중에 황태후 히가시니조인東二條院이 된다)를 정실로 맞이했으나 이미 다이나곤노스케大納言典侍라는 궁녀에게 첫날밤을 배운 뒤였다. 그 궁녀는 얼마 뒤 구가 마사타다久我雅忠(훗날의 추인다이나곤中院大納言)의 아내가 되어 딸 하나를 낳았으나 갓난아기는 다음 해 세상을 떠났다.

첫 여자를 잊지 못한 고후카쿠사 천황은 그녀가 남긴 딸아이가 4세가 되자 자신이 거두어 '아가코'라고 부르며 정성을 다해 길렀고, 14세가 되자 자신의 측실로서 정식으로 입궐할 것을 청했다. 『도와즈가타리』의 세계는 이제부터 시작된다.

불안한 밀회

아가코의 아버지는 고후카쿠사 천황의 부름을 고맙게 받아들였지만, 그녀에게는 이미 사이온지 사네카네西園寺實兼(이 책에서는 '유키노아케보노雪曙'라고 불린다)라는 첫사랑이 있었다. 때문에 아가코는 첫날밤에 고후카쿠사 천황을 거부했고 이에 그는 "생각지도 않은 푸대접이다"라며 원망스러운 얼굴로 돌아갔다. 그러나 그런 일이 언제까지고 계속된 것은 아니었다.

얼마 지나지 않아 아가코는 고후카쿠사 천황의 아들을 가졌고, 그런 딸의 몸을 걱정하던 아버지 마사타다는 황자 탄생에 집안의 장래를 걸고 그녀에게 정성을 다하던 중 숨을 거두었다. 이제 아가코는 천애의 고아가 되었다.

아버지의 49재를 치르고 집에만 틀어박혀 있는 그녀에게 첫사랑의 남자 '유키노아케보노'가 찾아와 그녀와 사랑을 나누었다. 그러는 와중에도 고후카쿠사 천황으로부터는 빨리 입궐하라는 독촉이 계속되었다. 유키노아케보노와의 밤을 거듭하면서 입궐할 생각이 없어진 아가코는 궁에는 얼굴만 살짝 내밀고 곧장 집으로 돌아왔다. 그러자 애가 탄 고후카쿠사 천황은 그녀가 몸을 감추고 있는 다이고의 산사에까지 몰래 찾아갔다.

황자 출산 이후 유키노아케보노와 밀회를 거듭한 아가코는 아기를 가지게 되었다. 고후카쿠사 천황은 한동안 경전 공양에 정진하고 있어 그녀와 잠자리를 할 일이 없었으니 의심의 여지가 없었다. 이러지도 저러지도 못하던 사이 아가코는 여자아이를 낳았고, 아이는 유키노아케보노가 직접 자신의 본가로 데리고 갔다. 고후카쿠사 천황에게는 유산을 했다고 보고했다.

기이한 애착

변태성욕자의 기질을 보이던 고후카쿠사 천황은 아가코에 대한 애착에서 때때로 사디스틱한 모습을 띠었다. 어느 때는 아가코를 앞세워 이복동생인 전 사이구齋宮●를 만나러 가는가 하면, 또 어느 때는 불러온 시정의 여인네나 유녀와 궁중에서 관계를 맺다가 이를 본 그녀를 마음 졸이게 했다. 궁중 이외의 세계를 알지 못했던 그녀는 그 같은 고후카쿠사 천황의 행동은 물론 주변 인물들의 성적인 방탕을 비판해야 한다는 것조차 알지 못했다. 그녀 자신도 고후카쿠사 천황의 총애를 믿고 건강한 미모 그대로 천진난만한 행동을 했던 것이다.

18세가 되던 해의 봄에 아가코는 생각지도 않게 고후카쿠사 천황의 동생인 쇼조性助 법친왕('아리아케노쓰키有明の月'라고 불린다)과 뜨거운 연애에 빠지게 되었다. 더군다나 법친왕은 출가한 몸이어서 처음으로 알게

된 여자에 대한 애정이 매우 격심해 그녀는 차마 그를 거절할 수 없었다.

두 사람의 관계를 눈치챈 고후카쿠사 천황이 아가코에게 두 사람의 관계를 물으니 그녀는 하는 수 없이 모든 것을 고백했다. 그러자 고후카쿠사 천황은 그녀의 정직함을 칭찬하며 아리아케노쓰키에 대한 연정을 인정하고, 자진해서 두 사람에게 밀회의 기회를 만들어 주며 그 모습을 자세히 알고 싶어 했다. 그리고 그녀가 아리아케노쓰키의 자식을 가졌는지 확인하기 위해 한동안 그녀를 멀리했고, 아이를 갖게 된 뒤에는 자신의 아들로 키우겠다고 했다.

그러나 유키노아케보노와 아가코의 사이를 떼어 놓으려는 목적 때문이었는지 고후카쿠사 천황은 간파쿠 가네히라兼平에게 그녀를 빌려 주기도 했다. 하지만 아가코는 치밀한 계책을 써서 이번에도 태어난 아이가 사산되었다고 말하고 아이를 다른 궁녀의 처소로 보냈다.

출산 이후에도 아리아케노쓰키는 빈번히 그녀를 찾아와 불행의 예감을 말했다. "그저 한 가지 바람이 있다면 부처님의 마중뿐입니다"라며 후세를 기원하는 그녀에게 아리아케노쓰키는 "다시 인간으로 태어나 그대와 사랑을 나누고 싶네"라고 말했다. 격심한 열정은 출산 후 7일 만에 다시 임신을 하게 되는 결과를 초래했다. 그러나 아리아케노쓰키는 자신이 뿌린 결과를 미처 보지도 못하고 병으로 죽었다. 태어나면서부터 아버지의 얼굴을 보지 못한 아이를 가엾게 여긴 아가코는 세상을 피해 처음으로 자신의 아이를 40일 정도 곁에 두고 보살폈다.

궁을 떠나다

아리아케노쓰키를 사이에 두고 위험한 균형을 유지하고 있던 삼각관계는 아리아케노쓰키의 죽음을 계기로 무너져 버렸다. 다른 형제들과 마찬가지로 호색한이었던 고후카쿠사 천황의 바로 아래 동생 가메야마인龜山院은 아가코를 향한 자신의 열정을 만족시키기 위해 고후카쿠사 천황에게 거짓을 전해 그녀를 중상 모략했다. 동생의 말을 믿은 고후카쿠사 천황은 마치 손바닥을 뒤집듯이 아가코에게 냉담해지더니 마침내 아가코를 영원히 궁중 밖으로 내쫓았다.

그 후 아가코는 자신이 그토록 바랐던 여승이 되어 불교의 인연을 찾아 여러 나라를 떠돌았다. 그러다가 하치만八幡 신사에 참배하러 온 고후카쿠사 천황과 해후하고 옛이야기로 밤을 지새웠다.

세월이 지나 고후카쿠사 천황마저 세상을 뜨자 여러 나라를 돌아다니던 그녀의 마음에 스치는 생각은 고후카쿠사 천황에 대한 사모의 정과 젊은 날의 기구한 애욕에 대한 기억 그리고 자신의 타락에 대한 한탄뿐이었다.

NOTES

사이구齋宮 : 고대부터 남북조 시대에 걸쳐 이세 신궁伊勢神宮에서 신을 모시던 무녀가 사는 궁이다. 그 무녀를 사이오齋王라 했는데, 사이오는 천황의 대리로서 천황이 즉위할 때마다 미혼인 내친왕 또는 여왕 가운데 선발되었다.

5장

설화

난세를 사는 인간 영혼의 구제를 위해 집필된 설화

설화 문학의 기원

귀족 사회였던 헤이안 시대가 끝나 갈 무렵 우지宇治(교토 남부)의 다이나곤大納言인 미나모토노 다카쿠니源隆國라는 인물이 있었다. 그는 나이가 들면서 더위가 싫어져 5월부터 8월까지는 우지의 뵤도인平等院 근처에 있는 난센보南泉坊에 틀어박혀 커다란 부채를 부치며 길 가는 사람들을 신분 고하를 막론하고 불러 모아 옛이야기를 하도록 청하고, 그 이야기들을 책자에 옮겨 썼다. 이야기의 종류는 천축 이야기와 중국 이야기, 일본 이야기, 숭고한 이야기, 애처로운 이야기, 비열한 이야기, 거짓 이야기, 우스운 이야기 등 무척 다양했다.

신비한 책인 『우지 다이나곤 모노가타리宇治大納言物語』의 집필 경위를 알려 주는 『우지슈이 모노가타리宇治拾遺物語』 서문의 한 구절이다. 인간 세상에서 일어난 여러 가지 일들에 대한 왕성한 호기심이야말로 설화집과 설화 문학의 탄생을 뒷받침하는 기본적인 요소였음을 알 수 있다.

먼 옛날 사람들이 귀로 듣고 입으로 전해 온 옛 전승과 집집마다 내려오는 집안의 이야기들 가운데 일부는 『고사기』, 『일본서기』와 같은 역사서와 고대 일본의 중앙집권적 국가의 '정사正史' 속에 수정되고 개조되면서 허구를 더해 수록되었다. 그리고 각 지방에 전해진 전승은 그 지방의

『풍토기風土記』로 정리되었다. 그러나 그 어디에도 수록되지 않고 누락되었거나 다른 내용으로 바뀐 이야기들이 훗날 '모노가타리'와 '설화집'의 끊이지 않는 근원이 되었고, '전설'과 '옛날이야기'로 변모하기도 했다.

헤이안 시대 초기인 8세기 말에 집필된『다카하시 우지부미高橋氏文』와 9세기 초엽에 찬술된『고어습유古語拾遺』는 멸망한 씨족 사회의 유언이라고도 할 수 있다.『다카하시 우지부미』는 궁정의 음식을 담당했던 다카하시 씨족이 아즈미安曇 씨족과의 집안 다툼 때문에 헌상한 작품이지만 지금은 대부분이 산실되고 단편만 남아 있다.

『고어습유』는 궁정에서 신에게 바치는 제사와 여러 행사에 관한 일을 맡아 보았던 인베齋部 씨족의 히로나리廣成가 나카토미中臣 씨족에 대항해 바친 서책이다. 이 두 서책은 모두 가문의 명예를 증명하기 위한 '가기家記'이며, 천황 가문과 후지와라 가문(나카토미 집안에서 분가된 집안)이 중심이 된『고사기』의 전승에 대한 '별전' 또는 '이전異傳'의 성격을 갖는다.

야쿠시 사藥師寺의 승려였던 게이카이景戒가 8세기 말에 쓰기 시작해 9세기 초(823년 무렵)에 정리한『일본영이기日本靈異記』(정확하게는『일본국현보선악영이기日本國現報善惡靈異記』)는 일본 최초의 불교 설화집으로 유명하다. 인간 세상의 현실 속에서 현실을 초월한 영이靈異, 곧 불법의 신비로운 영험과 선악의 인과응보에 관한 이치를 찾아내고자 한 게이카이의 자세는 후세의 불교도들과 불교 문학자들에게 큰 영향을 주었으며, 수많은 불교 설화집과 나아가 세속적인 설화집을 잇달아 탄생시키기에 이르렀다.

고대 후기와 헤이안 시대에는 도회에 살던 귀족 지식인층 가운데 까닭 모를 시대적 불안과 절망 속에 불교적 구원을 지향하는 정신적 풍조를 배경으로 미나모토노 다메노리源爲憲의『삼보회사三寶繪詞』와 요시시게노 야스타네慶滋保胤의 『일본왕생극락기日本往生極樂記』 등이 집필되었다.

고대의 종말과 중세의 출현

헤이안 시대 말기인 원정院政 시기에는 말법末法 세상의 도래를 믿는 풍조가 만연해 극락정토에 대한 희구가 더욱 심해졌다. 사원에서의 법어와 설경을 듣고 적은 것(『백좌법담문서초百座法談聞書抄』와 『타문집打聞集』 등)과 고사와 일화를 적은 것(『강담초江談抄』와 『중외초中外抄』, 『부가어富家語』 등)들이 끊임없이 나오면서 왕조 시대를 거쳐 온 귀족 사회의 멸망을 예고했다.

이처럼 원정기에 성행한 불교에 대한 진지한 관심에 세속에 대한 탐욕적인 흥미가 합쳐져, 이른바 설화집의 대집성이라고 할 수 있는 『곤자쿠 모노가타리집今昔物語集』이 출현했다. 이는 사상적으로 고대의 종말과 중세의 출현을 예고하는 것이었다.

『곤자쿠 모노가타리집』은 전 31권으로, 지금까지 전하는 것은 총 28권이다. 수록된 설화(모노가타리)의 수는 1,000편이 넘는데, 크게 천축부天竺部(제1~5권), 진단부震旦部(제6~10권, 제8권은 결본), 본조本朝·불법부佛法部(제11~20권, 제18권은 결본), 본조·세속부世俗部(제22~31권)로 나누어져 있으며, 각 권의 이야기들은 비슷한 방식으로 차례로 편찬되었다.

위에서는 천황에서부터 아래로는 이름 없는 서민에 이르기까지 고대 사회의 인간 군상과 그들의 생애를 생생하게 묘사한 방대한 규모의 이 책은 설화의 백과사전적 세계를 보여 준다. 제30권의 와카 설화는 왕조 시대의 문학에 대한 만가挽歌(장송곡)이며, 제25권의 '쓰와모노(兵)' 이야기는 중세의 군기물과 전쟁에 관한 기록 문학의 선구라고도 할 수 있다. 『곤자쿠 모노가타리집』은 실로 고대에서 중세로 이어지는 전환기에 탄생한 기념비적 작품이다.

난세에 탄생한 설화들

호겐保元의 난(1156)과 헤이지平治의 난(1159)에서 비롯된 중세의 하극상 속에 가마쿠라·무로마치 시대의 사람들은 영혼의 불안을 경험했다. 이 2번의 난은 무사와 조닌町人(도시 상인과 장인)이라는 새로운 계층을 낳았다. 이러한 시대를 배경으로 난세를 살아가는 인간 영혼의 구제를 위해, 또 서민들의 계몽을 위해 다양한 종류의 설화집이 잇따라 세상에 나왔다.

수필집 『방장기方丈記』의 저자 가모노 조메이鴨長明는 요시시게노 야스타네慶滋保胤가 쓴 『지테이기池亭記』에 영향을 받아 와카 설화집 『무명초無名抄』를 썼고, 마찬가지로 요시시게노 야스타네의 『일본왕생극락기』를 모방해 불교 설화집 『발심집發心集』을 편찬했다. 출가에 대한 결심(발심發心)을 다양하고 구체적인 출가 이야기를 통해 분명하게 확인하고자 한 것이다. 다이라노 야스요리平康頼의 『보물집寶物集』, 게이세이慶政의 『간쿄노토모閑居友』, 사이교西行 법사가 지었다고 가장한 『선집초撰集抄』 등도 은자隱者와 둔세자遁世者들이 지은 자기 확인의 저술이었다.

그 밖에 가마쿠라 시대의 설화집으로는 『강담초』와 같은 이전의 문헌에서 주로 왕조 시대의 고사古事만을 베껴 쓴 『고사담古事談』과 『속고사담』이 있으며, 사당 제례와 불교의 가르침에서부터 모든 짐승들에 이르기까지 세세히 분류해 편집한 다치바나노 나리스에橘成季의 『고금저문집古今著聞集』 전 20권과 교훈적인 목적에서 10가지 덕목에 따라 편성한 『십훈초十訓抄』 등이 있다. 그 밖에는 산실된 『우지다이나곤 모노가타리』와 헤이안 시대 말기의 『고본설화집古本說話集』 등의 계보를 이어 잡다한 형식으로 꾸며진 『우지슈이 모노가타리』와 가마쿠라 시대 말기에 출간된 무주無住(1226~1312)의 『사석집沙石集』, 『잡담집雜談集』 등 모두 10종류에 이른다.

이렇듯 헤이안·가마쿠라 시대는 설화집과 설화 문학의 시대였다고 말할 수 있다.

인간이 살아가는 과정에서 흔히 볼 수 있는 불법과 구원에 대한 뜨거운 열정과 왕조 사회로의 회귀를 바라는 간절한 심정, 아이들에 대한 교훈적인 내용, 신비와 초현실에 대한 동경과 공포 등 각각의 설화와 설화집을 이루고 있는 주제와 모티프는 혼란스러울 정도로 다양하다. 그러나 바로 이것이 여러 이야기를 듣고 그것을 적어 남긴 겐코^{兼好}(1283~1352)의 『도연초^{徒然草}』에 나타난 설화적 장단점과 공통된 중세 문학이 지닌 특징이기도 하다.

『우지슈이 모노가타리』에 「와라시베 부자 이야기」와 「도박을 좋아하는 사위 맞이하기」 등의 이야기가 수록되어 있는 것처럼 설화 문학과 민간 전승이 서로 밀접한 관계를 맺고 있는 점도 주목할 만하다. 그리고 설화 문학의 주변에는 다양하게 시도한 새로운 형식의 문학은 물론, 수많은 사찰의 유래와 전설, 법어 문학과 종교 문학이 펼쳐져 있었다.

남북조 시대와 그 뒤를 이은 무로마치 시대에는 설화의 대본이라고도 할 수 있는 『신도집^{神道集}』과 『삼국전기^{三國傳記}』 등의 작품이 등장했다. 이후 '설화 문학'은 수필과 군기물, 역사 모노가타리 등과 혼합되면서 빠른 속도로 쇠퇴하기 시작했다.

중세의 설화 문학은 근세의 하나시본^{話本}(만담이나 재담 등을 기록한 책)과 요미본^{讀本}(에도 시대 중기에 등장한 소설의 한 종류로, 공상적인 구성과 복잡한 줄거리로 불교적 인과응보와 도덕적 교훈이 주된 내용이었다)에도 영향을 미쳐 『성수소^{醒睡笑}』와 같은 희극적인 이야기를 낳았다. 이하라 사이카쿠^{井原西鶴}의 작품이나 『하가쿠레^{葉隱}』와 같은 무사도에 관한 저술에서도 설화의 방법을 발견할 수 있다.

일본영이기
(日本靈異記)

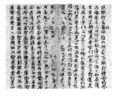

승려 게이카이가 지은, 일본에서 가장 오래된 불교 설화집. 나라 시대 말기에서 헤이안 시대 초기에 걸쳐 집필되었다. 정식 명칭은 '일본국현보선악영이기日本國現報善惡靈異記'이다. 한문체로 기록되어 있으며, 각 권의 첫머리에는 서문이, 각 단의 끝에는 훈역訓譯이 달려 있다.

INTRO

지은이는 나라奈良에 있는 야쿠시 사의 승려 게이카이이다. 성립 연대는 785년을 상한 연대로 보며, 완전한 형태로 편집된 시기는 823년 전후로 보고 있다.

상·중·하 3권으로, 각 권당 35편, 42편, 39편 등 모두 116편의 설화가 담겨 있다. 내용에 따라 연대순으로 배열된 것이 특징이다. 문학적 의의는 일본에서 가장 오래된 불교 설화집이라는 점이다. 이 책은『곤자쿠 모노가타리집今昔物語集』을 비롯해 후세의 설화성 문학에 미친 영향이 매우 크다. 이보다 오래된 『고사기』, 『일본서기』, 『풍토기』에도 설화가 수록되어 있기는 하지만, 이처럼 설화만을 묶어 정리해 편집한 책은 드물다. 이본으로는『고후쿠 사본興福寺本』, 『신푸쿠 사본眞福寺本』, 『마에다본前田本』, 『잔마이인본三昧院本』등 4가지가 있으나 3권을 모두 갖춘 완본은 없다. 『일본영이기』각 단의 끝에는 훈역訓譯(어려운 단어에 읽는 방법과 그 의미 등을 기록한 것)이 붙어 있는데, 이본에 따라 조금씩 차이를 보인다. 이는 이 책이 완성된 후에 누군가가 붙인 주석을 훗날 각 단의 끝부분에 정리한 것으로 여겨진다.

편찬 목적

게이카이가 서문에서 밝힌 바와 같이『일본영이기』의 편찬 목적은 인과응보의 사실을 널리 알리는 데 있었다. 그러한 의도는 이 책의 정식 명칭이 '일본국현보선악영이기'인 점에서도 짐작할 수 있다. 따라서 이 설화의 중심 내용은 인과응보이다. 「현보現報」, 「현악보現惡報」, 「현악사보現惡死

報」,「현선악보現善惡報」 등이 제목의 절반가량을 차지하고 있는 것도 그 때문이다. 그 내용의 일부를 소개하겠다.

은혜를 갚은 거북이 이야기

홍제弘濟 선사는 백제 사람이다. 백제가 당나라와 신라의 침략을 받았을 때 히고備後 지방을 다스리던 미타니三谷 장관의 선조에 해당하는 사람이 백제를 구원하려고 백제 원정군으로 파견되었다. 그때 기원하기를 "만일 무사히 돌아올 수 있다면 여러 신들을 위해 절을 짓고 불당을 세울 것입니다"라고 했다. 그 후 임무를 마칠 때까지 그는 다행히도 아무런 재난을 당하지 않았다. 그는 돌아와 약속대로 홍제 선사를 초청해 함께 미타니 절을 지었다. 이에 승려는 물론 일반 사람들도 모두 삼가며 이를 높이 받들었다.

불상을 만드는 데 필요한 도구를 구하기 위해 상경한 홍제 선사는 재물을 팔아 그것으로 불상에 바를 금박과 물감 도구 등을 사 가지고 돌아가는 길에 나니와難波 나루터에 이르렀다. 마침 해변에서는 어떤 사람이 거북이 4마리를 팔고 있었다. 선사는 그 사람에게서 거북이를 모두 사들여 바다에 방생했다. 그러고는 2명의 동자를 데리고 배를 빌려 바다를 건너갔다.

해가 지고 밤이 깊어질 무렵에서야 배가 비젠備前 지방의 가바네賀邊 섬 부근에 이르렀다. 그러자 본래 해적이었던 뱃사람들이 본색을 드러내면서 동자를 붙잡아 바닷속에 밀어넣고 선사에게도 "빨리 뛰어들라"라고 명령했다. 선사는 뱃사람들을 타일렀으나 그들은 듣지 않았다. 그래서 선사는 기도를 하며 바닷속으로 뛰어들었다. 선사는 물이 허리까지 찼을 때 발 밑에 돌이 닿는 것을 느꼈다. 해가 뜨고 나서 살펴보니 자신이 거북의 등 위에 올라타고 있는 것이 아닌가. 거북이는 선사를 힛추備中 지방의 해안까지 데려다주고 머리를 3번 숙인 다음 사라져 갔다.

한편 홍제 선사의 배를 빼앗은 6명의 해적은 훔친 금박과 물감 도구를 팔기 위해 절로 갔다. 이에 사정을 모르는 절의 불자가 나와서 값을 흥정하고 있는데 뒤에서 선사가 나타났다. 도적들은 꼼짝 못하고 그 자리에서 붙잡혔다. 그러나 선사는 이들을 가엾게 여기고 처벌하지 않은 채 그냥 놓아주었다.

그 뒤 불상을 만들고 탑을 장식해 공양을 끝낸 뒤 선사는 바닷가에 거처를 정하고 왕래하는 사람들에게 불교를 가르치고 전했다. 선사는 88세까지 살다 죽었다. 비록 짐승이라고 해도 은혜를 입으면 그 은혜를 잊지 않는다. 하물며 도리를 알 만한 인간이 은혜를 잊어서야 되겠는가?

『일본영이기』에는 이러한 인과응보에 관한 이야기만 수록되어 있는 것이 아니라 민담풍의 이야기도 많아 독자들을 즐겁게 해 준다. 다음의 2가지 이야기는 그 사례이다.

벼락을 붙잡은 이야기

어느 날 유랴쿠雄略 천황(재위 456~479)이 황비와 자고 있는 모습을 호위 무사인 스가루栖輕가 엿보았다. 그러자 천황은 화를 내며 스가루에게 벼락을 잡아 오라는 명을 내렸다. 스가루는 붉은 띠를 머리에 두르고 쌍날을 단 긴 창에 붉은 기를 꽂아 들고 말에 올라타고는 "하늘의 벼락신은 천황의 명을 받들라"라고 외치며 달려갔다.

그리고 돌아오려는데 때마침 벼락이 떨어졌으므로 그것을 바구니에 담아 천황에게 바쳤다. 천황에게 보여 줄 때 벼락이 번쩍하고 빛을 내자 천황은 겁을 집어먹고 벼락을 떨어진 곳으로 다시 가져다 놓게 했다. 훗날 사람들은 그곳을 '벼락의 언덕'이라고 부르게 되었다.

그 후 스가루는 죽었다. 천황은 그의 죽음을 애석하게 여기며 벼락이 떨어진 곳에 스가루의 무덤을 만들어 주고 비석에 '벼락을 잡아 온 스가루의 묘'라고 적었다. 그러자 벼락은 예전에 자신을 잡아갔던 자라고 원망하면서 비석 기둥 위에 떨어졌다.

그런데 그만 비석 기둥의 갈라진 틈에 끼여 붙잡히고 말았다. 그래서 이번에는 비석의 글귀를 '살아서도 죽어서도 벼락을 붙잡은 스가루의 묘'라고 새겼다고 한다.

여우와 결혼한 사내 이야기

어느 남자가 아내를 맞이하고자 여자를 구하러 길을 떠났는데 마침 아름다운 여인이 다가왔다. 두 사람은 곧 결혼을 했고, 여인은 남자아이를 낳았다. 그 집에는 개가 한 마리 있었는데, 항상 아내를 향해 이빨을 드러내며 짖어 대자 아내는 남편에게 그 개를 죽여 달라고 부탁했다. 그러나 남편은 개를 죽이지 않았다.

어느 날 개와 큰 싸움을 한 아내는 여우의 모습이 되어 담장 위로 올라갔다. 우연히 그 모습을 본 남편은 "너와 나 사이에는 아이가 있으므로 나는 차마 너를 잊을 수 없다. 앞으로 언제든지 다시 오거라" 하고 말하고는, 멀어져 가는 아내에게 "잠시 머물다 간 그녀 때문에 나는 사랑에 빠졌네"라는 시를 읊었다.

두 사람 사이에 태어난 아이의 이름은 기쓰네('여우'라는 뜻)라고 했는데, 힘이 매우 셌고 번개처럼 빨리 달렸다고 한다.

이와 관련된 이야기로 원령과 기이한 일을 다룬 다음과 같은 이야기도 수록되어 있다.

남의 물건을 훔쳐 소로 환생한 이야기

옛날 야마토^{大和} 지방의 소에노우에^{添上} 군에 있는 어느 산골 마을에 구라노가에기미라는 사람이 있었다. 12월이 되자 그는 화엄경을 읽으며 전생의 죄를 참회하고자 했다. 그래서 하인에게 "스님을 한 분 모시고 오너라" 하고 명했다. 하인이 "어느 절의 스님으로 할까요?"라고 묻자, 그는 "어느 절의 스님이든 상관없다. 길 가다 만나는 스님을 그냥 모시고 오너라"라고 했다. 하인은 주인의 말대로 길 가다 마주친 어느 스님에게 사정을 설명하고 집으로 데리고 왔다. 주인은 정성을 다해 그 스님을 극진히 대접했다.

그날 밤 법회를 무사히 마친 스님이 잠자리에 들려고 할 때 주인은 스님에게 새로 마련해 둔 이불을 깔아 주었다. 새 이불을 본 스님은 마음속으로 '내일 아침 불사^{佛事}의 사례를 받는 것보다 지금 이 이불을 훔쳐 달아나는 쪽이 더 낫겠군' 하고 생각했다. 그러자 어디선가 "이불을 훔쳐서는 안 된다"라고 하는 소리가 들려왔다. 스님이 깜짝 놀라 주위를 둘러보았으나 주변에는 아무도 보이지 않았고 다만 창고 옆에 소 한 마리가 서 있을 뿐이었다.

그 소가 말하길 "나는 이 집 주인의 아비다. 전생에 남에게 주려고 아들 모르게 벼 10단을 훔쳤다. 그래서 지금 소의 몸으로 다시 태어나 전생에 지은 죗값을 치르고 있는 중이다. 너는 어찌 승려의 몸으로 남의 재물을 훔치려 하느냐? 내 말이 거짓이라고 생각되거든 나를 위해 자리를 마련해 보아라. 그러면 내가 반드시 그 위에 올라가 앉을 것이다"라고 했다.

다음 날 아침 스님이 집안사람들과 함께 자리를 마련하자 소는 어젯 밤에 말한 그대로 그곳에 올라가 앉았다. 이 같은 인과응보의 이치는 하 늘이 정해 놓은 것이다.

벼락의 인연으로 태어난 아이가 힘센 장사가 되었다는 이야기

오와리尾張 지방의 아유치阿育知 군에 있는 가타와 마을에 한 농부가 살 고 있었다. 어느 날 농부가 밭을 갈고 물을 대다가 갑자기 비가 내리자 나무 밑으로 뛰어 들어가 쇠 지팡이에 기대어 서 있었다. 이때 우르릉 하 고 천둥이 울리기 시작했는데, 농부는 그 소리에 너무 놀란 나머지 그만 쇠 지팡이를 공중으로 들어 올렸다. 그러자 그 쇠 지팡이에 벼락이 떨어 지면서 그 지팡이가 아이로 변했다. 그 아이는 무릎을 꿇고 "저를 해치 지 말아 주세요. 그러면 반드시 은혜를 갚겠습니다"라고 말했다.

농부가 "무엇으로 은혜를 갚는단 말이냐?"라고 묻자, 벼락은 "아들을 얻을 수 있도록 해 드리겠습니다. 그러니 저를 위해서 녹나무로 된 배를 만들어 물에 넣고 대나무 잎을 띄워 주십시오"라고 청했다. 농부가 벼락 의 말에 따르자, 벼락은 "제 곁에 가까이 와서는 안 됩니다"라고 말했다. 그러고는 구름과 안개를 피워 올리며 하늘로 올라갔다. 얼마 후 아들이 태어났는데, 아이는 머리에 뱀을 걸치고 있었다.

이 아이가 커서 12세가 되었을 무렵, 조정에 힘센 장사가 있다는 말을 들은 아이는 자신의 힘을 시험해 보기 위해 오미야大宮 근처까지 갔다. 때 마침 오미야의 북동쪽에 있는 별궁에 힘이 센 왕이 살고 있었다. 그 부 근에는 8척이나 되는 돌이 있었는데, 힘이 센 왕은 그 돌을 집어서 멀리 내던졌다. 아이는 그것을 보고 '소문으로 듣던 장사가 이 사람인가?' 하 고 생각했다.

그날 밤 아이는 아무도 모르게 그 돌을 왕이 던진 것보다 1척은 더 멀리 던져 놓았다. 다음 날 아침 힘이 장사인 왕은 옮겨 놓은 돌을 보고는 몸을 풀며 준비 운동까지 한 다음 그 돌을 다시 던졌다. 그러나 아이보다 멀리 던지지는 못했다.

다시 밤이 되자 아이는 전날 밤보다 더 멀리 돌을 던졌지만 왕은 더 이상 돌을 던질 수 없었다. 그 아이가 서서 돌을 던진 곳에는 3촌 깊이의 구멍이 나 있었다. 아이는 그 돌을 다시 3척이나 더 멀리 던졌다. 왕은 그 구멍을 보고 그 자리에 서 있던 아이가 돌을 집어 던졌을 거라고 생각하고는 아이를 붙잡으려고 했으나 아이가 도망치는 바람에 놓치고 말았다. 왕이 아이가 담장 밑을 통해서 밖으로 달아난 것을 보고 뒤를 쫓자, 아이는 왕을 피해 다시 담장 안으로 되돌아왔다. 담장을 넘어서 왕이 다시 뒤쫓아가자 아이는 담장 밑을 통해 다시 밖으로 달아났다. 왕은 아이와 쫓고 쫓기를 반복하다가 결국 단념했다.

그 아이가 겐코 사元興寺의 동자승이 되었을 때, 그 절의 종각에 있는 동자승들이 매일 밤 죽는 일이 발생했다. 그러자 아이는 절의 승려들에게 "내가 귀신을 잡아서 그러한 재난을 없애겠다"고 제안했다. 승려들이 그렇게 해 보라고 하자 아이는 종각 안의 네 방향에 등불 4개를 가져다 놓고 함께 대기하고 있던 4명의 동자승에게 "내가 귀신을 붙잡으면 모두 등불에 씌워져 있는 덮개를 열어 줘" 하고 부탁했다. 그러고는 종각 입구 쪽에 쭈그리고 앉아서 밤이 되기를 기다렸다.

이윽고 커다란 귀신이 나타났다. 그런데 귀신은 아이의 모습을 보고는 일단 물러났다가 새벽 4시 무렵에 다시 찾아왔다. 귀신이 종각 안으로 들어오려고 하자, 아이는 귀신의 머리털을 잡고 있는 힘을 다해 잡아당겼다. 귀신은 종각 바깥쪽에 있고 아이는 안쪽에 있으면서 서로 반대 방향으로 잡아당기는 꼴이 되었다. 대기하고 있던 4명의 동자승은 정신이 달아날 정도로 당황한 나머지 그만 등불 덮개를 여는 것을 잊어버렸다. 그래서 하는 수 없이 아이가 귀신을 잡아당기면서 동시에 네 방향에 있는 등불의 덮개를 열었다. 이윽고 동이 틀 무렵이 되자 귀신은 머리털을 쥐어뜯긴 채 달아났다.

다음 날 승려들은 귀신이 도망가며 흘린 핏자국을 따라가 보았다. 핏자국이 멈춘 곳은 바로 절에서 죄인들을 파묻은 무덤이었다. 그곳에 묻힌 죄인이 귀신이 되어 동자승들을 괴롭혔던 것이다. 그 귀신의 머리털은 지금도 겐코 사에 귀중한 보물로 보관되어 있다.

그 후 아이는 불교에 입문해 줄곧 겐코 사에서 살았다. 그러던 어느 날 절에서 밭을 갈아 물을 대려고 하는데 왕이 방해해 물을 댈 수가 없었다. 게다가 가뭄까지 들어 논이 말라 버리자 아이는 "제가 물을 끌어 오겠습니다"라고 했다. 이번에도 승려들은 그것을 허락했다.

그러자 아이는 사람 10여 명이 아니면 들 수 없는 커다란 가래를 만들게 하고는 그것을 가지고 수문이 있는 곳으로 갔다. 그러자 왕과 그의 부하들이 그 가래를 빼앗아 수문을 막고 절의 논으로 물이 흘러 들어가지 못하게 했다. 이에 아이는 100여 명이 힘을 합하지 않으면 끌 수 없는 큰 돌을 들어다 수문을 막고 물이 절의 논으로 흘러들게 했다. 그것을 본 왕과 그 부하들은 아이의 힘을 두려워하며 그 후로는 방해하지 않았고, 그 덕에 절의 벼가 말라 죽지 않을 수 있었다. 승려들은 이 아이를 불문에 들게 하고 도조道場 법사라는 이름을 지어 주었다. 훗날 사람들이 '겐코 사의 도조 법사는 힘이 장사이나'라고 한 깃은 그 이이를 가리켜 한 말이다. 법사는 전생에 많은 선행을 쌓은 업으로 힘센 장사가 되었는데, 이 같은 내용은 일본의 기이한 이야기 가운데 하나로 전해지고 있다.

이 책의 내용 가운데 일부는 이렇듯 단순한 전설이나 설화에 그치지 않고 그 수준을 넘어 역사적 사료에 근거한 이야기로 여겨지기도 한다. 다음에 소개하는 이야기가 그렇다.

쇼토쿠 태자와 거지 이야기

쇼토쿠 태자는 어느 날 궁 밖을 나갔다가 마을 길가에서 병에 걸린 거지를 보았다. 태자는 자신이 입고 있던 옷을 벗어 그 거지에게 입혀 주었다. 돌아오는 길에 같은 장소를 지나게 되었는데, 거지는 없고 쇼토쿠 태자의 옷만 나뭇가지에 걸려 있었다. 태자는 그 옷을 걷어 다시 입고 궁으로 돌아왔다. 그러자 부하 중 한 사람이 "천한 사람이 걸쳤던 부정한 옷을 부족함이 없으신 태자께서 왜 다시 입으십니까?"라고 물었다. 태자는 그 물음에 그저 "너희들이 알 바 아니다"라고만 했다.

태자에게 옷을 얻어 입었던 거지는 다른 곳에서 죽었다. 쇼토쿠 태자는 그 소식을 듣고 무덤을 만들어 그 거지를 장사 지내 주었다. 그 뒤 사람을 보내어 무덤을 살펴보게 하자, 무덤 입구는 닫혀 있는데 그 속에 있어야 할 시신은 어디론가 사라지고 입구에 다음과 같은 한 수의 시가 걸려 있을 뿐이었다.

'이카루가의 도미▼ 강 물길이 마르면 쇼토쿠 태자의 이름 잊으리.'

시의 내용은 강의 물길은 결코 마르지 않듯 쇼토쿠 태자의 은혜는 영원히 잊지 못한다는 의미였다. 이 노래는 아마 당시의 민요로, 지은이 게이카이는 이러한 민요를 설화 속에 교묘히 집어넣는 재능을 선보였다.

곤자쿠 모노가타리집
(今昔物語集)

헤이안 시대 후기에 편찬된 일본 최대의 설화집이다. 저자는 미나모토노 다카쿠니源隆國로 알려지기도 했으나 정설은 아니다. 전 31권 중 현존하는 것은 28권뿐이다. 내용은 크게 천축天竺(인도)·진단震旦(중국)·본조本朝(일본)·불법·세속으로 나누어져 있다. 『일본영이기』에 수록되어 있는 일부 설화를 제외한 대부분의 설화는 출전을 알 수 없다.

이같이 방대한 설화를 수집해 묶은 지은이는 누구일까? 예부터 이에 대해 도바鳥羽 승정僧正(승관 계급의 최고위직)인 가쿠유覺猷, 주진忠尋 승정 등 큰 절에 소속되어 있던 고위 승려라는 설이 분분했으나 확실히 밝혀진 것은 그 내용으로 미루어 보아 승적에 있는 인물이 관여했다는 점뿐이다. 편찬의 경위와 의도에 대해서는 여러 설만 있을 뿐 분명하게 알려진 바는 없으나 불교 설화가 전체 내용의 3분의 2를 차지하고, 불교적 교훈은 물론 세속적인 면에서도 교훈성 짙은 내용을 수록하고 있는 것으로 보아 교훈적 면을 의도하며 편찬한 것으로 보인다.

문체는 훗날 『헤이케 모노가타리』에 이르러 완성된 것으로, 일한혼용체의 선구라고 할 수 있는 딱딱하고 해독하기 어려운 한문 훈독체이며, 표기법은 한자 표기를 주로 하고 가타가나를 작은 글자로 병기해 당시의 남성 승려와 세속에서 널리 사용되었던 선명宣命 서식(체언과 용언의 어간 등은 큰 글자로 적고, 용언의 어미와 조사, 조동사는 만요가나万葉名●로 작게 적는 표기법)을 따랐다. 이 점은 『곤자쿠 모노가타리집』의 독특한 매력이기도 하다. 『곤자쿠 몬노가타리집』은 야성의 미를 인정한 아쿠타가와 류노스케芥川龍之介●(1892~1927, 소설가)의 문학적 발견을 계기로 문학 작품으로서의 가치가 재조명되었다.

구성

『곤자쿠 몬노가타리집』은 12세기 전반, 곧 고대에서 중세로 넘어가는 전환기라고 할 수 있는 원정기(1120년 이후)에 편찬된 일본 문학 사상 최대 규모의 설화집이다. 현존하는 28권에 수록된 1,000여 편의 이야기는 지리적으로 인도(천축부)와 중국(진단부) 그리고 일본(본조부)으로 구분되며, 불교적 입장에서 당시의 모든 설화를 집대성한 것이다.

천축부는 석가모니의 일대기를 다룬 불전을 중심으로(제1~3권), 불멸 이후의 여러 설화(제4권)와 본생담本生談(자타카Jataka, 고대 인도의 불교 설화)이라 불리는 석가모니 출생 이전의 이야기(제5권)로 구성되어 있다. 『과거현재인과경過去現在因果經』과『법원주림法苑珠林』, 10권으로 된『석가보釋迦譜』 등이 출전이다.

진단부는 불교가 중국으로 전해져 포교되는 과정을 전하는 설화와 여러 부처 및 경전의 영험담을 이야기하는 설화가 핵심을 이룬다(제6~7권). 그리고 여기에 효양담孝養談과 인과응보에 관한 여러 이야기를 추가했으며(제9권), 제10권의 끝 부분에는 국사로서 중국 세속 설화를 수록했다. 출전은 『삼보감응요략록三寶感應要略錄』,『마에다가본 명보기前田家本冥報記』,『후나바시본 효자전船橋本孝子傳』,『홍찬 법화전弘贊法華傳』 등이다. 그리고 이어서 질과 양에서 앞의 두 부분을 크게 능가하는 본조부가 계속된다.

본조부는 우선 제11~20권의 불법부와 제22~31권의 세속부로 나뉘며, 각각의 내용은 다시 설화의 종류별로 나뉘어 각 권을 이루고 있다.

불법부의 내용과 구성은 다음과 같다. 우선 제11권에서는 불교의 전래와 유포 및 각 사원의 건립 연대를 전하고, 제12권에서는 각 사찰 법회의 유래와 전설, 여러 부처와 경전의 영험담을 다루었고, 제13~14권에서는 법화경을 중심으로 한 여러 경전의 영험담을 이야기했다. 제15권은 왕생담을, 제16권은 관음영험담을, 제17권은 지장보살을 중심으로 한 여러 보살과 천계 신들의 영험담을, 제19권은 출가담을, 제20권은 덴구天狗●담과 소생담, 현보담 등을 수록했다. 이들 설화의 출전은 대부분『일본영이기』, 『본조법화험기本朝法華驗記』, 『일본왕생극락기日本往生極樂記』, 『원찬본 지장 보살영험기原撰本地藏菩薩靈驗記』 등이다.

흔히 『곤자쿠 몬노가타리집』의 백미로 일컬어지는 본조의 세속부는 후지와라 집안 열전(제22권), 강력담强力譚(제23권), 술도術道·예능담藝能譚(제24권), 병담兵譚(제25권), 숙보담宿報譚(제26권), 요괴담(제27권), 소화笑話(제28권), 악행담과 동물 기이담動物奇異譚(제29권), 가설담歌說譚(제30권), 기화이문奇話異聞(제31권) 등의 내용으로 구성되어 있다.

이처럼 각 권의 분류는 물론 내용 역시 정교하고 면밀하게 배열되어 있다. 특히 2편의 설화를 같은 주제로 묶는 이른바 이화일류二話一類 양식이라고 불리는 테마별 구성도 보인다. 다음은 이 책에 수록되어 있는 몇 편의 설화이다.

실명한 구나라 태자가 법력으로 시력을 되찾다

아육왕阿育王의 아들 구나라拘拏羅는 아름다운 눈을 가진 태자로 마음이 정직하고 모든 일에 뛰어났다. 생모를 잃고 난 뒤에는 계모인 제시라차帝尸羅叉와 함께 생활했는데, 이 계모는 태자를 흠모해 어떻게든 자신의 마음을 전하려고 했다. 하지만 끝내 거절당하자 계모는 왕에게 태자가 자신에게 연정을 품고 있다고 거짓 밀고를 했다. 그러나 왕은 일의 진상을 모두 알아본 뒤 태자를 계모에게서 떼어 놓기 위해 멀리 떨어진 덕차시라德叉尸羅 땅을 태자에게 주면서, 자신의 이빨 자국이 찍힌 도장이 없는 칙서는 절대로 따르지 말라고 엄명했다.

한편 태자에게 무시당했다고 생각한 계모는 분한 마음을 억누르지 못해 태자를 함정에 빠뜨리기 위한 음모를 꾸몄다. 계모는 대왕에게 술을 권해 취하게 한 뒤 대왕의 이빨 자국이 찍힌 인장을 훔쳐 태자의 두 눈을 도려내고 외국으로 추방하라는 거짓 칙서를 만들어 보낸 것이다. 아무것도 모르는 태자는 아버지의 이빨 자국이 찍혀 있는 칙서에 순순히 따를 수밖에 없었다.

이후 눈이 먼 태자는 아내를 데리고 여러 나라를 유랑하다가 길을 잃고 헤매던 중 우연히 아버지의 왕궁에 들르게 되었다. 태자는 사정을 이야기한 뒤 코끼리 우리에서 하룻밤 머물 것을 청하고 그곳에서 거문고를 뜯었다. 소리를 들은 부왕이 이 사정을 알아보니 거문고 소리의 주인은 다름 아닌 자신의 아들 구나라가 아닌가. 비로소 부왕은 모든 일이 계모의 소행임을 알고 그녀를 처벌하려 했으나 마음씨 착한 태자가 부왕을 말렸다.

그 후 태자는 어느 나한羅漢●의 도움을 받아 아름답게 빛나던 원래의 눈을 되찾게 되었다. 나한의 귀중한 설법을 듣고 감동한 청중들이 흘린 감격의 눈물을 그릇에 받아 모아 그것으로 태자의 눈을 씻어 낫게 했던 것이다.

(천축부 제4권의 4)

보살도를 수행한 세 짐승

천축에 3마리 짐승인 토끼와 여우, 원숭이가 있었다. 이들은 전생의 인과응보로 축생도畜生道에 떨어진 것을 분하게 여기며 내세에는 해탈할 수 있도록 보살도菩薩道를 실천하고 있었다.

제석천帝釋天(불교의 수호신)은 이들이 과연 얼마나 굳은 결심을 하고 있는지 시험해 보기 위해 노인의 모습으로 변장하고 이들을 찾아가 자신에게 먹을 것을 주고 돌보아 달라고 청했다. 그러자 세 짐승 가운데 여우와 원숭이가 먼저 먹을거리를 찾아와 노인에게 주었다. 그런데 토끼는 아무리 해도 먹을 것을 찾지 못해 어찌할 바를 몰라 했다.

토끼는 자신의 무능함을 한탄하다가 자기 몸이라도 노인에게 바치는 수밖에 없다고 결심하고 친구들에게 나무를 구해 불을 피우라고 말했다. 그러고는 노인에게 "제 살을 드십시오"라고 말하고는 모두가 보고 있는 가운데 불 속으로 뛰어들었다. 이때 제석천은 원래의 모습으로 돌아가 토끼의 용맹한 보살도 수행을 후세 사람들이 길이 찬양할 수 있도록 하기 위해 토끼를 달로 보냈다.

그날 이후 달에 토끼가 살게 되었다고 하며, 달 표면에 구름같이 보이는 것은 토끼가 불에 그을릴 때 피어오른 연기라고 한다.

(천축부 제5권의 13)

구라마염, 불상을 훔쳐 진단에 전하다

부처가 어머니 마야摩耶 부인에게 설법을 하기 위해 도리천忉利天●에 올라가고 없을 때 부처를 그리워한 우전왕優塡王은 전단 나무로 부처의 형상을 만들게 했다. 이때 구마라염鳩摩羅焰이라는 성인이 어떻게 해서든 이 조각상을 아직 불법이 전해지지 않은 중국으로 보내 그곳 중생들에게 부처의 은혜를 가르치고자 했다. 기회를 엿보던 성인은 마침내 전단 나무로 만든 부처상을 훔친 뒤 낮에는 등에 업고 밤에는 품에 안아 가며 오로지 중국을 향해 길을 서둘렀다.

도중에 성인은 구자국龜玆國에 이르렀다. 그곳의 국왕인 능존왕能尊王은 성인 혼자 불상을 가져가는 것은 힘든 일이라 생각하고 자신의 딸을 성인에게 시집보내 아이를 낳도록 했다. 선인은 처음에는 이를 거절했으나 결국 왕의 말을 수락하고 왕의 딸과 결혼해 아들을 하나 얻었다. 이 아들이 바로 구마라습鳩摩羅什(344~413, 인도의 승려)이다. 구마라염은 이후 숨을 거두었으나 구마라습은 아버지가 남긴 뜻을 이어받아 중국에 불상을 전했다.

(진단부 제6권의 5)

설법을 듣고 출가한 관리

미나모토源 다이후大夫(고위 장관)는 잔혹한 살생을 서슴지 않는 악독하기 그지없는 사내였다. 어느 날 그는 사냥에서 돌아오는 길에 설법을 듣기 위해 모여 있는 군중들을 보고 그곳으로 성큼성큼 걸어갔다. 그리고는 설법을 하는 강사에게 "어디 한번 내가 정말로 납득할 수 있을 정도의 설법을 해 보라"하고 을러 댔다.

그러나 그는 이내 그 자리에서 아미타불阿彌陀佛의 광대무변한 대자대비大慈大悲를 알게 되고, 또 자신과 같은 사람조차도 부처의 존호를 부르면 응답해 준다는 것을 깨닫고는 여러 사람들이 지켜보는 가운데 그 자리에서 삭발을 하고 출가했다. 그리고 수행을 하기 위해서는 산도 넘고 물도 건너야 한다며 곧장 서쪽 지방을 향해 걸음을 옮기기 시작했다.

"아미타불, 아미타불" 하고 힘주어 그 명호를 부르며 걸음을 재촉하던 미나모토 다이후는 마침내 서쪽 바닷가에 접해 있는 봉우리에 이르렀다. 그리고 그곳에서 실제로 부처가 응답하는 목소리를 들었다. 그는 그 자리에서 바로 왕생했으며, 그의 입에서는 연꽃 한 송이가 피었다고 한다.

(본조불법부 제19권의 4)

순무를 잉태시킨 나그네

어느 남자가 교토에서 동쪽 지방으로 가고 있었다. 그런데 어찌 된 영문인지 갑자기 성욕이 발동해 급한 대로 길가에 있는 순무 뿌리에 구멍을 내고 거기에다 욕구를 처리했다.

잠시 뒤에 15～16세쯤 되어 보이는 여자아이가 그곳을 지나다가 구멍이 나 있는 순무를 신기하게 여기며 먹어 버렸다. 그 뒤 얼마 지나지 않아 여자아이는 임신을 했고 사내아이를 낳았다. 그러자 여자아이의 어머니는 이 일을 괴이하게 생각했다.

그때 마침 얼마 전에 동쪽 지방으로 갔던 남자가 다시 그곳을 지나가다 순무에다 했던 일이 떠올라 그 일을 사람들에게 말했다. 이를 들은 여자아이의 어머니는 그렇다면 자기 딸이 낳은 아이의 아버지가 바로 그 남자라고 생각하고 부자를 대면시켰다.

남자는 이상한 일도 다 있다고 생각하면서도 이는 전생에 정해진 운명이라고 생각하고 그대로 그곳에 자리를 잡고 아들과 함께 셋이서 살았다고 한다.

(본조세속부 제26권의 2)

채찍을 맞고 말이 된 수행자

3명의 수행자가 시코쿠四國 지방의 벽지를 여행하고 있었다. 그런데 도중에 길을 잃어 사람들이 사는 동네에서 멀리 떨어진 산속으로 들어가고 말았다. 주변을 살펴보니 다행히 집 한 채가 있어 하룻밤 묵어가기를 청해 그곳에 묵게 되었다.

집주인은 험상궂게 생긴 법사였는데 그는 "늘 하던 것처럼 하라"고 말하고는 수행자 중 한 사람을 채찍으로 몇 번 때렸다. 그러자 그 수행자는 모두가 보는 앞에서 한 마리의 말로 변했다. 집주인은 이어서 또 다른 수행자에게도 똑같이 했다. 그리고 마지막 수행자는 잠시 그대로 놓아두기로 했다.

혼자 남은 수행자는 그 틈을 타서 빠져나온 뒤 어느 두 자매의 도움을 받아 겨우 그곳을 도망칠 수 있었다. 사람들이 사는 마을에 도착한 수행자가 그 일을 마을 사람들에게 알리자 마을 사람들은 병사들을 이끌고 그자를 잡으러 갔다. 그러나 도중에 길을 잃고 결국은 허탕을 치고 말았다. 사람들은 아마도 그곳이 이 세상의 축생도였을지도 모른다는 생각을 했다.

(본조세속부 제31권의 14)

NOTES

만요가나万葉名 : 한자를 본래의 의미와 상관없이 음에 따라 가나 철자처럼 사용한 문자이다.
아쿠타가와 류노스케芥川龍之介 : 1892~1927. 일본의 소설가. 합리주의와 예술 지상주의를 바탕으로 쓴 작품이 많다. 『나생문』, 『지옥변』, 『코』, 『거미줄』 등 많은 작품을 발표했다.
덴구天狗 : 하늘을 자유로이 날고 깊은 산에 살며 신통력이 있다고 하는 요괴로, 얼굴이 붉고 코가 큰 상상의 요괴이다. 사람을 마의 길로 끌어들인다고 한다. 고시라카와 천황後白川天皇의 별칭이기도 했다.
나한羅漢 : 아라한阿羅漢의 준말. 소승 불교에서 모든 번뇌를 끊고 사제四諦의 이치를 깨달아 열반의 경지에 이른 성자를 이르는 말로, 불도들이 도달하는 최고의 계위階位이다.
도리천忉利天 : 욕계欲界 6천六天 중 둘째 하늘로, 불교의 우주관에서 세계의 중심으로 간주하는 수미산須彌山 꼭대기에 있다. 그곳은 제석천이 머무는 곳으로, 석가모니의 어머니인 마야 부인이 죽은 뒤 이곳에서 다시 태어났으며, 석가모니는 어머니를 위해 이곳에 올라가 3개월 동안 설법했다고 한다.

우지슈이 모노가타리
(宇治拾遺物語)

가마쿠라 시대 전기의 설화집으로, 전 15권에 총 197편의 설화가 수록되어 있다. 작자 미상. 괴이한 이야기와 애절한 이야기, 흥미로운 이야기 등이 분류되지 않은 채 자유로운 연상에 따른 것처럼 펼쳐진다. 197편의 이야기 중에는 『곤자쿠 모노가타리집』과 중복되는 설화도 많으나 인간 사회의 익살스러운 이야기 등을 다룬 민담 형식의 설화도 많이 수록되어 있다.

INTRO

"세상에 『우지 다이나곤 모노가타리』라고 하는 것이 있다. 이 다이나곤은 다카쿠니隆國라는 사람이다. (…) 오고가는 사람들을 신분의 상하 귀천을 가리지 않고 불러모아 옛이야기를 청하고, 나는 그 옆에서 이야기를 들으며 커다란 책자에 받아 적었다. 세상 사람들이 이를 재미있다고 했는데, 모두 14첩이다. (…) 이처럼 요즘 세상 돌아가는 이야기를 적은 것이다. 이제 다이나곤의 모노가타리에 누락된 것과 그 후의 일화를 모아야 할 것이다. 제목은 '우지슈이 모노가타리'라고 한다."

위의 글은 『우지슈이 모노가타리』「서문」의 내용이다. 이 글은 원본이 편찬된 지 얼마 안 되었을 무렵에 『우지슈이 모노가타리』를 베껴 쓴 사람이 적어 넣은 것으로 추측된다. 내용의 진위와는 별도로 우지슈이 모노가타리의 편찬 연대를 고찰하는 데 매우 시사적인 문장이 아닐 수 없다.

다카쿠니가 썼다는 『우지다이나곤 모노가타리』는 해서豁書에 그 일부가 전해질 뿐 현존하지 않으나, 중고 말기부터 중세에 걸쳐 편찬된 설화집 가운데 가장 중요한 작품이라고 할 수 있다. 『우지슈이 모노가타리』가 『우지다이나곤 모노가타리』에서 얼마나 영향을 받았는지는 알 수 없다. 다만 『우지슈이 모노가타리』의 편찬에 큰 역할을 했던 것만은 충분히 추측해 볼 수 있다. 성립 시기는 가마쿠라 시대 초기인 13세기 초반이라는 것이 일반적 견해이다.

수구다라니를 이마에 넣어 다니는 법사

어느 사무라이에게 아무리 보아도 산림 수행자인 듯한 남자가 시주를 청하며 찾아왔다. 사무라이가 사정을 물으니 이제까지 가가加賀 지방의 하쿠 산白山에 있었는데, 지금부터 긴부센金峰山●으로 수행하러 갈 예정이니 꼭 도와주길 바란다는 것이다. 사무라이가 산림 수행자의 얼굴을 보니 이마의 상처에 딱지가 붙어 있었다. 그 이유를 캐물으니 실은 그 상처의 딱지 속에 수구다라니隨求陀羅尼(주문)가 들어 있다는 것이다.

이 이야기를 들은 사무라이가 감탄하고 있는데, 다른 나이 어린 사무라이가 나타나더니 사실과 전혀 다르다며 실로 가소롭기 짝이 없는 거짓 수행자라고 말했다. 그러고는 수행자가 대장장이 부인의 정부로, 작년 여름에 밀회 장면을 대장장이에게 들켜 이마가 깨진 것이라면서 "도대체 수구다라니 따위가 그 속에 있을 리가 없다" 하고 소리쳤다. 그러자 산림 수행자는 태연하게 "그때 들어간 것이다"라고 말했다. 이 말에 모두가 폭소를 터트리자 수행자는 그 틈을 이용해 쏜살같이 도망쳐 행방을 감추었다고 한다.

(제1권의 5)

이것은 뻔뻔스러운 가짜 승려에 관한 이야기이다. 가짜 승려를 주인공으로 한 비슷한 이야기는 이 밖에도 제1권의 6「주나곤 모로토키中納言 師時 법사 이야기」, 제1권의 11「다이나곤 미나모토노 마사토시源雅俊가 평생 울리지 않은 종을 친 이야기」, 제5권의 10「어느 승려에게 빙어를 훔쳐 먹은 이야기」, 제11권의 9「거짓으로 물에 뛰어든 승려」, 제12권의 9「단식 중에 들통 난 성자 이야기」 등이 있다. 이런 종류의 설화는『우지슈이 모노가타리』의 세계를 구성하는 가장 대표적인 이야기이다. 이야기에 등장하는 가짜 승려들은 엉터리같지만 한편으로 인간적이고 풍성한 활기를 더해 주는 사람들이기도 하다.

연어를 훔친 동자

청년이 다 된 체구에 정수리가 벗어지고 게슴츠레한 눈매를 지닌 동자 하나가 에치고越後에서 연어를 실어 나르는 말을 뒤쫓아가 연어(일본어로 '사케'라고 한다) 2마리를 슬쩍 훔쳤다. 이를 안 마부가 동자를 추궁했으나 동자가 시치미를 떼자 실랑이를 벌인 끝에 몸을 수색하기로 했다. 사람들이 그 둘의 모습을 보고 모여드는 가운데 마부가 동자의 옷을 강제로 벗기자 연어가 나왔다. 그러자 그 동자가 "이렇게 발가벗기고 조사를 하면 제아무리 존귀한 궁궐의 지체 높은 상궁이나 왕비라 해도 허리에 사케(여자의 국부를 비유한 말) 한두 척이 없을까"라고 해서 모여 있던 사람들이 모두 웃었다.

(제1권의 15)

즉흥적으로 말을 지어내는 전형적인 재담으로, 당시의 이해타산적인 세상을 살아가기 위한 사람들의 지혜가 엿보이는 글이다. 제9권의 4에 등장하는 법사와 설법승을 교묘하게 속여서 부처에게 공양을 한 구스케 ('구스케'는 사람 이름이지만 명사적으로 번역하면 '먹보'라는 뜻) 이야기와 제2권의 9에 등장하는 다치바나노 스에미치橘季通의 위기를 순간의 재치로 구해 낸 「우루세키」(우루세키는 사람 이름이지만 형용사적으로 '현명하다'라는 뜻이기도 함)와 고도네리와라외小舍人童(천황 관소에 속해 잡무에 종사한 고도네리 가운데 나이 어린 아이), 제3권 11에 나오는 즉흥적인 말재주의 명수 도로쿠藤六나 설법 잘하기로 유명한 설법승 쥬인仲

胤(제1권의 제2, 5권의 제11, 14권의 8 등)은 모두 이러한 부류의 인간들이었다.

악습을 단절한 아즈마비토

미마사카美作 지방에 나카야마中山와 고야高野라는 두 신이 살고 있었다. 나카야마는 원숭이의 신이었고, 고야는 뱀의 신이었다. 이 두 신은 해마다 살아 있는 아름다운 처녀를 희생물로 바칠 것을 요구했다. 그해 역시 어느 한 처녀가 희생물로 정해졌고, 그녀의 부모는 슬픈 나머지 하루하루를 눈물로 지내고 있었다.

어느 날 동쪽 지방에서 온 사냥꾼이 그곳을 지나다가 울고 있는 부부의 모습을 보고 사연을 물었다. 그들에게서 자초지종을 들은 사냥꾼은 "그럴 바에는 차라리 저와 결혼하게 해 주십시오"라고 했다. 부모는 딸을 허망하게 죽게 하는 것보다는 차라리 그게 낫다고 생각하고 그 사냥꾼에게 딸을 시집보내기로 했다. 처녀를 가엾게 여긴 사냥꾼은 신을 물리쳐 그 같은 인습을 없애기로 결심하고 개를 훈련시키고 무기를 손질했다.

축제가 열리는 날, 사냥꾼은 온 마을 사람들에게 부탁해 딸 대신 자신과 개를 큰 궤짝에 넣어 신사로 가져가게 했다. 신사에는 다른 원숭이보다 배나 큰 원숭이 한 마리를 중심으로 200여 마리의 원숭이가 모여있었다. 원숭이들은 요리용 도마와 칼까지 준비해 놓고 있었다. 원숭이가 큰 궤짝의 뚜껑에 손을 대는 순간 안에 숨어 있던 사냥꾼과 개가 뛰쳐나와 원숭이를 쫓아내고 붙잡았다.

사냥꾼은 도마 위에 두목 원숭이를 올려놓고 꼼짝 못 하게 눌러 대면서 오랫동안 괴로움을 당한 사람들의 한을 풀어주기 위해 칼로 목을 내리치려고 했다. 그 순간 신탁을 받았다는 신관들이 큰 소리로 떠들면서 다가와 앞으로 두 번 다시 희생물을 요구하지 않을 것이라고 말했다. 이에 사냥꾼은 신관들이 말하는 신탁 이야기를 받아들여 두목 원숭이를 살려 주었다.

그 후 사냥꾼과 딸은 오래도록 화목하게 잘 살았다. 한편 그 뒤로 희생물은 멧돼지와 사슴으로 바뀌었다고 한다.

(제10권의 6)

『우지슈이 모노가타리』에는 이처럼 생기 넘치는 인간적인 이야기 외에 신앙 속에서 진지하게 살아가는 사람들의 이야기를 다룬 수많은 불교 설화들이 수록되어 있다.

닌카이 고승의 왕생

야마시나 사山階寺의 닌카이仁戒 고승이 수행을 더 쌓기 위해 절을 떠나려고 하자, 고쇼興正 승도僧都(승관의 두 번째 계급)가 이를 말려 머물게 했다. 그래서 고승은 어떤 사람의 딸을 아내로 맞이했는데, 이것을 일부러 사람들에게 알리기 위해 아내 곁에 붙어서 보란 듯이 집 앞에 서 있었다. 그러나 실제로는 아내에게 손끝 하나 대지 않고 밤을 새워 가며 수행을 계속했다. 고쇼 승도는 이러한 사실을 알고 더욱 그를 높이 존경했다. 그 후 그는 어느 군수의 사위가 되어 속인과 같은 행동을 했으나, 수행을 쌓고자 하는 마음은 이전보다도 더 확고해졌다. 그리고 드디어 눈이 내리는 어느 겨울날 고승은 경사롭게 극락왕생을 이루었다.

(제15권의 9)

자신의 참된 도심을 더욱 견고하게 갈고닦기 위해 사람의 눈을 속이면서까지 일부러 파계까지 한다는 위악적인 태도는 고대 중기 이후부터 중세에 걸쳐 수없이 등장하는 것으로, 고승들이 공통적으로 보이는 삶의 태도이다.

『우지슈이 모노가타리』의 세계는 이것이 전부가 아니다. 탑에 피가 묻자마자 순식간에 산이 무너져 깊은 바다가 되고 말았다는 괴이하기 짝이 없는 이야기(제2권의 12)와 힘센 장사를 주인공으로 한 이야기, 혹 떼는 영감 이야기, 은혜를 갚은 참새 이야기, 지푸라기 부자 이야기, 도박을 좋아하는 사위 맞이하기 등과 같은 민담적인 이야기를 비롯해 천축을 무대로 한 이야기 등 온갖 이야기들이 끊임없이 펼쳐져 독자들을 조금도 지루하게 하지 않는다.

NOTES

긴부센金峰山 : 하나의 봉우리를 지칭하는 것이 아니라 나라 현에 있는 요시노산吉野山과 그 남쪽 20km를 포함하는 오미네大峰 산맥의 영험한 산들의 총칭이었다. 요시노와 오미네는 고대 이래 산악 신앙의 성지로서 헤이안 시대 이후에는 영적인 장소로 신봉되어 많은 참배객들이 몰려들었다. 본래는 천태종 수련장이었다.

십훈초
(十訓抄)

가마쿠라 시대 중기의 설화집이다.
어린아이들에게 선행을 권하고 악행을 훈계하기 위한 교훈과 계몽의 의
도로 1252년에 편찬되었다. 10가지 덕목을 설정하고 그에 맞추어 약
280편의 설화를 모았다. 후반부는 덕목에 대한 소개보다 흥미에 치우
치고 있다.

지은이에 대해서는 다치바나노 나리스에橘成季, 스가와라노 다메나가菅原爲長 등 여러 사람이
거론되어 왔지만, 현재는 유포본의 후기를 통해 로쿠바라 지로자에몬뉴도六波羅二﨟左衛門入道
라는 설이 유력하다. 그는 유교와 불교를 공부하고 로쿠바라 단다이六波羅探題(조정의 감시 기
관)의 호조 나가토키北條長時와 호조 도키시게北條時茂를 모셨던 것으로 알려져 있다. 만년에는
교토의 히가시야마東山 산기슭에 초암을 짓고 살았다.
『십훈초』에 "연화대蓮花臺와 서방 정토의 구름을 바라보는 늙은이, 염불을 외다 쉬는 틈틈이
이를 적었다"라는 서문이 있는데, 여기에 이 책의 집필 시기가 1252년 10월 중순으로 기록되
어 있다. 책의 성격으로 보아 중세에 저술된 은둔자 문학의 하나라고 할 수 있다.
집필 의도는 일본과 중국의 여러 불교 서적과 구비 전승 등에서 어린아이들에게 교훈이 될
만한 이야기를 발췌해 학습서로 삼는 것이었다. 따라서 10가지 덕목에 따라 화제를 정돈한
편집은 다른 설화집과 차별화되는 특징이다. 에도 시대의 '오라이모노往來物'(교과용 도서를
이르는 총칭)로 이어지는 실천적인 교과서의 선구라고 할 수 있다.
하지만 위에서 살펴본 바와 같이 서술 내용은 반드시 저작 목적과 일치한다고 말하기 어렵
다. 사례로 든 이야기는 독자의 흥미를 끌기 위해 이야기 자체를 소개하는 데 많은 부분을
할애했으며, 여기저기에서 모은 설화집이기 때문에 구성에 대한 고려가 엿보이지 않고, 교훈
으로서도 미온적이며, 자신의 주장이 부족하다는 아쉬움이 있다. 그러나 뒤집어 생각하면
그렇기 때문에 큰 저항 없이 부담한 이야기집으로 널리 읽혔던 것이다. 『십훈초』의 이본이
많은 것도 그러한 이유 때문이다.

10가지 덕목

대저 세상 사람들이 말하기를, 말과 행동의 귀천을 막론하고 현명한 사람은 얻는 게 많고, 어리석은 사람은 잃는 게 많다고 한다. 지금 이제껏 보고 들은 고 금의 이야기를 씨앗으로 모든 말 속에서 (…) 좋은 이야기는 권하고, 나쁜 이야 기는 그것을 훈계로 삼아 아직 이치를 배우지 못한 어린아이들의 마음을 키우 는 방편으로 삼기 위해 우선 10가지 편으로 나누어 '십훈초'라고 이름 지었다.

위의 내용은 『십훈초』의 저술 목적과 제목의 유래를 분명히 밝힌 서문 이다. 10가지로 나누어진 덕목은 다음과 같다.

첫째, 사람에게 은혜를 베풀 것可施人惠事(이본에는 마음과 행동을 단정히 할 것可定心·操振舞事).

둘째, 교만을 멀리할 것可離僑慢事.

셋째, 인륜을 가볍게 여기지 말 것不可侮人倫事.

넷째, 윗사람의 많은 이야기를 훈계로 삼을 것可誡人上多言等事.

다섯째, 벗을 가려서 사귈 것可撰朋友事.

여섯째, 충성되고 정직할 것可存忠直事(이본에는 충성되고 믿음직스럽고 검소 하며 정직할 것可存忠信廉旨事).

일곱째, 오로지 깊이 생각할 것可專思慮事.

여덟째, 모든 일에 인내할 것可堪忍于諸事事.

아홉째, 간절히 바라는 바를 그만둘 수 있을 것可停悪望事(이본에는 남을 원망 하는 일을 그만둘 것可停怨望事).

열째, 재능을 발휘할 것可庶幾才能事(이본에는 재능과 기예를 발휘할 것可庶幾才能

藝業事).

은혜를 갚는 미물들

또한 『십훈초』는 위와 같은 덕목을 추상적으로만 설명하고 그친 것이 아니라 실로 구체적인 예화로 제시했다는 것이 특징이다.

야마카게山蔭 주나곤이 지쿠시筑紫 지방으로 가는 길에 가마우지 사냥꾼에게 잡혀 있던 거북을 구해 방생해 주었다. 그 일이 있고 얼마 후에 2살 난 아들을 데리고 여행을 했는데, 계모와 유모가 실수인 것처럼 꾸며서 아이를 바다에 떨어뜨렸다. 이에 주나곤이 어찌할 바를 몰라 발만 동동 구르고 있는데 방생해 주었던 거북이가 아이를 등에 올려놓고 배 옆으로 다가와 무사히 살려 낼 수 있었다. 이 이야기는 조무如夢(주나곤의 아들) 승도僧都의 이야기로 사람들에게 알리기 위해 자세히 적었다.

우라시마 타로浦島太郎(이 책의 「오토기조시」 편 참조)의 보은 이야기는 아니지만, 이것은 생명을 구한 거북이가 그 아들을 구해 준 이야기이다.

이어지는 설화는 거미줄에 걸려 있다가 구원을 받은 벌이 은혜를 갚기 위해 구름같이 몰려와 적에게 달라붙어 적을 해치웠다는 상당히 흥미로운 이야기이다. 벌의 도움을 받은 무사는 이때 죽은 벌들을 장사 지내 주고 불당을 세워 공양했다. 그 뒤 적의 손자인 법사가 이 불당에 불을 지르자 "매우 어리석은 녀석"이라며 나라의 사찰에서 추방당했다는 후일담까지 기록되어 있다.

저자는 이러한 이야기를 소개하다가 덕목을 설명하겠다던 애초의 목적을 잊고 점점 흥미 위주의 이야기만 적어 나갔다. 화제는 예로부터 전해 오는 전승이나 옛글 속에서 수집한 것들이 많아 그다지 신선한 맛은 없다. 이야기의 범위가 차츰 넓어지면서 저술 목적에서 벗어나 설화 문학의 성격을 띠게 되었다는 점이 흥미롭다.

벌이라고 하면 교고쿠京極에 사는 태정대신 무네스케宗輔의 이야기를 빼놓을 수 없다. 그는 많은 벌을 키웠을 뿐만 아니라 벌에게 무슨 마루ㅊ(남자아이에게 잘 붙이는 이름) 등의 이름까지 붙여 부르는 습관이 있었다. 아랫사람을 책망할 때에는 벌에게 "무슨 마루야, 아무개를 쏘고 오거라"라고 명령했고, 벌은 곧바로 태정대신이 시키는 대로 했다. 출타할 때에도 수레에 함께 태우고 다녀 세상 사람들이 그를 '벌을 키우는 대신'이라고 불렀으며, 아무 이익도 되지 않는 일을 한다고 그를 비난했다.

어느 해 5월, 도바인鳥羽院이 머물고 있는 궁중에 갑자기 벌집이 떨어져 어전 안으로 벌들이 날아다닌 적이 있었다. 사람들은 벌을 피하느라 허둥지둥 달아났으나 무네스케는 조금도 당황하지 않고 어전에 있는 비파나무 열매를 한 개 딴 뒤 거문고의 기러기발로 껍질을 벗겨 바닥에 놓았다. 그러자 벌들이 모두 열매를 향해 날아들어 한 곳으로 모여들었다. 무네스케는 아랫사람들을 불러 그 열매를 천천히 밖으로 가져가게 해 벌 소탕에 성공했고, 이 일로 도바인에게 칭찬을 받았다고 한다.

이 이야기 역시 벌을 좋아하는 대신이 벌의 습성을 잘 알고 있었기 때문에 순간적으로 올바른 조치를 취할 수 있었다는 이야기로, 덕목과는 그다지 상관이 없다.

고금저문집
(古今著聞集)

형식적으로 가장 잘 분류되어 있는 중세의 세속 설화집으로, 지은이는 다치바나노 나리스에이다. 『고금저문집』은 실용을 위한 기록일 뿐만 아니라 오락을 위한 읽을거리의 측면도 지닌 책이다. 전 20권 30편에 수록된 704가지 이야기는 귀족과 서민에 이르기까지 널리 읽혔다. 이러한 계열에 속하는 설화집은 이후로 나타나지 않았다.

INTRO

다치바나노 나리스에는 종5위품의 하급 관리였으나, 50세 무렵에 관직을 그만두고 1254년 10월에 이 책을 편찬했다. 『고금저문집』은 『곤자쿠 모노가타리집』의 영향을 이어받은 세속 설화집으로, 연대순으로 배열되었으며, 내용은 인물과 사회, 자연 현상에 걸쳐 광범위하다. 칙찬勅撰 와카집의 체재를 본뜬, 형식을 가장 잘 갖춘 설화집이다. 고대 말기에서 중세에 걸쳐 편찬된 귀족적 성격의 설화집에 종지부를 찍은 작품으로 일본 문학사에서 설화 문학의 시대를 구분하게 하는 중요한 작품이다. 『곤자쿠 모노가타리집』, 『우지슈이 모노가타리』와 함께 설화 문학의 3대 고전으로 손꼽힌다.

사실에 기초한 설화

『고금저문집』은 왕조 시대에 성립된 『우지다이나곤 모노가타리宇治大納言物語』와 『강담초江談抄』를 원형으로 하여 「시가관현詩歌管絃의 길」, 곧 왕조 시대의 풍아한 모습을 담은 '뛰어난 모노가타리'를 에마키(그림 두루말이)로 남기고자 한 것으로 보인다. 조큐承久의 난으로 귀족들이 패배해 붕괴와 멸망의 길을 걷게 된 고대 귀족 사회의 황금기를 글과 그림으로 전하고자 한 최초의 의도가 편성 과정에서 변형되고 범위가 확대되면서 서민들 사이에 일어난 진귀한 일까지 수집하게 된 것이다.

방대한 규모의 이 책에는 옛날을 그리워하는 심정을 후세에 전하고자 한 이른바 왕조 문화에 대한 무한한 동경을 영탄적으로 반복하는 말이 여러 곳에 등장하는데, 이것이 바로 작자의 사상과 이 책의 주제이다.

이 책이 지닌 또 하나의 특징은 사실에 기초한 설화를 집성해 놓았다는 점이다. 책 말미에 "때로는 집집마다 기록을 찾아다녔고, 때로는 곳곳의 경치가 뛰어난 곳을 찾아갔다"라고 설화 수집에 대한 태도와 그 출전을 명시했다. 민간 설화를 소재로 했을 경우에도 가능한 한 실제 이야기에 근거한 소재를 찾으려고 했으며, 연대순으로 배열하고 편년체로 기술함으로써 수집된 설화가 허구가 아니라는 것을 주장했다.

제1권 신기神祇 편은 천지개벽에 대해 기술한 신대기를 서문으로, 공덕 효험담이 내용의 중심을 이룬다. 이른바 귀족 사회로의 신분 상승을 갈망하는 사람들의 모습이 그려져 있다.

제2권 석교釋敎 편은 왕생 설화를 다루었지만 단순히 영험담에 그치지 않고 고승들의 행위가 보통 사람들의 범위를 초월한 신비한 화신의 모습으로 등장한다.

전편을 통해 압도적인 비중을 차지하면서 가장 많은 분량이 수집된 부분은 정도·충신·공사·문학·와카和歌·관현가무管絃歌舞·능서能書·화도畵圖·축국蹴鞠·축언祝言·애상·유람 등으로 왕조 시대의 귀족 생활에 관한 설화들이다. 지은이는 예로부터의 귀족적인 성대한 의식이 얼마나 우아하고 경사로운 것인가를 회고하고 찬미하며, 이러한 것들이 쇠퇴하고 있는 현세를 거듭 탄식했다. 그 일례로 짧은 글을 소개한다.

관현가무—제6권 7편

「덴랴쿠天歷 7년(953) 10월 경신庚申의 날, 온아소비御遊●이야기」(241단)

덴랴쿠 7년 10월 13일, 궁내에서 경신의 날에 온아소비가 있었다. 뇨쿠로도女藏人(하급 궁녀)가 국화로 장식된 히와리코檜破子(노송나무로 만든 고급 상자)를 받들고, 다이나곤 다카아키라高明와 이요노카미伊與守 마사노부雅信가 어전에 대기했다. 악소樂所(아악을 연습하는 곳)의 사람들은 건물 한쪽에서 대기했다. 다이나곤이 비파를 켜고 스자쿠인의 유모 비젠노 묘부備前命婦가 발이 드리워진 안쪽에서 거문고를 뜯었다. 옛날에는 이 같은 온아소비가 항상 있었는데, 매우 재미있는 일이었다.

더욱이 무용이나 궁전弓箭, 마예馬藝, 스모 강력相撲强力 편 등 얼핏 보면 사무라이가 연상되는 살벌한 이름을 가진 편도 그 내용을 살펴보면 즐거운 유희에 대한 것들이다. 예를 들어 궁전은 궁전에서 작은 활을 가지고 노는 연회와 내기 활쏘기, 마예는 호위 무사들의 경마, 스모는 스모 때의 연회 등을 가리켰다. 이렇듯 귀족 사회의 행사와 관례적인 유희에 대한 설화가 중심을 이룬다.

물론 『고금저문집』이 소재로 삼은 것은 귀족 사회만이 아니다. 제10권의 15편 스모 강력 편의 「하타케야마 시게타다畠山重忠가 스모 선수인 나가이長居와 만나 그 어깨뼈를 부러뜨린 이야기」(380단)에는 매우 강인한 간토關東 무사의 모습이 그려져 있다. 이 단의 맺음말은 "나가이는 이 때문에 어깨뼈가 부러져 스모를 할 수 없게 되었다. 뼈가 부러지다니 정말 깜짝 놀랄 일이다"라며 단순히 놀라움만을 나타내고 있어, 사라져 가는 아름다운 것을 애석하게 여기던 영탄적인 필치와는 전혀 다른 면을 보이기도 한다.

지금은 사라져 버린 아름다운 세계, 바로 왕조 시대의 문화에 대한 회고와 사모, 애착을 기조로 하여 쓰인 이 책에 이처럼 풍류의 세계와는 대조적인 면을 보이는 서민적인 설화는 특히 박혁博奕(도박)·투도偸盜(도둑질)·숙집宿執(전세 때부터 이어져 온 인과)·투쟁鬪諍·흥언이구興言利口(재담)·음식·어충금수魚蟲禽獸 편에서 많이 볼 수 있다. 3분의 1의 분량에 달하는 가마쿠라 시대의 설화는 이 가운데 투도·흥언이구·어충금수의 3편이 절반 정도를 차지한다. 특히 그중에서도 흥언이구 편의 분량이 가장 많다.

내용의 전반부는 하층 관료나 사무라이 그리고 귀족 사회의 상식에서 벗어난 인물들이 벌이는 웃음거리가 주를 이루며, 후반부는 파계한 비구니와 승려, 산림 수행자, 신관, 신참 구로도藏人(천황의 잡무를 돕던 관리), 하급 사무라이와 같이 하위 관리 계급에 속하는 인물들이 등장한다. 일생 동안 철저히 계율을 지켜 온 것으로 알려진 비구니가 임종의 순간에 말할 수 없는 호색녀였다는 사실이 밝혀진 이야기, 황족 출신이었던 궁녀의 방사, 큰 여자와 작은 남자의 동침 이야기, 방귀쟁이와 판관비의 희극적인 이야기 등 노골적인 표현에 의한 천하고 외설적인 풍속도가 전개된다.

이 이야기들은 훗날 염소담艶笑談으로 이어진다. 『고금저문집』의 흥언이구 편은 밝고 명랑한 웃음을 담고 있는 『우지슈이 모노가타리』와는 달리 실록과 실화만을 썼기 때문에 인간의 약점이 있는 그대로 노출되어 있다. 이는 인간에 대한 지은이의 이해가 저속했기 때문인 것으로 여겨진다.

NOTES

온아소비御遊 : 경신의 날 밤에는 잠자는 사람의 몸속에 있던 삼시충三尸蟲이 하늘로 올라가 천제에게 죄과를 고하므로 목숨을 잃게 된다는 민간 신앙이 있었다. 때문에 이날 밤에는 잠들지 않기 위해 밤새도록 다양한 놀이를 했는데, 그것을 '온아소비'라고 한다.

사석집
(沙石集)

약 700년 전에 승려 무주(1226~1312)가 집필한 설화집으로, 불교 입문서적 성격이 짙다. 전 10권. 1279년에 집필을 시작해 4년 뒤인 1283년에 탈고한 것으로 전한다. 제1~5권은 구성이 매우 치밀하나, 제5권 이하는 그렇지 않은 것으로 보아 제5권을 전후해 집필 시기가 달라진 것으로 추측된다.

INTRO

무주는 만년에 고승이었던 것은 분명하나, 출신에 대해서는 분명하게 알려진 바가 없다. 무주는 이 『사석집』을 저술한 지 20년 뒤인 80세 때 쓴 설화집 『잡담록』에 자신의 자전적 내용을 일부 적었다. 그에 따르면, 자신이 세상에 태어난 날 "오늘 밤 이 마을에 태어나는 아이는 큰 행운아이다"라고 한 말을 들은 사람이 있었다고 한다. 이렇듯 매우 행복하게 태어난 무주였지만 실제 그의 삶은 빈곤과 궁핍의 연속이었고 만년에는 매우 쓸쓸했다.

'사석집'이라는 책의 이름은 "금을 찾는 자는 모래를 모아 금을 가려내며, 옥을 가지고 노는 부류는 돌을 주워서 옥으로 다듬는다. 따라서 사석집이라고 명명한다"라는 서문에서 유래한 것이다. 이어서 "그래서 광언기어狂言綺語(이치에 안 맞고 성실하지 않은 말)의 허황됨을 인연으로 삼아 불승의 오묘한 길에 들어갈 수 있도록 하고, 세상에 만연한 천한 일을 비유로 삼아 승의勝義(세속의 의리를 떠난 심오한 이치)의 깊은 뜻을 알려 주고자 한다"라고 적고, 또 "이를 읽는 사람은 졸렬한 말을 깔보지 않고 법의 이치를 깨달아 세상일을 허황되게 여기지 않으며 인과를 잘 헤아려 생사로 얽힌 굴레를 떠나 열반의 세상에 이르는 지식으로 삼게 하고자 한다. 이것이 어리석은 노인의 바람이다"라고 말한 것으로 보아 이 책을 불교 입문서로 지은 것임을 알 수 있다.

그러나 저자의 의도와는 달리 불교도뿐만 아니라 일반인들에게도 설화 문학으로서 널리 읽혀 왔으며, 설화 문학의 황금기로 일컬어지는 중세 문학사의 한 페이지를 장식하는 아이로니컬한 결과를 가져왔다.

성인은 자기 말을 하지 않는다

『사석집』 제1권은 다음과 같이 시작한다.

이세 신궁은 불교와 관련된 이야기도 말을 바꾸어 마치 불교를 완전히 거절하고 있는 듯이 보이지만 그렇지 않다. 일본이 아직 모양새를 갖추기도 전인 먼 옛날, 큰 바다의 밑바닥에 대일天日이라고 찍힌 글자가 있었다. 그러자 이세 신궁에서 모시는 신 아마테라스오미카미가 자신의 창을 물속에 집어넣어 그 글자를 건져내고는 그 창 끝에 매달린 물방울로 국토를 만들고자 했는데, 마왕이 이를 방해했다. 이때 아마테라스오미카미가 그 마왕을 달래기 위한 수단으로 삼은 것이 실은 일본의 불법이다. 따라서 불법은 이세 신궁의 수호신이다.

불교 설화라고 하면 가장 먼저 인과응보에 대한 내용을 떠올리는 통념을 생각할 때 상당히 이질적이라는 느낌이 강하다. 이어지는 제2권과 제3권에는 보살들의 영험담과 항간에 떠도는 이야기 등 불교 설화가 많이 포함되어 있다. 그러나 제3권의 「미쳐서 발작을 일으킨 사람의 영리한 이야기」의 다음 부분은 지은이 자신이 지니고 있는 불교에 대한 생각을 전한 것이어서 설화라기보다 수필에 가깝다.

어느 마을에 간질병을 앓고 있는 남자가 있었다. 이 병은 불 근처나 물가 그리고 사람들이 많이 모여 있는 곳에서 일어나는 우울증이었다. 어느 날 그 남자는 큰 강의 기슭에서 발작을 일으켜 강물에 빠지고 말았다. 이윽고 그는 숨이 끊긴 채 물 위로 둥둥 떠내려가다 멀리 떨어진 모래 섬으로 떠밀려 올라왔다.

한참 있다가 숨이 돌아온 그가 정신을 차리고 주위를 살펴보니 뜻밖에도 강 한가운데였다. 그는 마음을 가라앉히고 나서 이게 어떻게 된 영문인지, 강기슭에 있었는데 도대체 무슨 일이 일어나 강 한가운데 떠 있게 되었는지 생각하다가, 평소의 간질병이 발작해 강물에 떨어진 사실을 기억해 냈다. 그는 하마터면 목숨을 잃어버릴 뻔했다고 놀라며 혼잣말로 이렇게 중얼거렸다.

"죽었기 때문에 오히려 살아난 것이다. 살아 있었다면 죽었을 것이니 때맞추어 잘 죽었다."

강물이 빠르게 흐르고 있었고 깊이도 매우 깊었으므로 그대로 있었으면 물에 빠져 그냥 죽었을 터인데 숨이 멈추었기 때문에 물 위로 떠올라 떠내려가서 살 수 있었다는 것이다. 실로 절묘한 표현이며 진귀한 일이다. 그의 혼잣말은 이렇게 이어진다.

"모든 일에는 한계가 있는 것처럼 여겨지지만, 마음은 널리 속세의 일과 불교의 깊은 이치에 닿아 있다."

이것은 "와카의 한 길을 생각하면 심하게 동요하던 마음이 진정되어 침착한 마음을 갖게 된다. 또한 적은 말 속에 많은 느낌을 품고 있어 총지總持의 의의가 담긴 것 같다. 총지란 다라니陀羅尼(범문梵文의 주문)를 말한다. 스사노오노미코토素盞雄尊(아마테라스오미카미의 동생)는 일찍이 『이즈모 야에가키出雲八重垣』의 31글자를 외웠는데, 이는 다름 아닌 불교의 가르침이다"라는 글로 시작해, "성인은 만물의 마음을 자기 마음으로 삼으며, 또 성인은 만물의 몸을 자기 몸으로 삼는다. 그리고 성인은 자기 말을 하지 않으며 만물의 말을 자신의 말로 삼는다. 성인의 말에는 법어法語가 아닌 것이 없다. 만일 법어라면 도리를 담고 있을 것이며, 도리를 담고 있는 것은 총지일 것이다. 그리고 총지라는 그것은 다라니이다. 그 의미를 보면 신도와 불교가 와카를 이용하게 된 것은 그것이 진언眞言이기 때문이다"라고 끝을 맺은 제5권의 「와카의 길에 깊은 이치가 있다」에서 더욱 분명히 드러난다.

뱀으로 변한 계모

시모후사下總 지방에 살고 있는 어느 여인에게 12~13세쯤 되는 전처 소생의 딸이 있었다. 그 여자는 큰 늪으로 딸을 데리고 가 늪의 신에게 "이 아이를 드릴 테니 결혼해 주십시오"라고 여러 번 말했다.

주위에 바람이 심하게 불어 늪의 물이 거칠게 일렁이던 어느 날, 여자는 여느 때와 마찬가지로 딸을 데리고 늪 앞에 앉아 빌고 있었다. 옆에 있던 딸은 무서워서 소름이 끼칠 지경이었다.

시간이 지나 물 위로 파도가 일고 바람이 더욱 거칠어지면서 주위가 어둑어둑해지자 딸은 집으로 달아났다. 그런데 등 뒤에 무언가가 뒤쫓아 오는 느낌이 드는 것이 아닌가. 딸은 더욱 겁을 집어먹고, 헐레벌떡 집으로 돌아가 아버지에게 매달려 자초지종을 이야기했다. 그때 큰 뱀이 들어왔다. 뱀은 머리를 치켜들고 혀를 날름거리면서 딸을 바라보았다.

딸의 아버지는 비록 신분은 천했으나 현명한 사람이었다. 그는 뱀을 향해 "이 아이는 내 딸이고, 그 어미는 계모이다. 내 허락 없이 딸을 데려 갈 수 있겠는가? 계모가 하는 말을 그대로 따라서는 안 된다. 또한 아내는 남편을 따라야 하므로 내가 그 여자의 모든 것을 너에게 맡긴다. 잡아 가려면 그 계모를 잡아가라"라고 말했다. 그러자 뱀은 딸을 내버려 두고 계모 쪽으로 갔다. 남자는 그 틈을 타 딸과 함께 달아났다. 뱀이 계모를 휘감자 계모는 미친 듯이 발광을 했지만 이미 뱀의 모습으로 변해 가고 있었다고 한다.

오토기조시
(御伽草子)

무로마치 시대부터 에도 시대에 걸쳐 편찬된 단편 모노가 타리집으로, 지은이는 알 수 없다.
활자화되어 오늘날까지 전해지고 있는 것이 약 300편에 이르며, 그 밖에 사본으로 전해지는 이야기를 합하면 모두 500편에 이른다.

INTRO

『오토기조시』라는 말은 좁은 의미에서는 근세 중기에 해당하는 교호享保 연간(1716~1736)과 겐분元文 연간(1736~1741) 무렵에 오사카의 서점상 시부카와 기요우에몬澁川淸右衛門이 『오토기조시』 또는 『오토기 문고』로 간행한 「분쇼조시文正草子」를 비롯한 23편의 단편 이야기를 통틀어 일컫는 말이다.

이 책은 무로마치 시대에서 에도 시대 초기에 나온 나라 시대의 그림책 가운데 가장 널리 알려진 작품을 한데 묶었다. 따라서 넓은 의미에서는 무로마치 시대의 단편 이야기(무로마치 모노가타리 또는 중세 소설)를 『오토기조시』라고 부르는데, 『아키미치あきみち』와 『세 명의 법사』, 『나팔꽃의 쓰유노미야朝顔露の宮』 등이 그것이다.

『오토기조시』 23편의 지은이와 성립 연대에 대해서는 정확히 알려진 바가 없다. 그러나 「네코노소시」만은 에도 시대 초기인 게이초慶長 연간(1596~1615) 이후의 작품으로 판명되었다. 모노가타리와 요쿄쿠謠曲● 등의 고전적인 작품과 세상에 유포되어 있는 설화나 전승에서 소재를 얻은 것 그리고 귀족·무사·승려·서민 그리고 이물(사람이 아닌 것) 등을 주인공으로 삼거나 때로는 대륙(중국과 인도)과 천상계를 넘나드는 등의 다양한 작품들이 포함되어 있으나 대체로 지극히 단조롭고 유형에 따른 표현이 많다.

300~500편이라고 전해지는 『오토기조시』는 그 수만큼 내용도 매우 다양하지만 아직까지 충분히 정리되거나 분류되어 있지 않다. 치졸하고 황당무계한 작품 속에 일반 서민들의 생각과 기원 등이 있는 그대로 드러난 점이 특징이다. 『오토기조시』는 일본인의 행복관과 종교 관념, 민간 신앙의 실내를 이해하는 자료의 보고이기도 하다.

분쇼조시文正草子 — 입신 출세담

히타치常陸 지방의 가시마다이묘진鹿島大明神 신사에서 다이구지大宮司(신궁의 총독사무 관리직)를 맡고 있던 분타文太는 출신은 미천했지만 정직한 사람이었다. 여가가 생겨 염전법을 익힌 분타는 나이가 들어 이름을 후미마사 쓰네오카文正常陸라고 고쳤다. 그러고는 자식을 얻기 위해 가시마다이묘진 신사에 가서 기도를 드리고 연꽃 두 봉오리를 하사받았다. 그러자 두 딸이 태어났는데, 첫째에게는 렌게蓮華, 둘째에게는 하치스蓮라는 이름을 지어 주고 소중히 길렀다.

딸들은 미인이라는 소문이 자자할 만큼 아름다웠다. 그 소문을 들은 간토 지방 8곳의 영주들이 자매를 자신의 아내로 삼으려고 구혼했지만 두 딸은 뇨고女御 또는 후궁이 되거나 적어도 고위 귀족의 아들과 결혼하기를 꿈꾸었기 때문에 부모의 권유에도 아랑곳하지 않았다. 아버지의 동료인 다이구지가 며느리로 맞이하겠다는 말은 물론, 고쿠시國司(지방 행정의 책임자)의 구혼에도 전혀 귀 기울이지 않았다.

낙담한 고쿠시는 수도로 돌아가 정2위품의 주조中將에게 자기가 겪은 일을 털어놓았는데, 그 자리에서 주조는 말로만 전해 들은 자매를 사랑하게 되었다. 그길로 주조는 상인의 모습으로 변장하고 자매를 만나기 위해 먼 곳까지 찾아갔다. 주조의 차림은 비록 장사하는 사람의 모습이었으나, 목소리와 행동거지에서 풍겨 나오는 품격은 무엇으로도 가릴 수가 없었다. 후미마사의 집에 머물게 된 주조는 렌게에게 사랑의 노래를 보냈고, 두 사람은 곧 깊은 관계를 맺었다.

마침내 주조는 큰딸과 함께 수도로 올라갔다. 후미마사는 그들의 수레를 금과 은으로 장식해 주고, 그 뒤를 영주들이 따랐다. 수도로 돌아간 주조는 다이쇼大將로 승진했고, 다이쇼의 결혼 이야기를 전해 들은 천황은 렌게의 동생 하치스를 아내로 맞이했다. 일이 이렇게 되자 후미마사는 재상으로 승진했고, 뇨고가 된 하치스가 황자를 낳자 다시 다이나곤大納言으로 승진했다. 그의 아내에게도 정2위품의 벼슬이 내려졌다. 다이나곤은 덕행을 많이 쌓아 부부가 함께 100세가 넘도록 장수했다.

온조시의 섬 건너기 — 이향 편력담

온조시御曹子●(명문가의 아들)인 미나모토노 요시쓰네源義經가 후지와라노 히데히라藤原秀衡를 불러 수도로 진격할 방법을 묻자, 히데히라는 "북쪽의 에조가 섬에 기켄 성喜見城이 있는데, 그곳의 가네히라 대왕이 가지고 있는 대일법大日法이라는 두루마리를 손에 넣어 병법을 익히면 일본을 뜻하는 대로 움직일 수 있게 될 것입니다"라고 대답했다.

이에 요시쓰네는 도사土佐의 항구에서 하야카제라는 배를 타고 노를 저어 고론가 섬과 오테 섬, 네코 섬, 이누 섬 등을 차례로 지나고, 하다카 섬과 뇨고노 섬, 지이사고 섬 등을 거쳐 이윽고 에조가 섬에 도착했다. 대왕은 요시쓰네를 제자로 받아들여 여러 가지 병법을 가르쳐 주었으나 정작 대일법은 좀처럼 전수하려 하지 않았다.

대왕의 딸인 아사히 천녀와 깊은 관계를 맺게 된 요시쓰네는 아사히 천녀의 도움을 받아 마침내 대일법이 적힌 두루마리를 손에 넣었다. 그러나 이 일로 아버지의 노여움을 산 아사히 천녀는 처형을 당해 목숨을 잃고 말았다. 사실 천녀는 에노 섬에 있는 변재천辨才天(지혜와 음악의 여신)이 변한 것이었다.

"예부터 오늘날까지 부부의 인연만큼 애절한 것은 없었다. 그렇게 병법을 손에 넣은 요시쓰네는 일본을 마음먹은 대로 주물렀고, 그 결과 일본은 미나모토 집안의 세상이 되었다."

고와타 마을의 여우 ― 이류異類 혼인담

중세에 교토의 야마시로山城 지방에 있던 고와타木幡라는 마을에 나이 많은 여우가 살고 있었다. 이 여우에게는 기슈라는 딸이 있었는데 그녀는 자신의 아름다운 용모를 믿고 고위 관리의 아내가 되기를 꿈꾸었다.

산조 다이나곤三條大納言의 아들인 정3위품의 주조는 히카루 겐지光源氏나 아리와라노 나리히라在原業平보다도 용모가 뛰어나 자신에게 어울리는 아름다운 여인을 아내로 맞이하기를 바라고 있었다. 어느 날 이나리稲荷 산에서 주조의 모습을 보게 된 기슈는 인간의 모습으로 변신한 다음 주조에게 접근해 아들을 낳았다.

어느덧 그 아들이 3세가 되었다. 그해에 유모가 세상에서 쉽게 볼 수 없는 진귀한 개를 헌상했는데, 이를 알게 된 기슈는 눈물을 흘리면서 고향으로 돌아갔다. 그러나 기슈는 아들과 주조를 너무나 그리워한 나머지 출가해 사가노嵯峨野에 암자를 짓고 그곳에서 살았다. 한편 주조는 주위의 권유에도 만류하며 재혼을 하지 않았다. 기슈는 아들이 잘 자라는 것을 몹시 기뻐하며 불교에 정진했다.

게으름뱅이 다로太郎 ― 구애 연애담

'나라 전체에서 둘째 가라면 서러워할 정도의 게으름뱅이'로 이름난 다로가 사람들의 말을 듣고 수도로 올라가 성실한 사람으로 바뀌었다. 참한 아내를 얻어 고향인 시나노信濃 지방으로 돌아가려고 마음먹은 다로는 사람들이 알려 준 쓰지토리辻取リ(길에서 마음에 드는 여자를 데려다 아내로 삼는 방법)를 하기 위해, 기요미즈 사淸水寺를 참배하고 가던 길에 용

모가 몹시 아름다운 열일곱여덟 살가량의 여성과 만났다. 강제로 결혼을 청하고 여러 가지 어려운 문제와 수수께끼를 다 푼 다로는 노래의 힘을 빌려 마침내 결혼하는 데 성공했다. 그러고는 그 여자가 일러 주는 대로 목욕을 하자 미남이 되었다.

이 소문을 들은 천황은 그의 선조를 조사해 보라는 명을 내렸다. 그 결과 다로는 시나노 지방으로 유배된 정2위품의 주조(진메이仁明 천황의 둘째 황자)가 센코 사善光寺에서 기도를 드려 낳은 아들임이 밝혀졌다. 그리하여 주조가 된 다로는 120세가 넘을 때까지 살다가 죽었다. 죽어서는 오타가御多賀 신사의 다이묘진大明神이라는 신이 되었고, 그의 부인은 아사히朝日 신사의 신으로 모셔졌다.

잇슨 법사 — 괴물 퇴치담

오사카의 나니와難波 마을에 살고 있는 노부부가 자식이 없는 것을 한탄하다가 스미요시住吉 신사의 다이묘진 신에게 기도를 올려 남자아이를 얻게 되었다. 아이의 이름은 키가 1촌(약 3.03㎝)밖에 안 되어서 잇슨 법사一寸法師라고 짓고 소중히 잘 키웠다. 그런데 이 아이의 키가 12~13세가 되어도 조금도 크지 않는 것이었다. 그러자 노부부는 잇슨 법사를 요괴라 생각하고 쫓아내려 했다. 이를 알게 된 잇슨 법사는 바늘을 칼로 삼고 밥공기를 배로 삼아 젓가락으로 노를 저어 수도 교토로 올라가 산조三條의 재상을 모셨다.

16세가 된 잇슨 법사는 재상의 딸을 사모하다가 그녀를 얻을 수 있는 여러 가지 방책을 구사한 끝에 마침내 그녀를 아내로 맞이했다. 그러던 어느 날 나니와 해변에서 집으로 돌아가기 위해 밥공기를 타고 나니와 해변으로 향했으나 바람이 불어 그만 도깨비가 살고 있는 섬에 도착하고 말았다. 도깨비는 표류해 온 잇슨 법사를 삼켜 버렸다.

도깨비의 몸속으로 들어간 잇슨 법사는 도깨비의 눈을 파고 뛰쳐나왔다. 이에 깜짝 놀란 도깨비는 도깨비 방망이도 잊은 채 달아났다. 뒤이어 잇슨 법사가 그 방망이를 들고 두드리자 보통 사람과 같은 키로 커졌다.

잇슨 법사는 도깨비 방망이를 두드려서 나온 금은보화를 가지고 수도로 돌아왔다. 이후 잇슨 법사는 나니와에 있는 자신의 아버지가 과거에 유배되었던 호리카와堀河 주나곤의 아들이며, 어머니는 후시미伏見 쇼쇼小將의 딸임이 밝혀져 벼슬을 받아 호리카와 쇼쇼가 되었다. 또한 부모를 모시고 효도를 다했으며, 주나곤으로도 승진했고, 자식을 셋이나 낳는 등 스미요시 신사의 보살핌으로 영화를 누렸다.

우라시마 타로浦島太郎 — 이방異邦 방문담

옛날에 단고丹後 지방에 우라시마 타로라는 남자가 살고 있었다. 그는 고기를 잡아 부모를 봉양하는 효자였다. 어느 날 에지마가이소繪島磯라는 해변에서 고기를 잡다가 거북이를 잡게 되었는데, 그 거북이가 불쌍하다는 생각이 들어 곧바로 바다로 돌려보내 주었다.

다음 날 작은 배를 탄 아름다운 여자가 나타나더니 우라시마 타로를 백은으로 치장해 주고는 황금 기와가 찬란히 빛나며 사계절 내내 아름다운 경치가 펼쳐져 있는 용궁으로 데리고 가 부부의 인연을 맺었다. 그리고 눈 깜짝할 사이에 3년이라는 세월이 흘러가 버렸다. 부모가 걱정이 된 우라시마 타로는 아내에게 30일 동안 시간을 달라고 했다. 그러자 아내는 사실은 자신이 일찍이 우라시마 타로가 목숨을 구해 준 용궁의 거북이임을 밝히며 아름답게 장식된 상자를 건네주고는 절대로 이 상자를 열어서는 안 된다고 다짐에 다짐을 했다.

그러나 우라시마 타로가 도착한 고향 마을은 이미 황폐해져 사람의 그림자조차 찾아볼 수 없었다. 겨우 오두막집에 사는 80세가량의 노인을 찾아 그간의 상황을 물어보자, 그는 우라시마 타로라는 사람은 700년 전의 사람이라고 말하며 오래되어 무너진 봉분과 석탑이 우라시마 타로의 무덤이라고 했다. 너무도 어처구니없는 일을 당해 멍하니 있던 우라시마 타로는 그 자리에서 거북이 준 상자를 열었다. 그러자 그 속에서 세 줄기의 자주색 구름이 피어올랐고, 우라시마 타로는 금세 백발의 노인으로 변해 버렸다.

그 뒤 학으로 변한 우라시마 타로는 호라이^{蓬萊} 산으로 가서 거북과 다시 만났고, 이후에는 단고 지방에 위치한 우라시마 신사의 다이묘진 신이 되어 받들어졌다. 거북이까지 그곳의 신이 되어 모셔지면서 부부 묘진^{明神}이 되었다.

세 명의 법사 ― 둔세^{遁世} 참회담

고야^{高野} 산에 살고 있는 승려 3명이 모여 서로 자신들의 참회담을 나누었다.

겐쇼^{玄松}(소타니 시로자에몬^{糟谷四良左衛門})는 아시카가 다카우지^{足利尊氏} 쇼군의 측근으로, 니조인^{二條院}에 갔을 때 한 여인에게 마음이 끌려 상사병을 앓다가 쇼군의 주선으로 그 여인과 맺어졌다. 12월 24일에 사랑하는 여인 때문에 미뤄 두고 있었던 기타노텐진^{北野天神} 신사에 참배를 갔다가 옆사람이 "가엾게도 열일곱여덟 살쯤 되는 여자를 죽이고 옷까지 모두 벗긴 자가 있다니"라는 말을 듣고 혹시나 걱정이 되어 급히 집으로 달려가 보았더니 실제로 자신의 사랑하는 아내가 머리카락마저 잘린 채 죽어 있는 것이 아닌가. 겐쇼는 그날 밤 자기 손으로 삭발을 하고 중이 되었다. 그로부터 벌써 20년이 지났으며, 그 이후로 부인의 명복을 빌고 있다고 했다.

겐치쿠玄竹(산조노 아라고로三條荒五郎)는 9세 때부터 도둑질을 하기 시작해 13세 때부터는 밤에 사람을 습격해 죽이는 강도짓까지 서슴지 않았다. 어느 해 강도짓도 제대로 되지 않고 허탕만 치는 날이 계속되자 아내마저 "정월도 가까워 오는데"라며 투덜거렸다. 이에 하는 수 없이 신분이 높은 집의 부인을 습격했다. 그리고 "기모노를 벗기려면 차라리 죽여 달라"는 부인의 말대로 그 여자를 죽이고 집으로 돌아왔다. 그런데 뒤이어 아내가 밖으로 나가더니 죽은 여자의 머리카락을 잘라 와서는 가발을 만들 거라고 했다. 너무나도 끔찍한 아내의 말에 겐치쿠는 그날 밤겐에玄慧 스님을 찾아가 출가했다.

겐바이玄梅(시노자키 로쿠로자에몬篠崎六郎左衛門)는 구스노키楠木 집안 출신으로, 그의 아버지 가몬노스케掃部助는 구스노키 마사시게楠木正成가 토벌군에 쫓겨 죽었을 때 할복자살했다. 그때 그도 마사쓰라正行와 함께 토벌당해 죽게 될 목숨이었으나 신기하게도 살아남았다. 그러나 그 뒤 구스노키 마사노리楠木正儀가 자신의 반대에도 불구하고 아시카가足利 편에 항복해 버리자 세상을 피해 숨었다.

이후 3세 된 딸과 갓 태어난 아들과 아내를 버리고 출가해 간토 지방을 떠돌며 수행한 뒤 마쓰시마松島에서 3년을 보냈다. 그리고 다시 북쪽 지방으로 가 수행을 한 뒤 서쪽 지방으로 가는 도중에 가와치河內에 있는 고향에 들러 보니 아내는 이미 죽은 지 3일이나 되었다. 그러자 그는 자신이 아버지라는 것도 밝히지 않은 채 그길로 아이들과 헤어져 고야 산으로 들어갔다.

요쿄쿠謠曲 : 노가쿠能樂의 대사와 음악. 고전 작품이나 설화 등을 각색한 것으로, 현재 약 250곡 정도
가 전한다.
온조시御曹子 : 귀족의 자식으로, 대를 이을 상속자와는 무관한 젊은이이다. '조시曹司'란 본래 '방'이라
는 뜻이다.

안라쿠안 사쿠덴(安樂庵策傳)

성수소
(醒睡笑)

일본 골계滑稽 문학을 대표하는 작품으로, 에도 시대 초기에 지어진 대규모 소담집이다. 지은이는 안라쿠안 사쿠덴 화상和尚(1554~1642). 전 8권에 1,000여 편의 이야기가 담겨 있다. 서문에 "옛날에 남겨진 이야기를 보면 저절로 잠이 깨고 웃음이 나온다"라고 적혀 있듯이 각각의 이야기가 매우 재미있다. 훗날의 하나시본本(익살스러운 이야기를 적은 책)과 라쿠고落語(우스운 이야기를 들려주는 좌담극) 등에 많은 영향을 미쳤다.

INTRO

『성수소』의 지은이는 근세 라쿠고의 아버지로 불리는 안라쿠안 사쿠덴 화상이다.
『성수소』가 성립된 경위는 이 책의 서문에 다음과 같이 밝혀져 있다. "사쿠덴은 어린 사미승이었을 때부터 재미있는 이야기를 듣고는 못 쓰게 된 종이에 적어 두었다." 책 이름은 "옛날에 남겨진 이야기를 보면 저절로 잠이 깨고 웃음이 나온다"고 한 데서 유래되었다. 1623년 70세를 맞이한 사쿠덴이 교토에 있는 세간 사誓願寺의 주지 자리에서 물러나 안라쿠 암安樂庵이라는 암자를 짓고 그곳에서 은거 생활을 할 때 집필하였다. 또한 책의 맨 마지막에 있는 후기에 따르면, 1623년 당시 이미 8권까지 정리된 『성수소』를 1628년 3월 17일 교토의 행정 책임자인 이타쿠라 시게무네板倉重宗에게 헌정했다고 한다. 이 책은 이보다 앞서 편찬된 『우지슈이 모노가타리』와 『무명초』, 『사석집』 등의 영향을 받았으며, 같은 시대의 설화집 『어제는 오늘의 이야기』와 중복되는 내용이 많다.

말하자면 말할 수 있는 것들의 유래

터무니없는 말(소라고토そらごと)을 하는 사람을 거짓말쟁이(우소쓰키うそつき)라고 하는 이유는 무엇인가?

우소(거짓말)라는 새가 있었는데, 나무의 소라(가지 끝)에 앉아서 고토(거문고)를 켜고 있었다고 한다. 때문에 소라고토(터무니없는 말)를 하는 사람을 거짓말쟁이라고 한다고. (제1권)

지나친 축하는 수상하다

이즈미和泉 지방에 데라카도寺門라는 마을이 있었다. 그곳에 살던 어느 농부가 이것저것 생각한 끝에 자기 이름을 빈보貧乏(가난)라고 정했다. 또 다른 한 사람은 에비스戎(복을 주는 신)라고 했다.

어느 해 정월 초하루의 일이다. 이 지방의 지주는 정월 초하루에 신년 인사를 오겠다는 빈보와 마주치기 싫어 조상님을 참배하러 갔다. 그리고 돌아오는 길에 에비스와 마주쳤다. 지주가 에비스에게 물었다.

"에비스, 자네 어딜 가나?"

"댁에 인사하러 갔다 돌아가는 길입니다"라고 했다. 그러자 지주는 "아, 난 운도 없군. 왠지 불안한데"라고 하며 계속 길을 갔다.

이번에는 빈보와 마주쳤다. 이번에도 지주는 빈보에게 물었다.

"빈보, 자네 어딜 가나?"

"지금 댁에 가던 중입니다." (제1권)

입에 발린 말

보기에도 비쩍 마르고 피부가 검게 탄 영주가 옆에 있는 부하를 보고 이렇게 물었다.

"남들이 말하길 내 얼굴이 원숭이를 닮았다고 하는데 정말인가?"

그러자 부하는, "누가 그런 엉뚱한 소리를 합니까? 사람들은 원숭이가 영주님을 닮았다고 합니다"라고 했다. 이 말을 들은 영주는 "말 한번 잘했다. 그렇지, 그렇고말고" 하고 조금도 화내는 기색이 없었다.

아랫사람들이 말하는 "영주는 귀가 크다"(영주는 하찮은 일에는 귀를 기울이지 않는다)라는 말은 이를 두고 하는 말이다. (제2권)

구두쇠 시와 다로惣太郎

미카와三河 지방에 소에宗惠라는 부자가 살고 있었다. 그는 굉장한 구두 쇠여서 여태껏 병에 걸려도 약 한번 먹어 본 적이 없었다. 그런 소에도 나이를 먹어 마침내 최후를 맞이하게 되었다.

몸져누운 그를 위해 친구가 다케다竹田의 우황(한약 이름)을 지어 먹여 주려고 하자 소에는 입을 꾹 다물고 이빨을 꼭 깨문 채 도무지 먹으려 하지 않았다. 그래서 친구가 꾀를 내어 "이 약은 돈 주고 지은 약이 아니 네. 공짜야, 공짜라고"라고 말했다. 그러자 그때까지 꾹 다물고 있던 입 을 크게 벌리고는 허둥지둥 약을 먹는 것이 아닌가.

이 지방에서 놀리는 의미로 쓰이는 '소에의 우황은 공짜이다'라는 말 은 이 일화에서 유래된 것이다. (제2권)

석연치 않은 수긍

"식초를 많이 마시면 주름이 생깁니다. 식초는 독성이 강하므로 절대 로 마시면 안 됩니다."

"이렇군요! 그런데 어떻게 그런 것을 알게 되셨습니까?"

"이렇게 간단한 것을 모르십니까? 1년의 마지막 달을 시와스師走(음력 12월을 이르는 이칭. 이와 같은 발음의 일본어로 '시와'는 '주름', '스'는 '식 초'를 말하는데 이를 가지고 말장난을 한 것이다)라고 하는 것은, 나이를 먹어서 주름투성이가 되는 것이 식초 탓이기 때문입니다." (제4권)

일리 있는 말씀

"아버님, 제 말을 들어보십시오. '제니'^錢(돈)를 '제누'라고 하는 것은 이 상한 일입니다."

"맞는 말이지만 네가 제니라고 올바르게 말할 수 있게 된 것은 바로 내가 벌어 놓은 제니 덕분이라는 것을 잊지 말거라." (제4권)

술주정 1

아시카가 요시마사^{足利義政}가 쇼군 때 교토 시내와 교외에 금주령을 내린 적이 있었다. 쇼군을 모시는 시종 가운데 만아미^{萬阿彌}라는 자가 있었는데 어느 날 어디서 술을 마셨는지 온몸을 붉게 칠한 듯한 모습으로 쇼군 앞에 대령했다. 쇼군이 이렇게 물었다.

"그 얼굴은 술을 마신 얼굴이로다."

그러자 만아미는 이렇게 대답했다.

"아닙니다. 너무 추워 밖에서 화톳불을 쬔 것입니다"

이에 쇼군은, "그렇다면 이쪽으로 와 보거라. 냄새를 한번 맡아 보자꾸나. 어허, 속이려 들지 말거라. 홍시 냄새가 나지 않느냐"라고 다그쳤다.

그러자 만아미는 이렇게 대답했다.

"그럴 것입니다. 감나무 장작의 화톳불이었기 때문이옵니다." (제5권)

술주정 2

봄 안개가 드리워진 가운데 술잔을 기울이다 보니 그만 밤이 깊어졌고, 그러다 술이 취한 채 날이 밝았다. 그러자 6~7세 되는 이들이 그곳에 와서 "아버님은 어째서 적당히 드시지 않으십니까? 숙취(후쓰카요이^{二日醉})로 고생하지 마시고 하루 동안만 취하면 좋을 것을"이라고 했다. 그러자 아버지는 화를 벌컥 내며 '후쓰카'와 '요이' 자 사이를 끊어서 이렇게 말했다.

"이틀(후쓰카) 동안 좋기(요이) 때문이다." (제5권)

출신은 못 속인다

간토^{關東} 지방에서 수도 교토로 올라온 사람이 어느 절에 들러 주지를 만나 이야기를 나누는데, 주지가 동자에게 과자를 내오라고 하면서 "차는 단풍(일본어로 '고요^{紅葉}')으로 하거라" 하고 일렀다. 이에 손님이 "무슨 말입니까?"라고 묻자 "진하게(고요^{濃能ゟ}. 단풍과 발음이 같다) 타라고 한 것이지요"라고 대답했다.

나그네는 그것 참 재미있다고 생각하며 고향으로 돌아가 바로 친한 친구들을 불러 대접하며 일찌감치 일러 둔 대로 시동에게 "차는 단풍으로 하거라"라고 일렀다. 그 말을 들은 친구들은 과연 도시 생활을 한 사람은 다르다며 몹시 감탄했다. 그리고 단풍이란 무슨 의미냐고 물었더니, "고쿠요쿠^{濃ㄑ能ㄑ}라는 뜻이네"라고 대답했다.

모처럼 배운 도시의 멋진 말도 사투리로 말하니 운치는 온데간데없이 사라졌다. (제5권)

출신은 어쩔 수 없다

불당 앞에 노송나무가 한 그루 있었다. 늙은 승려가 아이들을 향해 "그러면 이 소나무가 수소나무냐, 암소나무냐?"라고 물었다. 그러자 시인의 어린 아들이 대답했다.

"암소나무일 겁니다. 달을 가리기 때문입니다(달을 가린다는 일본어인 '쓰키노사와리^{月の障リ}'는 '월경'이라는 뜻도 있다)."

그러자 농사꾼의 아들은 이렇게 말했다.

"아니요, 당연히 수소나무지요. 저렇게 많은 솔방울(솔방울을 일본어로 '마쓰후구리松ふぐり'라고 하는데, 이를 마쓰의 후구리로 풀이했다. 마쓰는 소나무를 뜻하고, 후구리는 고환을 뜻한다)이 달려 있으니까요." (제5권)

사랑의 길

교토 거리를 돌아다니며 "기력에 독이 되는 약 삽니다, 기력에 독이 되는 약 삽니다"라고 외치는 남자가 있었다. 그 남자를 살펴보니 몹시 야위었고 얼굴색도 핏기가 없는 것이 마치 폐병에 걸린 사람처럼 보였다. 그를 보며 '참 희한한 일도 다 있군' 하고 생각하는데, 어느 집에서 "약을 팔겠소"라며 그 사내를 불러들였다.

"당신이 원하는 것과 당신의 용모는 아무리 생각해도 앞뒤가 안 맞는데 어찌된 일이오?"라고 그 이유를 묻자, 남자는 이렇게 대답했다.

"네, 맞습니다. 당신이 보는 그대로입니다. 실은 저와 함께 사는 여자가 너무 정력이 세서 그 약을 사다 한번 먹여 보려고 찾아다니는 것입니다." (제6권)

하찮은 비밀

어느 날 몹시 귀중한 손님이 와서 정중히 대접하고 있는데 술이 떨어졌다. 그래서 하녀에게 술을 가지고 오라고 명령하자, 지요チ代라는 하녀가 큰 목소리로 "마님, 오십 전짜리 술로 할까요, 백 선짜리 술로 할까요?"라고 묻는 것이 아닌가. 손님 앞에서 민망해진 마님은 식은땀을 흘리면서 지요를 밖으로 불러내 "손님이 계신 앞에서 지금처럼 큰 소리로

말하는 것이 아니다"라고 혼을 냈다.

얼마 후 또 손님이 왔다. 이번에는 지요가 조용히 다가와 마님의 귀에 입을 대고 손님에게는 안 들릴 정도의 작은 목소리로 소곤거렸다.

"도련님이 우물에 빠지셨습니다." (제6권)

거짓말쟁이

아침부터 밤까지 무슨 일이든 허풍을 떠는 남자에게 한 손님이 찾아왔다. 평소에 이 남자는 신통치 못한 두 하인을 부리고 있었는데, 한 사람은 열 명, 다른 한 사람은 다섯 명이라는 이름으로 불렀다. 그리고는 일부러 손님이 들으라는 듯이 큰 소리로 이렇게 소리쳤다.

"어이, 열 명은 산에 나무하러 가고, 다섯 명은 대숲의 대나무를 베어 오너라." (제6권)

수필문학

일기
기행문
수상록

붓 가는 대로 자연을 관조하다

일기─기록에서 문학으로

'일기문학'은 문학 작품이라고 부르기에 손색이 없는 일기에 대해 근대의 연구자들이 '일기' 뒤에 '문학'을 붙인 것으로, 원래 문학을 목적으로 쓰인 것이 아니다. 일기는 본질적으로 기록이기 때문이다.

날짜순에 따른 실용적인 기록 일기는 이미 7세기 중엽부터 존재했다. 예를 들어 659년에 견당사遣唐使(당나라에 보냈던 사신들)를 수행했던 이키노무라지 하카토코伊吉連博德의 여행 일기는 그 일부가 『일본서기』의 주석으로 인용되기도 했다. 또 진신壬申의 난●에 대한 경위를 덴무天武 천황의 신하였던 지토쿠智德, 오미淡海 등이 기록한 『안토노치토쿠 일기安斗智德日記』와 『쓰키노무라지오우미 일기調連淡海日記』는 내용의 일부가 현재까지 전해지고 있다.

이 일기들이 공무적인 기록인지 아니면 개인적인 기록인지는 분명하지 않지만 어쨌든 공적인 사건과 사실에 관한 기록일 뿐, 개인의 감정이나 생각을 담고 있는 것은 아니다. 분명하게 개인의 일기라고 말할 수 있는 것이 등장한 시기는 나라 시대에서 헤이안 시대로 접어든 무렵의 일이다.

남자의 일기, 여자의 일기

일기문학의 효시는 기노 쓰라유키紀貫之의 『도사 일기土佐日記』이다. 『도사 일기』가 집필될 수 있었던 이유는 헤이안 시대에 주로 여성들을 위한 문자로서 히라가나가 자유롭게 사용될 수 있게 된 귀족 문화의 변화가 큰 몫을 차지한다. 이 시대의 일기에 대해 간단히 정리하면 다음과 같다.

우선 크게 남성 일기와 여성 일기로 나눌 수 있다. 남성 일기는 첫째, 한자나 한문으로 쓰였고 둘째, 실용적인 기록의 성격을 지녔으며 셋째, 날짜순에 따른 형식을 취한다는 것이 일반적인 특징이다. 이에 비해 여성 일기는 주로 첫째, 히라가나를 사용한 국문으로 쓰였고 둘째, 자신의 생활을 기록한 자전적 성격의 작품이 많으며 셋째, 날짜에 구애받지 않고 과거를 회상하거나 자신을 반성하는 형식을 취하고 있어 탁월한 문학적 가치를 지닌다.

『도사 일기』는 도사 지방의 가미守(지방관의 상위 관직)였던 기노 쓰라유키가 고쿠시國司(지방관)에서 해임되어 교토로 돌아가는 길인 조헤이承平 4년(934) 12월부터 다음 해 2월까지 50여 일간에 걸쳐 쓴 것이다. 이 일기는 "남자가 쓰는 일기라는 것을 여자인 나도 써 보고자 한다"는 글로 시작하는데, 기노 쓰라유키가 여성으로 가장해 쓴 것이다. 그렇게 함으로써 와카 시인이자 비평가, 한시문가 그리고 서예가이며 동시에 『고금와카집古今和歌集』 편찬의 중심이었던 기노 쓰라유키는 관리의 업무에서 해방되고 한문 일기류의 전통에서 벗어나 자유로운 위치에 설 수 있게 되었다.

하기타니 보쿠萩谷朴가 『도사 일기』의 주제로 와카 이론의 전개와 사회 풍자, 자기반성이라는 3가지 점을 지적했듯이 종래의 기록으로서의 일기와는 달리 자각적인 작품이라는 점이 이 일기의 특징이다. 또 그때까지 남성들만이 기록해 온 공적인 한문 일기의 형식을 타파하고 자유로운 정신에서 사적인 경험과 감상을 형식 따위에 구애받지 않고 기록한 것이 이 『도사 일기』다. 『도사 일기』의 출현은 여성이 가나 문자로 쓴 일기, 곧 일기문학이라는 새로운 분야를 탄생시켰다.

최초의 일기문학 작품

이후 40년 뒤에 등장한 후지와라노 미치쓰나藤原道綱의 어머니가 쓴 『가게로 일기蜻蛉日記』는 후지와라 가문이 누린 권력의 기초를 다진 후지와라노 가네이에藤原兼家의 처첩 중 한 사람이었던 지은이가 가네이에와의 완전한 사랑을 이루고 싶은 단 하나의 바람만을 추구하며 한 가정의 부인의 입장에서 약 20년에 걸친 부부 생활을 있는 그대로 솔직히 표현한 작품이다.

『가게로 일기』는 자기 반성적 의미를 담고 있으며 아울러 인생에 대한 깊은 성찰을 지닌 최초의 일기문학 작품이다. 그뿐만 아니라 근대 일본 소설의 전형인 개인소설의 효시이자 심경소설의 원조이며, 일기문학을 정점으로 끌어올린 작품이기도 하다. 물론 여류 산문문학의 창시라는 문학사적 의의는 더 말할 나위도 없다.

『가게로 일기』 이후의 일기문학 가운데 대표적인 작품으로 손꼽히는 일기는 『겐지 모노가타리』의 지은이 무라사키 시키부紫式部가 쓴 『무라사키 시키부 일기』, 헤이안 시대 중기·후기에 들어 스가와라노 다카스에菅原孝標의 딸이 쓴 『사라시나 일기更級日記』, 사누키노 스케讚岐典侍가 쓴 『사누키노스케 일기』 등이 있다.

이들은 『가게로 일기』와 달리 다루는 소재가 단편적이며, 작자 자신의 적극적인 주체성이 희박해 일기에서 다루는 주체가 자신이 받들고 있는 천황 쪽으로 이행했다. 더욱이 시대가 흐르면서 이른바 사실적인 이야기라고 하는 설화물과 역사물이 많이 집필되었다. 예를 들어 조진 아자리成尋阿闍梨(1011~1081, 헤이안 시대 후기의 천태종 승려)의 어머니가 쓴 『조진 아자리 모집成尋阿闍梨母集』, 겐슌몬인 주나곤建春門院中納言의 『겐슌몬인 주나곤 일기』, 겐레이몬인노 우쿄다이부建禮門院右京大夫의 『겐레이몬인노 우쿄노다이부집建禮門院右京大夫集』 등이 있다.

또한 일기 모노가타리라고도 불리는 사실적인 이야기들도 있었다. 주요 작품으로 『다카무라 일기篁日記』(『다카무라 모노가타리』), 『자이고주죠 일기在五中將日記』(『이세 모노가타리』), 『헤이추 모노가타리』(『사다분 일기貞文日記』), 이즈미 시키부和泉式部의 『이즈미 시키부 일기』 등이 있는데, 일기와 모노가타리라는 2가지 명칭을 지닌 작품들이 있었다는 점에도 주목하자.

다양한 작가군

중세가 되자 일기문학은 더욱 변화해 여성이 쓴 가나 문자 일기가 많이 탄생했다. 대표작으로는 가마쿠라 중기의 시인 아부쓰니阿佛尼의 『이자요이 일기十六夜日記』, 고후카쿠사인 벤노나이시後深草院辨内侍의 『벤노나이시 일기』, 후시미인 나카쓰카사노나이시伏見院中務内侍의 『나카쓰카사노나이시 일기』 등이 있다. 이들은 헤이안 시대의 일기 작가들에 비해 사회적 지위가 높은 사람들이어서 그런지 전체적으로 작품의 박진감이 덜하다.

이 시기에 이르면 이제까지 이러한 가나 문자 계통의 여성 일기문학의 세계에는 그다지 등장하지 않았던 승려와 그 밖의 다양한 사람들이 가나와 한문을 혼용한 작품을 선보여 신선함을 안겨 주기도 했다. 예를 들어 가모노 조메이鴨長明의 『방장기方丈記』와 저자 미상의 『도칸 기행東關紀行』,

『해도기海道記』 등이 그렇다.

일본의 기행문학은 『만요슈萬葉集』에 나오는 여행 노래에 그 뿌리를 둔 것으로, 헤이안 시대로 접어들면서 일기문학을 겸해 발전했다. 1인칭으로 통일된 사실에 대한 기록인 기행문은 '여행 일기'라고 할 수도 있다. 이러한 여행은 대체로 와카의 전통에 근거한 우타마쿠라歌枕(와카의 소재나 근거가 된 명승지나 사건)를 찾아내는 문제와 같은 것이었기 때문에 거의 대부분의 글에 와카가 삽입되어 있다. 헤이안 시대를 대표하는 기행문이자 전통적인 여행 노래와 일기 형식을 모두 갖추고 있는 작품으로는 『이호누시いほぬし』와 『도사 일기』 등을 꼽을 수 있다.

기행문이 성립하는 데 필수 전제 조건인 여행은 가마쿠라 시대에 들어서면서 활기를 띠었다. 곧, 교토와 가마쿠라 사이를 왕복하는 빈도가 많아지자 두 지역을 잇는 도카이도東海道●를 다룬 기행문이 등장했던 것이다. 앞서 언급한 『이자요이 일기』와 『해도기』, 『도칸 기행』 등이 독자적인 스타일을 갖춘 가마쿠라 시대의 대표적 기행문인데, 이러한 기행문은 당시의 여행과 은둔자적 풍류가 결합된 것이다. 이 방면은 무로마치 시대의 와카 가인과 렌가連歌 가인, 은자들의 기행문 속에서 더욱 발전해 소기宗祇의 『시라카와 기행白河紀行』, 『쓰쿠시도기筑紫道記』, 소초宗長의 『아즈마지노쓰토東路のつと』, 소큐宗久의 『미야코노쓰토都のつと』 등이 집필되었고, 그 밖에도 신사와 사찰 참배기, 이마가와 료슌今川了俊의 『로쿠온인도노 이쓰쿠시마 모우데鹿苑院殿嚴島詣記』 등이 창작되었다.

중세의 이러한 기행문은 근세에도 그대로 이어져 특히 일본 기행문의 대표작으로 높이 평가되는 마쓰오 바쇼松尾芭蕉의 『오쿠노 호소미치奥の細道』를 낳았다. 여기에는 여행에 관한 내용뿐만 아니라 지은이의 주관에 따

른 문학적 구성이 시도되는 등 의도적인 허구가 포함되어 있다.

수필 문학

한편 일기문학은 전혀 새로운 형식의 문학인 수필을 파생했다. 기요하라노 모토스케淸原元輔의 딸 세이 쇼나곤淸少納言이 쓴『마쿠라노소시枕草子』가 효시이다. 이 작품은 내용과 형식 면에서 모두 수필 문학의 전형을 보여 주는 작품이라고 할 수 있다.

수필이란 시가詩歌나 모노가타리, 희곡 등에 필적하는 장르이지만, 문학론적 정의에는 어딘가 막연한 부분이 있다. 예를 들어 수필은 형식 면에서 시가·희곡·평론 등에 비해 명확한 모습을 보이지 않는다. 그러나 뒤집어 보면 이 또한 수필의 특색이다. 수필은 흥취에 따라 자연스럽게 써 내려간 점이 특색으로 간주되는 문학이기 때문이다. 말하자면 붓 가는 대로 자연을 관조하고 인생을 관찰하면서 자유롭게 기술하는 이 문학 형식은 그 후 수필 문학의 대표작으로 손꼽히는 가모노 조메이의『방장기』와 요시다 겐코吉田兼好의『도연초徒然草』등에 많은 영향을 주었다.

NOTES

진신壬申의 난 : 덴치 천황이 죽은 뒤 672년에 일어난 내란으로, 천황의 자리를 둘러싸고 천황의 동생 오아마大海 황자가 지방 호족의 세력을 등에 업고 덴치 천황의 태자 오토모大友 황자를 공격했다. 결국 반란자였던 오아마 황자가 승리했다.
도카이도東海道 : 옛날의 행정 구역인 5기畿 7도道 가운데 하나로, 지금의 긴키·추부·간토 지방에 걸친 태평양 연안 지역이다.

도사 일기
(土佐日記)

헤이안 시대에 가나 표기로 집필된, 일본에서 가장 오래된 일기이다.
기노 쓰라유키(872?~945)가 지방장관으로서 도사 지방의 임기를 마치
고 도사의 고쿠시國司 관사를 출발해 해로를 따라 교토까지 간 여정이
다. 도사에서의 송영, 도중에 배에 탄 사람들의 이야기와 인정, 자연의
경치, 시에 대한 논의, 해적에 대한 공포 등이 50여 수의 와카로 함께
펼쳐진다.

INTRO

이 일기는 오래전부터 기노 쓰라유키가 여성으로 가장해 쓴 것이라는 설이 많았지만 확실
하게 밝혀진 것은 없다. 그러나 구성이나 표현 등을 검토하면 역시 남성의 작품임이 드러난
다. 만일 남성이라면 지은이를 쓰라유키로 보는 것이 타당하다.

기노 쓰라유키는 36가선歌仙(뛰어난 36명의 와카 가인) 중 한 사람으로 생년월일은 알려져
있지 않다. 그는 『고금와카집古今和歌集』에 101수가 수록되어 있을 뿐 아니라 칙찬 와카집에도
가장 많은 수의 와카가 수록되어 있는 가인이다. 그뿐만 아니라 『고금와카집』의 서문을 썼
고, 그 글에서 아리와라노 나리히라在原業平와 헨조遍昭 승정, 오노노 고마치小野小町, 오토모
구로누시大伴黑主, 훈야노 야스히데文屋康秀, 기센喜撰 법사 등 헤이안 시대를 대표하는 와카 가
인 6가선을 한 사람씩 비평했다.

쓰라유키가 귀경한 시기가 935년 2월 16일이므로 이 일기는 그 후에 집필한 것으로 추정되
나 그 이상은 알려진 바가 없다.

『도사 일기』는 예부터 '土佐'가 아닌 '土左'라는 한자를 써 '도사 일기'로 불렸다고 한다. 이는
'도사노카미土佐守의 일기'나 '도사로土佐路의 일기'라는 뜻으로도 일컬어진다.

『도사 일기』는 가나 문자를 사용해 일기문학이라는 장르를 만들어냈다는 문학사적 의의가
크다. 아울러 작품 속에서 와카와 산문의 융합과 관조적이며 심경 소설적인 새로운 형식을
선보인 것도 문학적으로 높이 평가받고 있다.

『도사 일기』는 이본이 많다. 그중에는 쓰라유키의 자필본에서 직접 또는 간접적으로 베껴쓴
것으로 보이는 사본만 해도 여러 종류이다. 여러 이본 가운데 가장 좋은 것이 세케이쇼오쿠
본青谿書屋本과 산조니시케본三條西家本이다.

죽은 아이를 향한 그리움

남자가 쓰는 일기라는 것을 여자인 나도 써 보고자 한다. 어느 해 12월 21일 오후 7시를 지나 집을 나섰기에 그때 일을 조금 써 본다.

일기는 이렇게 시작된다. 일기의 주인공은 쓰라유키이지만 여성이 쓴 것처럼 가장하고 있다. 왜 일부러 이런 일을 꾸민 것일까? 당시의 일기는 남성이 한문으로 적는 것이 보통이었고, 그것은 대개 공적인 기록이었다. 그런 분위기 속에서 쓰라유키라는 남자가 가나 문자로 개인적인 내용을 쓴다는 것은 모양새가 좋지 않았다.

한번 거짓말을 하면 계속 거짓말을 하게 되는 것은 예나 지금이나 변함이 없다. 쓰라유키는 여성의 신분으로 도사노카미^{土佐守}라는 직책을 대는 것이 이상하게 보일 것이라고 생각해 일기 속의 주인공을 '어느 사람'이라고 했다. 그런데 이 '어느 사람'에게는 딸이 하나 있었다. 교토에서 태어난 그 딸을 도사까지 데리고 왔는데, 도사에 머무는 동안 죽고 말았다. 일기 가운데 12월 27일에는 다음과 같은 노래가 보인다.

드디어 수도로 돌아가게 되었는데도 그저 슬프기만 한 것은 같이 돌아가지 못하는 죽은 아이 때문이에요.

살아 있기라도 한 것처럼 죽었다는 사실을 깜빡 잊고, 없는 사람 어디 있느냐고 묻는 슬픔이여.

이처럼 죽은 아이를 생각하는 노래는 다른 곳에서도 보인다.

세상의 이런저런 슬픔과 한탄을 생각해보지만 죽은 아이를 그리는 부모의 한탄보다 더 큰 것은 없을지니. (1월 11일)

해변으로 물결쳐 오는 파도여, 제발 망각의 조개껍데기를 올려보내 다오. 그러면 배에서 내려 내 사랑하는 죽은 딸아이를 잊을 수 있다고 하는 그 조개를 주울게. (2월 4일)

지난번에 도사로 올 때는 아이가 없던 사람도 이번에는 태어난 아이를 데리고 수도로 돌아가는데, 이제까지 있었던 아이까지 잃고 돌아가는 길은 너무도 슬프구나. (2월 9일)

죽은 딸자식에 대한 지은이의 애절한 마음은 여행 동안 자주 등장하며, 귀경한 뒤인 2월 16일에는 황폐해진 자기 집과 몹시 변해 버린 이웃의 인정을 서술한 다음 또다시 죽은 아이에 대한 기억을 기록했다.

옛일을 그리워하다가 이 집에서 태어난 딸아이를 함께 데리고 돌아오지 못한 일에 생각이 미치면 너무도 슬프다. 함께 배를 타고 돌아온 사람들은 모두 자식들에게 둘러싸여 떠들썩했거늘. 이렇게 있는 동안에도 슬픔을 억누를 길 없어 남몰래 이런 노래나 부른다.

이 집에서 태어난 아이가 그곳에서 죽어 함께 돌아오지 못했는데, 집을 비운 사이에 새로 나온 작은 소나무가 정원에서 자라고 있는 것을 보니 더욱 슬프구나.

이 노래만으로는 위안이 되지 않았는지 또 다음과 같이 노래했다.

죽은 그 아이가 천 년을 산다는 소나무처럼 언제까지고 살아서 항상 주변에서 볼 수 있다면 어찌 멀리 도사 지방에서 영원히 슬픈 이별이 있을 수 있었겠는가. 절대로 그럴 리 없었을 것이다.

『도사 일기』에는 죽은 아이를 향한 쓰라유키의 절절한 애정이 흐르고 있다. 죽은 자식을 그리는 부모의 정은 예나 지금이나 다름이 없다. 그와 같은 사사로운 정을 표현하기 위해 여성으로 가장한 것이라면 쓰라유키의 거짓말은 용서가 될 것이다.

가게로 일기
(蜻蛉日記)

애정 문제가 주요 주제인 작품으로, 헤이안 시대 중기에 쓰인 일기문학이다. 지은이는 후지와라노 미치쓰나의 어머니이다. 954년부터 968년까지 15년, 968년부터 971년까지 3년 그리고 972년부터 974년까지 3년 등 3번에 걸쳐 21년이라는 오랜 기간 동안 지은이 자신의 신상에 대한 이야기를 사실적인 수법으로 기록했다. 상·중·하 3권이다.

INTRO

후지와라노 미치쓰나의 어머니는 헤이안 시대 중기의 와카 시인이자 일기 작가이다. 아버지인 후지와라노 도모야스는 전형적인 문장가로, 일생 동안 즈료受領라는 지방관으로 일했다. 지은이의 생년월일은 알 수 없지만『와카이로하집和歌色葉集』에 "본조本朝('일본'을 의미함) 고금의 미인 3명● 중 한 사람이다"라고 되어 있으며,『존비분맥尊卑分脈』에도 "본조 제일의 미인 3명 안에 든다"라는 기록이 있는 것으로 보아 소문난 미인이었음을 알 수 있다. 또한『오카가미大鏡』에는 '매우 와카를 잘 짓는 분'으로 그녀의 와카 솜씨를 칭찬한 글이 있다.

그녀의 와카는『습유 와카집拾遺和歌集』에 37수가 수록되어 있으며, 그 외에「중고가선 36인中古歌仙三六人」,「후 66선後六六撰」에도 수록되어 있는 등 와카 시인으로도 매우 이름이 높았다. '가게로 일기'라는 제목은 상권 말미에 "더욱이 세상사의 덧없음을 생각하면 살아도 살아 있는 것 같지 않은 심정이니 '가게로 일기'라고 해야겠다"라고 한 데서 유래한다. '덧없는 내 일신상의 일기'라는 의미이다.

작가는 당시까지 나온 모노가타리를 '옛 모노가타리'로 비판하고 부정하며 인생을 관조하는 태도와 계절적인 풍경 등 자연의 묘사를 정교하게 포함했고, 시간의 흐름에 따라 주변에서 일어나는 변화무쌍한 일들을 주관적으로 기술하는 등 종래의 일기문학과는 전혀 다른 종류의 새로운 일기문학을 선보였다.

이러한 사실적인 기법은 후대의 모노가타리에 많은 영향을 끼쳤으며, 특히『이즈미 시키부 일기』와『사라시나 일기』는 이를 본뜬 것으로 보인다. 자조自照 문학(일기와 수필처럼 자기 자신을 관찰하고 반성하는 정신 속에서 생겨난 문학)이리는 새로운 장르의 특징이 잘 발휘된 초기 작품이다.

한탄 속에 홀로 지새우는 밤들

상권의 서문에 상류 계급의 남녀 생활에 흥미와 관심을 가진 사람들이 참고할 수 있도록 지체 높은 집안으로 시집가 고위 관료의 아내가 된 불행한 여자의 생애를 남긴다는 집필 동기를 밝혔다.

상권은 15년 동안 일어난 일들을 후지와라노 가네이에藤原兼家와의 관계에 초점을 맞추어 묘사한 것이다.

당시 18~19세였던 후지와라노 도모야스藤原倫寧의 딸이 후지와라노 가네이에의 구혼을 받아들인 것은 954년 초여름 무렵이었다. 가네이에는 우대신 후지와라노 모로스케藤原師輔의 셋째 아들로 당시 26세였으며, 벼슬은 종5위 우효에노스케右兵衛佐(호위부 차관)였다.

지은이의 아버지인 도모야스는 중류 계층의 즈료였으므로 당시 막강한 권세를 자랑하던 우대신 집안의 구혼은 실로 행운이 제 발로 굴러들어 온 것이나 다름없었다. 뛰어난 재능과 용모로 소문이 자자했던 지은이는 가네이에의 구혼에 가슴을 설레면서도 한편으로는 그녀가 꿈꾸어 온 구혼의 이미지와는 달리 너무 무신경하고 풍류가 없는 구혼 스타일에 실망했다. 더욱이 가네이에에게는 이미 미치타카道隆를 낳은 정실 도키히메時姫가 있었으므로 그녀의 마음은 더욱 흔들렸다. 그러나 결국 수개월 뒤 두 사람은 결혼을 했고, 그 이듬해 미치쓰나가 태어났다.

한때, 가네이에의 사랑을 독점해 기뻐했던 것도 잠시, 지은이는 곧 남편의 바람기를 알아차린다. 남편의 새로운 여자인 '작은 골목길 안의 여자'의 집을 알아내고는 이삼 일 뒤 새벽녘 가까이 되어서야 돌아온 가네이에에게 문을 열어 주지 않았다. 마음에 맺힌 한 때문이었다. 절망스럽고 비통한 심정으로 고민하다가 밤을 지새우고 맞이한 아침에 그 심정을 다음의 유명한 노래로 표현했다.

한탄 속에서 홀로 지새는 밤은 날이 밝을 때까지 얼마나 길고 긴지 당신은
아시나요.

이 노래는 『백인일수百人一首』에 수록되어 있다. 이 노래에 대한 가네이에
의 답가는 다음의 노래인데, 시의 재능이나 재치 면에서 모두 아내보다
부족하다.

물론 알고말고. 겨울밤이 좀처럼 밝아오지 않는 것도 괴롭지만, 대문이 좀처
럼 열리지 않는 것도 괴로웠소.

상권에는 이 밖에도 생모의 죽음과 가네이에의 병, 무라카미村上 천황
의 죽음, 처음으로 하세 사初瀨寺에 참배를 간 일 등이 수록되어 있다. 이
러한 일화는 모두 지은이의 수중에 보관되어 있는 와카를 정리하고 배
열하면서 가집 또는 우타 모노가타리와 같은 성격으로 적어 나간 내용
이다.

중권은 3년이라는 긴 시간에 걸친 지은이의 솔직한 심정이 상권보다
많은 분량으로 상세하게 기술되어 있어 이 일기의 정점을 이룬다. 중권
의 첫 부분인 971년 정월 초하루에는 "30일 낮과 30일 밤을 나와 함께"
라고 다짐하며 올해야말로 가네이에의 사랑을 완전히 독차지하겠다고
필사적으로 기원해 보지만 그러한 기도와 바람은 공허한 결과만 낳았다.

그리하여 헤아려 보면 밤에 보지 못한 날은 30여 일, 낮에 보지 못한 날은
40여 일쯤 된 듯하다.

이렇듯 상황만 악화될 뿐이다. 슬픔에 젖어 있는 날들 가운데 아들 미치쓰나가 활쏘기 대회인 노리유미賭弓에 나가 공을 세운 이야기는 몇 안 되는 기쁜 사건이었다.

안나安和의 변●으로 좌대신 미나모토노 다카아키라가 실각한 일과 자신의 병, 새로 지은 히가시산조東三條의 저택에서 부름을 받을 것이라고 남몰래 기대에 부풀었다가 무산되어 절망과 비탄에 젖은 일 등이 세세히 기록되어 있다. 그리고 '작은 골목길 안의 여자'에 대한 사랑이 식은 가네이에에게 또 다른 여자 오미近江가 출현하자, 그나마 결혼 후 16년 동안 정월 초하루에는 반드시 모습을 보이던 관습마저 버리고, 자신의 집 앞을 그냥 지나 새로운 여자의 집으로 가 버리는 일이 벌어졌다. 이에 그녀는 절망적인 고뇌에 휩싸인다. 그녀는 죽을 생각까지 하다가 마침내 출가를 결심한다.

그녀는 이시야마石山 절에 가서 참배를 한 뒤 나키鳴滝 폭포 근처에서 칩거를 시작했지만, 결국은 지은이를 사랑하는 가네이에의 권유로 집으로 되돌아간다. 하세 사의 두 번째 참배는 그녀의 마음의 상처를 위로하기 위해 아버지 도모야스가 마련한 것이었다.

중권에서는 자연과 자신에 대한 관조와 관찰이 더욱 깊어졌으며, 묘사의 필치도 더욱 선명해지는 등 고뇌를 통해 성장한 지은이의 모습이 엿보인다.

시대를 잘못 타고난 재능 많은 여인

하권은 "이렇게 해서 또 해가 바뀌어 덴로쿠 3년(972)이 되었다"라는 힘찬 문장으로 시작된다.

세이 쇼나곤淸少納言이나 무라사키 시키부와는 달리 궁중 생활을 경험하지 않았던 지은이는 화려한 후궁의 세계를 알지 못하는 평범한 가정주부였다. 오로지 남편에 대한 사랑과 자신의 아들에 대한 모성애만이 전부였던 그녀에게는 일부다처제가 보통이었던 당시의 결혼 제도가 받아들일 수 없는 고통이었다.

자식의 많고 적음, 특히 남편의 사랑을 받는 자식이 있고 없음이 부인네들의 행복을 좌지우지하던 시대에 미치쓰나만을 낳았던 지은이는 미치타카와 미치자네道兼, 미치나가道長, 초시超子(후에 레이제이冷泉 천황의 뇨고女御), 센시詮子(엔유圓融 천황의 뇨고) 등을 낳은 도키히메를 결코 이길 수 없었다(이들은 모두 역사에 이름을 남긴 중요한 인물이 되었다).

이제까지 가네이에의 애정에 따라 일희일비해 온 지은이는 이 무렵부터는 그러한 애정 문제에서 벗어나 자기 자신을 여유롭게 바라볼 수 있게 된다. 하권에 보이는 그녀의 마음은 오로지 미치쓰나와 양녀(후지와라노 가네타다藤原兼忠의 딸이 낳은 가네이에의 자식)에게로만 향하고 있다.

글의 마지막은 섣달 그믐날 밤, 귀신을 쫓는 풍습을 언급하며 붓을 놓았다. 이러한 결말은 각 권마다 연말을 맞아 끝을 맺는 의도적인 구성을 따른 것이지만, 특히 하권의 기사에는 많은 변화가 담겨 있다. 자연에 대한 묘사나 세상사에 대한 서술 역시 매우 빼어나 작가로서의 성장을 보여 준다.

전체적으로 보면 가네이에는 후지와라 집안의 인물 가운데 가장 장래성 있고 유능한 활동가였다. 또한 방약무인할 정도로 호방한 성격의 소유자였으며 동시에 호색한이었나. 가네이에와의 성격 차를 느끼고 당시 일부다처제의 결혼 제도에 반발했던 외골수의 작가는 미모와 재능에도 불구하고 남편의 사랑을 독점할 수 없었던 비통함과 원한을 그려 낸 것이다.

본조本朝 고금의 미인 3명 : 고묘光明 황후, 고스자쿠後朱雀 천황의 황태자비 레이겐이덴麗景殿, 후지와라노 미치쓰나의 어머니를 꼽는다. 이와 달리 소토오리衣通 공주, 소메도노노키사키染殿后(분토쿠 천황비), 후지와라노 미치쓰나의 어머니를 꼽기도 한다.
안나安和의 변 : 969년(안나 2)에 우대신 후지와라노 모로타다藤原師尹 등 후지와라 일족이 미나모토노 미쓰나가源滿仲의 밀고를 이용해 좌대신 미나모토노 다카아키라源高明에게 황태자를 몰아내려 했다는 음모를 뒤집어씌우고 그를 몰아낸 사건.

이즈미 시키부 일기
(和泉式部日記)

헤이안 시대에 가나로 쓰인 일기로, 일기 형식을 취한 자전체 소설에 가깝다. 1007년에 27세의 나이로 죽은 레이제이인冷泉院의 넷째 아들 아쓰미치敦道 친왕의 죽음을 애도하며 일찍이 친왕과 나눈 사랑에 대한 추억을 복잡하게 엮어 냈다.

INTRO

일부에서는 이 일기의 저자가 후지와라노 도시나리藤原俊成라고 하는 설도 있다. 집필 시기는 아쓰미치 친왕이 죽은 지 얼마 지나지 않은 시기인 1008년 4월에서 5월 무렵으로 여겨진다. 지은이가 자신을 '여자'라는 3인칭으로 부르는 등 자전적 이야기 형식을 취하고 있어 『이즈미 시키부 모노가타리』라고 일컬어지기도 한다.

아쓰미치 친왕과 이즈미 시키부의 연애는 이 일기 외에 『오카가미大鏡』, 『이즈미 시키부집』, 『에이가 모노가타리榮花物語』 등에서 찾아볼 수 있다. 이들의 연애는 상당히 화려했던 것 같으나 일기에서는 행동보다 미묘한 심리적 기복의 묘사에 중심을 두었다. 매우 솔직하고 자유분방한 문장으로 정열적인 여성의 일상적 단면을 진술하게 드러낸 작품이다.

이즈미 시키부의 생년월일은 모른다. 여류 와카 시인 가운데 가장 많은 와카를 남겼으며, 와카집으로는 『이즈미 시키부집』, 『이즈미 시키부 속집』 등이 있다. 『습유와카집』 이후에 편찬된 칙찬집에도 많은 작품이 수록되어 있다.

시키부의 아버지 오에노 마사무네大江雅致가 그녀의 이름을 '시키부'라고 지은 것은 그가 시키부쇼式部省(의식·의례·찬서들을 담당했던 관청)의 장관이었기 때문이라고 하며, '이즈미'는 첫 남편 다치바나노 미치사다橘道貞가 이즈미 지방의 지방관이었던 데에서 유래한다. 아쓰미치 친왕 사후에는 후지와라노 미치나가의 딸인 중궁 쇼시彰子를 모시는 궁녀가 되었다. 일생 동안 관계를 맺은 남자가 5~6명이 넘는다고 하며, 자식도 여러 명이었던 것 같으나 이름이 알려져 있는 자식은 고시키부小式部뿐이다.

『이즈미 시키부 일기』는 일기 형식을 취한 자전체 소설에 가깝다. 두 사람이 맺어지기까지의 미묘한 마음의 변화를 묘사한 대목과 와카·지문·편지 등을 정교하게 융합한 표현 방식은 문학사적으로 높이 평가받고 있다. 『이즈미 시키부 일기』의 이본으로는 오에이본應永本,

산조니시케본三條西家本, 간에이본寬元本 등 3가지 계통이 있는데, 그중 산조니시케본이 현존하는 사본 가운데 가장 오래되었고 원전에 가깝다.

노래가 맺은 인연

여류 와카 시인 이즈미 시키부는 남편이 있는 몸이면서 레이제이 천황의 셋째 아들 다메타카爲尊 친왕의 사랑을 받았다. 그러나 그것도 1002년에 친왕이 26세의 젊은 나이로 요절하기까지 얼마 안 되는 짧은 기간에 불과했다.

> 꿈은 덧없는 것이라지만, 그 꿈보다 더 덧없는 것이 남녀 사이라고 탄식하며 슬픔에 젖은 날들을 보내다 보니 올해도 어느새 4월 10일이 되어 가는구나. 나무는 모두 신록으로 바뀌고, 한낮에 그늘이 질 정도로 잎이 무성해졌다. 다른 사람들은 알아차리지 못했겠지만 토담 위의 풀도 파릇파릇해진 것을 상념에 잠기며 줄곧 바라보고 있자니 대나무와 나뭇가지로 만든 그 옆의 성근 울타리에서 사람의 인기척이 났다. 도대체 누구인가 하고 살펴보니 지금은 돌아가신 다메타카 친왕을 모시던 동자였다.

『이즈미 시키부 일기』는 죽은 다메타카 친왕의 1주기를 맞이한 1003년 4월 10일 무렵에 다메타카 친왕에 대한 추억을 회상하는 대목에서 시작된다. 울타리에서 등장한 동자는 다메타카 친왕의 동생 아쓰미치 친왕이 하사한 귤꽃을 가지고 이즈미 시키부의 안부를 묻기 위해 오랜만에 찾아온 것이다. 이를 계기로 아쓰미치 친왕과 이즈미 시키부는 와카를 주고받기 시작한다.

와카 서한의 왕래가 계속되자 아쓰미치 친왕은 점차 시키부에게 연정을 품게 되었고, 마침내 직접 시키부를 찾아간다. 시키부는 아쓰미치 친왕의 접근으로 외로움이 조금 위로되기는 했지만 그다지 적극적이지는 않았다.

친　왕 : 사랑이라고 하면 세간에서 으레 말하는 그런 것을 생각하시겠지만, 지금 내 마음은 다른 것과는 비할 데가 없는 그런 것입니다.

시키부 : 세상에 흔하디흔한 남녀 사이라고는 생각지 않습니다. 처음으로 상념에 잠긴 지금의 저에게는.

이제까지 죽은 다메타카 친왕을 그리워해 온 시키부는 와카를 주고받는 사이에 같은 피를 나눈 동생 아쓰미치 친왕과 깊은 관계를 맺게 되었다. 그녀는 자신의 마음의 변화를 돌이켜 보며 죽은 다메타카 친왕이 자신을 얼마나 사랑해 주었는데 이렇게 변심할 수 있는지 스스로 생각해도 의외라며 복잡한 상념에 잠긴다. 이처럼 반성의 모습을 보이기도 하지만 아쓰미치 친왕을 생각하는 시키부의 달랠 길 없는 마음은 부풀기만 하고, 시키부에 대한 친왕의 독점욕은 걷잡을 수 없이 커져만 간다.

8월이 되어 시키부가 무료함을 달래기 위해 이시야마 산으로 들어가자 친왕은 시키부에게 불만을 토로했다.

"왜 산으로 간다는 말을 하지 않은 것이오? 불도에 방해가 될 것이라고 생각하신 것은 아니겠지요? 나를 남겨 두고 간 것은 정이 없어서인가요?"

두 사람의 연애는 10월, 11월을 거쳐 가을이 깊어질수록 더욱 무르익어 갔다. 그리고 마침내 12월 18일 달 밝은 밤에 친왕은 망설이는 시키부를 서슴지 않고 자신의 집으로 불러들였다. 그러자 궁가에서 나쁜 소문이 돌기 시작했다. 친왕의 정실 부인은 "그런 일을 어째서 말씀하지 않으셨나요? 그만두라고 말씀드리지도 않았을 터인데 말입니다. 이렇게 저를 사람다운 대접도 하지 않으시고, 남들의 웃음거리가 되게 할 작정이었습니까?"라고 울며 친왕에게 따지는 형국이었다.

이듬해 정월, 정실 부인은 동궁(후에 산조三條 천황)의 비였던 언니의 권유로 할머니가 있는 곳으로 돌아가 버렸다. 시키부는 그들이 궁을 떠날 채비를 하며 벌이는 소동을 듣기가 고통스러웠지만 그대로 받아들였다. 그리고 한편으로 "그래도 상념을 끊지 못하는 이내 몸이여" 하고 자신을 반성하기도 했다.

이상으로 일기는 끝을 맺는다. 그런데 아쓰미치 친왕은 1007년에 죽고 만다. 왜 시키부는 1004년에 붓을 꺾고 그 후의 생활을 다루지 않았을까? 일부에서는 누락된 권이 있다고도 한다. 그러나 그런 것이 아니라 시키부 스스로 아쓰미치 친왕에 대한 추억이 가장 인상 깊게 남아 있던 부분에서 일기를 마무리하고자 했던 것이라고 보는 견해가 일반적이다.

무라사키 시키부 일기
(紫式部日記)

헤이안 시대에 가나 문자로 쓰인 일기로, 지은이는 『겐지 모노가타리』의 저자 무라사키 시키부이다.

1008년 7월부터 1009년 정월까지 무라사키 시키부가 모셨던 쓰치미카도土御門와 궁중의 생활을 중심 내용으로 다루었다. 일기라고는 하지만 날짜순으로 매일 쓴 것이 아니며 군데군데 편지글로 보이는 다른 종류의 글도 포함되어 있다.

INTRO

지은이는 『겐지 모노가타리』를 쓴 작가로 유명하며, 이치조 천황의 중궁인 쇼시를 모시던 궁녀 무라사키 시키부이다. 이 일기는 마지막으로 기록한 날짜가 1010년 1월 15일인 점으로 보아 그 후에 성립되었다는 것은 분명하지만, 그날 이후 쓰인 일기가 더 있는지에 대해서는 알려진 바가 없어 구체적인 시기는 분명치 않다. 대체로 1010년 여름이나 가을 무렵에 성립된 것으로 추측된다.

『무라사키 시키부 일기』의 가장 큰 문학사적 의의는 무엇보다도 『겐지 모노가타리』를 쓴 무라사키 시키부에 관한 풍부한 자료를 제공한다는 점에 있다. 이 일기는 이본이 많지 않은데, 그중 현재 전하는 이본은 후시미노미야 구니타카伏見宮邦高 친왕(1456~1533)의 자필본 계통뿐이다. 이것이 근세 중반 이후에 여러 차례 베껴졌다. 따라서 무라사키 시키부의 자필 원본을 얼마나 충실하게 전하고 있는지는 의문이다. 현존하는 구니타카 친왕의 자필본 계통을 따른 여러 이본은 후기와 본문의 특징에 따라 크게 2가지로 나뉜다. 그 밖에 제목이 '무라사키 일기', '무라사키의 일기', '무라사키의 기록' 등으로 되어 있는 것도 있지만 어느 특정한 계통과 관계가 있는 것은 아니다.

"가을 정취가 깊어지면서 후지와라노 미치나가 댁의 쓰치미카도 님의 모습에서도 뭐라 말할 수 없는 깊은 분위기가 느껴진다. 연못 주변의 나뭇가지와 정원으로 흘러드는 물가의 풀섶에도 각기 물이 들기 시작하고, 하늘 가득 아득한 느낌을 자아내는 풍경에 이끌려 서 있자니 안산을 기원하는 하염없는 독경 소리가 한층 은근하게 들려온다. 차츰 차가워지는 바람의 기척에도 개의치 않고 언제나 끊이지 않고 흐르는 물소리가 독경 소리에 섞여 구별할 수 없게 들리고 있다."

궁중 생활 일기

이 일기는 중궁 쇼시가 이치조 천황의 둘째 아들 아쓰히라敦成 친왕을 낳기 위해 친정인 쓰치미카도 저택으로 돌아온 가을 풍경에서 시작된다. 때는 남편 후지와라노 노부다카藤原宣孝와 사별한 무라사키 시키부가 미치나가의 주선으로 중궁 쇼시를 모시게 된 1008년의 가을 무렵이다.

이어서 왕자 탄생의 기사가 이어지는데, 그때의 모습에 대해 "중궁의 머리카락을 조금 잘라 내게 한 뒤 오계五戒를 받아야 한다고 말씀드리는 동안 어쩌면 좋을지 몰라 당황스럽기만 했다. 형식적으로 머리카락을 조금 잘라 내는 것인데도 머리카락을 내리신 연유가 무엇인가 하고 말없이 슬퍼하고 있을 무렵 중궁께서 무사히 아이를 낳으셨다. 이에 후산이 아직 끝나지 않았지만 넓은 산방産房에서부터 남쪽의 햇볕 잘 드는 방, 그 바깥쪽 툇마루의 높은 난간까지 가득 메우고 있던 승려들과 속인들이 모두 합창을 하며 부처님께 예불을 드렸다"라고 적었다.

그러고는 "마침내 아이를 낳으시려는 때에 원령이 분해 큰 소리로 울부짖는 기분 나쁜 소리"라고 쓴 뒤에 "정오에 하늘이 맑아지니 마치 아침 해가 비치는 것만 같았다. 순산하신 기쁨은 어떤 말로도 표현하기 힘들 정도이며 더욱이 남자 아기님이신 기쁨은 어찌 평범한 것이겠는가"라고 남자아이의 탄생을 적고 있다.

출산 후 3일, 5일, 7일, 9일째에 벌이는 '우부야시나이産養い●라고 하는 축하연에 대해서도 상세하게 서술했는데, 그중에는 "하얀 머리끈으로 세워 올린 머리 모양은 보통 때보다 더욱 아름다웠으며, 부채 끝으로 보이는 중궁 내시의 얼굴은 더욱 근사해 보였다"라는 묘사처럼 『겐지 모노가타리』에서 보인 여성 특유의 섬세한 관찰이 일기 속에도 엿보인다.

또한 어린 황자의 오줌을 맞은 미치나가가 노시直衣(귀족의 평상복)의 끈을 풀어 닦아 말리며 "아, 황자님의 오줌에 옷이 젖었으니 좋은 일이 있으려나?" 하고 웃어넘긴 일 등의 여유 있는 일면을 전하는 에피소드도 놓치지 않고 기록했다.

그러한 내용 틈에 사에몬노가미左衛門督가 "송구스럽습니다만 이 부근에 『겐지 모노가타리』의 「와카무라사키若紫 권」에 나오는 아가씨(무라사키노우에紫上)는 안 계십니까?"라는 한 문장을 삽입함으로써 이때 이미 『겐지 모노가타리』의 「와카무라사키 권」이 집필되었음을 비치고 있는 점 등이 매우 흥미롭다.

궁중 생활을 중심으로 전개되는 일기 속에서 이채로운 것이 편지글인데, 그중에는 이즈미 시키부와 세이 쇼나곤에 대한 비평도 있다.

고작 이 정도의 와카 가인(이즈미 시키부)이 다른 사람이 읊은 와카를 비난하고 비평하는 것은 그만큼 와카에 대해 잘 모르기 때문이다. 그녀는 입 끝으로 술술 노래하는 것이 와카라고 생각하는 것 같다. 나는 그녀가 나 자신을 주눅 들게 할 정도의 와카 가인이라고 생각하지 않는다.

세이 쇼나곤이야말로 거만한 얼굴을 하고 있는 정말 한심한 여자이다. 짐짓 아는 체하며 한자를 마구 써 대고 있으나 잘 살펴보면 아직 부족한 점이 많다. 이처럼 남들과 다른 특색을 발휘하기 좋아하는 사람은 꼭 남들보다 못하며, 나아가서는 똑바로 할 수 있는 게 없다. 또한 정취를 중시하는 것이 몸에 밴 사람은 삭막하고 어색한 장면에서도 무작정 정취를 내세우며 일일이 풍정을 찾아내려고 억지를 피우다가 자연스러운 감동을 잃고 경박해지기 일쑤다. 그러한 경박함이 있는 사람의 말로가 어떻게 좋다고 할 수 있겠는가?

어린 시절 역사서를 읽고 있던 오빠 옆에서 그것을 따라 외워 오빠보다 좋은 기억력을 보인 시키부는 아버지에게 "이 아이가 남자였다면 좋았을 것을"이라는 말을 들었다고 기록했다. 여러 비평들로 미루어 보면 시키부야말로 콧대가 매우 높았던 여성이었을 것으로 여겨진다. 그러나 다음과 같은 일기 속의 와카를 보면 또 한편으로는 매우 조용하고 사려 깊었던 여성이기도 했던 것 같다.

"한 해가 저물며 나도 한층 늙어 가는구나. 한밤의 바람 소리는 몹시도 마음 속을 황량케 하네."

NOTES

부야시나이產養い : 아이를 낳고 3일, 5일, 7일, 9일째 되는 날 밤에 벌이는 축하연. 친척과 친지들이 가구와 음식 등을 가져와 한자리에 모여 즐겁게 탄생을 축하한다. 현재까지 전하는 것은 7일째 되는 날 밤에 벌이는 '시치야七夜' 축하연뿐이다.

사라시나 일기
(更級日記)

지금으로부터 약 900년 전에 쓰인 한 여성의 일대기로, 지은이는 스가와라 다카스에의 딸(1008~?)이다. 1058년에 남편과 사별한 지은이가 슬픔의 눈물을 머금고 기댈 곳 없는 고독 속에서 자신의 생애를 회상하며 집필한 자서전이다. 아버지를 따라 부푼 가슴을 안고 가즈사上總 지방에서 교토로 상경한 13세 때부터 52세 무렵까지의 생애를 다루었다.

INTRO

지은이는 스가와라 다카스에의 딸로, 헤이안 시대 후기의 와카 가인이자 모노가타리 작가이다. 스가와라 집안은 스가와라 미치자네 이후 대대로 관리 양성 기관장인 다이가쿠노가미大學頭와 문장박사文章博士●를 배출한 학자 집안이었다. 아버지는 지방관에 그쳤으나 오빠 사다노리定義는 다이가쿠노가미와 문장박사가 되었다. 어머니는 중류 귀족 후지와라노 도모야스藤原倫寧의 딸이고, 어머니의 오빠인 나가토長能는 당시 손꼽히던 와카 가인이었다. 어머니의 언니는 『가게로 일기』의 작가였으며, 계모는 다카시나 나리유키高階成行의 딸로 다카스에와 헤어진 뒤 궁중 시녀가 되어 가즈사 다이후上總大輔로 불린 와카 가인이다. 계모의 숙부인 다카시나 나리아키라高階成章는 무라사키 시키부의 딸 다이니노 산미大式三位를 아내로 삼았다.
이렇듯 문인 집안의 혈통과 환경 속에서 자란 지은이는 어릴 때부터 문학을 매우 좋아했으며, 현실에 대한 환멸을 느끼면서부터는 한층 모노가타리 세계 속의 공상과 꿈에 젖게 되었다.
『사라시나 일기』는 남편이 죽고 나서(1058) 1~2년 후인 52~53세 무렵에 집필한 것으로 추정된다. 약 170년 후에 후지와라노 데이카藤原定家가 베낀 것이 유일한 원본 필사본으로, 그 후기에는 『요와노네자메夜半の寢覺』, 『하마마쓰 주나곤 모노가타리濱松中納言物語』, 『미즈카라 쿠유루みづから悔ゆる』, 『아사쿠라朝倉』 등도 『사라시나 일기』를 집필한 저자의 작품이라고 기록되어 있다.
'사라시나 일기'라는 책 제목은 일기의 끝 부분에 쓰여 있는 노래 가사 가운데 '오바스테'라는 단어에서 인용한 것이다. 이 단어는 『고금와카집』에 수록되어 있는 다음의 와카에서 언급되었다.

わが心なぐさめかねつらしなやをばすてに照る月を見て
내 마음을 위로하는 사라시나야 오바스테 신산을 비추는 달을 보라.

여기서 '오바스테'에 고독한 늙은 여인의 일기라는 뜻을 입히는 것이 너무 노골적이라는 생각이 들어 바로 앞에 나오는 '사라시나'라는 말을 책 이름으로 삼은 듯하다.

헤이안 시대의 일기문학 계열에서는 연대순으로 보아 『도사 일기』, 『가게로 일기』, 『이즈미 시키부 일기』, 『무라사키 시키부 일기』의 다음에 위치한다. 위에서 언급한 일기들이 어떠한 하나의 주제 또는 짧은 기간에 대한 기록에 그치고 있는 것에 비해 『사라시나 일기』는 지은 이의 전 생애를 인상적으로 잘 정리한 기록으로서 일기문학의 대표작이라고 할 수 있다.

만년에 돌이켜 보는 여자의 삶

아즈마로 가는 길의 저 끝보다 더 먼 곳에서 태어난 내가 얼마나 촌스러웠는 지 문득 생각났다. 세상에는 모노가타리라는 것이 있다고 하는데 어떻게 해서 든 그것을 꼭 한 번 보고 싶다는 생각을 품게 되었다.

『사라시나 일기』는 이렇게 시작한다. 지은이는 인생의 만년을 맞이한 지금 혼자가 된 고독과 비애를 탄식하며 40년 전 소녀 시절의 자신을 눈앞에 회상하며 붓을 들었다.

가즈사노스케上總介(가즈사 지방의 행정 차관)에 임명된 아버지를 따라 계모·언니·유모와 함께 저 멀리 동쪽 지방의 시골 마을로 내려간 그녀는 4년 뒤인 1020년에 아버지의 임기가 끝나자 드디어 꿈에 그리던 수도로 돌아가게 되었다. 읽을거리가 많지 않았던 시대에 문학소녀였던 지은이는 수도의 하늘을 동경했다. 계모와 언니가 주고받는 이야기를 통해 『겐지 모노가타리』와 같은 근사한 이야기를 귀담아들은 소녀의 마음은 이미 그러한 이야기를 손에 넣을 수 있는 수도로 무한히 달음질쳐 간 것이다.

그러나 지은이의 일생은 그리 드라마틱하고 파란만장한 것이 아니었다. 오히려 지극히 평범한 한 여인의 생애였다. 그렇다고 행복으로만 가득 찬 삶도 아니었다.

우선 가슴 설레며 상경하던 여행 도중에 유모의 출산과 마주쳐야 했고, 그녀 자신도 병에 걸려 덴류天龍 강 부근의 임시 숙소에서 몇 날 며칠을 허송세월해야만 했다. 그렇게 교토에 도착하자마자 계모가 집을 나갔고, 아버지가 동쪽 지방으로 내려갈 때 헤어졌던 그녀의 친어머니가 다시 돌아왔다. 이러한 사건들은 어린 그녀에게 대단히 큰 충격이었을 것이다. 그뿐만 아니라 유모의 죽음과 화재, 아직 어린 두 아이를 남긴 채 떠나간 언니의 죽음 등 슬픈 일들이 잇달아 일어났다. 언니가 죽었을 때 지은이는 이미 17세였다. 당시에는 결혼을 해도 좋을 만한 나이였으나 그녀의 부모는 사위를 맞이할 생각이 없었고, 그녀 역시 마음속에 이상형으로 생각하고 있는 남자도 없었다.

1032년 지은이가 25세 때 이미 60세였던 아버지는 히타치노스케常陸介가 되면서 경제적으로는 일단 안정되었다. 아버지 스가와라 다카스에는 스가와라 미치자네菅原道眞의 5대 손으로서 대대로 다이가쿠노가미와 문장박사 등을 지낸 학자 집안이었지만, 아버지 자신은 성격이 소극적이었고 15세 때 할아버지가 타계하는 바람에 집안에 이어져 온 교양을 제대로 익히지 못해 관리가 되는 길에서도 큰 타격을 받았었다. 관리 집안이라고는 하지만 10년 이상 이어진 무직 시절이 일생에 2번이나 있었고, 관직도 종4위에 그쳤기 때문에 일류 귀족 생활이나 모노가타리에 쓰여 있는 화려한 세계와는 무관한 평범한 가정이었을 것이다.

4년 뒤, 아버지가 임지에서 돌아와 일가족은 다시 안정을 찾은 듯했지만 그것도 잠시였을 뿐, 이번에는 어머니가 출가해 비구니가 되어 버렸다. 지은이는 언니가 남기고 간 자식을 자기 아이처럼 돌보고, 은거 생활을 하고 있는 아버지를 모시며 무료한 나날을 보내야 했다.

1039년 32세 때 마침내 유시祐子 내친왕의 궁에 시녀로 들어감으로써 소녀 시절부터 가슴에 품고 있던 희망을 인생의 절반이 지난 후에야 이루었다. 그러나 늙은 아버지와 어린 조카들이 마음에 걸렸고, 내친왕 궁에서의 일이 생각처럼 잘 되지 않아 이름뿐인 궁궐살이가 되고 말았다.

지은이가 다치바나 도시미치橘俊通의 후처가 된 것은 1040년 33세 때의 일이다. 도시미치와의 사이에는 1남 1녀가 태어났다. 결혼한 뒤 지은이는 때때로 이시야마石山·하세初瀬·우즈마사太秦·구라마鞍馬 등지의 사찰과 신사를 찾아 남편의 입신출세와 일가의 행복을 빌며 참배하는 등 평범한 생활을 보낸 듯하다.

젊은 시절에는 자신을 『겐지 모노가타리』에 나오는 우키부네浮舟나 유가오夕顔로 생각하며 히카루 겐지光源氏나 가오루 주죠薫中将를 동경했지만, 이제는 그러한 일들이 현실에서는 있을 수 없는 일임을 깨닫고 스스로 마음을 달래며 환멸의 비애를 느끼지 않을 수 없었다.

밤낮으로 모노가타리 읽기에 몰두했던 소녀 시절에 친척 아주머니에게 『겐지 모노가타리』50여 권과 「자이주조在中将」, 「도호기미」, 「세리카와」, 「시라라」, 「아사우즈」와 같은 많은 모노가타리 책을 받고는 "그렇게 꿈꿔 왔던 겐지를 남들의 눈을 피해 가며 1권부터 꺼내서 엎드려 보는 기분은 황후의 자리와도 바꿀 수 없다"라며 하늘에 오른 듯 기뻐했다. 그러나 이내 "그 세계에 빠져들면 주위 사람들을 돌아보지 못한다고 스스로를 타이르며" 신사를 참배하게 된 지금은, 공상의 날갯짓을 했던 옛날을 "무엇 하나 마음먹은 대로 이루어진 것이 없다"고 단념하고 현모양처가 되기 위해 노력한다. 그러나 현실은 녹록하지 않았던 모양인지 이 시기의 기록에는 답답해하는 마음이 적지 않게 보인다.

1057년 지은이가 50세가 되었을 때 남편은 시나노의 카미信濃守(시나노 지방의 행정관)가 되어 그곳으로 부임했다. 이때 15~16세가 된 큰아들이 근사하게 차려입고 아버지와 함께 시나노 지방으로 내려가는 모습을 불안한 심정으로 지켜보았는데, 다음 해 뜻밖의 병으로 남편이 죽는다. 일기에는 남편의 외지 부임과 상경 그리고 이어진 발병과 사망, 화장 등의 일화가 총총히 기록되어 있다. 그 후로는 고독한 신앙 생활이 묘사되어 있다.

NOTES

문장박사文章博士 : 관리 양성 기관인 다이카쿠료에서 시문과 역사를 담당하며 학생을 가르치고 시험을 맡았던 관리이다. 당시 다이가쿠大學에는 여러 학문 가운데 한시, 한문, 역사, 전기를 다루는 문장도 文章道가 가장 중시되었으므로 문장박사의 지위는 다른 박사의 지위보다 높았다.

마쿠라노소시
(枕草子)

헤이안 시대 중기에 세이 쇼나곤이 쓴 수필집으로, 일본 수필 문학의 대표작이다. 이 작품의 중심을 이루는 것은 세이 쇼나곤이 중궁 데이시 定子를 모시고 궁녀로 일하고 있을 때의 일기이다. '모노하즈케物は付け' 또는 '모노즈쿠시物盡し'라고도 불리는데, 아름다운 장단과 수필적 요소가 특히 두드러진 자연과 인생에 대한 감상집 부분으로 구성되어 있다.

INTRO

지은이 세이 쇼나곤의 이름은 출신지 기요하라淸原에서 딴 '세이淸'라는 글자와 궁중에서 생활할 때 불렸던 호칭인 쇼나곤을 합한 것이다. 생년월일에 대해서는 알려진 것이 없다. 가정 교육을 통해 와카와 한학을 배우고, 다치바나노 노리미쓰와 결혼해 노리나가則長를 낳았으나 몇 년 뒤 헤어졌다. 993년 무렵부터 이치조 천황의 중궁인 데이시를 받들었다. 중궁 쇼시彰子 쪽의 무라사키 시키부와 대립하며 그 명성을 다투었으나 데이시가 죽은 뒤의 사정은 알려져 있지 않다.

중국의 서적과 불전에도 정통했으며, 자유분방한 필치로 견문과 감상을 기록했으나 와카에는 그다지 뛰어난 작품이 없다. 칙찬집에 전하고 있는 14수를 포함해 현재까지 전하는 와카는 50수 정도이다.

재능은 있었으나 그리 아름답지는 않았던 것으로 보인다. 『백인일수』●에 들어갈 초상을 그릴 때 담당 화가가 차마 그녀의 모습을 그릴 수 없어 뒷모습을 그렸다는 일화가 있을 정도다. 그러나 밝고 건강하며 사교적이고 행동력을 갖춘 긍정적인 성격에 개성이 강한 여인이었기 때문에 라이벌인 무라사키 시키부에게 '잘난 척하기를 좋아하는 사람'이라는 평을 들었다. 『무묘조시無名草子』, 『고사담古事談』 등의 기록에 따르면 만년에는 여승이 되어 숨을 거두었다고 한다. 맺음말에 따르면 책 이름의 유래는 다음과 같다. 어느 날 고레치카(데이시의 오빠)가 데이시에게 종이를 헌상했다. 데이시가 무엇을 쓸까 망설이고 있는 사이 세이 쇼나곤이 "베갯머리 맡에 두시지요" 하고 말하자 "그렇다면 자네에게 주겠네" 하고 종이를 건네주었다. 그 종이에 이러저러한 내용을 적었기 때문에 '마쿠라노소시'라는 이름을 붙였다.

이 책은 『겐지 모노가타리』와 함께 헤이안 시대 문학의 쌍벽을 이루며 일본 수필 문학의 대표작으로 꼽힌다. 요시다 겐코吉田兼好의 『도연초徒然草』도 이 작품의 영향을 받았다.

궁중에서의 화려한 생활

세이 쇼나곤이 궁녀로 궁궐살이를 한 시기는 중궁 데이시의 아버지 후지와라노 미치타카藤原道隆가 나카노 간파쿠中關白를 역임하는 등 후지와라 가문의 전성기였다. 다치바나노 노리미쓰橘則光와 결혼했다가 아이 하나를 낳은 뒤 파국을 맞이해 집으로 돌아와 살고 있던 세이 쇼나곤에게 궁중은 극락정토를 그린 화려한 그림 속 세계로 비쳤다. 「하쓰미야쓰카에初宮仕」(궁중에서의 첫 일)의 단락에는 처음 궁중에 들어갔을 때 본 멋진 광경이 자세히 묘사되어 있다.

> "중궁 마마를 처음으로 뵈러 갔을 때 (…) 내미시는 손이 살짝 보였는데 너무나도 고운 분홍빛을 띤 아름다운 분이셨다. 궁중에 대해 아무것도 모르는 촌스러운 마음에 이 세상에 이러한 분이 계시다니 하며 놀라 제대로 올려다보지도 못했다."

마치 그림 속의 미인처럼 젊고 아름다웠던 중궁은 세이 쇼나곤이 처음으로 모시게 되었을 때부터 그녀를 다른 궁녀들과 달리 특별히 사랑하며 살갑게 대해 주었다. 성격과 교양이 비슷했던 이 둘은 서로 재능이 뛰어났기 때문에, 중궁에게 세이 쇼나곤은 자신의 의중을 적확하게 알아차리는 재치 있는 궁녀였고, 세이 쇼나곤에게 중궁은 여러모로 자신의 처지를 배려해 주는 주인이자 동시에 자신의 재능을 바르게 평가해 주는 지지자이기도 했다.

눈 내리던 어느 날, 중궁 앞에서 궁녀들이 잡담을 하고 있을 때 중궁이 "쇼나곤, 향로봉香爐峯의 눈은 어찌 되었을까?" 하고 묻자, 그녀는 즉석에서 발을 걷어 올렸다는 일화가 적혀 있다. 이는 『백씨문집白氏文集』(당나

라 시인 백거이의 시집)에 나오는 "향로봉의 눈, 발을 걷어 바라보네"라
는 시구를 건 것으로, 높은 교양과 명민한 기지를 두루 갖추고 있던 두
사람의 관계를 말해 주는 일화이다.

"그 사람에게 제일로 인정받아야 한다. 두 번째가 되어서는 안 된다.
첫 번째가 되었으면 한다." 이것이 데이시를 모시는 쇼나곤의 신조이기
도 했다. 이 말을 전해 들은 데이시가 "만일 내가 그대를 제일로 생각하
고 있지 않다면 어떻게 하겠느냐? 그래도 나를 변함없이 생각해 줄 것
이냐?" 하고 묻자, "구품 연화대 가운데 하품이라도 그럴 것입니다(아미
타불의 옆에 있을 수만 있다면 어떠한 낮은 자리라도 감사히 생각하고
받아들이겠습니다)"라고 대답했다. 이에 다시 데이시가 "어쩐지 평소의
말과는 달리 들리는구나, 기운이 없어 보이는걸. 첫 번째 가는 사람에게
첫 번째로 생각되고 싶다고 얘기해 보거라"라고 야유하는 듯한 말을 들
은 일화도 기록되어 있다. 이는 세이 쇼나곤의 적극적인 성격과 데이시에
대한 헌신적인 태도를 보여 주는 대목이다.

뿌리박힌 귀족 의식

세이 쇼나곤의 궁중 생활은 10년 정도 계속되었는데, 특히 처음 2년
동안은 무척 화려한 나날이었다. 봄에는 세이료 전淸凉殿의 고키 전弘徽殿에
자리한 궁녀 방 복도에 만개한 벚꽃으로 장식된 꽃병이 놓였으며, 겨울
에는 아름다운 복장을 갖춰 입은 궁정 무희들의 밝고 아름다운 목소리
가 궁녀 방을 가득 메웠다. 그러나 나카노 간파쿠 집안의 전성기는 그리
오래 지속되지 않았다.

995년 4월에 후지와라노 미치타카가 죽자 정권은 그의 동생인 미치나
가道長에게 옮겨 갔다. 그리고 데이시의 형제인 고레치카伊周와 다카이에隆

家가 실각하면서 나카노 간파쿠 집안은 몰락하기 시작했다. 데이시는 이치조一條 천황의 총애 이외에는 의지할 곳이 없는 우울한 날들을 보냈다.

999년에는 미치나가의 딸(훗날 조토몬인上東門院의 쇼시彰子)이 입궐하고 얼마 지나지 않아 곧 중궁이 되었다. 데이시에게 가해지는 압박은 은밀하고도 공공연히 계속되었다. 암울하고 무거운 공기에 짓눌린 가운데 결국 데이시는 두 번째 황녀 비시媄子를 낳다가 목숨을 잃고 말았다.

『마쿠라노소시』는 이 무렵의 상황을 상당히 자세히 기록하고 있다. 그러나 자신이 모시고 있는 미치다카 집안의 불행에 당연히 있었을 어둡고 슬픈 분위기는 조금도 보이지 않는다. 중궁(이후의 황후)이자 나카노 간파쿠의 딸이라는 높은 긍지로 내면을 지탱하는 가운데 조용히 역경을 감수하는 데이시의 모습이 세이 쇼나곤에게 이상적인 모습으로 비쳤던 것이다.

'불쾌한 것'의 대목에서 "남을 부러워하고 신세를 한탄하며, 남을 험담하고 사소한 일도 알려고 하며, 알려 주지 않으면 원망하는 사람"을 예로 들고, '경박한 것'의 대목에서는 남의 딱한 사정을 들을 때 이야기하는 사람은 우는데 듣고 있는 이쪽은 전혀 눈물이 나지 않는다. 일부러 울어보려고 해도 소용이 없어 겸연쩍다. 그러나 "근사한 일을 보면 금세 눈물이 흐른다"라며 값싼 감상은 거부하고 있다.

궁중 생활에 대한 부정적 묘사는 데이시나 자신을 위해 삼갔다. 때로는 절로 눈물이 흐를 정도의 '근사함'을 묘사하고 있는데, 세이 쇼나곤이 말하는 '근사함'이란 가장 궁정적이며 귀족적인 아름다운 일들이었다. 그 예로 세키젠 사積善寺에 공양하러 갔을 때 보았던 나카노 간파쿠 집안 사람들의 아름다운 모습과 때때로 마주하는 중궁의 우아한 언동, 화창한 봄날의 따사로운 햇볕 아래에서 청년 이치조 천황이 신하들과 함께 피리를 부는 모습 등을 들 수 있다.

한편 가모 축제를 구경하러 갔다가 어떤 귀인이 먼저 와서 자리를 차지하고 있던 다른 사람의 수레를 쫓아내고 자신의 수레를 나란히 세우는 모습을 보고는 "너무나 훌륭하다"고 기뻐했다. 하세長谷 절에 참배하러 갔을 때에는 모여든 평민들을 보고 죄다 엎어뜨리고 싶다고 하면서, 평민의 집에 어울리지 않게 눈이 오고 달빛이 드는 정취에 분한 마음이 들었다고도 했다.

그런가 하면 18∼19세의 아름다운 여성이 치통을 견디지 못해 울고 있는 모습을 언급하며 "앞머리가 흠뻑 젖도록 울어서 흐트러져 버린 머리는 신경도 안 쓰고, 붉게 달아오른 얼굴을 손으로 덮고 있는 모양새는 정말 우습다"라고 했고, 가슴이 몹시 아픈 병을 앓고 있는 젊은 아낙에 대해서는 "윤기 있는 긴 머리를 잡아 묶고, 기침을 하려고 일어나는 모습이 초라하다"라고 썼다.

그녀의 아버지 기요하라 모토스케는 즈료에 불과했고 자신도 궁궐살이를 하는 궁녀 신분이었지만, 지은이는 신분이 낮은 사람들을 천하게 보고 병자의 고통에는 동정을 보이지 않았다. 이러한 묘사는 재미있다면 재미있다고 할 수 있으나 궁중의 권위와 상류 귀족이 지닌 권력에 대한 찬미와 경탄이 그녀에게 강한 계급 의식을 심어 준 것 같다. 거기에서 일반 서민의 생활이라든가 운명이라는 관점에서 인간을 파악할 수 있는 시선은 찾아볼 수 없다.

인간의 삶을 배제한 공허한 찬미가

『마쿠라노소시』에서 세이 쇼나곤이 정성을 쏟아 묘사하고 있는 것은 이 작품의 진수이자 아름다운 말의 사전이라고 할 '모노하즈케' 또는

'모노즈쿠시'라고 불리는 것이다. 이 대목이야말로 지은이의 날카로운 미적 감수성과 기지가 번뜩이는 대목이다.

권두에 "봄은 새벽녘이 가장 기분 좋다. 점점 밝아져 조금씩 빛나는 산기슭 위로 자색이 도는 구름이 가늘고 길게 걸쳐 있다"라고 사계절의 흥을 묘사한 문장은 아름답기로 유명하다. 봄이 막 시작되려 할 때에 드러나는 미묘한 정경, 이른바 결정적인 순간을 놓치지 않고 선명하게 잡아 낸 지은이의 날카로운 미적 감수성을 엿볼 수 있는 대목이다. 그렇지만 이는 어디까지나 한순간의 감각에 불과하다. 지은이는 인간의 일생과 운명이 사회와 어떻게 관련되어 있는가에 대해서는 눈을 돌리고 있다. 그렇기 때문에 『마쿠라노소시』의 아름다움은 공허하다.

그녀는 자신이 몸담고 있는 궁중에서 음모와 책략이 뒤엉킨 채 벌어지고 있던 복잡한 정치 사정이나 궁정 사회의 미묘한 갈등에 처한 인간관계와 그들의 심리 묘사에 관해 전혀 관심조차 내비치지 않았다. 한마디로 『마쿠라노소시』는 중궁이 남기고 간 딸 유시倄子 내친왕에게 바쳐진 중궁 찬미의 글이며, 동시에 궁중에서 보낸 날들에 대한 추억의 글이자 중궁에게 바치는 진혼의 글이라고 할 수 있다.

NOTES

백인일수百人一首 : 가인 100명의 와카를 1수씩 수록한 사화집이다. 후지와라노 사다이에藤原定家가 선정한 『오쿠라 백인일수小倉百人一首』가 가장 많이 알려져 있다.

방장기
(方丈記)

『마쿠라노소시』, 『도연초』와 함께 일본 3대 고전 수필로 꼽히는 작품이다. 지은이는 가모노 조메이이다. 안겐安元의 대화재와 지쇼治承의 회오리바람, 후쿠하라福原로의 천도, 요와養和의 기근, 주에이壽永의 역병, 겐랴쿠元曆의 대지진 등 수많은 천재지변을 겪은 지은이가 인생의 무상함을 통감하고 히노日野 산에 들어가 근심 없이 즐길 수 있는 방장方丈 암자를 짓기까지의 기록이다.

INTRO

지은이는 가모노 조메이로, 작품의 끝 부분에 성립 연대가 명확하게 기재되어 있다. "겐랴쿠 2년(1212) 3월 말, 출가자 렌인蓮胤(조메이의 법명), 외산의 암자에서 쓰다."

조메이는 1216년 6월 8일에 숨을 거두었으나 태어난 해는 밝혀져 있지 않다. 62세 또는 64세까지 살았다고 한다. 대대로 가모미오야賀茂御祖 신사의 신관이었던 가모 집안에서 나가 쓰구長繼의 차남으로 태어났다. 일찍이 아버지를 여의고 가와이河合 신사의 네기禰宜(신사에서 제사에 봉사하고 사무를 담당하는 사람)가 되기를 바랐으나 뜻이 이루어지지 않자 출가해 교토 북쪽에 위치한 오하라 지역의 어느 마을에서 살았다. 그 후 다시 히노 산 깊숙이 들어가 방장이라는 암자를 짓고 살았다.

가린엔歌林苑을 주재했던 순에俊惠에게 와카를 배웠고, 고토바 천황의 부름을 받고 와카도코로和歌所의 요리우도寄人(와카를 선정하는 담당 직원)가 되는 등 와카 시인으로도 널리 알려져 있다. 『센자이와카집千載和歌集』에 1수, 『신고금와카집新古今和歌集』에 10수가 각각 수록되어 전하고 있다.

그 밖의 저작으로는 와카집 『가모노 조메이집』 1권이 남아 있으며, 『방장기』를 쓰기 이전에 와카 설화 등에 대해 언급한 이론서 『무명초無名抄』('조메이 무명초', '무명비초無名秘抄' 등으로도 불린다)를 지었다. 『방장기』 이후의 저작으로는 불교 설화집 『발심집發心集』(원래는 전 3권이었으며 현재 전하는 것은 뒤에 증보된 것이다)이 있다.

사람이 머물러 사는 주거지의 덧없음을 주제로 삼아 대구對句를 이루는 유려한 산문과 긴밀한 구성(전반부는 이른바 지옥 편, 염리예토厭離穢土 편, 후반부는 극락 편, 흔구정토欣求淨土 편)으로 제행무상諸行無常을 말하며 세상을 살아가기가 쉽지 않음을 토로했다. 중세(가마쿠라·무로마치 시대) 문학의 대표적인 고전으로 손꼽히며, 이후 중세 문학의 기반을 이루는 은자 문학에 최초로 등장한 전형적인 작품이다. 『마쿠라노소시』, 『도연초』와 함께 일본 3대 수필로 평가된다.

요시시게노 야스타네慶滋保胤의 『지정기池亭記』에서 직접적인 영향을 받았으며, 백낙천白樂天의 『초당기草堂記』 계보로 이어지는 한문학의 '기記' 장르에 속하기도 한다. 영혼의 불안과 구제의 문제를 다루고 있다는 점에서는 헤이안 시대의 여류 문학과 통하는 자조 문학적(자신을 객관적으로 자세히 관찰하려는 정신에서 출발한 문학) 특징을 보인다. 그러나 수많은 천재지변을 묘사한 박진감 넘치는 문장은 『헤이케 모노가타리平家物語』에 영향을 미치는 등 서사문학으로서도 매우 뛰어난 일면을 지니고 있다.

형태 있는 것의 덧없음

홀러가는 강물은 끊임이 없지만 원래의 물은 아니다. 웅덩이에 떠 있는 물거품은 한번 사라졌다 다시 생겨나지만 오래도록 그대로 있을 수는 없다. 세상 사람들이 살고 있는 곳도 그와 같다.

사람이 사는 곳도, 그곳에 사는 사람도 모두 물거품처럼 덧없는 존재이며, 그 속에서 무상함을 다투는 모습은 쉽게 시들어 버리는 나팔꽃이나 덧없이 사라지는 이슬과 같다. 이 세상에 태어나 죽는 사람들은 어디에서 와서 어디로 가는가? 잠시 머무는 이곳에서 누구를 위해 고뇌하고 무엇을 위해 남의 눈을 즐겁게 하는가?

철이 든 지 40여 년, 그동안 나 자신이 보아 온 이런저런 '세상의 이변'(천재지변)은 모두 사람 사는 세상의 덧없음을 말할 뿐이다.

안겐 3년(1177) 4월 바람이 몹시 부는 날 밤에 헤이안쿄平安京(수도 교토)의 동남쪽에서 물이 났다. 불길은 서북 쪽으로 번지며 주작문朱雀門, 태극전太極殿, 다이가쿠료大學寮를 포함해 모든 것을 하룻밤 사이에 재로 만들어 버렸다. 귀족의 저택만도 16채가 불타 버렸고, 교토의 3분의 1이 잿

더미로 변했다. 불에 타서 죽은 자만 남녀 합해 수십 명에 이르렀다. 타 죽은 소와 말은 헤아릴 수 없을 정도로 많았다. 집을 짓고 재물을 쏟아부으며 마음고생을 했던 일들이 얼마나 어리석고 쓸모없는 일이었는가를 통감하지 않을 수 없다.

지쇼 4년(1180) 4월, 나카미카도中御門 교고쿠京極 부근에서 회오리바람이 일기 시작해 로쿠조六條 부근까지 휩쓸어 버린 일이 일어났다. 크고 작은 집들이 바람에 날려 쓰러지고 문과 담장이 날리는가 하면 집 안의 가재도구도 하늘 높이 날아 올라갔다. 흔히 말하는 '지옥에서 맛보아야 할 업보 속의 바람'이라는 것이 바로 이런 것인가 하는 생각이 들 정도였다. 집이 무너졌을 뿐만 아니라 부상을 당하고 불구가 된 사람도 부지기수였다. 회오리바람은 항상 불어오는 것이지만 이때 불었던 회오리바람은 보통 것이 아니라 '인간에 대한 어떤 훈계'(인간을 초월한 신이나 부처의 예시)라고까지 생각되었다.

같은 해 6월에는 갑자기 후쿠하라로 천도가 결행되었다. 400년 가까이 수도였던 헤이안쿄를 별다른 이유 없이 바꾸어서는 안 된다는 의견도 있었지만, 천황을 비롯한 귀족과 대신들이 모두 옮겨 가는 바람에 사람이 북적였던 동네는 어쩔 수 없이 황폐하기 이를 데 없이 삭막해져 버린 것이다. 새로이 수도가 된 후쿠하라는 토지의 형세가 나빴다. 그곳으로 따라간 사람들 사이에는 "옛 수도(헤이안쿄)는 황폐해져 버렸고, 새 수도(후쿠하라)는 아직 이루어지지 않았다"라며 불안을 감추지 못했다. 이해 겨울에 수도를 다시 헤이안쿄로 되돌렸으나 부수고 떠났던 집들은 여전히 그대로였다.

"옛날 어질고 현명했던 시대에는 백성을 살피며 나라를 다스렸다"라고 들었다. 그런 '옛날'에 비하면 '지금 이 세상의 어수선함'은 어찌 된 일인

가. 참으로 알 수 없는 일이로다.

　요와 연간(1181~1182) 무렵에 2년 동안 기근이 계속되었다. 가뭄에 태풍과 홍수가 겹치고 게다가 역병마저 나돌면서 길가에는 굶어 죽은 자들이 수도 없이 넘쳐 났고 일대는 부패한 시신에서 풍기는 냄새로 뒤덮였다. 실로 지옥이 아닐 수 없었다. 난나 사寺의 승려 류교隆曉라는 사람이 죽은 사람의 이마에 불생불사의 상징인 '아阿' 자를 적어 주고 극락왕생하도록 임종 의식을 치러 주고 헤아린 사람만 4만 2,300여 명이었다고 한다.

　그로부터 얼마 지나지 않아 1185년에는 큰 지진이 일어나 산이 무너지고 바다가 기울고 땅이 갈라지면서 물이 솟아올랐다. 수도에 있던 절이며 신사, 집 등이 모두 무너져 내렸다. 새나 용이 아닌 인간이 하늘을 날거나 구름에 올라앉을 수는 없었다. 3개월이나 여진이 계속되었다. 사람의 마음을 불안하게 하는 것 가운데 가장 무서운 것이 지진이라는 것을 새삼 알았다.

소유하지 않는 것의 즐거움

　세상을 살다 보면 신분과 사는 곳에 따라 생각지도 못한 일을 당한다. 그러기에 처한 상황에 따라서는 분수를 지키며 마음고생을 하는 일이 셀 수 없이 많다.

　만일 신분이 낮은 자가 권문세가의 옆집에 산다면 기뻐할 일이 있어도 큰 소리로 좋아할 수 없고, 슬픈 일이 있어도 큰 소리로 울 수 없다. 만일 가난한 자가 부유한 집의 이웃에 살고 있다면 아침저녁으로 자신의 남루한 옷차림을 부끄러워하게 되고 처자식들은 오로지 이웃집만 부러워하게 될 것이다. 또 이웃집이 자신들을 무시해도 마음이 동해 편치 않다. 좁은 땅에 함께 살면 이웃집에서 난 불을 피할 수 없으며, 멀리 떨어진 한적한 곳에 살면 왕래가 불편하고 도적 걱정도 많아진다.

> 세상을 따르자니 몸이 고생을 하고, 세상을 거스르면 미치광이로 보이네. 어느 것을 택해 무슨 일을 하더라도 때때로 이 몸을 뉘어 잠시 마음을 쉬게 해야 한다.

나 자신은 할머니의 집을 물려받아 한동안 살았으나 일찍이 아버지를 여의는 등 뜻하지 않은 불행이 잇따랐고, 30세가 지나서야 원하던 대로 초암에서 살게 되었다. 초암은 그 크기가 원래 살던 집에 견주어 10분의 1도 되지 않는다.

살기 힘든 세상 속에서 마음의 고통을 당하길 30여 년, 더욱이 여러 차례 불행을 겪으면서 내게 흐르는 불운을 깨닫고 50세가 되던 해 봄에 출가해 세상을 등지게 되었다. 오하라大原 산의 구름을 베고 덧없이 누워 또 다섯 해의 봄을 보냈다.

60세, 이슬과도 같은 덧없는 인생의 마지막을 앞두고 새삼스레 여생을 보내기 위한 집을 마련했다. 나그네가 하룻밤 머물 곳을 찾고, 다 큰 누에가 새로 고치를 짓는 것과 같은 이치이다. 전에 살았던 곳에 비해 1000분의 1에도 미치지 못하는 집이다. 넓이는 불과 방장(사방 한 장 크기, 약 9m²로서 작은 방 한 칸 크기이다) 크기이고, 높이는 7척 정도(약 2m)였으며, 지붕을 얹고 기둥과 판자의 이음매는 걸쇠로 묶어 놓아 언제라도 뜯어서 옮길 수 있게 지은 집이다.

히노日野 산 깊숙이 혼적을 감춘 다음, 동쪽으로 3척 정도 되는 차양을 냈고, 남쪽으로는 대나무 발로 된 발판을 깔았다. 그리고 서쪽에는 불전을 만들었고, 북쪽으로는 장지문을 사이에 두고 아미타阿彌陀 부처와 보현普賢 보살의 화상을 건 다음 그 앞에 『법화경法華經』(묘법연화경妙法蓮華經)을 놓았다. 방구석의 동쪽에는 말린 고사리를 깔아 밤에 잠자리로 삼았고, 서남쪽 구석에는 대나무 선반을 매달아 가죽 상자를 3개 올려놓았다. 그 상자에는 와카와 음악에 대한 책과 『왕생요집往生要集』 등을 베긴 것들이 들어 있다. 그 옆에는 거문고와 비파가 각각 하나씩 세워져 있는데, 이른바 접을 수 있는 거문고와 분리식 비파이다. 살고 있는 암자의 모습은 대개 이와 같다.

봄에는 등나무 꽃이 자줏빛 구름(극락왕생의 증거 중 하나)처럼 서쪽(극락정토의 방향)에서 피고, 여름에는 죽은 사람이 떠나는 길을 안내한다는 두견새가 말을 건넨다. 가을에는 현세의 삶을 슬퍼하듯 우는 매미 소리가 귀를 울리고, 겨울에는 쌓였다가 녹아 없어지는 눈이 깊은 죄업을 생각나게 한다(자연과 종교의 조응, 불교적 자연관이 뚜렷이 엿보이는 대목이다).

잠시 잠깐 머문다는 것이 벌써 이곳에 온 지도 5년이 흘렀다. 수도에서는 지체 높은 사람들이 많이 죽었고, 더욱이 신분이 낮은 미천한 사람들은 수도 없이 많이 죽었다. 거듭되는 화재로 인해 불타 버린 집은 그 수가 얼마나 될까. 그저 임시로 살고 있는 이 집만이 평온무사하고 또 아무 불안도 없다.

좁다고는 하지만 밤에는 누울 자리 정도는 있어 이 한 몸 쉬기에는 부족함이 없다. 세상 사람들은 처자를 위해, 친구를 위해 집을 짓지만 나는 나 자신을 위해 이 집을 지었다. 생각해 보면 대부분의 사람들은 부유한 사람과 상냥하고 친절한 사람을 벗으로 삼고, 정이 든 것이나 평범한 것은 문제 삼지 않는다. 그러니 차라리 사죽絲竹(음악)과 화월花月(자연)을 벗 삼는 편이 낫다. 사람들과 사귀지 않으면 차림과 용모에 부끄러워할 것이 없고, 가난하면 변변치 않은 음식도 맛있다.

세상은 마음먹기에 달린 것이므로 마음이 편하지 않으면 제아무리 근사한 궁전에 산들 의미가 없다. 쓸쓸한 한 칸짜리 암자지만 내게는 더없이 흡족하다. 수도에 나가 영락한 모습을 부끄러워할 때도 있지만 이곳에 돌아오면 속세의 먼지 속에서 우왕좌왕하고 있는 사람들이 가련해 보인다. 물고기는 물을 싫증 내지 않고, 새는 숲을 원한다. 은거 생활이 좋은 이유도 그와 같다. 살아 보면 누구나 알게 될 것이다.

이제 내 일생도 어느덧 끝이 가까워 오고 있다. 죽을 날이 멀지 않은 것이다. 그러니 새삼 무용無用의 즐거움을 말해 본들 무슨 소용이 있겠는가. 부처님은 무엇에도 집착하지 말라고 하셨다. 초암의 한적함을 애착하는 것도 왕생에는 방해가 되는 것이리라.

세상을 피해 산으로 들어간 것은 불교 수행을 위해서가 아니었다. 그런데도 나는 정명거사淨名居士(유마維摩)를 본떠 방장 암자를 짓고, 가장 어리석은 주리반특周利槃特(석가모니의 제자)의 수행에도 미치지 못하고 있지 않은가. 이렇게 자문자답해 보지만 해결책은 보이지 않는다.

"그저 입을 놀려 아무런 의례도 없이 아미타불을 두세 번 읊조려 볼 뿐이다."

이자요이 일기
(十六夜日記)

가마쿠라 시대 중기의 여성 와카 가인이자 비구니였던 아부쓰니의 대표적인 기행문이다. 남편이 남겨 놓은 장원의 영지를 아들에게 물려주기 위해 지은이가 가마쿠라 막부를 상대로 소송을 하려고 길을 떠났을 때 쓴 것으로, 당시의 여행 일기와 체류 일기, 노래 등으로 이루어져 있다. 『아부쓰기阿佛記』,『로지노기路次記』,『가베노우치壁中』라고도 한다.

INTRO

『이자요이 일기』의 지은이는 아부쓰니라는 비구니로, 부모와 본명, 어릴 때의 일 등 출가 전의 상황에 대한 내용은 밝혀져 있지 않다. 사도노카미佐渡守 다이라노 노리시게平度繁의 딸이라고도 하는데, 어머니가 그녀를 데리고 노리시게에게 재가한 것으로 보인다. 비구니가 되기 전에 아부쓰니는 안키몬인安嘉門院을 모시면서 시조 에몬노스케四條右衛門佐라는 이름으로 불렸으며, 후지와라노 다메이에의 딸과 친했던 인연으로 훗날 다메이에의 후처가 되었다.

56세 무렵에 소송할 일이 생겨 가마쿠라로 내려갔으나 몽골군의 침입으로 막부가 몹시 어수선했던 탓에 막부에서 그녀의 호소를 들어주지 않았다. 결국 몇 년 뒤 빈손으로 교토로 돌아온 아부쓰니는 그로부터 얼마 후 숨을 거두었다.

그 후 와카 사범 집안인 미코히다리御子左 집안이 다메우지를 조상으로 섬기는 니조二條 가문과 다메노리爲敎의 교고쿠京極 가문, 다메스케의 레이제이冷泉 가문으로 분리되어 서로 경쟁하기 시작했다.

아부쓰니가 가마쿠라로 내려간 것은 1279년의 일이다. '미치노기'로 불리는 부분과 '히가시 일기'로 불리는 부분은 이해부터 이듬해 1280년까지 집필한 기록이며, 노래인 나가우타長歌 부분은 가마쿠라에 도착한 지 4년째 되던 해에 쓴 것이다. 원래 각 부분은 단독으로 남겨졌으나 후세 사람에 의해 현재의 형태로 꾸며진 것으로 짐작된다.

자식을 위해 길 떠난 어머니

공자와 그 제자인 증자曾子가 '효'에 대해 나눈 문답을 적어 놓은 책을 『효경孝經』이라고 한다. 중국의 진나라 시황제에 의한 분서갱유를 거친 뒤, 한나라 때 공자가 살았던 옛집의 벽 속에서 『효경』의 고본이 발견되었다고 한다. 그 『효경』의 '효'라는 말을 지금의 아이들은 자신과는 전혀 무관한 것으로 생각하는 듯하다.

아비가 염려해 애써 써 놓은 유언장이 분명히 있는데도 그에 따른 보람이 하나도 없는 것은 아비가 행한 교육의 결과이다. 이와 마찬가지로 어질고 현명한 군주가 다스리는 정권 아래에서도 뒤처지고, 세상을 걱정하는 충신에게도 버림받는 것은 보잘것없는 이 한 몸 때문이라는 사실을 잘 알면서도 그대로 단념하고 있을 수도 없으니 더욱 어찌해야 할지 모르겠다. 이런 걱정을 하는 처지가 그저 슬플 뿐이다.

책의 첫 부분은 위의 내용에서 보듯 효를 모르는 젊은이를 한탄하며 자신만이 남들에게 잊힌 것을 원망하는 노파의 넋두리로 시작된다. 『이자요이 일기』의 주제는 바로 이러한 그녀의 호소이다.

"와카집 편찬을 위해 와카를 선별하는 사람은 많아도 두 번이나 칙명을 받아 훌륭하다고 소문이 난 와카집은 그리 많지 않다."

두 번이나 편찬자로 임명되어 칙찬 『신고금와카집新古今和歌集』과 『신칙찬 와카집新勅撰和歌集』을 편찬한 이는 후지와라노 데이카藤原定家이며, 또 『속후찬 와카집續後撰和歌集』과 『속고금와카집續古今和歌集』을 편찬한 사람은 그의 아들 다메이에爲家였다. 데이카의 아버지 도시나리俊成 때부터 헤아리면 와카 3대 집안이다. 이는 아부쓰니에게 더할 나위 없는 자랑이었다. 한편으로 그녀는 그렇듯 와카 사범으로 이어지는 집안의 명예를 무슨 일이 있더라도 반드시 자기 아들에게 전해야 한다는 마음에 초조했다.

아부쓰니는 젊은 시절에 안키몬인安嘉門院을 모시는 궁녀였고, 당시의 이름은 시조四條였다. 31세 무렵에 다메이에와 가까워졌는데, 이 무렵 다메이에는 52세였다. 11년 후 다메이에와의 사이에 아들 다메스케爲相가 태어났고, 2년 뒤에는 다메모리爲守가 태어났다. 다메이에는 늙어서 얻은 후처 아부쓰니와 그녀가 낳은 어린 두 아들을 매우 사랑했다. 때문에 이미 일찍이 본처의 아들 다메우지爲氏에게 주었던 영지를 다시 거두어 어린 나이에 아비와 헤어지게 될 다메스케에게 물려주었다.

다메이에가 죽자 처음부터 젊은 후처와 그녀의 자식들을 탐탁지 않게 생각하던 다메우지는 아버지의 유언을 따르지 않았다. 그 결과, 와카 사범 집안이라는 명예와 영지를 유언 그대로 상속받길 원했던 아부쓰니는 자기 아들을 대신해 의붓아들과 길고 긴 소송을 벌이게 되었다. 우선 호소카와 장원의 상속 확인을 조정에 청원했으나 허가받지 못했다. 그러자 그녀는 마침내 당시 실권을 쥐고 있던 가마쿠라 막부에 호소해 무가의 법에 따르는 재판을 받고자 가마쿠라 행을 결심했다.

『이자요이 일기』는 여기서부터 시작한다. 책의 첫 부분에 부모의 유언을 받들지 않는 의붓아들에 대한 원망을 적고 와카 집안의 긍지를 내세운 데에는 이러한 내막이 있었던 것이다.

아까울 것도 없는 이 한 몸을 내던지는 일이야 어렵지 않지만 아들 생각만 하면 마음이 어지러워져 도저히 견디기 힘들다. 하다못해 한 번 더 가마쿠라 막부의 공정한 재판을 받을 수 있다면, 나의 주장이 옳다는 것이 밝혀질 수 있다면 더 이상 바랄 것이 없다는 그 심정만으로 여행에 대한 걱정도 잊은 채 내 몸은 없는 것이라 여기며 길을 떠난 것이었다.

'이자요이 일기'라는 이름은 여기에서 유래한다. '내 몸은 없는 것으로 여기고'라는 말은 『이세 모노가타리』의 '히가시구다리東下' 단락에서 따온 것이지만, 자식을 위해 자신의 몸을 희생하겠다는 그녀의 심경은, 셋칸 정치의 질서에서 이탈함으로써 매력적인 개성을 만들어 가는『이세 모노가타리』의 주인공과는 먼 것이었다.

매일 보아도 날로 거칠고 황폐해져 가는 정원과 잡목 울타리가 길을 떠난 뒤에는 더욱 황폐해질 것이라고 생각하며, 자식들을 위해 떠나는 길이지만 늙은 부모에게 사랑만 받아 허약하고 의젓한 데가 없어 보이는 다메스케(시종이 되어 있었다)와 다메모리가 어미 없는 집에 남겨져 벌써부터 불안한 마음에 기죽어 있는 것을 보니 더욱 고통스럽다.

스스로 이런저런 말로 자신을 위안하며 여자 혼자 몸으로 길을 떠날 결심은 했지만 그것이 보통 일은 아니었을 것이다. 그러한 결심을 지탱할 수 있었던 것은 지금은 가고 없는 남편 다메이에가 자신에게 뒷일을 모두 맡겼다는 긍지 때문이었다. 그러나 그녀의 비장한 결의도 적자인 다메우지 쪽에서 보자면 뒤늦게 나타나 남의 것을 빼앗은 자의 발버둥에 불과했을지도 모를 것이라는 데까지는 그녀의 생각이 미치지 못했다.

그 후로 이어지는 것은 가마쿠라까지 가는 도중에 와카 등의 노래에 등장하는 명소를 찾아가는 「미치노기道記」 여행 일기와 가마쿠라에 도착한 이후의 일을 기록한 「히가시 일기東日記」이며, 옛 추억과 그런 의미를 담은 긴 노래로 『이자요이 일기』를 맺었다.

도연초
(徒然草)

자연과 인생에 대한 감상과 사색을 기록한 가마쿠라 시대 후기의 수필로, 지은이는 요시다 겐코(1283~1352)이다.

와카 시인으로도 유명했던 요시다 겐코가 서단에서 243단에 걸쳐 삶의 양태와 위정자의 덕목, 연애관, 서민의 유머와 도를 추구하는 사람들 등 다양한 주제를 자신의 무상관無常觀을 바탕으로 시적 정취에 담아 일한 혼용문으로 쓴 작품이다.

INTRO

지은이 요시다 겐코는 신관神官을 이어온 우라베ㅏ部● 집안 출신이다. 아버지는 지부쇼유治部少輔●인 우라베 가네아키ㅏ部兼顯이며, 그의 형은 천태종의 대승정 지헨慈遍이다.

청년 시절에 구로우도藏人●와 사효에노스케左兵衛佐●로 궁정에 출사하기도 하고, 호리카와 집안을 받드는 일도 했으나 30세 전후에 출가해 자유로운 생애를 추구하며 은자가 되었다.

처음에는 슈가쿠인修學院에 들어가 틀어박혀 있었고, 이후 히에이比叡 산의 요코가와橫川에서 살기도 했다. 그 후에는 닌나 사仁和寺 부근의 나라비노오카雙岡에 묘지를 짓고 한동안 그곳에 살았다. 간토 지방에도 몇 번 갔으며, 쇼묘 사稱名寺와의 관계가 매우 깊었던 것으로 보인다.

와카에도 뛰어난 솜씨를 보여 돈아頓阿, 게운慶運, 조벤淨弁 등과 함께 와카 4대 천왕으로 불리며 널리 알려졌다. 교고쿠京極 집안과 대립하던 니조二條 집안 소속으로, 남북조 시대의 대표적인 와카 가인 중 한 사람이었다. 그의 와카집으로는 1345년에서 이듬해 1346년에 걸쳐 완성된 것으로 여겨지는 『겐코 법사 자찬가집兼好法師自撰家集』 1권이 전한다. 『도연초』는 겐코가 40대에 들어 집필을 시작한 책으로 여러 차례 나뉘어 쓰였으며, 1331년 무렵에 현재의 형태로 정리된 것으로 추측된다.

겐코는 제19단에서 "계절이 흘러 변화하는 것이야말로 사물의 애처로움이다"라고 말하며 사계절 각각의 경물과 정취를 거론하고, "더 나아가 말하면 이미 『겐지 모노가타리』와 『마쿠라노소시』에서 익히 말하고 있는 것이지만"이라고 했듯 『도연초』는 중세의 대표적인 은자 문학이자 동시에 고대와 왕조 시대의 미의식을 계승하고 보완하는 역할을 한다.

『마쿠라노소시』에 '모노즈쿠시', '모노하즈케'라고 불리는 수상적隨想的 내용을 담은 단락이 있듯 『도연초』에는 '천한 것'(제72단), '집에 심어 두고 싶은 나무'(제139단) 등의 단락이 있다.

또 한여름 밤의 정사를 묘사한 모노가타리적 단락이 있는 『마쿠라노소시』 제36단의 내용처럼 『도연초』에도 왕조 시대 이야기의 주인공을 연상시키는 귀공자의 모습을 그린 제44단이 있다.

『도연초』는 『겐지 모노가타리』와 유사한 히키우타引歌(유명한 옛 노래를 자신의 문장에 인용)의 표현 방식을 사용하고 있는데, 이는 『도연초』가 『마쿠라노소시』로부터 수필 형식뿐만 아니라 왕조 문화의 감성도 배웠음을 말해 준다. 이는 겐코 자신이 『겐지 모노가타리』와 『마쿠라노소시』를 인용한 대목에서 알 수 있다. "무슨 일이든지 옛 시대를 돌아보고 그리워한다"(제22단)라는 대목은 왕조 시대에 대한 겐코의 동경이 적나라하게 드러난 부분이다.

죽음을 거론하고 무상을 논하며 모든 것의 무소유를 주장한 겐코는 중세의 은자이다. 모든 세속적인 일에 대해 은둔을 우선시하는 겐코의 사상은 모든 것을 한 발자국 뒤로 물러선 곳에서 비판적으로 파악하고자 하는 자유로운 은자의 사상이다. 인생과 사회를 바라보는 자유로운 시각과 유연한 정신은 훗날의 사상에 많은 영향을 미쳤으며, 그 때문에 일본의 국민 고전으로 널리 읽히게 되었다. 『도연초』는 전형적인 중세의 은자이자 지식인의 정신의 궤적을 잘 드러낸 작품이다.

서단

할 일 없이 하루 종일 벼루만 마주보며 마음속에 떠올랐다가는 사라지는 쓸데없는 일들을 두서 없이 써 내려가고 있자니 묘하게도 마음이 답답해진다.

무료함 속에서 마음이 이끌리는 대로 그저 아무 이유도 없이 부질없는 내용을 써 내려갔다는 『도연초』는 붓 가는 대로 쓴 수필이라는 말이 무색할 정도로 다채롭고 풍요로운 정신세계를 그려 냈다. 거기에는 인간과 무상, 색욕, 주거, 술과 음식, 친구, 말, 죽음 등 실로 다양한 주제가 자유분방한 필치로 제멋대로 길고 짧게 전개된다. 때로는 옛날의 조정이나 무가의 법령 및 전례와 고사에 대해 고증하고, 또 어느 때는 흥미진진한 설화를 있는 그대로 기록했다.

모든 것은 지은이 겐코의 무료한 마음에서 비롯된 것이며, 마음이야말로 모든 것의 시초라는 것을 말해 준다. 이 글에 일관되게 흐르는 사상은 제행무상諸行無常에 대한 각오와 그 어디에도 구속되지 않는 자유로운 시각이다. 따라서 독자들도 다양한 각도에서 자신의 관심과 연령에 맞는 내용을 찾아낼 수 있다.

제7단 무상無常과 모노노아와레

아다시 들판(교토 사가嵯峨 들판에 있는 묘지)에 이슬이 마를 날 없고, 도리베鳥部 산(교토의 동쪽 산에 있는 화장터)의 연기가 그치지 않는 것처럼, 사람이 만일 이 세상을 뜨지 않고 언제까지나 계속해서 살 수 있다면 아마도 애처로움을 의미하는 '모노노아와레ものゝあはれ'의 마음도 없을 것이다. 이 세상은 정해진 것이 없기 때문에―사람의 목숨도 언제 사라질지 알 수 없다―실로 근사한 것이다.

제8단 색욕에 대하여

이 세상 사람들의 마음을 흔드는 것 가운데 색욕만 한 것이 없다. 사람의 마음은 어리석다. 향기 따위는 잠시 잠깐에 불과하고, 그것이 한때의 향을 옷에 묻히는 것임을 잘 알면서도 그윽한 향기에는 반드시 마음이 두근거리는 것이다.

구메ㅈ* 선인이 강가에서 빨래를 하고 있는 처녀의 흰 정강이를 보고 신통력을 잃었다고 한다. 그도 그럴 것이 손과 발 그리고 피부가 아름답고 통통한 살결에서 윤기가 났으니, 신통력을 잃었다고 해도 무리가 아니다.

제15단 여행에 대하여

어디로든지 가끔씩 길을 떠나면 세상에 눈을 뜨는 마음을 얻을 수 있다.

제45단 물구덩이 승정僧正

종2위인 후지와라노 긴요藤原公世의 형 요카쿠良覺 승정은 매우 성질이 급한 인물이었다. 승방 옆에 커다란 팽나무가 있어 사람들이 그를 '팽나무 승정'이라고 불렀다. 그러자 요카쿠 승정이 그 나무를 베어 버렸다. 그런데 그 뿌리가 남아 있자 이번에는 '그루터기 승정'이라고 불렀다. 더더욱 화가 난 승정은 그 뿌리를 파내어버렸다. 그러자 이번에는 그곳에 커다란 구덩이가 생겨 물이 고이는 것이 아닌가. 사람들은 이제 그를 '물구덩이 승정'이라고 불렀다.

제59단 버리는 것에 대하여

출가라는 중대한 일을 생각하게 된 사람은 마음에 걸려서 버리기 힘든 것이 있으면 목적을 이루는 데 방해가 되므로 당장 그것을 버려야 할 것이다. (…) 근처에 불이 나서 도망치는 사람이 '잠시 기다렸다가'라는 말을 하겠는가? 자기 몸을 구하고자 한다면 부끄러움을 무릅쓰고라도 전 재산을 버리고 도망쳐야 한다.

목숨은 사람을 기다려 주지 않는다. 죽음에는 유예가 없는 것이다. 무상(죽음)은 불과 물이 덮쳐 오는 것보다 더 빠르게 다가온다. 그것은 피할 수가 없는데 그때가 되어서 늙은 부모와 철없는 자식, 주군의 은혜, 사람들에 대한 정 따위를 버리기 어렵다고 버리지 않을 수 있겠는가.

제85단 위선에 대하여

미친 사람 흉내를 내며 큰 거리를 달리면 바로 미친 사람이 된다. 악인의 흉내를 내어 사람을 죽이면 악인이 된다. 천 리를 달리는 말을 흉내내면 천리마처럼 되고, 순임금을 흉내 내면 순임금의 무리가 된다. 그러므로 거짓으로라도 현자를 흉내 낸다면 현자라 해도 좋을 것이다.

제110단 명인의 가르침

주사위놀이의 명인이라고 불리는 사람에게 그 방법을 물어보면 "이기려고 마음먹고 하면 안 된다. 지지 않겠다는 마음으로 해야 한다. 어느방법이 먼저 질 것인가를 생각한 뒤 그 방법을 사용하지 말고 단 한 번이라도 질 것 같은 수는 두지 않는 것이 좋다"라고 말한다. 이는 그 깊은뜻을 제대로 알고 있는 사람의 가르침이다. 자신을 잘 다스리고 나라를지키고자 하는 길도 이와 같다.

제137단 사물의 판단에 대하여

꽃이 활짝 피었을 때만을, 달이 구름 한 점 없는 보름달일 때만을 보려 해서는 안 된다. 빗줄기에 가려서 보이지 않는 달에도, 주렴 너머로보이지 않는 꽃의 피고 짐에도 깊은 정취가 있다. 지금이라도 꽃이 필 듯한 가지 끝과 꽃이 시들어 떨어진 정원에야말로 정말 볼거리가 많다.

모든 것은 그 시작과 끝이 특히 근사하다. 남녀 사이도 마찬가지여서그저 만나서 관계를 맺는 것만이 좋은 것은 아니다. 맺어지지 않고 그대로 끝나 버리는 가슴 아픈 사랑, 덧없는 관계에 대한 탄식, 긴 밤을 홀로보내며 멀리 떨어져 있는 이를 걱정하는 마음, 옛사랑에 대한 회상 등 그러한 여운을 즐기는 것이야말로 진정한 '호색'이다.

제241단 불교의 가르침과 현세의 욕망

둥근 달이 언제까지나 둥글 수는 없다. 곧 이지러지고 만다. 주의가 깊지 않은 사람에게는 하룻밤 사이에 시시각각 변하는 그 모습이 보이지 않을 것이다. 병이 무거워지는 것과 마찬가지로 죽음의 시기는 이미 가까운 곳에 있다. 그렇지만 병이 급히 악화되지 않고 서서히 죽음을 향해 진행되는 동안은 흔히 평소처럼 무사한 생활이 언제까지나 계속될 것이라고 생각하기 쉽다. 그래서 살아 있는 동안에 많은 일을 해 놓고 그런 다음 마음을 차분히 가라앉혀 불교의 가르침을 수행하려 한다.

그러나 병에 걸려 죽음의 입구에 서게 될 때면 아무것도 이룰 수 없고 변명도 할 수 없다. 만일 병이 나아 목숨을 건질 수 있다면 밤낮 구별 없이 이것저것 가리지 않고 게으름도 피우지 않으며 불교의 가르침을 따르겠다고 서원하지만, 갑자기 병이 위중해지면 이성을 잃고 혼란 속에서 죽고 만다. 누구나 그럴 것이다. 이러한 점을 무엇보다 먼저 마음에 새겨 두어야 할 것이다.

바라는 바를 이룬 뒤에 여유가 생기면 불교의 가르침을 따르겠다고 하지만, 이루어지지 않을 그런 바람은 끝이 없다. 환상과 같이 덧없는 인간의 삶 속에서 무엇을 이루려는 것일까? 바라는 것은 모두 망상 때문이다. 마음속에 바라는 것이 생기면 망상 때문에 흔들리는 것이라고 생각하고 무엇 하나 이루려 해서는 안 된다. 당장 만사를 제치고 불교의 가르침에 정진할 때, 비로소 아무런 장애도 없이 고통도 없이 마음과 몸이 모두 언제까지나 고요해질 것이다.

우라베ト部 : 고대에 여러 지방의 신사에 소속되어 복점을 보는 직무를 담당했던 신관.

지부쇼유治部少輔 : 율령제 때 시행했던 8성省 중 하나인 지부쇼治部省의 하차관. 지부쇼는 성씨와 혼인, 상속, 장례, 외교 등을 관장했던 관청이다.

구로우도藏人 : 천황의 측근에서 선전과 의식 능 궁중의 내소사를 담당히 는 관청인 구로우도 도 코로蔵人所에서 일했던 사람.

사효에노스케左兵衛佐 : 율령제 때의 관직으로, 천황과 그 측근들을 호위하는 병위부兵衛部에 속했다.

오쿠노 호소미치
(奧の細道)

하이카이俳諧(익살스러운 와카의 한 형식) 기행문. 1694년에 새로 옮겨 쓴 것으로, 작자는 마쓰오 바쇼(1644~1694)이다. 일체의 세속적 명리를 버리고 무쓰陸奥 지방을 시작으로 동냥 행각의 길에 나선 바쇼가 여행길에서 마주친 풍경을 통해 위대한 자연을 느끼고 와카와 관련이 있는 명소를 찾아가 옛 시인들과 시간을 초월해 해후하며 불역유행不易流行(시의 변하지 않는 기본과 그때그때의 새로운 형식) 사상의 기초를 마련했다.

INTRO

마쓰오 바쇼의 본명은 마사후사宗房이다. 이가伊賀 지방의 우에노上野에 있는 도도藤堂 집안의 후계자 도도 요시타다藤堂良忠를 받들었다. 요시타다가 고전학자 기타무라 기긴北村季吟(1624~1705)의 제자였으므로 바쇼도 자연스럽게 기타무라 기긴을 따른 셈이다.

바쇼는 요시타다의 죽음을 계기로 벼슬을 버리고, 교토를 중심으로 유행하던 마쓰나가 데이토쿠松永貞德(1571~1653, 에도 시대 전기의 시인)풍의 하이카이를 배웠다. 그러고 나서 에도로 내려가 단린談林(데이토쿠풍의 하이카이에 반항하던 일파)의 영향을 받았으나, 그 후 자신의 독자적인 시 세계를 개척했다. 한적한 것을 즐기며 고담한 분위기를 사랑한 바쇼의 마음은 자연 속에 드러나는 조용하고 적막한 정취가 되어 그의 시구 속에 나타났으며, 사물의 깊은 뜻과 의미를 끌어내는 부드럽고 섬세한 시정으로 표현되었다.

바쇼의 시상은 여행을 통해 길러지고 다듬어졌다. 『노자라시 기행野ざらし紀行』, 『오이노코분笈の小文』, 『사라시나 기행更科紀行』, 『오쿠노 호소미치』 등은 그의 인생과 문학이 여행을 통해 폭을 넓히고 깊이를 더해 간 과정의 생생한 기록이다.

『오쿠노 호소미치』는 1689년 3월 27일에 제자 소라를 데리고 에도를 떠나 닛코日光, 마쓰시마松島, 히라이즈미平泉, 류샤쿠 사立石寺, 기사가타象潟 등을 돌고 해변을 따라 에치고 길을 거쳐 호쿠리쿠北陸 길을 통해 오가키垣에 이르기까지 6,000리 길을 150일 동안 여행한 기록이다. 바쇼의 자필본은 1743년 이후 소재를 알 수 없다. 다만 가시와기 소류柏木素龍가 정리한 것(니시무라본西村本)과 자필본과 비슷한 소네본曾根本·가키에본柿衛本(가시와기 소류가 정리), 1702년에 목판본으로 간행된 이쓰쓰야본井筒屋本(니시무라본을 베낀 것) 등을 통해 전해지고 있다. 그러나 1998년 오사카에서 원본이 발견되어 이와나미 서점을 통해 영인본으로 출판되기에 이르렀다.

출발

해와 달은 멈추는 일 없이 영원히 운행하는 나그네이며, 왔다가 사라지고 사라졌다가는 다시 오는 해(년年) 또한 나그네이다. 뱃사람이 되어 일생을 배 위에서 보내거나 마부가 되어 재갈을 붙잡고 나이를 먹어 가는 자는 평소의 삶 자체가 나그넷길이다. 한곳에 머물지 않고 떠도는 삶이 자신의 생활인 것이다. 이백李白·두보杜甫·사이교西行·소기宗祇 등과 같이 풍류의 길을 걸었던 사람들 역시 대부분 나그넷길 위에서 숨을 거두었다.

나도 언제부터인가 조각 난 구름이 바람에 떠밀려 가듯 자연의 흐름을 따라 길을 떠나고 싶은 마음이 항상 맴돌아 멀리 땅 끝에 있는 해변을 방황하며 걷다가, 작년 가을에 스미다隅田 강 언저리의 초라한 집으로 돌아와 한동안 엉덩이를 붙이고 있었다. 그러나 해가 바뀌어 다시 봄이 돌아오고 초봄의 아지랑이 낀 하늘을 바라보고 있자니 이번에는 시라카와白川의 관문을 넘어 무쓰 지방(지금의 아오모리青森와 이와테岩手 현 부근)으로 길을 떠나고 싶은 마음에 휩싸였다. 역마살이 끼었는지 내 마음은 미칠 것만 같았고, 도조신道祖神(여행길의 수호신)이 끊임없이 유혹하는 것만 같아 안절부절못할 수밖에 없었다.

바지의 해진 부분을 기우고, 갓끈을 갈아 끼우고, 손발의 세 곳에 뜸을 뜨는 등 길 떠날 채비를 하는데 벌써 마쓰시마松島에 뜨는 달이 눈에 어른거린다. 살고 있던 암자를 남에게 물려주고 스기야마 산푸杉山杉風(1647~1732, 바쇼의 후계자)의 집으로 거처를 옮겼다. 다음은 이 무렵에 읊은 구절이다.

초가집도 사는 사람이 바뀌니 아기 새의 집이로다.

草の戸も住み替る代ぞ雛の家

기념으로 이 구절을 제1구로 한 렌가連歌●를 옛집의 기둥에 걸어 두었다.

나스 들판

나스那須(지금의 도치기栃木 현)의 구로바네黒羽라는 곳에 아는 이가 있어 닛코日光에서 들판을 가로질러 가까운 지름길로 가기로 했다. 멀리 저편에 보이는 마을을 목적지로 삼아 가는 도중 비가 오더니 날도 저물어 버렸다. 하는 수 없이 농부의 집에 들어가 하룻밤 잠을 청하고 다시 날이 밝자 또 들판을 하염없이 걷기 시작했다.

들판에는 방목해서 키우는 말들이 있었다. 풀을 베고 있는 남자가 있어 걷는 고생을 말하며 말을 빌려 달라고 청하자, 들일이나 밭일을 하는 시골 사람이라고는 하지만 인정을 베풀어 주었다.

"그럼, 어쩌지? 지금 내가 안내해 줄 수 있는 것도 아니고. 이 들판 길은 종횡으로 가로질러 있어 이곳을 여행하는 나그네가 길을 잃을까 걱정도 되니, 이 말을 타고 가다 멈추는 곳에서 말을 돌려보내 주시오."

그러면서 말을 빌려 주었다.

빌린 말을 타고 가는데 어린아이 둘이 뒤따라 달려왔다. 한 아이는 귀여운 어린 소녀로 이름은 '가사네'라고 했다. 그다지 들어보지 못한 이름이 우아하다는 생각이 들었는지 바쇼의 제자 소라曽良는 다음의 노래를 읊었다.

가사네라는 이름을 꽃에 비유하자면 겹패랭이꽃일 것이다.

かさねとは八重撫子の名なるべし

말을 달리고 얼마 가지 않아 마을이 나왔으므로 말 삯을 안장에 묶어 말을 돌려보냈다.

길가의 버드나무

사이교^{西行} 법사가 그 아래에 멈춰 서 "길가의 맑은 물, 흐르는 버드나무 그늘을 잠시 빌려 가는 걸음을 멈추네"라고 읊은 것으로 유명한 버드나무는 아시노^{蘆野} 마을에 있었고 지금도 밭두렁에 서 있다. 이 지역의 영주 고호^{戸部} 아무개라는 사람이 이 버드나무는 남에게 자랑할 만하다며 시간 있을 때마다 왔다고 하기에 도대체 어디에 있는 나무인가 보고 싶었는데 오늘 드디어 그 버드나무 그늘 아래 서 보게 되었구나.

> 한참 만에 밭일을 끝내고 한숨 쉬려 버드나무 아래로 들어선다.
> 田一枚植ゑて立ち去る柳かな

시라카와 관문

왠지 불안해 차분하지 못한 마음으로 길을 계속 가다가 겨우 시라카와^{白川} 관문에 이르러 여행에 집중할 수 있었다. 그 옛날 다이라노 가네모리^{平兼盛}가 이 관문까지 와서 너무도 감명받은 나머지 그 감동을 수도에 전하고자 시를 읊었다고 하는데 정말 그럴 만하다는 생각이 들었다.

이 시라카와 관문은 동쪽 지방의 3대 관문 가운데 하나로, 풍류의 길에 일생을 보낸 사람들은 모두 관심을 가지고 시를 읊은 곳이다. 그 옛날 노인^{能因}(988~1050, 헤이안 시대 숭기의 와카 시인)이 읊은 기 을바람 소리와 요리마사^{頼政}가 읊은 단풍을 생각하며 눈앞의 푸른 나뭇잎이 매달린 가지를 올려다보았다. 옛 노래에 나오는 것과 똑같은 흰 댕강목 꽃 곁에 가시나무 꽃이 피어 있어 마치 눈 속을 걷는 것 같았다. 그 옛날 다케다노 다유^{竹田大夫}(후지와라노 구니유키^{藤原國行}의 호)가 이 관문에서 노인의 시에 경의를 표하며 의관을 바르게 하고 지나갔다는 일화는 후지와라노 기요스케^{藤原淸輔}(1104~1177, 헤이안 시대 말기의 와카 시인)의 『후쿠로조시^{袋草紙}』에도 적혀 있는 일이다. 소라의 노래가 전한다.

> 댕강목 꽃 장식을 나들이옷 삼아 관문을 지나간다네.
> 卯の花をかざした關の晴着かな

히라이즈미

후지와라 집안의 3대 영화도 한밤의 꿈처럼 짧아 지금은 모두 폐허로 변해 버렸다. 히라이즈미^{平泉} 저택의 정문 터는 10리 앞에 있다. 후지와라노 히데히라^{藤原秀衡}가 살았던 저택의 터는 지금 들판이 되었으며, 그가 쌓았다는 긴케^{金鶏} 산만이 그 모습 그대로 남아 있다.

우선 미나모토노 요시쓰네^{源義經}의 집이 있던 다카다치^{高館}에 오르자, 눈 아래로 기타카미^{北上} 강이 흐르고 있었다. 이 강은 남부 지방까지 흘러드는 큰 강이다. 고로모^衣 강은 이즈미노 다다히라^{和泉忠衡}가 살았던 이즈미 성을 두르고 이 다카다치 아래서 기타카미 강과 합류한다. 무장 후지와라노 야스히라^{藤原泰衡}가 살았던 옛터는 기누가세키^{衣關} 관문을 사이에 두고 반대편에 있는 것으로 보아 북쪽 관문인 남문을 견고하게 지키면서 북방 민족인 에조^{蝦夷}의 침입을 방어했었나 보다.

한때는 요시쓰네가 선발한 충성스럽고 용감한 부하들이 용맹하게 싸웠을 이 다카다치에 그때 그 사람들의 공명은 그저 한때의 꿈으로 사라져버린 지금, 남은 것이라고는 무성한 여름풀뿐이다.

나라가 무너져도 산천은 그대로이고, 다만 봄이 되어 성내는 초목만 무성하네

國破山河在, 城春草木深.

라는 두보의 시구를 생각하며 삿갓을 풀어 놓고 주저앉아 옛 생각에 눈물을 흘렸다.

여름 초목 우거진 이곳은 옛 병사들의 꿈의 자리로다.

夏草や兵どもが夢の跡

기사카타

지금까지 산과 계곡 그리고 바다와 육지 등 숱한 곳의 뛰어난 경치를 많이 보아 왔는데도 새삼스레 기사카타象潟 때문에 마음이 조급해지고 있다. 사카타酒田 항구에서 동북쪽으로 10리 정도, 어느덧 해가 기울어질 무렵이 되어서야 시오고시汐越라는 곳에 도착했다. 바닷바람에 모래가 날리고, 몽롱하게 내리는 비에 사방이 뿌예져 조카이鳥海 산도 모습을 감추었다. 어둠 속에서 손을 더듬어 물건을 찾듯이 아무것도 보이지 않는 빗속에 아름다운 경치를 상상하고, 또 비 그친 뒤의 경치를 추측하면서 소동파蘇東坡(1036∼1101, 중국 북송 시대의 시인)의 「서호西湖」를 떠올렸다. 그리고는 겨우 엉덩이만 붙일 수 있을 정도로 작은 어부의 집에 들어가 비가 그치기를 기다렸다.

다음 날 하늘이 맑게 개고 아침 해가 밝아 올 무렵에 기사가타를 향해 배를 띄웠다. 우선 노인 법사가 살았던 섬에 배를 대고 법사가 3년간 은거 생활을 했던 곳을 찾아갔다. 그런 다음 반대쪽 해안에 배를 대고 육지에 오르자 그곳에는 사이교 법사가 "기사카타의 벚꽃은 파도에 묻

히고, 꽃 위를 지나가는 해녀의 고깃배"라고 읊은 그 늙은 벚나무가 지금도 옛 모습 그대로 법사를 기리고 있었다. 물가에는 진구神功 황후의 능묘가 있다. 그곳에 있는 절을 간만주 사干滿珠寺라고 한다.

이 절의 방에 앉아 발을 걷어 올리고 바라보니 기사카타의 풍경이 한눈에 들어왔다. 남쪽에는 조카이 산이 하늘을 떠받치듯 솟아 있고, 그 그림자가 후미에 걸쳐 있었다. 서쪽으로는 안개 속에 흐릿하게 보이는 관문이 길을 가로막고 있으며, 동쪽으로는 제방을 쌓은 위로 아키타秋田 지방으로 통하는 길이 이어져 있다. 북쪽 바다의 파도가 후미까지 들어오는 곳을 시오고시汐越라고 한다. 후미는 가로 세로 약 10리로, 그 모습이 마쓰시마松島와 많이 닮았지만 다른 점도 있다. 마쓰시마가 웃고 있는 것처럼 밝다면 기사카타는 우울하게 가라앉은 느낌이다. 좀더 설명하자면 외로움에 슬픔이 더해진 듯한 상심한 미녀를 연상케 하는 곳이다.

기사카타의 비를 맞는 자귀나무 꽃, 마치 비운의 서시西施 같구나.

象潟や雨に西施がねぶの花

에치고 길

사카타酒田 사람들과 나눈 정을 잊지 못해 애석한 기분으로 며칠을 보내다 보니 어느덧 호쿠리쿠北陸 가도 위에 걸려 있는 구름을 향해 걷게 되었다. 앞길이 아직 멀었다는 생각이 들자 가슴이 저려 왔다. 길을 물으니 가가加賀 지방의 가나자와金澤까지는 아직 1,300리나 된다고 한다. 네즈鼠의 관문을 넘으면 에치고 땅이다. 그러면 곧 에추越中의 이치부리市振 관문에 이를 것이다. 이즈음 9일 동안 더위와 비 때문에 기분이 좋지 않더니 끝내는 병이 생겨 여행기를 끄적일 붓조차 들 수 없었다.

칠석날 전날인 6일은 여느 때 밤과 다르오.

文月や六日も常の夜には似ず

거친 바다와 사도佐渡 섬 사이에 은하수 가로놓여 있네.

荒海や佐渡によこたふ天の河

이로 해변

8월 16일, 하늘이 맑게 개었으므로 사이교 법사의 옛 노래에 나오는 모래사장의 작은 조개껍데기를 줍기 위해 이로種 해변으로 배를 서둘렀다. 쓰루가敦賀에서 뱃길로 70리여서 배는 순풍을 안고 눈 깜짝할 사이에 도착했다. 이로 해변에는 어부들의 볼품없는 작은 오두막이 있었고, 그 옆에는 허름한 법화종法華宗 사찰이 있었다. 절에서 차를 얻어 마시고 술로 몸을 녹였다. 주변의 적막한 저녁 풍경은 절로 사람의 마음을 뒤흔들어 놓았다.

스마須磨 해변의 적막함보다 더한 가을 해변이구나.

寂しさや須磨に勝ちたる浜の秋

파도가 밀려간 뒤 조개 껍데기에 섞인 싸리꽃 보이네.

浪の間や小貝にまじる萩の花

NOTES

렌가連歌 : 일본 고유 시가의 한 장르. 한 수의 와카和歌 31자를 5·7·5(상구上句)와 7·7(하구下句)로 나누어 두 사람이 읊는 시가이다. 처음에는 두 사람이 상구와 하구로 나누어 읊었으나 나중에 여럿이 붙어서 읊게 되었다. 100구로 계속되는 햐쿠인(백운百韻)이 기본 형식이지만, 이 밖에 50운·가센歌仙·36구 등의 형식이 있다. 렌가는 여러 사람이 모여서 한 권의 작품을 만드는 공동 제작의 문예이므로 장면의 전개와 변화, 한 권의 통일성이 요구된다. 규칙이 번거롭고 용어의 제약이 심해 에도 시대에 와서는 쇠퇴하고 하이카이가 성행했다.

7장

시가 문학

가론
가집
한시

천황에서 상인까지 모든 계층의 삶을 노래하다

집단의 노래에서 개인의 노래로

일본 원시 시대의 '시가詩歌', 이른바 '노래'는 제사와 우타가키歌垣(남녀가 한데 모여 양편으로 갈라서 노래를 주고받고 춤을 추며 즐겼던 행사), 전투, 노동 등 집단을 '무대'로 연회 등에서 행해지는 가무의 하나였으며, 음악 및 무용과도 분리되지 않은 상태였다. 이는 오키나와沖繩 등지에서 오늘날까지 전해지는 신에게 바치는 노래와 제사의 일부분을 통해 짐작할 수 있다.

사람들 사이에서 그리고 신들과 함께 불렸던 노래는 일찍이 중국 대륙에서 전래된 문자와 결합되면서 그 일부가 문헌에 기록되고 변화했다.

집단의 형태로 이루어졌던 고대의 '가요'는 특정한 역사적 전승과 결부되고 개인 저자에 한정되면서, 집단의 무대에서 자립해 한 수의 노래로서 『고사기』와 『일본서기』에 수록되었다. 이를 '기기記紀 가요'라고 부른다. 신 또는 영웅들의 사적事跡을 상징하는 것이었던 가요는 이제 탄생한 장소에서 벗어나 역사(모노가타리) 속에 삽입된 것이다.

고대 국가의 성립으로 도시가 탄생하고 귀족 문화가 성숙함에 따라 사람들은 차츰 개인의 감정을 '노래'에 담기 시작했다. 8세기 후반에 성립된 『만요슈』전 20권에 수록되어 있는 약 4,500수의 길고 짧은 노래들은 집단 가요가 궁정을 무대로 한 공식적인 의식에 사용되는 노래를 거쳐 개인의 '서정시'로 정착되어 가는 과정을 상세하게 보여 준다.

집단적인 무대를 배경으로 공적인 성격이 짙은 내용을 담은 초기의 만요 시가인 누카타노 오키미額田王 등의 노래, 황실과 관련이 깊은 헌정시에 뛰어나면서도 한편으로는 개인의 서정적 감정을 탁월하게 보여 준 가키노모토노 히토마로柿本人麻呂의 노래, 공적인 노래 속에 자신의 개인적 감회를 드러내 보인 야마베노 아카히토山部赤人, 유교·불교·노장 사상을 다루면서 자신의 사상을 형성하고자 했던 야마노우에노 오쿠라山上憶良의 노래와 한문체 서문, 씨족장인 동시에 고독하며 우수에 젖은 인간으로서 분열된 노래의 분위기를 보여 준 오토모노 야카모치大伴家持(717~785) 등 고대 시와 고대 와카의 가장 큰 보고라고 할 수 있는 『만요슈』는 시와 시심 그리고 시에 대한 고대인들의 자각이 심화되는 과정과 다양한 방법의 모험적 시도 등을 생생하게 증언하고 있다.

위정자를 대변하다 — 국풍 암흑 시대

율령사회로 발전하게 된 고대 국가는 '율'과 '령'이라는 법률 용어와 그 체제를 지탱하는 한자 문자를 통해 운영되었다. 때문에 위정자와 관리들에게 지배 도구인 중국의 문자는 물론 나아가 중국의 언어와 문예를 교양으로 습득하는 일은 필수적인 조건이었다.

『만요슈』로 꽃피운 일본의 '와카'는 한동안 사적인 범위로 한정되면서 개인의 연애와 사교의 도구로 이용되었다. 그러자 이를 대신해 '한문시'가 궁정의 의례를 장식하는 공적인 문예로 적극 사용되기 시작했다. 이른바 '국풍 암흑 시대'의 개막이다.

『회풍조懷風藻』는 『만요슈』와 거의 동시대에 활약한 한문 시인들이 읊었던 시로, 주로 왕의 명령으로 지은 것이거나 연회 때 흥을 돋우기 위해 읊었던 시를 수록한 것이다. 성립 시기는 『만요슈』보다 조금 앞선 8세기 중반 무렵이며, 육조 시대와 당나라 등 중국의 한시에서 많은 영향을 받았다. 헤이안 시대 초기에는 중국의 시문을 즐겼던 사가嵯峨 천황의 칙명으로 『능운집凌雲集』과 『문화수려집文華秀麗集』이 편찬되었고, 이어서 준나淳和 천황 때에는 칙명으로 『경국집經國集』이 편찬되었다. 이 세 권이 바로 '칙찬 3대 시(문)집'이다. '경국집'은 위나라 문제文帝의 "문장은 경국의 대업으로 불후의 성사이다蓋文章經國之大業, 不朽之盛事"라는 말에 근거해 지은 제목으로 당시 율령사회의 이념을 잘 반영하고 있다.

중국을 찬미하고, 한시문의 성행을 반영한 칙찬집 출간의 저변에는 중국 대륙의 시문과 학예를 열심히 익힌 수많은 승려와 학자, 시인들이 있었으며, 그 배경에는 『백씨문집白氏文集』의 전래와 수용이 있었다. 홍법弘法 대사로 널리 알려져 있는 구카이空海(774~835)가 한문으로 쓴 『편조발휘성령집遍照發揮性靈集』과 『문경비부론文鏡秘府論』, 우대신까지 올랐다가 좌천된 스가와라노 미치자네菅原道眞(845~903)가 쓴 『간케문초菅家文草』, 『간케후집菅家後集』 등이 이러한 사정을 잘 말해 준다.

국풍 문화 시대

곧이어 왕조국가 체제 속에서 후지와라 가문의 전제 아래 이른바 셋칸 사회라는 지극히 사적인 정치 형태가 출현했다. 또한 사적인 문자로 '가나'가 성립되었으며, 당시까지 개인적인 세계에 갇혀 있던 '와카'가 다시금 공적인 문예로 소생했다. 이 시대를 '국풍 문화'의 시대라고 일컫는다.

10세기 초반에는 기노 쓰라유키紀貫之를 비롯한 여러 편찬자들에 의해 최초의 칙찬 와카집 『고금와카집古今和歌集』이 탄생했다. 사계절에 대한 노래와 사랑이 주된 주제인 이 와카집은 수도 헤이안쿄^{平安京}의 궁중 미의식과 계절 감각을 집대성한 모범적인 고전으로, 후세의 문예에 절대적인 영향력을 발휘했다.

또한 15세기에 『신속고금와카집^{新續古今和歌集}』속이 편찬되기까지 21집에 이르는 칙찬 와카집을 낳는 원동력이 되었다. 여성 작가들의 활동이 활발했던 헤이안 시대에는 오노노 고마치^{小野小町}와 이세노고^{伊勢御}, 이즈미 시키부^{和泉式部}와 같은 시인들이 등장해 뛰어난 서정시를 남겼다.

가마쿠라 시대 초기에는 후지와라노 데이카^{藤原定家} 등이 『신고금와카집』을 편찬해 고대 와카의 종언과 중세 와카의 태동을 예고했다. 사이교^{西行}의 『산가집^{山家集}』은 가모노 조메이의 『방장기』와 비슷한 은자적 발상에 기초한 노래들이 수록되어 있다. 그러나 와카 자체는 반성기로 접어들어 알맹이는 빠진 채 형식만 남았고, 대신 와카를 전문으로 하는 수많은 와카 전문집과 '와카 논서'가 속출했다. 이 시기에는 비구니 아부쓰니의 『이자요이 일기』와 요시다 겐코의 『도연초』 등 와카 시인들의 일기와 수필이 오히려 더 높이 평가받았다. 불후의 명성을 얻은 후지와라노 데이카의 고전학과 모노가타리 연구에 힘입어 중세의 와카는 '가학^{歌學}'의 시대라고 일컬어지기에 부족함이 없었다.

서민과 무가의 대두로 발전한 렌가

중세의 시는 귀족의 몰락과 더불어 점차 '와카'에서 멀어지다가 서민의 대두와 함께 '렌가^{連歌}'로 옮겨 갔다. 또한 무가 귀족의 성립과 함께 제아미^{世阿彌}(1363~1443, 무로마치 시대 초기의 '노^能'● 대본의 저자)를 중심으로 한 '시극^{詩劇}'으로 전환되어 갔다.

한편 헤이안 시대 말기에는 후지와라노 아키히라^{藤原明衡}에 의해 『본조문수本朝文粹』에 집대성되고, 겐신源信의 『왕생요집往生要集』에서 독자적인 경지를 보인 한시문의 전통은 종교의 시대를 맞이한 가마쿠라와 무로마치 시대의 선림禪林 속에서 송나라·원나라 등 중국 시의 영향을 받은 '고잔五山 문학'으로 소생했다. 이 시기에 주간 엔게쓰中巖圓月와 기도 수신義堂周信, 젯카이 주신絶海中津 등의 선승들이 활약했으나, 끝내 참신한 기운을 잃고 고립되었다.

봉건 이데올로기와 한시

유교와 주자학의 시대라고도 할 수 있는 근세, 곧 에도 시대에 들어 한시문은 봉건 이데올로기와 함께 세력을 되찾았다. 초기에는 후지와라 세이카藤原惺窩 문하에서 하야시 라잔林羅山과 이시카와 조잔石川丈山 등이 배출되었고, 기노시타 준안木下順庵의 문하에서는 아라이 하쿠세키新井白石와 무로 규소室鳩巢, 기온 난카이祇園南海 등이 배출되었다. 그리고 고문사학을 주창한 오규 소라이荻生徂徠의 문하에서는 핫토리 난카쿠服部南郭가 활발한 활동을 펼쳤고, 후기에는 에무라 홋카이江村北海와 라이 산요賴山陽 등이 활동했으나 유교의 몰락과 함께 사라져갔다.

근세의 시는 중세 렌가에서 시작된 '하이카이俳諧'의 세계에서 활로를 찾아 데이몬貞門파와 단린談林파의 시도를 거쳐 마쓰오 바쇼松尾芭蕉에 의해 확립되었다. 하이카이는 서민들의 생활에서 소재를 찾으면서도 시의 세련미를 발휘하기 위해 고심했으며, 이후 많은 사람들이 집단적으로 참여하는 문예로 발전했다.

근세 와카의 세계에는 료칸良寬과 히라가 모토요시平賀元義, 다치바나 아케미橘曙覽와 같이 특이한 개성을 지닌 작가들이 등장했는데, 이 시기에 와카 시인들이 행한 고전 연구가 가모노 마부치賀茂眞淵, 모토오리 노리나가모토^{居宣長} 등에 의해 '국학'으로 심화된 점은 높이 평가되어야 한다.

센류와 교카

에도 시대에는 하이카이에서 파생된 마에쿠즈케^{前句付}(7 ·7조 단구에 5 ·7 ·5조 장구를 붙이는 하이카이의 한 분야)를 가라이 센류^{柄井川柳}가 '센류^{川柳}'(마에쿠즈케에서 독립한 17자로 이루어진 단시)로 유행시켰고, 아케라 간코^{朱樂菅江}와 야도야노 메시모리^{宿屋飯盛} 등이 익살스러운 와카인 '교카^{狂歌}'를 대표했다.

또한 한시를 변형시킨 '교시^{狂詩}'가 쇼쿠산진^{蜀山人}(오타 난보^{大田南畝})과 도먀쿠^{銅脈} 선생(하타케나카 간사이^{富中觀齋}) 등에 의해 시도되었다. 이는 새로운 계급으로 대두되던 서민 계급과 불평을 안고 있던 무사 계층의 비판 정신이 굴절된 표현 속에 풍자적으로 반영된 것이었다.

NOTES

노能 : 노가쿠^{能樂}라고도 한다. 일본의 고전 예능의 하나로, 가면 음악극이다. 탈을 쓰고 '하야시^子'라고 하는 반주 음악에 맞추어 요교쿠를 부르면서 연기한다.

만요슈
(萬葉集)

나라 시대 말기에 편찬된, 일본에서 가장 오래된 와카집이다. 조메이舒明 천황(재위 629~641) 시대부터 나라 시대 말기까지 약 150년 동안 위로 는 천황에서 아래로는 일반 백성에 이르기까지 다양한 사람들의 와카 와 그 이전부터 전승되어 온 약간의 시 등을 포함해 약 4,500수가 수 록되어 있다.

INTRO

『만요슈』는 전 20권으로, 책임 편찬자는 오토모노 야카모치(717~785)였다고 하나 최종 편 찬자는 알려지지 않았다. 유랴쿠雄略 천황과 쇼토쿠 태자가 쓴 것으로 보이는 몇 수의 시를 제외하고는 거의 대부분이 7세기 전반, 곧 조메이 천황 무렵부터 8세기 중엽의 준닌淳仁 천 황에 이르기까지 약 150년 동안 다양한 계층의 사람들이 남긴 시이고, 약 4,500수를 수록 하고 있다.

또 기기記紀 가요의 흐름을 이어받은 초기의 전승 시와 호기우타壽歌(축하의 노래)에서부터 말기의 아름답고 섬세하며 우아한 미의식을 담은 문예 작품에 이르기까지 고대 일본인의 문 예 의식이 성숙되어 가는 과정을 말해 주는 최고의 자료이다. 아울러 서정 문예가 발생했던 시기의 신선한 감동을 오늘날까지 전하는 고전 중의 백미라고도 할 수 있다. 『만요슈』는 오 랫동안 일본 문학사의 주류를 이루어 온 와카의 생명적 근원을 내포하며 후세에도 많은 영 향을 주었다.

내용을 살펴보면 궁중 의식이나 연회석에서 읊었던 시를 비롯해 여행을 주제로 한 시와 연 애시, 장송가 등으로 나눌 수 있다. 형식 면에서는 장가·단가·세도카旋頭歌● 등으로 매우 다 양하다.

권별로 살펴보면 제1~2권은 헤이조平城로 천도할 무렵까지 궁중의 의례 및 행사와 관련된 시(잡가)·연애가(증답가)·장송가를 수록하고 있으며, 제3권은 이에 이어지는 잡가·비유가· 장송가를 수록하고 있다. 제4권은 덴표天平 시대를 중심으로 한 증답가이며, 제5권은 오토모 노 다비토 주변의 시와 야마노우에노 오쿠라의 시이다. 제6권은 덴표 시대의 잡가이고, 제7 권은 덴표 시대를 중심으로 한 저자 불명의 잡가와 비유가, 장송가를 수록하고 있다. 제8권 은 같은 시기를 사계절로 분류한 잡가와 증답가이고, 제9권은 『가키노모토노 히토마로 와카집』, 『다카하시 무시마로高橋蟲麻呂 와카집』 등 앞서 나온 와카집에서 채록한 잡가와 증답가, 장송가이다. 제10권은 덴표 시대 이후 작자 미상의 작품을 중심으로 사계절로 구분한 잡가, 증답가가 실려 있으며, 제11~12권은 작자 미상의 증답왕래가이고, 제13권은 하쿠호白鳳 시대(7세기 후반~8세기 초)를 중심으로 한 작자 미상의 장가, 제14권은 동국 지방의 시, 제15권은 덴표 8년(736)에 신라로 파견된 사절들의 여행가와 함께 나카토미 야카모리中臣宅守와 사노노 지가미의 딸狹野茅上娘子이 주고받은 시가 실려 있다. 제16권은 전래된 시와 덴표 시대의 재미있는 시 등이 실려 있으며, 제17권 이후는 오토모노 야카모치의 시로 된 일지이다. 특히 제20권에는 사키모리防人●의 시가 포함되어 있다.

『만요슈』에 수록되어 있는 와카 시인들로는 초기의 여성 시인 누카타노 오키미와 하쿠호 시대의 궁정 시인 가키노모토노 히토마로와 다케치노 구로히토, 나가노 오키마로, 나라 시대 전기의 시인 야마베노 아카히토와 가사노 가나무라 등의 궁중 시인, 규슈 다자이후太宰府 지역의 오토모노 다비토와 야마노우에노 오쿠라, 전설적인 와카 시인 다카하시 무시마로 등이 있다. 후기 시인으로는 오토모노 사카노우에노이라쓰메大伴坂上郎女와 사노노 지가미의 딸, 오토모노 야카모치 등을 대표로 꼽을 수 있다. 『만요슈』 전 20권은 어느 한 시기에 한꺼번에 완성된 것이 아니다. 그 가운데 제1·2권만이 매우 이른 시기에 단독적으로 정리되었고 그 뒤에 나온 나머지 권들은 몇 차례에 걸쳐 단계적으로 편찬되고 보정된 것이다. 그러나 대부분은 일단 오토모노 야카모치의 손을 거친 것으로 보이며, 현존하는 형태로 완성된 것은 나라 시대 말기나 헤이안 시대 초기로 추정되고 있다.

유랴쿠 천황의 노래

예쁘디예쁜 바구니 들고 손에 익은 호미를 쥐고

언덕 위에서 유채꽃 따는 처녀여, 어느 집 처자며 이름은 무엇인가.

하늘 아래 야마토 나라는 내가 다스리고 있네

내가 일러 주리 나의 집과 이름을.

籠もよみ籠持ち掘串もよみ掘串持ちこの岳に

菜摘ます子家聞かな告らさぬ そらみつ大和のは

おしなべてわれこそ居れしきなべてわれこそ座せ

われこそは告らめ 家をもなをも

(제1권)

유랴쿠 천황이 들판에서 만난 처녀에게 보낸 구혼의 노래이다. 상대 처녀의 집과 이름을 묻는 것은 구혼할 때의 관습이었다. 처녀가 이름을 밝히지 않고 구혼에 응하지 않자 천황이 먼저 자신의 신분을 밝히고 있다. 익살미가 느껴진다.

쇼토쿠 태자의 노래

집에 있었으면 아내의 팔을 베고 누웠을 것을,

길 떠나 풀섶에서 죽어 있는 저 나그네여, 가엾도다.

家にあらば妹が手まかむ草枕 旅に臥せるこの旅人あはれ

(제3권)

쇼토쿠 태자가 다키타^{龍田} 산에서 길 가다 죽은 사람을 보고 슬퍼하며 지은 노래이다.

조메이 천황의 노래

야마토에는 산도 많지만 그 모습도 아름다운 아마노카구 산,

그곳에 올라 넓은 들판 바라보면, 땅 위에는 연기 피어오르고

바다 위에는 갈매기 날고 있네, 좋은 나라로다. 야마토 나라여.

大和には群山あれどとりよろふ天の香久山登り立ち

國見をすれば國原は煙立ち立つ

海原は鷗立ち立つうましそ國島大和のは

(제1권)

아마노카구차좋久 산에서 구니미國見를 하며 읊은 노래이다. '구니미'란 천황이 다스리는 토지를 찬미하고 축복하면서 발전을 기원하는 의식을 말한다. 야마토 지방에 있는 아마노카구 산에서 바다는 보이지 않으나 육지와 바다를 합쳐 국토 전체를 축원한다는 약속에 따른 것이다.

덴치 천황의 노래

> 저녁 노을로 곱게 물든 궁정 무라사키 벌판.
>
> 금원禁苑을 그렇게 걷노라면 들판지기가 보지 않겠는가.
>
> 그대 소매가 흔들리는 것을.
>
> あかねさす紫野行き標野行き野守は見ずや君が袖振る

(제1권)

이 노래는 덴치 천황이 오미近江의 가모蒲生 들판에 나가 약초를 캐고 사냥을 할 때, 누카타노 오키미가 천황의 동생 오시아마大海人 황자에게 헌상한 노래이다. 천황의 동생은 누카타노 오키미의 전 남편이며, 소매를 흔드는 행동은 구애의 표시이다. 들판지기는 오키미의 현재 남편인 덴치 천황을 비유한 표현으로 보인다.

천황 동생의 답가

> 지초 꽃처럼 향기롭고 아름다운 그대를 원망한다면,
>
> 남편까지 있는 그대가 그토록 사랑스럽겠소.
>
> 紫草のにほへる妹を憎くあらば人妻ゆゑにわれ戀ひめやも

(제1권)

남편이 있는 그대를 원망하지 않으므로 이렇게 사랑에 애달파하고 있다는 의미이다. 앞의 2수는 구스리가리가 끝난 뒤에 열린 연회에서 읊었던 것으로 추측된다.

다케치노 구로히토高市黒人의 여행 노래

나그넷길을 떠나도 그리움은 여전하고,
산 아래로 붉은 배 먼 바다로 노저어 가는 모습이 보이네.
旅にしてもの戀しきに　山下の赤のそは船沖へ漕ぐ見ゆ

(제3권)

오늘 머물 곳은 어드메뇨. 다카시마高島의 가치노勝野 들판에 해가 저무는구나.
何にかわれは宿らむ　高島の勝野の原にこの日暮れなば

(제3권)

나가노 오키마로長意吉麿의 노래

솥에 물을 끓여라 하인들이여.
이치이즈櫟津의 노송나무 다리를 건너는 여우에게 끼얹어라.
子に湯沸かせ子ども櫟津の檜橋より來む狐に浴むさむ

(제16권)

연회 도중에 여우 소리가 들려왔다. 그러자 그곳에 모여 있던 사람들이 나가노 오키마로에게 연회 자리에 보이는 도구와 여우의 울음소리, 강, 다리 등의 단어를 넣어 노래를 지어 보라고 청했다. 이것은 그렇게 지은 즉흥시이다. 아래의 노래도 연회석에서 부른 듯하다.

눈이 하나, 둘이 전부가 아니다. 다섯 여섯 그리고 셋도 넷도 있구나, 주사위 눈금이여.

一二の目のみにあらず伍六三四さへあり雙六の釆

(제6권)

야마노우에노 오쿠라山上憶良가 아들들을 생각하며 부른 노래

석가모니 부처님께서 설법하셨도다. 널리 중생을 생각하는 마음은 내 아들 라후라羅睺羅와 같다고. 또 말씀하셨노라. 사랑 중에 자식 사랑보다 더한 것은 없다고.

지극하신 대성인께서도 자식을 생각하는 마음이 이러할진대 하물며 속세의 대중 가운데 어느 누가 자식을 사랑하지 않겠는가.

참외를 먹으면 아이들 생각이 나고, 밤을 집으면 더욱 그리워지네.

도대체 자식은 어디에서 온 것일까?

항상 눈앞에 어른거리며 이토록 나를 잠 못 이루게 하니.

瓜食めば 子ども思ほゆ 栗食めば まして偲はゆ 何処より 來たりしものそ 眼交いにもとな懸りて 安眠し寝さぬ

답가

금은보화도 자식이라는 보물에는 못 미친다.

銀も金も玉も何せむに勝れる寶子に及めやも

(제5권)

야마노우에노 오쿠라가 큰 병에 걸렸을 때 읊은 노래

사내로 태어나 이렇게 헛되이 끝나 버려서야 되겠는가.

후세까지 영원히 기억되는 이름도 남기지 못하고.

士やも空しかるべき万代に語り継ぐべき名は立てずして

(제6권)

오토모노 다비토^{大伴旅人}가 술을 찬미한 노래

보람 없는 일 따월랑 괘념치 말고,

그저 한 잔의 탁주나 들이켜야 할 듯하네.

験なきものを思はずは一杯の濁れる酒を飲むべくあるらし

(제3권)

아, 추하도다. 똑똑한 척하며 술을 마다하는 사람을 들여다보면,

진정 원숭이를 닮은 듯하구나.

あな醜く賢しらをすと酒飲まぬ人をよく見れば猿にかも似る

(제3권)

야마베노 아카히토^{山部赤人}의 여행 노래

가마우시 날고 있는 아베^{阿倍} 섬 헤안가에

한시도 쉬지 않고 파도가 밀려드는 것처럼,

요즘은 끊임없이 고향 야마토가 생각나네.

阿倍の島鵜の住むに寄する波間なくこのごろ大和し思ほゆ

(제3권)

썰물이 물러가면 해초를 주워야지.

집 지키는 아내가 바닷가 선물을 바란다면

이것 말고 무엇을 보여 주리.

潮干なば玉藻刈り藏め家の妹が浜づと乞はば何を示さむ

(제3권)

사키모리防人의 노래

옷자락을 붙들고 눈물 흘리는 아이들을 뿌리치고 왔도다.

그 아이들에게는 어미도 없는데.

韓衣裾に取りつき泣く子らを置きてそ來ぬや母なしにして

(제20권)

사키모리는 규슈 지방의 북쪽 해변을 경비하기 위해 멀리 간토 지방에서 징발된 병사들이었다.

풀섶에 잠드는 여행길에 웅크리고 자다가 끈이 떨어지거든

당신 손으로 직접 다세요, 이 바늘로.

草枕旅の丸寢の紐絶えば吳が手と付けろこれの針持し

(제20권)

남편을 사키모리로 보낸 아낙의 노래

사키모리 가는 사람은 누구지요 하고 남편에게 묻는 여인을 보니,

내 남편 생각에 부럽기 그지없네.

防人に行くは誰が夫と問ふ人を見るが羨しさ物思ひもせず

(제20권)

회풍조
(懷風藻)

나라 시대 말기에 편찬된, 일본에서 가장 오래된 한시집으로, 편찬자는 미상이다. 지은이는 덴치 천황의 아들 오토모大友 황자를 비롯해 오쓰大 津 황자, 몬무文武 천황, 나가야長屋 왕 등 대부분 상류 사회에 속한 지식 인으로 추측된다. 오미近江와 나라奈良 조정의 문인 64명이 읊은 약 120 수의 한시와 9명의 저자가 지은 전기가 수록되어 있다.

INTRO

덴표쇼호天平勝寶 3년(751) 1월에 편찬된, 일본에서 가장 오래된 한시집이다. 서문에 이름이 나 오지 않아 정확한 편찬자는 알 수 없지만, 오우미노 미후네淡海三船나 구즈이노 히로나리葛井 廣成, 이소노가미노 야카쓰구石上宅嗣 등 여러 설이 있다. 제목에 대한 유래도 서문에 있는데 그에 따르면, 옛사람들의 시풍을 흠모해 그것을 집록하고자 한다는 의도에서 만들어졌으므 로 "옛 시풍을 그리워한다"라는 의미로 '회풍조'라고 붙였다고 한다. '藻(조)'는 한문 문집을 의미한다.

집록된 시는 서문에 64명, 120편이라고 기록되어 있으나, 현존본은 권말의 '샤쿠도유釋道融 5 수' 가운데 4수가 빠져 있다. 더욱이 일부 현존본에는 한참 나중의 작품으로 생각되는 작자 미상의 시 3수가 포함되어 있다. 빠져 있는 샤쿠도유의 4수를 포함하면 서문에서 말하는 120수가 되므로 원본 그대로 전해 온 것임을 알 수 있다. 오토모 황자와 가와시마河島 황자, 오쓰 황자, 샤쿠치조釋智藏, 가도노葛野 왕 등 첫 부분의 5명 이외에 샤쿠벤쇼釋弁正와 샤쿠도 지釋道慈, 샤쿠도유, 이소노가미노 오토마로石上乙麻呂의 4명을 포함한 총 9명에 대한 평전이 남아 있다. 원래는 수록 작가 모두에게 평전이 달려 있었던 것으로 여겨진다.

작품은 오미 조정 때부터 나라 조정에 이르는 왕족과 관리, 승려 등의 것으로, 귀화한 귀족 출신자의 작품이 많으며, 특히 나라 시대 초기에 나가야 왕 주변에서 활동한 문인들의 작품 이 많다. 왕이 주재하는 연회에 참석해 문인들이 서로 재능을 겨루었던 점 등이 흥미롭다.

형식을 보면 5언시가 압도적으로 많으며 8구로 된 시도 많이 있는데, 그중에는 서문이 함께 수록된 것도 있다. 대개 『문선文選』, 『옥대신영玉臺新詠』, 『예문유취藝文類聚』 등에 보이는 육조 시대의 한시와 왕발王勃·낙빈왕駱賓王 등 당나라 초기 시인들의 시를 모방하거나 그들의 영향 을 강하게 받았다. 5언시가 많으며, 한시로서는 아직 미숙한 영역을 벗어나지 못했다.

주제 면에서 보면, 연회 때 지은 시와 칙명을 받아 지은 시 등이 많아 『만요슈』의 「잡가」와 성격이 매우 비슷하다. 오쓰 황자와 오토모노 다비토 등 『만요슈』에 시가를 남긴 와카 시인의 시도 여러 편 수록되어 있다. 비록 모방의 영역을 벗어나지는 못했지만 중국 시의 영향 아래 이 정도 수준의 한시 제작이 가능했다는 사실은 당시의 와카 문학을 발전시키는 배경이 되기도 했다. 그뿐만 아니라 헤이안 시대 초기의 시 문학으로 이어지는 계기가 되고 있다는 점에서 의의가 있다.

서문

옛날 선인들의 말씀을 듣고 고전 서적을 살펴본 바, 천손이 강림하고 가시와라橿原에 나라를 세웠던 태고 때에는 문자가 없었지만, 진구神功 황후의 삼한三韓 정벌과 오진應神 천황의 즉위에 즈음하여 백제에서 사신이 오고 고구려가 표를 상신해 일본에 문자가 전해졌다. 백제의 학자 왕인王仁과 왕진이王辰爾 등은 사람들에게 공자의 가르침을 알려 주었다. 쇼토쿠 태자는 관위를 구분하고 예절을 정했으며, 불교를 높이 받들고 책을 편찬했다.

덴치 천황의 시대에 이르러 비로소 왕업이 널리 펼쳐지고, 왕화의 결실이 맺어졌으며, 문예가 활발해졌다. 놀이와 연회에서는 군신이 함께 문아文雅를 겨루었는데, 이렇게 만들어진 시문이 100편이 넘었다. 그러나 이는 '진신壬申의 난'(672) 때 모두 재가 되어 버렸다. 그 후 오쓰 황자와 몬무 천황, 오미와노 다케치마로大神高市麻呂, 후지와라노 후히토藤原不比等 등이 차례로 역작을 남겼다.

나는 천한 관직에 머물고 있는 몸이지만 옛날 선인들의 풍아한 모습을 그리워하며 그들이 흩어지는 것을 걱정한 나머지 여가를 내어 여기에 오미 시대부터 나라 시대에 이르는 시 120편을 모아 한 권의 책으로 꾸몄다. 지은이는 64명으로, 각각의 성명과 관위를 머리에 기록했다. 내가 이를 찬술한 참뜻은 선인의 유풍遺風을 잊지 않고자 함이니, 책 이름을 '회풍懷風'이라고 지었다. 시기는 덴표쇼호 3년(751) 11월이다.

연회에 따르다(5언시, 1절, 오토모 황자)

천황의 위세는 해와 달처럼 빛나고, 덕은 천지와 같이 광대하도다.

하늘과 땅, 사람 모두가 태평성대하고, 만국이 신하의 의리를 보인다.

황명광일월 제덕재천지皇明光日月 帝德載天地

삼재병태창 만국표신의三才竝泰昌 萬國表臣義

　황자가 부왕인 덴치 천황의 연회에 참석해 천황을 찬미한 시이다. 오쓰 황자는 덴무 천황의 넷째 아들로, 용모가 단정하고 도량이 넓었다. 어려서부터 학문을 즐겨 박람강기博覽强記했으며, 커서는 무예를 사랑해 특히 검술이 뛰어났다. 성격은 자유분방해 규범에 얽매이지 않았으며, 고귀한 신분을 스스로 낮추어 사람들과 잘 사귀었으므로 따르는 자들이 많았다.

　신라의 승려 행심行心이 그의 얼굴을 보고 모반을 권한 뒤 마침내 마음이 흔들려 천황이 죽은 직후 이복형제인 구사카베草壁 황태자에게 반란을 일으켰다. 애석하게도 좋은 재능을 가졌으면서 악인에게 물들어 충효의 길을 등지고 목숨을 재촉하고 만 것이다(황자는 바로 사형에 처해졌다). 그때 그의 나이 24세였다. 옛사람들이 사람과의 교제에 신중을 기해야 한다고 한 것은 실로 그 까닭 때문이다. 아래의 시는 오쓰 황자가 포부를 적은 것이다.

포부를 적다(7언시, 1수)

하늘을 종이로 삼고 바람을 붓으로 삼아 구름과 학을 그린다.

베틀 같은 산과 북 같은 서리가 단풍 같은 비단을 짠다.

천지풍필화운학天紙風筆畵雲鶴

산기상저직엽면山機霜杼織葉錦

후세 사람이 단 연구

주작이 글을 입에 물고 나타나는 일은 여태껏 보지 못했는데

잠룡이 세상에 쓰일 때를 기다리지 않아 아직 편히 잠들지 못하였구나.

적작함서시불지赤雀含書時不至

잠용물용미안침潛龍勿用未安寢

이는 후세 사람이 황자의 시구에 첨가한 구로, 황자의 반역을 애석하
게 여긴 내용이다.

임종(5언시, 1절)

지는 해 서쪽 집을 비추고 저녁을 일리는 북소리 운명을 재촉하네.

황천길에는 배웅하는 이 없고 나는 홀로 집을 떠나 길을 벗어나네.

금오임서사 고성최단명金烏臨西舍　鼓聲催短命

천로무빈주 차석이가향泉路無賓主　此夕離家向

오쓰 황자가 죽음을 맞이해 세상을 떠나며 지은 시이다.

칠석(5언시, 1수, 야마다노 후히토미카타山田史三方)

은하수의 별들은 차갑고 은하의 월계수에 가을빛 도네.

아름다운 모습에 구름 같은 머리카락 흩날리며 수레를 타고

넓은 은하수를 건너네.

단정한 옷에 달린 구슬은 소리를 내고, 영롱한 빛은 배를 비추네.

슬퍼지는 것은 내일 밤이니, 누가 이별의 시름을 달래 주나.

금한성유냉 은하월계추金漢星楡冷　銀河月桂秋

령자이운발 선가도황류靈姿理雲髮　仙駕度潢流

요조명의옥 령롱영채단窈窕鳴衣玉　玲瓏映彩丹

소비명월야 수위별이우所悲明月夜　誰慰別離憂

집에 신라의 손님을 맞이하다(5언시, 1수, 나가야 왕)

높은 하늘에는 멀리 저녁노을 퍼져 있고

저편 산봉우리에는 저녁 안개 걸려 있네.

금란金蘭과 같은 교제는 있어도

풍류 넘치는 달밤의 연회에 피곤함은 없네.

계수나무 향 넘치는 산에는 석양 그림자 드리우고

국화 핀 연못가에 낮게 드리운 저녁 안개 선명하네.

푸른 파도에 갈라져 있다는 말은 마시게.

오래도록 성대한 시나 지어 보세.

고민개원조 요령애부연高旻開遠照 遙嶺靄浮煙

유애금난상 무피풍월연有愛金蘭賞 無疲風月筵

계산여경하 국포락하선桂山餘景下 菊浦落霞鮮

모위창파격 장위장사연莫謂滄波隔 長爲壯思延

　나가야 왕이 사호佐保에 있는 자신의 집에서 신라의 손님을 위해 연회를 베풀었을 때 지은 시이다.

고금와카집
(古今和歌集)

헤이안 시대 전기에 편찬된 일본 최초의 칙찬 와카집으로, 편찬자는 기노 쓰라유키, 기노 도모노리紀友則 등이다. 905년에 천황에게 헌상되었다고 한다. 전 20권으로, 약 1,100수의 와카가 수록되어 있다. 기노 쓰라유키가 가나 문자로 쓴 서문과, 기노 요시모치가 한문으로 쓴 마나眞名 서문이 있다.

INTRO

『만요슈』이래 헤이안 시대 초기의 와카를 춘春(상·하)·하夏·추秋(상·하)·동冬·하가(축하)·이별離別·기려羈旅·물명物名·연愁(1〜5)·애상哀傷·잡雜(상·하)·잡체雜體(단가短歌·세도카旋頭歌·하이카이우타誹諧歌)·다이카쇼고우타大歌所御歌(가구라우타神樂歌·아즈마우타東歌)로 분류해 수록했다.

전체가 정연한 분류 방식으로 편집되었다는 점과 각 분류의 내적 구조가 유기적으로 연결되어 있다는 점이 특징이다. 이러한 분류는 편찬자의 문학적 사고에 따라 애초부터 의식적으로 이루어졌다는 사실이 가나 서문에 밝혀져 있다.

"야마토우타는 사람들의 마음을 씨앗으로 삼아 거기에 수만 가지 말을 곁들인 것이다"라고 한 가나 서문의 유명한 글귀는 중국의 시론에 따른 것이기는 하지만 동시에 그것을 일본적 발상에 따른 표현으로 서술한 문학 선언이기도 하다. 와카는 사람의 '마음'을 씨앗으로 삼아 뿌린 것이 식물처럼 성장해 '말'이 된 것이다. 따라서 감동이 있는 곳이면 어느 곳이든 노래가 있으며, 모든 생물은 노래를 읊는다. 죽은 사람의 영혼을 감동시키고, 남녀의 사랑을 맺어 주고, 용감하고 영웅적인 무사의 마음을 위로하는 것이 노래이다.

가나 서문은 이어서 하늘 노래의 시작은 시타테루히메下照姬●, 땅 노래의 시작은 스사노오노미코토素盞嗚尊라고 정의하며 스사노오에서 31글자의 단가가 시작되었다고 보았다. 더욱이 왕인이 읊은 「나니와즈難波津의 노래」와 「아사카야마安積山의 말」을 노래의 원형으로 간주하고 '노래의 형태'를 6가지로 나누었다. 「소에우타」는 우화(알레고리), 「가조에우타」는 사물의 이름을 나열해 가는 수법의 노래이며, 「다토에우타」는 대상에 견주어 읊는 은유(메타포)이다. 그리고 「다다코토우타」는 직설, 「이와이우타」는 축수가祝壽歌이다. 이는 중국의 시론에 나오는 육의六義인 풍風·부賦·비比·흥興·아雅·송頌에 대응이 되지만 제법 일본적으로 변형되었다.

기노 쓰라유키가 활동했던 시대의 와카는 '이로고노미色好'(애정의 정서를 음미하며 세련된 정취를 선호하는 것)에 빠져 사적인 성격이 강했다. 한시문이 문학의 정통으로 자리 잡고 있던 시대에 『만요슈』를 최초의 칙찬집으로 간주함으로써(사실로 인정된 것은 아니다) 기노 쓰라유키는 와카를 다시금 공적인 문학의 지위로 부활시키고자 했던 것이다. 『고금와카집』은 헤이제이平城 천황에서 다이고醍醐 천황까지 약 100년에 걸쳐 이미 사라진 가키노모토노 히토마로와 야마베노 아카히토의 전통을 되살려 와카를 소생시키고자 했다.

『고금와카집』의 노래는 『만요슈』의 5·7조에서 7·5·7조로 매우 부드럽게 변했으며, 3구 끊기(5·7·5·7·7의 31자의 정형을 5·7·5/7·7로 끊어 읊는 법)가 많아졌다. 또한 연상되는 말과 앞의 말을 이어받는 말을 많이 사용하는 언어 유희와 같은 지적인 발상을 담은 노래도 많아졌다. 이러한 관념성은 메이지 시대의 가인 마사오카 시키正岡子規●(1867~1902)에 의해 『만요슈』의 직접 서술과 대상적으로 간주되어 부정되기도 했다. 그러나 마사오카의 지적에도 불구하고 재평가할 점은 여전히 많다.

좋든 싫든 『고금와카집』의 노래 형식은 이후 와카의 세계에서 정통으로 간주되었고 일본 문학에서 미의식의 규범이 되었다.

『후찬와카집後撰和歌集』, 『습유와카집拾遺和歌集』 등으로 이어진 칙찬집의 전통 역시 이 『고금와카집』에서 비롯된 것임은 말할 것도 없다. 『겐지 모노가타리』에 사용되고 있는 언어의 지평을 개척한 것도 『고금와카집』의 문학사적 의미라 할 수 있다.

육가선

『고금와카집』의 편찬자들에 앞서 육가선六歌仙이라고 불린 가인들이 있었다. 기노 쓰라유키가 가나 문자로 쓴 서문에 보면 이 와카 가인들의실명을 거론하고 각 가인의 특징을 정확하게 파악해 비평한 대목이 있는데 그것이 문학사에 남아 6가선이라 불리게 되었다. 6가선은 아리와라노 나리히라在原業平·승정 헨조遍昭·기센喜撰 법사·오토모 구로누시大友黒主·분야노 야스히데文屋康秀·오노노 고마치小野小町이다. 이를 살펴보자.

먼저 승정 헨조의 시가를 보겠다. 그는 시가의 본체는 잘 파악하고 있으나 진실성이 부족하다. 마치 그림에 그려진 미녀에게 연정을 품은듯 하다.

연둣빛 실을 꼬아 이슬빛 백옥에 펜 듯한 봄버들이여.

淺みどりよりかけて白露を玉にもぬける春の柳か

이러한 와카가 좋든 싫든 그의 대표작이다. 새싹을 틔운 봄날의 버드나무가 옅은 녹색 실을 꼰 것처럼 보이고, 거기에 내려앉은 이슬이 실에 펜 수정 구슬과 같다고 하는 비유적 발상의 이미지가 화려하고 아름답다.

한편 아리와라노 나리히라는 지나치게 감정에 치우쳐 언어 표현이 부족하다. 시들어 버린 꽃잎은 윤기를 잃었으나 약간의 향기는 남아 있는 것 같다.

달이 없구나, 봄도 옛 봄이 아니구나. 나 혼자만 그대로구나.

月やあらぬ春や昔の春ならぬわが身ひとつはもとの身にして

이 노래는 실연당한 남자가 과거에 사랑했던 여인과 밀회를 나누던 집에서 읊은 것이다. 나리히라의 노래는 31개의 글자 속에 모두 담을 수 없는 감정을 반어 기법으로 굴절시켜 표현하고 있어 마치 수수께끼를 푸는 것 같지만 공허하지는 않다.

세상에 벚꽃이 없었다면 봄의 마음은 이토록 설레지 않았을 것이다.

世の中に絶えて桜のなかりせば春の心はのどけからまし

만개한 벚꽃을 보면서 '세상에 벚꽃이 없었다면'이라는 문장으로 표현했다. 실제와 전혀 다른 가상에 의존하는 기발한 발상이 아름답기 그지없는 벚꽃에 대한 찬사가 되고 있다.

분야노 야스히데는 언어 구사력이 뛰어나지만 아직 몸에 배지 않았다. 천한 상인이 신분이 높은 귀인의 옷을 입고 치장한 것과 같다.

> 불기만 하면 사방의 초목을 시들게 만드는 산바람을 폭풍이라 부르노라.
> 吹くからによもの草木のしをるればむべ山風を嵐といふらむ

'山(산)'+'風(바람)'→'嵐(폭풍)'이라는 한자 놀이의 발상이 매우 재미있다. 기센 법사는 언어 표현은 그윽하지만 시작과 끝이 불분명하다. 가을밤에 넋을 잃은 새 달을 구름이 가려 버린 것 같다.

> 내 암자는 수도의 동남쪽에 있고 내가 여기에 살고 있으니 사람들은 이곳을 세상을 근심하는 사람들이 사는 우지 산이라고들 말하네.
> わが庵は都のたつみ鹿ぞ住む世をうぢ山と人はいふなり

'우지宇治'라는 지명을 근심이라는 뜻의 낱말 '우시憂し'에 비유했다.

오노노 고마치는 『일본서기日本書紀』에 등장하는 고대 시대의 인교允恭 천황비 소토오리히메衣通姫(밝고 아름다운 피부가 옷을 통해 환하게 비쳤다는 의미의 이름)의 피를 이어받고 있다. 가슴을 적시는 노래이지만 강하지는 않다.

> 사랑하는 남자를 생각하면서 잠이 들어 꿈속에 보인 것일까. 꿈인 줄 알았다면 눈을 뜨지 않았을 것을.
> 思ひつつ寝ればや人の見えつらむ夢としりせばさめざらましを

이 같은 공상에 잠겨 말하는 저자는 전설에 감싸인 연애 시인이다.

오토모 구로누시大伴黒主의 시는 어딘가 세련되지 못하고 시골티가 난다. 땔나무를 진 나무꾼이 아름다운 꽃나무 그늘에서 쉬고 있는 것 같다.

생각나서 그리울 때는 기러기처럼 울지만 아무도 몰라주네.

思い出でて戀しき時は初雁の鳴きて渡ると人は知らずや

편찬자들

기노 쓰라유키는 편찬자 가운데 중심적인 인물로, 이 책에 수록된 와카의 수도 가장 많다.

작년 여름 소매 끝을 적시며 손에 뜬 물 올겨울에는 얼어 버렸다. 봄이 된 지금 바람이 녹일 것이다.

袖ひぢてむすびし水のこほれるを春立つけふの風やとらむ

1년 사이에 일어난 일을 한 수의 노래 속에 읊은 솜씨가 대단히 뛰어나다. 관념적인 비전을 언어의 소우주로 만들어 냈다.

이른 봄날의 달밤, 동풍이 불어와 얼음을 녹이네

孟春之月東風解氷 (『예기』, 월령月令)

위의 노래는 중국적 발상에 근거하면서도 일본어가 아니라면 표현할 수 없는 형태로 자연 속의 시간을 형상화한 것이다.

사람의 마음은 변하기에 헤아리기 어렵지만, 매화꽃은 옛 모습 그대로 피어
향기를 전한다.

人はいさ心も知らずふるさとは花ぞ昔の香ににほひける

사랑의 노래처럼 보이지만, 하세^{長谷} 절로 가는 도중에 머물렀던 객사
의 주인에 대한 노래라고 한다.

햇볕 따사로운 봄날인데 벚꽃은 왜 이리 서둘러 지고 마는가.

久方の光のどけき春の日に静心なく花の散るらむ

위의 와카는 기노 도모노리의 시이다. 화려하게 벚꽃이 피었다가 곧
지고 마는 슬픈 모습이 일본인의 마음을 상징하게 된 것도 『고금와카집』
에서 비롯된 미의식이라고 할 수 있다.

벚꽃을 보고 구름 속의 달을 바라보며 초목 속에 깃든 영을 생각하고
눈물을 흘린다. 수도에서 생활하던 귀족들이 문학 속에서 자연을 재발
견한 것이 바로 『고금와카집』의 노래이다.

짐작만으로 꺾으려 한다면 꺾을 수 있으리. 첫서리에 뒤섞인 흰 국화일지
언정.

心あてに折らばや折らむ初霜の置きまどはせる白菊の花

오시코치노 미쓰네^{凡河內躬恒}의 시이다. 첫서리가 땅에 하얗게 내려 흰
국화꽃과 구별할 수 없었기 때문에 짐작만으로 꺾은 것일까. 유머러스한
발상이 '희다'는 눈부신 이미지와 조화를 이루며 마음에 울린다.

사계절의 연쇄

들판 가까이 집을 지으니 휘파람새 울음소리 아침마다 들리네.
野邊ちかく家ゐしせれば鶯の鳴くなる聲は朝な朝なきく

이 노래는 지은이를 알 수 없어 '읊은 사람 모름' 노래라고 한다. 읊은 사람 모름 노래 가운데는 기교적으로 꽤 신선한 것들도 포함되어 있는데, 이 노래는 그중 소박한 축에 드는 것으로 민요의 분위기가 풍기는 봄 노래이다.

보는 이 없는 산골의 벚꽃이여, 다른 꽃들이 지고 난 뒤에 피면 좋으련만.
見る人もなき山里のさくら花ほかの散りなむ後ぞさかまし

여성 와카 가인 이세伊勢의 노래이다. 고토바가키詞書에는 "데이지노인亭子院에서 우타아와세歌合 놀이를 할 때 읊었다"고 되어 있다. '우타아와세'는 좌우로 편을 갈라 시의 실력을 겨루는 연회로 『고금와카집』의 모태라고 할 수 있다. 이 노래는 제1권의 맨 마지막에 있으며, 제2권의 처음에 수록되어 있는 읊은 사람 모름 노래인 다음의 노래와 이어진다.

봄 안개 핀 산속의 벚꽃, 마지막을 고하려는 듯 색이 변해 가네.
春霧たなびく山の桜花うるろはむとや色かはりゆく

여름 노래는 그 수가 적지만, 그중에서도 다음 노래는 널리 알려진 읊은 사람 모름 전승 노래로 『이세 모노가타리』와 『우쓰보 모노가타리』,

『겐지 모노가타리』 등에서 발상의 핵심으로 사용되었다.

오월을 기다리는 귤꽃 향 맡으니 옛사람의 소매 향기가 난다.
伍月まつ花橘の香をかげば昔の人の袖の香ぞする

여름이 끝날 무렵을 읊었다. 그런가 하면 오시코치노 미쓰네는 하늘에 있다는 계절이 지나다니는 통로를 가상했다.

여름이 가고 가을이 오는 하늘의 통로길, 한쪽에서 시원한 바람이 불어오겠지.
夏と秋と行きかふ空の通ひ路は片へ涼しき風や吹くらむ

가을에 대해 읊은 노래로는 후지와라노 도시유키가 지은 입추의 노래가 있다. 계절이 매우 세련되게 이어지면서 분위기가 바뀌어 가는 모습을 보인다.

다가온 가을의 변화 눈에는 보이지 않지만 바람 소리에 놀란다.
秋來ぬと目にはさやかに見えねども風の音にぞおどろかれぬる

다음 작품에서는 가을이 깊어지면서 선명하게 물든 단풍의 세계가 느껴진다.

단풍이 흘러가다 멈춘 하구에는 붉고 깊은 물결이 이네.
もみぢ葉の流れて止まる水門には紅深き波や立つらむ

소세이素性 법사가 읊은 이 노래는 병풍에 그려진 그림을 보고 읊었다고 하여 병풍가라고도 한다. 『고금와카집』 시대에는 와카를 발상하는 재료로서 병풍의 의미가 매우 컸다. 기노 쓰라유키도 병풍을 보고 많은 노래를 읊었다. 이 노래에서는 흐르는 물을 보고 지나는 가을을 미적으로 공상한 시정이 매우 선명히 드러나 있다. 노래를 따라 가을이 깊어 가고 겨울이 온다.

> 겨울이 된 산골은 적적함만 더해지네, 찾아오는 이도 없고 풀들도 시들어 버릴 것을 생각하니.
> 山里は冬ぞさびしさまさりける人めも草も枯れぬと思へば

이 노래는 미나모토노 무네유키源宗于의 노래이다. 중세를 지나면서 이러한 노래가 점차 늘어 갔다.

그 밖의 『고금와카집』 시가들

> 그대여, 작은 자갈이 바위가 되어 이끼가 낄 때까지 천 대,
> 팔천 대 장수하소서.
> わが君は千代に八千代にさざれ石のいはほとなりて苔のむすまで

이 노래는 축하(賀) 부분의 권두에 있는 읊은 사람 모름 노래이다. 친한 사람의 장수를 축하하려는 뜻을 돌이 자란다는 전설과 연결했다.

『고금와카집』은 언어의 유희가 매우 큰 의미를 차지한다. 사물의 이름이라는 뜻의 '모노노나物名'는 노래의 의미와는 별도로 사물의 이름이 시

어 속에 제목으로 감추어져 있다. 예를 들어 기노 쓰라유키가 읊은 다음 노래를 보자.

이제 봄날도 며칠 안 남았으니 휘파람새도 슬픈 듯 생각에 잠겨 있네.
今いくか春しなければ鶯もものは眺めて思ふべらなり

이 노래에는 '휘파람새도'라는 일본어 'うぐいすものは(우구이스모노와)'라는 부분에 자두 꽃을 의미하는 'すもも(스모모)'라는 말이 감추어져 있다. 잡체 부분에 들어 있는 하이카이우타誹諧歌도 『고금와카집』적인 표현의 성립 기반으로서 흥미롭다.

많은 노래가 담겨 있는 사랑(戀) 부분은 첫사랑에서 시작해 점차 깊은 관계를 읊은 노래가 등장하다가 마침내 떠나간 사랑으로 이어진다. 이별 노래에 이르기까지는 다양한 사랑의 양태를 읊은 노래가 단계적으로 배치되어 있다. 이 부분에는 '읊은 사람 모름' 노래나 앞서 인용한 오노노 고마치, 아리와라노 나리히라 등의 뛰어난 작품들이 수록되어 있다.

기노 쓰라유키의 노래는 관념적이다. 이 세상을 하직하는 노래, 곧 사세기辭世歌와 죽어 가는 여인이 뒤에 남긴 남자의 마음을 배려하는 애상가도 있다. 이러한 노래는 노래의 본질을 이루는 것이기는 하지만, 사랑 그 자체의 직접적인 표출은 『고금와카집』적인 것의 기반이었을 뿐, 추구하는 방향은 아니었다.

『고금와카집』의 시작 부분에 자리하면서 공통적인 절대적 울림을 가지고 있는 두 노래를 보자.

희미하게 밝아 오는 아카시의 아침 안개 속에 섬 그림자 속으로 사라져 가는 배를 생각하네.

ほのぼのと明石の浦の朝霧に島がくれ行く舟をしぞ思ふ

이것은 읊은 사람 모름 노래 가운데 하나로 기려가羇旅歌, 곧 여행에 대한 노래이다. 주에 따르면 가키노모토노 히토마로의 노래라고 전한다.

먼 산에 싸라기눈 내리는 듯하네. 이 산의 사철나무 물들고 있네.

深山には霰ふるらし外山なるまさきの葛色づきにけり

이것은 황실과 관련 깊은 신사에서 신을 기리기 위해 바치는 가무곡인 가구라우타神樂歌로, 이 노래에 담긴 고대적 성격은 『고금와카집』의 바탕에 흐르는 정신이며 아울러 『신고금와카집』로 이어지는 사상이다. 헤이안 시대에 이 노래들은 '신묘한 문체(神妙體)'로 최고의 평가를 받았다.

NOTES

타테루히메下照媛 : 일본의 신화에 등장하는 신 오쿠니노미코토大國主命의 딸이자 아메노가와히코天稚彦 신의 부인.

마사오카 시키正岡子規 : 하이쿠 가인. 본명은 쓰네노리常規. 에도 시대의 하이쿠 가인이자 화가인 요사 부손與謝蕪村을 재평가해 자연을 있는 그대로 객관적으로 읊는 하이쿠를 주창하는 등 하이쿠 혁신에 크게 이바지했다.

본조문수
(本朝文粹)

헤이안 시대 후기에 문학 교재용으로 편찬된 모범적인 한시문집으로, 후지와라노 아키히라(989~1066)가 편찬했다. 전 14권으로 사가嵯峨 천황에서 고이치조後一條 천황까지 17대 약 200년에 걸친 한시문 427편이 39가지 편목으로 나누어져 수록되었다. 편찬 당시부터 높이 평가되었으며, 후대의 일본 문학에 미친 영향도 적지 않다.

INTRO

'본조문수'는 일본 한시문의 정수만을 모은 책이라는 의미이다. 책 이름을 이렇게 지은 것은 중국의 북송 시대에 요현姚鉉이 지은『당문수唐文粹』에 대항하고자 한 의도로 추측된다. 그러나 내용과 구성 면에서는 중국 육조 시대 양나라의 소명昭明 태자가 편찬한『문선』의 영향을 크게 받았다.『문선』은 헤이안 시대의 지식인들이 필독서로 삼았던 책이기도 했다. 이 책은『문선』을 그대로 모방한 것이 아니며 독자적인 측면이 상당히 발휘되어 있다. 수록된 작품은 소리 내어 읽기에 적합하도록 화려한 대구對句가 포함된 사륙병려체四六騈儷體의 수려한 문장이 많다.

편찬자는 헤이안 시대 중기를 대표하는 한문학자이자『신사루가쿠기新申樂記』 등을 저술한 후지와라노 아키히라이다. 그가『본조문수』를 언제 편찬했는지는 분명하지 않지만 11세기 중엽에 성립된 것으로 보는 것이 일반적이다.

전체 14권에 427편의 글이 실려 있으며, 다음과 같은 39가지 편목으로 분류되어 있다. 부賦·잡시雜詩·조詔·칙서勅書·칙답勅答·위기位記·칙부勅符·관부官符·의견봉사意見封事·책문策問·대책對策·논주論奏·표表·주장奏狀·서장書狀·서序·사詞·행行·문文·찬讚·논論·명銘·기記·전傳·첩牒·축문祝文·기청문起請文·봉행문奉行文·금제문禁制文·태장怠狀·낙서落書·제문祭文·주원문呪願文·표백表白·발원문發願文·지식문知識文·회문廻文·원문願文·풍송문諷誦文 등이다.

지은이는 헤이안 시대 초기인 고닌弘仁 연간(810~824)의 오노 다카무라小野篁부터 고이치조 천황 시대의 후지와라 나리노부藤原齊信까지 약 200년에 걸쳐 한시 문인 69명의 글을 모았다. 대표적인 인불로는 오에노 마사히라大江匡衡(48편)와 오에노 아사쓰나大江朝綱(44편), 스가와라노 후미토키菅原文時(39편), 기노 하세오紀長谷雄(37편), 스가와라노 미치자네菅原道眞(36편), 미나모토노 시타고源順(37) 등을 꼽을 수 있다. 그러나 대부분의 작품들이 엔기延喜 연간과 덴랴쿠天曆 연간에 집중되어 있어 헤이안 시대 초기에 편찬된 칙찬 한시문집(『능운신집凌雲新

集』, 『문화수려집文華秀麗集』, 『경국집經國集』)에 수록된 작품들과 중복되지 않은 것을 보면 편찬자에게 애초부터 칙찬 3집에 이어 사화집詞華集을 꾸미려는 의도가 있었음을 알 수 있다.

무미우가無尾牛歌(미나모토노 시타고)

내게는 꼬리 없는 소가 있다. 사람들은 꼬리 없는 소라고 놀려 대는데 원래는 이 소에게도 꼬리가 있었다. 어느 날 들에 나갔다가 늑대에게 물려서 잃게 된 것이다. 그런데도 늑대의 먹이가 되지 않고 살아 돌아온 데에는 그만한 이유가 있다. 이 소의 영혼은 커다란 소나무가 변한 것인 듯하다. 몸집이 커서 과일나무 아래를 걸어갈 정도의 작은 소 따위와는 비교할 수 없을 정도이다. 꼬리가 없기는 하지만 좋은 점이 5가지나 된다. 이에 뿔을 두드리며 일일이 소리 내어 그것을 칭찬해보자.

첫째로 어린 풀을 뜯어 먹고 똥을 누어도 꼬리가 없으니 수레 채에 묻히지 않고 일을 볼 수 있다. 두 번째로 다른 집 정원에 들어가 그곳 정원지기의 화를 돋우어도 죽은 소머리에 꼬리를 묶일 염려가 없다. 세 번째로 거친 들판에 떼지어 있는 소 떼 속에 섞여도 소몰이 목동이 먼 곳에서 쉽게 구별해 낼 수 있다. 그리고 네 번째는 이렇다. 옛날에 등 위에 흰 털 한 점이 난 검은 소를 잃어버린 현자가 있었는데, 그 점을 표시로 마침내 소도둑을 붙잡았다고 한다. 내 소에는 꼬리가 없으니 도둑이 훔쳐 가더라도 수소문하면 금방 찾을 수 있다. 일일이 털 색깔을 관청에 알리지 않아도 해결되는 것이다. 꼬리가 짧으면 오래 산다고 하니 꼬리가 없는 소는 분명 더 오래 살 것이다. 그러므로 도둑은 반드시 붙잡혀 옥에 갇힐 것이다.

그리고 다섯 번째로 좋은 점은, 이 집이나 저 집이나 아녀자들은 소가 끄는 수레를 타고 멀리는 산속의 절, 가깝게는 저잣거리까지 나가기를 좋아한다. 저녁이 되어 드디어 돌아오기도 하지만 그렇지 않을 때에는 밤도 새운다. 이럴 때 소는 힘들어 지쳐 버리고 수레바퀴는 부서지며 수레의 주인은 제정신이 아니게 된다. 하지만 내 소는 꼬리가 없다. 그렇기 때문에 아무도 내 소를 빌려 달라고 하지 않는다. 그렇기 때문에 사람들이 모두 비웃어도 나는 개의치 않는다.

꼬리 없는 소야, 꼬리 없는 소야. 내 이야기를 잘 들어 보아라. 나는 지금까지 너를 부려서 논밭을 갈았던 일도 없으며, 여기저기 남에게 고용되어 짐 부리는 일을 시킨 적도 없고, 짐을 옮기게 한들 돈을 받은 적도 없다. 그것은 너를 귀엽게 여기는 마음에서 그런 것이 아니라 집이 하도 가난하다 보니 언제부터인가 모르게 생활의 방책마저 잊어버렸기 때문이다.

나이를 먹고 관에 몸을 두고 있기는 하나 봉록은 가볍기만 하니 심부름하는 아이 한두 명도 우리 집에는 둘 수 없구나. 초목처럼 푸릇푸릇했던 청춘 시절에도 잘 먹여 기름이 흐르는 말을 타고 놀러 다닌 적도 없거니와 백설이 나부끼는 엄동에도 두툼한 털옷을 몸에 걸쳐 본 일이 없다. 지금의 시절이 그러한데 네 등에나 올라타 본들 어찌 내 마음이 밝아지겠느냐.

꼬리 없는 소야, 꼬리 없는 소야. 네가 진정 알겠느냐? 성군이 다스리던 시절에는 돈 많은 부자가 아닌 충신이 등용되었다고 한다. 그래서 나는 아침에 일찍 일어나고 밤에도 잠시 잠깐만 쉴 정도로 열심히 일하고 있는 것이다. 어리석게도 보이는 내 이런 충성과 근직함에 윗분의 눈길이 머물러 하찮게라도 입에 풀칠이나마 할 수 있게 되면 해마다 네가 하는 고생도 반드시 갚을 수 있게 될 것이다. (제1권, 잡시, 노래)

그 밖의 작품

『토구부苑裘賦』 ─ 지은이 미나모토노 가네아키源兼明가 977년에 종2위 좌대신의 지위에서 밀려나 미나모토 집안에서 원래의 친왕 지위로 복위되었을 때 세상을 걱정하고 시절을 통탄하는 심정으로 읊은 노래이다.

나는 관직에서 물러난 뒤 가메야마龜山 산 산기슭에 조용한 거처를 정해 그곳에서 쉬면서 늙기를 바라고 있다. 이제 겨우 초당은 지어졌지만, 집정자에게 허리를 굽히고 모함을 받았다. 군주는 어둡고 몽매하며 신하는 아첨만 할 뿐, 어디 호소할 데가 없으니 이는 운명이고 하늘이 그렇게 했을 따름이다.

이렇게 시작되는 문장에는 격한 감정이 그대로 묻어나 있다. 전체적으로는 『문선』의 「붕조부鵬鳥賦」를 본떠 지은 것이다. 헤이안 시대의 한문학 작품 가운데에서도 가장 뛰어난 글에 속한다. (제1권, 부賦, 유은幽隱)

『의견 12개조』 ─ 미요시 기요유키三善淸行가 914년에 조정에 제출한 실용적인 내용의 글로, 어떻게 하면 국가의 폐해를 없애고 바꿀 수 있는가에 대한 저자의 의견이 실려 있다.

저자는 '실로 수재와 한발旱魃을 없애고 오곡 풍양豐穰을 추구해야 함', '사치를 금할 것을 청함', '대학大學 생도에게 식료품을 더 줄 것을 청함', '여러 지방의 하급 관리들 및 백성들의 소송과 호소에 조정 관리의 파견을 금할 것을 청함' 등 12개 항목에 걸쳐 자신의 의견을 피력했다. '의견봉사意見封事 12개조'라고도 한다. (제2권, 의견봉사)

『지정기池亭記』 ─ 요시시게노 야스타네慶滋保胤의 작품이다. 책의 서두에

"나는 20여 년 동안 동서의 두 수도를 두루 살펴보았는데, 서경은 인가가 점차 줄어들어 거의 폐허에 가깝다"라며 헤이안쿄平安京 서부의 황폐한 모습을 묘사하는 글로 시작해 자신이 연못가 정자에 한거하게 된 연유를 설명했다. 뛰어난 문장으로 잘 알려져 있으며, 가모노 초메이의 『호조기』에 많은 영향을 준 것으로도 유명하다. (제12권, 기記)

『철퇴전鐵槌傳』 — 나타이羅泰의 작품으로 전해지나, 가공인 듯하다. '나羅'는 '마라麻良', 곧 남성의 음경을 뜻하며, '타이泰'는 크다는 의미이다. 이 글은 이색적인 희문으로, 익살스러운 포르노그래피라고 할 만한 작품이다. '철퇴'는 쇠망치로 음경을 상징하는데, 이 철퇴를 의인화해 그 전기를 유머러스하게 묘사했다. 실제 저자가 『본조문수』의 편찬자인 후지와라 아키히라일 거라는 추측도 있다. (제12권, 전傳)

『견이모見ニ毛』 — 미나모토노 후사아키라源英明의 작품이다. '이모ニ毛'란 흰머리가 섞인 머리카락이다. 35세가 되어 처음으로 흰머리를 보게 된 감회를 고조시古調詩로 정리한 작품이다. (제1권, 잡시, 고조古調)

양진비초
(梁塵秘抄)

헤이안 시대 후기에 서민들 사이에서 유행했던 각종 가요를 한데 모은 책이다. 전 20권 가운데 현존하는 것은 약 10분의 1에 지나지 않는다. 유행에 민감했던 고시라카와後白河 법황이 당시 유행하던 가요 가운데 사라질 우려가 있는 것을 기록으로 남기기 위해 '가사집'과 '구전집'을 둘로 나누어 편집한 것을 합하여 '양진비초'라고 이름 지었다.

INTRO

『양진비초』는 인세이기院政期에 편집된 가요의 보고이다. 와카는 두말할 것도 없이 헤이안 시대를 대표하는 노래 형식이다. 궁중이나 귀족들의 연회에서 불린 노래로는 와카와 한시 낭송을 비롯해 가구라神樂, 사이바라催馬樂, 풍속 등이 있었으나, 헤이안 시대 중기에 들어 매우 형식적인 노래 양식으로 바뀐 이후 더 이상 사람들의 마음에 감동과 자극을 주지 못했다.

그에 대한 반동으로 새로운 가무가 탄생했고, 이때 전환기적 시대 상황을 반영하듯 등장한 인물들이 바로 남장한 미인 시라뵤시白拍子(유녀)와 기녀, 기예를 업으로 삼는 하층 승려, 농민, 도박꾼 등이었다. 이들 남녀의 노래는 궁중 귀족 사회에 유입되면서 감상의 대상이 되었다.

고시라카와 법황은 기예와 예능을 광적으로 좋아했는데, 그 정도가 지나쳐 아버지인 도바인鳥羽院이 황위를 이을 후계자를 결정할 때 고시라카와는 놀기를 좋아한다는 이유로 제외되었을 정도였다. 간자키神崎의 유녀와 노래에 맞춰 인형들을 춤추게 하는 구구쓰傀儡 예인에게 붙어 밤낮을 가리지 않고 노래를 연습하다가 3번이나 성대를 다쳤다고 한다.

『양진비초』는 고시라카와 법황 자신이 수록 작품의 선정과 편집에 직접 관여한 책이다. 책 제목은 중국 노나라 우공虞公이 노래를 부르자 그 목소리가 너무도 고와 대들보 위에 얹힌 먼지까지 움직였다는 중국의 고사에서 유래했다. 당시 유행했던 이마요우타今樣歌(현대풍 또는 당대풍 노래로 '요즘의 유행가'라는 의미이다)의 노래 가사를 모은 부분과 와카 이론서를 본떠 유행가의 모든 것을 후세에 전하기 위해 쓰인 『양진비초구전집』을 합쳐 『양진비초』라고 이름 지었다. 고시라카와 법황이 43세 되던 해인 1169년 3월에 전 20권으로 완성되었다.

만일 이 책의 전체 내용이 온전히 오늘날까지 전해졌다면 설화 문학의 걸작으로 꼽히는『곤자쿠 모노가타리집今昔物語集』에 버금갈 만큼 다채로운 내용을 지닌 가요집이 되었을 것이다. 그러나 이미 에도 시대 때부터 『양진비초구전집』은 일부분밖에 전해지지 않았다. 그러다가

1911년에 오랜 세월 동안 이 책의 소재를 조사해온 와다 히데마쓰和田英松 박사가 도쿄의 고서점에서 우연히 제2권을 발견해 학계를 놀라게 했다. 그 후 사사키 노부쓰나佐木信綱 박사가 제1권과 구전집 제1권의 초록을 발견했다. 그러나 이들은 모두 전체 가운데 20분의 3 정도에 지나지 않아 지금까지도 『양진비초』는 신비로운 '환상의 책'으로 불린다.

서민들 삶의 생생한 기록

나를 믿게 하고서 찾아오지 않는 미운 남자여, 뿔이 세 개 달린 귀신이나 되어 버려라. 그래서 사람들에게 미움을 받아라.

서리와 구름 그리고 안개가 내리는 밭에 내려앉은 새가 되어 버려라. 그래서 다리가 차가워지는 아픔을 맛보아라. 차라리 연못의 부초가 되어 버려라. 이쪽 저쪽 흔들거리며 떠돌아다니게.

이 가요는 『양진비초』 제2권의 잡86수 가운데 하나이다. 『양진비초』 보다 약 100년 전에 쓰인 『무라사키 시키부 일기』의 1009년 조목에 있는 내용으로, 중궁(조토몬인上東門院) 쇼시彰子가 후지와라노 미치나가의 저택이 있는 쓰치미카도土御門 전각으로 친정 나들이를 간 날 밤, 때마침 높이 뜬 달빛 아래에서 덴조비토殿上人(어전에 오를 수 있도록 허락된 고급 관료)들이 뱃노래를 즐기고 있었다는 기사가 있다. 이때 젊은이들이 낭송한 한시에 섞여 '연못의 부초'라는 이마요우타의 가사 소리가 들렸다는 기록이 있는데, 그것이 여기에 인용된 내용인지는 알 수 없다. 이마요우타란 '현대풍 또는 당대풍 노래로서 요즘의 유행가' 정도의 의미이다.

여자 나이 한창때란 열네다섯 살에서 기껏해야 스물서넛까지이다. 서른서넛이 되면 벌써 단풍나무 밑동에 붙어 있는 잎과 같다.

사바 세상은 몹시도 원망스럽구나. 출가한 몸으로 거친 말을 몰며 맞바람이 불면 입을 멍하고 벌리고 있는 모습이라니. 머리가 백발로 성성한 남자가 젊은 여자 꽁무니를 쫓아다니고, 비구니가 된 시어머니가 젊은 부부를 질투한다.

뒤의 글은 『마쿠라노소시枕草子』에 나오는 '원망스러운 것, 질투 나는 것'과 같이 여러 상념을 연상시킨다. 『양진비초』에는 이처럼 세상 인심의 기미를 날카롭게 찌르는 신랄한 노래와 함께 당시의 와카 세계에 등장하지 않았던 서민 세계를 노래한 걸작들이 많다.

그대가 늘 쓰고 있던 골풀 모자 떨어져 버렸소, 떨어져 버렸소.
가모賀茂 강 한복판에. 그것을 찾으려는데 날이 벌써 밝아 버렸소.
날이 밝아 버렸소. 슬금슬금 밝아 버린 가을의 긴 밤이여.

5음절과 7음절의 반복을 효과적으로 구사해 실로 사랑스러운 이미지를 만들어 내고 있다. 『양진비초』보다 조금 늦게 편찬된 『신고금와카집』에는 고토바 천황이 사랑해 마지않던 비의 죽음을 애도하며 지은 아래와 같은 와카가 있다.

생각날 때 마침 피어오르는 저녁 연기여, 또 보아 기쁘지만 잊기는 어렵도다.

형식은 고우타小唄와 같으나 사물의 대상을 비유해 교묘하게 노래한 시로, 궁중 와카가 일반 서민들이 읊는 민요의 리듬과 활기를 받아들여 새로운 시풍을 창안해 내고 있음을 알 수 있다. 이마요우타는 7음절과 5음절을 기본으로 하는 4구로 이루어지는데, 이를 '쓰네노 이마요常の今様'라고

한다. 기본적인 분위기는 같으나 4구 외에 호몬노우타^{法文歌}●, 가미우타^{神歌}●, 나가우타^{長歌}●, 고야나기^{古柳}●, 하야우타^{早歌}● 등으로 형식이 다양하다.

당신이라는 사람은 무정한 사람이네요. 내가 부모님이 시키는 대로 헤어지자고 하며 함께 살 수 없다고 한다면 나를 원망하겠지요. 부모님이 떼어 놓으려는 우리 사이이기에 저는 아무리 갈라놓고 떼어 놓으려 해도 결코 당신에게서 떨어지지 않는다고 말하는 거예요.

여자가 읊은 노래이다. 아마도 마음이 떠난 남자가 "그대의 부모가 여러 가지로 성가시게 하니 이제 끝내자"라며 여자의 부모를 핑계로 이별의 말을 했을 것이다. 그러자 여자가 "뭐라고요, 그건 억지잖아요"라고 말을 받아치며 부른 노래이리라. 이 노래의 화자인 여자는 헤이안 시대의 모노가타리 문학에 나오는 여성처럼 오로지 남자가 먼저 찾아와 주기만을 바라는 수동적인 자세를 보이지 않는다. 중세의 서민 여성들은 애정 면에서 남자와 대등했고 매우 활동적이었다. 실로 희비가 교차하는 한 편의 연극을 보는 듯한 노래도 많은데, 이 같은 서민들의 적극적인 생활상은 귀족 문학의 세계에서는 찾아볼 수 없다.

우리 집 딸아이는 이제 열몇 살이 되었겠지. 무녀가 되어 방랑한다고 하네. 그 유명한 스루가단코^{駿河田子} 나루터 근처를 떠돈다던가. 필경 많은 어부들 몰려들겠지. 딸아이가 보내는 점이 잘 맞는다고 떠벌리면서 이런저런 말을 건네며 장난을 치겠지. 생각할수록 그리운 딸이여.

오래도록 만나지 못한 내 아들도 벌써 스무 살은 되었겠지. 소문에는 노름꾼이 되어 여러 지방의 도박꾼들과 도박을 하며 다닌다던데. 그래도 내 아들이니 원망 따위는 하지 않는다네. 왕자의 궁인 스미요시住吉, 니시노미야西宮 신사의 신이시여, 제발 제 아들이 도박에서 이기도록 해 주십시오.

고향에 남은 부모들이 여러 지방을 유랑하며 그날그날을 살아가는 아들딸에게 보내는 애정과 한탄의 노래이다. 4수 가운데 2수만 뽑아 보았다. 고대 말기부터 중세 초기에 걸쳐 일어난 전란은 서민들의 생활에 큰 타격을 주었다. 젊은이들은 고향의 암담한 미래에 절망하면서 부모를 버리고 집을 나갔다.

'방랑하는 무녀'는 곧 부평초처럼 떠다니는 기녀와 마찬가지 신세였다. 10세 남짓이면 당시로서는 어엿이 다 큰 여성이었고, 그런 여자아이가 여러 지방을 혼자서 여행했다면 거친 남자들의 희롱거리가 되었을 것이다. 아들은 노름꾼이 된 듯한데, 그 역시 내일을 기약할 수 없는 철새와 같은 삶이었으리라.

NOTES

호몬노우타法文歌 : 헤이안 시대 후기에 형식에 따라 분류한 노래 형식 가운데 하나. 8·5(4·4·5) 등의 4구 구성이며, 내용은 불교 법문을 읊은 것이 대부분이다.

가미우타神歌 : 헤이안 시대 후기에 유행했던 다양한 노래 중 하나. 본래는 신을 받드는 내용의 곡을 가리켰으나 훗날 같은 종류의 다양한 곡을 한데 묶어 이르는 명칭이 되었다. 『양진비초』에서 집성되었으며, 4구 가미우타와 2구 가미우타가 있다.

나가우타長歌 : 와카의 하나. 5·7조를 반복하다가 마지막을 7·7조로 끝맺는다.

고야나기古柳 : 헤이안 시대에 등장했던 다양한 종류의 가요 가운데 하나로, 신구 두 양식이 있었다고 하나 알려지지 않은 점이 많다.

하야우타早歌 : 가미우타 후반부에 부르는 박자가 빠른 가곡으로 해학적인 노래.

고래풍체초
(古來風體抄)

와카의 역사에 대해 서술한 최초의 책으로, 가마쿠라 시대에 저술되었다. 지은이는 후지와라노 도시나리(1114~1204)이다. 『만요슈』, 『고금와카집』에서 『센자이와카집千載和歌集』에 이르는 칙찬와카집을 비평하고, 뛰어난 와카의 초록과 더불어 도시나리의 와카 역사관과 와카론 등을 담고 있다. 중세 와카론의 출발점이 된 저술로 높이 평가된다. 상·하 2권.

INTRO

이 책은 후지와라노 도시나리가 쇼쿠시式子 내친왕의 부탁으로 84세 때인 1197년에 집필한 것이다. 이 초판과 4년 뒤인 1201년에 출간한 재판본이 있다.

『고래풍체초』는 와카 이론서라기보다는 저자 자신의 와카 이념(후지와라노 도시나리는 여운이 있는 유현체를 주창했다)에 기초해 역대 와카집에서 뛰어난 와카를 선정해 보여 주는 데 주안점을 둔 책이라고 할 수 있다. 특히 도시나리가 와카를 선정한 감상안의 대상은 오로지 『고금와카집』이었으며, 그가 생각하는 이상적인 와카 작품도 모두 그 안에 있었다. 그런 도시나리가 와카에 대한 자신의 견해를 정리해 밝힌 저술은 이 책이 유일하다. 이는 우타아와세歌合(편을 갈라 와카 솜씨를 겨루는 놀이)에서 승부의 판정을 내렸던 그의 평문과 함께 와카 역사상 매우 귀중한 자료로 손꼽힌다. 또한 역대의 와카를 감상하는 입장을 넘어서 비평적으로 파악하고자 한 그의 방법론은 일본 시가 문학 사상 획기적인 것이었다. '도시나리俊成'라는 이름은 한자를 다르게 음독해 '순제이'라고도 읽는다. 그는 고조 삼위五條三位, 간자키잔마이岸崎三昧라고도 불렸으며, 법명은 샤쿠아釋阿였다. 고시라카와 법황의 명을 받아 『센자이와카집』을 편찬했고, 우타아와세 심판관으로도 많은 활약을 했다. 자신의 와카집으로는 『장추영조랑長秋詠藻亮』, 『순제이 가집俊成歌集』, 『장추초長秋草』 등이 있다. 그의 미적 세계는 밝고 생동감이 넘치는 한편 가련함이 풍기는, 이른바 여운이 있는 유현幽玄의 세계였다.

'야마토우타'의 기원은 멀리 신대에서 시작되며, '시키시마 지방에 전해져 온 단구'였다. 먼저 역대 제왕들도 "서로 앞을 다투어 감상하지 않은 자가 없었다"라고 와카의 기원을 언급한 다음, 그 본질과 역사적 전개 및 형태 등에 대해 자신의 견해를 밝히고 있다. 『만요슈』와 『고금와카집』, 『후찬와카집後撰和歌集』, 『습유와카집拾遺和歌集』, 『후습유와카집後拾遺和歌集』, 『긴요와카집金葉和歌集』, 『사화와카집詞花和歌集』, 『센자이와카집千載和歌集』 등 각 칙찬집에서 와카를 선정했으며, 칙찬집의 총평과 성립의 유래 등을 적어 놓았다.

와카의 선정 기준으로는 "아름다움도 중요하지만 애절한 것도 들어 볼 가치가 있다"라는 후지와라노 도시나리의 와카 이념이 크게 작용했다.

와카의 본질과 이 책의 집필 배경

와카의 장점을 말하려고 한 후지와라노 긴토藤原公任는 자신의 와카집에 '금옥집金玉集'이라는 이름을 붙였고, 후지와라노 미치토시藤原通俊는 자신이 편찬한 『후습유와카집』의 서문에 "말은 재봉한 것처럼 아름답고, 의미는 바다보다 깊다"라고 적은 바 있다. 이들의 표현처럼 와카가 반드시 비단 같거나 재봉한 것은 아니지만, 노래는 읽거나 리듬을 붙여 읊을 때 뭔가 화려한 느낌과 함께 마음에 절실한 감동을 전해 준다. 노래를 원래 영가詠歌라고 하듯이 그것은 읽는 소리에 따라 좋게도 나쁘게도 느껴지는 것이다.

이런 생각을 마음속으로는 몇 년 동안 계속 품어 왔으나 말로 정리해 입을 거쳐 밖으로 표현하기가 어려워 시간이 많이 흘렀다. 지금 뜻하지 않게 어느 고귀한 분(쇼쿠시 내친왕)께서 "노래의 형태와 말의 좋고 나쁨이란 무엇인가? 대체로 노래는 어떻게 읊어야 좋은 것인가?"라는 요지의 내용을 길지 않아도 좋으니 써서 가져오라고 하셨다. 그분은 와카의 길을 매우 깊게 잘 알고 있었기 때문에 그렇게 질문할 수 있었던 것이다. 이 세상 사람들은 노래라는 것은 그저 편안히 읊조리기만 하면 된다고 생각하므로 그러한 깊이 있는 질문은 하지 않는다.

무릇 와카의 길에 담긴 깊은 멋을 글로 적어 드러내는 작업은 많은 노래를 찾아보고 읽어 보아도 쉽지 않은 일이다. 그래서 위로는 『만요슈』에서 시작해 중고 시대의 『고금와카집』, 『후찬와카집』, 『습유와카집』 그리고 아래로는 『후습유와카집』에 이르는 세상의 변화와 함께 그 형태와 말의 변천사가 대대로 편찬되어 온 와카집에 나타나기에 그에 대해 조금 적어 보고자 한다.

계절과 함께 변하는 정취

초봄에 눈 속에서 피기 시작한 처마 옆의 매화나 가난한 집의 담장 밑에 피어난 매화나 모두 색은 제각각이지만 향기는 한결같다. 굽은 소맷자락 끝에서도 그 향기가 묻어나니 온몸에 향기가 밴 것만 같다. 벚꽃이 필 무렵이면 요시노吉野 산은 잔설이라 해도 믿어질 만큼 온 산이 하얗게 벚꽃으로 뒤덮여, 멀리 떨어진 곳에서 보면 마치 흰 구름이 겹쳐져 있는 것처럼 여겨질 만큼 아름다움의 극치를 자아냈다.

그런데 봄이 깊어짐에 따라 "개구리 우는 둑의 황매화 지고 말았네. 한창일 때 보고 싶었건만かはづなく井手の山吹散りにけり花の盛りにあはましものを"(『고금와카집』)이라는 노래에서 느껴지는 정취와 저녁 무렵 강가의 등나무 꽃에 휘파람새가 앉아 아쉬운 봄을 삭별하듯 지지귀는 모습 등이 몸속으로 스며드는 느낌이 든다.

그뿐 아니라 바위에 둘러싸인 계곡의 못에 피어 있는 연자화나 "저녁

노을이 붉은빛 산 아래 바위에 난 철쭉을 비추네^{入日さすゆふ紅の色はえて山下てらす岩}

^{つつじかな}"(『긴요와카집』)라는 노래에서 읊고 있는 경치에 이르기까지 하나

의 사물에 마음이 이끌리지 않는 것이 없다.

> 손에서 떨어진 물방울 때문에 샘물을 미처 마시지 못하듯
>
> 제대로 말 한번 못한 채 그 사람과 헤어지다.
>
> 結ぶ手のしづくににごる山の井のあかでも人に別れぬるかな
>
> > (『고금와카집』, 기노 쓰라유키)

형식과 감정이 모두 빼어난 노래이다. 노래의 본체(이상적인 모습)라고

할 수 있다.

> 희미하게 밝아 오는 아카시^{明石}의 아침 안개 속에서
>
> 섬 그림자 속으로 사라져 가는 배를 생각하네.
>
> ほのぼのと明石の浦の朝霧に島がくれゆく舟をぞ思ふ
>
> > (『고금와카집』, 가키노모토노 히토마로)

이 노래는 상고 시대와 중고 시대 말기에 이르기까지 모두 알 수 있는

노래이다.

> 달이 없구나, 봄도 옛 봄이 아니구나, 나 혼자만 그대로구나.
>
> 月やあらぬ春やむかしの春ならぬ我身ひとつはもとの身にして
>
> > (『고금와카집』, 아리와라노 나리히라)

달이 보이지 않는다는 말이 봄과 옛날 등으로 이어지는 감각이 말할 수 없이 훌륭하다.

칙찬집 총평

노래의 형태는 여기에 거론한 여러 와카집에 잘 나타나 있다. 『긴요와 카집』은 편찬자가 매우 뛰어난 와카 가인이기 때문에 선정된 노래 역시 모두 뛰어난 작품들뿐이지만, 당시의 새롭고 진귀한 노래를 소개하고 싶은 의도가 앞섰기 때문인지 처음부터 당시 사람들의 노래를 소개하는 등의 아쉬운 점도 남기고 있다.

『시화와카집』은 노래의 형태는 잘 보이지만 취향이 독특하고 장난기가 가득한 와카가 많다.

그에 비해 나 자신이 선정한 『센자이와카집』은 노래의 좋고 나쁨만을 고려했을 뿐, 시작詩作에 대한 배려는 하지 않았다고 할 수 있다. 그러나 여기에 『후습유 와카집』 무렵까지 전해져 온 옛 와카가 여러 편 수록되어 있는 것은 반가운 일이다.

NOTES

고문사古文辭 : 명나라 중기에 이반룡과 왕세정 등이 일으킨 문학의 복고 운동으로, 문장은 진나라와 한나라 또는 그 이전의 것을, 시는 성당盛唐(한시 문학에서 당나라를 4가지 시기로 나눈 것 가운데 두 번째 시기) 시기의 것을 모범으로 삼았다.

센자이와카집
(千載和歌集)

헤이안 시대 후기에 편찬된 일곱 번째 칙찬 와카집으로, 편찬자는 후지와라노 도시나리이다. '센자이와카집'이라는 책 이름은 천 년 뒤에도 전해질 것이라는 의미이다. 전 20권으로, 서문은 후지와라노 도시나리가 와카의 진수라고 신봉하는 『고금와카집』을 본떴다. 수록된 와카의 수는 1,288수이다.

INTRO

이른바 8대집 가운데 일곱 번째 칙찬와카집이다. 1183년 2월에 고시라카와 법황의 명으로 1187년 9월 또는 이듬해 1188년 4월에 편찬되어 헌상되었고, 같은 해 5월에 편찬자의 와카 25수가 추가되었다.

수록된 와카의 수는 1,288수이며, 와카 시인은 235명이다. 이 중 73명은 이후에 편찬된 『신고금와카집』에도 수록되어 있다. 은자와 승려들의 와카가 많은 것이 특징이다.

후지와라노 도시나리는 스승인 후지와라노 모토토시|藤原基俊| 이상으로 스승의 적수였던 미나모토노 도시요리(『긴요와카집』의 편찬자)를 존중해 이 책에 그의 와카 52수를 실었는데, 이는 수록된 인물의 작품 가운데 가장 많은 수이다. 이 와카집은 『고금와카집』을 모범으로 삼은 한편, 당시까지 궁중의 여러 와카 스타일을 통합하고, 여정餘情(단어 외의 요소에서 드러나는 정취)이 있는 유현幽玄(여정의 일종으로 쓸쓸하면서도 깊은 느낌이 담긴 의미)한 세계를 개척하면서 『신고금와카집』의 시대로 향하는 길을 열어 준 와카집이라고 할 수 있다. 특히 그의 독자적이며 고전적인 서정시의 세계는 중세 와카의 원류를 이루었다.

시대의 암울한 그림자를 투영하다

서문에 따르면 쇼랴쿠正曆 연간(990~994)부터 분지文治(1185~1190)에 이르기까지 약 200년간 『후습유와카집』, 『긴요와카집』, 『시화와카집』 등의 칙찬집에서 누락된 와카를 선정했다고 한다. 『고래풍체초』(후지와라노 도시나리의 대표적인 와카 이론집)에서는 와카를 고를 때 지은이의 신분이나 이름에 관계없이 작품의 빼어난 예술성만을 기준으로 삼는다고 했으나, 이 말은 그다지 신용하기 힘들다. 예를 들어 와카 가인 집안 출신이 아닌 가모노 초메이는 자신의 와카가 신분이 높은 사람들의 작품과 함께 집록된 것을 대단히 큰 명예로 여겨 감격했다고 한다.

그런가 하면 그 무렵에 관동 지방을 여행 중이던 사이교西行 법사는 찬집이 이루어진다는 소문을 듣고 상경해 친구를 만나서 자신이 지은 와카가 수록되었는가를 묻고는, 수록되어 있지 않다는 말을 듣자 그런 와카집 따위는 볼 필요가 없다며 그길로 다시 간토 지방으로 내려갔다고 한다. 와카 선정의 시비에 대해서는 쇼묘勝命가 저서 『난센자이難千載』에서 비판했으나 현재 이 책은 산실되어 전하고 있지 않다.

편집 작업은 가마쿠라 막부가 성립되기 직전에 이루어졌다. 이 책을 찬집하라는 명이 내려진 시기는 단노우라의 싸움에서 패한 다이라平 집안이 수도에서 물러나기 5개월 전의 일이었다. 다이라노 다다노리平忠度는 황망하게 수도에서 후퇴하던 와중에 교토의 고조五條에 있는 후지와라노 도시나리의 집을 찾아가 자신의 와카집 한 권을 전하고 갔다고 한다. 도시나리는 적장 다이라노 다다노리의 유고遺稿에서 다음의 한 수를 택해 작자 미상의 와카로 포함했다.

시내 흐르는 옛 수도 황폐해져 황량하지만 옛날과 변함없는 나가라長良 산의 벚꽃이여.

さざなみや志賀の都は荒れにしを昔ながらの山櫻かな

『헤이케 모노가타리』에 전해지는 이 일화는 이 책이 편찬되었을 무렵의 어수선했던 시대를 단적으로 말해 준다.

때문에 『센자이와카집』은 전체적으로 서정적인 분위기임에도 불구하고 어딘가 시대의 암울한 그림자가 투영되어 있는 것만 같다. 더불어 전란으로 어수선한 세상의 불안을 잊고자 『고금와카집』의 전통을 되살리려 한 간절한 바람을 지녔던 몰락 귀족들의 감상과 비애가 담겨 있다.

저녁 무렵이 되면 들판에 부는 가을바람 몸속 깊이 느껴지고, 때마침 메추리의 서글픈 울음소리 들려온다.
아아, 덤불 무성한 마을이여.
夕されば野邊の秋風身にしみて鶉鳴くなり深草の里

(추상秋上, 후지와라노 도시나리)

가모노 조메이의 와카 이론서 『무명초無名抄』에 따르면 후지와라노 도시나리는 이 노래를 자신의 가장 으뜸가는 노래로 꼽았다고 한다. 이에 대해 조메이의 스승인 순에俊惠는 "몸속 깊이 느껴지고"라는 표현이 너무 설명적이라고 평했는데, 사실 이는 작가가 『이세 모노가타리』(123단)를 의식하면서 모노가타리 속의 인물이 되어 읊은 것이다. 실로 도시나리다운 취향이 잘 드러난 작품이다. 도시나리는 옛 와카를 참조하고 여정을 중요시했다. 그리고 특히 유현의 미에 주목해 중세 와카 이론의 단서를 제시했다.

어쩐지 쓸쓸한 기분이 드네. 사초沙草에 뒤덮인 들판만 펼쳐져 있는 후시미 마을의 가을 저녁.
何となくものぞ悲しき草原や伏見の里の秋の夕暮

(추상, 미나모토노 도시요리源俊賴)

인적 없는 산골 마을 쓸쓸하구나. 더욱이 늦가을 바람 부는 저녁에 매미의
울음소리를 듣는 것은.

山里はさびしかりけり木枯しの吹く夕暮のひぐらしの聲

(추하秋下, 후지와라노 나카자네藤原仲實)

마을 뒷산을 스치는 거친 바람 소리에 귀 기울이면 깊은 겨울을 느끼지 않
을 수 없다.

外山吹く嵐の風の音聞けばまだきに冬の娛ぞしらるる

(동冬, 이즈미 시키부和泉式部)

이처럼 평이하게 표현된 노래 속에 실로 여운이 감돌며 깊고 조용한
분위기가 느껴지는 와카야말로 『센자이와카집』의 특징이다. 이 밖에도
마치 『신고금와카집』 스타일의 선구적인 노래처럼 회화적인 아름다움을
보여 주는 작품도 몇몇 보인다.

안개가 넓게 퍼져 있는 봄 바다를 저 멀리 내다보면, 푸른 바다를 갈라놓듯
생겨나는 먼 바다의 흰 파도여.

霞しく春の潮路を見渡せば綠を分くる沖つ白波

(춘상春上, 구조 가네자네九條兼實)

벚꽃 가득 핀 히라比良 산. 산바람에 떨어진 꽃잎으로 가득한 시가志賀 나루
에 일렁이는 파도여.

桜さく比良の山風吹くままに花になりゆく志賀の浦波

(춘하春下, 후지와라노 요시쓰네藤原良經)

맑고 산뜻한 자연 감각이 풍부한 노래 역시 이 와카집의 특징 중 하나이다.

소낙비 아직 걷히지 않은 구름 사이로

같은 하늘로는 보이지 않는구나 여름 달이여

夕立のまだ晴れやらぬ雲間より同じ空とも見えぬ月かな

(하夏, 순에俊惠)

희미하게 날 밝을 무렵, 우지宇治 강에 깔린 안개 점차 걷히고,

그 사이로 여울마다 꽂혀 있는 어살 말뚝 보이기 시작하네.

朝ぼらけ宇治の川霧絶え絶えにあらはれわたる瀬々の網代木

(동, 후지와라노 사다요리藤原定頼)

사랑의 노래에도 빼어난 작품이 적지 않다. 후지와라노 도시나리의 아들 후지와라노 데이카藤原定家가 편찬했다는 『오쿠라 백인일수小倉百人一首』에서 2수를 골라 소개하겠다.

언제까지고 그대의 애정 변치 않을지 그 마음 모르겠네.

길고 검은 머리 헝클어져 있듯 내 마음도 흐트러져

오늘 아침은 상념에 젖네.

長からむ心も知らず黑髮のれて今朝はものをこそ思へ

(연懸 3, 다이켄몬인노 호리카와待賢門院堀河)

　무정한 이에게 보이고 싶네.

　오지마雄島 섬 어부의 소매는 젖어도 색은 변치 않는다고 하건만, 내 소매 색

깔은 눈물에 젖어 변해 버렸네.

　見せばやな雄島の海人の袖だにも濡れにぞぬれし色は變わらず

(연 4, 인부몬인노 다이후殷富門院大輔)

산가집
(山家集)

중세를 대표하는 와카 시인 사이교(1118~1190)의 와카집으로, 성립 연대는 미상이다. 상·중·하 전 3권 가운데 상권은 춘·하·추·동, 중권은 연戀·잡雜, 하권은 잡雜으로 구성되었다. 주로 이세伊勢에 머물던 시절 이전의 와카가 수록되어 있어 사이교의 와카 세계를 대표하는 것은 아니다. 특히 벚꽃과 달을 읊은 와카가 많으며, 사랑을 주제로 한 와카는 뼈에 사무칠 듯한 애조를 띠고 있다.

INTRO

사이교의 『산가집』은 크게 두 계통으로 나누어지는데, 그중 하나가 『육가집본 산가집六家集本山家集』이다. 『부목초夫木抄』에 수록된 것도 이 계통에 속하는 것이지만, 현존하는 여러 이본은 모두 에도 시대 초기를 전후로 하여 만들어진 전사본들이다.

와카의 수는 유포되어 있는 이본에 1,569수를 헤아리며, 고사본古寫本에 기초해 정리된 것은 이보다 많은 1,643수에 이른다. 사계절과 사랑에 관한 부분은 정리되어 있으나 잡부는 아직 제대로 정리되어 있지 않다.

다른 하나는 '이본 산가집異本山家集'이라고 불리는 것으로 돈아頓阿(가마쿠라 시대 후기의 승려이자 가인) 시대에 불타 버린 사이교 자필본에서 전해진 것이라고 한다. 『사이교조닌가집西行上人家集』, 『사이교 법사 가집西行法師家集』 등이 여기에 해당하며 '산가집'이라는 제목의 책은 없었다. 수록된 와카의 수는 600수 내외로 연부와 잡부가 한데 뒤섞여 있다. 자연과 자신의 과거를 술회하며 자신의 솔직한 심정을 드러낸 뛰어난 와카가 많이 수록되어 있다. 소기宗祇(무로마치 시대의 렌가連歌 작가)와 마쓰오 바쇼 등 후세에 많은 영향을 끼쳤다.

벚꽃과 달을 사랑한 가인

사이교가 출가한 것은 1140년으로 그의 나이 23세 때였다. 대대로 무사를 배출한 그의 집안은 유복했고, 무예에 대한 명성도 매우 높아 궁중의 청년 무사로서 그의 앞길은 매우 밝았다. 때문에 그가 출가했을 때 세상 사람들은 그가 욕심이 없기 때문이라고 감탄하며 칭찬을 아끼지 않았다. 그러나 그가 출가를 결심한 동기에 대해서는 실연 때문이라는 설을 포함해 여러 주장만 분분할 뿐 아직까지 정확한 이유는 밝혀지지 않았다.

힘든 일 많은 이 세상을 완전히 단념해 버렸다는 말을 남긴다.
그런 내 마음 이해해 줄 사람은 없어도.
世の中をそむき果てぬといひおかむ思ひ知るべき人はなくとも

이 노래는 출가한 직후에 형 또는 아내에게 보낸 노래라고 하는데, 진심은 그의 마음속 깊숙한 곳에 숨겨져 있다. 그 후 한동안 교토와 그 주변 지역에 머무르다가 마침내 고야^{高野} 산으로 들어가 불교에 정진했는가 하면 미치노쿠^{陸奥}와 시코쿠^{四國} 등지를 오랫동안 여행했고, 만년에는 이세로 옮겨 자리를 잡았다. 1190년 가와치^{河內} 지방의 고센 사^{弘川寺}에서 73세의 나이로 숨을 거두었다.

꽃에 취해 이리저리 헤매는 이 마음, 산의 벚꽃 다 지면 제자리로 돌아올 것인가.
あくがるる心はさても山桜散りなむのちや身にかへるべき

차라리 내 몸을 몇 개로 나누어서라도 무엇 하나 놓치지 않고 남김없이 보고 싶다. 산이란 산에 피어 있는 꽃들을.
身をわけて見ぬこずゑなく盡さばやよろづの山の花のさかりを

언젠가는 질 터이니 지지 말고 있어 달라고는 하지 않겠소. 다만 조금만 더 기다려 달라는 내 마음 이해해 주었으면, 지는 꽃이여.

いかでかは散らであれとも思ふべきしばしと慕ふ情知れ花

정 그렇다면 나도 함께 데리고 지거라, 꽃이여. 이 힘든 세상 싫어하며 살아가는 몸이니까.

もろともにわれをも具して散りね花うき世をいとふ心ある身ぞ

예부터 벚꽃에 대한 노래를 읊은 와카 가인들은 많았으나 사이교만큼 뛰어난 시를 많이 남긴 가인은 드물었다. 여기에 소개한 것은 극히 일부에 지나지 않으나 꽃에 대한 여러 가지 단상을 마음먹은 대로 잘 표현했다. 옛 와카를 의식해서 인용한 대목 처리도 매우 자유로우며 한 치의 머뭇거림도 없다. 실로 '타고난 시인'이라는 찬사는 이러한 재능에서 나온 것이리라.

사이교는 꽃과 마찬가지로 달에 대해서도 한없는 애착을 보였다. 다음은 달에 대한 노래이다.

힘들고 거친 세상도 이처럼 또다시 맑은 달빛 비치는 가을이 되면 오래 살고 싶은 미련이 생기게 마련이다.

いとふ世も月澄む秋になりぬればながらへずはと思ふなるかな

누군가 와 주길 하고, 맑은 달빛에 이끌려 생각하다 보니
어느덧 벌써 밤이 새고 말았네.

たれ來なむ月の光にさそはれてと思ふに夜半の明けぬなるかな

그러나 꽃과 달에 대한 집착은 출가해 은둔하는 몸에게는 일종의 번뇌이기도 하다. 그래서 와카는 자연스레 반성적이다.

벚꽃 생각에 이끌리는 이 마음, 어째서 남아 있는 것일까.

이 세상을 말끔히 버렸다고 생각해 온 나이거늘.

花にそむ心のいかで殘りけむ捨て果ててきと思ふわが身に

힘든 이 세상 등졌으면 그 만큼 효과가 있어야 하는데 달을 보면 마음이 저절로 움직인다. 그러니 나를 구름으로 가려 주시게, 가을밤의 달이여.

捨つとならばうき世をいとふしるしあらむわれには曇れ

秋の夜の月

깊은 번뇌를 자각하면서도 여전히 집착을 끊지 못하고 있다. 따라서 한탄은 그대로 시가 될 수밖에 없다.

세상을 등진 이내 몸도 애절함쯤은 느껴서 알 수 있다.

청둥오리 날아오르는 연못가의 가을 저녁.

心なき身にもあはれは知られけり鴫立つ澤の秋の夕暮

쓸쓸한 생활을 잘 견디는 사람이 또 한 사람 있었으면 좋겠다.

만일 그런 사람 있다면 작은 집 나란히 짓고 살 것을,

이 겨울 산골에서.

さびしさに堪へたる人のまたもあれな庵並べむ冬の山里

나이를 먹고도 이렇게 다시 넘을 일 있을 거라 생각이나 했을까.

이게 바로 운명인가.

지금 이렇게 다시 넘고 있는 사야佐夜의 나카야마中山.

年たけてまた越ゆべしと思ひきや命なりけり佐夜の中山

　사이교의 와카는 『신고금와카집』에 94수로 가장 많이 수록되어 있으며, 이 94수의 와카는 특히 그의 절창으로 유명하다. 『신고금와카집』에 수록된 다른 와카 시인들과 비교해 보면 사이교의 특징은 더욱 분명하게 드러난다. 이는 바로 당시의 와카 시단과 적절한 거리를 유지했던 사이교가 제목이 주어진 시를 짓기보다는 자신의 생활 속 경험을 바탕으로 실제의 느낌에 뿌리를 둔 서정을 중요시했기 때문이다.

　불교적 세계관에 바탕을 둔 독자적인 종교적 사상시를 개척한 것도 사이교였다. 한편 사이교의 와카집에는 '파응波凝'과 '조곡潮曲'이라는 특수한 해양 용어가 사용된 시와 조개·해초 등 수많은 물고기의 이름이 포함된 노래, 어부들의 생활을 사실적으로 다룬 노래 등 색다른 와카가 눈에 뜬다.

신고금와카집
(新古今和歌集)

가마쿠라 시대 전기에 편찬된 여덟 번째 칙찬 와카집으로, 후지와라노 데이카와 함께 선정된 5명의 편찬자들에 의해 편찬되었다. 『만요슈』, 『고금와카집』과 나란히 3대 와카집 중 하나로 꼽힌다. 전 20권에 1,978수의 와카가 실려 있다(고토바 천황이 추려서 펴낸 『오키 찬초본隱岐撰抄本』에는 1,600여 수가 수록되어 있다). 수록된 지은이는 396명이다.

INTRO

1201년 7월 니조인二條院의 히로고쇼弘御所에 칙찬 와카집 선정을 주관했던 관청 와카도코로和歌所가 설치되고 10명 이상의 담당자가 임명되었다. 같은 해 11월에는 상고 시대 이후의 와카들을 편찬하라는 명령이 정식으로 내려졌다. 『고금와카집』처럼 『신고금와카집』도 복수의 편찬자 제도를 채택했다. 당초 편찬자로 임명된 인물은 미나모토노 미치토모源道具와 로쿠조 아리이에六條有家, 후지와라노 데이카, 후지와라노 이에타카藤原家隆, 아스카이 마사쓰네飛鳥井雅經, 자쿠렌寂蓮 등 6명이었다. 그러나 그 이듬해에 자쿠렌이 사망해 결국 5명이 되었다. 편찬 작업은 사실상 고토바 천황 자신이 거의 모든 와카를 선정했다고 해도 좋을 만큼 직접 와카를 선정하고 분류하는 작업에 열성적으로 참여했다.

1202년 4월에 편찬자들이 선정한 와카를 진상하자 그 가운데 고토바 천황이 직접 2,000수를 골라 그것을 모두 암송할 정도로 심혈을 기울였다. 그 이듬해 1204년 7월부터는 선정된 와카의 분류 작업이 시작되었다. 늦더위가 맹위를 떨치는 가운데 와카도코로에 얼음을 들여다 놓고 모두 얼음에 얼굴을 비비면서 작업에 박차를 가했다고 한다. 일화에 따르면 고토바 천황은 일반 정무에 대한 결재를 요청해도 분류 작업이 끝날 때까지 들은 척도 하지 않았다고 한다.

1205년 3월 26일 고토바 천황의 친람親覽 의식과 공로를 치하하는 연회가 열렸지만, 그 후에도 교체와 수정 작업이 하도 여러 차례 반복되어 후지와라노 데이카를 비롯한 편찬자들의 면목이 서지 않을 정도였다. 성본은 이러한 과정을 거쳐 1216년에 완성되었다.

『신고금와카집』은 『고금와카집』 이후 발전해 온 왕조 시대 와카의 미적 표현의 정점을 보여 준다. 『신고금와카집』 이후의 와카는 더 이상 이와 같은 화려함을 보여 주지 못했을 뿐 아니라 고토바 천황을 중심으로 이루어졌던 것과 같은 예술적 공동체도 등장하지 않았다. 일본의 전통미를 대표하는 양식 가운데 하나가 된 『신고금와카집』은 『만요슈』와 함께 이후의 예술 전반에 헤아릴 수 없을 정도로 큰 영향을 끼쳤다.

집필 배경

모치히토^{以仁} 왕과 미나모토노 요리마사^{源賴政}의 거병, 다카쿠라^{高倉} 천황의 양위와 다이라노 기요모리^{平淸盛}의 딸 도쿠코^{德子}가 낳은 안토쿠^{安德} 천황의 즉위, 후쿠하라^{福原}(지금의 고베 시 효고 지역)로의 천도 그리고 이즈^{伊豆}에서 일어난 미나모토노 요리토모의 거병 등을 아우르는 일련의 사건들은 모두 지쇼^{治承} 4년(1180)에 일어난 일들이다.

이처럼 어수선한 전란의 예감 속에서 신고금와카 가단^{歌壇}의 주재자이자 고대 말기의 전제 군주로 가마쿠라 막부를 토벌하기 위해 조큐^{承久}의 난까지 일으켰던 고토바 천황은 다카쿠라 천황의 넷째 아들로 태어났다. 다이라^平 일족이 안토쿠 천황을 데리고 수도를 빠져나간 뒤 그는 천황의 상징인 삼종의 신기●(거울·검·곱은옥) 없이 4세의 나이로 천황에 즉위했다.

어린 나이에 천황으로 즉위한 고토바 천황이 청년기부터 몰두하기 시작해 필생에 걸쳐 매달리게 된 것이 바로 『신고금와카집』의 편찬 사업이었다. 천황의 열성적인 지원에 힘입어 그의 주변에는 뛰어난 와카 가인들이 모여들었다. 왕조 시대의 전성기에 일어났던 와카의 융성을 다시 한 번 일으키려는 염원에서 와카도코로가 설치되었고, 구조 요시쓰네^{九條良經}와 미나모토노 미치치카^{源通親}, 지엔^{慈圓}, 후지와라노 도시나리^{藤原俊成} 등 당시 이름을 떨쳤던 와카 가인 10여 명이 소속되었다. 그리고 『신고금와카집』의 편찬자로는 미나모토노 미치토모^{源通具}와 후지와라노 아리이에^{藤原有家}, 후지와라노 데이카, 후지와라노 이에타카^{藤原家隆}, 아스카이 마사쓰네^飛

鳥井雅經 등이 임명되었다. 그리고 이들보다 조금 연장자인 사이교와 자쿠렌寂蓮 등이 있었다.

『신고금와카집』 전 20권에는 각각 한문과 가나로 쓰인 서문이 있다. 왕조 말기에 불어온 요염하고 유현한 아름다움, 와카 역사상 최고의 지위를 차지한 상징미의 세계, 예술지상주의의 극치, 와카의 시어로는 더할 나위 없는 세련미 등 『신고금와카집』에 대한 찬사는 수없이 많다. 94수로 가장 많은 와카를 수록한 사이교의 진솔한 인간미를 느끼게 하는 노래와 동일한 계통으로 분류되는 고토바 천황의 제왕다운 여유를 담은 노래 등 『신고금와카집』에 수록된 와카의 경향은 매우 다양하며, 그 모든 것이 예술적 견지에서 고토바 천황의 포용력 있는 미의 세계로 통합되었다. 다음에 특징 있는 와카 몇 수를 소개한다.

가을의 쓸쓸함을 닮은 와카집

사이교가 세상을 떠난 것은 1190년이고, 『신고금와카집』의 편찬이 일단 끝나 축하연이 베풀어진 것이 1205년이므로 사이교는 생전에 실제로 『신고금와카집』을 보지는 못했다. 그러나 그의 삶의 태도와 와카는 궁중의 와카 가인들에게 깊은 감명을 주었다. 후지와라노 데이카가 사이교를 '우타요미歌よみ'(와카를 읊는 가인)라고 칭하고, 자신은 겸손하게 '우타쓰쿠리歌つくり'(와카를 만드는 가인)라고 한 것은 사이교 와카의 본질을 잘 파악한 대목이다.

스스로 귀족 사회와의 인연을 끊고 자유로운 나그네가 된 과정에서 타고난 천부적 감각이 꽃을 피웠고, 마음속에 담긴 인간의 참모습을 추구한 진솔한 모습의 와카가 태어나게 된 것이다. 제목을 먼저 부여받아 와카를 짓는 일이 압도적으로 많았던 당시에 사이교에게만 즉흥시가 많았던 것은 이러한 이유이다.

길가의 맑은 물 흐르는 버드나무 그늘 아래
잠시 쉬었다 간다는 것이 오래 머물고 말았네.
道の邊に清水ながるる柳かげ
しばしとてこそたちどまりつれ

『신고금와카집』에 수록된 와카는 거의 대부분 달리 해석이 필요 없을
정도로 그 시의 세계가 선명하게 연상되는 작품들이다. 전환기를 살았던
한 전형으로서 그의 노래가 후세에 미친 영향은 매우 크다.

예술적 허구에 모든 정력을 기울였던 후지와라노 데이카에 비해 사이
교의 와카와 매우 비슷한 분위기를 띠는 고토바 천황의 와카는 흔히 일
컬어지는 바와 같이 제왕적이라고 할 수 있을 만큼 와카의 품격과 인간
적 진실이 드러나 있다.

건너다보면 안개 낀 산기슭의 미나세水無瀬 강,
황혼 무렵의 가을이 아름답게 느껴지누나.
見渡せば山もと霞む水無瀬川
夕べは秋となにおもひけむ

봄기운 가득한 미나세의 이궁離宮으로 행차하는 도중 저녁 무렵의 풍
취는 역시 가을 저녁이 제격이라고 새삼 감탄하면서 어째서 이 같은 사
실을 이제야 알게 되었는가를 생각한다.

죽은 이를 기억하네. 장작불의 저녁 연기 매운 탓에 옛 화장터의 연기 기억하네.

おもひいづる折りたく柴の夕けぶり

むせずもうれし忘れがたみに

고토바 천황은 이 와카를 짓기 한 해 전에 사랑하는 궁녀 오와리노쓰보미尾張局를 잃었다. 할아버지인 고시라카와 천황이 좋아했던 서민적인 노래를 그도 좋아했는데, 그 정취를 잘 버무려 청년다운 감상을 풍기고 있다.

깊은 산의 덤불을 밟아

어느 곳에나 길은 있다고 사람들에게 알려야지.

娯山のおどろが下も踏みわけて

道ある世ぞと人に知らせむ

막부 권력의 세력 확장을 원망하며 왕권 회복을 염원했던 독재자의 초조한 심정이 들리는 듯하다. 그 초조함이 마침내 승산 없는 조큐의 난을 일으키게 한다.

고토바 천황이 신고금와카풍을 대표하는 시인이라면, 그 고토바 천황에게 일과 와카의 모든 면에서 "방약무인하며 고지식하다"라는 평을 들은 후지와라노 데이카를 거론하지 않을 수 없다.

둘러보면 꽃도 단풍도 없구나.

나루터에 자리한 초라한 여관의 가을 황혼에 마음이 움직이네.

見渡せば花も紅葉もなかりけり

浦の苫屋の秋の夕暮

　마음속에 흥겨움을 감춘 채 가을날 저녁 무렵의 환상적인 쓸쓸함을 노래한 이 와카는 후지와라노 데이카가 25세 때 지은 것으로, 일몰의 잔조와 같은 『신고금와카집』의 세계를 잘 반영하고 있다. 역사의 새로운 전환기 앞에서 몰락해 가는 고대 왕조 귀족들의 허망한 꿈이 예술 세계의 탐닉을 통해 불가사의한 아름다움을 연출해 냈다.

　왕조 시대의 전성기를 동경했던 데이카는 경제적으로 시종일관 궁핍한 데다 관리로서의 승진도 쉽지 않은 자신의 처지를 한탄하며 참담했던 삶을 일기 『명월기明月記』에 상세하게 묘사했다. 그의 와카가 상징적인 미의 세계를 탐닉한 것은 괴로운 현실을 등지고자 한 그 자신의 의도였다. 적어도 시의 세계 속에서는 그도 현실을 넘어 자신이 탐닉할 정도로 사랑했던 『만요슈』와 『겐지 모노가타리』 시대의 옛사람들과 어깨를 나란히 할 수 있었던 것이다.

　　드넓은 하늘은 매화꽃 짙은 향기에 싸이고

　　구름마저 덮인 봄날 밤의 달.

　　大空は梅のにほひに霞みつつ

　　曇りもはてぬ春の夜の月

　하늘 가득히 매화 향기 그득하고 그 향기가 너무 짙어 달도 가려 버린 듯한 봄날 밤의 관능적인 아름다움을 마치 꿈속에 보는 듯 몽롱한 분위기와 경쾌하게 울리는 성조에 담아 여운의 아름다움을 대표하는 노래로 격상시켰다.

> 봄날 밤 꿈속의 배다리 끊어지니
> 산봉우리에 구름 갈라지고 하늘이네.
> 春の夜の夢の浮橋とだえして
> 峯にわかる横雲の空

봄날 밤 꿈에서 깨어나긴 했지만 여전히 몽롱한 상태로 먼 하늘의 새벽 구름을 보고 있는 장면이다. 이 노래도 관능적이며 요염한 봄날 새벽의 나른한 기분을 노래한 데이카의 대표작 중 하나이다.

정확하게 구사한 낱말의 섬세한 감각을 중시하고 그것을 기초로 한 세련미를 중시했던 『신고금와카집』의 시인들은 한편으로는 완벽한 고전주의자들이기도 했다. 여기서 '혼카도리本歌取'라는 독특한 기법이 생겨났다. '혼카도리'란 옛 노래에 나오는 시어를 의식적으로 자신의 노래에 사용해 옛 와카의 분위기와 감정을 연상시키는 수사 기법이다. 여기서 소개된 노래는 와카는 아니지만 『겐지 모노가타리』에 수록된 '꿈속의 우키바시' 권의 시어를 사용해 그와 같은 세계를 연출하고 있다.

> 어루만졌던 그 검은 머리카락 한 올 한 올,
> 엎드리고 있으니 그리움만 쌓이네.
> かきやりしその黒髪のすぢごとに
> うちふすほどは面影ぞたつ

이는 무라사키 시키부가 남긴 유명한 와카 "검은 머리 흐트러진 것도

모르고 엎드리니 머리카락을 어루만지던 임 그립네いま来むと契りし事はゆめながら 見し夜に似たるあり明の月"를 인용해 남자의 미련을 표현한 노래로 바꾼 것이다.

　『신고금와카집』은 『고금와카집』 등에 비해 여름 노래와 겨울 노래가 많다. 이것을 봄·여름과 가을·겨울로 나누면 후자가 압도적으로 많은 것도 특징이다. 이것은 『신고금와카집』의 가인들이 따뜻한 봄날의 정경보다 가을의 쓸쓸함을 더 선호했다는 단순한 현상만을 말하는 것이 아니다. 그 특징은 그들의 노래가 기품 있는 적막함과 예리하게 갈고닦인 화려함, 깊숙한 곳에 감추어진 여운의 표현 등 한마디 말로는 모두 표현하기 힘든 복잡 미묘한 구조 속에 아름다움을 추구한 노래의 형식이 그대로 반영된 것이다.

NOTES

삼종의 신기 : 황위의 표식으로 역대 천황으로부터 대대로 전해진다는 3가지 보물이다. 야타의 거울(八咫鏡)과 아마노무라쿠모의 검(天叢雲劍), 야사카니의 곱은옥(八坂瓊勾玉)을 말한다.

근래풍체초
(近來風體抄)

남북조 시대의 가론서歌論書로, 지은이는 렌가連歌 시인이기도 했던 니조 요시모토(1216~1270)이다. 남북조 시대의 와카 가인이자 승려였던 돈아敦阿와 주고받은 『우문현주愚問賢註』에 이은 와카 이론서로, 니조파 와카 가인들 사이에서 높이 평가되었다. 특히 이 책은 14세기 후반의 와카 가단을 대표하는 가인들을 실제적인 입장에서 비평한 것이 특징이다.

책 이름은 『만요슈』 이후의 와카 스타일, 곧 풍체風體를 설명한 후지와라노 도시나리의 『고금풍체초』를 본떠 지은 것이다.

1387년 11월 무로마치 막부의 최고 의결 기관인 단고노카미丹後守 마쓰다 사다히데松田貞秀를 위해 저술해 증정했다고 한다. 그 이듬해 1월 벤노 나이시弁内侍에게 준 다른 계통의 이본도 전해지고 있다. 니조 요시모토는 간파쿠이자 좌대신이었던 니조 미치히라二條道平의 아들로, 원래는 고다이고 천황을 모셨으나 남북조가 분열된 이후에는 북조의 고곤인光嚴院 이하 6대를 모시며 태정대신이 되었고, 간파쿠 섭정을 하기도 했다. 궁중 문화의 전통을 계승한 당시 최고의 권위자로 폭넓고 다양한 활동을 펼쳤다. 이 책의 특징은 14세기 후반을 대표하는 와카 가인들을 실제적인 입장에서 비평했다는 점이다. 그러나 와카의 이론적 측면에서 보면 니조파二條派의 이론을 반영한 데 지나지 않아 신선미가 떨어진다.

와카 가인 비평서

책의 첫머리에서 니조 요시모토는 그때까지 자신의 와카를 지도해 주었으며 와카 가단의 친구이기도 했던 와카 가인들 각각에 대한 논평을 시도했다. 그는 먼저 당시 와카의 딜인으로 일컬어졌던 돈아, 게운慶運, 겐코兼好 세 사람을 다음과 같이 평했다.

돈아의 와카에 담긴 풍정은 유현(고상하고 우미)하며 표정이 매끄럽고 과장되지 않았다. 모든 작품이 뛰어나 와카를 읊는 자리에 함께 있어 본 사람이라면 누구라도 감동했을 것이다.

게운은 장중한 느낌의 와카를 좋아하며 다른 누구보다도 예스럽고 기품이 높은 취향을 지녔다. 정취는 조금 고풍스럽지만 와카의 표현과 내용에 잘 드러나 있어 귓전에 시구가 머물러 있는 것만 같다. 다메사다 다이나곤爲定大納言(니조 다메요二爲世의 손자로 다메미치爲道의 아들)은 특히 게운의 와카를 크게 칭찬하기도 했다.

겐코는 이 세 사람 가운데 가장 뒤떨어진 와카 시인으로 여겨지나, 사람들 입에 오르내리는 와카가 많다. 예를 들어 "하늘을 떠돌다 해가 저물어 저 구름 끝에 머물 집 없거든 다시 수도로 돌아오렴, 봄 기러기야"라는 노래는 돈아와 게운도 높이 칭찬했다. 겐코의 와카는 약간 하이카이俳諧(골계미가 있는 와카) 풍을 띠나 그 수는 그리 많지 않다.

위의 세 사람에 조벤淨辨(게운의 아버지)을 더해 와카 사천왕이라 부르며, 자작 와카의 구절에서 이름을 따와 '사와다澤田의 돈아', '아시오하芦葉의 조벤', '스소노裾野의 게운', '다마쿠라手枕의 겐코'라고 이름 지었다. 이들 모두 이조 다메요(후지와라 데이카의 아들인 다메이에의 손자)의 문인들이다.

요시모토는 와카 연회에 때때로 돈아와 게운, 겐코를 초청해 자신이 읊은 와카 100수에 대한 품평을 듣기도 했다. 특히 돈아를 좋아해 그의 가르침을 자주 받았다. 돈아는 니조파의 정통을 잇는 와카 시인으로 높이 존경받았으며, 그의 와카집 『초암집草庵集』은 와카의 모범으로 간주되었다. 한편 겐코는 오늘날 와카 시인으로서보다 수필집 『도연초徒然草』의 지은이로 더 유명하다.

요시모토는 이어서 와카 가인 집안 사람들을 비평했다.

다메사다 다이나곤의 와카는 더할 나위 없이 기품과 여유가 있으며 장중하다. 그러나 반면 매우 기교를 부린 와카도 있다. 당대 최고의 와카 시인으로 편벽한 사고방식에 구애를 받지 않았던 인물이다.

다메아키爲明 경(니조 다메후지爲藤의 아들, 다메사다의 사촌)은 태어나면서부터 천부적인 자질을 타고난 와카 가인은 아니었지만, 오로지 와카만을 고집하며 정진한 사람으로 여겨질 만큼 와카를 잘 지었다. 질서정연하고 어딘가 고풍스러운 분위기를 자아내는 데 특히 뛰어났다.

생각지도 못하고 있었도다. 내 전문인 와카를 물으면 좋으련만 아무것도 모르는 세상일을 물어오니.

思ひきやわが敷島の道ならでうき世のことを問はるべしとは

겐코元弘의 난● 때 음모를 꾸민 혐의로 체포되었는데, 이 노래를 읊어 사면되었다고 하여 매우 유명해진 노래이다.

다메타다爲忠(다메아키의 동생) 경은 천부적인 와카 명인은 아니지만 공식적인 장소에서 읊은 와카 중에는 좋은 작품이 많다. 다메타다는 와카에 몰두한 전문가답게 옛 와카의 어구와 뜻을 취해 읊는 것을 좋아해 『고금와카집』의 와카를 전부 외웠다.

다메히데爲秀(레제이 다메스케冷泉爲相의 아들) 경은 이렇다 할 와카 스타일이 없으며 일급 와카도 읊지 않았다. 후지와라노 도시나리藤原俊成 이후의 와카를 이상으로 삼으면서도 요즘 와카는 품격이 낮다며 고풍스럽고 기품 있는 노래를 추구했다. 자유롭게 생각이 미치는 대로 언어를 구사하며 읊는 그는 강한 기개를 품고 태어난 인물이지만 부드럽고 온화한 노래가 많다.

다메시게爲重(다메후유爲冬의 아들로 다메사다, 다메아키와는 사촌 간이다) 경은 젊은 시절부터 천부적으로 타고난 품격 있는 와카 가인이었다. 오랫동안 다메사다 경 아래에서 서기 일을 맡아 보았기 때문에 구전과 고실故實에도 대단히 밝았다. 그의 와카에는 언어를 뛰어나게 구사하는 기교가 담겨 있으며, 특히 즉흥적인 와카에서 깊은 정취가 느껴진다.

위에서 거론한 와카 가인들은 레제이 다메히데를 제외하고는 모두 니조 다메요의 손자들이다.

와카를 전문으로 하는 가문은 가마쿠라 시대 후기로 접어들면서 니조 가문과 교고쿠京極 가문, 레제이 가문으로 나뉘었다. 이 세 가문은 여러 면에서 서로 대립했는데, 특히 니조 가문은 후지와라노 다메이에의 평탄하고 담백한 풍조를 지켰고, 교고쿠 가문과 레제이 가문은 그에 만족하지 않고 혁신적인 풍조를 추구했다. 남북조 시대가 되어 정치적인 항쟁으로 이어지면서 세 집안의 세력 다툼은 한층 더 복잡해졌으나, 결국은 아시카가足利 쇼군 가문과 손을 잡은 니조 가문이 주도권을 장악했다. 이 시대의 칙찬집 가운데 혁신파가 만든 것은 『풍아집風雅集』(고곤인 光嚴院 편찬)뿐이며, 이어서 나온 『신센자이와카집新千載和歌集』(다메사다 편찬), 『신습유 와카집新拾遺和歌集』(다메아키 편찬), 『신후습유 와카집新後拾遺和歌集』(다메토오爲遠와 다메시게 편찬) 등은 니조파 문인들이 만든 것이다.

니조 요시모토는 스승인 다메사다를 중심으로 정기적인 와카 연회를 개최했으며, 다메히데가 참가한 대규모 우타아와세 연회도 자주 개최하는 등 남북조 시대 와카 가단의 후원자 역할을 하기도 했다. 따라서 그의 비평은 비교적 시야가 넓고 공평하다고 할 수 있다.

그러나 와카의 스타일에서는 돈아나 다메시게의 견해를 추종했을 뿐, 자신의 새로운 스타일은 보여 주지 못했다. 요시모토는 『신고금와카집』은 감상할 점이 많은 와카집이지만 초보자용이라고는 말할 수 없기 때문에 오히려 다메이에가 편찬한 『속후찬 와카집續後撰和歌集』이나 다메후지(다메요의 아들)와 다메사다 등의 와카 100수를 모범으로 삼아야 한다고 했다. 또 와카의 스승으로는 다메토오 또는 다메시게가 좋을 것이라고 추천했다. 요시모토의 이러한 입장은 어디까지나 니조파의 입장에 기초한 것이었다.

그리고 이 책은 이후에 단편적으로 혼우타도리本歌取り(선인들의 와카를 본떠 자신의 와카를 읊는 것)와 정해진 제목을 가지고 와카를 읊는 다이에題詠 등 와카 제작에 관한 방법과 지식도 서술했다.

NOTES

● **겐코元弘의 난** : 가마쿠라 막부를 타도하기 위해 고다이고 천황이 귀족들과 손을 잡고 일으킨 정변, 겐코 원년인 1331년에 일어났다.

한음집
(閑吟集)

무로마치 시대 중기에 편찬된 가요집. 편찬자는 렌가 시인 소초宗長라는 설이 있으나 확실하지 않다. 『고금와카집』을 본떠 책의 첫머리에 한자로 쓴 마나眞名 서문과 히라가나로 쓴 가나 서문을 넣었다. 수록된 와카의 수는 311수로, 크게 춘·하·추·동·연戀으로 분류되어 있으며, 내용에 따른 어구의 이어짐에 맞추어 구성했다.

INTRO

무로마치 시대의 가요집으로, 1518년에 쓰였다. 편찬자는 알려져 있지 않으나 서문에 보면 지은이가 자기 자신을 '한 광객' 또는 '승려'라고 부르고 있는 것으로 보아 출가한 은자로 추측된다.

이 가요집은 여러 지방에서 불리고 있던 각종 가요를 채집한 것으로, 이 방면으로는 현재까지 전해지는 것 중 가장 오래된 책이다. 수록된 가요의 수는 311수로 『시경』을 본떴으며, 그 가운데 4분의 3은 고우타小歌●가 차지한다. 야마토 사루가쿠大和猿樂의 요쿄쿠謠曲의 한 구절을 노래한 야마토부시大和節와 연회곡의 한 구절을 고우타 식으로 잘라 내어 부른 하야우타 早歌, 덴가쿠부시田樂節, 음구吟句 등이 수록되어 있다.

고우타는 형식이 매우 자유로워 당시 유행하던 와카의 절반 길이에 해당하는 7·5·7·5조에서 근세의 7·7·7·5조까지 여러 종류가 있다. 히토요기리一節切(피리의 한 종류)가 반주 악기로 사용되었다.

내용은 연애 노래가 중심을 이루며, 군더더기 없는 표현에서는 도시적인 세련된 감각이 드러난다. 제아미世阿彌●의 작품과 교겐狂言 그리고 고잔五山 문학, 『겐지 모노가타리』, 『고금와카집』, 『신고금와카집』 등과 연관성을 보이며, 이들 내용의 일부를 고우타의 감각과 발상으로 바꾼 것들도 보인다.

가나 서문에 따르면 『한음집』은 일찍이 편찬자가 샤쿠하치尺八(퉁소와 비슷한 피리의 한 종류)를 벗삼아 자연 속에서 방랑하며 도시와 시골의 연회에 참가해 사람들과 함께 불렀던 가요를 한데 모은 것이라고 밝히고 있다. 고우타는 연회를 통해 세련되었다고도 할 수 있는데, 『한음집』에는 여성, 특히 기녀의 입장에서 불린 것으로 여겨지는 노래들이 많다.

이 책은 훗날 등장하는 류다쓰 고우타隆達小歌●에 많은 영향을 주었으며, 에도 시대 가요의 원류가 되었다. 류다쓰 고우타의 특징은 에도 시대의 가요보다 언어 감각이 세련되었고, 더욱이 유형적인 발상에 빠지지 않으면서 자연의 신선한 이미지를 표현한 자유로운 언어 구사이다.

고우타는 무로마치 시대의 민중 문화를 자연과 일체된 생활 감정과 교양 있는 언어 감각으로 짧은 표현 형식 속에 훌륭히 표현해낸 문예 장르이다.

> 꽃무늬 비단옷 속저고리 띠 풀고 몸을 포갰다.
>
> 가느다란 버느나무 실가지처럼 흔들리는 이 마음,
>
> 어찌 잊으리, 헝클어진 머리의 그대 얼굴.
>
> 花の錦の下ひもは、解けてなかなかよしなや.
>
> 柳ののれ心、いつ忘れうぞ、寝れ髪の面影.

세련된 에로티시즘으로 가득한 첫머리에 등장하는 이 고우타는 『한음집』의 특징을 집약적으로 보여 준다. 아마 주연이 베풀어진 자리에서 기녀들이 흥얼거린 노래일 것이다.

"새 차가 든 차 항아리여, 넣고 나니 이쪽을 모른 체하네, 이쪽을"이라는 노래처럼 포르노라고 할 만한 노래도 몇 수 들어 있다. 그 노골적인 화법이 아슬아슬하면서도 타락하지 않는 것은 '새 차'라는 신선한 표현 때문이다. 불필요한 말을 극도로 아낀 도회적 감각이 산뜻하다.

> 위쪽 숲에는 새가 살고 있겠지. 꽃이 지겠구나.
>
> 새 쫓는 딸랑이 울려 꽃에 맴도는 새 쫓네.
>
> 上の林に鳥か住むやらら. 花が散りそう.
>
> いざさらば、鳴子をかけて、花の鳥追はう.

이렇게 명랑하고 담백하게 자연을 노래했지만 해석에 따라서는 사랑의 유희를 뜻할 수도 있다. 밝은 이미지의 저 깊은 바닥에 어떤 퇴폐의 정조情調 같은 근심이 흐르고 있다.

아무 일도 아닌가, 아무 일도 아닌가. 뜬구름 같은 세상 풍파에 흔들리는 이 파리 하나여.
なにともなやなふ なにともなやなふ 浮き世は風波の一葉よ.

어찌 된 일인가, 흐려지는 한때의 꿈이여. 그저 미쳐 갈 뿐.
なにせうぞ, くすんで. 一期は夢よ. ただ狂へ.

이 세상을 살아가는 건 정처 없는 일이다. '근심스러운 세상(憂き世, 일본어로 '우키요'라고 읽는다)'이 '뜬구름 같은 세상(浮き世, 이 단어 역시 '우키요'라고 읽는다)'과 겹쳐지다가 '뜬구름 같은 세상' 쪽으로 많이 기울었다. 사람의 일생이 '꿈' 그 자체라면 차라리 미친 채 즐겁게 살면 될 것이 아닌가.

사람들이 거짓으로 살아가는 세상에서 어째서 제비만이 진실을 논하는 얼굴을 하고 있는가.
人は虚にて暮す世に, なんぞ燕子が實相を談じ顔なる.

사람들은 온통 거짓말이나 하고 살며 있는 이 세상에서 어째서 제비가 영원의 진실 따위와 같은 철학을 논하는 듯한 얼굴을 하고 있는가라는 의미이다. '제비가 진실을 논한다'라는 표현은 고잔ㅍ山(선종에서 최고로 치는 5개의 큰 절)의 선승들이 즐겨 쓰던 표현이다. 그것을 비꼬아 사람들의 생활을 풍자한 것이다.

이 고잔의 한시와 『한음집』이 관계가 있다는 것은 다음과 같은 여러 수의 시가 수록되어 있다는 사실로 알 수 있다.

> 그저 드러누워 매화와 달을 노래할 뿐, 성불에 정토왕생은 모두 거짓이라네.
>
> 只吟可臥梅花月 成佛生天摠是虛.

그저 매화와 달에 대한 노래나 읊고 있으면 되는 것이다. 성불이나 하늘에 태어나는 것 따위는 모두가 거짓이다. '허虛'에는 덧없음이라는 의미와 거짓말이라는 의미가 겹쳐 있다. 이는 고우타가 아니라 음구吟句라고 하는 것인데, 이 시대의 노래는 이러한 것까지 담겨 있었다.

이어서 불길한 분위기와 언어 감각이 아름답고 슬픈 시를 만들어 낸 몇 가지 사례를 소개하겠다.

> 사람 사러 온 배가 앞바다로 저어 가네. 아무래도 팔릴 몸, 그저 조용히 노 저어 주오, 뱃사공이여.
>
> 人買ひ舟は沖をこぐ. とても賣らるる身を, ただ静かに漕げよ, 船頭殿.

아마 기녀로 팔려 가는 여인이 체념 속에 약간의 원망을 담아 노래한 듯하다. 살아 있는 감정의 절규는 그대로 받아들이지 않을 수 없다.

> 포구로 배가 들어가려는 듯, 중국식 배의 긴 노 젓는 소리 스르륵, 부드럽기

만 하네.

湊へ舟が入るやらう. 唐艫の音が, ころりからりと.

이국의 정취가 물씬 풍긴다. 지은이는 스스로 동경하는 그 무엇인가를 노 젓는 소리에 함축시켰다.

이별이 서러워 나가 보니 산속에 뾰족한 삿갓만 멀리 보이는구나.

名殘りおしさに, 出でてみれば, 山中に, 笠のとがりばかりが, ほのかに見え候.

뒷모습 보고 있자니 안개가 서리네, 아침 안개인가.

うしろ影を見んとすれば, 霧がなう, 朝霧が.

이 두 수는 모두 함께 밤을 보낸 사랑하는 남녀가 아침이 되어 헤어지는 순간을 여자 쪽 입장에서 노래한 것이다. 남자와 이별하는 아침의 에로틱한 감정이 '뾰족한 삿갓'과 '안개'라는 말에 선연히 녹아 있다.

NOTES

고우타小歌 : 무로마치 시대에 불린 가요로, 서민적이고 단시 형태를 지녔다. 민간에서 불리기 시작해 상류층에서도 유행했다.

제아미世阿彌 : 1363?~1443?. 무로마치 시대에 일본의 전통 가무악극인 '노能'를 우아한 예술로 완성시켜 예술론의 초석을 다졌다. 『풍자화전風姿花傳』, 『화경花鏡』 등 16부작에 이르는 예론서를 남기기도 했다. 또한 쓰는 작품마다 흥행에 성공했으며, 자신도 수많은 귀인의 총애를 받는 간판 연기자였다.

류다쓰 고우타隆達小歌 : 류타쓰부시隆立節라고도 한다. 에도 시대 초기의 유행가로, 오사카의 센슈사카이泉州堺에 있는 니치렌종 절의 승려 류다쓰(1527~1611)가 창작한 고우타이다. 1600년 무렵에 유행해 근세 고우타의 원류가 되었다.

8장

극문학

가부키
노
조루리

에도 시대에 꽃을 피운 무대예술

극문학의 발생 — 요쿄쿠

일본 연극의 발생은 『고사기』와 『일본서기』에 등장하지만, 연극성과 문학성을 두루 갖춘 극문학의 발생은 중세에 이르러서이다. 헤이안 시대 말기부터 시작된 사찰 예능인 엔넨延年(큰 절에서 대규모 법회를 마친 다음 승려와 어린아이들이 펼쳤던 예능의 총칭)에는 문답 형식으로 짜인 연극 대본의 형태가 보이기 시작했다. 그러나 그것은 단순한 대사나 지문 정도였을 뿐, 정식 극문학이라고 할 수 없는 것이었다.

일본 극문학의 시작은 덴가쿠田樂(모내기 때의 가무음곡을 예능화한 것)와 엔넨의 노能(가무극)에 창의적인 발상을 더해 창작된 사루가쿠猿樂
●의 대본인 요쿄쿠謠曲이다. 이 요쿄쿠는 야마토 사루가쿠大和猿樂의 한 부류인 간제좌觀世座를 결성한 간아미觀阿彌의 등장으로 크게 발전했고, 그의 아들 제아미世阿彌에게 계승되었다.

간아미는 「지넨코지自然居士」, 「소토바고마치卒都婆小町」, 「가요이고마치通小町」 등 10여 편의 명작을 남겼고, 제아미는 「이즈쓰井筒」, 「다카사고高砂」, 「기요쓰네淸經」, 「도오루融」 등 20편이 넘는 작품을 후세에 전하며 유현의 경지에 도달한 것은 물론, 『화전서花傳書』 등 20여 송의 예능 이론서를 남겼다.

제아미의 뒤를 이은 작가는 그의 사위 곤파루 젠치쿠金春禪竹와 조카 온

아미豦阿彌의 아들 간제 노부미쓰觀世信光이다.

특히 노부미쓰는 「아타카安宅」, 「후나벤케이船辨慶」 등 연극성이 높은 노의 세계를 개척했다. 이 후계자들은 간제觀世 ·호쇼寶生 · 곤파루金春 · 곤고金剛의 4개 좌 및 기타유喜多流 파와 함께 오랫동안 도쿠가와德川 가문의 비호를 받았으며 오늘날까지 예술적 명맥을 이어 오고 있다. 아울러 이들의 활동을 통해 요쿄쿠는 극문학 분야에서 가장 먼저 각광을 받았다.

노와 교겐

한 편의 노 속에 교겐이 담당하는 부분이 있는 것을 보아도 알 수 있듯 노와 교겐(익살스러운 대사극)은 처음부터 함께 공연되었다. 이후 교겐은 노보다 연극성이 농후한 예능으로 발달했다. 요쿄쿠는 음악성이 강하고, 운문적이며, 교겐은 즉흥적인 대사를 사용해 웃음을 자아내게 하는 요소가 많다. 그러나 교겐에 처음부터 대본이 있었던 것은 아니다. 시작은 즉흥적인 문답 형식이었으며, 줄거리를 글로 적어 남기면서 대본으로 정착한 것이다. 16세기 후반 덴쇼天正 시기의 교겐본을 보면 100여 가지의 줄거리가 간략한 형태로 기록되어 있을 뿐이다. 현존하는 교겐의 대본은 에도 시대에 들어와 작성된 것이어서 지은이도 대부분 알려져 있지 않으며, 현재 전하는 지은이도 완전히 정확한 것은 아니다.

노부나가가 즐겨 부른 고와카마이

노·교겐과 동시대에 탄생한 또 다른 연극으로는 고와카마이幸若舞가 있다. 옛이야기에 리듬을 붙여 노래를 부르며 춤을 추는 구세마이曲舞라는 예능이 가마쿠라 시대부터 무로마치 시대에 걸쳐 성행했는데, 간아미도 이를 받아들여 노의 중심 부분에 삽입했다. 고와카마이는 이러한 구세마이의 일파로 여겨진다. 고와카마이의 대사는 마이노혼^{舞本}, 마이구세^{舞曲} 등으로 불렸고, 대부분이 판관이나 빈민층에 관한 이야기이다. 전국 시대의 무장 가운데 특히 오다 노부나가^{織田信長●}가 이를 애송해 오케하자마^{桶狭間}의 전투●가 이루어지기 전날 밤에 「아쓰모리^{敦盛}」의 한 구절에 맞춰 춤을 추어 사기를 고취시켰다는 일화는 매우 유명하다. 그러나 연출에서는 연극적 발전이 그다지 보이지 않는다.

조루리와 가부키의 탄생

근대에 들어 새롭게 발생한 연극으로는 조루리^{淨瑠璃}와 가부키^{歌舞伎}를 들 수 있다. 조루리는 중세 중엽에 비파 법사(비파를 연주하며 이야기를 들려주는 맹인 승려)들이 들려주었던, 미카와^{三河} 지방에 전해지는 전설인 조루리히메 모노가타리^{淨瑠璃姬物語}가 환영을 받았다. 그 이후 그러한 종류의 음곡을 조루리라고 부르게 되었다. 그 후 비파가 류큐^{琉球}(현재의 오키나와) 지방에서 건너온 샤미센^{三味線}(선이 3개인 현악기)으로 바뀌고, 근세 초기에는 인형극과 제휴해 흥행을 누렸다. 겐로쿠^{元祿} 연간(1688~1704) 이전의 고조루리^{古淨琉璃}에서는 수많은 이야기꾼들이 다양한 말투를 선보였고, 저마다 흥하기도 하고 망하기도 했다. 다케모토 기타유^{竹本義太夫}는 그들의 장점만을 집대성해 고조루리와는 구별되는 독자적인 이야기 전달 방식인 기다유부시^{義太夫節}를 창안해 오늘날까지 전한다.

그러나 이 역시 겐로쿠 시기의 가부키와 교겐, 조루리의 작가였던 지카마쓰 몬자에몬^{近松門左衛門}이 쓴 수많은 명작에 의해 이룩된 것이라고 해도 과언이 아니다. 지카마쓰는 고조루리 작품에서 출발했으며, 한때는 가부키의 명배우 사카타 도주로^{坂田藤十郎}를 위해 가부키 각본을 썼다. 하지만 도주로의 체력이 약해져 더 이상 공연을 할 수 없게 되자 다시금 조루리에 전념했다. 『소네자키신주曾根崎心中』가 재정 위기에 빠진 다케모토좌竹本座를 구해 내면서 이른바 세와조루리世話淨瑠璃(세상을 떠들썩하게 한 사건을 다룬 내용)라는 새로운 분야가 개척되고, 『호리카와나미노쓰즈미堀川波鼓』, 『메이도노히캬쿠冥途飛脚』(저승의 전갈자) 등의 작품이 잇달아 발표되었다. 기다유가 죽은 뒤에 다케모토좌를 살려 낸 기사회생의 묘약은 『국성야합전國性爺合戰』이었다.

다케모토좌에 대항하던 도요타케좌豊竹座는 기노 가이온紀海音의 작품을 걸었지만, 지카마쓰 몬자에몬의 『신주요이고신心中宵庚申』에 앞서 상연한 『신주후타쓰하라오비心中二ッ腹帶』가 흥행적으로 인기를 끈 것 외에는 지카마쓰를 뛰어넘는 명작을 탄생시키지 못했다. 지카마쓰가 죽은 뒤의 다케모토좌는 다케다 이즈모竹田出雲 부자가 2대에 걸쳐 이끌어 갔다. 거기에 나미키 소스케竝木宗輔와 미요시 쇼라쿠三好松洛가 합작한 작품이 성공을 거두었는데, 특히 『스가와라덴주테나라이카가미菅原傳授手習鑑』, 『요시쓰네센본자쿠라義經千本櫻』, 『가나데혼 주신구라假名手本忠臣藏』의 3대 명작은 가부키에도 전해져 가부키와 조루리의 공동 재산으로 오랜 생명을 유지하게 되었는데, 이것이 이른바 조루리 전성시대이다.

그다음 세대를 짊어진 지카마쓰 한지近松半二는 조루리 분야의 마지막 명작가로서 『본조24효本朝二四孝』, 『게이세이아와노나루토傾城阿波の鳴門』, 『이모세야마온나테이킨妹背山婦女庭訓』, 『신판우타자이몬新版歌祭文』, 『이가에치도추스고로쿠伊賀越道中雙六』 등의 걸작을 낳았다. 그러나 이후에는 뒤를 이을 인재가 나타나지 않아 선인들이 남긴 유산의 재연으로 흥행의 명맥을 유지해 갔다. 다케모토좌와 도요마쓰좌가 없어지고 난 뒤의 근세 후기는 아와지淡路 출신의 우에무라 분라쿠켄植村文樂軒이 오사카로 진출해 분라쿠文樂라는 이름이 인형 조루리의 대명사로 통용되게 되었다.

가부키의 변천사

가부키의 시조로 일컬어지는 전설적인 인물 이즈모노 오쿠니出雲阿國가 여성의 몸으로 지방에서 수도 교토로 올라와 많은 추종자들을 얻을 수 있었던 것은 달인의 솜씨를 지닌 예능적 재능 때문이다. 여자 가부키女歌舞伎와 유녀 가부키遊女歌舞伎가 성행하게 되었을 때 막부가 이를 금지했을 만큼 어마어마한 인기였다. 이를 대신해서 등장한 와카슈(미소년) 가부키若衆歌舞伎도 곧바로 금지되어 야로(성인 남자) 가부키野郎歌舞伎로 바뀌었다. 가부키 각본의 형식은 겐로쿠 시기에 비로소 성립되었다.

지카마쓰의 작품인 가부키 교겐『게이세이호토케노하라傾城佛の原』,『게이세이미부다이넨부쓰傾城壬生大念佛』나, 에도에서 교겐 작가를 겸하고 있던 초대 이치카와 단주로市川團十郎가 쓴『산카이나고야參會名護屋』등은 모두 삽화가 들어 있는 교겐본을 통해 그 내용이 널리 알려졌다. 삽화를 삽입한 각본 형태의 책이 비록 적은 양으로나마 간행되었던 것은 겐로쿠 시대로부터 100년이 지난 안에이安永 시대 이후의 일이다. 현존하는 가부키 각본은 대부분 필사본으로 남겨진 것들이다.

인형 조루리가 한창 성행했을 때 가부키는 그 기세에 눌려 조금 침체되었지만, 조루리 작가에서 가부키 작가로 전환한 나미키 쇼조並木正三를 비롯해 나미키 고헤이並木五瓶, 나가와 가메스케奈河龜輔 등의 교겐 작가들이 배출되어 나미키 고헤이의『긴몬고잔노기리金門五山桐』등의 중요한 작품을 게이한(교토와 오사카) 가부키京阪歌舞伎에 선보임으로써 가부기를 유행시켰다.

에도 가부키江戸歌舞伎의 희곡 형식도 점차 안정되어 초대 이치카와 단지로 이래 대대로 단주로 집안에 계승되어 온 아라고토게이荒事藝(괴력의 소유자인 무사나 괴물의 거친 활약상을 부각시킨 가부키 연출 양식) 중 「시바라쿠暫」, 「나리카미鳴神」, 「스케로쿠助六」, 「간진초觀進帳」 등이 가부키 18번으로 정착했다. 가세이化政 연간 이후의 극단계는 출세작인 『덴지쿠 도쿠베이코쿠 이야기天竺德兵衛韓噺』와 대표작 『도카이도요쓰야 괴담東海道四谷怪談』으로 유명한 제4대 쓰루야 난보쿠鶴屋南北와 『3명의 기치사의 유곽 첫나들이三人吉三廓初買』 등으로 알려진 2대 가와타케 신시치河竹新七(모쿠아미默阿彌) 등이 활약해 에도 시대 최후의 극문학을 더욱 매력적인 것으로 만들었다.

그러나 메이지 시대로 접어들어 연극개량운동이 일어나자, 비속하고 음탕한 것으로 여겨졌던 가부키는 귀족 신사들이 관람하기에 적당치 않다는 이유로 대대적인 개혁의 대상이 되었다. 그러한 시류에 편승해 상연된 것이 시대 고증을 정확히 한 활력극活歷劇이었다. 가와타케 모쿠아미도 고민 끝에 이를 따르지 않을 수 없었으나 결국 무미건조한 활력극은 일반 관람객들의 환영을 받지 못했고, 연극개량운동도 실패로 끝났다.

NOTES

사루가쿠猿樂 : 헤이안 시대의 예능으로, 희극적인 내용이나 말 재담, 재미있는 동작을 곁들인 즉흥적인 공연을 말한다. 훗날 노와 교겐으로 발전했다.

오다 노부나가織田信長 : 1534~1582. 후지와라藤原 씨 출신의 무사로, 아시카가 막부를 무너뜨리고 일본 전체의 절반 정도를 자신의 지배하에 통일시켜 오랜 봉건 전쟁을 종식시켰다. 사실상의 전제군주로서 중앙정부를 안정시키고 전국 통일의 밑거름을 조성했다.

오케하자마의 전투桶狹間の合戰 : 1560년 오케하자마에서 오다 노부나가가 이마카와 요시모토今川義元를 기습해 패배시킨 싸움이다.

요쿄쿠집
(謠曲集)

요쿄쿠는 일본 고전극에서 첫 번째로 꼽는 가무극 노能에 사용되는 대본이다. 노는 무로마치 시대에 성행한 지우타이地謠(일종의 코러스)와 하야시囃子(배경음악)를 곁들인 가무 중심의 품격 높은 연극을 말한다. 7·5조의 아름다운 글에서는 고전적 정취가 풍긴다. 중세의 이야기나 전기물, 설화 등에서 소재를 따온 내용이 대부분이다. 지은이로 간아미觀阿彌, 제아미世阿彌와 곤파루 젠치쿠金春禪竹 등을 꼽을 수 있다.

INTRO

노는 교겐과 함께 사루가쿠라고 불리는 예능자 집단에 의해 탄생한 뒤 계속 발전해왔다. 한때 사루가쿠보다 성행했던 덴가쿠田樂●의 노를 포함해 다양한 유파의 가무극들이 흥망성쇠를 거듭한 끝에 15세기 이후에 야마토 지방의 사루가쿠좌猿樂座, 특히 그 가운데에서도 훗날 간제좌觀世座에서 배우이자 작가로 활약한 천재 부자父子 간아미와 제아미가 3대 쇼군 아시카가 요시미치足利義滿의 후원을 받아 가면서 타의 추종을 불허하는 위상을 쌓아 올렸다.

막부의 공인을 받은 야마토 4개 좌와 함께 에도 시대에 들어 추가로 공인을 받은 1개 좌, 곧 간제觀世, 호쇼寶生, 곤파루金春, 곤고金剛, 기타喜多의 5개 좌를 노가쿠 5류能樂五流라고 하며, 이들을 중심으로 오늘날까지 노가 전승되고 있다.

요쿄쿠의 서序·파破·급急의 이론은 무로마치 시대 초기에 노를 완성시킨 제아미에 의해 구성 원칙으로 자리 잡았다. 다시 말해 요쿄쿠는 서序(첫머리 부분)·파破(세밀한 표현이 진행되는 주체 부분)·급急(진행 속도가 빠른 결말 부분)의 3부분으로 구성되는 것이 좋다는 것이다. 이 이론은 하나의 노 작품을 서·파(전단·중단·후단)·급의 5단으로 구성하는 것을 표현의 근본 원칙으로 한다. 노가 여러 번에 걸쳐 조합되어 하나의 프로그램으로 이루어질 때에도 이 이론이 적용된다.

1번 형식 : 와키노모노脇能物(신이 태평을 구가하는 내용) → 서

2번 형식 : 수라모노修羅物(무사의 싸움을 소재로 한 내용) → 파

3번 형식 : 가쓰라모노鬘物(여인을 주인공으로 삼은 내용) → 파

4번 형식 : 욘반메모노四目能物(원한을 소재로 한 내용) → 파

5번 형식 : 기리노모노切能物(악귀를 주인공으로 삼은 내용) → 급

와키노모노는 프로그램의 가장 서두에 오는 것으로 신에게 격식을 갖춘 내용이고, 수라모

노는 군사적인 내용으로 대부분의 등장인물이 미나모토 씨와 다이라 씨의 무사들이다. 대개 수라도修羅道의 고통을 참지 못해 그 혼백이 이 세상에 돌아와 승려에게 성불, 회향할 수 있도록 간청한다는 것이 대부분이다. 가쓰라모노는 여자에 대한 내용으로, 여자 역으로 분장할 때 여자 가면을 쓰기 때문에 유현한 정취를 나타내는 경우가 많다. 욘반메모노는 잡다한 내용을 한데 모은 것이어서 유현한 정취는 부족하지만 극적인 요소가 풍부해 근대적인 관심이 매우 높다. 기리노모노는 프로그램의 결말 부분에 놓이는 것으로 내용 자체가 대단원을 향해 박차를 가하는 부분이기 때문에 진행이 급박하다.

요쿄쿠 작가는 거의 대부분이 초기의 노 배우들이었던 것으로 추측된다. 간아미와 제아미 부자는 탁월한 연기자였을 뿐만 아니라 뛰어난 작가였다. 특히 제아미는 이론가이기도 했다. 오늘날 노의 원형은 간아미가 대성하고 제아미가 계승한 것이다.

서왕모西王母 — 1번 형식

주나라의 목왕穆王●은 평화롭고 아름다운 세상을 만들기 위해 늘 백성의 마음을 헤아리며 정치를 행하는 왕이었다. 그래서 나라 안은 평온했고, 백성들의 생활도 풍요로웠다.

어느 날 왕은 천하태평의 봄날을 마음껏 즐기기 위해 꽃이 피고 작은 새들이 지저귀는 아름다운 정원에서 신하들과 함께 거닐고 있었다. 그런데 갑자기 젊은 여인이 손에 복숭아나무의 가지를 들고 나타나 "3000년에 한 번 꽃이 피고 열매를 맺는 복숭아꽃입니다"라고 하며 그것을 왕에게 바쳤다. "신선 나라의 선녀인 서왕모의 정원에 있는 복숭아나무가 3000년에 한 번 꽃을 피우고 열매를 맺는다고 하는데 이 나무가 바로 그 복숭아나무인가?" 하고 왕이 물었다. 그러자 그 여인은 자신이 바로 그 서왕모라고 이름을 밝히고 복숭아를 가지고 오겠노라고 하며 황금빛 용을 타고 하늘로 사라졌다.

왕과 신하들은 깜짝 놀랐지만 그 여인의 말을 믿고 음악을 들으며 기다렸다. 그러자 과연 말로 이루 표현할 수 없는 향기와 함께 공작과 봉황에 둘러싸인 서왕모가 나타났다. 그리고 "열매 하나에 3000년의 수명이 담긴 이 복숭아를 잡수시고 부디 오래도록 이 나라의 백성들을 행복하게 해 주십시오"라고 말하며 복숭아가 담긴 옥 쟁반을 왕에게 바치고는 오색구름을 타고 하늘로 사라졌다.

날개옷 — 3번 형식

따사롭고 화창한 춘삼월의 어느 아침이었다. 스루가 지방의 미호노마쓰바라 해안가 근처에 살고 있던 어부 하쿠료白龍가 밤낚시를 갔다가 돌아오는 길에 솔밭을 지나는데 어디선가 그윽한 향기와 함께 아름다운 음악 소리가 들려왔다. 이상하다고 생각한 하쿠료가 주위를 살펴보니 소나무 가지에 이제껏 본 적이 없는 아름다운 옷이 걸려 있었다.

하쿠료가 그 옷을 가보로 삼으려고 가져가려 하자 아름다운 미녀가 나타나 자신은 하늘나라의 선녀로 날개옷이 없으면 하늘나라로 돌아가지 못하니 돌려 달라며 눈물로 호소하는 것이 아닌가. 그래서 하쿠료는 선녀가 춤을 보여 주면 날개옷을 돌려주겠다고 했다. 그러자 선녀는 어디서 흘러왔는지 알 수 없는 퉁소, 피리, 가야금, 공후 등 다양한 악기의 합주에 맞추어 아름다운 노래를 부르며 이 세상의 것이라고는 믿기지 않는 우아하고 기품 있는 춤을 추기 시작했다. 이에 하쿠료가 약속대로 날개 옷을 돌려주자 선녀는 후지 산의 높은 봉우리 저편으로 한 마리 작은 새처럼 날아가 버렸다.

히바리雲雀 산 — 4번 형식

야마토大和와 기이紀伊 지방의 경계선에 있는 히바리 산의 산기슭에 몹시 초라하고 황폐한 집이 있었다. 그곳에는 어리고 아름다운 여자아이가 유모로 보이는 기품 있는 여인과 하인처럼 보이는 남자와 함께 살고 있었다. 마을 사람들은 매일같이 마을로 꽃을 팔러 나오는 유모인 듯한 그 여인을 수도의 미치광이 여자라고 불렀다.

어느 날 여느 때와 같이 꽃을 따서 마을 쪽으로 바삐 걸어가고 있던 그 여인은 매 사냥을 하고 있는 일행과 마주쳤다. 일행 속의 남자들은 꽃을 가지고 있는 그녀의 모습을 보자 노래를 한번 불러 보라고 강요했다.

그때 그 무리의 우두머리로 보이는 사람이 가까이 다가와 그녀를 보더니 "유모가 아니오?" 하며 그녀가 궁궐살이를 했을 때의 이름을 부르고는, 자신이 그때 유모가 모셨던 주조히메^{中將姬}의 아버지인 우대신 요코하기 도요나리^{橫萩豊成}임을 밝혔다. 그러고는 자신이 남의 모함에 빠져 어린 딸을 가쓰라기^{葛城} 산으로 쫓아 버리려고 했을 때 유모와 하인이 이 히바리 산의 산기슭으로 딸을 데려와 숨겨 놓고 꽃을 팔며 근근이 살아가고 있다는 말을 전해 듣고, 매 사냥을 핑계로 딸을 찾으러 온 것이라는 이야기를 털어놓았다.

도요나리의 말을 믿을 수 없었던 유모는 딸은 이미 죽었다고 말했다. 그러자 도요나리가 후회의 눈물을 흘리는 것을 보고 그제야 그의 진심을 알게 된 유모는 딸이 있는 초라한 오두막으로 그를 안내했다.

성성^{猩猩} — 5번 형식

옛날에 중국의 양자 강 연안에 있는 금산^{金山} 기슭의 어느 마을에 고풍^{高風}이라는, 명성이 자자한 효자가 살고 있었다. 그는 어느 날 밤에 마을로 내려가 술을 팔면 큰 부자가 될 것이라는 꿈을 꾸었다. 그래서 꿈속에서 본 대로 술 파는 가게를 시작하자 정말 금세 큰 부자가 되었다.

어느 날, 마을의 명물이 된 고풍의 가게에 낯선 손님이 찾아왔다. 그

손님은 아무리 마셔도 얼굴색 하나 변하지 않았다. 이상하게 여긴 고풍이 그 이유를 물어보자 손님은 자신은 바닷속에 살고 있는 성성이라고 하고는 가게 앞을 흐르는 개천으로 들어가 모습을 감추어버렸다.

꿈에서 본 계시와 성성 사이에 무슨 관계가 있을지 모른다고 생각한 고풍은 성성을 만나기 위해 달 밝은 어느 가을밤 커다란 항아리에 술을 가득 채우고 도양潯陽 강 근처에서 그를 기다렸다. 그러자 달빛이 훤히 비치는 물속에서 바로 그 성성이 나타나 고풍이 찾아와 준 것을 고마워했다. 둘이 함께 술을 마시는 자리에서 성성은 강기슭의 갈댓잎이 나부끼며 스치는 소리를 피리로, 밀려오는 물결 소리를 북으로 삼아 춤을 추기 시작했다.

고풍이 그 모습에 심취해 무아지경으로 바라보자 성성은 만대까지 결코 마르지 않는 술을 이 항아리 속에 넣어 두라는 소리와 함께 순식간에 모습을 감추어 버렸다. 이윽고 고풍이 제정신으로 돌아온 순간 비어 있어야 할 항아리에 술이 가득했고, 그 위로 아름답고 투명한 달그림자가 비치고 있었다.

대장장이 — 5번 형식

칼을 만드는 명인으로 이름이 난 산조三條의 대장장이 무네치카宗近에게 어느 날 칙사가 찾아와, 신비로운 계시를 받은 이치조一條 천황의 명령이라며 천황의 보검을 빨리 만들라고 했다. 보검 정도의 칼을 만들기 위해서는 한쪽에서 망치질을 해 줄 뛰어난 제자가 필요했으나 무네치카에게는 낭상 그만한 수준의 제자가 없었다. 그러나 칙명을 받은 이상 그것은 대단한 명예이므로 어떻게 해서든 만들어 내지 않을 수 없었다. 최선을 다하는 수밖에 없다고 생각한 무네치카는 신명의 가호를 바라며 평소 참배하러 다니던 이나리稲荷● 신에게 기도를 올리기 위해 집을 나섰다.

신사 입구에 거의 다 왔을 때 누군가 무네치카를 부르는 사람이 있어 뒤를 돌아보자 14~15세쯤 되어 보이는 아름답고 인상이 밝은 소년이 서 있었다. 그 소년은 무네치카가 받은 칙명의 내용을 알고 있다면서 야마토 다케루日本武尊(고대 전설의 영웅)의 구사나기草薙 검 이야기로 무네치카에게 용기를 북돋워 주고, 자신이 망치질을 도와 근사한 칼을 만들게 해주겠다고 엄숙히 말을 한 뒤 모습을 감추었다.

무네치카는 그 소년이 이나리 신의 화신이 아닐까 생각하며 급히 집으로 돌아와 칼을 만드는 작업대를 깨끗이 정리했다. 그리고는 흰옷으로 갈아입고 온 정성을 다해 신에게 기원하자 낭랑한 목소리가 들리더니 이나리 신이 나타나 함께 망치질을 해주었다. 대장장이 무네치카와 고기쓰네小狐라는 2개의 이름이 새겨진 고기쓰네마루 검은 이렇게 해서 탄생된 것이다.

NOTES

덴가쿠田樂 : 헤이안 시대에 발생한 것으로, 모내기 때 피리와 북 등을 연주하며 노래하고 춤을 추던 것이 그 시작이다. 이후 모내기 이외의 행사에서도 불리게 되었다. 춤과 노래, 그리고 곡예적인 기예도 포함하고 있어 도시로 건너가 새로운 예능으로 정착되었다.

목왕穆王 : BC 10세기경 주周나라의 제5대 왕이다. 견융을 토벌하다 실패해 제후의 이반을 초래하고, 이때부터 주나라의 덕이 쇠퇴했다고 한다. 법제를 정비하고 영토를 확장해 국력을 확충했다고 한다.

이나리 신稲荷神 : 곡물을 관장하는 신의 총칭이다. 이나리다이묘진稲荷大明神이라고도 한다.

교겐집
(狂言集)

무로마치 시대 이래로 상연되어 온 무대예능 교겐 대본집이다. 교겐은 노 공연의 막간에 공연되며, 웃음을 자아내기 위한 대사와 몸짓 연기로 이루어진 촌극이다. 특정한 작가가 있는 것은 아니며, 인기 있는 작품의 재연 과정에서 각각의 줄거리가 정리되었고, 에도 시대에 정착되었다.

INTRO

교겐은 노교겐能狂言이라고도 한다. 이것은 사루가쿠노에서 웃음거리를 중심으로 한 부분이 독립된 것으로, 오랫동안 같은 무대에서 나란히 공연되어 온 노와 관계가 깊다. 노가 주로 모노가타리나 설화에서 소재를 빌려 와 유명한 인물을 주인공으로 세우는 것에 비해 교겐은 이름 없는 인물이 일상에서 벌이는 소소한 일들에 '웃음'을 넣어 전개하는 것이 대부분이다. 따라서 매우 친근하고 경쾌한 내용으로 노의 막간에 삽입되는 촌극으로 존재해 왔다.

무로마치 시대의 교겐은 몇 명의 연기자들이 사전에 입을 맞춘 줄거리에 따라 당시의 구어체로 연기했으며, 대화의 내용은 그 장소에 맞게 웃음을 자아내는 분위기로 적당히 각색하는 즉흥적인 것이었다. 곧, 연기자의 취향이나 시대에 따라 내용이 바뀌어 왔기 때문에 일정한 형식의 대본이 없었다. 그러나 16세기 후반에 들어 오다 노부나가와 도요토미 히데요시豊臣秀吉● 시대에 야마토 사루가쿠의 4개 좌가 이들의 보호를 받고, 이어 등장한 도쿠가와 막부도 그러한 체제를 계승함으로써 이들 예능인들은 막부로부터 녹을 받는 신분이 되었다. 그리고 도쿠가와 이에미쓰德川家光● 시대에는 교겐의 양식이 확립되고 대본도 글로 정리됨으로써 형식을 갖춘 고전극으로 재등장했다. 에도 시대부터 현재까지 이어져 온 교겐은 오쿠라大藏, 사기鷺, 이즈미류和泉流이다. 제아미는 교겐을 일컬어 비속한 웃음을 배제하고 '웃음 속에 즐거움을 포함하는 것'(『습도서習道書』)이라고 했다.

부자附子 **— 쇼묘교겐**小名狂言

주인 : 저는 이 근처에 살고 있는 자이옵니다. 오늘 일이 있어 산 너머 저쪽 에 가게 되었습니다. 우선 두 녀석을 불러서 집을 잘 지키라고 이야기 를 해 놓을 생각입니다. 어이, 어이, 거기 두 녀석 있는가?

다로와 지로 : 앞에 대령했사옵니다.

주인 : 참으로 빠르기도 하다. 너희를 부른 것은 다른 게 아니다. 내가 오늘 볼일이 있어 산 너머 저쪽에 갔다 오려고 하니 집을 잘 지키고 있거 라.

아 참, 참. 이것은 부자라는 것인데 이것을 맡기고 갈 테니 잘 보고 있 거라. 이것으로 말하자면 이쪽에서 부는 바람을 맞기만 해도 그대로 저승길로 가게 하는 대단한 독이다. 가까이 가지 않도록 하고 집 잘 보고 있거라.

이처럼 주인이 단단히 주의를 주고 외출을 하자, 다로와 지로는 무서 운 독약 때문에 죽을 수는 없다며 부자의 방 쪽으로는 얼굴조차 돌리려 하지 않았다. 그러면서도 그렇게 무서운 독이 어떻게 생겼는지 보고 싶 은 호기심을 참을 수 없어 둘은 그 부자라는 것을 살짝 엿보기로 했다.

독기 머금은 바람을 쐬면 큰일이 난다고 생각한 두 사람은 바람이 반 대 방향으로 불게 열심히 부채질을 해 가며 언제라도 도망칠 수 있는 자 세로 부자 항아리를 향해 살금살금 다가갔다. 그러나 아무렇지도 않았 다. 그래서 큰마음을 먹고 뚜껑을 열자 독이 담겨 있기는커녕 달콤한 냄 새만 났다.

지로가 옆에서 필사적으로 말리는데도 재빨리 손가락으로 찍어 맛을 본 다로가 외친 말은 "이거 정말 맛있어 죽겠다"였다. 주인이 일러 둔 말도 잊은 채 두 사람은 그 달콤한 것을 정신 없이 먹었다. 항아리는 금세 텅 비어 버렸다.

이윽고 정신을 차린 두 사람은 궁리 끝에 주인이 소중히 여기는 족자를 찢어발기고 고급 찻잔을 깨뜨렸다. 그러고는 집으로 돌아온 주인에게 울며불며 "큰 잘못을 저질러 죽음으로써 사죄하고자 부자를 먹었는데도 죽지 않아 다시 항아리가 텅 빌 때까지 먹었으나 결국 죽지 못했습니다"라고 말하고는 달아나 버렸다.

스에히로가리末廣がり — 와키교겐脇狂言

어느 팔자 좋은 사람이 일가친척을 불러 모아 연회를 열기로 했다. 그는 먼저 손님들에게 스에히로가리(부채를 의미함)를 선물해야겠다고 생각하고 다로에게 교토 거리에 나가 사 오라고 시켰다. 난생처음 교토를 구경하게 된 다로는 좋다며 달려갔지만 사실 스에히로가리가 어떤 것인지 몰랐다. 그저 주인이 말한 "고급 종이에 살은 잘 다듬어진 것을 사용하고, 추도 제대로 달려 있으며, 재미있는 그림이 그려져 있는 것을 사오너라"만 머릿속에 새기고 있었다.

교토 거리에서는 다양한 물건을 파는 사람들이 저마다 큰 소리로 외치면서 오가고 있었다. 그것을 보고 있던 다로는 자신도 그들처럼 "이 근처에 스에히로가리를 파는 사람은 없소? 스에히로가리를 사려고 하오"라고 외치며 걷기로 했다. 마침 그곳을 지나가던 그 동네 사기꾼이 이 시골뜨기를 보고 한 건 할 생각으로 다로를 불러세워 낡은 우산을 스에히로가리라고 속여 팔았다. 의기양양하게 돌아온 다로를 보고 주인은 어이가 없어 자신이 말한 내용이 무엇이었는지 다시 한 번 말해 보라고 했다.

다로는 사기꾼이 일러 준 대로 우산을 펴고는 "보시는 대로 좍 퍼지는

것입니다. 종이는 미농지를 사용해서 날씨가 좋은 날에 폈다 접으면 이렇듯 경쾌한 소리가 날 정도이며, 시나노信濃 지방의 속새풀과 푸조나무 잎으로 7일 밤낮을 갈아 살의 감촉이 매끄럽고 추 또한 아무리 비틀어도 꿈쩍하지 않습니다"라고 설명했다. "재미있는 그림은?" 하고 주인이 묻자, 역시 사기꾼이 일러 준 대로 급히 우산 자루로 주인을 슬쩍 찌르면서 "이렇게 가지고 놀 수 있는 손잡이(재미있는 그림이라는 의미의 '자레에戱れ繪'를, 재미있는 손잡이라는 의미의 '자레에戱れ柄'로 풀었다)가 있습니다"라고 진지하게 설명했다.

다로의 너무도 어리석은 처사에 주인이 화를 내자 그제서야 비로소 자신이 속아 넘어간 것을 깨달은 다로는 어쩔 줄 몰라 했다. 그때 문득 사기꾼이 헤어질 때 "만일 주인이 화를 내거든" 하면서 가르쳐 준 말이 생각나 우산으로 동작을 취하면서 노래를 부르고 춤을 추며 걸으니 주인도 그 모습 앞에서는 그만 기분이 풀려 그를 용서해 주었다.

원숭이 가죽 화살통 — 다이묘교겐大名狂言

어느 날의 일이다. 활의 명수로 소문이 자자했던 한 다이묘大名(영주)가 따분한 시간을 보내다가 자신의 사냥 솜씨를 자랑할 양으로 하인 다로와 함께 활과 화살통을 가지고 들로 나갔다. 도중에 원숭이를 데리고 있는 원숭이 조련사를 만났다. 매우 영리한 원숭이라는 말을 들은 다이묘는 원숭이 조련사에게 다짜고짜 부탁할 게 있으니 받아들이겠다는 약속을 하라고 명령했다. 그렇게 강제로 약속을 받아 낸 다이묘는 원숭이 가죽으로 된 화살통을 만들고 싶으니 털이 좋은 그 원숭이의 가죽을 빌려 달라고 했다.

가죽을 빌려 주면 원숭이는 죽게 되므로 원숭이 조련사는 이를 필사적으로 거절했으나 다이묘는 일이 년 사용하고 돌려주겠다면서 좀처럼 명령을 거두어들이지 않았다. 그래서 원숭이 조련사는 원숭이를 데리고 도망치려 했는데 그만 들통이 나고 말았다. 화가 난 다이묘는 원숭이는 물론이고 원숭이 조련사까지도 활로 쏘아 죽이려 했다. 이에 결국 체념을 한 원숭이 조련사는 눈물을 흘리며 원숭이에게 사정을 이야기하고는 죽어 달라고 부탁하며 지팡이를 높이 쳐들어 내리치려 했다. 그러나 사정을 알지 못하는 원숭이는 재빨리 그 지팡이를 비틀면서 평소에 배웠던 재주를 펼치기 시작했다.

그 모습을 보던 원숭이 조련사는 다이묘에게 원숭이가 너무 불쌍해서 자기는 죽일 수 없으니 자신도 함께 죽여 달라고 애원했다. 이 말을 듣고 크게 감동한 다이묘는 자신도 눈물을 흘리며 원숭이의 목숨을 살려 주기로 했다. 답례로 원숭이는 주인이 시키는 대로 춤을 선보이며 고마움을 표했다.

백모의 술伯母が酒 — 온나교겐女狂言

어느 시골 마을에 도깨비가 나온다는 소문이 돌자, 마을 사람들은 모이기만 하면 그 이야기를 했다.

한편 마을에는 남편을 먼저 저세상에 보내고 아낙 혼자서 가게를 꾸리고 있는 술집이 하나 있었다. 어느 날 밤 조카 다로가 걱정이 된다며 술집 아낙을 살펴보러 왔다. 술을 좋아하는 조카에게조차 거저 술을 준 적이 없는 깍쟁이 주인 아낙은 도깨비가 대단한 술꾼이라는 말을 듣고는 무서워서 조카를 돌아가게 한 뒤 가게 문에 튼튼한 빗장을 걸어 놓고 잠들었다.

그날 밤 한밤중에 가게 문을 두드리는 자가 있었다. 이런 밤중에 찾아

오나니 정신 나간 손님도 다 있다고 중얼거리면서도 벌 수 있는 돈을 안 벌면 손해라는 생각에 문을 열어 주자 쓱 하고 들어온 것이 바로 도깨비 였다. 도깨비는 놀라서 벌벌 떨며 꼼짝도 못 하고 있는 주인 아낙을 곁눈 으로 쳐다보며 술 항아리 쪽으로 다가가 "이쪽을 쳐다보지 마라. 쳐다보 면 잡아먹을 테다"라고 고함을 치고는 벌컥벌컥 술을 들이켜기 시작했다.

주인 아낙은 엎드려 떨면서도 살짝 곁눈질로 도깨비를 훔쳐보았다. 도 깨비는 됫술을 통째로 들이켜고 있었다. 아낙은 팔아야 될 술을 도깨비 가 전부 마셔 버리면 큰일이라고 생각하며 목숨도 아깝고 술도 아까워 속으로 안절부절못했다. 그러던 사이에 곧 도깨비는 술에 취해 잠들어 버렸다. 아낙은 겁이 났지만 도깨비에게 살금살금 다가가 얼굴을 들여다 보고는 깜짝 놀랐다. 도깨비는 바로 칠을 한 가면을 얼굴에 뒤집어쓰고 주인 아낙을 속인 다로였기 때문이다.

NOTES

도요토미 히데요시豊臣秀吉 : 1536(1537)~1598. 전국 시대와 아즈치모모야마 시대의 무장이다. 본명은 히요시마루日吉丸이다. 16세기에 오다 노부나가가 시작한 일본 통일의 대업을 완수해 천하를 통일하고, 해외 침략의 야심을 품고 조선을 침략해 임진왜란을 일으켰으며, 죽을 때까지 최고위직인 다이코太閤를 지냈다.
도쿠가와 이에미쓰德川家光 : 1604~1651. 일본 도쿠가와 막부의 3대 쇼군으로, 250년간 지속된 도쿠가 와 막부의 토대를 쌓았다.

가부키 18번집
(歌舞伎十八番集)

에도 시대에 유명했던 가부키 배우 이치카와 단
주로市川團十郎가 주인공을 맡아 평판이 좋았던
교겐 18번을 가리키는 동시에 가부키극 전체의
대표작을 일컫기도 한다.

INTRO

「후와不破」, 「나루카미鳴神」, 「시바라쿠暫」, 「후도不動」, 「우와나리嬥」, 「조히키象引」, 「간진초勸進帳」,
「스케로쿠助六」, 「오시모도시押戾」, 「우이로우리外郎賣」, 「야노네矢の根」, 「관우關羽」, 「가게키요景清」,
, 「나나쓰멘七つ面」, 「게누키毛拔」, 「게다쓰解脫」, 「자야나기蛇柳」, 「가마히게鎌髭」 등 18가지 작품
을 가부키 18번이라고 부른다. 제7대 이치카와 단주로가 정했으며, 이 작품들은 이치카와 집
안의 역대 장수 흥행물로 상연되어 왔다.

가부키 18번에 관한 기록 가운데 가장 오래된 것은 미마스야 니소지三枡屋二三治의 수필 「시바
이카카토메戲場書留」이다. 이에 따르면 가부키 18번에는 두 종류가 있는데, 하나는 예전부터
인기를 끌어 온 「시바라쿠」, 「나루카미」, 「게누키」, 「스케로쿠」, 「로야부리牢破」, 「야노네」, 「구사
즈리草摺」, 「스모相撲」, 「다이멘對面」, 「무겐無間」, 「오비히키帶引」, 「고닌오토코五人男」, 「세이겐清玄」,
「조리우치草履打」, 「오도코다테男達」, 「가미아라이髮洗」, 「후와나고야不破名古屋」 등 에도 가부키교
겐의 대표작을 가리키는 것이고, 다른 하나는 에도에서도 이치카와 집안에서 공연해 큰 성
공을 거둔 18가지 교겐류(처음에 소개한 내용)를 가리키는 것이다. 그러나 앞의 18번을 실증
하는 자료는 전하지 않는다.

가와타케 시게토시河竹繁俊(1889~1967, 연극 연구가)는 "제7대 이치카와 단주로가 선정하고
나도 그중 일부를 반복해 공연했다. 이치카와 집안에서 대대로 큰 성공을 거둔 교겐 18가지
를 가부키 18번이라고 칭한다"라고 정의하고, 이렇게 정하게 된 것은 제7대 단주로의 상고주
의와 극단의 쇠퇴 국면을 타개하기 위한 부활 운동, 노가쿠를 섭렵하고자 한 욕심 그리고
극단에서의 제왕적 지위 확립을 위해서라고 말하고 있다.

한편 『가부키 18번집』의 성격 가운데 중심축을 이루는 것은 원조 단주로가 고안한 이치카와
집안의 '아라고토荒事' 연기이다. '아라고토'란 가미가타上方(교토 부근) 지역에서 성행한 게이
세이고토傾城事(유곽의 연애 이야기)나 와고토和事(사랑 이야기)가 보여 주는 요염하고 유화한

사실적인 연기와는 대조적으로 글자 그대로의 매우 거친 연기를 가리킨다. 이는 단순히 거친 연기만을 가리키는 것이 아니라 용감무쌍한 무사라든가 초인적인 힘을 가진 귀신이나 원령 등으로 분장해 초현실적이며 웅장하고 호쾌한 무대를 보여 주는 연출 양식이다. 아라고토의 전형적인 작품은 「야노네」, 「시바라쿠」, 「나루카미」 등이다.

간진초勧進帳

가부키 18번 가운데 가장 새롭고 가장 인기 있는 교겐이다. 노의 「아타카安宅」에서 따온 것이다.

미나모토노 요리토모와 요시쓰네 형제는 요리토모에게 참언을 하는 자 때문에 사이가 멀어지게 되었다. 요시쓰네는 그대로 교토에 남아 있다가는 살해될 것 같아 벤케이辨慶를 비롯한 부하들과 함께 수행자 차림으로 변장을 하고 오슈奧州 지방에 있는 후지와라노 히데히라藤原秀衡에게 가려고 했다. 이를 알게 된 요리토모는 오슈 지방에 강력한 세력을 지닌 히데히라를 경계하며 요시쓰네가 오슈와 관계를 맺기 전에 잡아야 한다고 생각하고 여러 곳에 새로운 관문을 만들어 물샐틈없이 엄중하게 지키도록 명령했다.

가가加賀 지방의 아타카에 있는 관문을 관리하고 있던 도가시富樫는 명령을 충실히 따르며 수행자 3명의 목을 베어 효수했다. 경비가 매우 삼엄하다는 것을 알게 된 벤케이는 요시쓰네를 짐꾼 차림으로 변장시켜 위기를 넘기려고 했다. 이러한 벤케이 일행에 대한 도가시의 조사 또한 매우 엄중했다. 벤케이는 도다이 사東大寺를 건립하기 위한 기부금을 여러 지방에서 모으고 있는 수행자라고 말하며 그의 시선을 피하려 했다. 그러자 도가시는 간진초(사원에 공양하는 취지를 기록한 문서)를 읽어 보라고 다그쳤다. 벤케이는 가지고 있던 두루마리를 꺼내어 일부러 더욱 큰 소리로 즉석에서 지어낸 간진초의 내용을 읽어 가까스로 통행을 허락받았다. 그러나 가슴을 쓸어내린 것도 잠시, 도가시가 짐꾼 차림의 요시쓰네를 알아차리고 갑자기 멈추라고 했던 것이다.

그러자 벤케이는 화가 난 것처럼 지팡이를 휘두르며 요시쓰네를 심하게 매질했다. 그러고는 "뭐야, 판관님을 닮은 짐꾼 녀석이 있으리라고는 생각도 못 했네. 화가 나는군. 해가 높이 오르기 전에 노토能登 지방까지는 넘어가려고 했는데. 그저 망태기 하나 등에 짊어지고 뒤따라오면 되는 것을 남들의 의심이나 사다니. 이제 판관이라는 의심까지 받게 되었으니 이는 모두 네놈 때문이다. 생각할수록 분하고 억울하네. 가짜라는 것을 보여라"라고 했다. 그러고는 더욱 확실하게 의심에서 벗어나기 위해 때려죽일 듯 달려드는 벤케이를 보고 도가시는 통행을 허락했다.

관소를 넘어 한참을 가다 산그늘에 이르렀을 때 벤케이는 요시쓰네에게 울며 무례함을 사죄했고, 요시쓰네는 벤케이의 기지에 감사했다. 그런데 그곳에 도가시가 다시 나타나더니 앞서의 무례한 행동을 사죄하기 위해 술을 가지고 왔다는 것이 아닌가. 사실 도가시는 진작에 짐꾼이 요시쓰네라는 것을 알아차렸으면서도 벤케이의 진심에 감동해 일부러 놓아준 것이었다. 그러고는 그들을 위로하기 위해 일부러 찾아왔다.

스케로쿠助六

1막 18번 가운데 유일하게 서민을 소재로 한 내용으로 공연 시간도 가장 길다.

소가노 고로曾我五郎는 보검 도모키리마루友切丸를 훔친 범인을 찾기 위해 이름을 협객 스케로쿠로 바꾸고 요시와라吉原(에도에 있는 유곽촌)에 출입하며 통행인들에게 싸움을 걸어 상대방이 빼 드는 칼을 유심히 살펴보았다. 마침 알고 지내던 유녀 아게마키^{揚巻}에게 연모의 감정을 품고 있던 이큐^{意久}라는 사내의 칼이 이상한 것을 보고 어떻게 해서든 그가 칼집에서 칼을 빼내도록 시도했으나 도무지 응하지 않았다.

한편, 소주를 팔며 지내는 형 주로^{十郎}는 다른 사람이 된 듯 남들하고 싸움만 하려 드는 동생의 난폭함을 보다 못해 훈계를 하다가 그의 본심을 알고는 도와주겠다고 약속했다. 어머니 만코^{満江} 역시 스케로쿠에게 훈계를 하다가 그의 참뜻을 알고 마음을 놓으며 도와주겠다고 했다. 마침내 아게마키를 통해 기회를 얻은 스케로쿠는 이큐에게 여자의 꽁무니나 쫓아다니는 무기력한 겁쟁이라고 욕했고, 이를 참다못한 이큐는 무심코 칼을 빼어 들었다. 그 칼이 도모키리마루인 것을 확인한 스케로쿠는 이큐가 돌아가는 길에 숨어 있다가 결국 칼을 되찾았다.

연애담의 분위기를 띤 이 교겐이 에도 구석구석에 소문이 날 정도로 대성공한 것은 위와 같은 줄거리 때문이 아니라 스케로쿠를 대변자로 세워 봉건 사회의 지배자들을 통렬히 매도하는 속 시원한 욕지거리의 대사가 에도 서민들을 매료시켰기 때문이다.

야노네^{矢根}(화살촉)

제2대 이치카와 단주로의 창작 공연물이다. 단주로는 이 작품으로 2대로서의 확고한 지위를 확립했다.

소가노 도키무네^{曾我時致}가 화살촉을 갈다가 잠이 밀려와 '원수 구도 스케쓰네의 목을 베는 꿈이라도 꿔 볼까' 하고 숫돌을 베고 잠들었는데 꿈속에 형 스케나리가 나타나 위급함을 고했다.

"도키무네여, 나도 모르는 사이에 스케쓰네의 저택에 포로로 잡히는 몸이 되었구나. 마치 새장 속의 새요, 어망 속의 물고기처럼 빠져나가려 해도 힘이 없구나. 어서 이리로 와서 나를 구해 다오. 아우여, 일어나라, 도키무네여."

잠에서 깬 도키무네는 "이것 참 큰일 났구나"라고 하며 달려나가 때마침 무를 잔뜩 싣고 지나가던 무 장수의 말을 빼앗아 타고 구도 스케쓰네의 집으로 급히 달려갔다.

황당하고 몽환적이며 동화적인 줄거리이지만 호쾌한 오사쓰마부시大薩摩節(괴력을 지닌 용사나 무사, 초인적인 귀신 등이 등장해 과장된 표현을 연출하는 곡)의 음악과 조금 어리석은 듯하면서 재치 있는 재담이 가득한 대사가 에도 토박이들의 기분에 잘 맞아떨어져 큰 인기를 끌었다.

후와不破

1680년 3월, 에도 이치무라좌市村座에서 올린 「유녀론遊女論」에 초대 이치카와 단주로가 초연했다. 「가부키 18번고歌舞伎十八番考」에 보면 다음과 같이 기록되어 있다. "이는 후와나고야不破名古屋 교겐의 기원이다. 이 교겐이 크게 성공해 그해에 다른 세 곳의 좌에서도 흥행했다." 이 줄거리는 근대 초기에 실존했던 후와 한자에몬不破伴左衛門과 나고야 산자名古屋山三라는 두 인물을 소재로 한 것으로, 특히 나고야 산자는 가부키의 발생기에 활동했던 이즈모노 오쿠니出雲阿國와 함께 전설화되어 항간에 회자되면서 가부키 유명세와 더불어 널리 알려졌다. 가부키 연출의 특징을 보면 나고야는 부드러운 데 반해 후와는 과격하다. 다시 말해, 나고야는 가미가타上方

(교토를 중심으로 한 수도 지역)적이며, 후와는 에도江戶(현재의 도쿄)적이다. 후와와 나고야의 세계는 그 후 '사야아테鞘當'(한 여자를 놓고 두 남자가 싸운다는 의미)라는 제목으로 고정되었다.

후와 한자에몬과 나고야 산자는 주인 집안의 보검을 찾기 위해 함께 유곽에 들어갔다가 애인 가쓰라기葛城를 놓고 서로 싸움을 벌인 끝에 결국 나고야가 후와를 죽이고 만다. 충성스러운 후와는 종규鐘(마귀를 쫓는 신)가 되어 다시 찾아와 주인 집안의 명검을 나고야에게 건네주고 주인의 명령을 완수하길 바란다고 부탁한다. 실제로는 연관이 없던 후와와 나고야를 하나의 세계에 등장시키기 위해 원수를 갚는 이야기로 설정되어 있던 것을 유곽에서 여자 때문에 결투를 벌이는 일종의 연애 이야기, 곧 유녀를 중심으로 한 삼각관계로 각색했다.

나루카미鳴神

1막. 초대 이치카와 단주로가 직접 쓴 작품으로, 단주로 자신이 주인공 나루카미를 연기해 큰 성공을 거두었다. 노가쿠能樂의 「잇카쿠 센닌一角仙人」이라는 작품을 소재로 한 작품이다. 여색에 빠지면 신통력을 잃게 된다는 것이 주제이다.

천둥신 쇼난上人께 기도를 드려 황자가 탄생했지만 조정은 약속했던 큰 상을 내리지 않았다. 이에 화가 난 쇼닌이 기타야마北山의 연못에 용신을 가두어 버리자 천하에 큰 가뭄이 들었다. 고통받는 백성들을 구하기 위해 조정에서는 구모노 다에마히메雲絶間姫라는 절세미인을 쇼닌이 살고 있는 바위 집에 보내어 그를 현혹하려 했다. 다에마히메는 교태를 부리며 쇼닌에게 술을 듬뿍 먹여 취하게 한 뒤 용신을 가두어 놓은 연못의 금줄을 잘라 버렸다. 그러자 천둥이 심하게 치면서 비가 쏟아져 내렸다.

주술에서 깨어나 거칠어진 천둥신을 연기한 이치카와 유파의 과장된
연기로 무녑의 형상을 힘찬 기세로 몰고 가는 끝 부분이 압권이다. 이
작품은 『가부키 18번집』 가운데에서도 매우 이색적인 작품으로, 여색에
홀려 타락하는 나약한 인간성을 파헤친 근대극적 요소까지 갖춘 매우
보기 드문 작품이다.

시바라쿠暫

1막의 시대물. 에도의 가부키는 매년 10월 가오미세 교겐顔見世狂言(교체
된 배우들을 처음으로 선보이는 교겐 무대)에서 빼놓을 수 없는 공연물
이었다. 가오미세 교겐은 때마다 내용이 조금씩 바뀌었기 때문에 정해진
내용은 없었다. 지금은 1895년 11월에 도쿄 가부키좌에서 제9대 이치카
와 단주로가 공연한 것이 정본으로 고착되었다. '시바라쿠'라는 제목은
무용담을 벌이는 주인공이 '잠깐만, 잠깐만' 정도의 뜻을 지닌 '시바라
쿠'라는 말을 "시바라쿠, 시바라쿠, 시바라쿠"라고 외치면서 등장한 것에
서 유래되었다.

인물의 배치와 색채의 배합, 대사의 재미, 에도 가부키다운 호화로운
분장과 음악 효과 등 가부키 18번 가운데에서도 다른 교겐에서는 볼 수
없는 독특한 성격의 작품이다. 이 극의 중심은 '暫のつらね(잠시의 연속)'
이며, 이 작품이 중점을 두고 있는 것은 각본의 내용이 아니라 연출 양
식이다. 공연할 때마다 줄거리는 새롭게 바뀌지만 흉포한 악인이 선량한
사람을 해치려 할 때 정의의 무사가 큰 소리로 "잠깐"이라고 외치며 나타
나 큰 칼을 휘둘러 악당들을 해치우는 클라이맥스는 바뀌지 않는다.

소네자키신주
(曾根崎心中)

시대물이 유행하던 시절에 지카마쓰 몬자에몬(1653~1725)이 처음으로 서민을 주인공으로 내세워 집필한 조루리淨瑠璃의 걸작이다. 1703년 4월 7일 오사카 소네자키曾根崎의 덴진天神 신사가 위치한 숲 속에서 간장 가게 점원 도쿠베와 기녀 오하쓰가 동반 자살한 사건을 인형 조루리로 각색해 한 달 뒤인 5월 7일에 오사카 다케모토좌竹本座에서 초연했다.

INTRO

오사카 사람들의 기억에 생생하게 남아 있던 동반 자살 사건을 다루었다. 이처럼 일시적인 화제를 다룬 것을 기와모노際物라고 하는데, 가부키에서는 이미 겐로쿠 연간(1688~1704) 이전부터 때때로 공연해 왔다.

당시 인형 조루리 극 공연을 하고 있던 다케모토좌의 대표 다케모토 기다유竹本義太夫, 곧 지쿠고노조築後掾는 흥행 부진 때문에 큰 고생을 하고 있었다. 교토에서 사카타 도주로坂田十郎를 위해 가부키 각본을 집필하고 있던 지카마쓰가 가부키의 세와모노世話物(세상을 떠들썩하게 한 사건을 다룬 내용)를 조루리에 처음 시도해 최초의 세와모노 조루리를 공연하게 된 것은 다케모토 지쿠고노조의 일생에서 큰 행운이었다. 이 공연은 큰 성공을 거두며 여러 면에서 큰 파문을 불러일으켰다. 우선 다케모토 지쿠고노조는 다케모토좌의 빚을 청산하고, 좌모토座元(좌를 이끄는 대표)에서 은퇴해 기타유가타리義太夫語リ●에 전념했다. 그의 뒤를 이어 다케다 이즈모竹田出雲가 좌모토가 되었고, 지카마쓰는 좌의 전속 작가가 되었다. 지카마쓰의 예술적 명성을 후세에 길이 전하게 된 조루리의 명작을 집필하게 된 것도 이 공연의 성공이 가져다준 것이었다.

『소네자키신주』가 성공한 가장 큰 이유는 지카마쓰의 탁월한 재능이지만 그 밖에도 몇 가지 요인이 더 있다. 하나는 오야마 인형의 명수인 하치로베가 『소네자키신주』의 첫 부분인 '관음보살 순례'에서 오하쓰의 아름답고 요염한 자태를 두드러지게 표현한 신기에 가까운 기예이며, 또 하나의 요소는 다케모토 지쿠고노조와 샤미센 연주가 다케자와 곤에몬竹澤權右衛門의 뛰어난 작곡과 연주 솜씨이다.

『소네자키신주』의 가장 큰 문학사적 의의는 세와 조루리의 출발이라는 점과, 신주心中(사랑하는 남녀의 동반 자살)를 테마로 한 첫 조루리 작품이라는 데 있다. 그뿐만 아니라 동반 자살을 기도한 당사자들을 향해 애정 어린 시선을 보내는 지카마쓰가 지닌 휴머니즘의 적절한 표현과 뛰어난 구상 그리고 문체 등은 이 작품을 걸출한 근세 문학 작품으로 평가하게 하는 요인이다.

이쿠타마 신사

오사카의 유곽의 거리인 기타노신치北新地에 자리한 덴만야天滿屋(유곽)의 기녀 오하쓰는 나이 19세에 빼어난 미인이어서 매우 인기가 높았다. 그녀는 우치혼마치內本町에 있는 간장 가게 히라노야에서 점원으로 일하는 25세의 미남 도쿠베와 서로 사랑하는 사이였다.

초여름 정오가 지났을 무렵, 오하쓰는 시골에서 올라온 손님과 함께 당시 인기가 높았던 오사카 33개소 관음보살 순례에 따라다니다 이쿠타마生玉 신사 앞에 있는 찻집에서 차를 마시며 잠시 쉬고 있었다. 오하쓰는 시골에서 온 손님이 경내에서 하는 연극을 보러 가자 그 틈을 타 때마침 그곳을 지나던 도쿠베를 보고 그를 찻집으로 불러들였다. 그리고 한동안 아무런 소식도 없었던 그에게 투정을 부렸다. 도쿠베가 한동안 얼굴을 비치지 못한 데에는 그럴 만한 이유가 있었다.

사실 히라노야의 주인은 도쿠베의 숙부였다. 그를 통해 처조카의 딸 쪽에서 도쿠베에게 혼담이 들어왔는데, 정작 도쿠베는 오하쓰만을 생각하느라 이 혼담에 응하지 않았던 것이다. 그런데 어느새 시골에 있는 계모가 도쿠베 몰래 그 혼담을 제멋대로 정하고 지참금으로 은 2관을 받아 버린 것이다. 이를 안 도쿠베는 그 혼담을 거절하기 위해 동분서주하면서 겨우 돈을 마련했다. 그런데 돈을 돌려주기로 약속한 4월 7일이 내일로 다가온 지금 문제가 생겼다. 바로 지난 28일에 친구인 기름 장수 구헤이지九平次가 잠깐이면 된다고 하면서 모조리 빌려 간 그 돈을 아직 돌려받지 못해 불안해하고 있었던 것이다.

도쿠베가 오하쓰에게 그간의 자초지종을 말하고 있는데 마침 구헤이지가 동네 사람들과 함께 그 앞을 지나갔다. 도쿠베가 돈을 갚으라고 하자 구헤이지는 그런 돈 빌린 적이 없다고 시치미를 떼고는 오히려 도쿠베에게 거짓 이야기를 꾸며 낸다는 누명만 뒤집어씌웠다. 이에 도쿠베는 울컥 화가 치밀어 구헤이지를 붙잡고 치고받으며 싸웠다. 그러나 수가 많은 구헤이지 일행은 도쿠베를 무참히 짓밟고 도망쳐 버렸다. 도쿠베는 그 자리에 주저앉은 채 모여든 많은 구경꾼들에게 자신의 결백을 호소하며 "3일 안에 오사카 시중에 내 진실을 보여 주고 말 테다"라는 말을 남기고 맥없이 사라졌다.

덴만야

그날 밤, 덴만야로 돌아온 오하쓰는 옆에 있는 유녀로부터 도쿠베가 나쁜 짓을 했다는 소문을 듣고는 죽고 싶은 마음이 들었다. 답답한 마음에 창밖을 내다보다 사람들의 눈을 피해 서 있는 도쿠베의 모습을 발견한 순간 오하쓰는 그의 품으로 달려가고 싶었지만 이를 억누르고 "잠시 바람 쐬러 밖에 나갔다 올게"라고 하며 덴만야를 살짝 빠져나왔다. 도쿠베의 삿갓 속에 얼굴을 들이밀고 잠시 이야기를 나누려는데, 안에서 부르는 소리가 들리자 오하쓰는 도쿠베를 자신의 겉옷 자락에 감추어서 툇마루 밑으로 숨어들게 했다.

그곳에 마침 구헤이지가 언제나 함께 다니는 나쁜 친구들을 데리고 와서 도쿠베의 잘못을 늘어놓았다. 툇마루 밑에서 이를 듣고 있던 도쿠베가 몸을 떨며 분노하자 툇마루 끝에 걸터앉아 있던 오하쓰가 발끝으로 그 몸을 눌러 진정시켰다. 오하쓰는 눈물을 흘리면서 "이렇게 된 이상, 도쿠베 님도 죽어야만 해결될 상황인데 죽을 각오는 되어 있는지 들고 싶네요"라고 혼잣말처럼 중얼거리며 발짓으로 물으니, 도쿠베도 고개를 끄덕이며 오하쓰의 발목을 잡고 자기 목을 쓸어내리는 몸짓으로 자살할 뜻을 알렸다. 그 뜻을 전해 들은 오하쓰 역시 "언제까지 살아도 마찬가지인데 죽음으로써 부끄러움을 씻어 내야지요"라고 답하고는 서로 죽을 각오를 다졌다.

이미 밤이 깊어 모두 잠자리에 들었다. 오하쓰는 사람들에게 마음으로나마 작별 인사를 하고 모두가 깊이 잠들 때까지 기다렸다. 그리고 죽기 위해 새하얀 옷으로 갈아입고 발소리를 죽여 가며 아래층으로 내려왔다. 그런데 조심하느라 등롱을 끄고 내려오다가 그만 발을 헛디뎌 계단에서 떨어져 버렸다. 그 소리에 잠이 깬 주인이 자고 있던 하녀를 깨워 등불을 켜라고 시켰다. 오하쓰와 도쿠베는 부싯돌 부딪치는 소리에 맞춰 살짝 뒷문으로 빠져나갔다.

미치유키道行

새벽을 알리는 종이 7번 울려 새벽 4시를 알릴 무렵, 도쿠베는 오하쓰의 손을 잡고 우메다梅田 제방을 지나 소네자키의 숲에 도착했다.

소네자키의 숲

그리고 죽을 장소로 어디가 적당한지 찾던 두 사람은 자신들의 뒤를 따라 허공을 날고 있는 도깨비불을 보고는 "아, 저것이 나와 그대의 혼인가"라고 말하며 서로 끌어안고 눈물을 흘렸다. 슬퍼하던 두 사람은 마침내 하나의 둥치에서 소나무와 종려나무 줄기가 뻗은 곳을 찾아내고는 그곳이야말로 두 사람의 영원한 맺어짐에 가장 잘 어울리는 적당한 곳이라고 생각했다.

오하쓰는 준비해 온 면도칼을 꺼냈다. 도쿠베가 숙부에게 사죄의 말을 하면서 합장을 하자 오하쓰 역시 육친에 대한 슬픔으로 눈물을 줄줄 흘렸다. "언제까지 이러고 있을 수는 없어요. 어서 빨리 저를, 어서 빨리 저를 죽이세요"라고 최후를 재촉하는 오하쓰의 말에 도쿠베는 약해지려는 마음을 억누르고 오하쓰의 목을 칼로 그었다. 그러고는 그 칼로 자신의 목을 그어 동반 자살을 했다.

NOTES

기타유가타리義太夫語リ : 조루리의 하나인 기타유부시義太夫節를 읊는 일을 하는 사람. 다케모토 기타유가 창시자이다.

국성야합전
(國性爺合戰)

지카마쓰 몬자에몬에게 불후의 명성을 안겨 준 시대 조루리의 대표작. 일본인과 중국인 부모 사이에서 혼혈아로 태어난 정성공鄭成功(1624~1662)이라는 실존 인물의 활약상을 각색한 작품이다.

INTRO

오사카에서 인형 조루리 연극을 공연하는 다케모토좌를 일으키고 기다유부시라는 가락을 창안해 낸 다케모토 기타유가 1714년에 죽자 다케모토좌는 급속히 쇠퇴했다. 그 무렵 후계자인 다케모토 마사다유를 위해 지카마쓰가 붓을 든 것이 바로 이 작품이다. 이 작품은 1715년부터 햇수로 3년, 17개월 동안 무대에 오르며 대성공을 거두었다. 이로써 다케모토좌는 다시금 안정을 되찾았고, 지카마쓰는 만년까지 주옥 같은 작품을 꾸준히 세상에 내놓았다.

전체는 5단으로 구성되어 있으며, 그중 1단의 내용은 중국의 남경성南京城과 해등海登의 항구, 2단은 일본의 히젠肥前 지방의 히라토平戸 해변과 센리千里의 대나무 숲, 3단은 중국의 사자성獅子城의 사쿠라櫻 문과 감휘甘輝의 저택, 4단은 마쓰우라松浦의 스미요시住吉 신사와 미치유키道行, 규센九仙 산, 5단은 료마가하라龍馬原 · 남경성이다.

『곤자쿠 연대기今昔年代記』에 따르면 이 작품의 성공 요소는 극단장 격인 좌모토 다케다 이즈모의 뛰어난 착상과 지카마쓰의 매끄러운 필치, 다케모토 마사다유와 다케모토 요리하하竹本賴母, 도요다케 만다유豊竹萬太夫 등 세 사람의 입담 그리고 인형의 화려한 의상과 도구라고 했다. 그러나 그 모든 것에 앞서는 요인은 역시 작품의 취흥이라고 논하고 있다.

현재까지도 분라쿠와 가부키에서 인기리에 상연되고 있는 제3단은 마사다유가 설명하는 장면으로, 와토나이의 호쾌한 연기와 금상녀 · 감휘가 선보이는 중국풍 의상의 이국 정취 그리고 이국에도 통용되는 의리와 자기희생으로 인해 정의의 완성 등 극 전체의 핵심이 되는 장면에 걸맞은 구성과 연출이 갖추어져 있다.

『국성야합전』의 문학사적 의의는 지카마쓰의 여러 작품 중에서도 시대물 조루리의 대표작에 걸맞게 웅대한 스케일과 섬세한 감정을 아울러 갖춘 작품이라는 점이다. 세와 조루리에 보이는 서민의 의리와 인정과는 대조적으로 호쾌한 인물들이 활약하는 무사도의 정의가 담긴 휴머니즘이 지카마쓰에게 불후의 명성을 안겨 주었다.

1단 남경성

명나라의 제17대 사종렬思宗烈 황제는 40세가 되어도 후사를 이을 태자가 없었다. 그러다 마침내 가장 사랑하던 화청華淸 부인이 임신을 해 만삭이 되자 틀림없이 황자가 태어날 것이라고 잔뜩 기대했다. 이때 달단국 왕의 사신이 찾아와 화청 부인을 왕후로 삼고 싶다며 헌상하라는 무리한 요구를 해 왔다. 이에 대사마 장군 오삼계吳三桂가 분개해 사신을 쫓아내려 했으나 우장군 이답천李踏天이 자신의 왼쪽 눈을 파내 충성심을 보였다. 그 행동의 이면에서 사신은 달단과 통하고자 하는 저의를 알아차리고는 납득하며 물러났다.

그러한 책략을 알아차리지 못한 황제는 이답천에게 그가 연심을 품고 있던 자신의 여동생 전단 황녀를 주어야겠다고 생각하고 화전놀이를 벌여 전단 황녀의 결심을 재촉했다.

이러한 사실을 안 오삼계는 황제에게 충간했으나 때가 이미 늦어 이답천의 안내를 받은 달단군의 공격을 받게 되었다. 오삼계는 아내 유가군柳歌君에게 전단 황녀를 지켜 줄 것을 부탁하고 황제에게 가지만 황제는 이미 이답천에게 살해된 뒤였다. 오삼계는 겨우 황후를 도와 탈출에 성공하지만 황후는 달아나는 도중 적의 탄환에 맞아 절명했다. 오삼계는 황후의 배 속에서 황자를 꺼내어 달아났다. 한편 유가군 역시 분전하며 깊은 상처를 입고 전단 황녀를 작은 배에 태워 썰물에 맡긴 채 먼 바다로 떠나보냈다.

2단 히젠의 히라토 해변

명나라의 충신 정지용鄭芝龍은 20여 년 전에 젊은 황제의 분노를 사 몸을 감추고 일본으로 건너가 이름을 노일관老一官이라고 바꾼 뒤 해변가에

서 여인과 함께 살았다. 둘 사이에 얻은 남자아이의 이름을 와토나이和藤
内라고 지었다. 그 와토나이가 커서 자신의 아내 고무쓰小睦와 함께 해변
을 걷다가 대합에게 부리를 물려 괴로운 몸짓을 하고 있는 도요새를 보
고 "양쪽을 싸우게 하고 그 허점을 찌른다"라는 군법의 깊은 뜻을 깨달
았다. 그때 전단 황녀를 태운 작은 배가 흘러와 명나라에서 반란이 일어
났음을 알게 된 와토나이는 자신의 부모와 함께 고난에 처한 명나라를
구하기로 결심한다. 와토나이는 전단 황녀를 아내에게 맡기고 부모와 함
께 명나라로 건너갔다.

중국에 도착한 뒤 정지용은 먼저 옛날에 중국에 남기고 떠나온 딸이
지금은 세상을 주름잡는 오상군五常軍 감휘의 처가 되어 금상녀錦祥女라고
불리는 것을 알고 그 감휘를 자기 편으로 끌어들이기로 했다. 그러고는
와토나이 일행과 적벽赤壁에서 다시 만나기로 하고 감휘가 살고 있는 사
자성獅子城으로 급히 달려갔다. 와토나이는 어머니와 함께 적벽으로 가는
도중에 길을 잃고 천리千里의 대나무 숲에 들어갔다가 그곳에서 사냥꾼
에게 쫓기고 있는 사나운 호랑이와 마주쳐 격투를 벌였다. 이때 호랑이
는 이세伊勢 신사의 수호 부적의 위력에 감복하고 말았다. 한편, 이답천의
군대 역시 와토나이의 용맹 앞에 무릎을 꿇고 항복했다.

3단 사자성의 사쿠라 문

세 사람이 사자성에 도착했을 때 마침 감휘가 성을 비우고 있었기 때
문에 금상녀에게 면회를 신청했다. 금상녀는 성루 위에서 아버지의 초상
화를 꺼내어 정지용의 모습과 비교한 다음 사신의 친아비지임을 알고 반
가워했지만 기쁨의 시간은 짧았다. 감휘는 자신이 성을 비운 사이에 타
국 출신 사람을 성에 들이지 못하도록 했기 때문에 황급히 헤어져야 했던 것이다. 결국 와토나이의 어머니가 스스로 밧줄을 몸에 감고 혼자서 성내로 들어가 자신이 바라는 대로 되면 흰 가루를, 그렇지 않을 경우에는 붉은 가루를 강에 흘려보내 달라고 금상녀에게 부탁을 했다.

성으로 돌아온 감휘는 와토나이의 어머니로부터 사정을 듣고 그들을 돕기로 했으나 부인의 사사로운 정에 휘말렸다는 비난을 피하기 위해 금상녀에게 자결을 청했다. 와토나이의 어머니는 금상녀가 비록 의붓자식이기는 하지만 자식의 죽음을 지켜만 본다는 것은 일본인의 수치라며 자결하지 말라고 말렸다. 하지만 금상녀는 자결로써 강에 붉은 피를 흘려보냈다.

성 밖에서 어머니의 안위를 걱정하며 아버지와 함께 신호를 기다리던 와토나이는 흘러 내려오는 피를 약속했던 신호로 착각하고 "이런, 붉은색이 흘러온다"라고 외치며 앞뒤 생각 없이 성내로 달려 들어갔다. 금상녀는 감휘에게 와토나이와 같은 편이 될 것을 부탁하며 죽고, 감휘는 흔쾌히 같은 편이 되겠노라고 선언하고 와토나이를 연평왕延平王 국성야 정성공鄭成功으로 추대했다. 어머니 역시 자결로써 이들 부자를 격려했다.

4단 마쓰우라의 스미요시 신사

고무쓰는 매일같이 젊은 남자 차림으로 무술을 수련했으며, 남편이 데리러 오기를 마냥 기다리지 않고 스미요시住吉 신사의 도움을 받아 전단 황녀와 함께 배를 타고 명나라로 갔다.

한편, 오삼계가 산속에서 황자를 잘 보살피며 기른 지 2년이 지났다. 그러던 어느 날 규센九仙 산에 올랐는데 그곳에서 두 명의 노인이 바둑을 두고 있었다. 그들이 두고 있는 바둑판을 들여다보니 그 형국이 흡사 국성야가 벌이고 있는 전황과 똑같은 것이 아닌가. 그렇게 바둑판을 들여다보고 있는 사이에 어느덧 5년의 세월이 흐르고 황자도 7세가 되었다. 어느 날 두 노인의 모습이 사라지자 정지용과 고무쓰가 전단 황녀를 모시고 그 산에 올라왔다. 이어 적군이 황녀의 뒤를 쫓아 공격해 왔으나 구름다리를 건너던 중에 그만 다리가 바람에 끊어져 몰살했다. 운 좋게 기어 올라온 적의 장수는 오삼계에게 바둑판으로 얻어맞아 죽었다.

5단 료마가하라

국성야는 황자를 영력火曆 황제로 추대하고 오삼계, 감휘와 함께 군략을 논의하고 있었다. 그 자리에 전단 황녀가 죽음을 각오하고 단신으로 적진에 들어가면서 써 놓고 간 정지용의 편지를 가지고 왔다. 정지용이 사로잡히자 국성야는 당장에라도 이답천에게 죽임을 당할지도 모른다는 생각에 어쩔 줄 몰라 했다. 감휘와 오삼계는 배신하는 척하면서 달단왕에게 접근해 그를 붙잡았다. 국성야도 있는 힘을 다해 싸워 이답천을 붙잡아 죽이고, 달단왕은 매질을 한 뒤에 본국으로 되돌려 보냈다. 이후 경사스러운 영력 황제의 치세가 도래했다.

가나데혼 주신구라
(假名手本忠藏臣)

연극의 독삼탕獨蔘湯, 곧 기사회생의 묘약이라 불리며 민중들 사이에서 압도적인 인기를 누린 작품이다.

1702년 12월 14일 밤에 기라 요시나가吉良義央의 집으로 쳐들어가 주군 아사노 나가노리淺野長矩의 원수를 갚고, 이듬해 2월 4일 관련자 일동 모두가 할복자살한 '아코赤穗 의사義士들의 복수극'이라는 실화를 바탕으로 쓴 조루리 3대 걸작 중 하나이다.

INTRO

이 작품은 다케다 이즈모와 미요시 쇼라쿠, 나미키 센류가 함께 집필했다. 1748년 8월 다케 모토쿠좌에서 초연했다. 전체가 11단으로 이루어진 시대물로, 작품이 공연된 것은 아코 의사들의 사건이 일어난 지 만 47년째 되는 해였다. 제목은 히라가나의 글자 수와 아코 의사들의 인원이 47로 같다는 점을 지목해 가나 글씨를 익히는 글씨본이 바로 충신의 모범이라는 의미에서 지어진 것이라고 한다.

「주신구라忠臣藏」는 아코의 47명의 의사가 주군의 원수를 갚는 이야기를 각색한 것으로, 전체의 줄거리는 궐내의 칼부림에서 시작해 복수에 이르는 과정이다. 복수를 하기 위해 갖은 고생을 하는 오보시 유라노스케를 비롯한 의사들의 심정 묘사도 뛰어나지만, 본래의 줄거리에서 파생된 '오카루와 간페이의 사랑', '모로나오와 가오요의 사랑', '고나미와 리키야의 사랑' 등 세 가지 사랑 이야기도 특별한 의미를 지닌다. 이는 각각 10대의 가련한 사랑과 20대의 매우 슬픈 사랑 그리고 중년의 불륜의 사랑 등 세대별로 다른 사랑을 묘사한 것이며, 이 세 종류의 사랑을 세 가지 죽음(하야노 간페이의 죽음, 엔야 한칸의 죽음, 가코가와 혼조의 죽음)으로 이어 가 끝을 맺은 구성 방식이 매우 정교하며 뛰어나다. 특히 간페이의 할복자살을 알게 된 오카루의 말은 의리나 충의보다 사랑하는 사람과의 이별이 더욱 슬프다는 감정을 우선시하는 여자의 심리를 잘 묘사하고 있다. 이러한 점은 「주신구라」가 단순한 의사극에 그치지 않고 세상의 인정과 의리를 깊이 표출한 인간극임을 보여 주는 대목이다.

스루가오카鶴岡의 향응

　　제아무리 좋은 안주도 먹을 수 없다면 그 맛을 알 수 없다. 나라가 잘 다스

려져서 무사의 충성과 무용이 드러나지 않는 것은, 낮에는 보이지 않지만 밤이

되면 나타나는 별과 같은 것이다. 충신은 나라가 어지러워진 뒤에야 비로소 드

러나는 것이다.

이것이 이 작품의 시작이다.

　　1338년 2월 하순, 아시카가 다카우지足利尊氏●는 닛타 요시사다新田義貞를

토벌하고 교토에 거처를 마련했다. 다카우지는 가마쿠라에 스루가오카

하치만구鶴岡八幡宮 신사를 짓고 자기 대신 동생 아시카가 다다요시足利直義를

가마쿠라로 보냈다. 다다요시는 형의 명을 받들어 가마쿠라의 거처를

지키고 있는 고노 모로나오高師直와 모모이 와카사노스케桃井若狭助, 엔야 한

칸塩冶判官 등에게, 닛타 요시사다가 고다이고 천황으로부터 하사받은 투

구를 하치만구 신사에 봉납할 것을 알렸다.

　　그런데 투구의 진위 여부를 두고 고노 모로나오와 모모이 와카사노스

케 사이에서 언쟁이 벌어졌다. 그러자 결국 당시 궁녀였던 엔야 한칸의

아내 가오요顔世를 불러 닛타 요시사다가 썼던 바로 그 투구임을 확인하

고서야 언쟁은 겨우 결판이 났다. 이때 아름다운 가오요에게 연정을 품

게 된 호색한 고노 모로나오는 넌지시 그녀에게 편지를 보냈으나 가오요

는 그의 마음을 받아들이지 않고 거절해 버렸다. (제1단)

　　3월의 어느 날 황혼 무렵, 모모이 와카사노스케의 가신 가코가와 혼

조加古川本蔵와 그의 외동딸 고나미小浪 그리고 그 아내 도나세戸無瀬가 이야기

를 나누고 있는데, 고나미의 약혼자인 오보시 리키야^{大星力彌}가 와카사노 스케에게 엔야 한칸의 이야기를 전하기 위해 찾아왔다. 그 후 와카사노스케는 가코가와 혼조를 불러, 스루가오카하치만구 신사에서 모로나오로부터 받은 수모는 무사로서 참을 수 없기에 내일 입궐할 때 베어 버릴 것이라고 자신의 생각을 밝혔다. (제2단)

연가의 뜻∼내세의 충의

다다요시가 관동 8개 주의 간료^{管領}(막부의 집권직)가 되어 새로 지은 가마쿠라의 저택은 실로 호화롭기 그지없었다. 화려한 치장을 하고 입궐한 고노 모로나오와 시종 사기사카 반나이^{鷺坂伴内}는 가오요가 모로나오의 구애를 계속 거절하자 가오요의 하녀 오카루를 꾀어내 중개 역을 맡겼다. 그곳에 온 가코가와 혼조가 돈의 힘으로 주인 모모이 와카사노스케의 무모한 계획을 사전에 막고자 대책을 강구했다. 뒤늦게 엔야 한칸과 그의 부하 하야노 간페이^{早野勘平}가 입궐하자, 하야노 간페이의 연인 오카루가 엔야를 찾아와 가오요의 답신을 모로나오에게 전해 달라고 간절히 부탁했다.

한편, 혼조가 돈을 썼다는 내막을 모른 채 모로나오를 단칼에 베어 버리겠다며 잔뜩 벼르고 있던 모모이 와카사노스케는 요전과는 몰라볼 정도로 달라진 모로나오의 친절한 태도에 그만 맥이 풀려 버리고 말았다. 그러한 와중에 엔야 한칸이 가오요의 답신을 모로나오에게 전했다. 서신을 보고 자신의 연애 사업이 실패로 끝난 것을 안 모로나오는 분노와 함께 굴욕감을 느낀 나머지 엔야에게 욕을 퍼부으며 화풀이를 했다. 이에 화가 치민 엔야는 모로나오에게 칼을 휘둘러 이마를 베어 버렸다.

엔야 한칸은 궐내에서 칼부림을 한 죄로 모든 영지를 몰수당하고 쇼군으로부터 할복자살하라는 명을 받았다. 이에 오보시 유라노스케^{大星由}^{良之助}를 비롯한 엔야 한칸의 가신들은 눈물을 삼키며 고노 모로나오를 향한 복수를 맹세한다. (제3~4단)

은애^{恩愛}의 후타다마^{二玉}~지갑의 연판^{連判}

엔야 한칸의 가신들은 새 주인을 원치 않아 모두 낭인이 되었다. 야마자키^{山崎} 근처의 허름한 집에 거처하고 있던 하야노 간페이도 복수에 가담하기 위해 거병을 위한 자금 마련을 약속했다. 지금은 아내가 되어 함께 생활하고 있는 오카루는 남편의 그러한 마음을 이해하고 스스로 유녀가 되어 돈을 마련했다.

어느 날 오카루의 아버지는 사랑하는 딸이 몸을 팔아서 마련한 돈을 사위에게 전해 주기 위해 눈물을 흘리며 그 돈을 받아 들고 가던 중 도적의 습격을 받아 돈을 모두 빼앗긴 채 살해당하고 만다. 때마침 사냥을 하러 산에 온 간페이는 이 도적들을 멧돼지로 잘못 보고 활을 쏘았다. 깜짝 놀란 도적들이 혼비백산 도망치며 떨어뜨리고 간 돈이 자기 아내의 몸값이라는 것도 모르고 그저 하늘의 도움이라고 생각하며 집으로 가지고 돌아왔다.

그러나 거병 자금으로 쓰라고 내놓은 지갑이 오카루 아버지의 것임이 밝혀지면서 억울하게도 장인을 죽인 혐의를 뒤집어쓰게 된 간페이는 원통한 눈물을 흘리면서 할복자살을 한다. 그런데 숨이 끊어지기 일보 직전에 장인의 원수를 갚은 효자 사위임이 밝혀져 누명을 벗는다. 이로써 그는 죽은 주인의 복수를 수행한 의사로 연판장에 이름이 올랐고, 이에 간페이는 기쁜 마음으로 눈을 감는다. (제5~6단)

대신의 녹슨 칼

고노 모로나오는 오보시 유라노스케와 리키야 부자가 유곽에 빠져 발걸음이 잦은 것을 보고 그들에게 더 이상 원수를 갚을 마음이 없는 것으로 판단한다. 오보시 유라노스케가 놀러 다니는 찻집에서 일하고 있던 오카루는 오빠를 통해 아버지와 남편의 죽음을 전해 듣는다.

"몸을 판 돈이 아무 도움도 안 되었다니. 작별 인사조차 못 한 것이 못내 한스러울 뿐입니다. 아버님의 비명횡사는 나이를 많이 드셨으니 그렇다 쳐도 간페이 님은 이제 서른도 안 되셨는데 저 세상으로 가셨다니 너무나 슬프고 한스러운 일이에요. 그토록 만나고 싶었는데 어째서 만나 주지 않으셨나요? 정실로 맺어진 남편의 죽음마저도 알지 못하는 이 내 몸의 죄업. 살아서 무엇하리."

오카루는 이렇게 슬퍼하며 자신도 자살하려 했다. 옆방에서 자초지종을 듣고 있던 유라노스케는 형과 누이동생의 진심을 알고 형의 이름을 47번째 의사로 연판장에 올렸다. (제7단)

가코가와 혼조의 아내 도나세는 딸 고나미와 함께 사위가 될 오보시 리키야가 살고 있는 야마시나山科로 길을 떠난다. 오보시 유라노스케의 아내 오이시는 리키야와 고나미를 축하하는 말 대신, 주군인 엔야 한칸이 고노 모로나오를 칼로 베지 못한 것은 가코가와 혼조가 말렸기 때문이라며 혼조의 목을 넘겨 달라고 한다. 혼조는 그 모든 것이 주군의 신상을 생각해 저지른 자신의 오산이었음을 인정하고, 곧 시집을 갈 딸에게 축하의 말을 한다. 그러고는 모로나오 저택의 도면을 이별의 선물로 사위에게 남기고 죽어 간다.

드디어 복수의 날, 오보시 유라노스케를 비롯한 40여 명은 눈이 내리는 야밤에 고노 모로나오의 저택을 급습하고, 숨어 있던 모로나오를 찾아내 말끔히 원수를 갚은 뒤 할복자살을 하기 위해 주군의 무덤으로 향한다. (제8, 9, 10, 11단)

NOTES

아시카가 다카우지足利尊氏 : 1305~1358. 무로마치 막부의 초대 쇼군. 전국적인 통제권을 갖지 못한 천황에게 불만 세력이 늘어나자 군사를 일으켜 가마쿠라로 진격했다. 고다이고 천황을 교토에서 내몰고, 1338년 고묘 천황을 옹립해 스스로 쇼군이라 칭하고 무로마치 막부를 열었다.

도카이도 요쓰야 괴담
(東海道四谷怪談)

가부키 작가인 제4대 쓰루야 난보쿠(1755~1829)가 1825년 7월에 에도의 나카무라야中村屋에서 쓴 세와모노世話物●이다.

분카文化·분세이文政 시기(1804~1829)를 대표하는 가부키 작가 쓰루야 난보쿠가 자신이 쓴 괴담극에서 여러 가지 요소를 집대성해 71세 때 집필한 걸작이다. 전 5막으로 구성되어 있다.

INTRO

전체 5막 가운데 1막은 아사쿠사淺草의 관음사 경내에서 다쿠에쓰宅悅의 집과 뒷밭, 제2막은 이에몬伊右衛門의 집과 이토 기헤이伊藤喜兵衛의 집, 3막은 스나砂 마을의 온보보리隱亡堀, 4막은 후카가와深川의 저택 그리고 5막은 꿈에 관한 장면과 뱀 산(蛇山)의 암자이다. 이 작품의 이야기는 몇 가지 실화를 소재로 하고 있는데, 그 내용은 다음과 같다.

① 요쓰야사몬四谷左門 마을에 살고 있던 다미야 마타사에몬田宮又左衛門의 딸 오이와가 신랑 이에몬과 주선자 아키야마 초사에몬秋山長左衛門에게 속아서 죽은 뒤 원령이 되어 남편과 주선자를 괴롭혔다는 겐로쿠元祿 시대(1688~1704) 무렵의 전설.

② 주인을 살해한 나오스케가 이름을 곤베權兵衛라고 바꾸어 쌀집의 하인이 되었는데, 주인을 죽인 곤베라는 남자와 한날 한시에 스즈카 숲에서 처형되었다는 교호享保 시대(1716~1736)의 사건.

③ 집필 당시에 일어난 일로, 하타모토旗本의 첩과 그의 하인이 밀통하다가 발각되자 이에 분노한 하타모토가 두 사람을 한 장의 문짝에 위아래로 못을 박아 죽인 뒤 간다神田 강에 흘려보냈다는 실화.

④ 서로의 몸을 묶은 채 동반 자살한 시체가 떠내려오는 것을 뱀장어잡이가 발견했다는 이야기.

이와 비슷한 작품, 특히 『나조노오비촛토 토쿠베謎帶一寸德兵衛』에서 영향을 많이 받았으며, 순식간에 가부키 옷을 갈아입는 기술이 뛰어났던 제3대 오노에 기쿠고로尾上菊五郎에게 오이와, 쇼헤이, 요모시치의 3역을 맡기고, 상대역으로는 당시의 인기 배우 제7대 이치카와 단주로에게 이에몬 역을, 악역으로 유명한 제5대 마쓰모토 고시로松本幸四郎에게 나오스케 곤베 역을, 젊은 여장 연기의 일인자 제2대 이와이 구메사부로巖井三郎에게 오소데 역을 맡겨 큰 성공을 거두었다.

초연 당시에는 첫날에 『가나데혼 주신구라』의 1막부터 6막까지 먼저 공연한 다음 이어서 『도카이도요쓰야 괴담』을 1막에서 3막까지 공연했다. 둘째 날에는 『가나데본 주신구라』 7막 이하와 『도카이도요쓰야 괴담』의 3, 4, 5막을 보여 주고 마지막으로 원수를 갚는 장면을 공연했다고 한다. 이처럼 이 작품은 이틀에 걸쳐 공연되었다. 등장인물이 『가나데혼 주신구라』에 나오는 엔야와 모로나오와 관련이 있는 것은 이 때문이다.

이 가부키 공연에서 가장 인기 있는 장면은 제3막에 나오는 문짝 뒤집기 장면이었다. 이는 쓰루야 난보쿠의 아들 나오에야 주베^{直江屋重兵衛}가 고안한 것이라고 하는데, 문짝에 머리가 나오는 구멍을 만들고는 양면에 가짜 사람을 묶어 놓고 거기에 머리를 집어넣었다 뺐다 하면서 오이와와 고헤로 재빨리 역할을 바꾸어 인기를 끌었다고 한다. 그 밖에도 제2막의 오이와가 머리를 빗는 장면, 제5막의 암자에서의 유령 출현 장치 등이 가장 볼만한 장면이다.

그러나 이 작품의 뛰어난 점은 그러한 눈요깃감이 아니라 당시의 서민 생활의 모습을 그대로 묘사해 낸 사실성에 있다. 1막에 등장하는 하층 매춘부들의 생활, 2막의 가난한 낭인 생활 그리고 4막의 하층 서민의 생활을 묘사한 부분은 특히 빛을 발하고 있다. 『도카이도요쓰야 괴담』의 문학사적 의의는 분카·분세이 시대를 대표하는 교겐 작가 쓰루야 난보쿠의 최대 걸작이라는 점과 가부키 희곡 사상 최고봉에 오른 작품이라는 점이다.

서막―아사쿠사의 관음사 경내

고노 모로나오의 가로 이토 기헤^{伊藤喜兵衛}의 손녀딸 오우메^{お梅}는 엔야 집안의 낭인 다미야 이에몬^{民谷伊右衛門}에게 첫눈에 반해 고민에 빠졌다. 그러나 다미야 이에몬에게는 이미 깊은 관계를 맺고 있던 오이와^{お岩}라는 여자가 있었다. 하지만 이에몬이 과거에 공금을 훔친 사실을 알고 있는 오이와의 아버지 요쓰야 사몬^{四谷左門}은 두 사람의 관계를 허락하지 않는다.

한편 오이와의 동생 오소데^{お袖}는 사토 요모시치^{佐藤與茂七}와 혼인을 허락받은 사이였으나, 엔야 집안의 소동 이래 자취를 감춘 채 낮에는 잡화 가게에서 일하고 밤에는 유곽에 나갔다. 주군의 원수를 갚기 위해 거지 차림으로 동지들과 연락을 주고받던 오쿠다 쇼사부로^{奥田庄三郎}는 연락 문서를 떨어뜨려 이토 기헤에게 들켰으나 사토 요모시치가 그것을 되찾았다.

유곽

한편, 한때는 오쿠다 쇼사부로의 부하였고 지금은 약장수를 하고 있는 나오스케直助는 전부터 마음에 두고 있던 오소데를 유혹하기 위해 그녀를 찾아갔으나, 그녀는 간신히 위험을 모면하고 요모시치와 재회해 기쁨을 나누고 있었다.

1막─아사쿠사의 뒷밭

요모시치는 쇼사부로를 만나 옷을 서로 바꾸어 입고 거지 차림으로 변장해 가마쿠라로 향했다. 한편 사랑이 원한으로 변한 나오스케는 쇼사부로와 요모시치가 옷을 바꿔 입은 것을 모르고, 쇼사부로를 연적 요모시치로 오해해 죽인 뒤 그의 얼굴 가죽을 벗겨 내었다. 같은 시각, 같은 장소에서 오이와의 아버지 요쓰야 사몬도 딸 문제로 다미야 이에몬과 말다툼을 하다가 그의 칼에 맞고 쓰러졌다.

얼마 후 오이와와 오소데 두 자매가 달려와 아버지 요쓰야 사몬과 약혼자 사토 요모시치의 시신을 발견하고 슬피 우는데, 그곳에 이에몬과 나오스케가 우연히 그 앞을 지나는 것처럼 꾸며 친절을 미끼로 상심에 빠진 두 여인에게 다가가 자신들이 원수 갚는 일을 돕겠다며 나섰다. 그러자 오소데는 어쩔 수 없이 나오스케와 표면적인 부부 생활을 하기로 했다.

2막─이에몬의 집

오이와는 이에몬의 아이를 낳았으나 산후 조리를 잘못하여 나날이 건강이 나빠졌다. 그러자 이토 기헤는 이에몬을 좋아하는 손녀딸 오우메의 사랑을 이루어 주기 위해 부인병에 좋은 약이라고 속이고 오이와에게 독약을 보낸다. 약을 먹은 오이와의 용모는 금세 추하게 변해 버렸고, 그러한 그녀를 유곽의 포주인 안마 다쿠에쓰가 간호했다.

집으로 돌아온 이에몬은 추하게 변한 오이와의 모습을 보고 그녀를 학대하고 다쿠에쓰를 협박해 오이와와 밤을 보내게 했다. 다쿠에쓰로부터 모든 사실을 전해 들은 오이와는 죽을 결심을 하고, "머리도 엉망진창인 이 모습, 하다못해 여자로서의 몸단장이라도 해야지, 머리라도 빗어야지" 하며 빗질을 했는데 독약 때문에 머리카락이 눈앞에서 뭉텅뭉텅 빠지는 것이 아닌가. 그러자 마침내 오이와는 저주의 말을 입에 올렸다.

"그저 원망스러운 이에몬 님과 이토 기헤 일가일세. 내 이대로 그냥 둘까 보냐. 생각하면 생각할수록 원통하다."

머리카락에서 피가 배어나와 하얀 병풍에 튀었다. 다쿠에쓰는 "아, 아, 머리카락에서 떨어지는 이 피는"이라고 하면서 몸을 떨며 달아났다. 오이와는 "이 원한, 반드시 풀고 말리라" 하고 외치면서 숨을 거두었다. 그러자 쥐띠였던 오이와의 원한이 쥐로 변해 나타나더니 그곳에 있던 고양이에게 물렸다. 오이와가 화한 쥐를 물고 달리던 고양이는 불이 되어 사라졌다.

3막—스나 마을의 온보보리隱亡堀

한편, 다쿠에쓰의 아량으로 일자리를 얻은 고부쓰 고헤이小佛小平는 불치의 병으로 고생하는 옛 주인 오시오다 마타노쇼小汐田又之丞를 위해 다미야 집안에 내려오는 영약을 훔쳤으나 금세 아키야마 초베와 세키구치 간조 등에게 붙잡히고 말았다. 다미야 이에몬은 고헤이를 칼로 베어 죽이고, 그가 오이와와 부적절한 관계를 맺은 것처럼 꾸며낸 후 두 사람의 시체를 문짝 앞뒤에 올려놓고 못질을 해 강물에 흘려보낸다.

이토 기헤가 손녀딸 오우메를 데리고 와서 이에몬과 합방케 했으나 이에몬은 오우메를 귀신이라고 여겨 그녀의 목을 치고, 기헤를 "주인님, 약을 주십시오" 하는 고헤이 귀신인 줄 알고 기헤의 목도 쳐 버렸다. 이것은 말할 것도 없이 죽은 두 원령의 짓이었다.

이토 집안의 미망인 오유미와 유모 오마키는 남편과 딸의 복수를 하기 위해 거지가 되어 이에몬을 찾아다니고 있었다. 그러던 중 오마키는 쥐 때문에 도랑에 빠지고 오유미 역시 이에몬에게 걷어차여 도랑으로 떨어졌다. 그곳에 마침 삼나무로 된 문짝이 떠내려왔다. 물에 부패한 오이와와 고헤이의 시신이 서로 번갈아 가며 원한을 말하기 시작했다.

4막—후카가와深川의 저택

오소데는 오이와의 죽음을 전해 듣고 언니의 원수를 갚기 위해 나오스케와 잠자리를 했다. 그런데 죽은 줄만 알았던 약혼자 사토 요모시치가 나타났다. 오소데는 결국 수치심을 이기지 못하고 자살한다. 나오스케도 자신이 오소데의 친오빠였던 사실과, 그것도 모르고 옛 주인 쇼사부로를 죽였다는 사실을 알고, 요모시치에게 연락 문서를 돌려주고 할복자살을 한다.

5막—뱀 산의 암자

젊은 주인 차림의 이에몬이 하인 모습의 초혜를 데리고 매 사냥을 나갔다. 그 길에서 아름다운 시골 처녀와 맺어졌는데 그 처녀가 죽은 오이

와의 혼으로 변해 두 사람을 괴롭혔다. 이에 이에몬이 눈 속에서 탑을 돌며 염불을 외우니 오이와의 원령이 나타나서 아기를 건넸다. 그러나 아이는 곧 돌부처로 변해 버렸다. 어머니인 오구마^{お熊}와 초혜도 모두 귀신에 홀려 죽고, 수행자가 된 아버지도 목을 매어 죽었다. 다미야 이에몬은 사토 요모시치의 손에 죽음으로써 오이와와 오소데는 마침내 원수를 갚았다.

세와모노世話物 : 에도 시대의 '조닌', 곧 상인과 장인 계층의 사회를 취재해 의리와 인정, 연애 등의 갈등을 주제로 삼은 조루리와 가부키, 소설, 강담 등이다.

9장

근세소설

서민이 등장하는 서민들을 위한 문예

근세 소설은 모노가타리로 대표되는 헤이안 시대의 유미주의적 귀족 문예에 대항해 무로마치 시대부터 싹트기 시작한 것으로, 민중들의 손에 의해 민중을 대상으로 창작된 문예이다.

가나조시

게이초慶長 연간(1596~1615)부터 엔포延寶 연간(1673~1681)까지 약 80년간 교토를 중심으로 일어난 계몽적이며 실용적인 문예를 '가나조시仮名草子'라고 한다. 가나조시는 가나(히라가나)로 쓰인 책자라는 의미로, 『도연초徒然草』를 모방해 웃음 속에 풍자와 교훈을 담은 조라이시如儡子의 『가소기可笑記』를 비롯해 교훈적인 내용이 담긴 스즈키 쇼산鈴木正三의 『인과 모노가타리因果物語』와 『두 명의 비구니二比丘尼』, 대표적인 명소 안내서인 아사이 료이浅井了意의 『도카이도 명소기東海道名所記』, 웃음을 자아내는 쇼와모노笑話物(우스운 이야기를 쓴 것) 『어제는 오늘의 이야기昨日は今日の物語』와 『성수초醒睡抄』, 가라스마루 미쓰히로烏丸光廣의 작품으로 여겨지는 우스운 이야기와 명소 안내라는 기행글이 합쳐진 『지쿠사이竹齋』 등이 있다.

그 밖에 중국 괴기 소설을 번안한 아사이 료이의 『오도기보코伽婢子』와 『이솝 이야기』를 번역한 『이소보 모노가타리伊曾保物語』 등 외국의 문예와 관련된 작품과 이전 시대에 출간된 소설 개략서도 적지 않다.

가나조시는 문예 자체보다 문예 권역을 확대해 다음 세대의 서민 소설과 우키요 조시의 기반을 구축했다는 데 더욱 큰 의의가 있다.

우키요조시

'우키요조시浮世草子'는 『호색일대남好色一代男』이 출간된 덴와天和 2년(1682)에 시작되어 겐로쿠元祿 연간(1688~1704)에 정점을 맞이하고 메이와明和 연간(1764~1772) 무렵까지 약 100년 동안 가미가타上方(교토를 중심으로 한 지역)를 중심으로 발생한, 현실 속의 인정 세태를 생생하게 묘사한 소설을 가리킨다. 우키요조시의 '우키요浮世'란 무상관이나 염세적이라는 중세의 의미와 달리, 도시 생활을 향유하는 신흥 계층인 조닌町人(도시 상인이나 장인)들의 생활과 감정, 욕망을 긍정하는 향락주의적 현실을 가리킨다.

우키요조시의 특징은 교훈과 과거에 대한 향수를 추구한 가나조시와 달리, 우키요라는 현실을 긍정하고 신흥 계급의 활기 넘치는 조닌 생활을 조닌 자신의 손으로 묘사한 데 있다. 창시자라고 할 수 있는 이하라 사이카쿠井原西鶴는 세태와 인정을 극명하고 냉철하게 묘사하여 이후 일본 문예에 큰 영향을 끼쳤다. 사이카쿠가 죽은 뒤에는 그의 문하생인 호조 단스이北條團水와 니시키 분류錦文流 등이 그 경향을 계승했으나 사이카쿠만큼 예리한 사실성과 비판성을 지닌 작가는 더 이상 나타나지 않았다.

사이카쿠가 죽은 뒤 그를 모방한 사람들이 잇달아 등장하면서 우키요조시가 크게 유행했는데, 그중에 '하치몬지야본八文字屋本'이라고 불리는 것들이 있었다. 이것은 교토의 안도 지쇼安藤自笑가 경영하던 하치몬지야라는 책방에서 간행한 우키요조시를 가리키는 말로, 하치몬지야에서는 당시 책의 일반적인 크기였던 대형본을 절반으로 접고 옆으로 묶어 다루기 편한 책을 만들었다. 하치몬지야의 전속 작가인 에시마 기세키^{江島其}^磺는 가타기모노^{氣質物}(아들·딸·첩·다인^{茶人}·스승 등 다양한 인물 유형의 특징을 묘사한 것)에 독특한 재주를 발휘해 특히 인기가 높았다.『세상의 아들 가타기^{世間息子氣質}』와『세상의 딸 가타기^{世間娘容氣}』등의 작품에서 방탕한 아들과 제멋대로인 딸 등을 소재로 다루었고, 직업과 신분별 성격, 취미, 습관 등을 과장하여 그 인상을 익살맞게 묘사했다.

구사조시

한편 에도에서는 아카혼^{赤本}(빨간 책)·구로혼^{黑本}(검은 책)·아오혼^{靑本}(파란 책)·기뵤시^{黃表紙}(노란 책)·고칸^{合券}(기뵤시를 여러 권 합쳐 장편으로 만든 것) 등으로 불리는 에조시^{繪草紙}, 곧 삽화가 있는 책이 유행했다. 이 책들의 명칭은 책 표지의 색깔에서 유래한 것이다. 특히 부인들과 아이들을 대상으로 만든 아카혼·구로혼·아오혼은 저속한 내용을 담은 그림책으로 값이 저렴했다.

안에이^{安永} 4년(1775)에 고이카와 하루마치^{戀川春町}의『긴킨 선생 영화몽^{金金先生榮華夢}』이 출간되면서 비로소 구사조시^{草雙紙}는 어린아이들을 위한 그림책에서 탈피해 풍자성을 담은 성인용 만화로 발전했다. 당시의 풍속을 소재로 골계와 재치를 담았던 이러한 작품들은 경문예^{輕文藝}, 이른바 가벼운 문예를 이루었고, 에도 시민들의 기질과 잘 맞아 크게 유행했다.

기뵤시의 전성기는 덴메이^{天明} 연간(1781~1789)이었다. 그 시기에 출간된 작품으로는 산토 교덴^{山東京傳}의『에도우마레우와키노카바야키^{江戶生艶氣樺}^燒』와 도라이 산나^{唐來三和}의『기루나노네카라카네노나루키^{莫切自根金成木}』, 호세이도 기산지^{朋誠堂喜三二}의『분부니도만고쿠도오시^{文武二道萬石通}』등을 들 수 있다. 그러나 때마침 떨어진 샤레본^{洒落本} 금지령으로 골계와 재치를 주된 내용으로 삼았던 기보시는 차츰 교훈적이거나 복수극, 괴담류로 내용이 바뀌어 5매 1권의 작은 책자에서 여러 권을 합친 고칸合巻 형태로 변해 갔다. 고칸본의 대표작으로는 류테이 다네히코柳亭種彦의 『니세무라사키 이나카겐지修紫田舎源氏(가짜 무라사키 시골 겐지)』를 꼽을 수 있다.

요미혼

'요미혼讀本'은 주로 그림으로 이루어진 구사조시와 달리 이름대로 문장이 주가 된 책이라는 의미이다. 요미혼의 지은이는 일본과 중국의 고전에 정통한 학자들이었다. 중국의 단편 소설 『고금기관古今奇観』을 바탕으로 집필한 『고금기담 하나부사조시古今奇談英草紙』의 저자 쓰가 데이쇼都賀庭鐘는 유학자였으며, 『서산 모노가타리西山物語』와 『본조 수호전本朝水滸傳』의 지은이 다테베 아야타리建部綾足는 국학자였다. 또 초기 요미혼의 대표 작가인 우에다 아키나리上田秋成 역시 한학과 국학에 정통했던 학자였다. 9편의 단편으로 구성된 아키나리의 『우게쓰 모노가타리雨月物語』는 중국 고전에서 소재를 취했지만 단순한 모방이나 번안에 그치지 않고 독자적으로 신비로운 분위기를 만들어 내는 데 성공한 작품이다.

호레키宝暦(1751~1764), 메이와明和(1764~1772) 무렵에 가미가타에서 인기를 끌었던 요미혼은 간세이寛政 개혁(1787~1793) 때 산토 교덴과 교쿠테이 바킨曲亭馬琴에 의해 다시 유행하게 되었다. 교덴과 바킨에 의해 재등장한 요미혼 시대를 후기 요미혼 시대라고 한다. 교덴의 출세작은 『중신수호전忠臣水滸傳』이며, 대표작은 『옛날이야기 이나리즈마뵤시昔語稲妻表紙』이다. 바킨은 처음에 교덴 문하에서 수업을 받으며 기보시를 썼으나 요미혼으로 전향하여 요미혼 분야에서 가장 뛰어난 작가가 되었고, 『진세쓰 유미하리츠키椿說弓張月』와 『근세설미소년록近世說美少年錄』, 『난소사토미 팔견전南總里見八犬傳』등을 남겼다. 바킨은 역사 속의 인물이나 사건을 다루는 사전물史傳物에 재능을 보였다. 그의 작품 전편에 걸쳐 일관된 내용은 불교 사상에 기반을 둔 무사도의 권선징악과 인과응보의 이치였으며, 리듬감이 분명한 7·5조를 주로 구사한 미문을 썼다. 이것은 현실감이 결여되어 있고 소설로서도 별다른 재미가 없었지만, 당시 풍조와 맞아떨어져 일반 대중에게 크게 환영받았다.

샤레본

'샤레본酒落本'은 분카文化 연간(1804~1818)과 분세이文政 연간(1818~1830)에 걸쳐 유행했던 책으로, 유곽 풍속을 소재로 삼았다. 종이 반지半紙(일본 종이의 하나. 세로 25㎝, 가로 35㎝ 정도임)를 4번 접은 크기의 작은 책이라고 해서 당시에는 '곤약본蒟蒻本'이라고도 불렀다. 중국 유곽 문예의 영향을 받은 초창기에는 한학자들의 손에 쓰인 광시狂詩나 광문狂文과 같은 극문예가 중심이었지만, 차츰 에도 시민들의 취향인 '쓰通'(인정이나 세상 물정에 밝고 이해심이 있는 정취)나 '우가치穿ち'(세태나 인정의 미묘한 점을 재치 있게 지적하는 것)라는 개념을 유곽이라는 소재에 담아 묘사하게 되었다. 메이와 7년에 시골 노인 다다노오야지田舍老人多田爺가 쓴 『유시호겐遊子方言』이 그 양식을 확립했고, 이후 산토 교덴이 『무스코베야息子洞房』와 『쓰겐소마가키通言總籬』 등의 걸작을 낳았다. 그러나 간세이 2년(1790)에 풍속 단속령으로 금지되면서 샤레본은 닌조본과 곳케이본으로 갈래가 나뉘었다.

닌조본

풍속 단속령으로 샤레본이 금지되자 그 갈래에서 파생하여 등장한 것이 '닌조본人情本'이다. 닌조본은 막부 말기까지 유행했으며, 덴포天保 연간 (1830~1844)에 전성기를 이루었다. 샤레본의 소재가 주로 유곽의 이야기였다면 닌조본은 일상생활 속에서 일어나는 조닌들의 연애 이야기를 다룬 풍속 소설이다. 표면적으로는 교훈적인 내용을 내걸고 있었지만, 주로 치정에 얽힌 이야기를 바탕으로 퇴폐적이고 무기력한 막부 말기의 서민 생활을 묘사했다. 대표작으로는 다메나가 슌스이爲永春水의 『하루이로 우메고요미春色梅兒美』와 그 속편인 『하루이로에이타이단고春色英對暖語』를 꼽을 수 있다.

슌스이는 회화문과 지문을 구별해 적는 등 새로운 표현 양식을 고안했다. 문체 면에서도 읽기가 불편한 요미혼의 단점을 개선하고 고칸보다도 복잡한 묘사를 시도했으나 이 역시 덴포 개혁 (1841~1843)에 저촉되면서 쇠퇴의 길을 걷게 되었다.

곳케이본

'곳케이본滑稽本'은 샤레본에서 유곽의 취향을 버리고 희극적인 부문만을 계승해 만든 책이다. 곳케이본의 선구라고 할 수 있는 책은 심학心學의 단기본談義本 계통을 따른 극작가 후라이 산진風來山人(히라가 겐나이平賀源内 라고도 한다)의 『후류시도켄전風流志道軒傳』과 『네나시구사根南志具佐』이다. 곳케이본은 풍자적인 경향은 거의 없으며, 주로 웃기는 말이나 말장난 등으로 이루어져 있다. 소재는 주로 가정과 공중목욕탕, 이발소, 여행, 축제 등 서민들의 일상생활에서 찾았으며, 책의 크기도 닌조본과 마찬가지로 대중적인 중간 크기였다.

곳케이본은 교호享保 연간(1716~1736)에 시작되었고, 짓벤샤 잇쿠十返舎 一九와 시키테이 산바式亭三馬, 류테이 리조瀧亭鯉丈, 바이테이 긴가梅亭金鵝 등의 작가들이 등장하면서 분카·분세이 시기에 전성기를 이루었다.

짓벤샤 잇쿠는 처음에는 기뵤시를 썼으나 『도추히자쿠리게^{道中膝栗毛}』로 일약 곳케이본의 대표 작가가 되었으며, 그 후 21년 동안 계속해서 속편을 집필했다. 시키테이 산바도 처음에는 고칸과 샤레본을 썼으나, 『우키요부로^{浮世風呂}』와 『우키요도코^{浮世床}』를 쓰면서 곳케이본의 인기 작가가 되었다. 짓벤샤 잇쿠는 밝고 명랑한 세계를 잘 표현했고, 시키테이 산바는 현실을 관찰하는 안목이 뛰어났다.

오토기보코
(伽婢子)

근세의 괴기 소설 분야에 한 획을 그은 에도 시대 전기의 괴담집으로, 지은이는 아사이 료이(1612~1691)이다. 중국 명나라 때의 소설『전등신화剪燈新話』에 수록되어 있는 이야기의 배경을 일본의 전국 시대로 바꾸어 번안한 17가지 이야기가 중심을 이룬다. 전 13권의 방대한 소설로, 수록 내용 대부분이 괴담이다. 1666년에 간행되었으며, 후세의 괴담 소설에 큰 영향을 미쳤다.

INTRO

아사이 료이는 근세 초기의 계몽 시대에 활동했던 가나조시 작가 가운데 가장 활발하게 창작 활동을 하여 다방면에 걸쳐 많은 저작을 남겼다. 그는 정토진종淨土眞宗●에 속하는 승려 집안에서 태어났으나 아버지가 종단 내부의 파벌 싸움에 관련되어 처벌을 받는 바람에 승려로서의 출셋길이 막혔다. 그런 불우한 상황에서도 아사이는 저술과 연구에 온 힘을 기울였다. 불전과 유학에 박식했고, 중국 명나라 때에 성행했던 유학과 민간 신앙을 교훈적으로 혼합한『선서善書』등에도 조예가 깊었다. 그는 단순히 박식함을 자랑하거나 참고가 된 중국 서적에 의지해서 저작을 정리한 것이 아니라, 자신의 지식을 작품 속에 인용하는 방식으로 문학성을 높여 다른 가나조시 작품의 수준을 훨씬 뛰어넘었다는 평가를 받는다.

붉은 허리띠

에치젠越前 지방의 쓰루가敦賀에 하마다 초하치濱田長八라는 부자가 살았는데, 그에게는 딸이 둘 있었다. 그중 큰딸은 이웃집 히가키 헤이타檜垣平太의 외동아들 헤이지平次와 어릴 때부터 친한 사이였다.

어느덧 세월이 흘러 둘의 나이가 혼기에 이르자 이들을 맺어 주기 위해 중매인이 나섰다. 그때 사위가 될 집에서 보내온 약혼 예물 중에 들어 있던 새빨간 허리띠 하나가 사람들의 눈길을 끌었다.

1575년 가을, 아네가와姉川 강의 전투●에서 패한 아사쿠라朝倉 군의 잔당이 봉기해 각지의 산채에서 농성을 벌이면서 세상이 다시 소란스러워졌다. 사실 히가키 집안은 조닌町人 계급이었지만 원래는 무사 집안이었고, 더욱이 이번 봉기에 일족의 일부가 가담했기 때문에 언제 당하게 될지 모르는 추궁이 두려워 일가 전체가 에치젠을 떠나 교토 쪽으로 피난을 갔다. 그 후 행방이 묘연해졌다.

헤이지가 떠난 뒤 남겨진 초하치의 딸은 하루를 천일 같은 마음으로 5년이라는 세월을 기다리다가 대단치 않은 병으로 자리에 누웠는데, 그대로 일어나지 못한 채 19세의 나이로 생을 마치고 말았다. 딸의 어머니는 불쌍하게 죽은 딸의 허리에 약혼 예물로 받았던 새빨간 허리띠를 묶어주었다.

장례를 치르고 30일이 지났을 즈음 헤이지가 교토에서 돌아왔다. 유랑 끝에 양친을 잃고 의지할 데가 없어 고향으로 되돌아오게 되었다는 헤이지의 말을 듣고 하마다 부부는 집 한켠에 그의 거처를 마련해 주었다.

사십구재 법회를 들판의 묘에서 치르고 집으로 돌아올 때 둘째 딸이 문 앞까지 마중을 나온 헤이지 앞을 지나면서 새빨간 허리띠를 살짝 땅에 떨어뜨렸다. 이를 계기로 두 사람은 사람들 눈을 피해 만나는 사이가 되었다. '떳떳하게 함께 살고 싶다', '데리고 달아나 달라'고 하는 둘째 딸의 간청을 못 이긴 헤이지는 둘째 딸과 함께 미쿠니三國라는 항구 마을로 달아났다.

1년 동안의 꿈 같은 나날이 지나자 딸은 고향으로 돌아가고 싶어 했다. 그러자 헤이지는 혼자 배를 타고 쓰루가로 돌아가 하마다 부부를 만난 뒤 은혜를 저버리고 불충한 일을 저지른 자신을 용서해 달라고 빌었다. 그러자 하마다 부부는 이상하다는 표정을 지었다. 자초지종을 들으니 둘째 딸은 병에 걸려 지금 안쪽 방에서 자고 있다는 것이었다.

기묘한 일에 모든 사람들이 망연자실하고 있는데, 누워 있던 둘째 딸이 천천히 일어나 설명하기 시작했다. 그런데 그 겉모습은 둘째 딸이지만 목소리와 몸짓은 큰딸이었다. 딸은 헤이지에게 1년 동안의 결혼 생활에 대한 감사의 말을 하고, 부모에게도 이별의 아쉬움을 전한 뒤 곧바로 그 자리에 쓰러졌다. 사람들이 달려가 끌어안자 둘째 딸은 다시 정신을 차렸고, 병은 그 자리에서 말끔히 나았다. (제2권—2)

도깨비가 된 하치야 마고타로

와카사若狭 지방에 하치야 마고타로蜂屋孫太郎라는 남자가 살고 있었다. 유학을 좋아했던 그는 사람은 죽어서 그냥 흙으로 돌아갈 뿐이라고 호언하면서 가업을 돌보지 않고 방탕 무뢰한 생활을 보내고 있었다. 특히 그는 불법佛法을 싫어해 내세와 영혼에 대해 이야기하는 사람들에게 마구 욕을 해 댔다.

어느 날 볼일이 있어 스루가까지 갔다가 되돌아오는 길에 해가 저물었다. 전란이 그치지 않는 시대였고 사람들의 왕래가 뜸했으므로 그는 산 그늘의 소나무 그루터기에 의지해 하룻밤을 보내기로 하고 쉬었다. 그러자 밤바람이 불면서 7~8구의 시체들이 벌떡 일어나 마고타로를 향해 다가왔다. 마고타로는 급히 소나무 가지를 타고 올라가 위험을 피했다.

이윽고 가을밤의 달이 구름 사이에서 비치기 시작하자 홀연히 야차夜叉가 나타나 무리 지어 있는 시체들을 닥치는 대로 먹어 치우더니 그대로 소나무 그루터기를 베고 잠드는 것이 아닌가. 마고타로는 숨을 죽이고 나무에서 내려와 쏜살같이 달아났다. 그런데 그 소리에 눈을 뜬 야차가 뒤를 쫓아오는 것이었다. 죽을힘을 다해 달아나던 마고타로는 겨우 어느 절에 이르러 등에 구멍이 나 있는 불상을 보고 안도하며 그 구멍으로 들어가 불상 복부에 숨어 야차의 추격을 피했다.

그러나 그것으로 끝난 것이 아니었다. 불상이 갑자기 말을 하더니 "원하지도 않았는데 오늘 밤 공양은 넉넉하군"이라고 노래를 흥얼거리면서 걸어가는 것이 아닌가. 이에 크게 놀란 마고타로는 이상한 불상에서 겨우 빠져나와 넓은 들판을 방향도 모른 채 달려가다가 이번에는 팔다리가 없는 괴물들을 만나 또다시 정신없이 도망쳤다. 그러다 돌에 걸려 큰 구덩이에 빠지고 말았다.

구덩이 안에 등불이 켜져 있어서 사방을 둘러보니 그곳은 빨간 도깨비와 파란 도깨비들이 사는 세계였다. 그는 도깨비들에게 붙잡혀 목과 손에 자물쇠가 채워진 채 대왕 도깨비 앞으로 끌려갔다. 그리고 평소 호언장담하던 태도에 대한 책망을 들으며 도깨비들의 조롱거리가 되었다. 도깨비들은 마고타로를 실컷 놀린 끝에 인간 세상으로 다시 돌려보내기 전에 주는 선물이라며 뿔 두 개와 뾰족한 주둥이를 달아 주고 머리카락은 빨갛게, 눈은 파랗게 바꾸어 버렸다.

마고타로가 괴상한 모습을 하고 집으로 돌아가자 아내와 자식들이 모두 놀라 가까이 다가오려 하지 않았다. 마고타로는 방 한구석에 틀어박혀 아무것도 먹지 않았다. 그러다가 마침내 그는 정신이 이상해졌고 그 후로는 집 주위를 빙빙 돌아다니게 되었는데, 사람들은 그런 마고타로의 모습을 보며 무서워했다. (제3권—2)

모란 등롱

덴분ﾃﾝﾌﾞﾝ 연간(1532~1555)에 오기와라 신노죠荻原新之丞라는 사람이 교토의 한 마을에 살고 있었다. 그날은 오기와라가 죽은 아내의 장례를 치르고 처음으로 맞이하는 우란분재盂蘭盆齋(음력 7월 보름에 망령을 위안하는 행사)날이었다. 독경으로 하루를 보낸 그는 사람들의 왕래도 끊긴 밤에 문 앞에 서 있다가 모란꽃 등롱을 든 시녀를 대동하고 지나가는 아름다운 여인을 보았다. 달빛에 비친 그 모습에 매료된 오기와라는 넋이 나간 사람처럼 자신도 모르게 그녀의 뒤를 따라갔다. 그녀는 뒤돌아보며 미소를 지어 보이고는 오기와라의 말에 순순히 응해 집까지 따라왔다. 다음 날 아침에 그녀는 자신은 옛 절의 옆집에 살고 있다는 말만 남기고 떠났다가 저녁 무렵이 되자 다시 찾아왔다. 이런 일이 20여 일 동안 계속되었다.

이를 이상하게 생각한 옆집 노인의 말에 오기와라도 의심을 품고는 옛 절의 주변을 찾아가 보았으나 그녀가 말한 집은 찾지 못했다. 하는 수 없이 찾아 들어간 절의 명부전에서 모란꽃 등롱과 동자상이 지키고 있는 관 두 개를 보고서야 비로소 사태의 진상을 깨달았다. 그리하여 노인이 가르쳐 준 대로 도지東寺 절의 수행자를 찾아가 부적을 받아 문기둥에 붙여 놓으니 더 이상 그 여인이 찾아오지 않았다.

그 후 아무 일 없이 50일이 지나 오기와라는 답례를 하기 위해 도지 절의 수행자를 찾아갔다. 그러고는 술에 취해 돌아오는 길에 옛 절 가까이에 이르자 자신도 모르게 절 문 안을 엿보았다. 그러자 마치 기다리고 있었다는 듯이 안에서 여자가 나타나 원망의 말을 늘어놓으며 오기와라의 손을 잡고 무덤 쪽으로 끌고 가는 것이 아닌가. 이를 본 오기와라의 종자가 서둘러 사람들을 불러 모아 달려가 보니 오기와라는 관 속에서

백골에게 안긴 채 싸늘한 주검으로 변해 있었다. (제3권―3)

도비 가토의 비술

다이묘 우에스기 겐신上杉謙信이 다스리던 가스가春日 산 성내에 닌자 술법의 명수인 도비 가토飛加藤라는 사람이 찾아와 소 한 마리를 광장에 끌어내 그 자리에서 삼켜 버리는 등 여러 가지 비술을 선보였다. 그것을 지켜보던 구경꾼들은 간담이 서늘해질 정도로 놀랐는데, 소나무 위에서 그 광경을 보고 있던 한 사람이 저건 속임수라며 큰 소리로 비난했다. 그러자 가토는 당장 땅 위에 박 덩굴을 자라게 하고 부채로 박 덩굴을 부쳤다. 그러자 금세 꽃이 피고 박이 주렁주렁 열리기 시작하는 것이 아닌가. 구경꾼들이 몰려들어 보고 있는 가운데 박 덩굴은 금방 2척 가까이 자라났다. 이어 가토가 칼을 빼내 박의 꼭지를 자르자 소나무 위에 있던 남자의 머리가 베어져 떨어졌다.

이 말을 들은 우에스기 겐신은 그를 직접 보기 위해 성으로 불러들였다. 가토는 1척 남짓한 칼만 있다면 어떤 해자라도 뛰어넘어 아무에게도 들키지 않고 성안에 들어갈 수 있다고 장담했다. 그러자 겐신은 자신의 늙은 신하 나오에 가네쓰구直江兼績의 집에 몰래 숨어 들어가 장도를 훔쳐 오라고 명했다. 이에 나오에는 불을 밝힌 뒤 불침번을 서는 사람의 수를 늘리고 또 사나운 개를 풀어 놓는 등 물샐틈없는 대비를 하고 가토를 기다렸다.

다음 날 아침, 가토는 장도를 손에 들고 나오에 부인의 시녀를 짊어진 채 우에스기 겐신 앞에 나타났다. 시녀는 깊이 잠든 채 잠에서 깨어날 기미조차 보이지 않았다.

겐신은 그의 솜씨에 크게 감탄했지만 "적을 물리치는 데에는 큰 도움이 되겠으나 만일 적과 내통한다면 더욱 큰일이 될 것이다. 이 같은 자를 아래에 두는 것은 이리를 키워 화를 자초하는 것과 같으니 당장 이 자를 죽여라"라고 명령했다. 그러나 이렇게 될 것을 진작에 알아차린 가토는 환영술을 구사해 행방을 감추었다.

그 후 가토는 고슈^{甲州}로 가서 다케다 신겐^{武田信玄}의 부하가 되기를 청했으나 도둑질한 죄가 발각되어 아무도 모르게 죽임을 당했다고 한다. (제7권—3)

이누가미 마을

도사^{土佐} 지방의 하타^幡라는 곳에 이누가미^{犬神}라는 질병을 일으키게 하는 괴상한 능력을 가진 사람들이 사는 마을이 있었다. 이누가미는 이누가미 능력을 가진 사람이 다른 사람이 입고 있는 옷이나 소장하고 있는 보물을 탐내는 순간 바로 그 물건의 소유자에게 들러붙어 앓아눕게 하는 저주스러운 질병이었다. 그 병에 걸리면 누구나 몸이 바늘로 찔리듯이 아팠고 열도 많이 났다. 또 그 병에 걸린 사람은 이누가미 능력자를 찾아서 그가 바라는 물건을 주지 않는 한 낫지 않았고, 그대로 그냥 두면 목숨을 잃었다.

옛날에 이 지방의 관리가 이 마을을 포위해 남녀 모두 한 사람도 남김없이 불태워 죽였다. 그때 이누가미 능력자도 당연히 없어졌을 것이라고 생각했는데, 마을 밖으로 나와 살고 있던 일족이 남아 있어 현재까지도 이누가미가 멸종되지 않았다고 한다. 이누가미는 유전한다. 이누가미 능력자가 죽으면 집안을 물려받은 자에게 그 능력이 옮겨진다는 것이다. 목격한 사람의 이야기에 따르면 이누가미의 형상은 쌀알 한 톨만 한 크기의 아주 작은 개로, 색은 흰색과 검은색 그리고 얼룩^{빼기} 등 여러 가지이며, 이것이 죽은 사람의 몸에서 나와 집안을 상속받은 사람의 품속으로 뛰어든다고 한다. 본인도 기분 좋은 일은 아니지만 유전병과 같아 어떻게 할 수 없다는 것이다.

중국에도 이와 비슷한 이야기가 있는데, 금잠金蠶이라고 하는 벌레가 그것이다. 중국에서는 재액을 물리치기 위해 길가에 금은과 비단 등 값비싼 물건들을 놓아둔다고 한다. 그러면 이 물건을 주워 가지고 가는 자에게 이 벌레가 따라간다. 처음에는 고작 한두 마리지만 차츰 번식해 온집 안에 가득 차게 된다. 이 벌레는 잡아 죽여도 없어지지 않으나 주워온 금은과 비단이 전부 없어지면 자연히 사라진다고 한다. (제11권—2)

NOTES

정토진종淨土眞宗 : 가마쿠라 시대(1185년 무렵~1333년) 초기에 정토종의 개조 호넨法然의 제사 신란親鸞(1173~1262)이 스승의 가르침을 발전시켜 새로이 세운, 일본 고유의 불교 종파이다.

아네가와 강의 전투姉川の戰い : 1570년 8월 9일에 오다 노부나가와 도쿠가와 이에야스 연합군이 아네가와 강(지금의 사가 현)을 사이에 두고 아사이·아사쿠라 동맹군을 격퇴한 싸움을 말한다.

이하라 사이카쿠(井原西鶴)

호색일대남
(好色一代男)

 이하라 사이카쿠(1642~1693)가 처음으로 쓴 우키요조시로, 삽화도 그의 작품이다. 1682년에 간행되었다.

당시까지도 계몽적이고 교훈적이었던 가나조시 작품은 이 작품을 계기로 현실주의적인 근대 소설로 크게 바뀌었다. 또한 서민 출신 작가가 직접 서민들의 생활과 풍습을 이처럼 자세히 그려 낸 것은 일본 문학 사상 이 작품이 처음이었다.

INTRO

『호색일대남』은 큰 판형으로, 8편 8권으로 구성되어 있다. 제서에 기입된 책 제목은 '회입 호색일대남繪入好色一代男'('회입' 곧 삽화를 넣었다는 의미)이며, 오사카판과 에도판 그리고 그림책 등이 있다.

『호색일대남』은 요노스케世之助라는 걸출한 호색한을 중심으로 그의 호색 행각을 묘사한 것이 주된 내용이다. 전체적으로 『겐지 모노가타리』 54첩의 영향이 짙게 드리워져 있다.

주인공은 가미가타上方(교토를 중심으로 한 지역을 지칭함)의 향락적인 상층 조닌의 2세로, 7세 때부터 남녀 관계를 알기 시작해 60세가 되어 뇨고 섬에 건너갈 때까지의 54년을 54장으로 나누어 묘사했다. 7세로 설정한 것은 『겐지 모노가타리』에 나오는 "7세가 되어 글을 배우게 되었고, 지금보다 아름답고"(기리즈보桐壷)라는 구절에서 유래한다. 또한 60세까지의 생활을 묘사하면서 "마음과 사랑에 번민하며 54세까지 여자와 놀았다"(제1권-1)라고 쓴 것도 『겐지 모노가타리』를 염두에 둔 대목이다.

이하라 사이카쿠가 자신의 첫 번째 작품의 주제를 애욕으로 잡고 유곽을 무대로 선택한 것에 대해 데루오카 야스타카暉峻康隆 박사는 이 작품의 첫 부분을 거론하며 "말할 것도 없이 벚꽃과 달은 자연미를 상징한다. 사이카쿠는 자연을 존중하는 중세적 시 정신을 부정하고 인간적인 환희로서의 애욕을 한층 긍정적으로 주장한 것이다"라고 말했다. 애욕을 죄악시하는 사회 통념 속에서 애욕의 자유와 환희를 주제로 한 소설을 구상한 대목이야말로 이 작품의 역사적 가치가 인정되는 부분이다.

색정의 수업 시대

벚꽃은 금방 지고 마니 탄식의 씨앗이고, 달 역시 언제까지고 떠 있지 않고 산 너머로 들어가 버린다. 따라서 그런 덧없는 정경 따위는 쳐다볼 필요가 없다고 생각하며 오로지 여색에 열중해 유메스케夢助라고 불리게 된 큰 부자가 있었다. 그는 여색을 인생의 목표로 삼고 다지마但馬의 은광산 근처에서 교토로 나온 사람이었다. 방탕한 생활 끝에 그 무렵 최고의 전성기를 누리고 있던 다유太夫●(최고급 유녀) 가쓰라기葛城와 가오루薫, 산세키ㅋ夕의 몸값을 각각 치르고 유곽에서 빼내어 사가嵯峨와 히가시야마東山 등지에서 부부 생활을 했다. 그중 한 명이 낳은 아들의 이름을 요노스케世之助라고 지었다.

요노스케는 4세 때 가미오키髮置き(두발을 기르는 의식)를 치르고, 5세 때 하카마(겉에 입는 바지)를 입히는 의식을 거쳐 올해 7세가 되었다. 어느 여름날 한밤중에 자다가 갑자기 눈을 뜬 요노스케는 장지문에 걸린 문고리를 벗기려고 했다. 옆방에서 대령하고 있던 하녀가 그것을 알아차리고는 언제나처럼 등롱에 불을 밝혀 발밑을 비추었다. 소변을 보고 나서 손을 씻을 때 하녀가 등롱을 가까이 가져오자 요노스케가 "그 불을 끄고 가까이로 오너라"라고 했다. "그러면 발밑이 보이지 않는데요"라고 말하는 하녀에게 요노스케는 고개를 끄덕이며 "사랑은 어둠 속에서 하는 것이라는 사실도 모르나?"라고 말했다.

점차 색에 눈을 뜬 요노스케는 무엇을 하든 색정과 연결했고, 그러한 태도는 또래 친구들과 놀 때도 여전했다. 그는 친구들과 연날리기를 할 때도 하늘에 떠 있는 연은 쳐다보지 않은 채 "'구름에 사다리'(도저히 이룰 수 없는 소망을 비유적으로 표현한 말)라는 말이 있는데, 옛날에는 하늘에도 청혼하는 사람이 있었을까? 1년에 한 번뿐인 칠석날 견우와 직녀가 만나려는데 비가 내려서 만나지 못했을 때는 기분이 어땠을까?"라고 멀리 천계의 일까지 마음을 쓰며 사랑에 몸과 마음을 다 바쳤다. 54세 때까지 함께 즐긴 여자의 수는 3,742명이었고, 남색 상대는 725명이었다.

7세 때 시중드는 연상의 하녀를 통해 사랑을 배운 이래 사촌 누이와 옆집 부인, 남색자 등을 상대하며 이상하리만치 성에 조숙함을 보였으며, 11세 때부터는 후시미伏見의 유녀와 효교兵庫의 유나湯女(목욕할 때 시중을 드는 여자), 야사카八坂의 사창(이상 1권), 니오도仁王堂의 도비코飛子(어린 남창), 과부, 유부녀, 나라의 유곽 기쓰지초의 유녀, 데온나出女(여각의 매춘부) 등과 방탕하기 그지없는 생활을 계속하다 18세 되던 해에는 아예 에도로 내려가 더더욱 방탕한 생활을 일삼은 요노스케의 이야기가 전개된다. 19세 때에는 참다못한 아버지가 마침내 부자간의 인연을 끊을 결심을 하고 산속의 장로에게 부탁해 출가를 시켰으나 절에 향 도구를 팔러 온 사람과 음란한 짓을 해 절에서도 쫓겨났다. 이후 요노스케는 여러 지방을 방랑하며 색정의 수업 시대를 펼쳤다. (제1권─1)

34세가 된 요노스케는 센슈泉州 지방의 사노佐野에 자리한 가쇼 사迦葉寺로 놀러 가던 중 포구에 배를 띄우고 어부의 아내와 정사에 빠졌다. 그때 큰 소나기를 만나 배가 정처 없이 흘러가고 말았다. 요노스케는 4시간 넘게 파도에 떠밀린 끝에 사카이堺의 후케이吹飮 포구에 겨우 다다랐다. 그때 우연히 예전에 부렸던 하인의 아버지 집에 몸을 맡기게 되었는데, 그곳에서 아버지의 사망 소식을 전해 들었다. 이어서 교토에서 사람이 도착해 "어머님께서 얼마나 걱정하고 계신지 모릅니다. 어서 돌아가시지요"라고 하여 서둘러 빠른 가마를 타고 집으로 돌아갔다.

어머니는 "이제 무얼 아끼겠느냐?"라며 몇 개나 되는 창고 열쇠를 건네주고, 거기다 마음껏 쓰라고 하며 2만 5,000관의 은을 쥐여주었다. 19세 때 아버지에 의해 부자간의 인연이 끊긴 이후 갖은 어려움을 겪으며 살아온 고생담은 여기서 종지부를 찍고, 이후는 명실상부 당대 최고의 한량이었던 요노스케의 인생 후반부가 전개된다. (제4권-7)

최고의 유녀를 아내로 삼다

요노스케의 한량 생활은 전대미문의 유녀로 유명한 요시노吉野의 예찬에서 시작된다. 요노스케는 한동안 주로 유흥의 무대를 둘러보기만 했다.

어느 날 나나조七條 거리에 있는 작은 대장간의 제자가 요시노를 보고 첫눈에 반해 남몰래 사랑의 열병을 앓으며 밤마다 칼 한 자루씩 53일 동안 53자루를 만들어 화대 53냥을 모았다. 후이고吹革 축제(음력 11월 8일에 대장장이 등이 벌이는 축제)가 열리던 저녁에 사내는 그 돈을 가지고 몰래 유곽이 몰려 있는 시마바라島原에 갔지만 요시노를 만날 수 없다.

그런데 돈은 있지만 신분이 천해 자신을 만나지 못한 채 그저 탄식만 하고 있다는 사내의 이야기를 들은 요시노는 남들의 만류도 뿌리치고 그의 마음을 채워 주었다. 그 직후에 "요노스케 님이 오셨습니다"라는 소리가 들렸다. 요시노가 요노스케에게 앞서 있었던 일의 자초지종을 말하니 "유녀로서 당연한 일이다"라고 하고는 그날 밤 안에 이야기를 매듭지어 요시노의 몸값을 치르고 정실로 삼았다. 그러자 요노스케의 집안에서는 그의 빗나간 행동을 이유로 의절하겠다는 말까지 나왔다. 요시노에게 이제까지 이처럼 슬픈 일은 없었다. 요시노는 요노스케에게 말미를 달라고 했으나 거절당했다. 그러자 요시노는 생각 끝에 요노스케와의 인연을 끊겠다고 결정하고 그 뜻을 밝히기 위해 문중 사람들을 초대했다. 그러고는 "저는 미스지초三筋町에 있었던 요시노라는 유녀입니다. 미천한 제가 이와 같은 자리에는 함께 있을 수 없다는 사실을 잘 알고 있기에 오늘로서 여러분을 뵙는 일도 마지막으로 삼고자 합니다"라며 정성을 다해 대접하자, 일동은 모두 넋을 잃고 감동하며 결국 요시노를 받아들였다.

그러나 그 후로도 요노스케의 여색은 그칠 줄 몰라 요시노의 몸값을 치른 그 이듬해부터 다시 전국을 떠돌며 여색을 탐했고, 먼 지방의 여자들에게 싫증이 나면 오사카로 돌아오곤 했다.

42세 때부터는 교토와 오사카, 에도라는 세 도시의 대부호가 되어 풍류 생활의 극치를 맛보았다. (제5권—1)

에도의 명기 다카오

52세가 된 요노스케가 에도 요시와라吉原●의 명기로 유명한 다카오高尾의 모습을 보기 위해 8명이 짊어진 큰 가마에 올라 5명의 북 치는 사람을 앞세우고 길을 나섰다. 이어 하코네箱根 관문을 지나 무사시노武藏野의 염색집 헤이키치平吉에서 하룻밤을 묵게 되었는데, 그곳에서 요시와라에 관한 이야기를 듣고 싶다고 했을 때 내온 것이 유곽 안내서였다. 요노스케는 그 책자에서 "단풍은 미우라야三浦屋의 다유 다카오"라는 글을 읽자마자 마음이 설레어 곧장 요시와라로 향했다.

요노스케는 요시와라의 큰 문 입구에 있는 찻집에서 옷맵시를 가다듬고 '세이주로淸十郞'의 오와리야尾張屋'라는 기녀 방으로 가서 "교토에서 온 손님"이라고 했다. 그러자 "이름은 진작 들어 알고 있다"라는 대답과 함께 장지문이 열렸다. 거기에는 아담한 방이 새로 꾸며져 있었고, '교토 요노스케 님의 방'이라는 표찰이 붙어 있었다. 그뿐 아니라 술잔과 술 데우는 냄비, 국그릇에까지 요노스케 집안의 패랭이꽃 문양이 찍혀 있었다.

"다카오는?"이라고 묻자, "연내에는 이미 잡혀 있는 약속이 많아 선보이기 어렵고 해를 넘겨 내년 봄이나 되어야 가능합니다"라는 답이 돌아왔다. 요노스케는 이번에 1,000냥 정도를 쓸 생각으로 왔으나 그것만으로는 어려울 것 같았다. 10월 2일부터는 다카오를 잘 달래는 한편, 세이주로와 헤이키치가 분주히 움직여 그달 29일에 어렵사리 다른 손님의 눈을 피해 몰래 만나게 되었다.

그날 저녁 무렵 기녀 방에서 돌아가는 다카오의 모습을 보니, 밤색 바탕에 흰 점이 드문드문 박힌 사슴 문양의 중국산 겉옷을 몸에 두르고, 허리띠를 가슴께까지 올려 묶고 몸을 흔들며 걷는 모습에서 교토 쪽과는 다른 매력이 물씬 풍겨 나왔다. 나이 어린 두 하녀에게는 쌍을 이루는 문양이 들어간 기모노를 입혀 뒤를 따르게 하고, 기녀의 장부 담당자와 뒤따르는 하인에게도 자신의 단풍 문양과 같은 옷을 입혀 마치 가을 단풍으로 물든 산이 그대로 움직이는 것만 같았다.

그날 밤, 기녀방의 주인 여자가 소개의 의미로 술잔을 전하는 의식을 마친 뒤 날이 밝기까지 얼마 남지 않은 안타까운 밤이라며 서둘러 자리를 펴고 요노스케를 먼저 들게 했다. 종자인 헤이키치도 가세야마라는 하녀와 함께 잠자리에 들었다. 이윽고 나타난 다카오는 요노스케를 잠자리에서 깨우고 헤이키치와 가세야마도 불러 다 같이 이불 위에 올라앉아 수수께끼 놀이 등을 한 다음 요노스케에게 "오비(기모노의 허리띠)를 풀고 잠자리에 드시지요"라고 했다.

그토록 고대하던 때가 오자 다카오의 기세에 눌린 요노스케는 오비를 잘 풀지 못했다. 그러자 다카오는 "이러시면 제 뜻도 아무 의미가 없게 되겠는걸요. 차가운 이불이 걱정되어 두 사람을 불러 따뜻하게 한 보람도 없어지겠네요"라고 하며 능숙하게 요노스케의 오비를 풀었다. 그리고 직접 살을 만져 보게 하며 "이제 가까운 시일 내에 다시 만나 뵐 수 없을 거예요"라고 하고는 첫 만남이기 때문인지 각별히 대접해 주었다. 실로 세상에 둘도 없는 다유였다. (제7권―4)

여인만 산다는 뇨고 섬으로

요노스케도 이제 60세가 되었다. 마음껏 쓰라고 물려받은 돈 2만 5,000관으로 밤낮을 가리지 않고 여자들과 논 지도 27년이 되었다. 세상의 유곽이란 유곽은 다 돌아다닌 탓에 몸은 몰라볼 정도로 수척해졌다. 요노스케는 갑자기 향락의 세계에 대한 미련이 없어졌다.

그때까지만 해도 죽은 뒤 극락정토에 환생하기를 바라는 마음이 없었기 때문에 이승을 떠나면 지옥에 떨어져 귀신들의 밥이 될 것이라고 생각해 왔다. 그런데 막상 죽을 때가 가까워지자 마음이 달라지는 것이 아닌가. 그렇다고 어렵고도 힘든 불법의 길로 쉽사리 들어설 수 있는 것도 아니었다. 할 수 있는 것을 할 수밖에 없다고 생각한 요노스케는 수중에 남은 돈 6,000냥을 히가시야마東山 산에 깊숙이 묻어 두고 그 위에 돌을 올린 뒤 나팔꽃 덩굴을 걸쳐 놓았다. 그러고는 "석양빛에 나팔꽃이 피면 그 아래 6,000냥이 빛을 발하리라"라는 시를 한 수 적어 놓았다. 그러나 그 장소가 어디인지는 알려지지 않았다.

그 후 요노스케는 마음에 맞는 친구 7명을 초대한 뒤, 새로 배를 만들어 이름을 요시이로마루好色丸라고 짓고 뱃머리에 붉은 비단 깃발을 걸었다. 그것은 예전에 요시노가 입었던 속치마였다. 휘장은 여자들이 기념으로 준 기모노를 기워서 만들었고, 큰 밧줄에는 여자들의 머리카락을 섞어 엮었으며, 부엌에는 미꾸라지와 참마, 계란 등을 실었다. 선창에는 지황환地黃丸(강장제) 50항아리와 여희단女喜丹(미약) 20상자, 물소의 성기 모양으로 만든 기구 2,500개, 춘화 200장, 음란한 책 200부, 속옷 100개, 휴지 900개 등 쾌락을 위해 쓰일 각종 도구를 싣고, "이제부터 여자들만 산다는 뇨고女護 섬으로 건너가 그곳 여자들을 보여 주마"라고 하자 모두가 기뻐하며 한마디씩 했다.

요노스케는 "만일 몸이 허해져 그곳의 흙이 되더라도 그것이야말로 세상에 남자로 태어난 이상 더없이 바라던 바가 아닌가"라고 말하고는 1682년 10월 말경에 좋은 날을 택해 이즈伊豆 지방에서 출항했다. 그 배는 바람이 부는 대로 선체를 내맡긴 채 떠가다가 그 후로 행방이 묘연해졌다. (제8권─5)

호색일대녀
(好色一代女)

1686년에 간행된 우키요조시로, 지은이는 이하라 사이카쿠이며, 삽화는 우키요에 화가 요시다 한베吉田半兵衛가 그렸다. 사이카쿠의 초기 작품인 호색물(연애소설)에 종지부를 찍은 소설이다. 색정에 빠진 끝에 세상을 등진 한 노파가 자신의 생애를 회고하는 형식이다. 중세 이후의 참회 이야기 형식을 빌려 24개 지방의 호색 설화를 6권으로 정리한 책이다.

INTRO

이하라 사이카쿠는 하이카이 가인이자 우키요조시 작가로, 본명은 히라야마 도고平山藤五이다. 오사카의 부유한 상인 집안에서 태어났으나 가업을 잇지 않고 하이카이 가인이 되었고, 1682년에 집필한 『호색일대남』으로 우키요조시의 창시자기 되었다.

『호색일대녀』는 대형판 6권으로 이루어져 있으며, 표지에 쓰인 책 제목은 '회입(삽화) 호색일대녀'이다. 『호색일대남』이 남자 호색한의 일대기라면 이 책은 호색녀의 일대기라고 할 수 있다.

전자의 주인공 요노스케의 호색한 생활은 끊임없이 상승 곡선을 그리며 늙어서까지 그 생활에서 벗어나는 일이 없었다. 그에 비해 『호색일대녀』는 궁중의 궁녀로 시작해 길거리 사창가의 유녀로 몰락한 한 여인이 자신의 타락한 인생을 참회와 고백의 형태로 묘사해 읽는 사람을 애처롭게 한다. 이보다 앞서 지은 『호색오인녀好色五人女』를 집필할 무렵에 이르러서야 이성과 도덕, 제도 같은 것으로는 욕정을 막을 수 없다는 것과 봉건 제도 아래 굳어진 남녀의 사회적 지위에 관한 차이를 발견한 결과일 것이다.

남보다 뛰어난 재색을 갖추었으면서도 비정상적인 욕정 때문에 전락을 거듭하게 된 주인공은 이 이야기의 결말에서 "설령 세상의 흐름에 떠밀려 흘러다니더라도 마음만은 혼탁해져서는 안 된다"라고 말한다. 이것은 욕정의 유한성을 말하고자 한 사이카쿠의 인간 예찬으로, 그저 색즉시공色即是空의 가르침을 찬미한 이야기가 아니다.

은거하는 노파의 집

정월 초이렛날, 지은이가 수도의 서쪽에 위치한 사가嵯峨 지방으로 외출해 우메즈梅津 강을 막 건너려고 할 때 사랑으로 얼굴이 초췌해진 두 남자를 만났다. 이들이 나누는 말에 이끌려 그 뒤를 따라가자 두 사람은 인가에서 멀리 떨어진 북쪽의 산그늘로 들어가 호색암好色庵이라는 편액이 걸려 있는 초암의 문을 두드렸다.

그곳의 주인은 은거한 지 7년째 되는 노파였는데, 두 남자는 그녀에게 옛이야기를 청하며 술을 권했다. 옥으로 된 술잔에 술을 부어 연거푸 권하자 노파는 이내 취해 버렸다. 그러자 "원래는 이렇게 추하지 않았다오. 어머니는 평범했지만 아버지는 하나조노인花園院 시절의 귀족이었지"라고 하면서 자신의 출신부터 밝히기 시작했다. 지은이가 창밖에 서서 들은 이야기는 다음과 같다.

노파는 교토의 어느 가난한 귀족 집안의 딸로 태어났는데, 타고난 미모 덕에 일찍부터 궁중에 궁녀로 들어가 살게 되었다. 11세가 되던 해 여름에는 까닭 없이 마음이 어지러웠고, 13세가 되었을 때 하급 무사와 사랑에 빠졌다. 그 결과 연애를 엄격하게 금지하던 무가 사회의 법도를 어긴 죄로 그 무사는 채찍을 맞았고 그 상처가 덧나 그만 죽고 말았다. 집으로 돌려보내진 그녀는 가난한 살림을 돕기 위해 예능인이 될 결심을 하고 가곡과 춤을 익혀 예능을 팔며 살았는데, 출신과 타고난 미모 덕에 재차 행운이 찾아왔다. (제1권―1)

다이묘大名의 애첩

에도의 저택에 어느 다이묘가 살았는데 그는 정실을 앞서 보내고 후사가 없었다. 그는 40여 명의 시녀를 두고 있었으나, 그중에는 마음에 드는 여자가 하나도 없었다. 다이묘의 후사를 맞이하는 일은 집안의 중요한 일이었던 터라 오쿠메즈케奧目付(시녀를 담당하는 노인)가 좋은 첩을 찾기 위해 교토까지 올라왔다. 그리고 용모와 자태, 언동, 교양 등과 그밖의 여러 조건에 들어맞는 15세의 여자를 발견하고 그녀를 에도로 데리고 갔다. 다행히 다이묘가 그녀를 보고 정을 주어 여자는 기쁜 마음으로 침석 받드는 일을 계속했다.

그러나 그 다이묘는 아직 젊은 나이였음에도 불구하고 강장제가 없으면 일이 안 될 정도여서 규방 생활이 생각처럼 쉽게 이루어지지 않았다. 그녀는 그 일을 누구에게 털어놓을 수도 없어 혼자 괴로워했다. 그 사이에 다이묘는 나날이 심하게 야위어 갔고, 용모도 추하게 변해 버렸다. 두 사람의 사정을 알지 못하는 가신들은 "교토에서 데려온 여자가 밤일을 너무 심하게 밝힌 탓"이라며 그녀를 강제로 내쫓아 버렸다.

사이카쿠는 이 이야기의 끝에 '남자의 정력이 약하면 여자에게는 큰 불행'이라는 말을 덧붙였다. 이 대목은 여자의 재색과 함께 암시적으로 그녀의 도를 넘어선 성욕을 넌지시 언급한 것으로, 앞으로 전개될 파란만장한 여자의 인생에 대한 복선이 되고 있다.

다시금 생가로 돌아온 그녀는 아버지의 빚을 대신해 교토의 유곽지인 시마바라島原로 팔려 갔다. 그리고 그곳에서 최고급 유녀인 다유太夫로서 견줄 자가 없을 정도로 문벌과 미모를 뽐내며 전성기를 누렸다. 그러나 그 과정에서 너무 콧대를 세우고 손님을 가려 받은 탓에 차츰 손님이 줄어 결국 중간급 유녀인 덴진天神으로 전락하고 말았다. 그러자 이제는 반대로 시골의 부호들조차 그녀를 상대하지 않게 되었고, 엎친 데 덮친 격으로 나쁜 병까지 걸려 타고난 미모도 점차 퇴색하기 시작했다.

덴진으로 격이 낮아진 그녀는 다시금 가고이鹿戀(하급 유녀)로 전락했고, 마지막에는 오사카의 유곽 신마치新町로 팔려 가는 신세가 되었다. 그녀는 옛날의 화려했던 시대를 잊지 못하고 하급 유녀의 서러운 처지를 한탄하다가 13년이라는 약속된 기간을 다 채운 뒤 풀려나 마침내 고향 우지宇治로 되돌아갔다. (제1권—3)

파계승의 마누라

이 권의 내용은 29세 때의 봄부터 가을까지 주지승의 숨겨 둔 아내로 살아갔던 시절의 이야기이다.

어느 큰 절에 들어간 여자는 3년 계약으로 주지승의 숨겨 둔 아내로 살아가면서 분방한 규방 생활을 흠뻑 맛보았다. 그런데 그해 가을의 어느 날 저녁에 비쩍 마르고 수척한 백발의 노파가 나타나 자신은 선대 주지의 숨겨 둔 아내였는데, 먹고살기 위해 20세나 어린 지금의 주지와도 몸을 섞었다. 그러나 나이가 들자 인간 취급도 못 받고 있다고 하는 것이었다. 그러고는 이러한 신세는 참을 수 있으나 더욱 분하고 원통한 것은 '그대와 주지와의 관계'라며 "오늘 밤 당신을 물어 죽여 버리겠다"고 하는 것이었다. 이 말을 듣고 겁이 난 여자는 아이를 배었다고 거짓말을 하고 절에서 도망쳤다. (제2권—3)

귀족 여자의 대필

상류 귀족 집안에서 안살림을 돌보는 일에 종사했던 사람은 연중 행사에 관한 여러 예법을 몸에 익히고 있었기 때문에, 보통 그 집을 나오면 예절 스승으로 행세하며 아이들을 가르치는 것이 일반적이었다. 여자 역시 옛날에 귀족 집안의 안살림을 도맡아 했던 적이 있으므로 집 한 채를 마련해 문기둥에 '여필지남女筆指南'이라고 써 붙이고 여자아이들에게 붓글씨를 가르쳤다. 그리고 남의 딸을 맡아 예절 스승으로서 글씨를 잘 쓰는 법과 여자로서 갖추어야 할 예의범절을 가르치면서 일견 연애나 색정을 완전히 잊은 듯한 생활을 해 나갔다.

그러던 어느 날, 젊은 청년으로부터 연애편지를 대신 써 달라는 부탁을 받고 '이 청년의 사랑이 이루어지기를'이라고 빌면서 성심성의껏 편지를 써 주었다. 그러는 사이에 음란한 마음이 다시 눈을 떠 "나에게 올 마음은 없나요?"라고 유혹을 하자 남자는 바로 좋다고 승낙했다. 그러나 남자는 자신에게 손톱만큼의 그 무엇도 요구하지 말라고 했다. 즐길 것은 다 즐기며 자신의 잇속만 챙기는 남자의 지나친 처사에 여자는 "이 넓은 교토 천지에 너 말고 남자가 없을까 보냐" 하고 별렀다.

그러던 어느 오월의 장맛비 내리던 밤, 창가에서 참새가 날아 들어와 등불을 꺼 버린 틈을 타 어떤 남자가 여자를 덮쳤다. 그녀는 "가소롭구나. 목숨이 아깝지 않은 모양이지"라고 하고는 1년 안에 이 세상과 작별 인사를 하게 해 주겠다며 밤낮을 가리지 않고 사내를 희롱했다. 결국 그 남자는 차츰 쇠약해져 그 이듬해에는 그 여자의 이름을 듣기만 해도 원망스러운 표정을 지으며 고개를 절레절레 흔들 지경이 되었다. (제2권 —4)

장사꾼의 시녀

"여자 혼자서 지내는 것은 그다지 재미가 없다"며 아이들 가르치는 일을 그만둔 여자는 오몬지야ㅊㅈ字屋라는 포목점의 시녀가 되었다. 여자는 이름을 오세쓰ぉ雪로 바꾸고 안채에서 일하게 되었는데, 주인 부부가 밤

마다 벌이는 문란한 방사질에 흥분해 잠을 제대로 이루지 못했다. 하는 수 없이 그녀는 허드렛일이나 하는 노인을 상대해 봤으나 만족할 수가 없었다.

부인이 격심한 밤일로 아침이 되어도 자리에서 일어나지 않자, 여자는 그 틈을 타 허리끈을 단정치 못하게 풀어 헤치고 주인에게 은근한 눈짓을 보내 부정한 짓을 저질렀다.

그 뒤로 여자는 부인의 말을 안 들었을 뿐만 아니라 산림 수행자를 불러 부인을 저주하고 자신도 부인의 죽음을 기원했다. 사랑에 눈이 멀어버린 오세쓰는 "남자가 있었으면" 하고 노래를 부르며 교토 거리를 돌아다녔다. 그러던 어느 날 후시미伏見의 이나리稲荷 신사 근처를 지나다가 갑자기 제정신을 차리고는 이제까지의 잘못된 마음을 고쳐먹고 집으로 돌아갔다. (제3권—1)

그 후의 여자

제정신으로 돌아온 여자는 에도로 내려가 어느 지방 행정관의 부인을 모시는 시종이 되기도 하고, 노래를 부르는 비구니가 되었는가 하면, 어느 귀부인의 머리 단장을 담당하는 시종이 되었다가 오사카로 와서는 시집가는 신부의 수행인으로 일하기도 했다. 그 후 다시 에도로 내려가 바느질하는 여자가 되어 어느 저택에서 고용살이를 하다가 나중에는 독립해 재봉 가게를 운영했고 때로는 임시로 고용되어 재봉 일을 하기도 했다. 그러나 잘하다가도 욕정 때문에 일을 그르쳐서 어느 일이고 오래가지 못했다.

한때는 행운이 뒤따라 고조五條 다리 근처에서 부채 가게를 하는 사람의 부인이 되기도 했었으나, 음란하다는 이유로 쫓겨나 니시진西陣(교토에 자리한, 직물로 유명한 곳)에서 직물을 짜는 신세가 되었다. 그러다가 은퇴한 승려의 첩이 되었는데, 그 승려의 정력이 너무도 강해 겁을 먹고 도망치기도 했다.

그 후에는 도매상에서 부엌일을 하는 하녀가 되었고, 다시 창녀가 되어 사창가에 살다가 급기야 이세로 내려가 여관집에서 손님을 받는 여자가 되는 등 추락의 길을 걷다가 다시 오사카로 돌아와 신마치에서 유녀들을 감시하는 포주 역할을 하기도 했다.

그곳에서 처음에는 이제까지의 다양한 경험을 살려 크게 활약했으나, 속사정을 너무 깊이 알게 되자 유녀들은 물론 손님들도 그녀를 기피하게 되었다. 그녀는 결국 멀리 떨어진 다마즈쿠리珠造라는 곳에 집을 한 채 얻어 놓고 손님을 받는 창부가 되었다. 그 무렵의 그녀를 40세 정도로 보는 사람도 있었으나 이미 65세를 넘긴 나이였다. (제3권─제2~6권─3)

오백 나한羅漢에서 과거를 보다

허무한 심정으로 자신의 신세를 한탄하며 늙은 몸을 이끌고 교토로 돌아온 여자는 이와쿠라巖倉 산의 다이운 사大雲寺에 들러 참배를 하고 이제껏 몸을 함부로 한 일을 참회했다. 그리고 돌아서서 오백 나한당을 들여다보는 순간 오백 나한의 얼굴들이 자신이 한창일 때 베개를 같이 했던 남자들의 얼굴로 보였다. 일생 동안 관계를 맺은 남자가 1만 명을 넘었고, 그 대부분은 이미 이 세상에 없었다. 그저 자신의 몸 하나만이 그 때까지 오래도록 살아남아 있었던 것이다. 여자는 그것을 부끄럽게 여기며 그 자리에 주저앉아 울음을 터트렸다.

절을 빠져나온 그녀는 마침내 깨달음을 얻고 나루다키鳴瀧 폭포로 가서 정토왕생을 바라며 그 폭포 속으로 몸을 던지려 했다. 그런데 그 순간 예전에 알고 지내던 사람이 우연히 그녀를 보고 말리며 사가에 있는 초암을 내주었다. 그리고 "죽음은 하늘에 맡기고 지금까지의 허망하고 거짓된 삶을 참된 삶으로 바꾸어 부처의 길로 들어가라"라고 권해 지금 까지 이렇게 염불에 열중하는 나날을 보내고 있다는 것이었다. (제6권 —4)

일본영대장
(日本永代藏)

1688년에 간행된 우키요조시로, 지은이는 이하라 사이카쿠이며, 삽화는 우키요에 화가 요시다 한베가 그렸다.
이하라 사이카쿠가 만년에 도회지 인물을 소재로 한 첫 번째 작품이다.

INTRO

'일본영대장'이라는 책 제목은 제6권의 5에 기록되어 있는 "금·은이 있는 곳에는 이야기가 전해지며, 일본의 대복장大福帳(매매 장부)에도 그 내용이 적혀 있어 오랫동안 이를 보는 사람에게도 도움이 될 것 같아 영대장에 수록해 둔다"라는 글에서 유래한다. 이는 곧 일본 전체의 부자들에 관한 이야기를 기록해 훗날 이것을 보는 사람들에게 도움이 되도록 담아 둔다는 뜻에서 '영대장'이라고 한 것이다. '대복신장자교大福新長者教'라는 부제에서 보듯 부자가 되기 위해 조닌이 지녀야 할 태도를 말하려는 교훈적인 의도에서 썼다. 30개 지방의 설화를 토대로 한 이야기들을 전 6권으로 나누었다.

호색 소설을 통해 부유한 조닌들의 생활력을 소비의 측면에서 묘사해 온 사이카쿠는 조닌 소설에서는 경제 생활에 초점을 맞추어 조닌다운 자세를 추구했다. 당시에 간행된 『무가 의리 모노가타리武家義理物語』가 무사로서의 바람직한 모델을 추구한 것과 대조적이다.

현금만 받습니다

근래에 에도는 태평성대로, 교토의 포목 상인이 에도에 낸 가게늘이 처마를 맞대고 있으며, 반토番頭(상가의 지배인)와 데다이手代(종업원)는 저마다 자신들이 거래하는 단골손님들의 저택을 드나들며 열심히 장사를 한다. 입심 좋고 지혜와 재주가 뛰어나며 계산도 정확하고 빨랐지만 이전과 달리 한 번의 기회에 큰돈을 버는 일은 없어졌다. 요즘은 여러 상인들이 얼마 되지 않는 이익을 두고 입찰 경쟁을 할 정도이니 호주머니만 점점 가벼워지고 있다. 더욱이 많은 돈이 미수금으로 남겨진 채 몇 년 동안 수금이 되지 않으니 장사의 규모는 자연히 줄어들었다.

미쓰이 구로우에몬三井九郎右衛門●이라는 포목점 주인은 수중에 있는 돈의 위력을 발휘해 스루가초駿河町에 폭 9간(1간은 1.82m), 길이 40간에 이르는 새 가게를 냈다. 모든 물건은 정가제였고 현금으로만 거래했다. 그는 40여 명이나 되는 종업원을 자유자재로 부리면서 한 사람이 한 가지 품목만을 맡아 정해진 치수대로 잘라 파는 '기리우리'와 즉석에서 치수를 재서 파는 '시다테우리'를 시작했다. 이런 새로운 판매법은 큰 인기를 끌어 매일 평균 금 150냥을 벌어들였다고 한다. 이 남자는 어느 모로 보아도 보통 상인들과 다른 점이 없었는데, 그의 장사 수법은 남들보다 배 이상 현명했다. 순번을 적어 놓은 서랍에 일본과 중국의 비단과 포목을 차곡차곡 넣어 두었으며, 유명한 와카 저자인 가키노모토노 히토마로柿本人麿가 입었다는 고급 직물과 달마 대사의 방석 등 포목으로 된 것이라면 없는 게 없었다. (제1권—4)

세계 최고의 자린고비

후지이치藤一는 차가借家 보증서에 확고부동하게 '분명히 천 관貫●입니다'라고 쓰여 있는 것처럼 이 넓은 세상에 자신에 견줄 만한 부자는 없다고 자부했다. 그 이유는 폭이 고작 2간에 불과한 남의 집을 빌려 살고 있었지만 천 관을 가지고 있었기 때문이다. 사실 그는 가라스마루烏丸 거리에 38관으로 저당 잡은 집이 이자가 쌓여 자신의 것이 되었으나 지금까지 그냥 빌린 집에 살고 있었다.

그는 진실하고 겸손하게 살면서 자신의 힘으로 당대에 큰 부를 이루었으나 비단이 아닌 명주만 입었고, 더 이상 염색이 되지 않을 때까지 암갈색으로 물들인 옷을 20년 이상 아껴 입었다. 장례식에 갔다가 돌아오는 길에는 약초를 캐 왔으며, 돌부리에 걸려 넘어지면 부싯돌을 주운 다음에야 일어설 정도였다. 태어나면서부터 구두쇠였던 것이 아니라 모든 생활 태도에서 남의 모범이 되고자 한 바람에서 비롯된 행동이었다.

후지이치에게는 과년한 딸이 있어 시집갈 때 쓸 병풍을 만들게 되었다. 그런데 교토의 명소만을 골라 그린 명소 병풍을 보면 그곳에 가 보고 싶다는 바람이 들고, 『겐지 모노가타리』나 『이세 모노가타리』를 그린 그림은 바람기가 든다고 해서 결국 병풍에는 은 광산 그림을 그리게 했다. 그는 또한 자신의 주관대로 딸아이를 데레코야寺子屋(서당)에도 보내지 않고 집에서 가르치면서 교토에서 가장 똑똑하게 키웠다.

정월 초이렛날 밤, 가까운 지인들이 부자가 되는 방법을 가르쳐달라고 하며 후지이치에게 자식들을 보냈다. 세상살이에 대한 이야기가 한바탕 돌아갔을 즈음에 그중 한 사람이 나나구사七草●(7가지의 봄나물)의 대해 묻자 후지이치는 "그것은 신대가 시작될 무렵에 죽을 가리킨 것이다"라고 대답했다. 또 한 사람이 정월에 새끼줄에 매어 놓은 마른 도미를 신단 앞에 두는 이유를 묻자, "그것은 아침저녁으로 생선을 먹지 않고도 그것을 보고 먹은 것과 같은 마음이 되라는 것이다"라고 답했다. (제2권 —1)

장사 수완으로 삿갓을 쓴 다이코쿠

나무로 만든 고조 다리가 돌다리로 바뀔 무렵 판자 3장을 얻어 그것으로 다리 서쪽에 다이코쿠大黑(재물신)의 상을 새긴 뒤 신을 잘 모셔서 그 공덕으로 큰 부자가 된 다이코쿠야 신베大黑屋新兵衛라는 사람이 있었다.

아들 셋을 다 키워 이제 그만 은거할 준비를 하고 있을 때 장남인 신로쿠新六가 돈을 펑펑 써 대며 여자들과 놀기를 일삼아 1년에 400관이 넘는 돈을 낭비했다. 그 결과 신로쿠는 부자간의 인연마저 끊긴 채 빈털털이 신세가 되어 에도로 돈벌이를 가지 않으면 안 되었다.

신로쿠가 교토 남쪽에 위치한 야마시나山科의 오노마치小野町를 지날 때 암소만 한 크기의 커다란 검은 개가 죽어 있는 것을 보았다. 신로쿠는 그것을 검게 구워서 어린아이 배탈에 좋은 특효약이라고 속여 팔면서 에도까지 갔다. 그러고는 '이런 일이 교토에서 일어났더라면 멀리 에도까지 오지 않아도 되었을 것'이라고 생각하며 자신에게 장사 수완이 있음을 깨달았다.

그에게 또 기회가 왔으니 도카이 사東海寺 문 앞에서 잠을 청하면서 듣게 된 거지들의 이야기에서 힌트를 얻어 면직물을 사들인 뒤 수건으로 잘라 팔아 크게 성공한 것이다. 그렇게 해서 10년도 되기 전에 5,000냥이 되는 돈을 모아 부자가 되었고, 그 지방에서 가장 재주 있는 사람으로 꼽혔다. 그는 포렴에 사초로 엮은 삿갓을 쓴 다이코쿠 상을 내걸었기 때문에 '가사다이코쿠야笠大黒屋'('가사'는 '삿갓'이라는 뜻)라고 불리게 되었다. (제2권—3)

세상은 관음상에서 빼낸 눈알

후시미伏見 마을에서 조금 떨어진 곳에 '기쿠야菊屋의 젠조善藏'라는 전당포가 있었다. 이 가게에 물건을 잡히러 오는 사람들은 비참한 사연을 가진 사람들이 많았다.

비에 젖은 헌 우산으로 6문을 빌려 가는 사람이 있었는가 하면, 아침밥을 짓고 미처 제대로 씻지도 않은 솥을 가지고 와서 100문을 빌려 가는 사람도 있었다. 두 손이 없는 불상과 안주 그릇 하나를 가지고 와서 48문을 빌려 가는 80세의 노파도 있었으며, 또 11~12세의 여자아이가 6~7세의 꼬마와 함께 긴 사다리를 가지고 와서 30문을 빌려다 바로 옆 가게에서 현미 다섯 홉과 장작을 사 가지고 돌아가는 일도 있었다. 전당 포 일은 마음이 약해서는 할 수 없는 장사였다.

기쿠야는 4, 5년 동안에 은 2관 정도를 벌었으나 그 사이 사람들에게 동정심을 보인 적은 한 번도 없었다. 그런데 신불에게 소원을 기원하지 도 않던 그가 야마토大和의 하쓰세初瀬 관음을 믿기 시작한 이후 금화 1개 를 보시하도록 정해져 있는 7일간의 관음상 공개를 3번씩이나 청해 주변 사람들을 놀라게 했다.

어느 날 기쿠야가 관음상을 모셔 두는 곳을 보니 관음상을 가려 두 는 막을 사람들이 조심성 없이 올리고 내려 몹시 파손되어 있었다. 기쿠 야는 자신이 새로운 막을 기부하겠다며 교토에서 비단을 들여와 그것을 고쳤다. 그리고 원래 쓰였던 낡은 막은 교토에 있는 33곳의 관음보살상 에 사용하고 싶다며 물려받았다.

그런데 관음상을 가려 두던 막으로 쓰이던 중국 비단은 옛날에 중국 에서 건너온 것으로, 옅은 황색 바탕에 감색 작은 덩굴 문양과 꽃·토기, 감색 바탕에 구름과 봉황이 새겨져 있는 것이었다. 그는 그것을 끊어서 차 항아리를 넣는 주머니와 표구 재료를 만들어 팔아 300관의 재산을 벌었다. 제아무리 관음보실도 기쿠야에게는 돈벌이 수단에 지나지 않았 던 것이다. 그러나 그는 원래 바른 사람이 아니었으므로 차츰 몰락하다 가 나중에는 후시미의 교바시京橋로 나가 오사카로 가는 배에 소주와 일 본술을 위탁받아 파는 신세로 전락했다. 요즈음 세상은 그렇게 쉽게 사 람들이 속아 넘어가지 않는 세상인 것이다. (제3권—3)

미쓰이 구로우에몬三井九郎右衛門 : 이야기의 모델이 된 실존 인물로, 메이레키明曆(1655~1657) 무렵에 에도에 '에치코야越後屋'라는 포목점을 열었다. 이 가게는 그 후 메이지 시대 초기까지 '현금 거래, 외상 사절'이라는 간판을 내건 것으로 유명하다.

관貫 : 옛날의 화폐 단위. 1관은 1,000문文이다. 에도 시대에는 1관이 960문이었으나 메이지 시대 때 1,000문으로 바뀌었다.

나나구사七草 : 7가지 봄나물. 미나리·광대나물·떡쑥·냉이·별꽃·순무·무. 이렛날, 도마에 올려놓고 짓이겨 죽에 넣어 먹으면 만병을 예방한다고 한다.

우게쓰 모노가타리
(雨月物語)

에도 시대 중기에 집필된 요미혼讀本의 한 종류로, 일본 괴담 소설의 최고 걸작이다. 지은이는 우에다 아키나리(1734~1809)이다. 「백봉白峯」, 「국화의 언약」(1권), 「아사지淺茅의 여인숙」, 「무오夢應의 잉어」(2권), 「불법승」, 「기비쓰吉備津의 솥」(3권), 「뱀의 음란한 성질」(4권), 「푸른 두건」, 「빈복론貧福論」(5권) 등 5권 9편으로 구성되어 있다.

INTRO

우에다 아키나리는 에도 시대 중기의 우키요조시와 요미혼 작가이자 국학자이다. 친아버지가 누구인지 모른 채 오사카 소네자키曾根崎의 기생집에서 태어났다. 어려서 기름 상인 우에다 집안의 양자로 들어가 가업을 물려받았으나, 자신의 출생과 천연두의 후유증으로 생긴 손가락 장애로 평생 굴욕감을 느끼며 살았다.

가업에 온 힘을 기울이는 한편 30세 무렵부터 소설을 쓰기 시작해 35세 때 『우게쓰 모노가타리』를 집필했다. 이 무렵 국학에도 관심을 기울여 가모노 마부치賀茂眞淵● 문하의 가토 우마키加藤宇滿伎를 사사하고 국학자로도 활동했다. 그 후 의학을 배워 가업을 그만두고 42세에 마을의 의사가 되었다. 경제적으로 여유가 생겨 의사 일을 하면서 국학자이자 소설가로 활약했지만 건강이 나빠져 의사를 그만두었다. 이후 생활이 궁핍해져 안질에 걸린 뒤 처음에는 왼쪽 눈, 그다음에는 오른쪽 눈의 시력을 잃었다. 게다가 아내마저 잃고 자살을 결심할 정도로 상심했으나 마음을 다잡고 76세의 나이로 생을 마칠 때까지 집필에 몰두했다.

저서로 『쇼도키키미미세켄자루諸道廳耳世間猿』, 『세켄데카케카타기世間妾形氣』, 『가키조메기겐카이書初機嫌海』, 『버릇 모노가타리癖癖物語』, 『금사金砂』, 『쓰즈라부미藤簍册子』, 『하루사메 모노가타리春雨物語』, 『담대소심록膽大小心錄』 등이 있다. 이 『우게쓰 모노가타리』에 수록되어 있는 9편의 단편은 거의 대부분이 중국 소설, 특히 백화白話(구어체) 소설을 번안한 것으로, 일본의 『곤자쿠 모노가타리今昔物語』와 요쿄쿠謠曲의 영향을 받았다.

괴담에 대한 저자의 날카로운 감각과 일본 고전에 대한 풍부한 지식 그리고 국학 연구 등으로 인해 번안 투를 벗어난 문체뿐만 아니라 원작을 뛰어넘는 예술성마저 지니고 있어 일본 괴담 소설의 최고봉으로 꼽힌다. 특히 「기비쓰의 솥」은 일본 괴담 소설 가운데 백미로 일컬어지는 작품으로, 괴이 출현의 필연성과 박진감 넘치는 묘사 등은 타의 추종을 불허할 정도로 뛰어나다. 제목 '우게쓰 모노가타리'는 서문에 "비가 그치고 달이 몽롱하게 비치는 밤 창가에서 썼다雨霽月朦朧之夜, 下編成"라는 문장에서 취한 것이지만, 요쿄쿠의 『우게쓰雨月』와 중국 소설 『전등신화剪燈新話』에 등장하는 「모란등기牡丹燈記」 등의 작품에서도 영향을 받았다고 한다.

국화의 언약

하리마播磨 지방의 가고加古에 가난하지만 정직한 삶에 만족하며 지내는 하세베 사몬丈部左門이라는 학자가 맹모孟母에 비견될 만한 어진 어머니와 함께 살고 있었다.

어느 날 사몬이 친구 집에 갔는데, 친구가 안타까운 처지를 동정해 머물게 한 나그네가 전염병에 걸려 고생하고 있었다. 이를 보다 못한 사몬이 정성스레 그 나그네를 간호하자 무사히 병이 나았다. 나그네의 정체는 사무라이로, 군사학자 아카나 소에몬赤穴宗右衛門이라고 했다. 그것을 인연으로 두 사람은 의형제를 맺었다. 아카나 소에몬은 봄이 지나 초여름이 될 때까지 하세베의 집에서 요양을 하다가 사몬 모자에게, 고향에 돌아가 사정을 살핀 뒤 국화꽃 피는 절기인 9월 9일 중양절重陽節까지는 반드시 돌아오겠다는 약속을 하고 떠났다.

약속한 9월 9일이 되자 사몬은 의형제가 돌아올 것을 기뻐하며 집 안을 청소하고 국화로 장식한 뒤 있는 돈을 다 털어서 술과 안주 등을 준비하고 아카나 소에몬을 기다렸다. 그런데 해가 저물도록 아카나는 나타나지 않았다. 어머니는 사몬에게 "국화처럼 아름다운 말을 주고받을 수 있는 날은 오늘만이 아니니 늦더라도 원망하지 말라"는 말을 남기고 먼저 잠들었다.

그래도 단념할 수 없었던 사몬은 밖으로 나가 먼 곳을 바라보고 있었다. 그때 어둠 속에서 사람의 그림자 같은 것이 바람에 날리듯 천천히 자신을 향해 다가오는 것이 보였다. 다름 아닌 아카나였다. 사몬이 곧바로 집으로 안내해 술과 안주를 대접하자 아카나는 생선 비린내가 싫은 듯 표정을 찡그렸다.

잠시 후 입을 연 아카나는 그간의 일들을 이야기했다. 고향으로 돌아 간 아카나는 반란을 일으켜 새로이 성주가 된 자의 명령을 받은 사촌 동 생 아카나 단지赤穴丹治에게 체포되어 도미타富田 성안에 감금되었다. 이윽 고 중양절이 내일로 다가오자 아카나는 사람의 몸으로는 하루에 천 리 길을 갈 수 없지만 혼령이 되면 갈 수 있을 것이라고 생각하고 결국 자살 을 택해 혼령으로나마 이렇게 찾아왔다는 것이었다.

사몬은 신의를 지키기 위해 죽음을 택한 아카나를 생각하며 슬픔과 분노에 치를 떨다가 곧장 마쓰에松江로 달려가 아카나의 사촌 동생 단지 를 한 칼에 베어 버렸다.

아사지 여인숙

마마眞間라는 지방에 가쓰시로勝四郎라는 남자가 살고 있었다. 그는 아 버지에게 넓은 전답을 물려받았지만 농사일을 싫어해 놀고먹다가 가산 을 탕진하고 그 뒤 장사를 해서 큰돈을 벌려 했다. 빼어난 미인이며 영리 한 아내 미야기宮木가 말렸지만 그는 "가을이 되면 돌아오겠다"라는 말을 남기고 교토로 떠났다.

때는 한창 전란으로 어수선해 가쓰시로가 길을 떠날 무렵에는 간토 지방 일대까지 전쟁에 휩싸였다. 교토로 간 가쓰시로는 벌었던 돈을 산 적들에게 모두 빼앗겨 버리고 그 후에 병까지 들고 말았다. 때문에 이 전 란의 와중에 집은 필시 불타 버렸을 것이고 아내도 살아 있지 않을 것이 라고 생각해 그대로 7년 동안 교토에서 지냈다.

그러던 어느 날 갑자기 아내 생각이 난 가쓰시로는 무덤이라도 찾아보아야겠다는 마음으로 고향에 돌아왔다. 그런데 뜻밖에도 집은 그대로였으며, 아내도 온몸이 몹시 심하게 그을었고 초라한 행색에 눈은 움푹 들어간 데다 묶은 머리가 등까지 내려와 도저히 옛날의 그 사람이라고는 생각할 수 없을 정도였지만 어찌 되었든 살아 있었다.

아내는 남편을 보자 눈물을 주룩주룩 흘렸다. 두 사람은 한참 동안 이야기를 나누고 잠자리에 들었다. 이윽고 날이 샐 무렵이 되자 서늘한 느낌이 들어 눈을 떴는데, 어찌 된 일인지 집은 다 무너져 황폐하기 이를 데 없었고, 옆에서 자고 있던 아내의 모습은 보이지 않았다. 놀라서 옆을 보니 그곳에 무덤 하나가 있고 그 곁에 아내의 필체로 된 시가 한 수 적혀 있었다. 그제야 비로소 어젯밤의 아내가 망령이었음을 깨달은 그는 놀랍기도 하고 두려웠다. 가쓰시로는 근처에 살고 있는 노인으로부터 가을이 되면 돌아온다고 한 남편을 기다리며 죽어 간 아내의 마지막 모습을 전해 듣고 비로소 자신의 어리석음을 탓하며 그 자리에 주저앉아 통곡했다.

무오의 잉어

이야기의 출전은 중국의 소설 『고금설해古今說海』에 나오는 「어복기魚服記」이다.

미이三井 절의 유명한 승려 고기興義는 그림의 명수였다. 그는 비와琵琶 호수로 배를 타고 나가 어부들에게 직접 산 물고기를 호수에 방생한 뒤 물고기들이 헤엄치는 모습을 보고 그리기를 즐겼다. 그는 물고기 그림에 빠져 잠을 자면서도 물고기들과 함께 노는 꿈을 꿀 정도였다. 그러던 어느 날 꿈에 본 그대로를 그리고는 꿈에 본 잉어라는 의미로 그림에 '무오의 잉어'라는 제목을 붙였다. 그 그림은 몹시 아름다워 그림을 달라고 청하는 사람들이 많았으나 살아 있는 것들을 잡아먹는 인간들에게는 줄 수 없다며 단호하게 거절했다.

그러던 어느 해 승려 고기는 병이 들어 자리에 누운 지 7일 만에 어이없게 숨을 거두었다. 그런데 이상하게도 가슴 부근에는 계속 따뜻한 온기가 남아 있었다. 그래서 그의 제자들과 친구들은 시신을 관 속에 넣지 않고 지켜보았다. 그러자 3일 뒤에 다시 소생해 사람들을 놀라게 했다.

의식이 돌아온 승려 고기는 옆에 있는 사람을 시켜 신도 가운데 한 사람인 다이라^平 차관의 집에 가서 다음과 같은 말을 전하게 했다.

"고기 법사가 살아났습니다. 차관께서는 지금 주연을 베풀기 위해 살아 있는 생선을 잡아 회를 뜨고 계십니다만 잠시 주연을 중단하시고 절까지 왕림해 주십시오. 들려 드릴 진귀한 이야기가 있사옵니다."

그리고 곁에 있던 모두에게는 "가서 보고 오시오. 내 말과 다르지 않을 것이오"라고 했다.

이에 사람들이 이상하게 생각하면서 그 집에 가 보니 실제로 승려 고기가 말한 그대로의 풍경이 펼쳐지고 있었다. 이 이야기를 전해 들은 다이라 차관도 너무나 괴이한 일에 놀라고 의아해하며 급히 미이 절로 달려왔다. 더욱이 승려 고기가 다이라 차관이 주연을 벌이게 된 사정을 마치 그 자리에 함께 있었던 것처럼 상세히 말하자 일동은 더욱 신비하게 생각하며 어찌 된 영문인지 물었다.

승려 고기의 이야기에 따르면, 자기는 자신이 죽었다는 것도 알지 못한 채 병의 고통에서 벗어나려고 집 밖으로 나갔더니 기분이 상쾌해졌다는 것이다. 또 비와 호수의 아름다운 풍경에 이끌려 물에 들어가 헤엄치고 싶은 느낌이 들어 꿈속 같은 기분으로 물에 뛰어들었다. 그러자 바다신의 칙사가 와서 평소 방생의 덕을 베푼 보답으로 금색 잉어 옷을 하사하겠다고 했다. 잉어가 된 승려 고기는 마음 내키는 대로 물속을 산책하다가 시장기를 느껴 낚싯줄에 걸린 먹이를 삼키는 순간 어부에게 잡혀 다이라 차관에게 헌상되었다는 것이다. 그리고 도마 위에 올려져 칼로 잘리려는 순간에 눈이 번쩍 뜨였다고 한다.

그 후 승려 고기는 천수를 누리고 죽었으며, 죽기 전에 그때까지 그린 잉어 그림을 호수에 흘려보냈다. 그러자 그림 속의 물고기들이 종이와 비단에서 빠져나와 물속을 헤엄치기 시작했다. 오늘날 승려 고기가 그린 그림이 남아 있지 않은 것은 그 때문이라고 한다.

기비쓰의 솥

질투는 여자의 가장 큰 악덕이라고 여겼던 시대의 이야기이다.

기비吉備 지방의 가야노賀陽 군에 있는 니세庭妹라고 하는 마을에 평민이지만 넉넉하게 살고 있는 이자와 쇼井澤庄라는 사람이 있었다. 그는 농사짓기를 싫어하고 주색에만 빠져 사는 외아들 쇼타로正太郎의 장래를 생각해서 그의 행실을 바로잡아 줄 참한 양갓집 규수를 백방으로 찾고 있었다. 그때 기비 지방에서 가장 유명한 집안인 기비쓰노미야吉備津宮 신사의 신관 가사다 미키香央造酒로부터 혼담이 들어왔다. 바라지도 않던 좋은 집안에서 혼담이 들어오자 이자와 쇼는 서둘러 예물을 교환하고 길일을 택해 혼례를 올리기로 했다. 그리고 행운을 기념하기 위해 기비쓰 신사에서 점을 쳤는데 그만 나쁜 점괘가 나오고 말았다.

가사다 미키는 불안한 느낌이 들었으나 딸도 원하고 또 이렇게 좋은 인연은 놓치고 싶지 않다는 아내의 의견에 따라 예정대로 혼례를 올렸다. 가사다의 딸 이소라磯良는 시부모는 물론이고 남편도 성심을 다해 모시고 받들며 사랑받는 며느리와 아내로서 행복한 나날을 보냈다. 그러나 그런 아내의 지극한 정성도 쇼타로의 타고난 바람기를 어찌할 수는 없었다. 쇼타로는 언제부터인가 토모노쓰라는 유곽의 기녀 소데㝹와 깊이 사귀면서 그 여자의 몸값을 치르고 유곽에서 빼낸 뒤 거처를 마련해 집에 돌아오지 않았던 것이다. 그뿐만 아니라 그 여자와 헤어지려면 돈이 필요하니 그 돈을 마련해 달라며 교묘한 간계까지 꾸며댔다. 남편의 부탁을 받은 이소라가 갖은 고생 끝에 돈을 마련해 주자 남편은 그 돈을 가지고 기녀와 함께 달아나 버렸다. 뒤늦게 속은 것을 안 이소라는 비통해하며 자리에 누웠다가 얼마 뒤 숨을 거두고 말았다.

한편 도망친 두 사람은 하리마 지방의 아라이荒井라는 마을에 사는 소데의 사촌 동생 히코로쿠를 찾아갔다. 그곳에서 소데는 마치 악귀에게 홀린 듯 고통스러워하다가 마침내 버리고 온 이소라의 원한이 자신을 괴롭히고 있는 것이라고 의심하면서 7일 만에 죽어 버렸다. 쇼타로는 넋을 잃고 슬피 울다가 하는 수 없이 그녀를 장사 지내 주었다.

얼마 뒤 무덤을 다시 찾아가 보았더니 옆에 무덤 하나가 새로 만들어져 있었고 그 앞에 한 여자가 찾아와 절을 하고 있었다. 그 여자는 남편을 잃고 비통해하다가 병들고 만 안주인을 대신해서 온 하녀였다. 그녀는 사랑하는 사람을 잃은 슬픔을 함께 나누자며 쇼타로를 자신의 집으로 데리고 갔다. 그러나 그녀는 다름 아닌 그를 원망하고 저주한 부인 이소라였다.

놀라서 기절한 쇼타로가 다시 정신을 차리고 보니 여자의 집은 흔석조차 찾을 수 없었다. 하도 이상해 음양술사를 불러 점을 치니 42일 동안 근신하며 집에만 틀어박혀 있으라고 했다. 쇼타로는 매일 밤 부인 이소라의 원령이 나타나 자신을 덮칠까 벌벌 떨며 음양술사의 말대로 42일 동안 밖으로 나가지 않았다. 그리고 마침내 정해진 날이 점차 밝아

왔다. 새벽녘이 되어 쇼타로가 '이제 겨우 끝났다' 하고 마음을 놓고 문을 여는 순간 이소라의 원한이 나타나 그를 채어 갔다. 비명 소리를 듣고 달려간 히코로쿠가 본 것은 문의 벽에 흩뿌려진 채 마르지 않은 피와 처마 끝에 매달려 있던 남자의 상투뿐이었다.

NOTES

가모노 마부치賀茂眞淵 : 1697~1769. 에도 시대에 활동했던 국학자이자 가인. 『만요슈』를 비롯한 고전으로 고대 일본인의 정신을 연구했다. 가다노 아즈마마로荷田春滿, 모토오리 노리나가本居宣長, 히라타 아쓰타네平田篤胤와 함께 '국학 4대인'으로 불렸다.

긴킨 선생 영화몽
(金金先生榮華夢)

 에도 시대 후기에 등장한 기뵤시黃表紙 소설의 원조로 불리는 고이카와 하루마치(1744~1789)의 처녀작이다. 삽화도 직접 그렸다. 중국 당나라 시대의 노생盧生이라는 젊은이와 관련된 '황량일취몽黃粱一炊夢'이라는 고사를 본따 유곽을 무대로 에도 서민의 생활을 생생하게 그렸다.

INTRO

미농지를 넷으로 접은 크기에 한 권당 10쪽 정도의 본문을 싣고 각 페이지의 중앙에는 삽화를 크게 그려 넣은 뒤 나머지 여백에는 작은 히라가나로 문장을 적어 놓은 형태의 읽을거리를 구사조시草雙紙라고 한다. 처음에는 주로 동화적인 내용을 다루었으나 점차 가부키와 군담 등으로 바뀌어 갔다.

구사조시는 표지 색깔에 따라 아카혼赤本·구로혼黑本 등으로 구분해 불렸다. 이러한 책자는 그림 감상이 위주였고 문장은 부수적인 것에 불과했기 때문에 문학으로 다루거나 작가를 논할 만한 가치가 없다는 이유로 작가 이름을 남기지도 않았다.

구사조시는 어린아이들과 부녀자들의 세뱃돈이나 용돈을 노려 주로 정월에 만들어 파는 읽을거리에 불과했다가 표지가 황색으로 바뀌어 '기뵤시黃表紙'로 불리면서 변화가 나타났다. 당시의 유행과 세상사를 문장으로 서술하고 삽화에는 당시의 풍속을 담아 동시대를 반영하려는 의식이 발생한 것이다. 이러한 풍조를 단번에 끌어올리고 구사조시의 전통을 일신하면서 기뵤시를 문학 작품으로 감상할 수 있는 수준으로 올린 것이 바로 고이카와 하루마치였다. 문학 사상 기념할 만한 작품인 『긴킨 선생 영화몽』은 1775년에 2권으로 간행되었다.

중국 당나라 시대의 노생이라는 젊은이가 등장하는 '황량일취몽黃粱一炊夢'이라는 고사는 요쿄쿠 작품인 「한단邯鄲」으로 이미 널리 알려져 있는 소재였다. 긴킨 선생의 작품은 바로 그 요쿄쿠를 바탕으로 하고 있다.

그러나 고이카와가 이 작품에서 노린 것은 인생의 덧없음을 말하는 고사를 소개하거나 번안하는 것이 아니었다. 그는 유곽의 풍속을 잘 알지도 못하면서 얼떨결에 아는 체를 하게 된 긴킨 선생이라는 인물을 만들어 내 유곽에 출입시킴으로써 당시의 꾼들의 세계를 그려 내고자 했다. 바로 기뵤시에 샤레본의 세계를 도입하고자 시도한 것이다.

샤레본은 대화와 서술적 묘사로 유곽과 그곳에 살고 있는 사람들을 그리고 있는데, 하루마치는 여기에 기보시에서 빼놓을 수 없는 삽화를 무기로 새로운 분야를 개척하고자 했다. 하루마치의 섬세하고 사실적인 화풍이 더욱 큰 효과를 발휘하며 성공을 가져온 것은 말할 필요도 없다. 요컨대 독자는 이 새로운 문학 장르를 대하면서 꾼의 행태를 이해하는 데 필요한 유곽의 지식을 삽화가 아닌 '읽을거리'로 받아들이게 된 것이다. 이것은 에도 시민들의 취향에 잘 맞아떨어졌고, 이러한 취향이 발전해 기보시의 전성기를 몰고 왔다.

저자 고이카와 하루마치는 스루가 지방 오지마小島 번의 중신으로, 본명은 구라하시 가쿠倉橋格였다. 에도로 올라와 고이시카와小石川 가스가초春日町에서 살았던 그는 그림을 좋아했으며, 사케노우에노후라치酒上不埒라는 호로 교겐을 쓰는 교겐 작가이기도 했다. 간세이寛政의 개혁으로 붓을 놓았고, 그 후 병으로 숨졌다.

거저 들어온 행운

한적한 시골에서 태어나 자란 가네무라야 긴베金村屋金兵衛는 이름과 달리 금전운이 없었다. 긴베는 에도로 나가면 세상의 온갖 즐거움을 다 맛볼 수 있을 것이라 생각하고 길을 나서 에도의 메구로目黑라는 곳에 도착했다. 메구로에서 유명한 부동존不動尊 앞에서 운이 트이기를 기원하는데 갑자기 배가 고파 왔다. 그래서 절 앞에 있는 명물 밤떡 집에 들어가 밤떡이 나오기를 기다리다가 여행의 피로가 몰려와 자신도 모르는 사이에 졸기 시작했다.

그때 영주의 행차처럼 근사한 가마를 이끈 일행이 밤떡 집으로 들어왔다. 그리고 일행 가운데 세상일을 모두 경험한 듯한 얼굴을 한 나이든 남자가 옷매무새를 단정히 하면서 긴베에게 다가와서는 "모시러 왔습니다"라고 하는 것이었다.

이야기를 들어 보니, 간다 핫초보리神田八丁堀에 사는 거상 이즈미야和泉屋의 주인 세이산淸三이 고령이라 그 뒤를 이을 사람을 찾다가 마침내 얼마 전에 하치만八幡 대보살님의 신탁을 받아 여기까지 찾으러 오게 되었다는 것이다. 긴베는 꿈꾸는 기분으로 자신을 영접하러 온 가마에 올라탔다.

이즈미야에 도착한 긴베는 안방으로 모셔져 재산과 함께 이름도 물려받았다.

이름을 가네무라야 긴베에서 이즈미야 세이산으로 바꾸고 가업을 물려받은 그는 실로 어제와는 판이하게 다른 영화를 누리게 되었다. 머리 모양은 최신 유행인 혼다本多 스타일로 바꾸고, 옷과 허리띠도 최신 유행으로 골라 입으며 매일 밤 주연을 벌였다. 이제 그의 주변에는 아첨꾼들과 비위나 맞추려는 무리들이 모여들어 항상 와자지껄했고, 그들은 그의 옛 성을 따서 그를 긴킨金金 선생이라 치켜세우며 떠받들었다.

긴킨 선생은 우쭐해진 기분으로 호쾌하게 놀았다. 요시와라 유곽에서는 섣달 그믐날에 액막이로 콩을 뿌리는 것이 시대에 뒤처진다며 금화와 은화를 수북이 담아 뿌렸고, 후카가와深川의 유곽에서도 물 쓰듯 돈을 썼기 때문에 긴킨 선생에 대한 평판은 나날이 높아졌다.

삶의 영화는 한순간의 꿈

그러나 그 모든 행동이 실은 벼락부자의 가련한 모습에 지나지 않았다. 긴킨 선생은 자신의 곁에 있는 일행이 치켜세우는 대로 어엿한 척 행세를 했지만 실은 유곽에서 쓰는 은어조차 이해하지 못했던 것이다. 눈앞에서 의미도 모르는 은어가 오고가도 방바닥에 배를 깔고 누워 술잔을 기울이고 있는 긴킨 선생은 마냥 즐겁기만 했다. 자신을 둘러싼 아첨꾼들과 여자들이 어르고 치켜세우는 장단에 놀아나며 돈을 펑펑 뿌려대자 그 많던 재산도 바닥을 보이기 시작했다. 그러자 평소에 친하게 지냈던 자들이 점차 소원해지면서 나중에는 아예 그를 찾지 않게 되었다. 이제 긴킨 선생은 예전처럼 네 사람이 짊어지는 가마를 타고 나들이를 할 수도 없었고, 뒤따르는 자도 없어 홀로 걸어가야 했다. 구호를 외치며 지나가는 가마꾼을 곁눈으로 쳐다보는 자신의 뒷모습이 처량하다는 것을 알고 있었지만 유흥과 향락을 버리지는 못했다.

날마다 이어진 유흥 끝에 마침내 재산이 바닥을 드러냈다. 그 모습에 진저리가 난 선대 이즈미야 세이산은 긴킨 선생이 입고 있던 옷을 전부 벗기고 원래의 차림대로 입혀 내쫓아 버렸다.

손에는 삿갓을 들고 시골에서 올라왔을 때의 차림 그대로 눈물을 떨구며 떠나가는 긴킨 선생의 모습에서 영화로웠던 옛 시절을 말해 주는 것은 머리에 남아 있는 혼다 스타일 상투뿐이었다. 이렇게 해서 긴킨 선생은 자기 한 몸 의지할 곳 없는 처량한 신세가 되어 버렸다.

이윽고 떡 치는 절구 소리에 눈을 떠 주위를 둘러보니 그곳은 바로 메구로였고, 장소는 밤떡 집이었다. 그리고 이제까지 겪은 영고성쇠가 한순간 꿈이었다고 한탄하는 긴킨 선생은 바로 가네무라야 긴베였다.

"꿈속에 화려하고 멋진 남자가 되어 온갖 영화를 누리기를 30년, 그렇다면 인생의 즐거움 역시 그저 좁쌀만 한 떡 하나 찧는 것과 같구나."

그는 어디선가 들어 본 듯한 명언을 남기고 태어난 고향으로 발길을 돌렸다.

도카이도추히자쿠리게
(東海道中膝栗毛)

에도 시대 후기에 삽화를 곁들여 출간된 곳케이본滑稽本으로, 지은이는 짓펜샤 잇쿠(1765~1831)이다. '히자쿠리게'란 무릎으로 밤색 말을 대신한다는 의미로, 걸어서 여행한다는 뜻이다. 1802~1809년에 총 8편 17권이 완결되었다. 이후 1814년에 발단의 내용을 담은 한 권이 추가되었다. 1862년에 '곳케이 53역滑稽五十三驛'으로 제목을 바꾸어 재판되면서 전 10편 24권이 되었다. 판이 간행된 후 많은 모방작이 나왔다.

INTRO

대화 중심의 문장으로 유곽을 사실적으로 묘사한 샤레본 쪽에서 크게 활약했던 잇쿠가 동일한 표현 기법으로 야지로베와 기타하치라는 기묘한 인물을 만들어 새로운 웃음거리 문학을 시도한 것이 이 작품이다. 『이세 모노가타리伊勢物語』와 『사라시나 일기更級日記』 이래 도카이도東海道 길을 다룬 문학은 근세에 들어 『죽재竹齋』, 『도카이도 명소기東海道名所記』 등 두 인물이 여행을 하면서 펼치는 교카바나시狂歌話라는 형태로 계승되었다.

교와享和 연간(1789~1801)과 분카文化 연간(1804~1818) 무렵에 일반인들 사이에서는 일본 전국 각지의 자연과 민속 등에 관한 관심이 높아졌고, 또 서민들은 아무것에도 구애받지 않고 마음껏 웃을 수 있는 웃음을 원했다. 『도카이도추히자쿠리게』는 그러한 시대의 요청에 따라 에도 후기에 곳케이본이라는 새로운 장르를 개척한 첫 번째 작품이다. 잇쿠는 자신의 고향과 관련지어 두 주인공 야지로베彌次郎兵衛와 기타하치北八를 스루가駿河 지방의 후추府中 출신에 무지하고 경박한 에도 토박이로 설정했다. 이 에도 토박이들과 시골 사람의 이상한 언어 풍습을 웃음의 대상으로 삼은 것이 대중들의 흥미를 끌었다.

여행길

세상이 평화로우니 노후에 차 마시며 나눌 한담 거리나 만들자며 화려한 에도를 뒤로하고 길을 떠난 사람은 간다 핫초보리神田八丁堀 부근에서 혼자 살면서 빈둥빈둥 놀고 있던 야지로베라는 중년 남자와 그 집에 얹혀 살고 있던 기타하치라는 젊은이였다.

이세 신궁을 참배하고 야마토 지방을 돌아서 교토와 오사카를 구경하자는 것이 이들의 여행 계획이었다. 도카이도로 향하는 출발점인 니혼바시日本橋에서 시나가와品川와 가나가와神奈川, 호도가야程ヶ谷를 돌며 명소와 옛 유적을 찾아보고 특산품이라고 이름난 것이 있으면 조금이라도 구입해 맛보면서 갔다. 사건이 일어나고 흥이 오르면 시를 읊으며 즐거움에 취하는 근사한 여행이었다. 그들이 펼치는 악의 없는 짓궂은 장난과 무지에서 비롯된 어리석은 행동, 부끄러움을 모르는 색정 등이 읽는 이의 배꼽을 쥐게 했다.

고우에몬 욕조

오다와라小田原의 여인숙에 도착한 두 사람은 하녀를 보고 "그리 나쁘지 않으니 저 여자를 오늘 밤 유혹해 볼까?"라는 등 저질스러운 이야기를 주고받았다. 그러고는 목욕을 하려는데 탕의 구조가 이상한 것이 아닌가. 야지로베는 밑에 까는 판자를 물에 담그고 욕조에 들어가는 고우에몬五右衛門 욕조의 사용법을 몰랐던 것이다. 그는 하는 수 없이 변소에서 사용하는 나막신을 신고 탕 속으로 들어갔다. 그러자 뒤를 따르던 기타하치도 그대로 따라 하다가 욕조 바닥에 구멍을 내고 말았다. 그래서 주인에게 크게 혼찌검이 난 뒤 수리비까지 변상하게 되었다.

마침내 야지로베는 몰래 하녀의 손에 200문을 쥐어주면서 잠자리를 함께할 약속을 받아 냈다. 이를 안 기타하치는 하녀에게 몰래 다가가 야지로베는 몹시 심한 창병(매독)을 앓고 있으니 조심하라는 서슷말을 했다. 가엾은 야지로베는 기타하치의 간계도 모르고 하녀를 마냥 기다리다가 끝내 여자가 오지 않자 쓸데없이 200문만 날렸다고 성을 냈다. 기타하치는 그 모습을 보며 고소해했다.

두 명의 장님

이들은 시즈오카에 도착했다. 가케가와^{掛川} 여인숙 건너편에 있는 시오이^{鹽井} 개천을 건너려고 하던 중에 교토로 가는 자토^{座頭} 장님 두 사람을 만났다. 동생뻘인 사루이치^{猿市}와 형님뻘인 이누이치^{犬市}는 돌멩이를 물속에 던져 떨어지는 소리를 듣고 얕은 곳을 골라 가위바위보를 한 다음 진 사람이 이긴 사람을 업어서 건네주기로 했다. 그런데 가위바위보에서 진 사루이치가 내민 등에 야지로베가 냉큼 업혀 개천을 건너고 말았다. 건너편에 남겨진 이누이치가 부르는 소리에 사루이치가 다시 되돌아와 또 등을 내밀자 이번에는 기타하치가 업혔다. 그러나 개천의 중간 지점까지 갔을 때 이들의 장난이 마침내 들통이 나 장님은 등에 업혀 있던 기타하치를 개천 한가운데에 내동댕이치고 말았다.

다시 얼마를 더 가다가 가케가와 여인숙에 이르자 앞서 만난 장님 두 사람이 여인숙 앞 찻집에서 술을 마시고 있었다. 기타하치는 분풀이로 그들 옆에 다가가 술잔에 담겨 있던 술을 말끔히 마셔 버렸다. 두 장님은 처음에는 상대방을 의심하다가 나중에는 찻집 주인을 의심했으나, 옆에서 보고 있던 아이가 기타하치의 소행이라고 고자질을 했다. 하는 수 없이 기타하치는 찻값에 술 2잔 값인 64문을 물어주었다. 하지만 그러고도 장님에게 못된 도둑이라는 소리를 듣자 흥분해 날뛰기 시작했고, 야지로베가 이를 겨우 뜯어말렸다.

여우의 둔갑

아카사카^{赤坂}에서의 일이다. 기타하치가 여인숙에 묵으려고 방을 잡으러 먼저 나간 사이에 찻집에서 잠시 쉬고 있던 야지로베는 그곳에 사람을 속이는 나쁜 여우가 있다는 이야기를 듣게 되었다.

시간이 제법 흘렀는데도 기타하치가 오지 않자 야지로베는 무서움에 떨면서 기타하치를 찾기 위해 밖으로 나가 소나무 길을 걸어갔는데 갑자기 기타하치가 나타나 야지로베를 기다리고 있었다고 했다. 그러자 이것은 분명 여우가 둔갑한 것이라고 생각한 야지로베는 갑자기 그를 두들겨 패고 길바닥에 넘어트린 뒤 "꼬리를 보여라"라고 하면서 수건으로 그를 꽁꽁 묶었다. 기타하치는 아무리 말을 해도 야지로베가 도무지 들어주지 않자 일부러 꽁꽁 묶인 채 아카사카의 여인숙까지 갔다.

이날은 여인숙 주인이 사위를 맞이하는 경사스러운 날이어서 야지로베는 목욕을 하고 음식 대접을 받으며 술도 맛있게 마셨다. 묶인 채 그것을 보고 있던 기타하치는 더 이상 술을 참고 있을 수가 없어서 급기야 자신을 둔갑한 여우일 거라고 믿는 야지로베와 주거니 받거니 하면서 술에 흠뻑 취하고 말았다. 마침 옆 방은 첫날밤을 치르러 온 신혼부부의 방이었다. 그런 좋은 기회를 놓칠 리 없는 야지로베와 기타하치는 신혼부부가 첫날밤을 치르는 모습을 훔쳐보다가 신랑 신부의 머리 위로 장지문을 밀어 쓰러뜨리고 말았다. 그 기세에 촛불이 꺼져 어둠 속에서 한바탕 소동이 벌어졌다.

가짜 잇쿠 소동

두 사람이 이세伊勢로 가는 길로 접어들었을 때 야지로베는 구모즈雲津에 살고 있는 교카狂歌 가인 가보차노 고마지로南瓜胡麻汁에게 자신이 에도의 짓펜샤 잇쿠라고 거짓말을 하고는 그 집으로 안내되어 대접을 받았다.

그는 그 지방 명물인 곤약에 곁들여진 돌이 무엇인지 몰랐지만 물어보기도 뭐해서 그냥 먹는 척하고는 "이 지방의 돌은 특히 풍미가 좋습니다"라고 말해 주인을 놀라게 했다. 사실 그것은 곤약의 물기를 빼기 위해 얹어 놓는 돌이었던 것이다.

잠시 뒤 짓펜샤 잇쿠가 왔다는 연락을 받은 그 지역의 교카 동호인 몇 사람이 그 집으로 몰려왔다. 이들은 우쭐거리고 있는 야지로베에게 부채에 교카를 적어 달라는 부탁을 했다. 이에 야지로베는 어디선가 들어 본 적이 있는 시 두 수를 적어 주었는데, 그것은 교토의 유명한 사람의 교카로 그중 한 수는 그 방 안의 병풍에도 씌어 있는 것이었다.

그때 하인이 "잇쿠 선생이 나고야 동호인의 소개장을 가지고 도착하셨습니다"라는 메모를 가지고 들어왔다. 주인은 그 글을 펼쳐 보이며 고약하게도 야지로베에게 이 가짜 잇쿠와 부디 대면해 달라고 졸랐다. 궁지에 몰린 야지로베가 갑자기 아프다는 구실로 곧장 자리에서 일어나려 하자 사람들은 가짜 잇쿠로 변장한 그의 옷을 벗기며 처참하게 그를 조롱했다.

결국 기타하치가 대신 사죄를 하고 두 사람은 한밤중에 길거리로 쫓겨났다. 뾰로통한 얼굴을 하고 있는 야지로베를 본 기타하치는 재미있는 교카 한 수를 지었다.

이런 식으로 엉뚱한 짓을 일삼으며 웃음에 웃음을 더하던 두 사람은 교토를 거쳐 오사카까지 여정을 계속했다.

난소사토미 팔견전
(南總里見八犬傳)

에도 시대 후기의 요미혼讀本으로, 교쿠테이 바킨(1767~1848)의 장편 역사물이다. 바킨은 만년에 실명했음에도 불구하고 48세부터 76세까지 28년에 걸쳐 이 책을 완결했다. 전 98편 106권의 유례없는 장편 대작이다. 당시의 전기 소설뿐만 아니라 일본 소설사에서 손꼽히는 대표작이다.

INTRO

일찍이 중국의 『수호전』과 『삼국지』 등에 견줄 만한 것을 쓰고자 했던 교쿠테이 바킨은 이 소설의 전체적인 구상을 『수호전』에서 빌렸고, 제목은 『합류대절용집合類大節用集』(1802)에 나오는 「사토미 팔견里見八犬」에서 따왔다. 사토미 집안과 아와, 가즈사, 시모우사 지방에 관한 문헌을 자세히 조사한 뒤, 사실과 허구를 교묘하게 교차해서 자신의 역사관과 인생관, 사회관, 도덕관을 담았다. 일종의 번안 소설로 많은 재료를 일본과 중국 문헌에서 차용했다. 복잡하게 중첩된 사건과 각각의 인물들이 지닌 행동과 운명을 긴밀한 맥락으로 엮어 가며 교묘한 대조를 보이면서도 권선징악의 올바름으로 통일한 솜씨가 뛰어나다. 문장 역시 하마지의 설득 장면과 호류카쿠의 사투 장면 등에서 보는 바와 같이 아름답고 우아하기도 하며 때로는 호탕하고 웅대하여 작가의 힘찬 개성을 느낄 수 있다. 하지만 작품 속에 나타난 인물의 성격이 지나치게 단순하며 봉건적인 덕목을 무조건 추종했을 뿐이라는 비판도 있다. 그러나 이만큼 웅장한 규모로 지은이의 의도를 펼친 소설은 일본 문학 사상 보기 드물다.

개와 결혼한 공주

때는 아시카가足利 막부 말기로, 아와安房 지방에 위치한 다키다瀧田 성의 성주 사토미 요시자네里見義實는 야스니시 가케쓰라安西景連의 공격을 받아 함락되기 직전의 궁지에 몰렸다.

요시자네는 자포자기하는 마음으로 평소 자신의 딸 후세히메伏姫가 애지중지하던 애견 야쓰부사人房에게 가게쓰라의 목을 물어 오면 그 공으로 후세히메를 주겠노라고 했다. 그런데 이를 굳게 믿은 야쓰부사가 정말로 가게쓰라의 목을 물고 돌아오자 요시자네는 하는 수 없이 자신의 딸을 야쓰부사에게 주었다.

후세히메는 야쓰부사와 함께 아와 지방의 도야마富山 산 깊숙한 곳에 자리한 동굴에서 생활하게 되었다. 하지만 후세히메는 야쓰부사가 가까이 다가오는 것을 결코 허락하지 않았다. 그럼에도 어느 틈엔가 개의 기를 받아 마침내 임신을 하고 말았다. 이를 부끄럽게 여긴 후세히메는 강에 몸을 던져 죽으려 했으나 그때 우연히 가나마리 다카노리金碗孝德를 만나 사정을 설명하게 되었고 이에 다카노리는 야쓰부사를 총으로 쏘아 죽였다. 그 과정에서 후세히메도 부상을 당했다. 그때 마침 그곳에 아버지 요시자네까지 나타나자 후세히메는 자신의 결백을 증명하기 위해 배를 칼로 그었다.

기이하게도 상처가 난 자리에서 한 줄기 흰 기운이 섬광처럼 나와 옷깃에 걸쳐 있다. 그것은 수정 염주를 감싸며 허공으로 올라가는 것처럼 보였는데, 염주가 금세 뚝 하고 끊어져 수정 100개가 제각기 땅으로 흩어졌다. 그런데 8개의 구슬은 허공에 그대로 떠 있다가 찬란하게 빛을 발하며 어지럽게 날아가 흩어졌다. 그 찬란한 광경은 마치 유성을 보는 듯했다.

후세히메의 배에서 나온 8개의 구슬에는 각각 인仁·의義·예禮·지智·충忠·신信·효孝·제悌라는 글자가 새겨져 있었으며, 잠시 뒤에 구슬은 각지로 날아가 흩어졌다.

팔견사와 사라진 보검

무사시武藏 지방의 오쓰카大塚에 이누즈카 시노모리타카大塚信乃成孝라는 사람이 살고 있었다. 그는 '효孝' 자가 새겨진 구슬을 가지고 있었고, 왼쪽 팔에는 모란꽃 모양의 점이 있었다. 시노는 음흉한 생각을 가진 큰아버지 히키로쿠 부부의 손에 자랐으며, 그 집에서 일하는 심부름꾼 가쿠조와 가까이 지냈다.

어느 날 시노가 가쿠조의 도움을 받아 목욕을 하고 있는데 가쿠조가 시노의 팔에 있는 점을 보더니 자신도 그와 똑같은 점이 등에 있다고 하는 것이었다. 이어 목욕을 마치고 시노가 옷을 집어 드는데 그때 흰 구슬 한 개가 굴러떨어졌다. 그것을 본 가쿠조도 자신의 호신용 주머니에서 '의義' 자가 새겨진 구슬을 꺼내 보였다. 가쿠조도 팔견사八犬士(개의 기운을 지닌 8명의 무사)의 한 사람으로 '의' 자가 새겨진 구슬과 모란꽃 점을 가진 이누카와 소스케요시토犬川莊助義任였던 것이다. 이로써 두 사람은 의형제를 맺었다.

시노는 죽은 아버지의 유언에 따라 주인집에 전해 내려오는 보검 무라사메노마루村雨丸를 고가滑我 지방에 있는 아시카가 나리우지足利成氏에게 바쳤으나, 히키로쿠 부부와 낭인무사 아보시 사모지로網干左母二郎가 간계를 부려 보검을 가짜와 바꾸었다.

아무것도 모르고 고가로 간 시노는 아시카가 나리우지에게 가짜 검을 헌상했다는 이유로 첩자로 몰려 잡히고 말았다. 이에 시노는 수많은 포리들을 베어 넘기며 호류 각芳流閣 옥상으로 달아났다. 그때 포리들이 시노를 잡기 위해 이누카이 겐파치노부미치犬飼現八信道를 불러와 시노와 겐파치는 호류 각 지붕 위에서 검을 겨누게 되었다. 시노는 흔히 볼 수 없는 겐파치의 무예를 보고 호적수를 만난 것에 용기백배했으니 둘은 칼끝에서 불꽃을 튀기고 용호상박하며 싸웠다. 그러고는 마침내 지붕에서 내려와 물가에서 싸우다가 강 위에 떠 있는 배에 올라탔다.

시노와 겐파치를 태운 배는 바람과 물결에 떠밀려 시모우사^{下總} 지방의 교토쿠^{行德}로 흘러가다가 여인숙 고나야^{古那屋}의 주인에게 구조되었다. 그곳에서 겐파치가 '신^信' 자가 새겨진 구슬을 가진 팔견사임이 밝혀졌고, 그뿐 아니라 여관 주인의 아들 이누타 고분고야스요리^{犬田小文吾悌順}도 '제^悌' 자가 새겨진 영험한 구슬과 모란꽃 점을 가진 무사임이 밝혀졌다. 그래서 세 사람은 의형제를 맺었다.

고분고의 여동생 누이^{沼蘭}의 남편 야마바야시 후사하치^{山林房八}는 용모가 시노와 닮은 점을 이용해 추격대가 다가오자 시노를 대신해 고분고와 싸웠는데, 이때 누이가 중재에 나섰다가 칼에 베여 죽고, 후사하치도 칼에 맞아 죽고 말았다. 그러나 후사하치와 누이 사이에 태어난 다이하치^{大八}가 '인^仁' 자가 새겨진 영험한 구슬을 가진 팔견사라는 것이 밝혀지고, 우연히 그곳에서 마주친 주다이 법사(예전에 야쓰부사를 쏘아 죽인 가나마리 다카노리)가 다이하치에게 이누에 신베마사시^{犬江親兵衛仁}라는 이름을 지어 주었다.

한편, 시노의 애인이었던 하마지^{濱路}는 히키로쿠 부부의 계략으로 히가미 규로쿠와 강제로 결혼하게 되었다. 그러자 하마지는 혼례식 날 시노에 대한 정절을 지키기 위해 목매달아 죽으려 했다. 거기에 보검 무라사메노마루를 빼앗아 갔던 낭인무사 아보시 사모지로가 나타나 하마지를 납치해 혼고^{本鄕}의 마루즈카^{圓塚} 산기슭으로 데려간 뒤 그녀를 겁탈하려 했으나 뜻대로 되지 않자 그녀를 죽이려고 했다. 이때 하마지의 이복 오빠 이누야마 도세쓰타다토모^{犬山道節忠與}가 나타나 사모지로를 죽이고 보검 무라사메노마루를 빼앗은 뒤 하마지에게 자신의 신상을 털어놓았다.

하마지는 무라사메노마루를 시노에게 전해 주길 바랐으나 그 희망은 받아들여지지 않은 채 끝내 숨을 거두고 말았다. 마침 시노를 보내고 돌아오는 길에 이 광경을 목격한 가쿠조는 무라사메노마루를 빼앗아 시노에게 돌려주기 위해 도세쓰와 대결을 벌이다 자신의 구슬을 도세쓰에게 빼앗겨 버렸다. 구슬을 손에 넣은 도세쓰는 불로 몸을 숨기는 화둔술火遁術을 부려 달아났다. 가쿠조의 손에 남아 있는 것은 도세쓰의 어깨를 베었을 때 튀어나온 '충忠'이라는 글자가 새겨진 구슬이었다. 이로써 가쿠조는 도세쓰가 자신과 같은 팔견사임을 알게 되었다.

한편 시노와 겐파치, 고분고는 가쿠조가 있는 오즈카로 길을 떠나고, 뒤에 남겨진 신베는 무뢰한인 아카시마 가지쿠로暴風舵九郎에게 습격을 당했다. 그러자 하늘에서 한 줄기 연기가 내려오고, 섬광이 번쩍거리고, 바람은 상쾌한 소리를 내며 불고, 돌과 모래가 하늘로 날아올랐다. 풀과 나무는 바람에 흔들리며 소리를 냈다. 그리고 조금은 밝고 조금은 어두운 구름이 내려와 신베를 감싸는 것처럼 보였다. 아카시마 가지쿠로는 그 어떤 힘에 의해 하늘로 치솟았다가 내동댕이쳐졌다. 후세히메의 신령이 가지쿠로에게는 천벌을 내리고, 신베의 행방을 감추어 줌으로써 목숨을 구해 준 것이었다. 신베는 후세히메 신령의 보호를 받으며 그 후 5년간 도야마 산에서 신동 교육을 받는데, 이 이야기에 다시 등장하는 것은 그가 9세로 성장한 뒤의 일이다.

되찾은 보검과 팔견사의 활약

한편 가쿠조는 무사시 지방의 고신즈카庚申塚에서 주인을 살해한 죄를 뒤집어쓰고 사형에 처해지게 되었으나, 시노와 겐파치, 고분고의 활약으로 구출되었다. 이 4명은 도세쓰의 유모 오토네가 있는 고즈케上野 지방으로 건너가 아라메荒芽 산 속의 암자로 향했다. 그리고 거기서 주군과 아버지의 원수인 오기가야쓰 사다마사屑谷定正를 노리고 있던 도세쓰와 만나고 무라사메노마루는 도세쓰로부터 시노의 손으로 다시 되돌아왔다.

다음 날 사다마루의 대군이 암자를 포위하자 5명의 팔견사는 암자에 불을 지르고 연기가 나는 틈을 타 각자 멀리 달아났다.

시간이 흘러 고분고는 무사시 지방의 이시하마石濱에 있는 지바 집안의 가로家老 마쿠와리 다이키馬加大記의 집에서 1년 가까이 붙잡혀 있었다. 다이키는 고분고를 주인집 재산을 횡령할 계획에 가담시키려 했으나 고분고가 응하지 않았다. 이에 다이키는 그러한 고분고를 암살하려고 했는데 여자 예능인 아사케노旦開野에게 저지당했다. 아사케노는 고분고와 함께 달아나려고 했는데, 사실 그녀도 '지智' 자가 새겨진 구슬을 지닌 이누자카 게노타네토모犬坂毛野胤智라는 팔견사였다.

여자는 아버지의 원수인 다이키를 죽일 기회를 호시탐탐 노리고 있었다. 그러던 어느 날 밤 마침내 기회가 왔다. 스미다墨田 강 옆 다이규루對牛樓에서 다이키가 술에 취해 자고 있던 것이다. 여자는 그 틈을 타 그의 목을 베었다. 이렇게 해서 이누사카 게노는 다이키 일족을 모두 죽이고 고분고와 함께 달아났다. 하지만 두 사람은 서로의 정체를 알지 못한 채 헤어졌다.

한편, 시모쓰케 지방의 고신庚申 산을 향해 가고 있던 이누가이 겐파치는 고양이 요괴를 활로 쏘았다. 그 요괴는 이 지방의 사무라이 아카이와 잇카쿠를 죽이고 가짜 잇카쿠 행세를 하면서 후처 후나무시船蟲와 짜고 잇카쿠의 아들 가쿠타로를 괴롭혔고, 이에 견디다 못한 가쿠타로의 아내 히나기누雛衣는 자살을 결심했다. 그러나 다행히도 히나기누의 가슴에서 튀어나온 신비한 구슬에 잇카쿠가 얻어맞고 쓰러진 것이 아닌가. 그 구슬에는 '예禮' 자가 새겨져 있었는데, 이것은 원래 가쿠타로의 것이었다. 가쿠다로 역시 이누무라 다이카쿠마사노리犬村大角禮儀라는 이름의 팔견사였던 것이다.

겐파치와 가쿠타로는 신비한 구슬의 도움으로 고양이 요괴를 처단하고 다른 무사들을 찾아 함께 길을 나섰다. 한편 후나무시는 그 자리를 피해 달아났으나 그 후에도 팔견사들에게 해를 가하려 했고, 그러다 결국 팔견사들에게 죽임을 당하고 말았다.

이누에 신베는 9살이 될 때까지 도야마에서 후세히메 신령의 보호를 받으며 자라고 있었다. 그러다 가즈사上總 지방 다테야마館山 산성의 주인인 히키타 모토후지가 자객을 보내 사토미 요시자네를 습격했을 때 나타나 요시자네를 구하고 모토후지를 대신해 성주가 되었다. 우여곡절 끝에 이윽고 팔견사들은 주다이 법사가 주최한 법회에서 결집하고 아와에 가서 사토미 집안을 받들었다.

사토미 집안의 칙사가 된 신베는 교토로 가서 가나마리金碗 성을 하사한다는 칙허를 받았고, 교토에 머문 사이에도 단코談合 계곡에서 호랑이를 퇴치하는 등 용맹스러운 활약으로 이름을 천하에 떨쳤다.

오기가야쓰 사다마사는 간토 지방의 여러 영주와 동맹을 맺어 사토미 집안과 수전, 육전을 벌였으나 전략가인 이누자카게노를 비롯한 팔견사들의 대활약으로 사토미 집안이 승리를 거둠으로써 마지막에는 인의가 이긴다는 것을 세상에 알렸다. 그 후 8명의 팔견사는 각각 좋은 집안의 딸과 인연을 맺고 공을 이루어 이름을 떨친 뒤 도야마 산에 은거했고, 그 후에는 신선이 되어 모습을 감추었다.

우키요부로
(浮世風呂)

에도 시대 후기의 곳케이본으로, 지은이는 시키테이 산바(1776~1822)이다. 전 4편 9권.
라쿠고落語(1인 만담)적인 발상으로 접근한 작품이다. 몸짓이 눈앞에 그려질 정도로 인물의 대화를 사소한 말투와 읽는 법까지 세세하게 지정해 에도 시대 중하층 서민들의 생활을 실감 나게 그려 냈다는 점에서 에도 시대의 걸작으로 꼽힌다.

INTRO

시키테이 산바가 어느 날 밤 우키요에浮世繪 화가 우타가와 도요쿠니歌川豊國의 집에 놀러 갔다가 재담꾼 산쇼테이 가라쿠三笑亭可樂(?~1833)가 공중목욕탕에 관한 재담을 늘어놓는 것을 보고 그의 능변에 감탄해 1809년에 간행한 책이다. 시키테이 산바는 폐쇄된 사회에서 하나의 사교장 같은 구실을 했던 공중목욕탕을 관찰하고 그곳을 찾는 사람들의 적나라한 언동을 통해 사회의 모습과 인간관계, 도덕 문제 등을 거론했다. 등장인물은 중복되는 유형이 많고, 대화 속에서는 말장난과 사투리를 끊임없이 사용했으며, 웃음과 재미를 자아내기 위해 전반부에는 일부러 엎치락뒤치락하는 희극풍의 내용을 담았다. 대화의 감각적인 묘사와 사회생활, 인간의 내면에 입각한 아이로니컬한 화제를 통해 독자로 하여금 쓴웃음을 짓게 하는 유머는 짓펜샤 잇쿠 등과 차별화된 시키테이 산바만의 독창적인 세계라 할 수 있다.

남탕

9월 중순의 새벽, 까마귀 우는 소리와 일찍부터 물건을 팔러 나온 장사꾼의 외침 소리 속에서 중풍을 앓고 있는 후타시치가 위세 등등한 2명의 젊은이에게 놀림을 당하면서 아직 열지도 않은 공중목욕탕 문을 두드린다. 잠시 후 문이 열리고 아침 목욕을 하려는 손님들이 서서히 몰려온다. 영감과 빈스케는 간밤의 지진 이야기를, 하치베와 마쓰우에몬은 가세가 기운 지주의 소문을 이야기하고, 시골 출신의 목욕탕 하인은 감자가 장어로 변했다는 이야기를 사투리로 말하며 사람들을 웃긴다. 그런 와중에 후타시치가 열탕의 뜨거운 기운 때문에 소동을 벌인다.

점심 무렵에는 노인이 젊은이들에게 이러쿵저러쿵 잔소리를 늘어놓고 있는데 목욕탕 이용법을 잘 모르는 서쪽 지방 출신의 사무라이가 들어온다. 그는 대야에 훈도시(폭이 좁고 긴 천으로 이루어진 옛날 일본 남자들의 속옷)가 담겨 있는 것을 보고 "물을 떠 놓고 수건까지 옆에 놓는 것은 무슨 일이람"이라고 하고는 남의 훈도시로 얼굴을 씻는다. 그러고는 "이 물에서는 구린내가 나는군. 아니, 근데 왜 이리 구린내가 지독할까. 이거 어찌 된 일이야?" 하고 있는데, 가미가타上方(교토를 중심으로 한 지역)에서 온 사람이 탕에서 나와 "이게 어떻게 된 거야? 담가 둔 훈도시가 없어졌잖아"라며 소동을 일으킨다. 그제야 까닭을 알게 된 사무라이가 허둥대는 모습이 우습다.

점심이 지나서는 공부하러 갔다 온 아이들의 요란한 말다툼으로 목욕탕이 소란스럽다. 탕 속에는 함께 온 5명의 장님들이 센다이仙臺의 조루리淨瑠璃를 읊고 있다. 그때 술 취한 사람이 들어와 장님의 작은 물통을 감추고 놀리다 물세례를 받고 노발대발하자 건장하게 생긴 남자가 와서 그를 문 밖으로 쫓아낸다. 그 소동이 가라앉자 이번에는 남의 험담을 늘어놓는 소리가 들린다. (1편)

여탕

이른 아침부터 점심 전까지의 광경이다. 여자 예능인과 요릿집 딸이 손님에 대한 소문과 연극에 관한 이야기를 한다. 아이들을 데리고 온 여인네들은 아이들의 도시락과 유행하는 머리 스타일, 딸의 시집과 출산 그리고 아들의 출세 이야기 등을 끝도 없이 늘어놓는다.

한쪽에서는 두 노파가 앉아 서로의 나이를 묻고는 "자네는 언제나 소탈해서 좋아. 백발이 되어도 마음이 젊어", "그러게, 마음이 늙으면 그걸로 끝이지. 검은 기름이라도 발라서 다시 한 번 멋이나 부려 보고 싶구려. 받아 주는 곳만 있으면 시집이라도 가게 중매나 서 줘요. 인생은 60부터라는데 지금이 할망구의 전성기지. 암, 하하하하"라고 기염을 토한 다음 며느리와 자식 험담을 늘어놓는다.

또 다른 한쪽에서는 가미가타 여자가 에도 여자에게 대들며 가미가타 말과 에도 말 중 어느 쪽이 나은가를 따지며 입씨름을 하고 있다. 탈의실에서는 여자아이들이 말싸움을 하거나 소꿉놀이를 한다. 그러는 가운데 탕 속에서 수다스러운 오시타와 애교가 없는 오니가 그리고 말에 사투리가 섞인 오도로가 한바탕 부부 싸움 이야기로 꽃을 피운다. 옆에 앉아 있던 여자가 물이 튄다고 지적하자, 오시타가 "너 혼자 탕을 전세 낸 것도 아니잖아"라고 하면서 거침없이 쏘아 댄다. 그리고 오시타와 상대방 할머니가 아이들 싸움에 휘말려 입에 담기 거북스러운 욕을 주고받는다. 이에 많은 사람들이 아이들의 교육에 대해 또 한바탕 수다를 떤다.

거기에 나이 든 눈먼 시어머니를 모신 며느리가 하녀를 데리고 들어온다. 시어머니와 며느리가 돌아가고 혼자 남은 하녀에게, 얼굴을 알고 지내는 여인네가 방금 나간 며느리를 치켜세우며 결혼에 대한 이야기를 시작한다. 그 뒤에 병든 남편을 보살피고 있는 노파와 남편과 사별한 아낙이 신앙심에 대해 이야기를 하고, 시녀 두 사람은 주인집 험담을 주고받는다. 유모와 보모가 각자 보살피고 있는 아이들의 역성을 들다가 말다툼을 벌이고, 중년 여인과 그 친구들이 음탕한 이야기를 주고받는다. 거기에 콧대 높은 여자가 와서 자랑거리를 늘어놓는다. (2편)

새해의 여탕

정월 들어 처음 문을 연 아침, 거리의 예능인과 첩들이 손님과 주인 남자의 소문을 나눈다. 잘난 체하는 처녀가 자기가 지금 배우고 있는 취미와 어머니에 관한 이야기를 한바탕 늘어놓는다. 그런가 하면 노파와 중년의 여주인이 최근에 일을 도우러 온 사람들에 대한 불평을 늘어놓자, 그 말을 듣고 있던 두 하녀는 주인에 대한 험담을 늘어놓다가 자기 주인집을 아는 다른 집 여주인이 듣고 있는 것을 눈치채고는 허겁지겁 탕 속으로 들어가 장난을 친다. 그러자 위풍당당한 중년 여인이 고함을 치며 이들을 혼낸다. 이에 목욕탕 주인이 대신 사과한다.

정오 무렵에는 익살스러운 여인이 사람들을 웃기고 산골에서 온 하녀를 치켜세우자 하녀가 민요 곡조를 읊어 댄다. 놀기만 좋아하는 아들에 대한 푸념을 털어놓는 노파와 하녀로 살아가는 이야기를 친구들에게 늘어놓는 여자 등 저마다 신 나게 떠드는 사이 어느덧 오후 4시가 되자 목욕탕 하인이 마쓰노우치^{松内}(정월 초하루부터 15일까지) 기간에는 문을 일찍 닫는다며 탕 속의 마개를 뺀다. (3편)

추석 전날의 남탕

목욕탕 입구를 줄지어 지나가는 여자아이들의 본오도리^{盆踊}(추석 때 추는 춤) 노랫소리에 남탕 사람들은 본오도리의 의미와 아이들의 성격 등을 이야기한다. 거기에 익살꾼 도비하치와 이야기를 지어내는 데 명수인 뎃포사쿠가 와서 에치고^{越後}에 큰 눈이 온 이야기와 설녀^{雪女}에 대한 거짓 이야기를 해 대자 모두들 웃음을 터트린다. 그리고 늙은 반우에몬의 돈 쓰는 이야기와 신앙심에 대한 이야기, 하이카이 가인 기가쿠^{鬼角}와 상인 덴베가 나누는 하이카이 이야기, 다이코모치^{太鼓持}(술자리에서 주흥

을 돋워 주는 일을 업으로 하는 남자) 고하치鼓八의 추억담 등이 펼쳐진
다. 욕탕 속에서 여러 이야기가 하염없이 계속되는 가운데 신나이부시新內
節(조루리 유파의 하나) 곡조도 섞여 들린다. 비파를 켜는 장님이 하치닌
게八人藝(혼자서 여러 사람의 목소리를 연기하는 예능)를 보이자 약재상인
니가쿠로가 들어와 장님의 노랫소리에 맞춰 신 나게 춤을 춘다. (4편)

간략한 일본 문학사

우라야마 마사오浦山政雄
(전 짓센實踐 여자대학교 교수)

일본 고전 문학의 흐름

고전 명저의 내용을 알기 쉽게 집약하는 것은 누구나 바라는 바이지만 쉽지 않은 일이다. 개개의 작품과의 관련성도 고려해야 하기 때문이다. 그러한 점을 고려해 여기에서는 이 책에서 소개하고 있는 일본의 고전 명저를 시대순으로 늘어놓고 살펴보기로 했다. 그러나 이 경우에도 각 시대 속에서 산문 문학, 즉 서정 문학인 서사 문학과 운문 문학이 구별되는 것은 피할 수 없음을 밝혀야겠다. 또한 이 두 문학보다 조금 늦게 성립한 극문학에 대한 언급은 생략하겠다.

우선 시대별 구분은 가장 일반적인 구분법에 따라 상대 문학과 중고 문학, 중세 문학, 근세 문학으로 나누었다. 다만 이 경우에도 문학은 시대별로 각기 고유한 특징을 보이며 다른 시대와는 구별되는 특징을 갖는다. 그러나 이 구분이 정치사적 시대 구분과 완전히 일치하는 것은 아니다. 예를 들어, 에도 막부의 와해로 에도 시대는 막을 내렸지만, 그렇다고 메이지 원년(1868)에 당장 근대 문학이 발생한 것은 아니었다.

정치사적 시대는 바뀌어도 당분간은 근세 문학의 그림자가 남아 있는 것처럼, 두 시대의 경계선에 있는 작품을 어느 시대에 포함시켜야 하는 지 애매한 작품도 있다. 그러나 일단은 기존의 방식대로 정치사적 시대 구분을 기준으로 삼았다.

상대 문학—8세기 말까지

상대 문학의 상한선은 명확하지 않지만 일본인이 문자를 갖기 이전에 도 문학적 표현은 이미 있었으며 구전 문예는 존재했다고 생각한다. 경 이로운 감정을 일으키는 모든 현상을 초인간적인 존재, 곧 신과 정령이 벌이는 일이라고 생각했던 고대인은 그러한 일들을 일종의 모노가타리 物語(이야기)로 전해 왔다. 이것이 신화이다. 전설과 설화 그리고 개인이나 집단의 감정을 노래한 가요 역시 문자가 발생하기 이전에 형성된 것으로 추측된다. 다만 이것들은 문자로 기록되기까지 상당한 변형을 거쳤을 것 이다. 어쨌든 많은 세월이 흐르면서 구전 문예는 기록 문학으로 남았다.

기록문학

기록 문학의 시작은 스이코推古 천황(593~628) 무렵으로 알려져 있으 며, 쇼토쿠聖德 태자의 저작으로 알려진 『헌법17조』가 일본에서 가장 오 래된 헌법으로 쇼토쿠 태자의 다른 저작과 함께 전해 오고 있다. 그러나 이 저작들은 실용적인 문장에 불과해 문학으로 감상하기에는 적당하지 않다.

상대 문학의 개화는 8세기에 들어서부터 시작되었다. 712년에 완성된

『고사기古事記』와 720년에 성립된 『일본서기日本書紀』 그리고 713년에 관명으로 각 지방에서 기록한 『풍토기風土記』 등이 현존하며 상당 부분 역사적 서술을 담고 있다. 그럼에도 이 책들에 포함되어 있는 신화와 전설, 설화에서는 풍부한 문학성이 엿보이는데, 특히 『고사기』와 『일본서기』의 가요, 곧 '기기記紀 가요'라고 불리는 운문에서는 고대 민족의 정서적 약동감이 생생하게 전달된다.

시가 문학의 태동기

예술적인 측면은 물론 학술적으로도 높이 평가되고 있는 고전은 『만요슈萬葉集』이다. 『만요슈』는 7세기 전반부터 8세기 중반에 걸쳐 약 150년 동안 위로는 천황에서 아래로는 이름 없는 서민에 이르기까지 모든 계층의 사람들이 부른 노래 4,500여 수를 한데 모은 것으로, 소재와 형식, 시인의 다양함 등에서 유례를 찾아볼 수 없을 만큼 폭이 넓다. 전 20권인데, 이것은 처음부터 조직적으로 편집된 것이 아니라 몇 사람의 손을 거치면서 순차적으로 축적된 것으로 보인다. 대부분의 노래는 오토모노 야카모치大伴家持의 손을 거쳤다고는 하지만 최종 편집자가 알려져 있지 않은 점이 특이하다.

소박하고 솔직하고 명랑했던 상대 시대 사람들의 사상과 감정을 장식이나 과장 없이 매우 자연스럽고 기품 있는 노래로 전하는 『만요슈』가 후대에 미친 영향은 헤아릴 수 없이 크다. 『만요슈』에 대한 평가가 지나치게 크다 보니 그 그늘에 가려져 지나쳐 온 것이 오미近江 왕조에서 나라奈良 왕조 때까지 지어진 한시를 한데 모은 『회풍조懷風藻』이다. 상대 문학이 모두 한자로 기술되어 있는 것은 한자가 교양의 척도를 나타내는 기준이었기 때문이다. 당시에는 한시를 짓는 일도 왕성했으므로 만요 가인이면서 한시 작가를 겸하는 사람이 적지 않았던 것도 당연한 일이다. 규모나 문학적 평가에서는 『만요슈』에 비견할 수 없지만 일본 한문학사에서는 가장 오래된 한시집이기에 그 의미가 매우 크다.

중고 문학―9~12세기

중고 문학 제1기

『회풍조』의 연장선으로 9세기 초기에 유행했던 당나라풍의 영향을 받아 『능운집凌雲集』, 『문화수록집文華秀麗集』, 『경국집經國集』 등 세 종류의 칙찬 한시집이 잇달아 편찬되면서 일본의 한시 문학은 제1의 융성기를 맞이했다. 이는 중고 문학이 앞 시대에 이어 귀족 문학의 성격을 계승했음을 말해 준다.

마찬가지로 앞 시대의 불교 발전을 나타내는 책으로 중고 시대 초기에 완성된 『일본영이기日本靈異記』가 있다. 이는 『고사기』나 『풍토기』에 수록된 설화와는 달리 불교 설화를 수집하고 수록한 일본에서 가장 오래된 설화집으로 설화 문학의 선구자 격인 책이다.

여기까지를 중고 문학 제1기라고 한다면 셋칸 정치가 완성되는 10세기는 중고 문학 제2기로서 국민 문학의 융성기라고 할 수 있다.

중고 문학 제2기

이 시기는 한자 문화 전성기에서 한자를 토대로 하여 만든 가나 문자에 의한 문학 보급기로의 이행을 뜻한다. 가나 문자로 집필된 산문 문학이 새로운 형태로 발전하기 시작한 것이 바로 이 시기이다.

우선 모노가타리 문학이 급속히 발전했다. '모노가타리의 원조'라고 불리는 『다케토리 모노가타리竹取物語』를 비롯해 헤이안 시대의 귀족 생활을 소재로 한 크고 작은 다양한 모노가타리가 만들어지면서 왕조 문화의 중심을 차지했다. 그 수는 바닷가의 모래알처럼 많다고 할 정도였지만 대부분이 산실되고, 『겐지 모노가타리源氏物語』 이전의 모노가타리 가운데 가장 긴 장편 『우쓰보 모노가타리宇津保物語』와 계모가 의붓자식을 학대하는 내용을 담은 것 가운데 가장 오래된 『오치쿠보 모노가타리落窪物語』만이 당시의 산물로 현재까지 남아 있다.

이처럼 허구로 지어낸 모노가타리의 존재 저편에서 와카의 설명문이 확대되면서 와카와 관련된 설화를 내용으로 삼은 '우타 모노가타리歌物語'라는 특수한 형태의 모노가타리가 탄생했다. 우타 모노가타리 가운데 최초로 등장한 것이 아리와라노 나리히라在原業平로 추측되는 호색남이 주인공으로 등장하는 『이세 모노가타리伊勢物語』이다. 이와 나란히 언급되는 『야마토 모노가타리大和物語』와 『헤이추 모노가타리平中物語』도 우타 모노가타리 형식을 답습했다. 그러나 『이세 모노가타리』는 '아리고주죠 일기在五中将日記', 『헤이추 모노가타리』는 '히라나카 일기平中日記'라고도 불리는 것처럼 와카를 중심으로 보면 우타 모노가타리이지만, 자신의 심정을 고백하는 내용을 보면 일기 문학에 속한다. 그러나 본질적으로 양자에 모두 통하는 것이다.

이 시기에는 이미 가나 문자가 많이 보급되었지만, 남자는 여전히 한문으로 일기를 쓰는 것이 당연시되었던 때이다. 가나 문자는 '여자가 쓰는 문자'로 보는 사고방식이 지배적이었기 때문이다. 그러나 자신의 심정을 자유롭게 토로하기 위해서는 남자도 가나 문자를 이용하는 쪽이 자연스러웠다. 가나 문자로 쓰인 최초의 일기 문학으로 간주되는 『도사 일기土佐日記』는 기노 쓰라유키紀貫之가 공적 입장을 떠나 자신의 감정을 자유롭게 서술하기 위해 스스로를 여성으로 꾸며 적은 일기이다. 한편 후지와라노 미치쓰나藤原道綱의 어머니가 쓴 『가게로 일기蜻蛉記』는 실제 여성이 자신의 신상을 감정의 기복을 나타내는 표현과 함께 제시한 작품으로, 여류 일기 문학에 커다란 영향을 끼쳤다.

스가와라노 미치자네菅原道眞의 한문 시집 『간카문초菅家文草』와 『간카후집菅家後集』의 편찬으로 이전 시대 이래 이어져 온 한문학의 흐름을 잇는 한편, 가나 문자의 보급과 함께 부활한 와카는 최초의 칙찬 와카집인 『고금와카집古今和歌集』으로 그 결실을 보았다. 기노 쓰라유키를 비롯한 4명의 편찬자들이 『만요슈』 이후 905년 무렵까지 150년 동안 쓰인 와카 1,500수를 수집하고 편찬했다.

『고금와카집』은 만요 와카의 소박한 표현에서 벗어나 차츰 기교적이며 이지적인 분위기로 변화하는 양상을 보였다. 아울러 기노 쓰라유키가 가나 문자로 쓴 서문에서 밝히고 있듯이 이 시기에는 와카와 마음의 조화를 이상으로 삼는 와카론이 전개되면서 『고금와카집』 형식의 와카가 한 획을 그었다.

이렇게 칙찬 와카의 전통이 수립되면서 무로마치 시대의 『신속고금와카집新續古今和歌集』의 편찬에 이르기까지 21편의 칙찬 와카집이 편찬되기에 이르렀다. 그러나 제2의 칙찬 와카집인 『후찬와카집後撰和歌集』과 같이 형식은 『고금와카집』을 따르고 있으나 편집상의 착오가 많아 『고금와카집』을 능가하는 칙찬 와카집은 더 이상 나타나지 않았다.

중고 문학 제3기—궁정 여류 문학

중고 문학 제3기를 11세기 후로 본다면, 이는 후지와라 일족에 의한 셋칸 정치의 전성기가 귀족 계급의 붕괴로 이어지는 시기이며 문학 또한 절정기에서 쇠퇴의 길을 걷는 시기와 일치한다.

우선 궁정 여류 문학의 최고봉으로 일컬어지는 『겐지 모노가타리』와 『마쿠라노소시枕草子』가 잇달아 집필되었다. 지은이 무라사키 시키부紫式部와 세이 쇼나곤清少納言의 대비가 그대로 이 두 작품의 성격으로 이어지는 것도 흥미롭다.

두 사람은 모두 중류 귀족 출신으로 결혼해 아이를 하나 낳고 그 후 이치조一條 천황의 중궁을 받드는 궁녀로 궁정 생활을 경험하는 등 많은 점이 비슷하다. 다만 무라사키 시키부가 모셨던 중궁 쇼시彰子는 아버지인 후지와라노 미치나가藤原道長의 권세로 영화를 누렸던 것과는 달리 세이 쇼나곤이 모셨던 중궁 데이시定子는 아버지인 후지와라노 미치타카藤原道隆의 죽음으로 몰락의 비운을 겪어야 했던 것이 대조적이다. 무라사키 시키부는 영혼의 고독을 통감하는 내성적인 성격이었으나, 세이 쇼나곤은 그와는 대조적으로 매우 명랑했으며 자신의 재능을 믿고 적극적으로 행동했다. 이것은 무라사키 시키부는 남편과 사별했지만 세이 쇼나곤은 이혼을 했기 때문인 것 같다. 이처럼 두 사람의 대조적인 성격이 저마다의 작품 속에 그대로 반영되어 있다.

『겐지 모노가타리』는 일본 문학 사상 최고의 걸작이라는 절대적인 찬사를 받고 있다. 일반적으로 『겐지 모노가타리』에는 '일본을 대표하는 문학 작품 가운데 세계에서 가장 오래되고 가장 긴 장편 소설'이라는 수식어가 붙는다. 더할 나위 없이 빼어난 용모를 지니고 태어난 주인공 히카루 겐지光源氏는 많은 여성들과 사귀며 영화로운 생활을 보내는 한편 불륜의 사랑에 빠져 고뇌하며 홀로 우울하고 우수에 찬 절망적인 인생을 경험하기도 한다. 작품 전반에 감도는 '모노노 아와레'의 분위기(인생의 덧없음에서 비롯된 서글프고 가련한 분위기)와 유려하고 고아한 문체는 독자를 매혹시키며 환상의 세계로 이끈다.

수필 문학

한편, 일본 수필 문학의 시조로 손꼽히는『마쿠라노소시』는 필자의 날카로운 감성으로 철저한 미의 세계를 추구한 수필 문학이다. 300여 단으로 구성된 수상문은 길고 짧은 것이 다양하게 섞여 있으며, 그 순서 역시 정돈되어 있지 않다. 그러나 전체적으로 보면 자연과 인생의 아름다움을 한데 모은 장과 단, 주로 궁정 생활의 수상적인 내용의 장과 단 그리고 일기와 같은 기록적 내용의 장과 단이라는 3가지 유형으로 나눌 수 있다. 그중에서도 첫 번째 유형의 내용이라고 할 수 있는 단락이 과반수를 차지하고 있어 다른 유형의 수필에서는 볼 수 없는 특징을 이루고 있다.

일기 문학

『무라사키 시키부 일기紫式部日記』와『이즈미 시키부 일기和泉式部日記』도 비슷한 시기에 쓰인 여성 작가의 일기이다.『무라사키 시키부 일기』가 궁중 생활 속에서 듣고, 보고, 겪은 일들 속에 이즈미 시키부와 세이 쇼나곤에 대한 비평을 포함한 편지글을 담고 있다면,『이즈미 시키부 일기』는 아쓰미치敦道 친왕과의 정열적인 사랑의 과정을 담고 있다.『이즈미 시키부 일기』는 3인칭으로 서술되어 있으며, 와카를 중심으로 한 우타 모노가타리적 경향을 띠고 있다.

이 작품들보다 조금 늦게 나온 것이 스가와라노 다카스에菅原孝標의 딸이 쓴『사라시나 일기更級日記』이다. 꿈 많은 문학소녀답게 어린 시절의 저자는『겐지 모노가타리』이외에도 많은 모노가타리에 열중하고 도취했다. 그러다 냉엄한 현실과 마주쳐 꿈은 덧없이 사라지고 마지막에는 한 남자의 평범한 아내이자 어머니로서 신앙 생활에 전념했고, 그러한 과정을 추상적인 형식으로 기술하고 있어 감동을 자아낸다. 그 밖에 『조진아자리 모집成尋阿闍梨母集』과 『사누키노스케 일기讚岐典侍日記』 등도 유명하다.

『겐지 모노가타리』 이후 궁정 여류 문학은 그 명맥을 계속 이어 갔으나 『겐지 모노가타리』를 능가하는 작품은 나오지 않았다. 11세기 중반에 집필된 것으로 보이는 『사고로모 모노가타리狹衣物語』는 『겐지 모노가타리』의 10첩인 「우지주조宇治十帖」를 모방한 작품이다. 『요와노네자메夜半の寢覺』와 『하마마쓰 주나곤 모노가타리濱松中納言物語』도 『겐지 모노가타리』의 영향이 뚜렷하다.

장편 모노가타리 외에 단편 모노가타리도 무수히 많이 집필되었는데, 그 가운데 10편의 단편을 한데 모은 것이 『쓰쓰미 주나곤 모노가타리堤中納言物語』이다. 이 작품의 특징은 재미와 함께 희극적 요소를 담고 있는 설화가 많이 수록되어 있는 점이다.

역사 모노가타리

이처럼 허구의 이야기를 꾸며 낸 모노가타리와 달리 역사적 사실을 정사가 아닌 모노가타리 형식에 담아 가나 문자로 쓴 것이 역사 모노가타리이다. 이는 셋칸 정치가 쇠퇴하고 인세이院政(천황의 자리에서 물러난 상황이 정무를 행하는 것) 시대가 시작되는 12세기 말에 등장했으며, 특히 과거의 영화를 회상하는 풍조가 두드러졌다.

가장 먼저 등장한 작품 『에이가 모노가타리榮花物語』는 『겐지 모노가타리』와 마찬가지로 후지와라노 미치나가를 중심으로 한 후지와라 일족의 번영을 '겐지'에 빗대어 기술한 것이다.

이에 비해 12세기에 들어 쓰인『오카가미大鏡』는 똑같이 후지와라노 미치나가의 영화를 소재로 삼았지만 후지와라 일족에 대해 보다 비판적이다. 형식 면에서도 제1권을 천황기, 제2~7권을 신가臣家 열전, 제8권을 옛 모노가타리로 하는 등 열전 체계를 택하고 있다. 특히 후자의 서문은 2명의 늙은이가 젊은 사무라이와 문답을 나누는 형식을 택해 모노가타리를 입체적으로 전개하는 효과를 노렸다. 이는 후에 집필된『이마카가미今鏡』와 중세의『미즈카가미水鏡』,『마스카가미增鏡』의 형식에도 많은 영향을 미쳤다.

『오카가미』와 비슷한 연대에 완간된『곤자쿠 모노가타리집今昔物語集』전 321권은 설화 문학이라는 장르를 확립한 대작으로, 중고 시대 초기에 집필된『일본영이기』와 중기에 집필된『산보에고토바三寶繪詞』등 불교 설화집의 경향을 이어받았다. 그러나 천축天竺(인도), 진단震旦(중국), 본조本朝(일본)의 3부에 걸쳐 1,000편 가까이 되는 설화가 수록되어 있는 이 설화집은 불교 설화의 틀을 넘어 넓은 계층의 다양한 인물들이 빚어낸 생활을 묘사한 설화의 보고로 높이 평가받고 있다.

『고금와카집』과『후찬 와카집』에 이어『습유와카집拾遺和歌集』,『후습유와카집後拾遺和歌集』,『긴요와카집金葉和歌集』,『사화와카집詞花和歌集』,『센자이와카집千載和歌集』등 5편의 칙찬와카집이 편찬되면서 각각의 특색을 보이지만,『고금와카집』양식은『후습유와카집』무렵부터 조금씩 변해『신고금와카집』양식으로 바뀌어 갔다. 그 밖에『센자이와카집』의 편찬자인 후지와라노 도시나리藤原俊成와 함께 헤이안 시대 말기의 와카 시인을 대표하는 승려 사이교西行의 육가집 가운데 하나로 꼽히는『산가집山家集』등이 있다.

노래가 문자로 기록되기 시작한 후부터는 소리를 내어 노래로 부르는 와카가 헤이안 시대 귀족 생활의 일부였던 연회 등과 결부되어 성행했는데, 가구라우타와 사이바라催馬樂(아악의 일종) 등과 함께 한시문과 와카가 아악기의 반주에 맞추어 낭송되었다.

이처럼 노래로 불리는 시가를 한데 모은 것이 11세기 초반에 후지와라노 긴토藤原公任가 편찬한 『와칸로에이집和漢朗詠集』이다. 12세기 중반에는 이를 모방해 『신센로에이집新撰朗詠集』이 나왔다. 11세기 전반에 후지와라노 아키히라藤原明衡가 편찬한 『본조문수本朝文粹』는 이러한 경향에 편승해 한시문을 한데 모은 것이다.

그러나 헤이안 시대 말기에는 이런 궁중 노래를 대신해 불교 음악에서 비롯한 이마요今樣(당시 유행하던 노래 양식을 이르는 말)를 중심으로 특정 장르에 한정되지 않고 다양한 종류의 노래가 불렸다. 특히 이 방면에 조예가 깊었던 고시라카와後白河 법황의 칙령으로 『양진비초梁塵秘抄』와 『양진비초 구전집』이 집성되었다.

중세 문학 — 13~16세기

은자 문학의 성행

중세는 13세기부터 14세기 전반에 이르는 약 140년간의 전기(가마쿠라 시대)와 그 후부터 16세기 후반에 이르는 약 240년간의 후기(남북조·무로마치 시대)로 나뉜다. 이 시기는 귀족을 대신해 무사 계층이 정권을 장악했던 시기이다. 이 시기에는 무사 계층을 배경으로 하여 탄생한 새로운 문학 양식이 있기는 했지만 여전히 귀족이나 승려 등 당시 지식인 계급의 손에 의한 문학이 주류를 이루었다. 특히 중세라는 용어가 암시하는 바와 같이 탈속적인 은자 문학이 성행했다.

중고 시대 모노가타리 문학의 말로를 상징하는 『도리카에바야 모노가타리』는 이미 인세이 시대에 나왔던 것이 가마쿠라 시대 초기에 개작되어 현재까지 전해지는 것으로, 엽기적이고 퇴폐적인 경향을 보인다. 『오치쿠보 모노가타리』와 마찬가지로 의붓자식의 학대를 주제로 다루고 있는 『스미요시 모노가타리住吉物語』 또한 가마쿠라 시대 초기에 개작된 것이다. 그 밖에 13세기 중반에 쓰인 『이와시미즈 모노가타리巖淸水物語』와 『고케노고로모苔の衣』 등도 『겐지 모노가타리』의 아류에 지나지 않는다.

한편, 역사 모노가타리를 살펴보면, 전 시대의 뒤를 이어 『오카가미』 이전의 역사를 서술한 『미즈카가미』가 이 시대 초기에 등장했다. 또 『이마카가미』 이후 고다이고 천황의 시대까지를 다룬 『마스카가미』가 14세기 중반 남북조 시대에 등장해 이른바 '4대 가가미'가 완성되었다.

군기 모노가타리의 등장

이 시대에는 역사 모노가타리의 한 종류이기는 하지만 특히 전쟁에 대해 기록한 군기 모노가타리가 새로운 문학 장르로 등장했다. 한문체로 쓰인 군기 모노가타리로는 중고 시대에 집필된 『쇼몬기將門記』 등의 작품이 있었으나, 호겐保元과 헤이지平治의 난에 이어 발생한 미나모토源 씨와 다이라平 씨의 전쟁의 경험은 『호겐 모노가타리』, 『헤이지 모노가타리』, 『헤이케 모노가타리平家物語』(겐페이 성쇠기)라는 작품들을 잇따라 낳아 군기 모노가타리를 꽃피웠다. 특히 『헤이케 모노가타리』는 비파를 치며 옛날이야기를 들려주는 눈먼 승려에 의해 전국에 전해지면서 비장한 분위기를 한층 더해 주었다.

『헤이케 모노가타리』에 이어 남북조 시대의 전란을 묘사한 『태평기太平記』가 등장했다. 50년에 걸친 귀족과 무사 계층의 투쟁을 그린 장편 『태평기』는 여러 차례에 걸쳐 내용이 보충된 끝에 마침내 14세기 후반에 이르러 완성되었다. 이 책도 비파 법사가 『헤이케 모노가타리』를 이야기로 들려주었듯이 전문적인 낭송가들에 의해 구술되면서 훗날 쓰지고샤쿠^辻講釋(길거리에서 군담을 들려주고 돈을 받는 사람)의 원류가 되었다.

군기 모노가타리에는 많은 영웅이 등장하여 활약하는데, 그 가운데 주요 인물들을 영웅화한 영웅 전기 모노가타리가 14세기 말부터 15세기 초에 걸쳐 등장하기 시작했다. 특히 『소가 모노가타리^{曾我物語}』와 『기케이기^{義經記}』가 그 쌍벽을 이룬다. 소가 형제의 원수 갚기와 요절한 영웅 미나모토노 요시쓰네^{源義經}에 관한 여러 전설은 이러한 형태로 집성된 것이다. 내용은 독자들의 동정심을 불러일으키는 이야기로 훗날 소아모노^{曾我物}나 한칸모노^{判官物}라고 불리는 수많은 문예 작품을 낳는 밑바탕을 이루었다.

설화 모노가타리

중고 시대의 『곤자쿠 모노가타리집』 계통에 속하는 설화 모노가타리로는 가장 먼저 『우지슈이 모노가타리^{宇治拾遺物語}』를 꼽을 수 있다. 이 책에는 『곤자쿠 모노가타리집』과 동일한 소재의 이야기가 많이 들어 있으나 조직적이지 않고 그저 잡다하게 늘어져 있다.

이에 비해 13세기 전반에 편찬된 『고금저문집^{古今著聞集}』은 『곤자쿠 모노가타리집』과 비슷하게 수록된 설화를 분류해 배열했다. 또한 현재까지 전하는 작품 중 중세 초기에 편찬된 것으로 보이는 『보물집^{寶物集}』과 『발심집^{發心集}』 등은 불교 설화집인 데 비해 『고금저문집』과 같은 시기에 집필된 『십훈초^{十訓抄}』는 처세에 관한 교훈을 제공할 목적으로 편찬된 설화집이다.

여류 일기

한편, 중고 시대 이래 여류 일기의 흐름은 중세에 들어 고시라카와 천황 비 겐슌몬인建春門院을 모신 다케고젠健御前의 『겐슌몬인 주나곤 일기建春門院中納言日記』와, 겐레이몬인建禮門院을 모셨고 단노우라壇浦 전쟁에서 물에 뛰어들어 자살한 것으로 유명한 우쿄노 다이후右京大夫의 『겐레이몬인 우쿄노다이후집建禮門院右京大夫集』은 각각 궁정 생활을 회상하는 형식의 일기이다. 특히 『겐레이몬인 우쿄노다이후집』은 노래로 된 일기라고 할 수 있는 내용으로, 다이라노 스케모리平資盛와의 비련의 사랑이 길게 서술되어 있다. 시대를 조금 내려가면 고후카쿠사인後深草院을 모신 벤노나이시辨內侍의 『벤노나이시 일기』와 니조二條의 『도하즈가타리とはずがたり』가 있다. 『도하즈가타리』는 애욕의 세계를 적나라하게 고백하고 있는 점이 독특하다.

이 무렵의 여류 일기 문학으로는 아부쓰니阿佛尼가 쓴 『이자요이 일기十六夜日記』를 들 수 있다. 이것은 기행 문학으로도 분류되는 가마쿠라 여행기로, 후지와라노 다메이에藤原爲家의 후처로 들어가 미망인이 된 지은이가 자기가 낳은 자식에게 유산이 상속될 수 있도록 막부에 호소하기 위해 교토에서 가마쿠라로 갔던 여정을 담은 기행문이다.

이보다 앞서 남성 지식인이 쓴 기행 문학으로 『해도기海道記』와 『도칸기행東關紀行』 등이 있다. 두 작품 모두 교토에서 간토關東 지방으로 이어지는 도카이도東海道 길을 여행한 기행문이다.

수필 문학

중세의 수필 문학은 초기에 가모노 조메이鴨長明의 『방장기方丈記』가 나왔고, 이어서 14세기 후반 무렵에는 요시다 겐코吉田兼好의 『도연초徒然草』가 출간되었다. 이 2권의 책은 『마쿠라노소시』와 함께 일본 3대 수필로 꼽힌다.『방장기』와『도연초』는 모두 은자가 쓴 작품으로, 중세 문학의 중심 이념인 무상함을 깊이 자각하고 있다는 공통점을 지니고 있다. 그러나『방장기』의 저자는 감각적이고 편협한 성격으로 여겨지는 데 비해『도연초』의 저자는 사색적이고 원만한 교양인의 느낌이 들며 그의 서술에는 다면적이고 강한 설득력이 보인다.

중세 전기의 수필 문학에는 평론으로 분류되는 저술도 포함되는데 이 두 분야는 비슷한 성격을 지녔다. 후지와라노 도시나리의 딸이 지은『무묘조시無名草子』는 중고 시대의 모노가타리, 와카집, 여류 와카 시인들에 대해 평했다. 후지와라노 도시나리의『고래풍체초古來風體抄』와 가모노 조메이의『무명초無名抄』, 후지와라노 데이카藤原定家의『매월초每月抄』는 모두 와카 이론서로서 후세 와카학의 모범이 되었다. 또한 중세 후기에는 니조 요시모토二條良基의『근래풍체초近來風體抄』와 돈아頓阿의『정와초井蛙抄』그리고 이 두 사람의 문답을 정리한『우문현주愚問賢註』도 나왔다. 이 밖에 니조 요시모토의『쓰쿠바 문답筑波問答』과 신케이心敬의『사사메고토ささめこと』등 렌가連歌 이론도 나왔다.

단편 이야기집의 등장

앞서 언급한 것처럼 모노가타리 문학의 흐름은 중세 후기에 들면 거의 맥이 끊어지고 이를 대신해 많은 단편 작품군이 등장했다. 이를 한데 묶어『오토기조시御伽草子』라고 부른다.

이 새로운 문학을 누리는 층은 매우 다양했으며, 교양이 낮은 계층 사람들도 즐겨 읽었다. 왜냐하면 내용이 매우 유치하고 난순했기 때문이다. 내용은 불교 설화를 포함해 무사 설화와 민간 설화 등으로 매우 다양했으며, 이러한 설화의 계몽성과 교훈성은 근세의 가나조시假名草子(근세 초기에 가나로 쓰인 단편 소설의 총칭)로 이행되어 새로운 서민 문학을 탄생시키는 밑거름이 되었다.

중세의 와카

이 시대에는 와카 문학도 중고 시대 이래의 전통을 이어받아 가마쿠라 시대 초기에 칙찬에 따른 『신고금와카집新古今和歌集』이 편찬되면서 이른바 8대집八代集이라는 칙찬집이 완성되었고, 『만요슈』 형식이나 『고금와카집』 형식에 대비되는 『신고금와카집』 형식이 수립되었다.

『신고금와카집』의 형식은 깊고 그윽한 분위기를 이상으로 삼는 섬세하고 정교한 형식을 가리킨다. 15세기 전반에는 이 와카집의 편찬자 중 한 사람인 후지와라노 데이카가 만년에 혼자서 편찬한 『신칙찬 와카집新勅撰和歌集』 등의 13대집十三代集이 편찬되었고, 후지와라노 데이카의 손자들은 니조二條, 교고쿠京極, 레이제이冷泉의 세 집안으로 갈라졌다. 이후 교고쿠 집안의 후지와라노 다메가네藤原爲兼가 편찬한 『교쿠요와카집玉葉和歌集』과 니조 집안의 후지와라 다메요藤原爲世가 편찬한 『속센자이와카집續千載和歌集』이 편찬되었으나 두 집안의 경쟁 관계가 엿보이는 것 이외에 별다른 특색은 없다.

『고금와카집』에서 『속후찬 와카집續後撰和歌集』에 이르는 칙찬집에서 선별한 노래를 수록한 것이 『오쿠라 백인일수小倉百人一首』이며, 편찬자는 후지와라노 데이카라고 전해지나 정확하게 밝혀지지 않아 이설도 많다.

그러나 사실 이 칙찬집들보다 오히려 사찬집私撰集 가운데 뛰어난 작품이 많다. 특히 미나모토노 사네토모源實朝의 『긴카이와카집金塊和歌集』은 만요 형식의 맑고 참신한 노래가 새로움을 준다. 또한 가마쿠라 시대 중기의 『후요와카집風葉和歌集』은 모노가타리 가운데 와카만을 골라내 분류하고 배열한 특수한 와카집이다.

렌가

중세 이후 침체한 와카를 대신해 활발한 작품 세계를 선보인 것이 렌가連歌이다. 이제까지 여흥으로만 여겨져 왔던 렌가는 이 시대에 들어 급속히 단카短歌를 압도했다. 14세기 중반에는 니조 요시모토가 규세이救濟의 도움을 받아 『쓰쿠바집菟玖波集』을 편찬해 칙찬으로 추천되었다. 그 후 소기宗祇가 나타나 15세기 말에 『신찬 쓰쿠바집新撰菟玖波集』을 완성했는데, 이 책도 칙찬으로 천거되었다. 또한 소기는 제자인 쇼하쿠肖柏, 소초宗長 등과 함께 『미나세산긴햐쿠인水無瀨三吟百韻』에 유명한 렌가 구절을 남기기도 했다.

이러한 순수한 렌가 한편에서는 웃음을 주요 내용으로 삼은 하이카이 렌가俳諧連歌가 등장하기 시작했다. 중세 말기에 야마자키 소칸山崎宗鑑이 편찬했다고 전하는 『신찬 이누쓰쿠바집新撰犬菟玖波集』은 근세 하이카이의 선구적 작품이다.

한편, 무로마치 시대인 16세기 초에는 새롭게 등장한 고우타小歌를 모은 『한음집閑吟集』이 등장해 근세에 들어 간행 수가 증가한 유행가집에 큰 영향을 미쳤다.

근세 문학—16세기~메이지 시대 이전까지

인쇄술의 발전

근세 문학사에서 특기할 사항은 이제까지 직접 붓으로 써서 전해졌던 문학이 인쇄술의 발전으로 독자 수를 급속히 늘려 갔다는 점이다. 따라서 일본에 인쇄술이 전래된 분로쿠文禄 원년(1592)을 근세의 시작으로 삼는 것은 아시카가 막부가 붕괴한 1573년이나 에도 막부가 막을 연 1603년을 기점으로 삼는 것보다 더욱 의미가 깊다. 근세는 인쇄술이 도입된 이때를 기점으로 19세기 후반에 이르는 약 290년을 가리킨다.

대중 소설 '가나조시'의 등장

우선 산문 문학의 경우, 중세의 『오토기조시』에서 발전해 근세 초기에 가나 문자로 쓰인 소설을 모두 가나조시라고 부르게 되었다. 사본이었던 『오토기조시』와 달리 판본 형태의 가나조시는 수많은 독자층을 확보하면서 서민들을 계몽하는 데 지대한 역할을 했다. 내용 역시 매우 다양한데, 크게 계몽적·교훈적인 것과 오락적인 것, 실용적인 것의 3가지로 나눌 수 있다.

최초의 번역물 『이소보 모노가타리伊曾保物語』와 불교의 인과 설화를 모은 『인과 모노가타리因果物語』 등은 계몽적·교훈적인 것에 속하며, 재미있는 내용을 한데 모은 『성수소』와 중국의 괴담집을 번안한 아사이 료이浅井了意의 『오토기보코伽婢子』 등은 오락적인 것에 속한다. 그리고 도카이도東海道 길의 여정을 소재로 한 가라스마루 미쓰히로烏丸光廣의 작품으로 일컬어지는 『지쿠사이竹齋』와 아사이 료이의 『도카이도 명소기東海道名所記』 등은 실용적인 것으로 분류되지만, 여기에도 오락성이 농후하다.

서민을 주인공으로—우키요조시

한편 1682년 단린談林파의 하이카이 시인이었던 이하라 사이카쿠井原西鶴가 『호색일대남好色一代男』을 간행한 후부터는 이런 종류의 문학을 우키요조시浮世草子라고 부르게 되었고, 이는 16세기 후반에 널리 보급되었다. 이하라 사이카쿠의 작품은 당시의 세태와 애욕을 있는 그대로 묘사한 서민 문학으로 높이 평가받았다. 그의 작품은 『겐지 모노가타리』의 구성을 차용한 『호색일대남』과 호색녀의 삶을 그린 『호색일대녀好色一代女』 등의 호색한 이야기와 『무도전래기武道傳來記』, 『무가의리 모노가타리武家義理物語』 등의 무사 이야기, 『일본영대장日本永代藏』 등 조닌을 소재로 한 작품 그리고 『사이카쿠 쇼코쿠바나시西鶴諸國咄』, 『본조20불효本朝二十不孝』 등의 잡화물로 분류된다. 사이카쿠 사후에 간행된 『사이카쿠 오키미야게西鶴置土産』는 호색 이야기이며, 『사이카쿠 오리도메西鶴織留』는 조닌 이야기에 속하는 작품이다. 사이카쿠 이후의 작품은 사이카쿠의 모방을 벗어나지 못하는 경향이 짙어서 하치몬지야본八文字屋本의 『세켄무스코카타기世間子息氣質』 정도만 볼만하다.

요미혼

우키요조시에 이어 유행한 것이 요미혼讀本인데, 근세 전기의 요미혼은 교토 지역을 중심으로 중국 소설을 번안하는 형태로 시작되었다. 괴담소설의 걸작으로 일컬어지는 우에다 아키나리上田秋成의 『우게쓰 모노가타리雨月物語』(1768)가 그 정점이며, 이어서 요미혼의 중심지가 에도로 옮겨가면서 쇠퇴기를 맞이한다. 후기의 요미혼은 산토 교덴山東傳이 기초를 쌓았으나 끝내 제자인 교쿠테이 바킨曲亭馬琴에게는 못 미쳤다. 교쿠테이 바킨의 대표작으로는 『춘설궁장월椿說弓張月』과 『난소사토미 팔견전南總里見八犬傳』이 꼽히는데, 특히 『난소사토미 팔견전』은 28년에 걸쳐 웅대한 구상을 완성한 대작으로 평가받는다.

호색물―샤레본

우키요조시浮世草子 가운데 중국 소설의 영향을 받아 다시 소생한 호색물이 샤레본洒落本이다. 이 역시 중심이 교토에서 에도로 옮겨졌으며, 전성기를 이룬 작품은 산토 교덴의 『쓰겐소마가키通言總籬』이다. 그 후 유행한 것은 닌조본人情本이다. 다메나가 슌스이爲永春水는 처녀작 『아케가라스노치노마사유메明烏後正夢』와 대표작 『춘색 우메고요미春色梅兒譽美』에서 남녀의 순수한 애정 관계를 묘사했으나 그 때문에 1842년에 형벌에 처해졌고 이듬해 병으로 세상을 뜨고 말았다.

풍자 소설―곳케이본

18세기 중반에 유행한 단기본談義本을 바탕으로 한 곳케이본滑稽本은 우선 히라가 겐나이平賀源内의 날카로운 풍자로 인기를 끌어모았으며, 대표적인 작가는 짓펜샤 잇쿠十返舍一九와 시키테이 산바式亭三馬이다. 19세기 초반에 등장한 짓펜샤 잇쿠는 『도카이도추히자쿠리게東海道中膝栗毛』를 시작으로 20년에 걸쳐 속편을 썼다. 시키테이 산바는 『우키요부로浮世風呂』와 『우키요도코浮世床』로 당대를 사는 조닌들의 대화를 생생히 묘사해 이름을 떨쳤다.

근세 문학

한편 근세 문학에는 문장 중심의 소설에 비해 그림이 주가 된 구사조시草雙紙 계통도 있었다. 각각 표지 색깔에 따라 아카혼赤本·구로혼黑本·아오혼靑本·기뵤시黃表紙라고 불렸다. 17세기 후반에 나온 아카혼은 설화 등이 수록된 아동물이었고, 18세기 중반 무렵에 나온 구로혼과 아오혼은 성인들을 대상으로 한 내용으로 발전해갔다.

기뵤시가 유행하기 시작한 것은 고이카와 하루마치懸川春町의 『긴킨 선생 영화몽金金先生榮華夢』(1775)부터이다. 막부의 탄압을 받아 소재는 적을 토벌하는 내용으로 바뀌었으며, 그에 따라 페이지 수가 부족해지자 장편인 고칸合卷(여러 권을 묶어 한 권으로 합본한 것)으로 발전했다.

19세기에 들어서는 이 고칸이 유행하기 시작했다. 고칸은 표지에 니시키에錦繪(화려한 우키요에 판화)를 쓰고 삽화에는 가부키 배우의 얼굴을 그려 넣어 많은 인기를 끌었다. 1829년에 무대에 올려진 류테이 다네히코柳亭種彦의 『니세무라사키 이나카겐지修柴田舍源氏』는 『겐지 모노가타리』의 무대를 무로마치 막부로 옮기고 장편으로 구성한 이야기로 고칸의 대표작이다. 그러나 이것도 막부의 탄압으로 1842년에 미완성인 채 절판되고 말았다. 류테이 다네히코 이후의 고칸은 더욱 장편화되어 막부 말기에서 메이지 시대 초기에 걸쳐 많은 작품이 나왔다.

마쓰시마 에이이치 松島榮一

(역사학자)

고전은 그 시대를 대표한다

오늘날처럼 국내외의 사상적 고전 명저가 새삼스럽게 주목을 받으며
다시 읽히는 시대는 이제껏 없었을 것이다. 돌이켜 보면 1930년대 초에
지금과 비슷했던 시대가 한 번 있었다. 그러나 오늘날은 그때와는 비교
할 수 없는 새로운 기획으로 많은 고전 명저가 출판되고 있다. 최근의 기
획물들을 살펴보면 명저라고 일컬어지는 저술들이 거의 빠짐없이 망라
되어 있다고 해도 지나친 말이 아니다.

고전 명저라고 불리는 것이 단지 옛날에 쓰인 책이라는 의미만은 아닐
것이다. 사람들은 이 시대에 왜 고전을 찾는가? 지금이야말로 명저의 성
격이나 의의를 새삼 깊이 생각해 볼 필요가 있다.

일반적으로 명저라 불리는 저술은 어떤 의미로 보면 각 시대를 대표하
고 상징하는 책이기도 하다. 또 저자의 대표작으로서 그 저자가 살았던
시대를 드러내 보여 주는 책이라고도 할 수 있다. 한마디로 고전 명저에

는 그 책이 집필된 시기의 시대적 배경과 생활 그리고 특징이 담겨 있기 때문에 그 시대와 생활의 상호 관련성을 읽어 내고 이해할 필요가 있다.

물론 인간의 생활이므로 고대부터 오늘에 이르기까지 여러 시대를 거치면서도 사라지지 않는 인간의 보편적 정신 상태와 살아가는 규칙이 있을 것이다. 그러한 내용을 다룬 언어는 고대, 중세, 근대 그리고 현대에도 서로 통한다고 생각한다. 한편 중세에는 쓰이지 않았던 고대의 언어가 현대에 다시 소생하는가 하면, 고대와 중세에는 쓰였지만 오늘날에는 전혀 사용하지 않는 말도 있다. 명저에 나오는 말이라고 해서 어느 시대에나 사용되는 필요한 말만 있는 것은 아니며, 꼭 살아 있는 말이라고 할 수 없는 것도 있다. 때로는 편의에 따라 선택되고 절충되면서 각 시대에 적합한 말이 사용되고, 명저에 언급된 말의 출처가 되는 책들이 거론되는 일도 많지만 그것이 명저의 기준은 아니다.

고대의 작품은 일본뿐만 아니라 중국은 물론 유럽을 포함해 진짜 저자가 누구인지 분명하게 밝혀져 있지 않은 작품이 대부분이다. 일본의 경우 중세 중반 무렵(무로마치 시대 중엽)까지 나온 책들 가운데는 저자가 분명하지 않은 책들이 많다. 혹은 저자의 이름이 알려져 있더라도 그의 생애나 행동이 명확하게 밝혀져 있지 않은 경우가 많아 저자의 실재성이 의심되는 일도 있다. 그렇다고 그러한 애매모호함을 이유로 명저에서 빼 버린다면 고대와 중세의 저술은 한두 가지를 남겨 놓고 거의 대부분이 명저에서 제외될 것이다.

예를 들어, 『고사기』나 『일본서기』만 보더라도 그 성립 과정과 저자, 편자, 협력자 등에 관한 문제는 여전히 연구 중이며, 아직까지도 정실이라고 단언할 만한 수준에는 이르지 못했다. 『만요슈』도 그렇다. 그저 최종 편찬자가 오토모노 야카모치大伴家持라고 하는 정도만 알려져 있는데, 그도 처음부터 편찬에 관여한 인물로 보기가 힘들어 오늘날까지도 이 부분은 문제가 되고 있다. 무라사키 시키부의 『겐지 모노가타리』도 마찬가지이다. 주요 저자로 무라사키 시키부를 거론하고 아무도 이를 의심하지 않는다고 하지만, 54첩에 보이는 중층적 구성을 보면 그녀 혼자서 지어낸 작품이라고 하기에는 많은 의문점을 안고 있다. 이러한 사정은 군기 모노가타리인 『헤이케 모노가타리平家物語』나 『태평기太平記』에 이르면 더욱 심해진다. 그러나 저자가 분명하지 않은 작품일지라도 각각의 시대를 대표하는 명저라는 점에는 이론이 없다.

사상서와 천황제의 관계

한편, 『우관초愚管抄』와 『신황정통기神皇正統記』, 『독사여론讀史餘論』, 『일본외사日本外史』와 같이 과거는 물론 오늘날까지도 계속해서 읽히는 역사서는 거의가 『고사기』와 『일본서기』 이래의 신화와 전설을 기술한 역사서이며, 각각의 작가인 지엔慈圓과 기타바타케 지카후사北畠親房, 아라이 하쿠세키新井白石, 라이 산요賴山陽가 지닌 역사에 대한 사고방식을 밝히고 있는 저술들이다.

특히 『신황정통기』는 1930년대 무렵 일부 역사학계에서 이 책의 내용을 그대로 현대의 역사관으로 삼자는 움직임이 있었다. 그 사고방식이 황국사관과 신국 사상의 중심이 되었다.

그 시대만큼은 아니라고 해도 이 책이 오늘날에도 여전히 주목받고 있는 점에서 일본 국수주의의 한 면을 생각해 볼 수 있다. 라이 산요의 『일본외사』도 마찬가지이다. 이 책은 특히 막부 말기에 존왕양이尊王攘夷 사상이 시끄러웠던 가운데 많이 읽혔던 책이며, 미토水戶 지방에서 편찬된 『대일본사大日本史』와 함께 『일본서기』에서 시작되어 헤이안 시대 전반기에 이르는 관제 일본사인 『육국사六國史』를 이어받아 쓴 것이다. 때문에 무가 정치에 비판적이며, 메이지 시대 이후 근대에 들어서는 존황애국尊皇愛國 사상의 교재로 쓰였다.

이에 비해 『우관초』는 불교 사상에 입각해 '도리'라는 관념으로 역사의 흐름을 설명하고 고찰하고자 한 저술이다. 저자 지엔은 귀족인 구조 가네자네九條兼實의 동생이었기 때문에 정치적 감각을 갖추었으면서도 불교적 체념에 빠진 특이한 인물이었다. 그 점에서 좋은 의미로 관조觀照나 소망을 담은 책이라고 할 수 있다.

그러나 바로 그러한 점 때문에 훗날 기타바타케 지카후사의 『신황정통기』가 탄생한 것이다. 기타바타케 지카후사는 실천하는 정치가의 입장에서 자신의 소망을 정리했다. 그것은 결국 그가 원하는 대로 실현되지는 않았지만 그런 비극적인 배경이 오히려 사상서로서 독자들의 감정을 자극했을 것이다.

그런가 하면 아라이 하쿠세키의 『독사여론』은 주군(도쿠가와 쓰나토요德川網豊, 훗날 제6대 쇼군 도쿠가와 이에노부德川家宣가 되었다)에게 강의했던 일본사 강의 원고이다. 여기에서 저자는 무가 정치가 탄생하게 된 필연성과 그 역사적 전개 그리고 당시 도쿠가와 막부 정권을 긍정한 현실적이고 합리주의적인 역사관을 피력했다. 그러한 역사관은 메이지 유신 이후에 전개된 근대사와 현대사 속에서 극복해야 할 문제를 내포함으로써 역사에 대한 사고를 한층 더 복잡하게 만들었다.

아라이 하쿠세키가 긍정한 도쿠가와 막부 체제의 최초의 비판자는 안도 쇼에키安藤昌益였으며, 그의 사상은 『자연진영도自然眞營道』와 『통도진전統道眞轉』에 잘 나타나 있다. 물론 이러한 비판도 자연법의 세계만을 상정한 것에 따른 비판이라는 점에서 한편으로는 농민이 처한 현실에 대한 평가가 내포되어 있기는 하지만, 구체제를 극복하는 사상 체계에는 이르지 못했다. 도미나가 나가모토富永仲本의 『출정후어出定後語』도 불교를 중심으로 펼친 세상에 대한 비판을 담고 있으며, 야마가타 반토山片幡桃의 『유메노시로夢の代』는 『고사기』와 『일본서기』에서 전개된 신화 세계에 대한 근세 봉건사회인의 각성이 느껴진다.

그러나 이러한 비판은 비판 자체로서는 소중하지만 과학적 체계를 갖춘 것은 아니었으며, 아라이 하쿠세키의 합리주의도 유교적 합리주의라는 틀을 넘어선 것은 아니었다. 따라서 부분적인 비판에 그칠 수밖에 없었던 것이다. 현실에 입각한 견해로 새삼 주목받는 책이 무로마치 막부 초기에 규슈九州의 단다이探題(일정 지역의 정무·소송·군사를 담당하던 직무)라는 중책을 맡기도 했던 이마카와 료순今川了俊의 『매송론梅松論』이다. 지은이는 현실적인 권위와 명목상의 권위의 대립 속에서 『신황정통기』에서 강조하고 『태평기』가 동정의 눈물을 아끼지 않은 (남조의) 명목상의 권위를 비판한다. 이는 정치사적으로는 흥미 넘치는 '정치의 현실' 또는 '권력과 명분'이라는 문제, 곧 어떤 의미에서는 '형식'과 '실질'이라고 할 만한 관계를 역사를 통해 살펴보는 작업이다.

이는 말할 것도 없이 일본의 역사와 천황제 문제는 어떤 식으로든 관련되어 있다는 것을 보여 준다.

명저로 거론되는 많은 책들은 앞서 언급한 여러 저술들이 그랬던 것처럼 가모노 마부치의 『국의고國意考』, 모토오리 노리나가의 『니오비노미타마直毘靈』와 『고도대의古道大意』, 그 밖에 히라타 아쓰타네平田篤胤의 저술들을 포함해 대부분이 『고사기』와 『일본서기』의 신화적 기술을 전제로 한 것이며, 적어도 그 내용을 승인하는 입장에서 쓰인 것들이다. 이 저술들이 고대로부터 이어져 온 천황제를 그처럼 저술함에 있어 천황제의 신화적 요소는 메이지 유신 이후 전개된 절대주의적 천황제를 위한 사상적 수식어가 되어 왔고, 태평양전쟁 전까지도 강조되었다. 이러한 점에서 명저는 과거는 물론, 오늘날에도 거론되고 반복적으로 해설되는 것이다.

그러나 현실 속의 천황제는 그러한 신화적 기원만으로는 설명할 수 없다. 그것은 다카마쓰高松 고분● 벽화 발굴을 계기로 고대사를 재검토하고 다양한 논의가 이루어지고 있는 것을 보면 이해가 될 것이다.

넓은 시각으로 명저를 재검토하는 작업

이렇게 생각하면 관점을 바꾸어 더욱 넓은 시각에서 명저를 찾아내 해설할 수도 있을 것이라고 여겨진다. 사상적인 명저로 여겨지는 작품 가운데에는 과거에서 현재(그 당시의)까지의 역사를 고정적으로 고찰하고 그것이 영속할 수 있는 것 또는 영속시켜야만 하는 것이라고 생각해서 정리된 것이 있는 반면, 세상은 유동적이므로 현실을 받아들이기는 하지만 그것이 변할지도 모른다는 불안이나 걱정을 담고 있는 것도 있다.

또 한편에서는 우리가 생각하는 세상은 작고 좁으며 세계는 더욱 크고 넓다고 말한 책도 있다. 아라이 하쿠세키의 『서양기문西洋紀聞』과 하야시 시헤이林子平의 『해국병담海國兵談』을 비롯해 와타나베 가잔渡邊華山의 『신기론愼機論』, 다카노 초에이高野長英의 『유메 모노가타리夢物語』 등이 그러한 종류의 책이다. 한편 현실에 대한 비판은 혼다 도시아키本田利明의 『서역 모노가타리西域物語』, 사쿠마 쇼잔佐久間象山의 『성건록省·錄』, 가쓰 가이슈勝海舟의 『히카와 청화永川淸話』, 요코이 쇼난橫井小楠의 『쇼잔 대화沼山對話』 등을 늘 수 있다.

그렇다면 다음은 외국인이 일본을 어떻게 보았으며 어떤 비판을 했었는가라는 문제도 빼놓을 수 없겠다. 그러한 관점에서 꼽을 수 있는 작품으로는 마르코 폴로^{Marco Polo}의 『동방견문록』과 조너선 스위프트^{Jonathan Swift}의 『걸리버 여행기』, 그 밖에 예수교 선교사들의 보고서 등이 있다.

스기타 겐파쿠杉田玄白는 마에노 료타쿠前野良澤의 도움을 받아 『해체신서』를 번역하고 간행했으며, 그 당시의 고생에 대해서는 훗날 『난학사시蘭學事始』에 정리했는데, 그것을 메이지 시대 들어 후쿠자와 유키치福澤諭吉가 간행했다.

근대 100년은 어떤 시대였는가

그러면 메이지 유신에서 현대에 이르기까지 이른바 근대 100년은 어떤 시대였으며, 그 시대에는 어떠한 인물들이 무엇을 집필했고, 그 가운데 어떠한 작품이 오늘날까지 남아 있는지 살펴보기로 하자.

'근대 100년'이라는 말은 메이지 유신 이후 오늘날에 이르는 시기를 말한다. 이 시대의 특징은 일본 역사를 일본만의 역사로 고찰해서는 충분치 않다는 점에 있다. 아시아의 역사와 세계의 역사 속에 관계를 맺고 교섭을 벌이기 시작한 시대였기 때문이다. 아시아와의 관계는 고대 시대 이래 계속되어 왔으며, 그것을 계기로 세계와도 간접적인 관계를 맺어 왔다. 그러나 근대에 들어서 양적, 질적으로 커다란 변화가 일어났다. 그리고 협상이나 교류의 시작인 전쟁과 침략, 문화적 교섭과 통상 무역 등이 관계를 맺는 방식에 따라 시대의 분위기가 크게 변화했고, 또 그 속에서 근대 일본의 역사가 전개된 것이다.

계몽기—유럽 문명의 이식

메이지 유신 직후 일본은 식산흥업과 부국강병 그리고 문명 개화를 통해 유럽 선진국의 뒤를 쫓는 '추격' 정책을 폈다. 유럽이야말로 '문명'

의 꽃이 활짝 핀 곳이었으므로 일본도 하루빨리 그 꽃을 이식해 와서 피워야 한다는 정책이었다. 일본도 아시아도 모두 낡았고 오로지 유럽만이 우리들의 행복이라는 이 사상은 후쿠자와 유키치의 『서양사정西洋事情』, 『세계의 나라 열전』, 『학문의 권장』, 『문명론의 개략』 등을 통해 전파되었다. 특히 극작가로 불리며 통속물을 썼던 가나가키 로분假名垣魯文은 이러한 생각을 더욱 평이하게 펼친 『아구라나베安愚樂鍋』와 같은 작품을 널리 보급했다.

계몽 운동으로 눈을 뜨게 된 일본인은 자유민권운동에서 기본 인권을 크게 부각해서 정치, 사회 면에서 자각적인 행동을 하는 인간이 되자고 주장했다. 오노 아즈사小野梓의 『국권범론國權汎論』, 우에키 에모리植木枝盛의 『천부인권론天賦人權論』 등은 이러한 주장을 대표하는 저술로 나라의 장래를 생각하는 젊은이들이 숙독했다. 나카에 조민中江兆民도 몽테스키외Montesquieu의 『법의 정신』을 '만법정리萬法精理'라는 제목으로 번역해 출간했다.

스에히로 뎃초末廣鐵腸의 정치 소설이 읽히기 시작하는 한편, 1885년(메이지 18)에는 쓰보우치 쇼요坪內逍遙가 『당세서생기질當世書生氣質』이라는 소설과, 문학론을 펼친 『소설신수小說神髓』를 발표했다. 오늘날 이 작품들은 일본 근대 문학의 원류 중 하나로 꼽힌다.

1887년에는 후타바테이 시메이二葉亭四迷가 소설 『부운浮雲』과 투르게네프Turgenev의 소설을 번역한 『아이비키』(밀회)를 출간했다. 이 소설들이 출간된 연대를 기준으로 근대 문학사의 본론이 출발되었다고 본다.

1889년(메이지 22)에는 「대일본제국헌법」이 반포되었으며, 그 이듬해에는 제1회 중의원 의원 선거가 실시되었다. 교육칙어가 발표되었고, 제1회 제국의회가 열렸다. 이러한 일련의 일들은 국가로서의 일본의 시작이 천황제 국가였다는 사실을 말해 준다.

이토 히로부미伊藤博文는 스스로 『헌법의해憲法義解』를 집필해 헌법의 취지를 설명했으나 당시 일본의 헌법은 독일과 벨기에의 헌법을 번안한 것이라는 점을 간과할 수 없었다.

도쿠도미 소호德富蘇峰가 설립한 민우사民友社에서 간행된 잡지 『국민의 벗國民之友』은 이 시대에 나온 전형적인 책자의 하나라고 할 수 있다.

1887년 무렵 상경한 도쿠토미 소호는 「제19세기 일본의 청년 및 그 교육」이라는 논문을 발표해 사람들을 놀라게 해 주목받았다. 그가 이를 개정해 간행한 『신일본의 청년』은 더욱 많은 사람들에게 읽혔다. 그리고 그러한 베스트셀러에 힘입어 그가 발행했던 『국민의 벗』이라는 잡지는 소호의 이름을 오래도록 역사에 남겼다. 이는 일본적인 잡지, 이른바 종합잡지의 등장을 의미한다.

당시 다케코시 요사부로竹越與三郎의 『신일본사』, 미야케 세쓰레이三宅雪嶺의 『진선미 일본인』 등의 평론이 발표되어 호평을 받은 것도 빼놓을 수 없다. 특히 『신일본사』는 메이지 유신 이후의 현대사를 최초로 다룬 저술로서 도쿠토미 소호의 『국민의 벗』과 새로이 간행을 준비하던 「국민신문」 등과 함께 당시 민권파적인 이론을 주장했다.

제국주의적 발전과 세기말의 혼돈

1894~1895년 청일전쟁이 벌어졌다. 그 무렵 활발하게 활약한 작가로는 고다 로한幸田露伴과 쓰보우치 쇼요, 오자키 고요尾崎紅葉 등을 들 수 있다. 한편, 이때 시가 시게타카志賀重昂가 쓴 『일본 풍경론』으로 일본에 대한 재검토가 이루어지기도 했는데, 이러한 움직임은 전기 계몽 시대에 대한 반성 또는 반동이라고 할 수 있다. 이 무렵부터 '현양사玄洋社'●와 같이 일본 우익국수주의 운동의 중심이 되는 단체가 활동을 시작한다.

청일전쟁에서 구니키다 돗포國木田獨步는 「국민신문」의 특파원으로 활동하며 '아이사이 통신愛弟通信'이라는 이름으로 전장의 모습을 생생하게 전해 주목을 끌었다. 이 시대는 시마자키 도손島崎藤村이 『와카나집若菜集』, 『이치요슈一葉舟』 등의 시집을 펴냈고, 기타무라 도코쿠北村透谷와 히구치 이치요一葉 등 요절한 문학가들이 등장해 후세에 길이 남을 문집을 남긴 것도 주목할 만하다.

청일전쟁 이후 일본의 자본주의는 비로소 성장하기 시작했고, 군국주의적 공기는 더욱 짙어졌다. 이런 분위기를 상징하듯 오자키 고요의 『금색야차金色夜叉』와, 도쿠토미 로카德富蘆花의 『두견새』라는 작품이 나왔다. 이 작품들은 신파극으로서 메이지 시대에서 쇼와 시대 초기에 걸쳐 성황리에 공연되었다.

이 두 작품이 세상에서 화제가 된 1897년과 그 이듬해인 1898년(메이지 30~31) 무렵의 사회적 분위기는 제국주의적 발전과 세기말적 혼돈이 뒤섞여 서로 지배권을 다투며 아우성치던 때였다.

1901년(메이지 34)은 20세기가 시작된 해이지만, 1904년과 1905년에 벌어진 러일전쟁(메이지 37~38)을 전후해 사회에는 새로운 움직임이 일었다. 그것은 학문의 세계에서 마침내 빌려 온 옷을 입고 남의 이야기를 앵무새처럼 말하던 한계에서 벗어나 일본의 실정을 분명히 파악하고 과학적으로 고찰하며, 아울러 서양 학문과의 차이를 명백히 하려는 사고로 나타났다. 요코야마 겐노스케橫山源之助의 『일본의 하층사회』와 고토쿠 슈스이幸德秋水의 『20세기의 괴물 제국주의』와 『사회주의신수社會主義神髓』, 가타야마 센片山潛의 『나의 사회주의』 등은 그러한 배경에서 나온 저술들이다.

니토베 이나조新渡戶稻造가 『무사도』를, 오카쿠라 덴신岡倉天心이 『동양의 사상』과 『차의 책』을 각각 영문으로 써서 세계에 소개하려고 한 것도 모두 이러한 사고에서 비롯되었다. 아시아와의 관계를 새삼 재검토한 미야자키 도텐宮崎滔天의 『33년의 꿈』이 발표된 것도 이 무렵이다. 그러나 무엇보다도 이 시대의 주목해야 할 활동은 나쓰메 소세키夏目漱石의 『나는 고양이로소이다』를 비롯한 뛰어난 작품들이 계속 집필되었으며, 모리 오가이森鷗外의 『청년』과 『아베阿部 일족』 등의 작품이 이 시기 이후 많아졌다는 점이다.

역사학계에서는 세계사의 시대 구분을 일본 역사에 처음으로 적용한 하라 가쓰로原勝郎의 『일본 중세사』와 우치다 긴조内田銀藏의 『일본 근세사』 등이 많은 주목을 받았다. 경제학자 이나다 도쿠조稻田德三가 유럽의 봉건사회 연구에 자극을 받아 일본의 봉건사회 연구를 독일에서 발표한 것도 이 시대였다. 현실에 발을 디디고 사물의 진실을 분명하게 파악하고자 한 사고는 이 시대에 형성된 것이다.

고난의 시대—태평양전쟁으로 돌입

메이지 시대에서 다이쇼 시대로 옮겨 갈 무렵에는 러일전쟁(1904~1905) 이후에 등장한 자연주의 문학이 주목을 받았다. 시마자키 도손島崎藤村의 『파계破戒』에 이어, 다야마 가타이田山花袋의 『시골 교사田舍敎師』, 『이불』 그리고 도쿠다 슈세이德田秋聲의 『발자국』 등의 작품이 등장했고, 이에 대항하듯 이즈미 교카泉鏡花, 나가이 가후氷井荷風, 다니사키 준이치로谷崎潤一郎 등 탐미주의 작가의 작품도 잇달아 발표되었다. 그중에서도 나쓰메 소세키의 지도를 받은 와카 시인 나가쓰카 다카시長塚節의 『흙』이라는 작품이 보여 준 농민 생활에 대한 묘사는 큰 주목을 받은 주옥과도 같은 작품이다.

학문의 세계에서도 새로운 기운이 일어났다. 미노베 다쓰키치^{美濃部達吉}가 『헌법강화^{憲法講話}』를 집필하고, 니시다 기타로^{西田幾多郎}가 『선^善의 연구』를 발표한 것은 1912년(다이쇼 원년) 무렵의 일이다.

특히 부의 생산을 연구하는 경제학에서는 『가난 이야기』라는 책을 통해 서민 경제의 재검토 작업이 가와카미 하지메^{河上肇}에 의해 이루어졌고, 철학에서는 도모나가 산주로^{朝永三十郎}가 『근대에 대한 나의 자각사^{近代にありける我の自覺史}』를 집필했다.

1916년 무렵에는 쓰다 소키치^{津田左右吉}를 중심으로 신대의 역사 연구가 시작되었고, 『문학에 나타난 일본 국민사상 연구』가 발표되었다. 이 시기를 전후해 야나기다 구니오^{柳田國男}의 『도노 모노가타리^{遠野物語}』와 미나카타 구마구스^{南方熊楠}의 『미나카타 수필』 등이 발표되면서 민속학 연구가 시작되었다. 그리고 비로소 마르크스주의적 사회과학이 다카바타케 모토유키^{高畠素之}가 번역한 『자본론』을 시작으로 착실히 소개되기 시작했다.

또한 아베 지로^{阿部二郎}의 『산타로 일기^{三太郎の日記}』, 구라타 햐쿠조^{倉田百三}의 『사랑과 인식의 출발』, 구리야가와 하쿠손^{厨川白村}의 『근대의 연애관』 등의 인생론과 연애론이 발표되면서 당시의 청년층에 큰 영향을 미쳤다.

제1차 세계대전과 쌀 소동(1917), 관동 대지진(1923) 등을 겪으며 국가 체제를 강화하는 움직임이 더욱 진행되었다. 그런 가운데 다이쇼 시대의 민주주의를 대표하는 요시노 사쿠조^{吉野作造}의 『헌정의 본의를 설명하고 그 유종의 미를 마치는 길을 논한다』와 기타 잇키^{北一輝}의 『일본 개조법안 대강』 등 사회적으로 큰 영향을 미친 책들이 발표되었다.

문학은 시가 나오야^{志賀直哉}의 『암야행로^{暗夜行路}』와 사토미 돈^{里見弴}의 『다정불심^{多情佛心}』 등 심경 소설을 거쳐 나카자토 가이잔^{中里介山}의 『대보살 고개』나 요시카와 에이지^{吉川英治}의 『미야모토 무사시^{宮本武藏}』, 오사라기 지로

大佛次郎 의 『아코 낭시赤穗浪士』 등의 대중문학으로 크게 변화해 갔다.

쇼와昭和 시대에 들어서 얼마 지나지 않아 일본은 '암울한 시대'를 맞이한다. 만주사변(1931)과 상하이사변, 5·15사건(1932) 그리고 2·26사건(1936)을 거쳐 태평양전쟁에 돌입(1941)하고, 히로시마廣島와 나가사키長崎에 원자폭탄이 투하됨으로써 1945년 8월에 무조건 항복을 하게 되었던 것이다.

전쟁이 끝난 후 일본 사회는 그동안 금기되었던 천황제 비판과 사회주의 사상 연구 등에 대한 수많은 터부와 탄압에서 일제히 해방되어 활발한 출판 활동을 시작했다.

전쟁 후 학문은 국가를 위한 학문에서 사회를 위한 과학의 성격으로 바뀌었고, 문학은 인간의 심리 묘사를 추구하게 되었다. 그러한 가운데 새로운 시각으로 고전과 명저를 돌아보며 이들을 읽는다는 것은 매우 큰 의의를 갖는다.

NOTES

다카마쓰高松 고분 : 일본 나라 현 다카이치高市 군의 아스카明日香 마을 히라타平田에 위치한 구릉 남쪽 사면에 있는 원형 고분으로, 1972년에 발굴되었다. 7세기 말에서 8세기 초엽의 벽화 고분으로, 일본 아스카 시대의 고분을 대표한다.

현양사玄洋社 : 1881년에 구 후쿠오카舊福岡 번사들을 중심으로 결성된 정치 단체이다. 구미 제국 열강의 식민주의가 휘몰아치던 세계 정치 안에서 인민의 권리를 수호하려면 무엇보다도 먼저 국가권력을 강화해야 한다고 주장하고, 대외적으로는 아시아 각국의 독립을 지원하며 그러한 국가들과 동맹을 맺어 열강에 대항하고자 했다. 1946년에 GHQ(연합국군최고사령관총사령부)가 "일본의 국가주의와 제국주의에서 가장 시대착오적인 일파"라고 하며 해산시켰다.

방대한 책 한 권에 일본의 모든 것을 담다

    어느 나라든 마찬가지겠지만 글로 남아 전하고 있는 고전의 세계란 대개가 문학, 사상, 종교와 같이 묵직하고 장중한 장르의 것들이다. 이 같은 고전의 무게감 때문에 펼쳐 보기도 전에 지레 질리거나 멀리하게 마련이다. 일본에 건너가 일본 미술사를 공부하는 과정에서 일본 고전과의 만남과 접촉은 이런 선입견에도 불구하고 피하거나 멀리할 수 없는 과제 중 하나였다.

    우리 미술사도 그렇듯이 일본의 미술사 공부를 한다면서 그림 조각만 쳐다보며 경향이니 기법만을 따질 수는 없는 일이었다. 그것은 필경 반쪽짜리 공부에 불과할 공산이 컸기 때문이다. 예를 들어 현재 일본의 국보로 지정되어 있는 『겐지 모노가타리 에마키源氏物語繪卷』 가운데 히카루 겐지와 무라사키노우에가 병들어 죽으면서 이별하는 장면을 그린 「미노리御法」의 권은 이 러브스토리의 그 유명한 내용을 모른다면 형상이나 표현 이면에 있는 심리적 배경이나 문화사적 의미를 이해하는 것이 거의 불가능하다고 할 수 있다.

    이러한 기초 지식의 모자람은 일본에서 공부하는 기간 내내 예상치 않은 곳에서 슬그머니 고개를 쳐들며 마치 매복 함정처럼 사람을 괴롭히는 두통거리가 되었다. 결과적으로 이는 반강제적이고 절박한 시추에이션을 만들어 냈으며, 그런 불편한 분위기 속에서 일본 고전들과의 낯선 만남이 계속되었다고 할 수 있다. 그 고통의 과정에서 깨달은 것이 있다면 우리가 알고 있는 것보다 일본 고전의 바다가 넓고 깊으며 현재도 살아 있는 진행형의 문화 자산이라는 점이다. 어느 때에는 우리의 사회 통념이나 기본 교육을 통해 기성 제품화된 형태로 주입되어 있던 피상적인 일본관이 머릿속에서 조금씩 형질 변경되고 있는 것은 아닌가 하는 느낌까지 들기도 했다.

일본 고전과 만난 개인적 체험을 조금 소개하자면, 크게 보아 두 경우를 통해서였다. 첫 번째는 일본 수묵화의 특징이 우리와 어떻게 다른가를 테마로 잡았기에 당연히 다뤄야 할 모모야마 시대의 거장 하세가와 도하쿠長谷川等伯(1539~1610)를 연구했을 때이며, 두 번째는 에도 시대 일본 남화南畵의 대가로 손꼽히는 이케노 다이가池大雅(1723~1776) 연구를 통해서였다.

하세가와 도하쿠의 주변과 그의 시대를 알기 위해서는 다이내믹하기 그지없었던 일본의 근세라는 시대에 대한 파악을 빼놓을 수 없다. 그 무대의 주인공들은 우리가 익히 알고 있는 오다 노부나가(1534~1582)와 도요토미 히데요시(1536~1598) 그리고 일본 다도의 종장인 센노 리큐 千利休(1522~1591)였다. 이 과정에서 이 책에서 소개하고 있는 『신초기』와 『다이코기』의 주요 페이지를 펼쳐 본 기억이 있다.

또 한때 도하쿠의 후원자 역할을 한 센노 리큐에 대하여 공부할 때는 그의 제자가 기록한 다도회 기록인 『야마노우에노소지기』를 읽어야 한다고 안달을 부린 적도 있었다. 또 그 바로 앞 시대였던 무로마치 시대의 문예 사절도 빼놓을 수 없어 꽃꽂이에 관한 책인 『이케노보센오쿠덴』 등도 펼쳐 보았다. 꽃꽂이 책이 미술사와 무관한 것 같아 보이지만 무로마치 시대의 꽃꽂이 형식 속에는 그림도 장식의 하나로 매우 중요시되고 있었기 때문이었다.

물론 이런 고전 명저들을 원문 그대로 술술 읽어 내고 덥석덥석 자료로 채록했다는 말은 아니다. 대학 도서관에 가면 벽면 한쪽에 유명 출판사에서 펴낸 일본 고전 전집이 빽빽하게 꽂혀 있는 것이 보통이다. 이 책들은 대개 고어와 현대 일본어의 대조 번역을 해 놓았고, 또 상세한 주가 달려 있어 고전의 바다를 헤엄치는 데 길잡이 역할을 해 주었다.

이처럼 전공 공부를 하는 동안 수박 겉 핥기 식으로나마 일본 고전의 넓고 깊은 세계를 체험했는데 일상생활에서도 일본 고전과 역사의 세계를 잠시 체험한 적이 있다.

유학 시절 일본에서의 생활 방편은 주로 한국인 관광객을 유인하는 관광 안내서를 번역하는 일이었다. 우리나라에서도 지방의 자랑으로 고전 명저나 인물이 응당 활용되고 있다. 그런데 여기서 일본이 우리보다 한발 앞서 나가 있는 듯 보이는 점은 고전이나 고전 인물들을 과거나 죽은 인물로 취급하지 않고 현재로 끌어내 자신들의 문화자산으로 십분 활용하고 있는 점이다.

일본 고전의 현대화나 문화자산화는 만화 장르를 보면 더 이상 할 말이 없을 정도로 발전되어 있었다. 지나간 일이지만 역자 역시 『겐지 모노가타리 에마키』를 이해하기 위한 스토리 파악을 위해 한때 만화책을 들여다본 적도 있었다. 그리고 '할 일 없이 하루 종일 벼루만 마주 보며 마음속에 떠올랐다가는 사라지는 쓸데없는 일들을 두서없이 써 내려가고 있자니 묘하게도 마음이 답답해진다'로 시작하는 일본 고전 수필의 대명사 격인 『도연초』를 만화로 독파하기도 했다.

우리에게 일본은 여전히 복잡 미묘한 감정적 물질을 발생시키는 대상이다. 일본에서 한류 붐이 일어나고, 일본 문화가 우리 속으로 깊숙이 스며 들어와 있지만 두 나라 사이에 식민지 경험의 찌꺼기는 여전히 잔존하고 있다. 우리가 일본의 대중문화를 조금 경험했다고 일본의 본질을 안다고 할 수는 없는 노릇이다. 일본이라는 사회가 노출하는 현상의 일면을 이해할 뿐이다. 일 년에 수백만 명씩 서로를 왕래하고, 또 정치, 경제, 문화 등 여러 분야에서 교류가 왕성하지만 서로에 대한 이해는 아직도 피상적인 수준에 머물러 있다고 해도 과언이 아니다.

　　이 책에 등장하는 일본 고전들 중에서 국내에 번역 소개된 책은 손가락으로 꼽을 정도이다. 이 정도라면 우리가 일본을 잘 안다고 감히 말할 수는 없을 것이다. 우리나라 고전도 읽기가 힘든데 남의 나라 고전을 왜 읽느냐고 한다면 할 말이 없지만 본질에 대한 통찰과 이해 없이 현상만 경험한다는 것은 신기루를 만지는 것이나 다름없다.

　　이 책은 오늘의 일본을 형성하는 데 밑거름이 된 고전 명저를 다루고 있다. 예를 들어 문학 분야만 보아도 널리 알려진 『겐지 모노가타리』, 『오쿠노 호소미치』, 『방장기』 같은 문학 명저는 물론이지만 그 밖에 기타

모노가타리 문학과 설화 문학, 일기, 수필, 한시, 희곡, 교겐狂言, 근대 소설이 망라되어 있다. 문학 외의 분야에서는 역사, 사상, 종교에 이르기까지 주요 사상과 업적에 대한 내용이 핵심만을 뽑아 깔끔하게 정리되어 있다.

이 책은 일본 고전의 바다를 항해하는 데 필요한 나침반의 역할을 하고 있다. 더욱이 각 분야의 최고 전문가라고 부를 만한 학자들이 선정 작업에 참가해, 고전의 정수를 소개하며 풍부하게 원문을 인용해 놓고 있는 점도 빼놓을 수 없는 장점이다.

이처럼 일본의 모든 것을 뽑아내 방대한 책 한 권으로 축약해 놓은 것을 우리말로 옮기겠다고 덤벼든 일은 순전히 무모한 욕심 때문이었다. 일 년이 넘는 번역 기간 내내 고전했노라고 고백하지 않을 수 없다.

오랜 기간 들었다 놓았다 하며 끝까지 작업을 마무리하게 한 힘은 사랑하는 가족에 대한 애정이라고 할 수 있을 것이다. 마흔이 넘은 가장의 막무가내식 일본행에 따라나서 고생길을 함께 걸어 준 가족에게 이제야 이런 형식을 빌어 고마움을 전할 수 있게 되어 정말 기쁘게 생각한다. 아울러 유학 생활 동안 음으로 양으로 걱정하며 도와주신 여러 분들에게도 정리된 형태의 결과물을 보여 드릴 수 있어 참으로 다행스러운 마음이 아닐 수 없다.

　역자를 믿고 번역을 맡긴 이다미디어의 황보태수 사장에게 깊이 감사를 드리며, 또 일 년 가까이 되는 기간 동안 까다로운 책을 만들면서 역자의 부족한 부분을 채워 준 편집팀에게 진심 어린 감사의 마음을 전하고자 한다. 이분들의 노고를 알기에 혹시 작은 흠이라도 있다면 그건 전적으로 역자의 책임임을 밝힌다.

　이 책을 통해 우리 독자들이 일본의 역사와 문화의 뿌리를 조금이라도 더듬을 수 있다면 더없이 기쁜 일일 것이다. 그리고 가깝고도 먼 나라인 한국과 일본 사이에 서로에 대한 이해를 높이는 작은 디딤돌 하나를 놓는다는 역자의 마음이 책을 읽는 독자에게 그대로 전해졌으면 좋겠다.

윤철규

찾아보기 (도서명)

찾아보기 (인명)

지은이 **마쓰무라 아키라** 松村明 외

도쿄제국대학 국문학과 졸업.
가고시마대학 조교수, 도쿄여자대학 조교수, 오차노미즈여자대학 조교수 등을 거쳐 도쿄대학 문학부 교수
를 역임했으며, 정년 후에는 명예교수로 추대되었다. 일본 국문학계의 권위자로서 국어심의회위원으로 활
동했다. 권위 있는 일본어 대사전 『다이지린大辭林』의 편찬자이다. 저서로는 『에도 말과 도쿄 말의 연구』,
『근대 일본어 논고』 등이 있으며 국어사전과 고어사전 등을 편찬했다.

옮긴이 **윤철규**

연세대학교 불어불문학과를 졸업하고 중앙일보 편집국 문화부 학술 담당과 미술 전문기자를 역임했다. 7년
동안 교토의 붓쿄佛敎 대학교 대학원과 도쿄의 가쿠슈인學習院 대학교 대학원에서 일본 회화사를 공부했다.
현재 (주)한국미술정보개발원 대표이사로 있으며 전문 번역가로도 활동 중이다. 옮긴 책으로는 《절대지식
세계고전》,《절대지식 일본고전》,《수묵, 인간과 자연을 그리다》,《한자의 기원》,《이탈리아 그랜드투어》
등 다수가 있다.

절대지식 일본고전

초판 발행 2004년 5월 20일
개정판 인쇄 2015년 5월 13일
개정판 발행 2015년 5월 16일

지은이   마쓰무라 아키라 외
옮긴이   윤철규
펴낸이   황보태수
기 획   박금희
마케팅   박건원
디자인   정의도, 박해리
교 열   양은희
인 쇄   한영문화사
제 본   한영제책

펴낸곳 이다미디어
주소 서울시 마포구 양화진4길 6번지(합정동 378-34 2층)
전화 02-3142-9612, 9623
팩스 02-3142-9629
이메일 idamedia77@hanmail.net

ISBN 978-89-94597-39-3 04300
        978-89-94597-30-0(세트)